赵世瑜 著

在空间中理解时间

从区域社会史到历史人类学

Understanding Time Within Space:
From Regional Social History to Historical Anthropology

北京大学出版社
PEKING UNIVERSITY PRESS

图书在版编目(CIP)数据

在空间中理解时间：从区域社会史到历史人类学/赵世瑜著．—北京：北京大学出版社，2017.11

（博雅撷英）

ISBN 978-7-301-28884-9

Ⅰ.①在… Ⅱ.①赵… Ⅲ.①区域社会学—社会发展史—研究②历史人类学—研究 Ⅳ.①C912.8-09②K0

中国版本图书馆CIP数据核字(2017)第253511号

书　　　名	在空间中理解时间：从区域社会史到历史人类学 ZAI KONGJIAN ZHONG LIJIE SHIJIAN: CONG QUYU SHEHUISHI DAO LISHI RENLEIXUE
著作责任者	赵世瑜　著
责 任 编 辑	张　晗
标 准 书 号	ISBN 978-7-301-28884-9
出 版 发 行	北京大学出版社
地　　　址	北京市海淀区成府路205号　100871
网　　　址	http://www.pup.cn　新浪微博：@北京大学出版社
电 子 邮 箱	编辑部 wsz@pup.cn　总编室 zpup@pup.cn
电　　　话	邮购部 62752015　发行部 62750672　编辑部 62767315
印 刷 者	北京中科印刷有限公司
经 销 者	新华书店
	880毫米×1230毫米　A5　18印张　480千字 2017年11月第1版　2024年11月第5次印刷
定　　　价	118.00元

未经许可，不得以任何方式复制或抄袭本书之部分或全部内容。

版权所有，侵权必究

举报电话：010-62752024　电子邮箱：fd@pup.cn

图书如有印装质量问题，请与出版部联系，电话：010-62756370

目　录

叙说：从区域社会史到历史人类学　1

以明清为基点：时间上的连续性

从明清史看宋元史
　　——倡导一种"连续递进"的思考方法　17
卫所军户制度与明代中国社会
　　——社会史的视角　50
"不清不明"与"无明不清"
　　——明清易代的区域社会史解释　78
多元的时间和空间视域下的19世纪中国社会
　　——几个区域社会史的例子　103

"中心"·"边缘"·全球史：空间上的连续性

在中国研究：全球史、江南区域史与历史人类学　119
时代交替视野下的明代"北虏"问题　131
重观东江：明清易代时期的北方军人与海上贸易　155
明朝隆万之际的族群关系与帝国边略　183

连续性与"历史性时刻":山西之例

晋祠与熙丰新法的蛛丝马迹　201

从贤人到水神:晋南与太原的区域演变与长程历史
　　——兼论山西金元时期与清中叶这两个"历史性时刻"　218

圣姑庙:金元明变迁中的"异教"命运与晋东南社会的多样性　243

村民与镇民:明清山西泽州的聚落与认同　266

赤桥村与明清晋祠在乡村网络中的角色　303

族群、地域及其"历史性时刻"

"岭南"的建构及其意义　323

从草原传统到汉人文化的建构
　　——从明初军户的垛籍谈起　339

从移民传说到地域认同:明清国家的形成　349

身份变化、认同与帝国边疆拓展
　　——云南腾冲《董氏族谱》(抄本)札记　369

图像如何证史:一幅石刻画所见清代西南的历史与历史记忆　384

康熙《滇南盐法图》与山水地图的意义　415

亦土亦流:一个边陲小邑的晚清困局　433

民国初年一个京城旗人家庭的礼仪生活
　　——一本佚名日记的读后感　456

观察与思考

西樵山:近世广东史之景观象征
　　——读《南海县志·序》有感　479

锦屏—清水江文书在重建中国历史叙述上的意义　487

旧史料与新解读：对区域社会史研究的再反思 494

河东与河西：三十年来的新史学
　　——帕拉蕾丝-伯克:《新史学：自白与对话》启示录 502

在历史中发现族群，于草野间审视朝廷
　　——读《帝国之于边缘——现代早期中国的文化、族群性与边界》 522

附录　从田野中发现历史：民间文献、传说故事的知识考古 531

后　记 569

叙说：从区域社会史到历史人类学

一、历史学者与人类学者眼里的历史人类学

近年来，历史学与人类学的联手逐渐取得较大影响，这种联手似乎因为有"历史人类学"这个国际上已经认可的冠名（无论是在人类学界还是在历史学界）而迅速变得名正言顺。同时，这种冠以历史人类学之名的学科合作，产生了除理论之外一些重要的具体研究成果。

但是对历史人类学究竟应做何理解、历史人类学是人类学还是历史学的分支等等，学者间还有不同意见。十余年前，人类学家张小军批评历史人类学的"学科性"误解，又称历史人类学是被史学"抢注"的；历史学家符太浩在他收于《历史民族志研究丛书》中的一部著作中，明确指出历史人类学"只能是文化人类学的分支，而决不是史学的分支"①。在两部书名中出现历史人类学字眼的著作中，人类学家王铭铭认为，"为了克服功能主义对历史的漠视，显然要求新一代的社会人类学者在他们的民族志文本中重新提出处理历史与他们的研究主题——文化——之间关系的方案"，为了这个目标而进行的探讨，即"人类学的历史化"，也即历史人类学。他把历史人类学定义为一种"学术风格"，其特点在于"在人类学的跨文化视野中强调学者对于多种线路的历史的跨越"。历史学家张佩国则声称，"运用社

---

① 张小军:《历史的人类学化和人类学的历史化——兼论被史学"抢注"的历史人类学》，《历史人类学学刊》第1卷第1期（2003年4月），第1—28页；符太浩:《溪蛮丛笑研究》，贵阳：贵州民族出版社，2003年，第3页。

会人类学方法整合经济史、社会史、法制史、文化史等学科领域的学术资源……这就是我所提倡并付诸实践的历史人类学方法。……历史人类学不是单向度的学科,而是一种开放性的方法论体系"①。除了明确表示历史人类学是人类学内部自我反思之结果的观点外,其他人大都小心谨慎地避免把历史人类学收于某一学科的麾下,尽管如此,他们似乎还是认为历史人类学的方法和问题意识应该是人类学的。

学科归属的问题其实并不重要,历史学和人类学以及其他学科的学者在使用这个概念的时候,大多是为了解决本学科内部学术创新的问题,也就是说,它是一个概念工具,重要的是这个工具对各自学科来说是否有效。被视为"新文化史"代表之一的罗伯特·达恩顿说过一段非常精彩的话:

> 历史学家们表面上是在一些大家不感兴趣的问题上争论不休,实际上他们是在帮我们跟古人沟通。想想人类有多少人已经消失在过去,他们在人数上远比如今生活在地球上的后代为多。最令人激动、最有创意的历史研究,应该通过个别事件挖掘出前人的人生体验和当时的生存状况。这类研究有过不同的名称:心态史、社会思想史、历史人类学或文化史(这是我的偏好)。不管用什么标签,目的是一个,即理解生活的意义。②

达恩顿并不在乎这个标签是叫"历史人类学"还是叫"文化史",只要它是意欲"通过个别事件挖掘出前人的人生体验和当时的生存状况",目的是"理解生活的意义"。那么,这样一个标签或者概念工具对于历史学或人类学是否有效呢?

---

① 王铭铭:《逝去的繁荣——一座老城的历史人类学考察》,杭州:浙江人民出版社,1999年,第11页、"前言"第4页;张佩国:《近代江南乡村地权的历史人类学研究》,上海:上海人民出版社,2002年,第73页。

② 〔美〕罗伯特·达恩顿:《拉莫莱特之吻:有关文化史的思考》,萧知纬译,上海:华东师大出版社,2011年,第6—7页。

对于曾与已故人类学家格尔兹联袂授课的达恩顿来说,答案无疑是肯定的,这也可以从前引书的最后一章中看出来。此外,在法国年鉴学派史学家勒高夫看来,史学应"优先与人类学对话",并认为应使历史学、人类学和社会学相互结合,并用"历史人类学"这个名称来概括它①。而比尔吉埃尔则更为全面地讨论了他对历史人类学的认识,他认为,"历史人类学并不具有特殊的领域,它相当于一种研究方式,这就是始终将作为考察对象的演进和对这种演进的反应联系起来,和由这种演进产生或改变的人类行为联系起来"。"历史人类学也许主要是与史学研究的某一时期相一致,而不是与它的一个领域相适应。"(这个表述与我个人关于社会史概念的表述极为相似。)他认为法国史学家在这方面的研究成果,体现在研究饮食史、体质体格史、性行为史、家庭史等领域,本质上是要通过研究各种习惯来了解各种权力关系。"今天历史人类学正是在研究心态世界中继续进行着最卓有成效的研究。"②由此可以看出,历史学家倡导的历史人类学主要是借用人类学的关注视角和方法来改造历史学,来发现史学的一些新课题。

人类学家则主要是希冀以此作为探讨过去的手段。人类学家提出历史人类学这个概念,是以批判用共时性和结构性概念统治人类学的做法为起点的,其中代表性的人物便是伊万斯·普利查德(Evans Pritchard),他在20世纪50—60年代的著作可以作为历史人类学的先驱。直至此后的70—80年代,"历史人类学的研究风行一时,以至它们无疑已经建立了民族志报告的一种方式"③。按照这些

---

① 〔法〕J.勒高夫:《新史学》,勒高夫等主编:《新史学》,姚蒙编译,上海:上海译文出版社,1989年,第36、40页。

② 〔法〕安德烈·比尔吉埃尔:《历史人类学》,勒高夫等主编:《新史学》,第229—260页。

③ Marilyn Silverman and P. H. Gulliver, ed., *Approaching the Past: Historical Anthropology through Irish Case Studies*, Columbia University Press, 1992. 中译本为贾士蘅译:《走进历史田野——历史人类学的爱尔兰史个案研究》,台北:麦田出版股份有限公司,1999年,第21页。

人类学家的看法,历史人类学中有两大类别,一是历史民族志,即利用档案资料和当地的口述史资料,研究过去如何导致现在,或进行对过去的历时性和共时性研究;二是所谓对历史的人类学研究(anthropology of history),即集中注意特定族群"藉以拟想、创造和再造他的过去,以至把过去和他们身处的现在联接在一起的各种方法和文化理路",其中既研究过去的建构如何用来解释现在,也研究过去是如何在现在被创造出来的。"这样的人类学几乎没有制造'客观'历史的企图,相反地,它感兴趣的是人们对过去知道和记得些什么,如何记得,又为什么要记得,以及人们如何解释过去并和现在联接在一起。"①

倡导历史人类学最有代表性的人类学家是萨林斯,他在一部讨论历史的论文集中说,"历史乃是依据事物的意义图式并以文化的方式安排的,在不同的社会中,其情形千差万别。但也可以倒过来说:文化的图式也是以历史的方式进行安排的,因为他们在实践展演的过程中,其意义或多或少地受到重新估价"。尽管他认识到文化本身也是历史的建构,而不仅是静态的结构,结构与历史并非截然对立,因此强调历史如何改变了文化,但他关心的核心概念仍是文化人类学的"文化图式",在其变化的过程中,历史只是一种方式,文化因这种方式出现了"结构转型"或"系统变迁"。由于历史的发展过程始终都是结构的,因此结构始终存在于历史中,探究的对象应该是处在历史中的结构②。显然,这里的核心概念是"人类学发明"而非"史学发明"。

王铭铭的研究虽然努力按照历时性的逻辑框架讲述泉州或者其他地方的故事,但还是"把社会人类学近年对于历史的重新思考进行经验的叙述。其原本旨趣,在于开拓历史、文化、权力三个概念之间的关系空间"③,一方面仍然具有人类学的本位立场,另一方面把历

---

① 西佛曼、格里福编:《走进历史田野》,第25—31页。
② 〔美〕马歇尔·萨林斯:《历史之岛》,蓝达居等译,上海:上海人民出版社,2003年,第3、332等页。
③ 王铭铭:《逝去的繁荣》,第14页。

史看作是人类文化或社会中起作用的一个维度,这与史学家面前的历史是不同的。张小军则引述诸多人类学家的作品,认为在他们那里不存在人类学沙文主义,历史人类学是"结合人类学的理论和方法到历史研究,而不是相反,借史料论证人类学理论"①。姑且不论"结合"何指,即说结合的一方是"人类学的理论与方法",另一方是笼统的"历史研究",这是否意即,历史研究只是一种叙事文本,基本上没有什么理论与方法可以与人类学共享?

显然,人类学有非常明确的问题意识,人类学家的历史人类学是意识到人类学问题的回答无法脱离历史。但这并不等于是史学问题,史学的问题不仅仅在于文化的系统与结构,更在于文化(如果我们广义地理解人类的各种创造)在时间序列中的进程。人类学可能更关心文化是怎样的,而史学则更关心文化是怎么来的;人类学更关心文化的构造,史学则更关心文化(或者生活)的历程,或即太史公的"通古今之变"。方法上的民族志和文献、对象上的普通民众、日常生活与精英、主客体关系上的内与外、意识形态上的国家意识与地方观念,都不构成人类学与史学之间的差别,差别在于它们提出的是共时性问题还是历时性问题。因此,史学家的历史人类学是意识到史学问题的回答无法脱离个人的生活、具体的经验感知和情境。

二、区域历史的结构过程与再结构过程

就此而言,华南研究的学者有比较明晰的表述。在对珠江三角洲地区历史所做研究的基础上,萧凤霞(Helen Siu)和刘志伟将他们的工作解释为对这一地区 600 年的"结构过程"(structuring)的分析②。我认为,这一术语可以作为不同区域历史研究共同的核心概

---

① 张小军:《历史的人类学化和人类学的历史化》,,第 13 页。
② 萧凤霞:《廿载华南研究之旅》,《清华社会学评论》2001 年第 1 期;刘志伟:《地域社会与文化的结构过程——珠江三角洲研究的历史学与人类学对话》,《历史研究》2003 年第 1 期。本文中涉及这两位学者的引文,皆出自这两篇文章,不赘注。

念之一,也可以作为多学科区域历史比较的理论平台①。

作为一个对历史有特殊偏爱的人类学者,萧凤霞将人类学核心概念之一的"结构"视为一个动态的过程,从而使言人人殊的"历史人类学"有了一个统一的概念工具。她对"结构过程"的含义是这样表述的:

> 我们一直以来往往不必要地把"结构"和"变迁"这两个概念截然二分。实际上,我们要明白"个人"在分析研究中所发挥的"作用",要了解的不是"结构"(structure),而是"结构过程"(structuring)。个人透过他们有目的的行动,织造了关系和意义(结构)的网络,这网络又进一步帮助或限制他们作出某些行动,这是一个永无止境的过程。

将此表述还原到区域史的研究中,就是说,研究者所要做的,就是认识特定区域内的个人或者人群怎样通过其有目的的行动,去织造出关系和意义的网络,也即制造出一个"结构",其后,这个结构又影响着他们的后续行动。这个行动—结构—行动的延续不断的过程,就是历史。

历史学者刘志伟在自明初以来的600年历史中发现了若干重要的结构过程要素——沙田的开发、作为文化系谱的宗族的建构、神明体系在地方的建立、户籍制度的确立及其演变、作为身份认同表征的族群之形成,等等。这些重要的关系网络涉及地理空间、村落形态、生业、市场、土地经营、社会组织与等级、族群分类、信仰仪式诸方面,后者则构成珠江三角洲的社会结构。而这一结构的形成与演变(即结构过程)经由明初的军事征服、正统末的"黄萧养之乱"、嘉靖时期的礼仪改革、清初的迁海等若干时段,最后到清中叶以后,形成了我

---

① 自2010年以来,我曾在若干场合提出这一看法,包括在台湾史语所等单位主办的闽南文化研习营、暨南大学等处所做《在空间中理解时间》的专题讲演中,都提及"结构过程"概念的意义,并提出不同区域内部的"再结构过程"问题。

们日后可以通过文献和田野观察发现的珠三角社会。而这一"可发现"的事实又证明了该社会对其后百年历史的影响。

在华南其他地区的研究中,各自作者虽然未必言明,但都揭示了各不同地区的结构过程,尽管它们经历的重要历史时段或有不同,结构过程要素也有差异。比如说,福建莆仙平原的开发可以追溯至宋代,木兰陂水利工程的修建,儒、释、道势力的博弈及民间信仰的正统化,都显示了该地区的崛起。相邻的广东潮州地区双忠公信仰的建立等的个案,也表明了当地自元代起与韩愈时代的分野。在这两个地区,明代中叶以后的海上贸易成为其结构过程中的重要结点。而在珠江三角洲地区以后,台湾地区自明末以来也开始进入了这样一个历史序列,显而易见地,该地区的开发与前面三个地区的结构过程有着密切的联系。

如果我们按照华南研究的模式,将区域大规模深度开发作为该区域结构过程的表征的话,那么其他区域的这一过程显然处在历史的不同阶段:华北腹心地区在春秋战国时期、江南在东晋南朝至隋唐、洞庭湖与鄱阳湖区在南宋至元,而西南地区在晚明至清,东北地区在晚清民国——恰好构成了一个完整的中国历史的序列。如果这一多少有些粗疏的概括符合事实的话,那么"先发"的区域在此后必然经过一个或数个"再结构过程"。也就是说,虽然同处于一个时代,但华南地区的明清,不等于华北地区的明清;华南地区在明清时期经历的结构过程,在华北腹心地区已早早经历过了,后者在明清时期所经历的,已然是新一轮的"再结构过程"了。如果承认这一点,做区域社会史或社会经济史研究的人,就不会将明清时期的华北与同时期的华南或江南做简单的类比。

不仅如此,对于研究华北的学者来说,关注春秋战国以降的结构过程十分重要,关注此后的再结构过程也同样重要。这既是华南研究的启示,也是与华南研究之间的不同。或许,我们也可以只使用"结构过程"这个概念,即将某区域先后接续的若干过程各自独立看待,但这样我们会切断其间的关联。

近年来，人类学者黄应贵就"历史人类学"的主题发表了一系列文章，并结集为《人类学的视野》一书①，其中的《进出东台湾：区域研究的省思》与《区域再结构与文化再创造》等文，专门论及这一问题。他试图提出"区域再结构"与"文化再创造"的课题，以其作为台湾研究跳出区域研究限制的概念工具。黄应贵将人流、物流、信息流和资金流视为导致区域再结构的直接动因，这些要素的流动造就了区域的新面貌，而这个"区域再结构是个动态的历史过程"（第163页），由此充分显示了他的人类学之历史化。

黄应贵之所以采用"区域再结构"的概念，还在于"过去汉人社会研究上所凸显的汉人在某区域的开发，其实是充满着汉人文化中心主义的观点。也只有将它视为区域再结构，才可能把汉人征服前的人类活动纳入其中，看到更多元人群与文化的互动、采借、结合与创造或再创造"（第215页）。因此，他的"再结构"之"再"就不仅具有时间变化的含义，也具有批判汉人中心主义、倡导多元互动的意识形态含义。不过，就后者而言，仅使用"结构"而不加"再"，并不必定导致多元文化观的缺失，即如学者们所研究的明代珠江三角洲地区沙田的开发者，就不仅包括了汉人，也包括了后来混同于汉人的疍民。

黄应贵的主张对于历史学中的区域研究突破原有框架颇有启示，而我们对带有汉人中心主义开发史取向的可能性也应采取警醒的态度。其实，当我们讨论某一区域历史的结构过程时，并不会将其视为最初的开发及文化创造过程，在这个结构过程之前，已然存在形成区域历史的各种人类活动，不过，为了与此后的"再结构过程"相区别，我们将某区域历史的"结构过程"定义为该区域在历史上第一次大规模的深度开发，而且这一过程的影响可以在随后的历史中发现。比如珠江三角洲地区自明初开始的这一过程，不仅可以在现代社会

---

① 黄应贵：《人类学的视野》，台北：群学出版有限公司，2006年。承蒙黄应贵先生在2012年香港中文大学演讲之际赠送此书，特致谢忱。

中看到，而且在此前是没有发生过的。相对而言，此前影响区域历史的结构性要素是个别的或者微弱的，甚至是潜在的。

人类学者的"区域再结构"虽然是个"动态的历史过程"，但这个过程的时间段（time span）一般不甚漫长，而且就在最近的百年内，往往是从殖民时代到后殖民时代。对历史学者来说，区域历史所经历的"再结构过程"可能不止一个，而且绝不止数百年之久。于是，试图揭示这些过程的历史学者将会面对更大的困难。他们不仅要像人类学者那样面对空间或文化上的他者，还要面对时间上的他者，这些他者的眉目一个比一个更模糊。而且，如果确定某区域历史的再结构过程不止一个的话，就需要确定原有的结构如何破坏、新的结构要素如何替代旧的。就此而言，由于学科的特性不同，人类学者的"区域再结构"大体上是单数的，而历史学者的"再结构过程"大多是复数的。

人类学者的"区域再结构"是向前看的，但历史学者的结构过程或再结构过程都是向后看的，难处就在于越向后看，材料就越少，结构性要素就越模糊不清，让人无法确定。以华北为例，我们不能像华南那样，从今天依稀可见的历史遗存中，结合历史文献去确定那些明代以来的重要的结构性要素，因为我们不仅看到有某些要素是明朝或清朝开始出现的，还看到有某些要素是宋朝或者元朝，甚至更早就存在了。因此，华北的研究就必然是长时段的。我们必须借助考古学的成果，同时对早期文献重新进行审视，力图发现区域历史早期的结构过程和再结构过程。这时，区域社会史研究者引以为傲的民间文献和田野观察成为可望而不可即的东西，但人类学的视野依然是重要的，这会使我们对古代历史提出新的解释。

区域社会史研究者往往是通过观察现代社会去反观那个距离最近的结构过程的，因为眼前的种种现象，是这个结构过程的延续。我们或许也可以采用这种逆向的方法，去观察历史上的结构—再结构过程。比如，我们试图在明清时期的区域社会中发现前此某个结构过程延续下来的浓重痕迹，从而发现这个过程中的重要结构要素，进而把握该结构过程。相对于它,明清时期该区域历史的结构过程就变成了"再结构过程"。

区别某区域历史的结构过程和再结构过程,要看构成原有结构的过程是否中断;判断这一过程是否中断,则要看特定的区域人群是否在继续编织那个"关系和意义的网络"。同时,当历史发生重大变化的时候,原有人群或新的人群是否开始努力编织新的网络,从而开始一个新的"结构过程"。我认为,原有的关于历史分期的讨论,或者是近年来关于"变"与"不变"的讨论,也都可以在这样的理路下得到重释。

三、在空间中理解时间

历史学是一门关乎时间的学问,或者说,它是在时间长河中观察人类及其生活的流变。上文强调的"过程",就是时限性(temporality)的体现。司徒琳(Lynn Struve)这样定义对时间的认识:

> 在或稳定或变动的情况下人们如何经历时间,当我们思索过去的时候,我们又如何"型塑"它。①

这就是说,历史学家一方面关注在相对的变与不变的时期人们是怎样度过他们的一生的,这一点比较容易理解,历史学家一直在做这样的工作;而另一方面,他们也要关注人们在思考历史的时候,怎样将自己的主观意志强加给那个曾经客观的时间流程,比如古代儒者提及"三代"这个时间标识的时候,是为何及如何赋予它特殊的含义的,再如古今中外的学者为何及如何进行历史分期,等等。

当然,即使我们像习惯的那样讨论不同时期的人们是如何经历时间的时候,问题也并不像想象的那样简单。比如,当我们论及人们

---

① 〔美〕司徒琳、万志英:《两卷本前言》,司徒琳主编:《世界时间与东亚时间中的明清变迁》上卷,赵世玲译,北京:生活·读书·新知三联书店,2009年,第1页。

如何经历明清之际的改朝换代的时候，由于这时出现了多个时间标识——崇祯十七年、顺治元年、永昌元年、大顺元年，以及稍后的弘光元年等多个南明年号，更不用说还有蒙古人的生肖纪年、欧洲传教士的西历纪年和民间教门采用的"天运"纪年——不同的人们在相同的物理时间中经历了不同的"文化时间"，他们或痛苦，或快乐，或忙碌，或闲散，都与此有关。

之所以不同的人们会在相同的物理时间中经历不同的"文化时间"，是因为他们处在不同意义上的空间之中，这就是我们称呼我们的研究为"区域社会史"的原因。所谓不同意义上的"空间"，与上述对时间的定义一样，既包括物理空间，也包括各种形式的"文化空间"，这就是为什么我们所说的"区域"绝不限于各种地理区划，比如府、州、县或者珠江三角洲及南岭，也包括墓地、庙宇、绕境、祭祀圈、教区等仪式空间，以及紫禁城、长城等权力政治空间等。这些空间的形成由于人的作用是有先有后的，比如在一个地区，定居者是先后到来的；一个宗族，可能先有聚落，再有墓地，更晚有祠堂，所以某种社会—文化空间就是先后不同的人的活动的叠加。这不仅构成了空间，也使空间及其形式的转化由时间表现出来，这也就是人文地理学所谓的"空间过程"（spatial process）。

至此，我们可以知道，区域社会史既是一种对区域社会的"结构过程"的研究，也是一种对社会—文化结构的"空间过程"的研究。前者强调的是某个社会—文化复合体的形成过程，后者强调的是某个空间或者区域的形成过程。事实上，这二者是合一的或同步的，"结构"是"空间"的核，"空间"是"结构"的场，在核形成的时候，场也就形成了；场变化的时候，核也在变化。有点简单化地说，当核心概念"结构"被改造为"结构过程"的时候，人类学就成为历史人类学；而当"空间"被改造为"空间过程"的时候，地理学也应就是历史地理学（并非传统意义上的沿革地理学），在这个意义上，历史人类学和历史地理学都可以成为区域社会史研究的方法论。

但无论是结构过程还是空间过程，在其中扮演能动角色并起着

决定性作用的还是人。人及其活动不仅是历史的主体,也是历史学的本体。刘志伟最近写道:

> 我们所追求的历史学与传统历史学的分歧,其实不在于是研究国家还是研究民间,也不在于是研究精英还是研究下层民众,而是在于是国家的历史还是人的历史,分歧就在这里。……我们的历史分析以人作为逻辑出发点,那么在人的行为之上,有或强或弱的国家权力存在,有错综复杂的社会关系,形成不同的文化传统,还有不同形式的法律制度等等的东西,都要进入我们的视野,从而得以由人的能动性去解释历史活动和历史过程。①

这段话比较明确地竖立了一个社会史研究的理想标尺,而最近二三十年我们所实践的、达致这一理想的路径,即区域社会史,也即在空间中理解、辨析和解释时间。人的所有行为都经历从生成到演变的时间过程,这才是历史学工作的最重要内容。各种不同的空间或者区域,都不过是阶段性研究的单位;不同空间或区域的历史过程会尽可能地揭示出历史演变的多样性和复杂性,并提示我们给出多样而复杂的历史解释。

如前所述,史学则更关心文化(或者生活)的历程,或即太史公的"通古今之变"。人类学与史学之间的差别,在于它们提出的是共时性问题还是历时性问题;史学家的历史人类学是意识到史学问题的回答无法脱离个人的生活、具体的经验感知和情境,那么,时间、空间和所谓"历史性时刻",就是历史学或历史学者之历史人类学共同的关键词。

本书中所收论文,大多是拙著《小历史与大历史》于 2006 年出版之后发表的。其中以专题论文为主,也有个别讲演稿和评论。与上书相比,各篇文章无论是属于个案还是综论,都比较强调区域历史的时空连续性。相比华南研究而言,华北腹地的研究更有可能进行长

---

① 刘志伟、孙歌:《在历史中寻找中国》,香港:大家良友书局,2014 年,第 21 页。

时程的观察,这是华北历史的比较显著的特点。一方面可能是由于在长时程的观察中,比较能够在某些地方发现跨越王朝的联系,另一方面则的确看到,某些重要的王朝制度,在南方迅速瓦解或改变,而在北方的某些地区则变化缓慢,甚至一直延续到相当晚近的时期。

但与此同时,这些文章也强调"历史性时刻"(historical moment),即在区域历史过程中,出现过一些具有历史性意义的时刻,此时发生的一系列事件,导致了社会—文化结构或者空间形式的改变,原来的发展脉络可能中断或改道了,原来发挥作用的内在机制可能出现了问题。对于不同尺度的区域来说,其历史性时刻也许是不同的,其意义也不同;它们有可能与王朝更迭等等社会—政治变动重合,也有可能无关。它们是区域历史过程中的关节点。正是因为我们可以长时程地观察区域历史,才能发现这些关节点,才能思考这些关节点与连续性之间的复杂关系。

与上书相比的另一些不同,在于本书对"大历史"的关注明显加强,一些重要的制度、重要的事件都得到直接的讨论,一些传统的主题被重新加以审视;在于本书涉及的区域性个案不仅限于华北,也略略扩展到西南地区和长城沿线地带;还在于本书中已很少有对社会史的理念、方法,以及学术史的一般性讨论,基本上是专题研究。这当然表明我个人认识的深化,也表明整个社会史研究领域的日渐成熟。虽然有这些不同,但相同点应该更多:虽然上书出版至今已历10年,但我并没有改变我对社会史研究,甚至历史研究的基本看法,只是沿着认定的方向继续前行。或许读者会感到失望,因为从总体来说,本书既没有对某一区域社会的历史过程提出新的概括,也没有在理论上有更大的突破,只是在一些个别问题上有些鄙陋之见而已。

必须说明的是,本书所收文章创作延续的时间较长,有些看法已经有所发展和改变,前后文章也可能出现说法不尽一致的地方。为了尊重历史,此次收入集中时,除了增加了一些插图外,均未作调整改动。当然也有极少例外。比如关于圣姑庙的文章,由于有学者在《中国史研究》这样的重要刊物上对其有所批评,应该有所回应;但又因不是什么重要问题,无需专门撰文,于是便在本书中一并回应了,望相关学者和读者能够谅解。再如《重观东江》一文,投稿三年后才告刊出,其他学者在此期间已涉及相同问题,只好于此处稍加补充和说明。

无论如何,对我个人来说,本书就像是这10年中田野旅行留下的一串脚印。尽管这些脚印看来歪歪斜斜,模模糊糊,但脚步却是无比坚定地向前走的。2015年7月中旬,我和刘志伟、郑振满、程美宝四人在云南腾冲的乡间行走,发现很多村里少有人迹。待我们来到村里或村边的寺庙,却发现这里人头攒动,杯盘碗盏,忽而又鼓乐齐鸣,竟无意赶上了这一带的朝斗仪式。我们相视一笑:不是说我们是"进村找庙"吗?来这里看看吧!不仅文献在庙里,人也在庙里。

云南腾冲下绮罗村水映寺(2015年7月)

以明清为基点:时间上的连续性

从明清史看宋元史[*]

——倡导一种"连续递进"的思考方法

本文的主题来自于这些年我在研究明清史过程中产生的一些想法。其实从明清看宋元或更早的历史,或者反过来说,从唐宋变革期一直看到明清,这样的思考并不新鲜。特别是像研究经济史、社会经济史的人,更是经常从比较长的时段来考虑。如果我们真的跳出王朝史的藩篱,就会跨越一个朝代、一个时期去思考相关的问题,实际上我们是提倡一种"连续递进"的方法,就是从某一个具体问题的研究,引发出相关的另一项具体研究,然后再连续递进,最后可以放到很多,甚至全方位的对历史的思考或者关注当中,而且在很多情况下可以改变我们以往的历史认识。

一、从一段关于移民传说的材料说起

这些问题是怎样被另一些问题引发出来的呢?比如说,我一直在关注明清时期华北移民及其传说的问题,也提出过一些并非定论的假设。我曾在一篇文章中引用过一段材料,是这样说的:

> 何今之族姓,其上世可考者,尚有千百户之裔;其不可考者,

---

[*] 这篇文字的部分内容曾以类似的题目发表于《北京师范大学学报》2007年第5期,第87—95页。全文原系演讲词,刊载于《清华历史讲堂续编》,北京:生活·读书·新知三联书店,2008年,第219—250页。特此说明。

> 每曰迁自洪洞,绝少称旧日土著及明初军士。盖自魏晋以来,取士竞尚门户,谱牒繁兴,不惜互相攀附,故虽徙居南方,其风未泯。而中原大地,则以异类逼处,华族衰微,中更元明末世,播窜流离,族谱俱付兵燹。直至清代中叶,户口渐繁,人始讲敬宗收族之谊,而传世已远,祖宗渊源名字多已湮没,独有洪洞迁民之说,尚熟于人口,遂至上世莫考者,无论为土著,为军籍,概曰迁自洪洞焉。①

这个地方志的作者显然是民国年间一个有了一些新思想的人,也是一个难得的明白人。他说,现在在本地,多数家族最早来自于什么地方已经不太说得清楚了,获嘉这个地方的人都说自己是从山西洪洞迁来的,很少有人说自己是这里土生土长的人,或者是明初的军士。为什么我说这个读书人是个难得的明白人,甚至比我们后来的学者都明白呢?就是因为他发现有两个问题非常重要:一个是土著的问题,就是世世代代、土生土长,从明初甚至宋、元开始就住在这里的人,为什么没有人关注?另一个就是明朝卫所军户的问题。明朝的军户制度也是继承元朝的,在当时是与州县民户的系统并立而存的,以往的研究也比较薄弱。这些军队的调防在各地人口移动过程中扮演什么角色?背后的问题则是为什么人口流动的制度因素没有人关注,而都在讲洪洞的故事?

这两个问题的提出是非常重要的,按我个人的看法,今天关于移民史研究的问题意识,都没有超出,甚至远没有达到县志这段话的作者的程度。这段话又说:"盖自魏晋以来,取士竞尚门户,谱牒繁兴,不惜互相攀附。"即使很多人迁到南方去了,这个攀附的毛病还保留下来。比如说现在的客家人,都说来自中原;福建的几个大姓,也都溯源到中原。按作者的口气,并不是真的相信这些说法就是事实,而是以之为攀附之风的表现。

---

① 民国《获嘉县志》卷八《氏族》,民国二十四年铅印本,叶16a。

接下来,这个作者口风一转,说"中原大地,则以异类逼处"。当然这句话里的"异类"这个词有点贬义,我们今天不能这么说,但他的意思是非常清楚的,就是指唐末以来,特别是宋、元以来,很多北方的族群进入到中原,造成了北方历史的一大变局。在这个时期,"华族衰微,中更元明末世,播窜流离,族谱俱付兵燹",与南方形成对比。他的意思是说,族群变复杂了,战乱又把谱系搞乱了,就是想像南方那样攀附也做不到。直到清代中叶,开始讲究敬宗收族,但关于祖先的事情已经说不清了,于是民间关于洪洞的说法就越来越正式了。

这个作者讲到的所有有关的重要问题的时间,我通常称之为对某一地区来讲非常重要的"历史性时刻"(historic moment),包括清中叶宗族复兴等等,都非常清楚,非常准确,只是他没有讲具体原因或者背后隐藏的具体故事就是了。他很有历史感,不像今天很多人说到宗族的时候,把它追溯得很久远,好像很早就有很多人在做宗族。他就是讲敬宗收族这一套在社会上是从清代中叶才慢慢多起来的,他没有被少数几个倡导搞宗族的名人士大夫的几段话骗倒。另外他所说的"异类逼处"可能不仅仅指金、元以来的情况,甚至可能包括更早的时段,从十六国以来,至少是唐宋以来。作者暗示,要想理解为何人们选择讲洪洞的故事,为何讲到自己祖先的时候说不清楚,其中就有这个族群的因素。

不管是什么因素,不管这里牵扯族群的问题还是制度的问题,这个例子还说明我们做明清史研究没办法回避对宋、元历史的追溯。这样的追溯就是"连续递进"方法的结果,几乎是不得已的、自然而然的。在珠江三角洲也有同样的例子。明末清初广东的一个很有名的学者屈大均在他的《广东新语》中写了一段话:"吾广故家望族,其先多从南雄珠玑巷而来。盖祥符有珠玑巷,宋南渡时诸朝臣从驾入岭,至止南雄,不忘枌榆所自,亦号其地为珠玑巷,如汉之新丰,以志故乡之思也。"①这段话说,我们广东人(其实他所说的广东人不是全部广

---

① (清)屈大均:《广东新语》卷二《地语》,"珠玑巷",北京:中华书局,1985年,第49页。

东人,是指珠江三角洲这一带的广东人)的祖先多是从南雄珠玑巷迁过来的。因为北宋首都汴梁的祥符有个地方叫作珠玑巷,靖康南渡的时候,诸朝臣最南走到粤北的南雄,为了不忘祖宗的地方,所以也把他们所到之地叫作珠玑巷。这段话其实说得不清不楚,屈大均提到祥符,表示这个事情的背景应该是北宋灭亡后的靖康南渡,但朝廷到了临安,怎么会"入岭"呢?朝臣"从驾入岭"应该是南宋末躲避元军吧。当然在民间还有很多传说,讲南宋宫廷里的胡妃或者苏妃到南雄珠玑巷避难的故事,后来官兵追来,那里的人就继续逃往珠江三角洲。

对这个写在大批广东族谱里的故事,按现在一些研究华南的学者的解释,实际上是因明初时入籍问题所引起的。一些原本不在国家户籍系统里的人在这个地方定居下来之后,要取得合法的身份,成为国家的"编户齐民",要在这个地方站稳脚跟,并且获得随着入籍而来的一系列利益,便制造出来这么一个关于祖先来源的传说。实际上,很多通过这个祖先故事证明自己有中原血统的人,其实就是本地的疍民,或者是被垛籍为军的人,或者是别的什么人。对这些问题的解答,也需要对明清以前的历史投放关注。

二、对一种史观的反思

以上例子本来只是想说明我们应该如何审视和研究历史的一种方法,即我所谓"连续递进"的方法,但在某种意义上,通过这样的方法,我们可能会对历史进程产生不同的认识。美国的一些学者曾经开过一次会,讨论从唐宋变革期到明中叶的变革之间的历史变迁,后来会议论文被编成一本书,叫作《中国历史上的宋元明变迁》。编者认为,他们这个变迁时期的起点并不是笼统的"宋代",而明确是指南宋的建立,从而与"唐宋变革期"所牵涉的北宋相区别。他们认为,在这个时期的两端有两个被认为是有很大变化、很大发展的时期,一个是日本学者提出的"唐宋变革期",另一个是西方学者的所谓"帝制晚期"或"早期现代",中间这个时段,即 12 世纪初到 15 世纪末,或南宋到明中叶这一段被忽视或被贬低了。他们主张这是一个独特的历史阶段,构成了一个真正的历史过渡,可以被称为"宋元明变迁"①。

作者认为,持"唐宋变革期"和"帝制晚期"这两种观点的学者并没有很好地思考这两大"变迁"之间的关系,后者尤其认为明中后期以降的变迁是前所未有的,变化不仅是量上的,也是质上的。当然,也有学者认为明清时期的主要经济动力始自宋代,或者认为明清的发展是唐宋发展的继续(比如伊懋可的《中国历史的模式》,1973年)。无论如何,作者似乎主要是反对把这个阶段看作是"黑暗时代"(dark ages),而是力图证明这近四个世纪的变迁无论在国内还是国际的发展进程中都有利于唐宋变革的趋势向明清延伸(第 6 页)。

此书出版后,产生了一些反响,也有不同意见。罗祎楠认为,该书并未超过郝若贝(Robert Hartwell)的基本观点和研究方法,他既质疑了唐宋以来国家控制力减弱而地方精英力量增强的观点,也质疑了以江南的区域性发展作为整个中国历史发展之代表的做法,顺便也对区域性研究表示了审慎的保留态度②。但罗氏似乎应该注意到二者有一个也许不太明显的区别,即郝若贝讨论的时间范围是 750 年到 1550 年③,大约从唐代安史之乱到明嘉靖"庚戌之变"前后,而《宋元明变迁》一书却是以南宋为起点的。这说明,南北宋之交是被该书编者视为一个重要的断裂点的,或者至少是"唐宋变革期"的终点,从此以后开始了一个新的发展阶段,而郝若贝似乎是把唐中叶以后看成是一个连续的发展的历史序列。

另外,在《清华历史讲堂初编》中,收有台湾"中研院"萧启庆院

---

① P. J. Smith and R. von Glahn, *The Song-Yuan-Ming Transition in Chinese History*, Harvard University Press, 2003. " Introduction ", pp. 1-2.

② 罗祎楠的书评见荣新江主编:《唐研究》第 11 卷,北京:北京大学出版社,2005 年,第 710—713 页。

③ R. Hartwell, " Demographic, Political, and Social Transformation of China, 750-1550." *Harvard Journal of Asiatic Studies* 42, no. 2: 365-442.

士的一讲。他这一讲,题目是《中国近世前期南北发展的歧异与统合——以南宋金元时期的经济社会文化为中心》,内容主要就是质疑美国学者编的这本书,其主要观点基本上是坚持传统的看法,就是在两宋之际,金,特别是蒙古人进来以后,对中国北方破坏比较厉害。他认为,在"唐宋变革"与"明清变革"之间,是断裂而非连续的时代,而这一特点正"是由于金、元等征服王朝的介入"。他认为李伯重所指出的江南此时期的持续发展不过只是江南一地的情况而已,而北方则大异其趣。"征服王朝的统治却为全国社会,尤其是北方带回了几许中古风貌,中国近世社会的进展因而受到甚大的延宕。"①

对《中国历史上的宋元明变迁》一书,萧先生指出其"对征服王朝及北方社会注意不足",随即又指出一个普遍性的缺憾,"即是南北两方现存史料与相关研究之多寡非常不平衡。有关辽、金两代及元代北方的史籍、文集、方志远少于南方,以至研究北方区域历史者往往因资料欠缺而裹足不前"。②

这就等于把问题重新提出来,就是怎样评估这个时期的历史。特别是像萧启庆院士以及其他的评论者所说的那样,就是对金、元时期的华北地区,整个社会究竟是一种什么情况,实际上研究甚少。但是问题毕竟还是需要提出来,即使是假设,即使没有定论,也可以提出来供大家思考。不过在提出问题的时候,以往有些历史观念是需要调整的。

我们可以看一看北宋时期的疆域图,它清楚地表现出这一时期各个政权版图的情况。过去我们常说南宋是偏安的,而北宋还是一个统一的帝国,但实际上北宋的版图并不比南宋大太多,与元、清以及现在的中国版图比相差很大。我展示地图的意思是说,我们是否可以通过了解北宋或者南宋这么大一块地方,表示我们对地图上呈

---

① 萧启庆:《中国近世前期南北发展的歧异与统合——以南宋金元时期的经济社会文化为中心》,《清华历史讲堂初编》,北京:生活·读书·新知三联书店,2007年,第198—222页。

② 萧启庆:《中国近世前期南北发展的歧异与统合》,第200页。

现的全部地域都了解了；或者说，通常我们的头脑里有一个中国的概念，但这个中国究竟是今天的中国还是某一历史时期的中国，在脑子里并没有清晰的认识，也就是说，并没有强烈地意识到现在的中国并不等同于历史时期的中国，而是以为北宋或者南宋就能代表一个抽象意义上的或者现实意义上的中国。因此，我们需要扭转一种观念，就是用宋人的眼光来看待、用宋人的材料来说明所谓的中国，因为这种眼光或者材料只能说明宋，而不能说明别的地方。而当时的北宋或者南宋，就是东南角那么小的一块地方。我们过去的一些观念是以两宋为主导的，以它们为基本取向，来审视、判别、褒贬其他地方，或者来概括整体，显然是容易失之偏颇的。

同样，只是从地图上观察就可以知道，元代和刚才我们看到的情况有很大的不同。元代的版图到了很北边，到了巴尔喀什湖以北，到了很多现在已经不在中国版图之内的地方，此外还向西南大大扩展。只有西北角，也就是现在新疆这块地方没有被划在元帝国的版图之内，是察哈台汗国。这时候，我们就需要在这样一种大版图的空间中去感知历史，而不是在南宋或在现代中国的版图中看。要在这样一个版图的视野下去审视这个版图内部的不同地方，看这些不同的地方如何在一个大版图里面发生具有崭新意义的联系。这两幅地图告诉我们一大一小两个观察历史的角度，但反思的问题、反思的史观都是相同的。看了这些地图也许会有助于我们提出的问题，就是为什么研究明清史，却要去关注宋元？

在这里，我们发现一个新的问题，即试图观察宋元明之连续性的学者，大多是从对唐宋的思考历时性地向下推演他们的思考的，与之相较，很少有关注明清史的学者向上回溯宋元的历史及其与明清的关系。这可能是历史叙事的习惯使然，因为故事都是从前向后讲，逆时序的逻辑很容易使叙事变得混乱。人们对历史的回顾是逆时序的，但把历史讲述出来又必须是顺时序的。

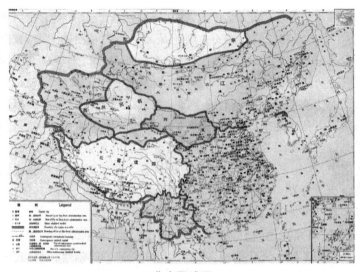

北宋疆域图

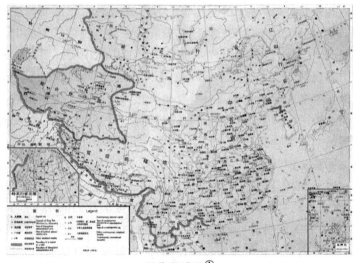

元代疆域图①

---

① 上图与下图分别取自谭其骧主编:《中国历史地图集》第6、7册,北京:中国地图出版社,1982年。

但原因也可能不仅如此。在王朝史的叙事中,元朝与宋朝是截然对立的,这不仅是因为元灭亡了南宋,本质上还是因为元是蒙古人的政权,与南宋的汉人政权不同,所以元末民变以"贫极江南,富夸塞北"相号召,而实际上此时期在贫富方面这两个地区正好可以调过来概括。同样因为这个原因,明朝与元朝也是截然断裂的。葛兆光已经提到,虽然已有研究说明,元明之间并无民族革命之色彩,倡导华夷之防是明中叶以后边患日大的结果,但还是可以看出明太祖建国后重建汉人传统的努力①。事实确乎如此。一方面我们的确看到元明之间许多制度上的连续性,但另一方面我们也同样看到朱元璋在反复强调"一反胡元之政",无论在礼制建设还是重典治国的问题上,元朝的弊政始终是他挂在嘴边的靶子。这种现象不仅不自相矛盾,反而相辅相成:延续元朝的制度是为了统治初期的稳固,强调自己推翻元朝的合法性也是为了统治的稳固。此外,革命史叙事也为这一界限的划分推波助澜——元朝是被元末农民战争倾覆的,革命后建立起来的新王朝应该不同于旧王朝,这样的改朝换代与军阀混战造就的新王朝是不同的。

带着这样的视角回到北方,我想强调的是两宋之交和明清之际这两个非常重要的历史时刻。这就是为什么要想很好地理解明清就要很好地了解宋元的道理所在,也是我们今后与前辈学者就宋、金、元进行讨论的基础。明代中叶在北方兴起的民间宗教传遍全国,甚至走向世界,不仅在清代影响很大,而且一直影响到当代,但如果局限于明清是无法很好地理解的。清初满洲人以少数兵力一举征服华北,人们一直在寻求原因,但如果仅限于明末清初的史事也不能给予圆满的解释。

两宋之交之所以成为非常重要的历史时刻,是因为此时期出现了北方历史上的一次大转折。《宋元明变迁》一书的作者为什么采用

---

① 参见葛兆光:《"唐宋"抑或"宋明"——思想史和文化史研究视域转变的意义》,见氏著《古代中国的历史、思想与宗教》,北京:北京师范大学出版社,2006年,第125页。

南宋作为一个新的历史时段的起点？这以后有怎样的特殊性？这些特殊性又怎样与明清的历史连接起来？该书的作者特别强调江南地区的发展，理由是江南是中国唯一免受战争破坏的地区，这样"我们就可以把宋元明变迁视为走向江南的地方化，因为江南表现了唐宋变革的最为重要的社会、经济和文化走向"（该书第 8 页）。我理解作者的意思并非像评论者以为的那样，试图以江南一隅代表整个中国，而是说唐宋变革期的一个重要标志就是江南地位的凸显，也就是我们常说的经济—文化重心的南移。正如陈正祥所论，这个过程由"永嘉南渡"启动，经"安史之乱"后的推进，至"靖康之变"后形成定局①，南宋偏安的压力更促成了东南沿海的发展，使后者渐成中国最发达区域，次第由中部到西部，发展水平渐低，这一格局在明清时期已几与今日无差。讨论江南和作为时代起点的南宋，意义即在于此。

由此，江南地位的凸显与农牧关系的紧张化产生了直接的联系。该书之所以强调南宋的开端意义，在于强调草原帝国或游牧政权南下扩张的影响。在五代与北宋时期，契丹、西夏和金先后在北方与宋对峙，最后金灭宋，其后一方面可依中原政权的立场将其理解为南宋与金划江而治，另一方面也可以理解为北方民族政权将华北变成了它版图的一部分。显然，两宋统治者都无力解决这样一种多民族政权并立的局面，金解决了一部分，元朝则彻底解决了这个问题，不仅据有原来宋、金的版图，而且据有了西南的大理，与青藏政权的关系也更密切。在这个意义上说，不完全是元继承了宋的正统，更毋宁说元缔造了一个新的中国，一个具有草原帝国意义的中国。更为重要的是，元把这份遗产留给了明，只是这份家业在明的手中略有萎缩，而到清才得到发扬光大。

在这个问题上，北京或许是个很好的例子。众所周知，所谓北京成为都城的历史，是从辽南京或者金中都开始的，也许辽南京只是雏形，因为它只是契丹人同等重要的几个都城之一，不具有至高的地

---

① 陈正祥：《中国文化地理》，北京：生活·读书·新知三联书店，1983 年，第 3—5 页。

位,而金中都则不同。随后就是蒙古人的元大都。但也许很少有人反过来想,没有这些北方的草原民族,契丹、女真、蒙古的强盛,究竟还会不会有北京?也许北京就永远是被称为燕、蓟或者幽州的北方边城。甚至明朝在永乐以后亦以北京为都城,也是拜元朝所赐,因为没有蒙古的问题,也就不会有"塞王"守边,不会有燕王建邸于此,当然也没有这个都城的基础。而所有人都应该清楚,北京成为帝国都城给近800年的中国历史带来了多大的影响,所以,我把这件事称为近800年来中国历史上的一大变化。草原民族造就的都城,其影响绝不仅在于对华北乃至更南部的影响,还在于这些民族的生存空间在更西、更北。这就是把这一变迁时期的开端定于两宋之交,并一直延伸入明的道理所在。有论者以为《宋元明变迁》一书的编者"忽视了北部中国的情况",虽意在强调对中国北方的研究亟待加强,但恰恰没有意识到这正是这一时段在北方的历史脉络,认识北方在这一时段的某种连续性,并不需要与讨论江南社会经济持续发展的路数同出一辙。同时,如前所述,理解此时期江南社会经济持续发展并形成经济—文化繁荣的核心区域,离开草原民族"南下牧马",恐怕也会失之偏颇。

以上意见有几层意思。第一,草原民族的兴起是从唐中后期开始的,辽、金、元的南下趋势不能只从北宋算起,甚至还有可能是北朝和隋时期的内亚和东亚历史运动的余绪。这场运动与所谓"唐宋变革"诸面向的关系有多密切,恐怕还不是可以遽下结论的事。第二,自宋至明是否就缺乏了连续性,从上述运动来看就未必可以证实。我看这一连续性不仅进入了明代,甚至进入了清代和当代。诚如萧先生强调的前提,由于经济重心的南移,北方经济已露疲态,这个趋势的开始显然不应算在金、元头上,而且继续显现于明清。更为重要的是,这个连续性表现为另外的特点,不能完全用与江南或华南相同的标准去衡量。第三,对金、元华北社会的判断恐怕要基于更为丰富的材料。现有的估计,以萧先生文中所示,农业亩产并不低于南宋,破坏是因灾害和战乱,而所谓猛安谋克对农业生产的影响也都语焉不详；冶铁的情况究竟如何，也还缺乏史料证明；至于北方人口顿减，除了战争的原因外，尚未可知是否对脱籍人口给予了足够的估计；而在这里是否复成"族群等级社会"，亦需分析证明。此外，如何超越这样一些指标，对这一地区进行新的考虑，是我们面对的更重要的问题。

三、但曰"唐宋"，不论"宋元"：对历史时段概念的反思

葛兆光曾在文章中写道："'唐宋'仿佛早已成为一个关于历史时段的固定词汇。"他"随意举一些例子"，讨论唐宋之变化的，在中国有傅斯年，在日本有内藤湖南①，都是 20 世纪初的事情，而"明清"的连用，亦可想而知，因为清朝到 20 世纪初才寿终正寝。仔细想想，这样把不同的王朝连用看作一个历史时期，究竟是在怎样的一种语境下形成的呢？它究竟表现了一种怎样的历史认识？

索诸文献，将不同王朝连用，历时已久。《左传·成公十三年》四月有"征东之诸侯，虞夏商周之胤"的说法，《大戴礼记·礼察第四十六》亦有"人主胡不承殷周秦事以观之乎"句，但这些似乎只是把历代简单连用，表示过去的时间，而不是特定的历史时段的组合。《汉书·谷永传》云："则商周不易姓而迭兴，三正不变改而更用。夏商之将亡也，行道之人皆知之。"②又同书："虞夏商周，孔纂其业。"③《晋书·礼志》："臣闻礼典轨度，丰杀随时，虞夏商周，咸不相袭，盖有由也。"④都是类似的用法。但在唐令狐德棻修之《周书》中，以王朝组合为特定时段的用法便有出现："史臣曰：昔贤之议者，咸云以周建五等，历载八百；秦立郡县，二世而亡。虽得失之迹可寻，是非之理互起，而因循莫变，复古未闻。……五等之制，行于商周之前；郡县之

---

① 葛兆光：《古代中国的历史、思想与宗教》，第 109 页。
② 《汉书》卷八五《谷永传》，北京：中华书局，1962 年，第 3458 页。
③ 《汉书》卷一〇〇《叙传下》，第 4244 页。
④ 《晋书》卷二〇《礼志》，北京：中华书局，1974 年，第 613 页。

设,始于秦汉之后。"①"商周"和"秦汉"这两个时期就其实行的不同体制而言,各自有了共性,因此有了各自结合为一个历史时段的理由。

"秦汉"这个概念,在司马迁的《史记》中还基本上没有出现,应该是作者身处其间的缘故,但在班固的《汉书》中便已多次出现,如卷二九,"近察秦汉以来,河决曹、卫之域";卷三六,"向乃集合上古以来历春秋六国至秦汉符瑞灾异之记,推迹行事";卷六二,"论考之行事,略三代,录秦汉,上记轩辕,下至于兹";卷九一,"秦汉之制,列侯封君食租税,岁率户二百",等等②。这说明在班固的时代,虽然"秦汉"还有表示"前代"的一段时间这样的含义,但也逐渐被视为具有共性的同一个历史时段,特别是制度上的共性,被后人加以沿用时着意强调③。"隋唐"的概念也颇类此,在宋代文献中就已频繁连用,如"自周之衰,道与世降;秦汉、隋唐之君,见闻单狭",秦汉与隋唐这两个词语已并列表示两个重要的历史时段④。如前所述,这与秦和隋比较短命,而在制度上汉、唐与之承继关系较深是直接关联的。在这中间,"魏晋""六朝"也是逐渐固定之时段概念,不赘论。

但无论"秦汉"还是"隋唐",由于其成就的辉煌和延续之长,"汉"和"唐"都居于主要的地位,"秦"和"隋"都是附属,因此"汉唐"也往往构成一个历史时段的称谓。而在唐以后,唐代的重要地位一直得到承认,因此,即在宋代,"唐宋"这个合称就已出现于文献之中,

---

① 《周书》卷一三《文闵明武宣诸子》,北京:中华书局,1971年,第209页。
② 《汉书》卷二九《沟洫志》,第1696页;卷三六《楚元王传》,第1950页;卷六二《司马迁传》,第2723页;卷九一《货殖传》,第3686页。
③ 如《三国志》卷一四《程昱传》:"远览典志,近观秦汉,虽官名改易,职司不同,至于崇上抑下,显明分例,其致一也。"(北京:中华书局,1959年,第430页)再如《晋书》卷一八《律历下》:"自此以降,暨于秦汉,乃复以孟冬为岁首。"(第535页)又如《晋书》卷二○《礼上》:"自秦汉已来,废一娶九女之制,近世无复继室之礼,先妻卒则更娶。"(第644页)等等,都是在讲秦汉在制度方面是一致的。
④ 司义祖整理:《宋大诏令集》卷一四二《祖宗加谥四》,北京:中华书局,1962年,第511页。

譬如有詹玠《唐宋遗史》、僧仁赞《唐宋类诗》等书①，马端临《文献通考·自序》中亦有"爰自秦汉以至唐宋，礼乐兵刑之制，赋敛选举之规……虽其终不能以尽同，而其初亦不能以遽异"句。但这个词真正得到大书特书显然是在明代，因为朱元璋不断强调自己与"唐宋"的继承关系，而力图与元划清界限。如吴元年朱元璋命中书省定律令时，"上以唐宋皆有成律断狱，惟元不仿古制，取一时所行之事为条格，胥吏易为奸弊"②；再如洪武三年"诏定公侯仪，从礼部尚书陶凯考，定以唐宋之制为准"③；又如洪武四年"礼部奏：临濠宗庙宜如唐宋同堂异室之制"④等等，不胜枚举。

与此形成鲜明对比的是，在明代文献中，"宋元"并提时多用作此前的一般时间概念，类似于"前代"，而极少把它们当作在制度或文化传统上同质的两个朝代。如永乐五年，"昔宋元之时，安南逆命，兴兵讨之，皆无成绩。今之此举，实逾古人"⑤；宣德十年，"房山民言其县北七十里有龙潭，历宋元以来，祷雨辄应"⑥；嘉靖五年，"因取唐虞至宋元人君事迹可为法戒者"⑦等。清代文献中也大体类此，由于在它的前面又多了一个明代，所以在表达前代之意时，往往"宋元明"连称。由此可见，民国以后对中国历史时段的把握，是以以前历代的习惯性用法为基础的，而历代的习惯性用法，除了表前代之意外，一是出自对不同朝代之制度与文化一致性的认识，二是出自与本朝统治合法性的关联。

---

① 《宋史》卷二〇三《艺文二》、卷二〇九《艺文八》，北京：中华书局，1977年，第5095、5402页。

② 《明太祖实录》卷二六，吴元年十月甲寅，台北：历史语言研究所1962年校勘本，第389页。

③ 《明太祖实录》卷五九，洪武三年十二月己巳，第1157页。

④ 《明太祖实录》卷六〇，洪武四年正月庚寅，第1170页。

⑤ 《明太宗实录》卷六八，永乐五年六月癸未，第947页。

⑥ 《明英宗实录》卷五，宣德十年五月癸酉，第97页。

⑦ 《明世宗实录》卷六九，嘉靖五年十月丁丑，第1581页。

为什么但曰唐宋而不曰宋元,甚至也不曰元明呢？前曾述及也是人所共知的一个原因,就是唐宋通常都被视为中原汉人建立的王朝,而元朝是蒙古人建立的,有其特殊性,与前与后都较少制度上的承继性,所以既不能和宋连用,也不好和明连用。我们知道有"汉承秦制""宋承唐制"或"清承明制",但却没多听说有"元承宋制"或"明承元制",尽管这种制度上的承继性也是显而易见的。为什么会有这样的成见呢？当然也不是空穴来风。我们知道,本朝修前朝的历史,既是表明本朝是前朝的合法继承者,也是表明对前朝合法性的承认。《宋史》是元朝修的,也具有同样的意味。但是与两宋同时存在的政权,先后还有辽、夏、金。元朝所接续的,在中原政权的意义上是宋,但在草原帝国的意义上和族群的意义上却是辽、金。所以元朝修正史,还有《辽史》和《金史》,说明它是承认这两个政权的正统性的,承认与它们的继承关系。

元朝建立之初准备修史的时候,还是引起了一场较大的争论：

> 初,世祖立国史院,首命王鹗修辽、金二史。宋亡,又命史臣修通三史。延祐末,国史院编修官袁桷请购求辽、金、宋遗事,从之。然义例未定,有欲如《晋书》例,以宋为本纪而辽、金为载记者;或又谓辽立国先于宋五十年,宋南渡后尝称臣于金,以为不可;又有待制王理者,著《三史正统论》,欲以辽、金为《北史》,建隆至靖康为《宋史》,建炎以后为《南宋史》,一时士论不决。

最后还是在顺帝至正三年三月"诏厘为三史,而各统其所统"①。其顺序是《辽史》《金史》,最后才是《宋史》,说明元朝是把它和草原帝国的承继性看得要比与中原王朝的承继性更重的。这样,怎么可能会有"元承宋制"的说法呢？

对这种态度,明代人当然很不满意。正统十三年时,南京翰林院

---

① （清）毕沅编著：《续资治通鉴》卷二○八,上海：上海古籍出版社,1987年,第1152页。

侍讲学士周叙上书说：

> 窃观宋、辽、金三史，成于前元至正间。当时秉国大臣皆辽、金族类，不以正统归宋，遂分裂为三，而以辽、金加于宋首，不惬人心，不协公论。初修之际，言者虽多，卒莫能改。至今越百年，凡有志史学、正纲常者，未尝不掩卷愤叹也。盖宋承中华之统，礼乐教化之隆，衣冠文物之盛，仁义忠厚之风，三代以降之所仅见。不幸辽、金二虏迭扰其间，后虽南渡，而天命人心，实所归附；盛德弘纲，难以泯没。元儒陈桱修《通鉴续编》，既正其统；而三史全书，尚仍其旧，况《宋史》文字繁复，板本复毁，当厘正传布，不可或缓。钦惟皇上负大有为之资，承列圣之统，日御经筵，屡命儒臣讲论宋史，以资治道，宋之明君贤臣事迹，何幸晦于昔而显于今乎！乞敕翰林文学老成之臣一人，同臣于南京选文职官有学识者三四人，共加论述，以成有宋一代全书。①

但是皇帝似乎不太重视，回复说你就自己修好了。周叙无可奈何，过了几年就死了②。无独有偶，嘉靖年间有个福建莆田人叫柯维骐，也以为这非常不妥。"《宋史》与《辽》《金》二史，旧分三书，维骐乃合之为一，以辽、金附之，而列二王于本纪。褒贬去取，义例严整，阅二十年而始成，名之曰《宋史新编》"③，重新建构了宋朝的正朔。

　　这里有个很有意思的事，就是明朝时哪些人特别强调汉人正统？哪些人觉得北方的金、元进入占据中原是是可忍孰不可忍的事？上面提到的都是南方人。仔细想想，这些地区的人，在某一个历史时段，差不多也不是汉人。但后来他们都特别强调自己的汉人身份，至少觉得汉人的文化正统后来跑到他们那儿去了。研究华南的学者就

---

① 《明英宗实录》卷一六五，正统十三年四月己巳，第3196—3197页。重点号为引者所加。

② 《明英宗实录》卷二一四，景泰三年三月庚申，"南京翰林院侍讲学士周叙卒。……尝欲修正《宋史》，请于朝，许其自修，未就而卒"，第4616页。

③ 《明史》卷二八七《柯维骐传》，北京：中华书局，1974年，第7367页。

发现,有相当一部分以汉人自居者,在当时的汉文文献记载的他们的祖先时,使用的字往往都有个犬旁。这当然是汉人的蔑称,但说明他们确被视为其他的族群。到明代以后,他们渐渐读了儒家的典籍后,变成了士大夫,就说自己特别代表汉人的正统,对汉人的正统争得特别厉害。我们了解历史的真实,不能光听他们自己怎么说,而要回溯到金、元时期去看那时的族群状况。

在《元典章》里讲了一个案子:

> 至大三年九月□日,福建宣慰司承奉江浙行省札付,准尚书省咨:刑部呈:于至大三年三月二十五日,蒙都堂钧旨,分付到木八剌告指乱言文状一纸……问得木八剌状招:既是回回人氏,庄农为业,自合守分过日,却不合于至大三年三月十九日,为知官司捉获帖里等谋歹,将首告人给与官赏,及怀恨本村住坐人马三等时常指攀木八剌应当一切杂泛差役,因此将木八剌幼小听得妄传词话,自行捏作乱言事情,虚攀马三:于至大元年六月二十日,有马三就于甸内锄田处,对木八剌道:"往常时汉儿皇帝手里有两个好将军来,杀底这达达剩下七个,走底山洞里去了。上头吊着一个,驴下面一个,鼓儿听得扑洞洞响,唬得那人不敢出来。您杀了俺,几时还俺?那将军道,日头月儿厮见呵,还您。如今日月厮见也,这的是还他也。"又虚捏:于当月二十日,有本庄住人小甲,就于甸内锄田处,对木八剌言说:"如今真定府背后河元曲吕来,直了也。汉儿皇帝出世也。赵官家来也。汉儿一个也不杀,则杀达达、回回,杀底一个没。"①

虽然这个案子说的是一个回回造谣说汉人有反叛言论,但这类流言在社会上也的确存在和流传。这类强调汉人与回回、蒙古人族群对立的言论和情绪,在南方是很普遍的,可以说比华北显得更强烈。这

---

① 陈高华等点校:《元典章》卷四一《诸恶·谋反·乱言平民作歹》,北京:中华书局、天津:天津古籍出版社,2012年重印本,第1401—1402页。

种强烈的意识是否真正说明,他们对于汉人的那套东西很认同,还是说另外有想法或实际的考虑,这就需要我们去研究。在这种情况下,人们很难想象元和宋之间的承继关系,也很难想象明朝人会公开讲和元朝蒙古人有什么承继关系。明朝人想建构的是明朝和宋之间的关系,而不是和元之间的关系。无论如何,这些都是一些需要反思的问题。我想说的是,人们有意识地去强调甲朝和乙朝之间的延续性,同时又强调丙朝和丁朝之间的断裂性,这些话语在今天究竟应该怎么看?到底甲和乙在哪些方面有断裂,哪些方面是接续?

我们反思陈寅恪的《隋唐制度渊源略论稿》的意义,最重要的是过去人们经常强调的是断裂,是"汤武革命"之类,而他强调的是接续①。为什么过去人们强调断裂呢?还是因为西晋以后到隋唐之间的这一段是异族统治,过去叫"五胡乱华","正统"的历史学家要把他们的活动从历史中抹去,所以传统的时段概念叫"汉魏六朝",叫"汉唐",北方民族的历史就不见踪影了,甚至可能存在认为只有唐才是汉的继承者这样的潜意识。为什么陈寅恪能看到接续?因为他不是从政治的关怀,而是从文化、社会的关怀来审视政治史和制度史的。这就是我所谓社会史视角或者文化史视角的意思。

四、从区域史着手

前面的反思属于"着眼",但怎样着手,在何处着手呢?其实我们对某一历史时期的认识,是其后的人告诉我们的,然后就一直引导我们对那段历史的认识。我们的工作就是要重新回到那个历史时期,亲自去认识那段历史,同时再思考为什么其后的人会如此那般地认

---

① 陈寅恪:《隋唐制度渊源略论稿》"叙论"中说:"李唐传世将三百年,而杨隋享国为日至短,两朝之典章制度传授因袭几无不同,故可视为一体,并举合论,此不待烦言而解者。……隋唐之制度虽极广博纷复,然究析其因素,不出三源:一曰(北)魏、(北)齐,二曰梁、陈,三曰(西)魏、周。"北京:中华书局,1963年,第1页。

识它,这正是顾颉刚当年告诉我们的方法。陈春声教授以对潮州的研究为例,告诉我们后人如何建构唐宋以来的历史。在唐代,韩愈到潮州去,说他是"居蛮夷之地","与魑魅为群";然而到了元明之际以及明清之际,历史发生了很大的变化。莆田和潮州都开始说自己是海滨邹鲁,继承了中原文化的正统性等等,好像从来就不曾是蛮夷。相反,他们开始视北方人为蛮夷。这究竟是怎样一个过程呢?帝国扩张、区域开发、文化建构等,都是在一个较长的区域历史过程中发生,很难笼而统之地、自上而下地或是由中心而边缘地认识的。

当然我们对金元时期的北方认识还非常粗浅,除了我们习以为常的一些分析思路和判断指标以外,我们还可以沿着第二节中倡导的视角更全面地进行探索。

五代时期割让给契丹的燕云十六州(后蓟、檀、幽、顺、儒、妫、武、新、蔚、应、云、环、朔十三州在辽,涿、莫、瀛三州在宋),皆在山西、河北之地。首先,辽、金、元时期的战乱对广大北方地区社会经济的破坏是无疑的,但上述地区在金元统治时期是否比割让契丹以后更加残破,还需要认真考察。其次,由于幽州成为辽之南京,后又成为金之中都,它及附近地区无疑成为区域性人口聚集和经济繁盛之所,富庶肯定超过以前的边镇幽州。据载,这里"户口安堵,人物丰庶。……城北有市,陆海百货萃于其中。僧尼佛寺冠于北方,锦绣组绮,精绝天下。蔬蓏、果实、稻粱之类,靡不毕出,桑柘、麻麦、羊豕、雉兔,不问可知。水甘土厚,人多技艺"①。金大定九年,南宋使者楼钥进入河北境内后,发现"自南京(今河南商丘)来,饮食日胜,河北尤佳。可知其民物之盛否"②。

今河北宣化出土金明昌元年《保义副尉张公墓志》中说:

---

① (宋)宇文懋昭撰,崔文印校证:《大金国志校证》卷四〇《许奉使行程录》,北京:中华书局,1986年,第560页。

② (宋)楼钥:《攻媿集》卷一一一《北行日录》,《丛书集成初编》第2022册,北京:中华书局,1985年,第1585页。

公讳子行,字敏之,雄武人也。祖讳辅,登进士弟,官至中散大夫、河东南路户籍判官。父讳煦,官至承务郎、兴中府兴中县令。尝闲居乡里,顾州学颓弊日久,谓诸儒曰:"此传道之所,安忍坐观如是耶?"遂运筹策力为兴修,不数月而成。又乡民从来虚代物力千余缗,不胜其弊,及见委用,遽为除去,使合境洒然苏息。公性豪迈,好□仪,其治家有父风,不甚劳力,使之有余。州之南隅有邑人广济院一所,为贫设济,久而力薄,几不能行,公锐然首施米五十石,诱善人同力复为兴弘。

张某父子兴儒学,捐资财办广济院,且获成功,不是战乱萧条的社会状况下可以做成的。

金正隆三年代州附近的繁峙灵岩院水陆记碑记录了当地民众做水陆的情形。"极感厚人矜闵,一方相糺,命工图像,凡绘水陆一会,故以斯缘留意资拔极乐弥陁一念,洪明各灭罪恒沙,约其费施,上助善提之因,下拔沉轮之苦。"碑阴列"大邑社长姚良"等 45 人、"管社人侯善"等 7 人、"小邑社长张全"等 44 人、"管社人李仪"等 4 人。捐资数量如下:

  命工图画圣像维那人三会村尚教练弟□费一百余石。

  都维那孙和弟孙严费三百余石,胡俊、斛荣、李纪、李仪、厚琮、赵圆各费一百余石,李德、李旺各费七十余石,侯肇、王寿各费五十余石,祁顺、厚兴各费四十余石,段善、张颜、厚全、李满、王□、刘成各费三十余石,天台院僧福洪施粟一百石。管勾人李仪、李旺、赵圆。

  管琉璃施主赵圆弟赵京费三百石。

  ……①

此举共用粟近千石,也不是兵荒马乱之年的近边小邑可以轻易负担

---

① 柴泽俊、张丑良编著:《繁峙岩山寺》,北京:文物出版社,1990 年,第 214—215 页。

得起的("繁峙土瘠地寒,水陆之产较他邑为薄"①)。

与此类似还有金大定七年在今河北定州的沃州柏林禅院,为了"崇修大殿,兴于梵刹","道化缘厚,摄三千邑众,同会修因,慈悲利乐……翻修大殿,塑五十三佛三世诸佛,令一切瞻礼"。从题名来看,列名的两千多人中,分布在沃州城乡、平棘、宁晋、赞皇、柏乡、临城、高邑、元氏等地,或属龙兴寺、感应寺、柏林寺、禅定寺、开元寺、兴法院、明因院、嘉应寺、严华寺、龙堂院、治平寺、法会院、神应寺、宋圣寺、济道寺、妙因院、读上院等十数寺院,其规模之大,可使人想见当时的社会氛围。

今天的山西在北宋时并不是富庶发达之地,"河东多山险,平时地利不遗,夏秋荐熟,犹常藉陕西、河南通贩物斛"②。但在金时河东地区竟成境内的富庶发达地区。郝经曾说,"金源氏亦以平阳一道甲天下,故河东者,九州之冠也"③。宋金交战期间的破坏缓和之后,此地便有长足的发展。我们在田野调查中,发现山西寺庙中保存较多金代碑刻,这是在山东、河南等省少见的,不能不说与当地经济文化发展状况有关。

即在经济发展比较落后的晋东南地区,在阳城崦山白龙庙金泰和二年的碑刻里,也说:"逮本朝,诸县邑乡社宦僚士庶,四时修香火,洁粢盛,毂核丰,腆笾豆,静嘉相先而祭者百余村,骈肩接式,盈山遍野,绮绣交错,歌颂喧哗,蜂纷蚁乱,逾月不衰。"④本碑记的主要内容是讲本地百姓到这里祈雨的情况,但所透露出关于这一寺庙祭祀活动的信息,已经超越了此事本身,而展现了一种信仰活动极为繁盛的情景。尽管我们不能因此而说此地社会经济十分繁荣,但也无法把

---

① 道光《繁峙县志》卷三《物产》,清道光十六年刻本,叶1a。
② 《金史》卷一〇八《胥鼎传》,北京:中华书局,1975年,第2375页。
③ (元)郝经撰,秦雪清点校:《郝文忠公陵川文集》卷三二《奏议·河东罪言》,太原:山西人民出版社、山西古籍出版社,2006年,第447页。
④ 《复建显圣王灵应碑》,原碑在山西阳城崦山白龙庙。

它想象为战乱后一片凋敝的景象①。

　　学者们说宋元时期,特别是金以后经济落后,其中一个重要因素是经济重心南移。经济重心南移与契丹、女真、蒙古人带来的战乱有关系,但不能说很直接。因为大家都知道,在此时期之前经济重心已经开始南移了,造成南移的根本动力不是北方游牧民族的南下,而是南北方的经济环境在历史变迁过程中的易位。另外战争对华北的破坏以及定都北京对华北的发展、西北的开拓,这是一件事的两个方面,仅强调一方面,忽略另一方面是不全面的。宋金、金元之际战争造成很大破坏,这是事实;但华北的发展、西北的开拓这些影响到今天的历史变化,如果没有草原民族建都北京,有可能吗?

　　像农业亩产量这样的经济指标,究竟怎么看比较合适呢?是说北方亩产量低,南方亩产量高,就能判断当时北方经济很糟糕吗?还是应该看它自身在不同时间的发展比较合适?就是要看在北京成为首都、华北成为京畿拓展地带的时候,它比之前是不是有了很大的发展,是不是比它作为一个边陲地区经济要好得多。再如人口指标,战乱前多少户,战乱后变成多少户,好像很能说明战乱造成的破坏。其实这个问题也没那么简单,不是我们看看正史、至多看看地方志就能说明的。因为户的概念是非常复杂的。一户并不代表就是一家人。通常我们以为一户就是一家人,用平均一家五口来计算人口,其实不那么简单。至少明朝继承了元朝办法,"户"基本上就是一个纳税的单位,为了纳税的方便还经常"合户",就是不同的人合成一户纳税。

---

　　① 山西侯马《张氏墓志》描述了金时期一个一般农户的家境:"维大金承安五年岁次庚申四月丙戌朔十二日丁酉吉葬记。秦村田福茂为妻张氏孙,本县牛村张守贞女,自入门后,成置产业,兼生长到六男二女,大男田泽,先妻王氏,后妻鲁氏;次男田浦,妻□氏;田溉,先妻贾氏,后妻□氏;田浩,先妻王氏,后妻高氏、祁氏;田□,妻王氏;田浓,妻行氏;女伴姑,夫郝□□;次女当当,夫康持修。其张氏年五十五岁,于大定二十二年岁次壬寅五月庚午朔十二日辛巳身□,别取得朱长官□裴德遇女为妻,同治至今庚由岁,已十九年矣。又将产业增置,添展舍院,地土□全。家三十五口,除儿男外□半□养□,□畜外□,牛六只、马一匹、骡一头、羊百只、大车一具、通辕车一具。缘此,与男众人商议,将张氏旧坟并用砖砌造,葬殡记年。"

甚至两百年过去了,户名还是当年某个祖先的名字。所以能否从户的减少来判断人口的减少,要视情况而定。

我以前曾经与同行们说过,我从来不敢研究经济史,因为算术很差,一想到经济史研究要用数字,立刻头就大了。但是"灵台无计逃神矢",对历史要有清楚的认识,是离不开经济史的,至少不能回避经济史的视角。但是,我也明白了一个道理,经济史并不等于数字,数字和其他文字一样,也是会骗人的,而且还带着"科学"的幌子,所以需要批判性的分析。虽然很无奈,但是明白了一个好处,就是可以从多元的、不同的角度,从不同的学科领域来看,可能分别能看到一些真实情况。我举过一个例子,说有个贬义成语叫盲人摸象。这一般被解释为只见局部不见整体,以局部代替整体,违背辩证法。摸到尾巴就说像个绳子,摸到身体就说像堵墙,摸到腿就说像根柱子。但是换个角度去理解,如果每个人不说他们摸到的东西就是整体,那就很好。因为他们所摸到的,都是真实的一部分。他们是盲人,即使不盲也不见得就能把握事物的整体。每个人只能看一个局部,看对了就已经很不错了。这些盲人只要不是到了以偏概全这一步,其实他们说的是对的,是真理性认识。所以我们从每个不同的角度去观察不同的材料,最后试图找到这些材料、文本之间的相互关系,去发现不同文本之间的张力,是一个非常重要的事情。

在本文中,其实重点不是要对宋元时期的华北重新做评价,而是讲我们应该怎样用一种"连续递进"的方法,从目前关注的问题不断深入到其他更本质的问题上去,而前面涉及的金元时期的北方社会,就是这些更本质的问题之一。从下面的例子中,同样可以发现这种方法或者问题意识的意义。

在以前的研究中,我已经提到金元以来华北的多族群杂居状态与脍炙人口的洪洞大槐树移民传说的关系[①],也曾简略地提到过另

[①] 参见《祖先记忆、家园象征与族群历史——山西洪洞大槐树传说解析》,《历史研究》2006年第1期。

一个相关问题,即所谓回族"大分散,小聚居"的问题。对这个问题的一般解释,是说穆斯林到一地之后,为了宗教生活的方便,要建造清真寺,而后来的穆斯林移民就都围绕清真寺而居。其实,这种说法只对"小聚居"提出了解释,而并未涉及"大分散";即使是"小聚居",恐怕也是先有了一定的聚居的穆斯林,才有可能建造清真寺,但是没有谁统计过某地穆斯林在人口聚居数量达到什么程度时才开始建造清真寺。也有笼统地说是统治者的"同化"政策造成了回族"大分散,小聚居"的状态,但并没有什么直接的证据。

已有一些学者正确地指出,这种分布状态是与元代的回回军驻防有直接关系的,而元代军事制度的许多重要方面又为明代所继承。元朝实行军户制度,军为世袭,所谓"天下既平,尝为军者,定入尺籍伍符,不可更易。……病死戍所者,百日外役次丁;死阵者,复一年。贫不能役,则聚而一之,曰合并;贫甚者、老无子者,落其籍。户绝者,别以民补之"①。另有卫所制度,亦为明代承袭,已为于志嘉等学者详细论证②。由于在蒙古西征过程中西域诸国降附较早,在蒙古军队中回回军的比例相当大,并在以后的征服战争中陆续分驻各地,甚至在当地进行屯田③。军队驻防的特点,加之军户的世袭,就决定了这些回回人在版图之内,必然是"大分散,小聚居"的。除了军队以外,东来的回回主要是商人和工匠,他们大多居于城市,职业特点也导致聚居,其余零散的移民就不多了。延祐七年"课回回散居郡县者,户岁输包银二两"④;又天历二年下令"回回人户与民均当差役"⑤,似乎是说以前由于东来回回人都具有特定的职业而一般不纳

---

① 《元史》卷九八《兵一》,北京:中华书局,1976年,第2508页。
② 参见于志嘉:《明代军户世袭制度》,台北:学生书局,1987年。
③ 如中统四年"以宋忽儿、灭黑及沙只回回鹰坊等兵戍商州、蓝田诸监"(见《元史》卷五《世祖本纪二》,第90页)。又如至元十八年"括回回炮手散居他郡者,悉令赴南京(即开封——引者)屯田"(《元史》卷一一《世祖本纪八》,第232页);二十七年"给滕竭儿回回屯田三千户牛、种"(《元史》卷一六《世祖本纪十三》,第333页)。
④ 《元史》卷二七《英宗本纪一》,第601页。
⑤ 《元史》卷三三《文宗本纪二》,第728页。

民赋,不征民役。

明初军队几个重要来源之一便是归附军,即投降明朝的元军。他们基本上保持了原有的建制,被置于新的都司卫所之内。原来元军中相对集中的回回军户自然也在相当程度上保持了原有的状态,进入明军的体系①。今河北定州清真寺存元至正八年碑记说:"回回之人遍天下,而此地尤多。……今近而京城,远而诸路,其寺万余。"此寺之重修,正是统领中山府兵马的都督普颜帖睦儿首倡,其部下指挥、千户、百户等共同捐资而成,所谓"并谕教之同志者各出资以营治之"。到了明弘治年间,武平伯陈勋"诣寺拜谒",希望扩建此寺,与"州钦差都司张公"商量,后者说"渠与教众谋已数年,而材未充"等等,显然这两位武官都是穆斯林,在他们努力下,该寺再次得到重修。陈勋之弟陈熹后袭伯爵并掌后军都督府,在清真寺重修后"移檄定州卫,命择郡之谨厚有学者三人以领其事",说明这个清真寺应该属于定州卫的穆斯林②。这是因为明代"达官达舍多安置真、保、河间等府"③。

从目前见到的清真寺明代碑刻来看,有相当多与卫所有关。北京牛街礼拜寺明万历碑文中记载了成化年间都指挥使詹昪请皇帝题寺名之事,该碑题名都是在京及外地卫所军官;东四清真寺明正统年间碑文记载了后军都督府同知陈某修寺的经过;宣府在明代本为军事体制,该地之清真寺亦属卫所无疑,其嘉靖碑记为万全都司的一个庠生撰写;大同与宣府类似,其天启重修碑记也记载了成化年间都指挥使王信、杨义以及后来都督詹升武、前述之武平伯陈勋、万历时总兵马某、副总兵麻某等再修的详细过程;等等④。在许多回民的墓

---

① 《明太祖实录》卷一八八,洪武二十一年二月丁卯,"凡归附鞑靼官军皆令入居内地,仍隶各卫所编伍,每丁男月给米一石",第2827页。
② 《重修礼拜寺记》《重修清真礼拜寺记》,原碑在定州清真寺内正殿两侧廊下。
③ (明)魏焕辑:《皇明九边考》卷六《三关镇·疆域考》,台北:华文书局,1969年,第259页。
④ 参见余振贵、雷晓静编:《中国回族金石录》,银川:宁夏人民出版社,2001年。书中录文及标点讹误甚多,引用时需核对原碑。

志、墓碑和族谱中,有自称祖先在明初来自南京上元县二郎岗的(如河北沧州某姓),也有自称是跟随明代藩王来此地就藩的(如山西长治某姓)①,这些如果属实的话,应该也属卫所系统。这些元、明的卫所军士或者军户穆斯林不仅因宗教信仰而聚居,更因军队驻防体制而聚居,同样也因为这样的原因而造成大范围的分散状态。逐渐地,随着他们转变成普通的民户,这样一个因素就被淡忘了。

其他例子也可以说明一些有意思的问题。由于五代时燕云十六州被割让给契丹,随后女真逐渐统治了整个北方,华北社会不仅经常处于战乱之中,而且辽、金政权也不可能对地方具有与唐宋政权同样力度的有效控制,它们经常借助地方势豪进行间接的或相对松散的控制。蒙古将金驱逐到黄河以南后,也授予这些地方势豪"元帅""总管"等名号,允许他们自辟僚佐,世代相袭,故称为"世侯",直至至元元年忽必烈罢诸侯世守②。这说明一批地方势豪曾利用这种纷乱的、分权的(de-centralized)状态长期存在,甚至得到发展③。如山西代州杨氏自称为宋代州刺史杨业(族谱中置为二世)的后代,世居马峪,在其十一世杨德的时候就"在闾里,有不决难事,必委公裁断焉",时在金初。至金末时其十四世杨友、杨山趁乱而起,杨友先被蒙古封为"行元帅、左监军兼坚代永定军节度使同知",后又升为"龙虎卫上将军,镇河东北路雁门留属兼坚代永定军节度使,左领军行元帅"④。他的儿子思忠也任振武军节度使,思难任征行千户;杨山的儿子思温任代州管民官,思恭任代州达鲁花赤。

就在杨友的时代,他开始了宗族建设,"建影堂一所,碑楼祭亭各

---

① 丁慧倩博士正在进行这些地方回民家族的研究,应该可以揭示更多的历史细节。
② 《元史》卷五《世祖本纪二》,"始罢诸侯世守,立迁转法"(第101页)。亦有将此事系于至元四年者。
③ 如:"世祖以前,草昧初开,其豪长鸠集荒残,能自成一旅即置为帅,如崞县之崞山军、五台之清凉军,皆有节度,仍金官制,与坚、代之永定军皆一时权宜,至建设路府而军号并各矣。"(光绪《代州志》卷一《职官表》,清光绪八年代山书院刻本,叶25b)
④ 《龙虎卫上将军镇河东北路雁门留属兼坚代永定军节度使左领军行元帅杨公讳友碑记》,见新修《杨氏族谱》卷七《艺文》,第156页。

一座……附茔地八十亩"①。到元中后期杨怀玉时,"尊祖敬宗,建祠堂于鹿蹄涧村。上溯远祖之所自,以及祖父皆塑像,各立冢碑"②,甚至可能也修了族谱③,至少以泰定年间所立"弘农宗族图碑"的形式,将世系宗支确立下来。虽然元末明初杨氏家族同样遭到了冲击,但子孙传承不绝若线,成为明嘉靖年间再度进行宗族建设的渊源,以至他们可以自豪地说,"可见……殆非土断白籍之人家也"④,即以自己是土著居民为荣⑤。由彼至今,杨氏一直繁衍不绝。

其他地方也有类似情况,如晋南闻喜董氏,"本族聚居西董(今名郝庄)数十百年,世代绵远,莫详厥始。而远祖之传独见于金之大定,迨元季明初,户祖之名,先祖之谱,始历世可传,自后孙枝蕃衍,族姓蔚兴"⑥。之所以本族可以清楚地溯源至金,是因为有金大定十一年刻石的《董氏宗派图》存世,当然世系变得清晰可辨还是由于明初的户籍编制⑦。在闻喜,金元之际也存在着华北普遍存在的世侯势力,这些世侯交结名士,在某种意义上形成北方文化的传承⑧。这展示了跨越王朝政权的地方政治力量,以及这些政治力量与北方民族政权的特殊关系。这种情况,还是可以反映出华北基层社会结构不同于华南的一些特性。一方面是一些汉人大族在金元动荡之际,力图

---

① 《元帅杨公讳友茔碑志》,新修《杨氏族谱》卷七《艺文》,第158—159页。
② (元)赵鹤鸣撰:《题世将杨族祠堂碑记》(元天历己巳)。
③ 道光《杨氏族谱·新修族谱叙》提到:"汉唐谱牒,无以复考,爰及有元十七世院判怀玉公起而修之。"
④ 《赠雁门杨无敌宗嗣匾叙》,碑存鹿蹄涧杨家祠堂。
⑤ 关于代州杨氏宗族,可参见韩朝建硕士论文《边塞与宗族——宋金以降代州的权势变动和文化认同》,北京师范大学,2007年。
⑥ 郝庄《董氏家谱》,《创建祠堂募缘序》。
⑦ 关于闻喜宗族的情况,可详见王绍欣的博士论文,2008年。根据她的研究,尽管元明之际的社会动荡不免对闻喜的地方秩序有所冲击,但此时的闻喜仍是一个以土著居民为主的定居社会,外来人口的徙入并未根本改变这里旧有的人群构成格局。元明易代之前生息于闻喜的诸多姓氏,其中大部分的发展脉络还是在元明鼎革之后得以传承延续。
⑧ 详见赵琦:《金元之际的儒士与汉文化》,北京:人民出版社,2004年,第104—141页。

使自己的宗族得以自保并有所发展,另一方面则是进入中原的北方族群需要在动荡结束后建构自己的文化身份,这些问题都是在金元时期出现,而一直延续到明清时期的。如果说"北京"的出现是在中国造就了一个"北方"的政治中心,因而导致政治中心与经济文化中心的分离及其一系列后果,那么回回的问题、北方宗族的问题等社会结构方面的问题离开元明的历史情势、国家体制等因素,也无法解释清楚。

另一个有意思的延续性因素是全真派道教。太一教、真大道教、全真教都是金时期产生的,但前二者的影响在金元时期便逐渐式微。全真教的祖师王重阳是北宋末人,在金不得志,后主要在山东各地收徒传教,最后于大定十年死于开封。在金统治时期,全真教在北方就已经获得很大发展。前述金正大四年重修王屋山阳台宫,就是由号栖神子的林州王志佑发起的;山西高平李门的真泽二仙庙,按李俊民的说法,始建于唐天佑年间,也是到金"贞佑(应为贞祐,下同——引者)甲戌烽火以来,残毁殆尽"①,但也就在此时,"大金贞佑甲戌岁,国家以征赋不给,道士李处静德方纳粟于官,敕赐二仙庙作悟真观",然后又于庚子(1240)重修。此人在丁酉岁(1237)曾赴燕京受戒,归后"请以白鹤王志道知神霄宫事"②,可见与全真教的关系。又前引《重建修真观圣堂记》提到,主事的女道士张守微,"幼妇赵氏,夫亡,正大甲申五月舍俗出家,礼太原榆次县专井村玉真庵洞妙散人杨守玄为师,师乃长春真人门下宁神子所引度者也"。再有道者杜志元,据说在金正大五年梦见与道士讨论玄教,后来因躲避战乱而出家,到正大七年时"诣天坛,礼全真邱长春门下……"③因此,在不金不元的蒙古国时期,全真教便成为华北社会重建中一股不可忽视的力量。

进入元代,全真教的活动就更频繁地出现在华北的地方文献中。

---

① (金)李俊民:《重修真泽庙碑》,晋城市地方志丛书编委会编:《晋城金石志》,北京:海潮出版社,1996年,第403页。

② (金)李俊民:《重修悟真观记》,《晋城金石志》,第401—402页。

③ (金)李俊民:《会真观记》,《晋城金石志》,第417页。

如山西高平全真教申志谨曾拜怀州青城观李志端为师,他创建的玉虚观请来了泽州长官段直等一应官员作为功德主,金状元李俊民撰文,元素子郭志宏校正,而在碑上列名第一的是段直的夫人,号清真散人,可见全真教在该地的地位①。而在铁炉村的清梦观原为姬志玄所创,"贞祐南迁之末,兵尘骚屑,靡有孑遗。方河朔预宁,先生避地于齐赵之间,闻长春止风而悦之,乃易衣而道。久之历太原,经台山,杖履所及,观宇随立。户外之履常满,将尸而祝者众"。碑文中不仅讲到他个人的影响,而且也吹嘘了全真教在元代势力的扩大:"逮乎皇朝应运,奄有诸夏,上遣使征栖霞长春真人……特旨复燕,建长春宫,主盟玄教,蠲免门下赋役。……自是玄风广被,道日重明;参谒者雾集云骈,营建者星罗棋布。"②

全真教的渗透性扩张是很厉害的。山西闻喜梨园镇有兴真观,原为太平乐府,即唐代的教坊,此时被全真教占为己有。该碑记作者为平阳长春观的秦志安,立石的是悟元大师管志明。该观的另一块碑记上说,自邱处机掌教以来,朝廷"俾为道者除徭役,免赋税,为国焚修。由是玄风大振,天下莫不宫观焉"③。这些宫观是怎么来的呢? 河北蔚县玉泉寺碑记中记载了元至元十七年的一道圣旨,其中提到,"前属和尚每底,先生每占了四百八十二处寺院内,将二百三十七处寺院并田地水土一处回付于和尚每者",在蔚州就"先有故师耶耶侯先生元占浮图山古寺场盖庵观,次后口志明复占住坐"④,可见全真教是在扩展自己势力的同时排挤佛教势力。虽然此时遭到忽必烈的遏制,但全真教依然在北方的社会生活中扮演重要角色。

虽然全真教在华北的繁荣并不等同于地方社会的繁荣,但全真教的势力渗透于社会的各个层级,与社会秩序的重建当有密切关系。

---

① (金)李俊民:《新修玉虚观记》,碑在高平良户村。
② (元)姬志真:《创建清梦观记》,碑在高平铁炉村。
③ 己未八月《兴真观碑铭(并序)》、至正十三年《兴真观记》,见(清)胡聘之:《山右石刻丛编》卷二四、卷三八,太原:山西人民出版社,1988年。
④ 光绪《蔚州志》卷九《金石志上》,清光绪三年刻本,叶 14a。

前引创建清梦观的姬志玄,经多年在外游历之后,回乡"载经父母之邦,复造先人之庐",撰碑文的姬志真与其"同邻同处,同族而亲",篆额者名姬汝弼,应该也是同里同宗之人,故而全真教道士在这一时期形成了各地的权势群体,居于社会重建的中心。山西阳城析城山上有汤王庙,始建年代不详,庙中有宋徽宗敕封碑,《宋会要辑稿》卷一二三五亦有记载。元时这里也由全真教控制,至元十七年《汤帝行宫碑记》之立石人为王某某、温志信,篆额者为本庙李志清可证。碑文如下:

> 切以圣帝垂慈,赖志诚而所感,神灵显佑,必祈祷以□临,当思□泽恩可作丰年之庆。今开随路州县村行宫花名于后:
>
> 泽州在城右厢行官一道,左厢行官一道,南关行官一道。
>
> 阳城县南右里一道,东社行官一道,西社行官一道,南五社众社人等行官一道,白涧固隆行官一道,下交村石臼、冶坊众社等行官一道,泽城府底行官一道,芹捕栅村等孟津行官一道,李安众等行官一道,四侯村众社等行官一道,洸壁管行官一道。
>
> 晋城县马村管,周村镇行官一道,大阳东社行官一道,大阳西社行官一道,李村行官一道,巴公镇行官一道。
>
> 沁水县在城行官一道,土屋(沃)村等行官一道,端氏坊部行官一道,贾封村行官一道。
>
> 高平县□桂坊,南关里行官一道,城山村行官一道。
>
> 翼城县□曲一道,吴棣村行官一道,中卫村行官一道,上卫村行官一道,南张村行官一道,北张村行官一道。
>
> 文(闻)喜县,郝庄等行官一道。
>
> 河中府渔(虞)乡县,故市镇行官一道。
>
> 沁南府在城,市东行官一道,北门里行官一道,水北关行官一道,水南关行官一道,南关行官一道,东关行官一道。
>
> 武陵县,宋部镇行官一道。
>
> 济源县,曲北大社行官一道,西南大社行官一道,南荣村行

官一道,画村行官一道。

河内县,清平村行官一道,东阳管、东郑村行官一道,伯乡镇行官一道,北杨宫、西河镇行官一道,高村□行官一道,五王村行官一道,万善镇行官一道,长清宫许良店行官一道,清花(化)镇行官一道,吴家庄行官一道,红桥镇行官一道,□阳店行官一道,武德镇行官一道,尚乡镇行官一道,王河村行官一道,南水运行官一道,□马村行官一道,□□义店行官一道。

修武县西关行官一道,城内村行官一道,□□河阳谷逻店行官一道。

沁州武乡县,□□州南门里街西行官一道,五州度行官一道。

温县南门里行官一道,梨川社行官一道,南冷村行官一道,招贤村行官一道,白沟□行官一道。

垣曲县墱坂村行官一道,□□镇行官一道。

河南府巩县行官一道,石桥店行官一道,洪水镇行官一道,□力田村行官一道。

偃师县行官一道。

太原府太浴(谷)县东方村行官一道,祁县圣王泊下村行官一道,团白镇行官一道。

平尧(遥)县朱□村行官一道。

文水县李端镇行官一道,□盘行官一道。

碑文从另一角度显示了全真教的势力网络。名单中行官最密集的是山西阳城及附近各县,再就是毗邻的河南怀庆府河内县,显示出密切的区域性联系。更重要的是,这样一种区域联系、这样一种祭祀网络不大可能是元初立碑时才建立起来的,而是一种延续性的产物,它恰好表明了区域内部的某种机制,而这种机制会在社会重建中发挥某种作用。

《宋元明变迁》一书的作者注意到考察这一时期的政治连续性。

他们认为，尽管以往的研究专注于某一朝代政治制度的研究，但我们对跨朝代的国家与其政治精英之间关系的演化过程却知之甚少。但他们也承认该书并没有对此给予一个清晰的描述和一致的看法（第19、21页）。从以上的例子和学界已有的成果来看，这种国家与地方政治精英的关系显然受制于南宋—金时期开始的南北异制，而后者又在元代被承袭下来，并由于前述政治中心与经济—文化中心的分离而得到加固。从那时起，南方士人与北方士人对于国家的态度就是不一样的，反之亦然。从大量民间文献出发，我们可以看到地方社会对局势变化和国家政策的不同因应，前者会因自己面临的问题不同，而发明创造一套独特的体制，以"新瓶装旧酒"的方式对待某些大一统的制度，或是以"狐假虎威"的方式利用这些大一统的制度来达到他们自己的目的，从而也体现了大一统制度的力量。同时，这些独特的地方体制在不同的朝代也会保持相对的连续性。

我们无法确定明中后期是否可以作为这个"变迁"阶段的下限。显然，明中后期是我们可以发现巨大变化的一个时期，当时反映"正嘉"或"隆万"时期风气大变的材料不胜枚举。商业经济出现繁荣，士绅地位空前提高，社会流动性增大，政府控制松弛，等等，这些早已耳熟能详。但是假如我们想到，这一"变迁"时段的起点之所以被设定于南宋，是因为农牧关系发生了转折并影响到中国的社会结构和基本体制的话，到明中后期，这样一个问题脉络是否终止了呢？除了前面说的这些新变化以外，这个问题脉络是否一直延伸入清并有了进一步的变化呢？

我们所需要的只能是在不同的问题意识支配下的更深入、细致和系统的研究。现在，研究明清历史者经常把目光投向民国时期，特别是治晚清史者，并不因民国的建立标志着帝制与共和制之间的截然对立而忽视它们之间的连续性。事实上，这种连续性也存在于宋元与明清之间，当我们关注某些问题时，会更关注它们向此后的延伸；而当我们关注另一些问题时，则可能更注意它们向此前的溯源。事件史的研究者比较容易把问题的解决放在一个较短的时段内,但从社会史的视角提出问题的研究者则需要"风物长宜放眼量"。

　　以上都是一些很初步的、很粗浅的想法,还没有经过详细的实证研究的论证,当然更主要的是强调一种不囿于王朝的时间和空间而随着问题的逻辑自然延伸的探究方法。对其中不正确的地方,希望大家批评。

卫所军户制度与明代中国社会
——社会史的视角

明代继承金、元制度建立了卫所、军户制度,以往对于它的研究,或将其置于单纯的制度史框架内,或作为军事史的内容加以考察;而以往对于明代以来中国社会的研究,又较少将卫所、军户制度纳入考量之中。然而当我们在进行区域社会的田野调查时,特别是在搜集和阅读大量民间文献时,却常常发现明代卫所、军户制的记录,而且不仅在明代,即使到晚清还能看到它的影响。这就不能不使我们关注这一制度在明代以来的中国社会中的作用。

经学者们的研究,已经知道卫所、军户制度不是一种单纯的军事管理制度,而是与以州县为代表的民政系统并行不悖的一套地方管理系统①,正如民户是州县系统的纳税人口一样,军户则是卫所系统的纳税人口。但是,为什么明帝国要设计两套地方管理系统,而不是像清那样只保留一套民政管理系统呢?这样两套系统对中国社会究竟产生了怎样的影响?

一、元朝遗产:明朝二元管理体制的由来

大体上说,在明帝国卫所系统中,如辽东都司、贵州都司、四川行都司、陕西行都司等辖下多属或多有实土卫所,即该区域的全部人

---

① 参见顾诚:《明帝国的疆土管理体制》,《历史研究》1989 年第 3 期。

口、土地均归卫所管理,卫所具备如内地州县那样的职能。内地及沿海卫所多为非实土卫所,即与州县同处在一个区域内,卫所管辖屯田及军户,与民田、民户犬牙交错。从空间分布来看,实土卫所大多分布于边陲地带,沿海卫所及许多沿边卫所虽不属实土卫所,但往往存在较多屯田和军户人口,故被某些学者称为"准实土卫所"。明人王士性在《黔志》中说贵州,"其开设初,只有卫所,后虽渐渐改流,置立郡邑,皆建于卫所之中,卫所为主,郡邑为客,缙绅拜表祝圣,皆在卫所。卫所治军,郡邑治民,军即尺籍来役戍者也。故卫所所治皆中国人,民即苗也"①。可见在贵州改流之后,卫所的影响力仍然很大。所以即便是非实土卫所,也仍能体现二元管理体制的力量。

内地的非实土卫所多分布于地理要津,如明初的福建行都司和湖广行都司均置于三省交界之地,西南诸省的卫所多设于交通要道,由此可知明帝国卫所系统设置的目的。明初大将蓝玉曾说:"四川之境,地旷山险,控扼西番。连岁蛮夷梗化,盖由军卫少而备御寡也。宜增置屯卫,顺庆府镇御巴梁、大竹诸县,其保宁千户所北通连云栈,宜改为卫;汉州灌县、邛县西连松、茂、碉黎,当土番出入之地;眉州控制马湖、建昌、嘉定,接山都长九寨,俱为要道,皆宜置增军卫。"②

对明朝为什么设计两套地方管理系统的问题,学者们并没有给予太多关注。顾诚教授虽然专文论述这种二元管理体制,但却没有明确指出其原因。他在文中提到了明中叶以后出现卫所辖地行政化的趋势,也许暗示这样的二元体制是明初帝国秩序初建时的特殊需要。对此,彭勇则概括为:"这种管理模式的建立,既表明明初以武功定天下后,行政机构的建立很可能依托于军事机构,也表明在一些地区,仍然需要驻扎军队来维持秩序。此外,明太祖认为,在经济相对落后的边地,设置行政官员会增加地方百姓的负担,而集生产与戍守

---

① (明)王士性撰,吕景琳点校:《广志绎》,北京:中华书局,1981年,第133页。
② 《明太祖实录》卷二二二,洪武二十五年十一月甲午,台北:历史语言研究所1962年校勘本,第3246页。

于一体的军事系统兼及地方行政管理,不失为一条行之有效的途径。"①这样的解释固有其道理,但历代王朝都是在战争中建立起来的,是否战后一定会采取这种二元体制?另外对边地的控辖是否也可以有其他模式(如唐宋时期的羁縻府州)?所以对个中缘由,还可以做进一步的探寻。

明承元制,与卫所、军户制度直接相关的,一是按役分户、配户当差的制度,二是镇戍军制度,三是土司制度。明朝的二元管理体制,与其开国立制之初直接继承这些制度遗产有关。

所谓按役分户,即根据服役的种类分定户籍,明代户籍分为军、民、匠、灶等等,世代承袭,不得脱籍。这一制度承自元朝,已为学界共识②。古代国家对百姓的管制首先是通过编户齐民来实现的,即通过百姓的入籍来实现,由此造就了一个社会,这一基本原则大体为历代王朝所遵循,但在元朝和明朝,这个社会的结构至少在表面上是由划分为上述不同服役群体的各色人户构成的③。尽管在管理方式上有所不同,明朝和元朝都存在数量很大的军户,也有数量很大的军屯土地,这就使明朝和元朝同样存在可以与民户相提并论,又与其他人户有很大差别(在相当程度上,灶户也类似)的一个社会群体。

之所以如此,是因为卫所军户在明初成为开疆拓土的先锋。他们的作用不仅在于攻城略地,还在于对占领地进行拓垦。此外,通过将占领地上的"无籍之徒"括为军户,不仅消除了地方上的豪强势力,而且使这些人成为国家的第一批编户。或者说,成为军户的过程,就

---

① 彭勇:《明代卫所制度流变论略》,《民族史研究》第 7 辑,北京:民族出版社,2007 年,第 158 页。
② 参见王毓铨:《明朝的配户当差制》,《中国史研究》1991 年第 1 期。关于明朝军户制与元朝军户制的承继关系,可参见于志嘉:《明代军户世袭制度》,台北:学生书局,1987 年;张金奎:《明代卫所军户研究》,北京:线装书局,2007 年。
③ 李治安认为,"按照职业户计服劳役,似乎是蒙古贵族从草原带进来的"。见氏著:《元史暨中古史论稿》,北京:人民出版社,2013 年,第 232 页。

是许多地方"国家化"的过程、从"化外"变为"化内"的过程①。

除原籍军户外,最值得关注的是这些在卫军户,他们受所属都司卫所管辖,而这个管理系统与元代的镇戍军制度有关。在忽必烈时代,元朝军队大体分为拱卫中央的宿卫军和驻守地方的镇戍军,宿卫军中除亲军怯薛外,主力为各卫军,至元末达34卫,职能大体类似于明朝的"在内卫所";镇戍军由各个万户府、元帅府组成,则类似于明朝分布在京畿以外各地的卫所。像下文即将论及的明代湖广茶陵卫即元代茶陵万户府改置,最初的卫军均由原万户府军归附。史卫民特别指出,"万户府的名称往往只表明军人户籍所在地,并不是万户府的屯军地点",如保定万户府,至元时设府于江西行省南康路,后迁至建康、太平镇守②。而到明代,卫所的名称既表明军人户籍所在,也是驻军所在,这是因为明代的都、布二司在辖区上是统一和固定的,而不像元朝那样是分离和流动的。

无论如何,元代军人在年老退役回到原籍之前,是由所属镇戍军府管理的。"万户府验着军的姓名,攒着册,行省官每根底,与着行省印信文书里,差千户、百户骑着捕马,立限前来取发者。"③与明代卫所到各州县勾补原籍军户以补充兵员,是同样的办法。

有学者认为,自忽必烈时代始镇戍军制度在全国展开,与同时期军屯的全面铺开有直接关系④,所谓"内而各卫,外而行省,皆立屯田,以资军饷"⑤。元朝有专门的屯田编制,如屯田万户府、屯田千户

---

① 近年来社会经济史和区域社会史的学者已对这一过程多有论述,如刘志伟:《从乡豪历史到士人记忆——由黄佐〈自叙先世行状〉看明代地方势力的转变》,《历史研究》2006年第6期;《地域空间中的国家秩序——珠江三角洲"沙田—民田"格局的形成》,《清史研究》1999年第2期;等等。

② 史卫民:《元代军队的兵员体制与编制系统》,《蒙古史研究》第3辑,呼和浩特:内蒙古大学出版社,1989年,第77页。

③ 陈高华等点校:《元典章》卷四六《诸赃一·以枉法论·减征事故起发盘缠》,天津:天津古籍出版社、北京:中华书局,2012年重印本,第1578页。

④ 参见张勇:《蒙元兵制的演变》,硕士学位论文,昆明:云南师范大学,2007年,第16页。

⑤ 《元史》卷九八《兵志三》,北京:中华书局,1976年,第2558页。

所等,这便是明朝卫所中有守御千户所与屯田千户所之别的由来;此外也有兼具戍守与屯田双重职能的编制,如岭北行省即由汉军与新附军同时戍守与屯田,使我们想起明代辽东这类实土卫所的类似特点。既然这些屯田上的收入是"专款专用",屯田生产又在镇戍军的体制下运行,它就自然形成了一个不同于路府州行政系统的管理系统。

顾诚教授曾专门论述过明代卫所制度对于民族分布的影响,不仅体现在卫所系统的汉人人户大量移居边疆地区,而且体现在这一系统内的少数民族人户随着卫所驻防散居于广阔的内地①。这一现象的背后,是明朝对边疆民族地区采取了卫所与土司双重管理的体制,这是明朝二元管理体制存在的第三个原因。李治安基于史卫民、张金铣的研究,叙述了元设宣慰司以取代南宋诸路的概况,并指出元在西南边疆以宣慰司、宣抚司、长官司等土酋任职的土司(土官)机构替代唐宋的羁縻制度②,这无疑说明了某种将汉地与边陲地区"一视同仁"的趋势。

如果说元朝设立土司制度并没有完全改变这些地区的"羁縻"统治性质,明朝继承了土司制度,并在其背后增设了卫所制度,则可以说是向"直接治理"的方向又迈了一步③。比如在湘西北的澧州地

---

① 参见顾诚:《谈明代的卫籍》,《北京师范大学学报》1989 年第 5 期。
② 参见李治安:《元史暨中古史论稿》,第 12—30 页。他认为元朝的土司制度开启了中央政府对原来的羁縻府州地区"直接治理"的过程,对此,李新峰提出不同意见,认为明朝没有在土司地区编制里甲,正是一种有别于"正常管理方式的羁縻方式"。见其《论元明之间的变革》,《古代文明》2010 年第 4 期,第 88 页。元明土司地区当然不同于汉地,但元朝在这些地区检括户口,在云南、岭北、辽阳、甘肃等边疆地区设立行省,还是可以视为改变以往"间接治理"方式的第一步。
③ 在有关土司制度,特别是西南土司的研究中,卫所军户的作用往往被忽略了。如 John Herman 的"The Cant of Conquest: tusi Offices and China's Political Incorporation of the Southwest Frontier"一文,见 P. K. Crossley, H. Siu and D. S. Sutton ed., *Empire at Margins: Culture, Ethnicity, and Frontier in Early Modern China*, University of California Press, 2006. pp. 135-168。在该书讨论有关边疆和民族的各篇论文中,几乎都很少涉及卫所军户问题,我认为这是该书的一大缺欠。

区,地处湖广、川、黔三省交界,明初依循元朝旧制,设若干宣抚司和长官司,但随着明军镇压了当地"洞蛮"的起事,先后设立了九溪、永定二卫及各土、汉所,以此控驭桑植、容美、保靖、永顺等土司;九溪卫"外设安福、添平、麻寮三所、二十隘口把守,以防容美、桑植土司"①。其中安福所为汉千户所,而添平、麻寮为土千户所,但其中都各有汉人和土著,只是千户各由汉人和土著担任。

我们知道,明帝国获得的疆土遗产,一方面是蒙古人空前广大的疆域,另一方面是这一广大疆域内部的非均质化,即存在许多"地理缝隙"。其中既有处于边陲的较大的"缝隙",也有处于内地的较小的"缝隙",它们或与中央,或与区域行政中心的关系还是非常疏离的。因此,除以州县系统管理国家的"编户齐民"之外,则以卫所—羁縻卫所(土卫所)—土司系统管理边陲地区(外边),以内地卫所系统管理腹地的"地理缝隙"(内边),即非编户齐民,或将其化为编户齐民。整体而言,土司虽是国家设置的地方行政机构,但具有明显的"在地"特征,而卫所则更具帝国"代理人"的特点。于是明朝对边陲的控驭就与元朝有了显著的不同。

正是明初继承的这些元朝制度遗产,成为明帝国二元地方管理体制的由来。

二、卫所军户与明帝国的形成:地方的例子

明帝国的形成,并不只是通过明初的统一战争和制度建设就能了解。人们需要知道:帝国的触角是怎样一步步地延伸,并且深深地扎根于乡土;帝国的意识形态如何与各异的地方传统和平共处;普通人如何建立起既是本地人又是大明国人的认同。本节所论就是卫所军户在这个过程中扮演的角色。

对于卫所、军户制度的重要性,以往学者们更多从国家制度的层

---

① 康熙《九溪卫志》卷一《建置沿革》,清康熙二十四年刻本,叶1b—2a。

面进行考量,近年来渐有学者开始重视它们在明代社会生活中的作用①。在对中国各地区的历史人类学研究中,人们日益看到卫所及军户系统在地方社会中的作用。有趣的是,在论及中国社会结构的著作《皇帝与祖宗》一书中,科大卫并没有注重卫所军户的问题,尽管他举的珠江三角洲几个家族的例子,几乎全都是卫所军户②。是他认为是否有军户这个标签对他的讨论并不重要吗?那么为什么偏偏他举的例子和材料都凸显了军户这个身份?

科大卫认为,里甲登记是珠江三角洲地区宗族建立的契机,因为编户导致对田产的控制,而宗族就是控产并承担赋役的手段。虽然他忽略了他举的例子并非编入里甲的民户,而是军户,但更重要的是人们如何获得田产。在本节中,我们会通过边疆地区的情况,来说明卫所军户这个身份对获得田产的意义;而在下节中,则以内地的情况来说明这个身份对扩大田产的意义;在末节,会根据回回军户的情况讨论信仰共同体和宗族的构建。

前已提及,通过梳理珠江三角洲地区、浙江、福建沿海岛屿在明初的历史,学者们的研究证明,这里的特殊人群最初被纳入编户的方式是"垛集"为军:"高皇……又命南雄侯赵庸招蜑户、岛人、渔丁、贾竖,盖自淮、浙至闽、广,几万人尽籍为兵,分十千户所,于是海上恶少皆得衣食于县官。"③这些人上岸定居之后,逐渐开垦土地,成为沿海地区早期开发的最初居民之一。

类似的过程也在其他地区展开。在南岭以北的湖南宜章,民国时期的地方志这样描述当地居民的分布:

> 县中大姓,约略言之,黄岑水流域著姓什数,以李、吴、彭、曾

---

① 如于志嘉早期的卫所、军户研究为制度史,近年来则涉及江西地方史、军户家族等领域。

② 科大卫:《皇帝与祖宗——华南的国家和宗族》,卜永坚译,南京:江苏人民出版社,2009年,第87—90页。

③ (明)郑晓:《吾学编》卷六七《皇明四夷考·日本》,《续修四库全书》第425册,上海:上海古籍出版社,2002年,第179页。

为大;章水流域著姓什数,以杨、萧、欧阳、邓、邝、刘、蒋为大;武水流域著姓什数,以黄、李、欧、邓为大。黄沙则黄、李、彭、刘、程、蔡、杜、萧为之魁,笆篱则刘、谭、周、张、陈、曹、范、邓为之雄,栗源则陈、李、胡、姚、王、周为之杰。……城厢著姓,明时盛称卢、廖二氏,有"卢半学,廖半都"之谚。

全县氏族约分三类:曰官籍,则系其祖曾官于此,或流寓于此,而子孙留住成族者;曰商籍,则多系明初来自江西、福建两省;曰军籍,则以明初峒徭不靖,调茶陵卫官兵戍守三堡,遂成土著。①

宜章地处骑田岭下,经宁远、蓝山至都庞岭与萌渚岭相夹的江永,自龙虎关出湘入桂。在上述描述中,作者将整个县境分为两部分,一是北部三条水的流域,县城在焉;二是中部的三个堡及其周边聚落,即地方文献中的"九溪四十八峒"②;其实还有第三个部分,上述文字没有描述,即南部的西山、莽山等山脉,也即"过山瑶"所在。以县城为中心、居住在黄岑、章、武三水领域的人群,与内地的交通便利,多为较早来此定居者,以汉人为主;居住在黄沙、笆篱、栗源三堡这个近山丘陵地带的人群,是明代来此戍守的卫所军户,也有逐渐融入这个群体的平地徭人;而至民国以降,仍有徭人居住在南部的大山之中,直到清代以后才慢慢纳入国家的管制。三个由低向高分布的地理空间,显示了纳入国家管治的不同时间过程。

---

① 民国《宜章县志》卷一七《氏族志》,民国三十年活字本,叶 1b—2a。
② "明初峒徭不靖,故县防注重三堡"(民国《宜章县志》卷三《疆域志·关隘表》,叶 35b)。"九溪四十八峒"的说法只是泛称,且有不同说法,如民国县志称正德年间徭乱,明军前来镇压,"四十八山九溪十八洞荡涤无遗孽";又如当地堡城村《程氏族谱》中的《始祖潮公实录》记为"命将西山四十八徭剿平";等。所谓"峒"或"洞":"县境多山,山间有平衍地可田者,俗谓之洞。"这些山间平原或盆地往往有河水流过,或几个峒往往在同属一条水的流域。根据民国县志的"田洞表",这些峒多分布在县城以南地区,即莽山以北、西山以东地区,也即三堡所在的地区(民国《宜章县志》卷三《疆域志·田洞表》,叶 32)。

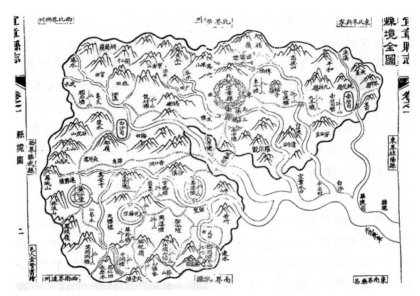

清代宜章《县境全图》（嘉庆《宜章县志》卷一《县境图》）

在三堡搜集到的族谱中讲到家族的定居过程，都认同茶陵卫及郴州千户所派军营建黄沙、笆篱、栗源百户所的说法①。在堡城村十修《蔡氏族谱》中收有永乐六年的一道敕命：

> 奉天承运，皇帝诏曰：朕缵成大统，务安元元。今有湖南直隶郴州宜章县界邻东粤连、韶二郡，西、莽二峒口，猺獞出没，时为民害，匪得守御，曷靖边方？尔茶陵卫指挥、世袭百户蔡荣，发身戎伍，著有成劳，转擢今职，历久无旷。是用命尔带领本卫军舍一百九十名，前到西山峒口处，相地驻扎，筑城为庇，屯田为粮，务使猺獞绥辑，黎民乂安。尔其益尽心力，毋怠厥事。钦哉！

堡城村即在黄沙堡，相邻还有蔡家村，可知蔡氏为当地大姓，地方志

---

① 我有幸两赴宜章，参加了在宜章、蓝山、江永等地的田野考察，承蒙中山大学历史人类学中心吴滔、谢湜、于薇等组织了考察活动，并提供了丰富的地方文献资料，在此特表谢忱。

中的描述无误。该地位于县境的最西,与广东连州接壤,就在西山脚下,与敕命中命其在"西山峒口"某处驻扎相吻合。

敕命中要求卫所军人及其家属"相地驻扎,筑城为庇,屯田为粮",看似轻描淡写,族谱中对这一过程往往也一笔带过。如一六镇杉木山《张氏族谱》称:"永乐,宜邑杜回子、冒阿孙作乱,显宗公复调宜,戍守笆篱、西、莽二洞,功及生民。恩赐屯田五十三亩,子孙世守,寓兵于农。"①又如笆篱堡《柳氏族谱》称:"至正统年间,缺员守镇,祖英奉调宜章,设立笆篱堡,以为保障。每屯受田五十三亩。余祖一舍三操二屯,舍二十五亩,操八十三亩,编隘戍汛,各立基址安置。"似乎是朝廷按标准分配给这些军户土地,进行屯田。事实上,《柳氏族谱》又称:"嗣缘西、莽、八排、大落、小落诸岗寇盗充斥,命下颁,移镇郴阳。……乃设立卫所,立保障,分屯编戍。""维时,山寇虽闻风破胆,奔突远窜,但此地山林荒塞,沮洳蔽翳,实难居扎。余太祖乃约军纠众,披荆斩棘,辟土垦地。"②说明在三堡一带,原来居住的主要是土著徭人,卫所军人在驱赶了徭人之后,才在这些山间平原(峒)屯田定居。

前注中提及的《程氏族谱》中也说:"命将西山四十八猺剿平。遂命湖广、广东二省上宪踏勘西山,分与广东,招民安插,莽山系宜邑管属,迄今人民安堵。"说明乱后除卫所军户在此屯田外,也向邻近的广东招民垦荒。今处莽山乡的大黄家塝《黄氏族谱》称,他们的祖先是正德年间从广东乳源迁移至此的。族谱中又收有一份正德十二年的《四户分山印约》,其中说正德元年"秦总兵统军兵数万剿杀四十八山九溪一十八洞"之后,"宜章十四都纲山田土山场已荒数载,无人承顶粮税,亦无上纳。后来谭朝秀上县,领示入山张挂,招民顶守"。"新民"黄福安、赵文才见了,"下山领示","顶纲山粮米五十八担,猺

---

① 清乾隆四十六年《张氏族谱·张氏创修族谱序》。
② 民国三十年编《柳氏族谱·始祖英公奉调序》、清康熙十年《柳氏家谱序》、清康熙六十一年《清明会祭墓引》。

粮并山场一并顶立"。后来黄、赵二人担心日后无法应付粮差,又拉了姓张和姓李的两户,"分作四户充差",即该都下的六、七、八、九甲。为免后世子孙发生纠纷,这四户人家将各自山场田土的四至划分清楚,并送至县衙"公证"①。由于这五十八石系"猺粮","其猺米纳粮,不充差",所以有较大吸引力。但这四户因此就被编为傜户,到清康熙三十年,原四户之一的张氏子孙即自称"治下莽山猺民户首",说"蚁祖不修,门衰祚薄,情因先代竖立猺户,编入十四都九甲充差"云云。

从族谱所收明代契约、呈文来看,这四户人家原来就是住在莽山里的,自承顶傜粮之后,即被编为傜户。他们究竟是从广东迁来的汉人,还是原来当地的猺人在清代编族谱时制造了一个来自广东的祖先来历,不得而知②,但至少说明,明初除在山前地区派驻卫所军户开发屯田外,还将山区的部分猺人编成里甲,征收猺粮。这又引起了进一步的猺乱,"过山榜"应该就是在这样的背景下出现的。

莽山猺粮缴纳至县,但也有猺粮缴纳到卫所的。在宜章以西的江华、永明一带,永乐二年时便招抚了部分猺人下山守隘,缴纳猺粮。如成化年间"扶灵猺人石师贤报籽粒粮五十二石,四瑶均分";又如万历元年有猺民控告"桃川所粮差周怡""瞒报猺粮",称"蚁猺自祖向化,猺税分厘无欠,奉依明例,独猺不纳。近来殊料异常,桃所粮管,不思前照,横加索纳杂税,蚁猺誓死不从。为此哭潜上禀,伏台明查,缘情赏准蚁猺旧照,杜贻累事。批照:洪武年间蚁猺下山守隘,向化良猺开垦猺田,免丈免量,猺粮原免杂差,不许桃所擅行加派。如有擅派良猺杂差,当府查出,派者重究。万历元年九月九日准奉"。由此,一方面是卫所军户深入猺区,开垦屯田,像前引《宜章县志》所说,居住在三堡地区的军户"遂成土著",另一方面是部分"向化良猺"被

---

① 明正德十二年《黄氏族谱·谨将四户分山印约呈照》。
② 实际上,广东乳源与湖南宜章不过一山之隔,或说共享一山,也有大量猺人。黄氏很有可能就是乳源那边的猺人,这时应招来到宜章莽山,被编入这里的猺户。

编为傜户,交纳傜粮,进入国家的里甲系统或卫所系统,呈现了傜人下山、卫所变土的局面①,而这一局面恰好体现了明帝国的形成过程。

在边陲及"地理缝隙"地区,都发生了类似的情况。2012年10月,在甘南临潭的流顺堡,我们在洮州卫军户刘氏后人家里见到明代颁发的敕命原件,如洪武十三年给管军百户刘贵颁发的敕命称,"宜令刘贵准此洮西开占地土,尔召军守御"。又有承袭状一纸,称,洪武十五年刘贵死后,其子刘顺袭职洮州卫左所百户,"城西南更改地名刘顺川,遵招军开垦田地,设安军余,仍前照例守御"。说明朝廷赋予这些卫所军官权力,将当地田土变为军屯,并可以在当地招纳土人为军。2005年在云南大理搜集到的清同治修腾冲《董氏族谱》,于《谱序》中称"救祖,南京人也,洪武末移伍来腾,子孙遂家焉"。而在根据明代武职世袭供状写成的祖先世系中,分明写道:"一世祖董救,洪武三十一年从军攻打南甸叛贼刀干孟,蛮干寨杀贼,斩获首级三颗解官,编充土军,起发云南住种。"说明董氏先祖是当地土著族群,被招为土军,至清中叶后董氏成为腾冲和顺镇大族之后,才改变自己祖先来源的说法。

综上,在明帝国军队大量进入这些地区,或一个个桥头堡式的百户所在这里设立之后,当地的社会结构就被极大地改变了。一方面,所谓"军籍"及其子孙成为一个较大的群体,可与"官籍""商籍"并列,并相对后来(如清代)的新移民来说占据"土著"的优势;另一方面,土著族群成为隘丁或土军,或以军功成为土官、土舍,或成为屯田军户,甚至到清代中叶他们编纂族谱之时,有许多都已自称汉人。可

---

① 实际上这一过程并不始于明代。在元代的官私文献中,记载了大量两广和湖广傜人起义和元军镇压的事实,也记载了官府在这些地区设立屯田和招抚傜人的情况。这与元朝在这些地区实行比宋朝更为直接的管制有直接关系。参见丁海艳:《元代瑶民起义史料辑成与研究》,硕士学位论文,南京:南京大学,2011年。相比之下,明代的傜人起义比元代相对缓和,这与明代包括"卫所变土"在内的大量移民进入傜区与日益多的傜人纳入编户分不开。

以说,所谓"良猺""熟夷"被率先纳入这一系统,是变身为"汉"的第一步。可见卫所、军户制度不仅将他们变为国家编户,而且也改变了他们的族群认同,族群结构也得到了新的析分。

三、内地卫所军户体制的长期延续

在宜章三堡驻扎屯田的卫所军户属茶陵卫的宜章千户所。茶陵卫设于湘赣交界的茶陵州,这里不仅也属于前述"地理缝隙",需安置卫所驻扎防御,同时也是卫所军户的来源地。这里的"垛军自洪武二十二年始,法以三户为一军。州共得军二千八百,以二千附茶陵卫,置前后所。余以拔贵州清平卫守御"①。当地民户垛籍为军后,不仅在当地服役,也发往外地。如著名的湘潭韶山毛氏亦为茶陵卫军户,毛氏始祖"全山与刘姓者共顶补,洪武垛籍三户军人,李良保奉调贵州平壩卫右所十百户,以军功拨入湖广长沙府湘潭县三十九都。……标立石烊瑕、毛家湾及茅坪滩等处,给田四百八十余亩"②。

不仅茶陵卫,与大多数内地省份相比,明代湖广各地军户的比例都普遍高于民户,如洪武末长沙府军户41132户,民户36469户,达到10∶9的比例;永乐中衡山县军户1960户,民户370户等,军户是民户的5倍多③。有些地方虽不设卫所,但仍垛大量军户,如"罗田虽无卫所,亦有军役。……洪武二十二年,垛军四千,有册可考"④。明代湖广共设25卫、33所,其中湖南境内的卫所占了三分之二。究其原因,即在于湘粤桂交界为南岭山脉,湘西与川、贵交界及湘赣交界多为山区,为本文所谓"内边"或"地理缝隙",需要大量军户,作为那些设置于边陲的"桥头堡"的后盾。

---

① 嘉靖《茶陵州志》卷上《食货志》,明嘉靖四年刻本,叶17a。
② 乾隆《韶山毛氏族谱·毛家湾坟山记》。
③ 嘉靖《长沙府志》卷三《地里志》,明嘉靖刻本,叶2b—3a;弘治《衡山县志》卷二《户口》,明弘治元年修民国十三年铅印本,叶1b。
④ 嘉靖《罗田县志》卷六《修武志·军政》,明嘉靖刻本,叶79b—80a。

实际上,除了东北、西北、西南等边疆地区,湘粤、湘桂、湘川、闽浙赣这类"内边"或数省交界的"地理缝隙"的地区,以及像湖南、江西这类"备御"边陲的内地省份之外,剩下的内地面积也没有多大了。在中州之地的河南获嘉县,民国县志的作者这样感叹:

> 何今之族姓,其上世可考者,尚有千百户之裔;其不可考者,每曰迁自洪洞,绝少称旧日土著及明初军士。盖自魏晋以来,取士竞尚门户,谱牒繁兴,不惜互相攀附,故虽徙居南方,其风未泯。而中原大地,则以异类逼处,华族衰微,中更元明末世,播窜流离,族谱俱附兵燹。直至清代中叶,户口渐繁,人始讲敬宗收族之谊,而传世已远,祖宗渊源名字多已湮没,独有洪洞迁民之说,尚熟于人口,遂至上世莫考者,无论为土著,为军籍,概曰迁自洪洞焉。①

这说明明代卫所军户的进入曾给当地社会造成巨大影响,却因某种原因被后人讳莫如深。

获嘉以及周边的新乡、辉县、滑县、浚县等地的卫所军户,大抵是设置在山西泽州的宁山卫所属。获嘉的宁山卫卫所军户"原编十八百户",到清中叶卫所裁撤之后,"有拨入新乡县者,有拨入辉县者,今并为九百户",分别为冯夏百户、吴李百户、张石百户、陈包百户、蒋孟百户、杨周百户、吴阎施百户、两李百户和两王百户,仍然作为纳税的户头。这些军户的屯田至清中叶仍有"屯营八十五所","此旧志所云输将徭役之累社,不及营也。归并县治后,军民无分而犹另编赋额,不与十八社同"②。该书又记万历四十四年获嘉共3808户,其中民户3510户,军户仅232户,占总户数的6%左右③。无论这个数字是否属实,明初的原额应远不止此。另据该书记载,康熙二十六年统计在册人丁2328人之外,又收并宁山卫丁1051人入册,是前者的将

---

① 民国《获嘉县志》卷八《氏族》,民国二十四年铅印本,叶16a。
② 乾隆《获嘉县志》卷二《营社》,清乾隆二十一年刻本,叶23b—24a、30b。
③ 乾隆《获嘉县志》卷六《赋役上》,叶1b。

近一半。虽不能完全说明明代获嘉军户与民户之比,但仍说明二者的数量差距并不那么悬殊①。

邻县新乡在明有9个屯营,所谓"新乡旧有屯营,皆宁山卫屯田所也。卖剑买椟(疑为犊之误),盖百余年于兹矣"②。说明到正德时已经物是人非。此时新乡共有民、军等户6789户,其中民户6032户,军户只有617户,军户只占总户数的9%左右③。且该书《贡赋》部分并未记本地屯田数。但到乾隆志则称本地也有十八屯营,分属原宁山卫前所和后所,至清并入36都之内④。到万历十四年,民户6033户,军户617户,与正德志所记基本相同,疑为直接抄录。清顺治十六年编审宁山卫前后二所现存人丁,只有378人,应与实际情况严重脱节⑤。

像获嘉、新乡这样的地方,只设置了两个屯田千户所,其日常功能与沿边卫所不同,而与普通民户相类。由于元明之间的动荡,这里的人口大量损失,如新乡《尚氏族谱》的康熙序中写道:"吾族世新乡,元明间为遗民七户之一。"⑥因此原籍出于全国各地的宁山卫军户,是一大批具有较强势身份的新移民,与当地土著和其他零散迁来的移民不同。

大量内地卫所由于土地、人口与州县不相统属而又犬牙交错,导致两者之间的关系错综复杂。时人或站在卫所的立场上,发现"军产民产,相错其间,屯伍之官不能照管,大半为豪民所占。盖地广而赋

---

① 到雍正年间实行摊丁入地之后,乾隆九年,获嘉民社共摊丁银516两多,宁山卫共摊丁银273两多,后者达前者的一半以上。这主要是因为民社人丁被定为下中丁和下下丁,每丁分别派银2钱和1钱,而宁山卫人丁每丁派银3钱所致。这至少说明直到清中叶,宁山卫军户还是受到特别对待的一部分人,并未完全混同于民。原军户的丁等高,也许是因为屯田土地等级高。康熙二十六年,获嘉民社起科地2621顷多,宁山卫原额地2065顷多,起科地1668顷多,可知当初所占土地也是不少的。
② 正德《新乡县志》卷一《屯营》,明蓝丝阑钞本,不分页。
③ 正德《新乡县志》卷二《户口》。
④ 乾隆《新乡县志》卷七《疆域》,清乾隆十二年印本,叶10b—11a。
⑤ 乾隆《新乡县志》卷一六《赋役上》,叶1b—2a。
⑥ 乾隆《新乡县志》卷二一《艺文补遗》,叶21a。

轻,故豪民喜得入手,即报新垦于州县,而屯田自此消灭矣"①;或站在州县的立场上,发现"我下邑膏腴之地,在国初先尽于屯军,所遗瘠薄者方付之民。迩来累起重课,纵丰岁不能完税,加以军日强梁,并吞得计,讼连隔省,完结尤难"②。类似情况在全国颇为普遍,而地产则是问题的核心③。

除了军民之间的纠纷以外,论者也多指出卫所内部军官与普通军人之间的矛盾。如嘉靖年间,"获嘉县旧有宁山卫屯七十二营,每军水田十亩。成化以来,岁久法废,军多逃亡,而其田多为强暴者所兼并,至有一军占数分者,有一百户下少数十分者。公下车即审知其弊,为之访查而清理之。百户冯伦下清出田十三顷有奇,招楒等给还之,楒等始得归业而有室家之乐"④。所谓"强暴者"应该是指百户冯伦这样的人,他们兼并军屯内的好地,迫使普通军户失业。

既然出现如此之多的弊端,也有许多记载说明中叶以后卫所体制开始废弛,大量军户脱籍,但为什么这项制度还一直延续,朝廷也还不断地采取各种办法对它的漏洞加以修补,甚至直到晚清卫所制度还在地方社会发生着影响? 正统时,"浙江等布政司并直隶苏、松等府州县人民,中间多有祖父从军,子孙畏继军役,不于本户附籍,却于别州县过继作赘或冒他人籍,或寄异姓户内",如被人举报要杖一百,发烟瘴地面充军。弘治时下令屯田不得绝卖:"今后军户地土果因解军等项艰难,止许典当,立限归赎,不许出契死卖。若买者,正犯并知见人问罪,地追入官。"⑤诸如此类,都是为了限制军户和屯田数

---

① (清)侯方域:《壮悔堂文集》卷四《奏议·代司徒公屯田奏议》,清顺治刻增修本,叶17b。
② (明)李一元:《答朱东原巡抚书》,康熙《建德县志》卷九《艺文》,清康熙元年刻本,叶8a。
③ 关于这方面的问题,于志嘉以陕西潼关卫为例,做出了精细的研究。见其《犬牙相制——以明清时代的潼关卫为例》,《历史语言研究所集刊》第80本第1分,2009年。
④ 乾隆《获嘉县志》卷四《祠祀》,叶13a。
⑤ (明)霍冀辑:《军政条例类考》卷三《清审条例》,"军户子孙抄民""军田不许绝卖",明嘉靖三十一年刻本,叶19a、24a。

量的流失。在明中后期从地方到中央都没有像对待赋役制度那样，着手对卫所制度进行改革。

卫所体制的维持有比较复杂的因素，制度的因素是一个方面。于志嘉仔细研究了江西卫所屯田与漕运的关系，可知江西卫所一直残存至清代，是因承担漕运的关系①。徽州之新安卫也有兑漕的任务，万历十四年"新安卫回称：查得本卫额兑镇江府丹徒县漕粮，上年领帮指挥、随帮千百户等官，与旗军一例关支行粮三石，并无外给路费银两，亦无敢有侵剋军旗盘缠。费用不资预支，合该俸粮凑用。但本卫止有轻科，公费银两，书册刊有定数，别无堪动银两。本卫运粮官军行粮，原系本府麦米银内关支"②。新安卫的屯田，并不用来帮贴漕军，所谓"屯收钱粮，系干军饷"，卫所操军的月饷要从其中支给③。又湖广麻城《上官族谱》记："明有上官兴者，原隶军籍，系江南徐州卫铜山县人。……军籍凡无屯田者谓之赤军，而上官氏之无屯田，多历年所。犹岁由县完纳征解正银若干，以助军费，其于国家之漕务亦不为无功。"该谱中还收有朝廷旨意，"此项什军勷漕运，命旨免派一切民差"④。所以尽管制度出现许多问题，漕军、屯军依然有存在的必要，在一些地方，承担漕运的军户及其屯田一直存在到晚清。

对于民间来说，只要屯地仍是不能轻易割舍的资源，军户身份的保持就是必要的。明崇祯时河南浚县知县张肯堂《䜅辞》的几条判词可以说明这一点。浚县与前述获嘉县相邻，也有宁山卫的屯田存在。一例是宁山卫军户徐邦辅，本应应役，却找了徐邦彦顶补，邦彦因老

---

① 参见于志嘉：《卫所、军户与军役——以明清江西地区为中心的研究》，北京：北京大学出版社，2010年。
② （明）古之贤撰，卞利点校：《〈新安蠹状〉点校并序·呈详议加运官路费缘由》，《明代研究》第19期（2012年12月），第149页。
③ （明）古之贤撰，卞利点校：《〈新安蠹状〉点校并序·直隶徽州府为申明屯例严并屯粮以济运储以袪宿弊事》《呈兵道申明新安卫老幼军人食粮稿》。
④ 麻城《上官族谱》卷一《谱序》《约据》。

弱被裁，又找了杨进孝补缺。由于涉及军户拥有的屯田，徐邦辅就把杨进孝告了。张肯堂评判说："今邦辅之所以越讼者，军名不难敝屣弃之，而军产不胜鸡肋恋之。一旦尽失所据，宁无怏怏于怀？"

另一例比较复杂。袁一道系逃军，留下军地30多亩，由河南怀庆卫军王梅等六家顶种，面临清勾时，不得不向耕种土地的佃户"吹求"。本来他们商定将田租"均出奉公"，但很快王梅毁约，被六家之一的胡宗顺告了，"断将原业退回，荷戈荷锄，两俱无与"。但王梅很不高兴，屡屡兴讼。最后张肯堂的判决是：

既吐之产，不可复还矣。而原佃之费，其可无偿乎？则以业之多寡为差，除不在官者不论，邹崇鲁应银一两二钱，胡宗顺应银一两，郭珠应银四钱，稍厌其望，娄尾庶几其衰止乎！王梅屡讼不戢，杖惩实自掇矣。

也就是说王梅把承顶那部分屯地退了，由其他五家继续耕种，后者则掏钱给予补偿。虽然判词语焉不详，但可以猜出，军户王梅与其他几家民户承顶了逃军袁某的屯地，但在补役的时候，只有军户王梅承担补役，其他民户无须承担，于是王梅退出。其他民户或佃户承种屯地，缴纳籽粒，并不承担军役。由此可知，由于屯地的存在，军户身份还是有利可图的。

因此，有"石进宝、石子行，皆滑县人，而隶籍于宁山卫者也。进宝以上成失期，子行乘隙补之。进宝愿之长百夫者"。又，"孙承祚，逃军也。先是，有习苟俚者，为宜班戍卒，承祚瞰其绝而谋充焉。因得有其军产一顷，每年典与钱万敦等三人而收其入。以为践更费，盖有少利而无全害也。乃久而玩矣，既不归伍，复不输粮，逍遥河上，坐食嘉谷"。这些人之所以愿意冒籍为军，不仅因为他们有可能只享受待遇而不承担责任，而且因为他们此时所占屯地，远远超过明初配额。"盖（边）文海，军也，有地四顷三十亩，以一顷供军，以一顷食粮，尚余二顷三十亩，每年输麦二石、谷四石于官。"更有甚者，"李自立,宁山卫军也,有地七顷,典与滑民祁维高等数十家,远者百年余矣"①。这类现实,也已为地方官接受。制度为卫所军户提供了资源,而另一部分民户则成为他们的佃户。

此种情形,或合于宋怡明所谓向国家"套利"(arbitrage)的比喻②,但军户获得国家的"合约"既是主动的,也是被动的(比如垛集或因罪充军)。国家在需要卫所军户为其开疆拓土、重建社会秩序时,提供了"套利"或存在有利"差价"的可能性(即如前述洮州卫百户刘贵所得敕命所说,"准此洮西开占地土,尔召军守御")。随着时间推移,土地资源变得日益短缺,军户又有大量机会附籍州县,甚至脱籍或逃役,这种机会就出现了,"套利"于是成为一种自下而上的策略。但是,国家也并不是完全亏本的一方,疆域的扩展、有效的控制,大量人口因此成为国家编户,究竟给明帝国带来多少好处,则是另一本经济账。

无论是制度因素导致卫所军户制度长期延续,还是利益的驱动导致民间对卫所军户的身份依然热衷,卫所军户作为一套地方体制并没有在内地迅速崩解。当时人们所诟病的,更多地是军户的脱籍和逃役,从而导致军队后备力量的捉襟见肘,并不能说明附着于屯地及其收益的卫所军户的生命力旺盛与否。

无论如何,这套制度造就了明代以来地方社会的两大体系,一是民户,二是军户。虽然到了晚清民国时期,地方文献中存在着迥然不同的状况,一方面是沿边卫所地区多流传自己祖上是军户的说法,另一方面是内地卫所地区多对自己祖先的军户身份讳莫如深。前者或是试图以此证明自己获得土地财富的合法性,或是需要以此证明自己内地汉人的身份;后者则是力图证明自己是土著或是来自更加有

---

① 分别见(明)张肯堂:《𧮂辞》卷一至卷五,《明代史籍汇刊》本,台北:学生书局,1970年。可参见于志嘉:《从〈𧮂辞〉看明末直豫晋交界地区的卫所军户与军民词讼》,《历史语言研究所集刊》第75本第4分,2004年。

② 关于宋怡明(Michael Szony)的说法,目前唯见于他演讲的报道。如他在厦门大学所做《明代沿海卫所与日常政治》的演讲,报道可见于厦门大学民间历史文献中心网站。

文化的正统①，但无论强化还是回避，都只是证明军户身份对于现实中的他们有利还是有弊，这两种态度恰好从正反两方面证明了这一制度对其生存状态的重大影响。

四、卫所军户与明代社会中的回回

明代中叶以来的中国社会发生了许多变化，已为学界共识。当时对后世影响巨大的人群，除讨论较多的士绅、宗族以外，我以为一是回回，二是民间教门，直至晚清政治控制的崩解，都与这两大人群有直接的关系。而回回与民间教门在明代以降的发展，又与卫所军户制度有极大关系。

如果说垜集是将民户转化为军户、招纳土军是将非汉族群转化为编户的重要手段，那么归附则是将元朝军队中的非汉军人加以分散安置的方式之一。明初，"凡归附鞑靼官军皆令入居内地，仍隶各卫所编伍，每丁男月给米一石"②。比如，"达官、达舍多安置真、保、河间等府"，在定州卫中，达旗军余至 1897 人③。对信仰伊斯兰教的各族军士，也采取了同样的安置办法。

蒙古西征，携回大量色目军人，入元后亦多次发布诏令，"签诸道回回军"，"签西夏回回军"等④，后属西域亲军都指挥使司、回回炮手军匠万户府、蒙古回回水军万户府等。至元十八年（1281），"括回回

---

① 根据李永菊的研究，在明代河南归德府（今商丘）的地方志、族谱等地方文献中，凡军户均称自己的祖先来自江南、山东等地，凡称祖先来自山西洪洞大槐树的，大多不称自己原为军户。参见其《明代河南的军事权贵与士绅家族——归德府世家大族研究》，博士学位论文，厦门：厦门大学，2008 年。这可能是因为后世所编谱牒中因有军户承袭记录而对祖先来历比较清楚，而大量称祖先来自山西洪洞的则对祖先来历失忆。
② 《明太祖实录》卷一八八，洪武二十一年二月丁卯，第 2827 页。
③ （明）魏焕辑：《皇明九边考》卷六《三关镇·疆域考》，台北：华文书局，1969 年，第 259 页。
④ 《元史》卷七《世祖本纪四》，第 130 页。

炮手散居他郡者，悉令赴南京屯田"①。可见自元朝始，统治者即将散居的回回军人整合到一处，屯田拓垦。如曲阜孔氏第五十五代孔克义，曾在元朝任河南河阳县回回炮手卫教授②；又如"英宗至治三年春正月，遣回回炮手万户赴汝宁、新蔡，遵世祖旧制，教习炮法"③；河南洛阳伊川书院遗有元仁宗《敕赐伊川书院碑》，内记"伊川鸣皋镇炮手军总管勖实戴，读《易传》，读《遗书》，坚苦刻砺而有得焉，乃更名曰士希。……每欲礼聘师儒，合里之俊秀教养之，使知圣贤义理之学，以少负方今开设学校、作新士类之美意。于是伊川书院立焉，募工鸠役，皆出己资，十年乃就。先圣、先贤之象设，传道诸儒之位序。"说明回回军官在当地重修书院，光大儒学。

此外，讲突厥语的喀拉汗王朝之哈剌鲁人于 10 世纪皈依伊斯兰教，投附成吉思汗后，哈剌鲁军被编制为哈剌鲁万户府和隆镇卫亲军都指挥使司，先后戍守于南阳、襄阳、京畿一带。另有阿尔浑军也是由信奉伊斯兰教的西域族群组成。据学者研究，元代军队中约有 20%为色目人，其中回回占到 10%以上。这些回回作为归附军，被明朝保留下来，编制在卫所中。湖南邵阳蔡氏"元末家南京江宁城外冈上回回营礼拜寺，名红庙，宅住于斯。为人才德迈众，洪武二年授指挥佥事"④。应该就是元朝的回回军人，被明朝成建制地继承下来。与此相反的是，元代曾多次下令对回回经商贸易加以限制，也曾禁止蒙古人赴回回地方经商，甚至在英宗即位后，下令"课回回散居郡县者，户岁输包银二两"⑤，使回回军户聚居的格局更为明显。

---

① 《元史》卷一一《世祖本纪八》，第 232 页。此处"南京"应指元代南京路，即河南一带。

② （明）陈镐：《阙里志》卷二《世家》，明嘉靖刻本。元代回回炮手卫的建置，很少见于史籍，不知是否回回炮手万户府的下辖机构。

③ （明）王圻：《续文献通考》卷一六四《兵考•教阅》，《四库全书存目丛书》子部第 188 册，济南：齐鲁书社，1997 年，第 203 页上栏。

④ 《邵陵蔡氏宗谱》卷首《列传》。

⑤ 《元史》卷二七《英宗本纪一》，第 601 页。

卫所作为地方管理系统而在全国驻防，使这些穆斯林官兵聚居于一处而分散于全国各地，形成以后回回分布形态的基础。除西北甘州等地有大量回回聚居以外，如明初著名的"浙东四先生"之一的章溢曾任湖广佥事，"溢至，观荆襄多旷地，建议分兵屯田，且以控制北方为便。行省镇抚回回怙恶，溢以法罪之"①。

正统三年，"令浙江观海等卫安插回回"②。

四川"泸州张四儿，家业杀牛。卫军马洋，回回种也，性亦嗜牛肉"③。

"都督喜信，回回人，两广游击将军。都督同知和勇达勒达，阿噜台之孙也。两人不供佛，不礼神，不拜尸殡。曰：吾回回俗皆然。达勒达间有之。佛本西域，固宜神，则有当事者，而吊祭之礼不知，则是其自异于华夏矣。"④

云南在元代即由穆斯林赛典赤·瞻思丁治理，回回众多，至明代则有更多回回加入卫所系统。如"马回回定，大理大和县民。洪武十六年跟随大军攻打邓川州、浪穹县等处有功，总兵官札充样备巡检司巡检"；"哈只系本州民，洪武十五年归附，十六年参随大理卫指挥周能管理土军"；"马速鲁麻系元江军民府入籍，充云南中卫中左所土军。父阿剌马丹，洪武十八年九月西平侯差作通事，跟随诏谕"；等等⑤。

由于明代回回多为卫所军户，所以明代小说中也多有此类描写。如《西洋记》中说："来将道：'本姓沙，名彦章，原任南京锦衣卫镇抚

---

① （明）廖道南：《殿阁词林记》卷七《宫詹》，《景印文渊阁四库全书》第 452 册，台北：台湾商务印书馆，1986 年，第 256 页上栏。
② 《大明会典》卷四一《户部二十八·月粮》，扬州：江苏广陵古籍刻印社，1989 年，第 745 页上栏。
③ （明）王同轨：《耳食类增》卷五〇《外纪·冤债篇》下，"泸州牛"条，明万历十一年刻本，叶 9a。
④ （明）叶盛撰，魏中平点校：《水东日记》卷六，"喜信和勇"条，北京：中华书局，1997 年，第 63 页。
⑤ 《土官底簿》卷上，《文渊阁四库全书》本。

司正千户之职。末将祖籍出自西域回回,极知西番的备细。'"①说明此种情况极为普遍,成为一般人所知的常识。

从各地所见的回回聚落及其族谱、碑刻,可知他们大多是明初进入当地的拓居者。如湖南邵阳蔡氏称,"惟我太祖澄远府君,来自江宁,洪武乙酉平宝庆,授指挥佥事,落籍城内";同里苏氏,"始祖讳通,于洪武时从北京至宝郡,原系指挥职,坐落地名黄土墙";常德黄氏,"世居顺天固安县。前明永乐二年,始祖隆兴公始迁常德卫,落业黄荆滩";资阳李氏,"五公讳宗燕,乃我楚南之鼻祖也。原居北京,明太祖时任云南副将,永乐二年调任湖南常德"。又有乾隆《丁氏宗谱》记述得最为清晰:

> 考之吾族,身宗教门,本默德国人也。肇自远祖汉沙公帅师由大食落籍金陵,助明太祖起兵,以军功授武德将军。……公奉命南征楚境,累建奇功,赐姓丁氏,秩升武节将军加骁骑尉,时朝廷以苗民出没不常,为屯田之计,遂家世焉。②

回回族谱中将祖先来历与明代的卫所军户联系起来,是非常普遍的。由于卫所军户往往是成建制而非零散个别地落籍在某地,使他们更容易形成某种群体的整合与认同。也即,卫所军户体制以及将回回军户集中编制的做法,形成了日后这一族群"大分散小聚居"的基础。

由于军队集中驻扎,回回军户得以聚居,使得清真寺的营建有了更好的条件,今河北定州清真寺存元至正八年碑记说:"回回之人遍天下,而此地尤多。……今近而京城,远而诸路,其寺万余。"此寺之重修,正是统领中山府兵马的都督普颜帖睦儿首倡,其部下指挥、千

---

① (明)罗懋登:《西洋记》卷六,第二十七回《二指挥双敌行者,张天师三战大仙》,明万历二十五年刻本,叶 17a。

② 以上所引湖南邵阳乾隆《蔡氏族谱》卷首《宗谱小引》、邵阳乾隆《苏氏三修族谱·创修序》、常德咸丰《黄氏族谱》卷首(乾隆)《源流原序》、民国《资阳李氏五修族谱》卷首《源流辨正》、乾隆《丁氏宗谱·自得序》,皆见马建钊、张菽辉主编:《中国南方回族古籍资料选编补遗》,北京:民族出版社,2006 年。

户、百户等共同捐资而成,所谓"并谕教之同志者各出资以营治之"。到了明弘治年间,武平伯陈勋"诣寺拜谒",希望扩建此寺,与"州钦差都司张公"商量,后者说"渠与教众谋已数年,而材未充"等等,在这些穆斯林军官的努力下,该寺再次得到重修。陈勋之弟陈熹后袭伯爵并掌后军都督府,在清真寺重修后"移檄定州卫,命择郡之谨厚有学者三人以领其事"①,说明这个清真寺应该属于定州卫的穆斯林。

除北京著名的牛街礼拜寺、东四清真寺在明代均为卫所军官重修外,长城沿线的宣化南寺为万全都司军人所建、大同礼拜寺由当地军官所建,如此等等,这种情况在南北各地的清真寺碑刻中多有记载。广州清真寺扩展的情况则印证了卫所回回军户与它们的关系:

> 广州老城之怀圣寺,志称建自有唐。明成化间,调回回达官军征大藤峡有功,加授都指挥使、挥同、挥佥、镇抚、千百户有余,世袭安插四卫,尤于怀圣为世世礼拜之所云。若新城濠畔街之清真寺,则以国朝入粤老城割驻藩兵,四卫之众移居新城,朝夕礼拜,固苦奔走,而藩丁横恣,出入为艰。于顺治甲午始,尤近更立院宇,且分掌以主之。怀圣旧有产业,鼎革之后,踞占无存。乃合众醵金置铺舍、田地若干,以资两寺掌教薪水之资。②

据此,明中叶有四个卫的回回军户在镇压了大藤峡瑶乱之后被安置在广州,以旧有的怀圣寺作为礼拜场所。据另碑,该寺曾于成化中为镇压瑶乱的主帅、两广总督韩雍所重建③。至清初两藩据广州,将此四卫回回军户迁至新城,礼拜不便,于是就近新建一清真寺,但两寺的经济来源仍出自这四卫军户。

这些例子都表明,并不一定是回回因礼拜于清真寺而形成聚居,而是因军队集中驻扎的特点,以及军官权势的支持,造就了回回军户

---

① 《重修礼拜寺记》《重修清真礼拜寺记》,原碑在定州清真寺内正殿两侧廊下。
② 清康熙五十年《清真寺众田碑记》,原碑无存,拓片在广东省民族研究所。
③ 清康熙三十七年《重建怀圣塔寺之记》。

所在地的清真寺;同时,卫所军户被派驻各地并调防,又造就了"大分散"的格局。这使得他们不仅具有军户的身份,而且具有回回的身份;卫所系统所营建的网络,也就构成了回回的社会网络。由于15世纪前后中亚伊斯兰教势力大规模向东扩张,这些已经在地化了的穆斯林军人及其后裔,就成为日后在清代中叶形成回回族群认同,并对伊斯兰教东扩产生积极因应的基础。

由此,一方面明朝的边疆经略导致许多边疆族群因成为土军而成为国家编户,进而改变自己的族群身份和认同,另一方面明朝将元朝军队中北方族群的编制保留下来,仍以卫所体制加以安置,形成这些族群在全国分散杂居的基础。垛集和归附这两种明朝军户来源的主要方式,就制造了中国社会中的某种族群结构。

但在明代,回回军户虽有共同的宗教信仰,却不一定有强烈的有别于汉人的族群意识。许多回回族谱中记载了其祖先为卫所军户的记忆,这又说明汉地回回同样有编纂族谱、建设宗族的行为。已有研究论及军户宗族的建设,指出如何分摊军役是宗族成立的重要动因,并指出军户宗族与民户宗族的联宗,表明其日益地方化或"着地化"①。从明代回回军户建构宗族的历史来看,虽然存在地域差别,但与汉人宗族的情形大体相同,并没有明显的族群或宗教因素影响。

福建泉州惠安郭氏为当地回回大族,谱称系唐代郭子仪的后裔,元末至泉州,"于洪武初年依例占籍",正统时始编谱,有正统元年谱序。"国初以军籍为重,时分隶玄钟,道里殷遥,诸子互诿。我祖毅轩公曰:相争则议长,互诿则议幼。时五房仕昭公方才十六,慨然许焉,举例造列军职,名曰国斌。……厥后玄钟子孙之回祖收租者,皆仁房之胤也。本族历代户名合造册弁,以便纳粮差徭。厥后子孙之顽良不一,逋粮之遗累难堪,是以将五房编为仁、义、礼、智、信,依各分下

---

① 参见徐斌:《明清军役负担与卫军家族的成立》,《华中师范大学学报》2009 年第 2 期;林昌丈:《明清东南沿海卫所军户的地方化——以温州金乡卫为中心》,《中国历史地理论丛》2009 年第 4 期;以及于志嘉前揭书,2010 年。

丁米扣计；该纳官价银若干，依限照刊赴此。"①玄钟指诏安悬钟千户所，惠安郭氏为原籍军户，一支赴诏安承役，为卫所军户。由于前者不愿为后者提供军需，即将本族分别房支，分摊该项负担。

晋江陈埭丁氏亦为回回大族，称元至正年间迁至陈埭，筑堤围海营田，万历十五年始编族谱。谱序中未提及其军户身份，但族谱中记载在成化间，"家有丁陛争财之讼，里滑曾细养求贿不得，诬我姓撒，脱南隅河南彰德卫戍，易姓丁"，引发一场官司②。虽然这里不承认该族为军户，但在谱中的陈埭开基祖《仁庵府君传》中又称："国初更定版籍，患编户多占籍民，官为出格，稍有军、盐二籍，欲使民不病于为军而乐于趋盐。公抵县，自言有三子，愿各占一籍，遂以三子名首实而鼎立受盐焉。"说明丁氏在明初分别具有民、军、灶三籍。

虽然陈埭丁氏在族谱中对其卫所军户身份含糊其辞，但却记载了三桩官司，均与军户有关。第一桩即上述"诬告"他们是彰德卫的脱籍军户之事；第二桩是节斋公等迁居陈埭前的三代坟地，雇泉州卫百户陈谅下正军陈福之父看守，"将坟旁余地及果木给福耕，收为工资"，陈福见丁氏"家居隔远，巡视不时"，企图占为己业，于正德七年为丁氏所告，陈福也反告丁氏"势豪强夺军业"；第三桩则是自仁庵公迁陈埭后的坟山，系洪武年间山东平山卫军潘姓所卖。由于丁氏答应潘姓卖山后可以不迁祖坟，所以后来潘姓的姻亲吕姓诈称潘姓将此地卖与吕姓。由此可见，丁氏所居周邻多为卫所军户的产业。有意思的是，族谱中提到的有关此诉讼的契约中，有元至正二年麻合抹卖给潘姓先祖这块地的契约。从姓名来看，麻合抹应为回回。可能这一带自元代一直有回回军民居住，至明初归附或被垛为军。

丁氏宗族大体建于嘉靖年间。谱中《宗聚说》一文记："嘉靖壬戌元旦，率儿谒祖。……去冬，倭据其地，举族室庐当然俱毁，无有存

---

① 清嘉庆《惠安百奇郭氏族谱·家谱拾遗》。
② （明）丁衍夏：《陈江聚书丁氏谱牒·雪戎说》。以下所引丁氏族谱资料，可见于泉州历史研究会编《泉州回族谱牒资料选编》（《泉州文献丛刊》第 3 种），1980 年。

者。老少壮长,旅寓城中,生无宁居,没无宁祀。独余先而卜筑于斯,以栖列祖之神。"随后大规模重建,"族人祔祠而舍者,咸愿以地归焉。君厚输其直,拓祠地周围可七十余丈……族姓七千余指,群集序列,尊者司祼献,卑者职趋跄"①。一方面可见其努力营造以祖先为核心的认同,另一方面则看到,经过四五代的经营,参与祭祖的陈埭丁氏族众就达700多人,谱中就抱怨有许多来历不明的人加入宗族,建议禁止他们的神主牌进入宗祠,说明应该有其他因素在起作用。

当然这并不是说丁氏企图去穆斯林化,因为在这次重建过程中,五世后吾公于"始祖祠宇,议以众力建者不下三百人,量用己赀充公费之半,其半则以俟三百人之偿,不欲专费也。他如曾井、陈仓二坟之祭费无出,则捐膏田数亩而使三房轮掌。清净寺缮修塔楼,资施三十余金。海埭斗门冲决,佣工伐石,使其侄陂首董治"②。虽然也有清净寺的修缮,但似乎被置于宗族建设的一部分。于是我们可以理解谱中所说,"是故阅祖德者纪诸念先,关祖坟者纪诸宁先,各随在以著矣。外此尚有当知者,如祖教之渐移而比于礼,亦有当因而不必于尽革者"③。即将伊斯兰教逐渐比同于中国的儒家礼仪,有些教义还是应该继承,而不必全部改变。

究其原因,倒不仅是因为明代陈埭丁氏的士大夫化,而是因为他们对伊斯兰教已不甚了了。在《祖教说》中,丁衍夏虽然述及丧葬仍循穆斯林习俗、斋期、礼拜等等,但诵经时只能"仿所传夷音,不解文义,亦不求其晓"。甚至到万历时期,葬俗、饮食都不讲究了,不拜天了,屠宰也不请专人而自己做了。这种情形就导致回回卫所军户更强调具有某种独特信仰的宗族认同,甚于回回族群观念的强化。这种情形直到清中叶才开始改变。

至此,明代卫所回回军户可以有4个身份认同的指向:卫所军

---

① 明万历《重建丁氏宗祠碑记》,碑在陈埭丁氏大宗祠外。
② (明)丁衍夏:《陈江聚书丁氏谱牒·封主事先大人后吾府君行实》。
③ (明)丁衍夏:《陈江聚书丁氏谱牒·说先纪》。

户、信奉伊斯兰教的穆斯林、宗族、回回族群。卫所军户代表着帝国的编户齐民，由此具有拥有土地开发和科举考试的权利，可以视为某种"国民身份"（national identity）；信奉伊斯兰教的穆斯林代表着祖先的传统和独特的信仰，渗透于日常生活，是一种独特的"礼仪标签"（ritual marker）；宗族不仅是一种应付军役的策略，也不仅是一种在地化的表征（representation for localization），还有可能是将具有军户身份和穆斯林身份的人群整合起来的超血缘建构；而回回作为族群（ethnic group）的概念此时还比较模糊，在文献中较少得到讨论和清晰表述，这是因缺少对它的现实需求。

对于明代卫所回回军户来说，在没有或较少宗族的地方，清真寺就相当于卫所的庙（比如卫所普遍建有关帝庙）；在宗族比较发达的地方，清真寺对宗族的重要性不如祠堂，只是宗族礼仪场所之一，像宗族村落里的其他庙宇。但是，无论是军户身份还是宗族，都不能像穆斯林及清真寺那样表现出文化的异质性，故后者在他人眼里就成为更显著的身份识别标签。换句话说，明代卫所军户制度强化了回回的分散聚居格局，并因此有助于聚居区内清真寺的修建，甚至有助于形成某种独特的宗族结构，但当其达成这些后果之后，便不再为人瞩目，只剩下族谱中对先人的追忆了。尽管如此，它仍是隐藏在区域历史诸多表象背后的深层机制。

在这样一篇鸟瞰式的论文中，我无法面面俱到地揭示明代卫所军户制度对此后的中国社会所起的重要作用，也无法用精细的个案分析展示各个不同区域具体情况的千差万别，只是试图以社会史自下而上的视角观察帝国制度，回答这一地方管理体制为何出现，又为何长期存在的问题。像末节提出的民间教门与卫所军户关系的问题，也只好留待后论。

"不清不明"与"无明不清"
——明清易代的区域社会史解释

2011年是清朝覆亡的一百年周年。百年来,对明清易代的讨论不绝于耳,事实上,这些讨论又直接上承清初的"明亡之思"。清初的讨论主要涉及对明朝的评价,民初的讨论则主要涉及对清朝的评价,还有1944年郭沫若所作《甲申三百年祭》,又涉及对易代时期的第三种力量——农民起义的评价,等等。这些讨论无不出自所属时代的特定需求,对易代时期的评判又往往受到材料的局限,因此所见虽各有卓识,但多不免于偏颇。

近有学者撰文,对百年来关于明清易代的讨论有很好的概括。该文将各种讨论概括为五种解释模式,即民族革命的、王朝更替的、阶级革命的、近代化的和生态—灾害史的解释模式。他认为,生态—灾害史的模式"表现出前所未有的革命性力量"[①],但拙意以为由于这方面的成果目前太少且缺乏充分证据,尚不足以与前四者相提并论[②]。无论如何,作者对前四种解释模式的分析还是有说服力的。

---

① 刘志刚:《时代感与包容度:明清易代的五种解释模式》,《清华大学学报》2010年第2期。
② 这方面比较突出的代表是曹树基、李玉尚的《鼠疫:战争与和平》,济南:山东画报出版社,2006年。但这样的研究毕竟属于个别。而且,如果不能把易代时期的许多重大问题,比如明遗民的立场转变、华北汉人士绅对清的支持、江南十案等,都置于这个生态—灾荒史的框架中去解释,就无法将其称为一种与前四者并列的解释模式。

问题是,今天我们将如何对明清易代提出新的解释进路①?

一、远人之见

在以往的研究中,最先被多数学者放弃的是"王朝更替"的解释。事实上,这种解释并不能构成一种"模式",它只是对明朝之后清朝建立这一客观事实的承认,而并非是认为只有清朝才是明朝的合法继承者。后者只是清朝统治者自己或清朝遗老所坚持的看法,这在辛亥革命后以梁启超为代表的对"王朝体系"的批判和现代学术研究中,已不为人所重。至于"民族革命"与"阶级革命"的解释,是特定时代的产物,也体现了政治对学术的影响,论者如云,也毋庸再议。倒是所谓"近代化"的解释,似乎从"资本主义萌芽"问题讨论至今,一直延续,但其中的问题意识已经变化,不应把"世界体系论"、全球化理论、"中国中心论"等等之下的讨论,与"资本主义萌芽论"等传统研究完全等而视之。

由于以上诸论多为中国大陆学者的探讨和反思,无法脱离所处的具体情境和时代局限,确有"只缘身在此山中"的缺陷,因此对海外学者的相关研究稍做归纳,或许对今天的讨论有所帮助。正如柯文在其《在中国发现历史》一书中所论,"中国中心取向想概括的思想是,19、20世纪的中国历史有一种从18世纪和更早时期发展过来的内在的结构和趋向。若干塑造历史的极为重要的力量一直在发挥作用……但是它也制造了一个新的情境,一种观察理解老问题的新框架,而且最后还为解决新、老问题提供了一套大不相同的思想与技术"。明清易代也是这样的老问题,20世纪80年代以来的学者就开始将其置于一个连续的走向中去重新认识,这种认识当然不同于"王

---

① 在我负责的国家《清史·通纪》第2卷的写作中,由于采取叙事体裁,因此无法将我对明清易代研究的反思和我力图采用的研究进路清晰地表达出来。在本文中,我借机以"议论"的方式将我在写作时的一些思考加以展示,以供同行批评。

朝更替论"那种循环论的模式,也不同于两种"革命论"那种断裂论的模式。

在该书中,柯文提到了1979年由史景迁、卫思韩和袁清主编的《从明到清》一书①,认为他们正确地指出了跨越明清的长期连续性,也指出了清代前期的许多方面对于晚清的重要影响。他也引述了魏斐德在《中华帝国晚期的冲突与控制》一书中的话:"社会史家开始逐渐认识到,从16世纪中叶到20世纪30年代整个时期构成连贯的整体。学者们不再把清代看成过去历史的翻版,也不认为1644年与1911年是异常重要的界标。"②因此,从20世纪70年代中叶以来,"易代"或者"鼎革"就不再是一个历史上的分水岭或者转折点③。

魏斐德的《洪业》出版于1985年,即在上述论文集的10年后,因此他这部专论明清易代的书,不可能与传统的"王朝更替论"密切相关,也不可能意在论证清朝统治的合法性④。无论世界经济的影响是积极的还是消极的,这些影响都不是针对"明朝"或者"清朝"——明或清的统治者的,而是针对明清易代时期的中国社会的;我们注意到,论者往往有意无意地将清朝这样的时间概念替换为政权概念。当然,《洪业》这本巨著主要是描述性的,并没有用很大篇幅讨论这次王朝更替在中国历史上的地位。不过,作者的结论还是非常明确的:"在清朝统治之下,中国比其他任何国家都更快地摆脱了17世纪的全球性经济危机。……在此后的近两个世纪中,中国的版图几乎比明朝的领土扩大了一倍。"⑤

---

① J. Spense, J. Wills Jr. and Tsing Yuan, ed., *From Ming to Ch'ing: Conquest, Region, and Continuity in Seventeenth-Century China*, Yale University Press, 1979.

② F. Wakeman and C. Grant, ed., *Conflict and Control in Late Imperial China*, University of California Press, 1975.

③ 〔美〕柯文:《在中国发现历史——中国中心观在美国的兴起》,林同奇译,北京:中华书局,1989年,第121—123页。

④ 见刘志刚:《时代感与包容度》,第51页。

⑤ 〔美〕魏斐德:《洪业——清朝开国史》,陈苏镇、薄小莹等译,南京:江苏人民出版社,1992年,第1021页。

同时稍后出版的司徒琳的《南明史》也是一部以叙事见长的著作①,但并不等于可以把这部书也归入"王朝更替论"一类。论者已经注意到,司徒琳只不过希望讨论文官与武将之间以及皇帝与阁臣之间的紧张关系,而正如她所说,"在中国历史上这两个问题始终存在",因此,她试图探讨的,就是一个跨越朝代的文官体制的问题。显然,宋朝和明朝都是对武臣防范甚严的,他们的地位因此比较低下,这不能不说是武将易于降清的原因之一,而后者又构成了满洲以少数人口最终成功地获得天下的至关重要的因素。

20世纪90年代,与"明清易代"问题有关的讨论在域外又有较大的变化。岸本美绪的《明清交替与江南社会》一书出版于1999年②,但书中收集的论文发表于1986年至90年代中期,而且明确说明是"属于社会史的范畴"。由于她所探讨的是明清易代时期的江南社会,或者说是在江南社会的范围内思考明清易代,因此自然会在"序言"中对日本学界的"地域社会论"进行反思。岸本认为,"地域社会论"的模糊和多歧性,正是"因为研究者站在处于社会中一隅的人物的角度而引发的"。她以下这段话值得引述:

> "地域社会论"中的一个屡遭批评的特点是,不是以封建制、奴隶制等大框架结构为前提,而是把重点放在个人在诸如宗族形成过程中究竟扮演怎样的角色等极小的事例上,看来好像是在处理与大局无关的细微琐事。然而,它所关心的却不一定仅仅止于个别的微观情事,从许多被认为属于"地域社会论"的研究中可以感受到的旨趣,其实是要从这些事例中抽离出当时人的行为状态、抉择依据,以及社会面向等,以整合性的概念模式来把握,甚至从普遍性的脉络里捕捉。关键不在问题的大小,而

---

① 〔美〕司徒琳:《南明史,1644—1662》,李荣庆等译,上海:上海古籍出版社,1992年。

② 〔日〕岸本美绪:《明清交替と江南社會——17世紀中國の秩序問題》,东京:东京大学出版会,1999年。

在问题的方向性。不是像神一般高高在上,以超然的观察立场来俯瞰整个社会,而是由社会中各个角落来选择个别的人群行动,这些行动才是了解社会的真正本质。从这样的观点出发,思考人们为何这样地活动时,问题的方向性势必是从人们的行为与动机出发,成为一种微观的、自下而上的研究取向。"地域社会论"的研究经常被批评缺乏国家论的陈述,然而,"地域社会论"亦无意将国家视为屹立于社会之外的庞大实体,而是要思考生活于地域社会的人究竟如何看待地方官吏,以及为何认为自己应该依从地方官等的观点,由此来解释"国家权力"。①

岸本美绪此处和序言中的其他部分都没有正面涉及她的"明清交替"论,但已经非常清晰地回答了"地域社会论"与政治史之间的关系。按我的理解,明清易代绝不只是南明和满洲王公与大臣的事情,不仅是明遗民的事情,也不仅是权力的争夺和正统性的确立,它还是生活在那个时代的每一个个人、匹夫匹妇的事情,往往是这些个人的选择和行为导致了历史突如其来的转向,因此不了解这些就无法了解明清易代的历史。

两年后,岸本美绪到台北近史所演讲,讲题是"秩序问题与明清江南社会"。这个题目显然与前书有关,但讲演的内容却讨论到对17世纪的看法。根据她自己的界定,这个17世纪主要指的是16世纪70年代到17世纪80年代,即明朝开放海禁的万历时期到清康熙收复台湾后的重开海禁时期——也即我们所说的明清易代时期。此后,她以这些内容为基础,撰写了《"后十六世纪问题"与清朝》一文②,讨论的是近世国家面临的诸多共同的世界性问题,以及它们各自又是如何解决的。该文依然没有直接涉及明清易代,论者以为该文体现了日本史学界的"东亚视角",并且认为此类视角与国内学者强调清朝建立对于抵御西方殖民侵略具有积极意义的观点或在世界

---

① 本处参阅了何淑宜的译文,《近代中国史研究通讯》第30号,调整了个别字词。
② 〔日〕岸本美绪:《"后十六世纪问题"与清朝》,《清史研究》2005年第2期。

史范围内看清朝的观点并无二致①,显然是个误解。

日本学者具有一种"东亚"视角是无疑的,但岸本美绪及其他一些学者的"东亚世界"更毋宁说是个时间性的概念,它是以中国为中心的朝贡体系为基础的,因此是主要以海岸与海洋为纽带结成的,到19世纪中叶以后就逐渐解体了。这样的区域性世界可以与地中海世界、内亚世界(Inner Asia World)等等相提并论。因此这个世界视野不是在一个东西方先进与落后、侵略与反侵略的意义上体现的,也即不是在冲击—反应论的意义上体现的(中国大陆学者以往多在这个意义上理解世界视野),而是体现为这些区域性世界如何面对共同的秩序重建的问题。

在该文中,岸本提到的"民族问题"也已为美国学者再度重视,这虽可以何炳棣与罗友枝就满化抑或汉化的争论为标志,但还是应该以濮德培、米华健、欧立德、柯娇燕等人的具体论著为模板②。因为明清易代的最直接后果是以往的夷夏关系发生了变化,这种关系又扰动了传统的以朝贡体系为纽带的东亚世界,满洲人的成功使蒙古、青海、西藏、新疆等地区加入到这个世界中来,改变了东亚世界的概念;同时,这里也有欧亚大陆历史变动的拉力,由此产生了一种互动,造就了新的清朝格局。这就是"内亚"或亚洲内陆研究与清朝建立之关系的研究被重视的由来。这些研究虽然没有直接对明清易代加以评价,但非常明显的是,它们等于强调了清朝建立带给中国的巨大变化。因此与20世纪70—80年代不同,这与其说是强调连续性,不如

---

① 见刘志刚:《时代感与包容度》,第51页。
② 他们的著作包括:J. A. Millward, *Beyond the Pass: Economy, Ethnicity, and Empire in Qing Central Asia*, 1759-1864, Stanford University Press, 1998; P. K. Crossley, *A Translucent Mirror: History and Identity In Qing Imperial Ideology*, University of California Press, 1999; Mark Elliot, *The Manchu Way: The Eight Banners and Ethnic Identity in Late Imperial China*, Stanford University Press, 2001; Peter Perdue, *China Marches West: The Qing Conquest of Central Eurasia*, Harvard University Press, 2005 等等。这些作品多是在世纪之交出版的,也反映了美国清史研究的一个新的转折点。

说是强调明清之间的断裂。

作为以上观点对明清易代问题的直接投射,2004年和2005年,美国先后出版了《世界历史时间中的清的形成》与《时间、时间性与王朝变迁:从明到清的东亚》两部论文集①。在万志英与司徒琳所写的序言中,也说到,"在与新近强调清的满洲特性保持一致的过程中,与明(更不要说再早期的中国历史)的历史连续性被极大地抛弃了"。但作为强调"宋元明变迁"的倡导者,万志英似乎并不完全认同这种观点。他认为"从作为整体的中国史的背景中观察,清的形成无论多么独特,它似乎并未造成对中国历史的根本背离"。即使是强调清帝国"独特的满洲精神",也是在"更广阔的中部欧亚草原的政治遗产和演化的背景下发生的"。清帝国在内亚地区"巩固其统治之举动——完成于18世纪中叶——是内亚历史上一个更为长期趋势'再帝国化'的结果,这一趋势在蒙古帝国崩溃之后的割据状态百年之后的1500年前后就已显现出来"。当然,认同这一点并不会与下述观点形成冲突:"理解清的国家与社会的主要框架是早期现代世界的共时性演进,而不是中华帝国晚期或王朝中国的历史性尺度。"

如果把岸本美绪的江南研究与美国"阿尔泰学派"的研究放在一起,思考对明清易代问题的研究进路,我们会发现二者之中存在一个同样"以中国为中心"的向内和向外的走向:向内的走向使我们既不站在南明政权或明遗民的立场,也不站在清初统治集团的立场,而是站在经历了明清易代的所有个人与群体的立场上,观察一个复杂多样而又变幻莫测的历史节点;向外的走向使我们摆脱一个先设的版图空间局限,而追寻影响到明清易代或明清易代影响到的更为广阔的地域空间,以同样的立场去观察这个广袤空间中各个地域所发生

---

① 中译本参见〔美〕司徒琳主编:《世界时间与东亚时间中的明清变迁》上、下册,北京:生活·读书·新知三联书店,2009年。需要说明的是,这本论文集中的论文来自1999年召开的一次学术会议,虽然从彼时起到中文译本出版经历了10年的时间,但还是必须将其视为世纪之交前后出现的上述思潮的产物。

的一切细节及其关联。

我个人以为,这是一种区域社会史的解释模式。

二、"不清不明":易代时期的失序与地方的利用

司徒琳在其《南明史》中开篇即问:"明王朝终于何时?"随后她答道:"严格地说,1644年并非明亡清兴的分界线。"虽然出于中国通史叙事的方便,我们通常把1644年视为明朝灭亡和清朝建立的年代,但在清占领区以外的人并不这样认为,他们在需要纪年之处继续书写南明政权的年号,事实上,南明和南宋没有本质的区别,只是前者与清对峙的时间没有后者与金、蒙对峙的时间那么长。甚至清人也未必认同1644年的标志性意义,因为"清"的正式建立是在这8年前。无论如何,这都是从王朝正统性追求的体现。

陈春声在《从"倭乱"到"迁海"》一文中,把明清易代置于潮州地方社会的结构性变化过程中考察①,他认为这一时期的潮州经历了政区的重新划分、聚落形态发生变化、乡村组织重新整合、户籍与赋役制度变化和地方文化传统重塑等过程,因此在这一时期地方动乱频仍,而到清初迁界之后,明末以来的地方军事化特征被消除,乡村社会的权力结构也发生了改变。在这一地区的社会动乱中,除了从晚明以来的"民""盗"不中分甚至亦"民"亦"盗"的混乱局面外,清初的南明、清、郑成功以及地方武装的混战,以及他们相互之间不断改换身份,"城头变幻大王旗",构成了这里长期"不清不明"的局面。因此,在顺治六年(1649)十一月,郑成功进军潮州黄岗时,"潮属不清不明,土豪拥据,自相残并,粮课多不入官"②。

----

① 陈春声:《从"倭乱"到"迁海"——明末清初潮州地方动乱与乡村社会变迁》,《明清论丛》第2辑,北京:紫禁城出版社,2001年,第73—106页。

② (明)杨英:《延平王户官杨英从征实录》,台北:历史语言研究所1996年重印本,叶3b。

所谓"不清不明",不仅意味着易代时期许多地区"朝秦暮楚",或者自立为王,而且意味着没有一个超强的权威对各个地区行使统一的政令,因此许多地区不仅可能政出多门,而且可能有不同的势力乘机攫取自己的利益,或试图改变原有的力量对比和差序格局。"不清不明"甚至不仅是一种政治立场的表现,更是一种集体心态,即许多地方没有形成对南明政权或者清政权的认同。无论某个地方或某种力量是否奉了南明的或清的年号,都不等于他们真正认同后者的统治。

这种情况在与潮州相邻的福建很常见。顺治九年,宁化士绅李世熊对清初福建全省的社会动荡进行了概括:

> 吾乡兵端见于乙酉、丙戌,而后义旗波沸,多以义名而行盗实。他不论,论其迩者。吾闽如福宁州、兴、泉、漳,则缙绅反正;建宁府、永安、沙县、将乐、顺昌,则宗室称王;大田、尤溪、武平、永定,则推立乡豪。连城则拥戴故令,建宁则降属建武。至于千室百户之乡,处处揭竿,咸奉明朝。①

以上这些地区,或在闽南沿海,或在闽西与赣、粤三省交界的区域,或与浙南山区接壤,都是福建的边缘地区,自明代以来就经常处在动荡不安之中。明清易代之后,原有的统治秩序被打破,而新的秩序尚未建立,虽然南明政权在这一地区此兴彼伏,赋予这种动荡新的特征,但并未改变这些动荡的实质。这些不同的地方势力虽然打出"复明"的旗号,但往往名不符实。

这样的情形在行政边区和多族群分布地区表现得更为明显,而这就需要在区域社会史的脉络中才能得到理解。

熟悉清初史事者都知道,从顺治四年始,直至"三藩之乱"期间,湖南、江西、福建、两广陷于长期的拉锯,这实在与明中叶以来这些地区的开发与社会变动直接相关。我们可仅以一个很小的区域为例:

---

① (清)李世熊:《寇变纪》,《清史资料》第 1 辑,北京:中华书局,1980 年,第 40、46 页。

> 看得粤东山寇,界连三省,奸集五方,其倚负则层峦叠嶂,其号召则蚁聚蜂屯。自祖宗朝来,屡见告警,朝廷亦频加挞伐;载典故中,班班可考。即如崇祯四年正月内,渠魁陈万据九连山以立寨,逆首钟凌秀据铜鼓嶂以为巢,一时声势,互相倚角,党与数万,成群叛乱之状,不可向迩。

所谓"粤东山寇",就是指潮州的兴宁与闽西、赣南交界山区中脱离朝廷管辖的人群,他们早先通常被称为瑶和畲,后来汉化之后称自己的语言为客家方言。明初编户,"县在洪武己酉复立,凡四十余都。既而江西安远贼周三官作乱,攻破县治,居民窜徙。继以大兵平荡,炊汲殆尽,仅存户二十余,编为二图,寄附长乐。……后渐垦辟,复于一都内拆置三图,六都拆其羸,益以猺人、蜑人之有税者,置为二图,遂为编户七里"①。而大量没有被编户的、不纳税的"猺人、蜑人",往往就被称为"贼盗"。按祝允明对"猺"和"畲"的解释,"猺人之属颇多,大抵聚处山林,斫树为輋(畲)"②。"弘治癸亥,流猺作乱,据大望山。其魁彭锦,分据大信、上、下畲",因此"畲"就是木棚,引申为山中的"棚民",也就是瑶。崇祯时起事的首领钟凌秀即为兴宁石窟人,"石窟都为贼所从生之区,兵集而息,兵退而萌。盖该都乃平远与地之半,其人以贼为俗,而程乡之廖坡、蓝坊,亦渐染其俗,并不以贼为讳。其出也有祖饯,其归也必捆载;以其货纳结强有力者,钱神无所不通,数千之贼立办"。

与之接壤的江西"虔南一块土,跨四省,逼九连,山寇出没,时为地方之忧"③。宋代这里就以多盗著称,做过江西处置使的李纲说:

---

① (明)祝允明:正德《兴宁志》卷一《乡都》,中华书局上海编辑所1962年影印明正德稿本,第6页。
② (明)祝允明:正德《兴宁志》卷四《杂记》,第36—37页。
③ 崇祯《会剿广东山寇钟凌秀等功次残稿》,《明清史料》乙编第7本,第666—687页。其中官员建议:"故欲贼党之消,必先使良民之盛;然欲良民之盛,必先有定居,以安其身,以固其围,无避贼避兵之患,则筑围之说也。石窟共八围,都司侯服亲督之,十日而围成,户册造完呈报。"

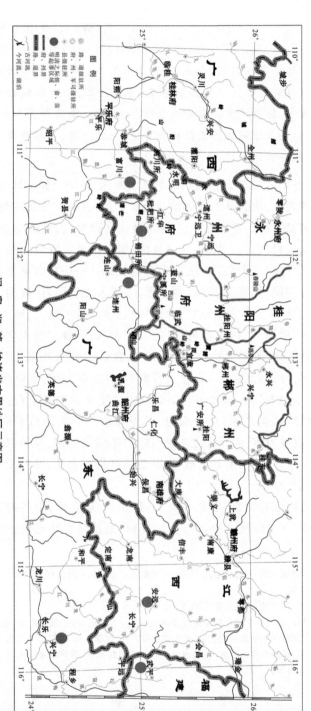

闽、粤、湘、赣、桂诸省交界地区示意图

"虔州地险民贫,风俗犷悍,居无事时,群出持兵,私贩为业。"①而当时的"虔寇巢穴,多在江西、福建、广南三路界首,置立寨栅,为三窟之计"②。这三省交界地区的族群特点和生机模式一直延续到明清时期,土客冲突十分频仍。钟凌秀所部进入赣南后,也在赣州、南安境内流动。因此明政府专设南赣巡抚以管理这个无序的区域,王阳明在这里设立十家牌法,推行南赣乡约,教化民众。明清易代给新一轮人口流动创造了很好的机会,也引起了频繁的社会动荡,为了在土客冲突中获得资源占有的优势,学校、科举和宗族建设成为双方竞争的有效手段。就在这个过程中,原来在文献中被称为"猺""獞""畲"的人群,完成了他们向可以溯源于中原的客家族群的转变。

与这一地区相距不远的广东连州、广西平乐与湖南永州南部交界地区,差不多是同一类情况。在这一时期的记载中,经常可以看到"辰、卢二县又报,姚启虞纠合苗众数千""永州所辖八州、县,逆贼曹志建等伙合土猺肆虐。……衡郡原连猺峒,尤为贼窟"③"时诸逆窜入永卫,为患肘腋,加诸苗煽动,蔓引株连"④之类的记载。辰溪、卢溪两县都在湘西,属辰州府;永卫即永宁卫,属岳州府,同样地近湘西,都是苗人聚居的地区。永州与衡州都在湘南,与两广交界,山区中也存在许多瑶人。湘西与四川、贵州两省交界处,设有大量土司,明廷也在这些地区设立大量卫所,通过双重管理的方式对这些多族群的地区加以控制。湖南与两广交界地区虽然没有土司机构设置,但因同样有大批无籍之徒居于此地,所以除在永州设宁远卫以外,还

---

① (宋)李纲著,王瑞明点校:《李纲全集》卷一〇七《奏议·申督府密院相度措置虔州盗贼状》,长沙:岳麓书社,2004年,第1013页。

② (宋)李心传:《建炎以来系年要录》卷一〇一,绍兴六年五月甲午,上海:商务印书馆,1937年,第1662页。

③ 《缘缙为农民军攻克常德事揭帖》(顺治五年五月二十六日)、《缘缙为两湖残陷请发救援事揭帖》(顺治五年七月二十一日),《清代档案史料丛编》第6辑,北京:中华书局,1980年,第152、157页。

④ 《辰常总兵马蛟麟呈》(顺治六年十一月二十日到),《明清史料》丙编第8本,第738页。

设立了许多千户所,如"征虏前将军指挥佥事胡冕等言,郴、桂二州数被猺贼剽掠,其蓝山等县,芭篱、召慕等处,山谷深邃,乃贼出入之地,宜设二千户所,分兵屯守,庶田无荒闲,民获安业。从之"①。

在上述蓝山县,有民户、瑶户、屯户之分,"是多土著,输籍者少"。在明洪武时编为25里,到天顺间"以苗寇故,减为十五里"。其后略有增加,但到顺治初又减为14里。其中屯户九所八户(八户即八姓之意),"初,九所原系屯户,诸买民田,率寄粮民家,不能自立。厥后生齿日繁,人才日竞,得请立户口,号兴宁一,朋归西隅十甲,盖在清康熙间乃易屯为民"。这些屯户,就是明初所设两千户所之一宁溪所的军户,源自"洪武二十三年杜回子以元末余丑,作祟楚尾。时余祖辈领江南各卫所军调赴征剿,大军屯南平,进据宁溪。……为田六十顷有奇,为粮二百两有奇。……及于中叶,族姓蕃昌,虽置民田,实属寄庄。迄国朝有拆卫散军之旨,诸户流离,仅余数姓"。剩余的八姓明朝军户在清康熙时申请改变军户身份为民户。以上说明,在清初,原来的军户处在极不安定的状态。

瑶户又称锦田仓户,"谓之仓者,以完粮也",这部分"本色徭粮米,原属江华征收,因路远维艰,于顺治间拨归蓝山输纳"。之所以冠名"锦田",是因为明初在这里设有锦田千户所,这些瑶户就是处在锦田所的监管之下。"然此为下山徭户,纳粮不当差役。别有高山过山徭,如高良、紫良、大鼓、荆竹等源,以山为利,居处靡常。"②顶着"锦田仓"的户名纳税的瑶户,属于在山外丘陵地带以农业为生的瑶人,虽然编入户籍,但仍与民户有所区别,所谓"纳粮不当差役"。当地又将"徭疆"分为东瑶和西瑶,以所居地域划分,不同群体又分为东山瑶、西山瑶、平地瑶(即下山瑶)、高山瑶和"由广东八排诸洞及自他县来者"的过山瑶。大部分瑶人,如成为"高山瑶"或"过山瑶"的族

---

① 《明太祖实录》卷二四五,洪武二十九年三月癸酉,台北:历史语言研究所1962年校勘本,第3555—3556页。

② 民国《蓝山县图志》卷九《户籍上》,民国二十二年刻本,叶3;(清)阮敬涛:《〈宁溪所志〉序》,叶13b—14b。

群,仍然靠山吃山,属无籍之徒,常被官府视为盗寇,至民国时还被如此看待,是因其"勇悍好斗,近以匪故"。

在这一带瑶人地区,长期流传一份《过山榜》:"南京平,王敕下古榜文一道,牒落天下一十三省,各治山头瑶人收执为凭。先置瑶人,后置朝廷。眼见王法,如法不遵者,母死不孝丧服。杀牛不告判,养猪不杀留。长调踏盘古大皇子孙万代平安。管山契管山,水契管水。有底处开田,除包王税。眼见王税遗纳朝廷,九坋岗山无粮地,赶中不上,打马不行,捕水不上,三尺之地,系是良瑶祖业。如有不遵王法,倘入瑶山科派钱粮等件,百般不许扰害良瑶。"①从内容看,这应是明初朝廷优待瑶人的做法,反映了这里的瑶人拒绝朝廷管辖的态度。在地方史籍中,自宋代以来,这里的瑶、苗不断起事,同时还有矿丁、"砂贼"等参与。明嘉靖年间有民户"冒籍瑶户"占田340亩,与另五姓人家发生纠纷,到崇祯时前者"勾结瑶寇",围攻五姓,死伤多人,后被官府镇压②。瑶户不派瑶役,瑶役就会都压在民户身上,瑶人与民户之间的冲突不可避免。

顺治十年,清军进入广西。七月,李定国挥师进攻桂林未果,但清军一时也未能深入广西腹地。"粤西连界边鄙,素称猺蛮之地,人心叵测。自去岁李定国祸乱以来,曩者倚伏之奸俱从中起,处处揭竿。……巨寇李定国见屯修荔,占民田禾,调集土贼。修荔去桂林不过二百里,日日窥伺。……粤西止开复桂林一府城,所属二州七县,仅有临桂附廓一县并灵川、兴安、全州三州县,余皆见贼占踞,非我所有。"③

---

① 民国《蓝山县图志》卷一〇《户籍下·瑶地表》,叶5b;《附东瑶官钟华寿、西瑶官成建廷报告书》,叶6b—9。明成祖确曾向瑶人颁发敕谕:"恁每都是好百姓,比先只为军卫有司官不才,苦害恁上头,恁每害怕了,不肯出来。如今听得朝廷差人来招谕,便都一心向化,出来朝见,都赏赐回去。今后恁村峒人民,都不要供应差发,从便安生乐业,享太平的福。但是军卫有司官吏军民人等,非法生事,扰害恁的,便将着这敕谕,直到京城来奏,我将大法度治他。故谕。"嘉靖《德庆志》卷一六《夷情外传》,明嘉靖刻本,叶2b。
② 民国《蓝山县图志》卷六《事纪上》,叶16b—17a。
③ 《经略洪承畴揭帖》(顺治十年十二月二十一日到),《明清史料》甲编第6本,第538页。

清朝官员的担忧并非没有道理。平乐府的富川县号称"山国",距离桂林只有二百多里,但距湖南南部和广东西北的瑶人聚居区更为接近。明初,富川设三乡五都,弘治再增两都,到清初,都以下"近县以团分,上、下九都以排分别,八都、一六都、新都以寨纪,其零星村落附之猺源"。这种设置,就是因为"国初一十余年间,邑令寄治无常,流寇冲斥,孤村难保,是以于附城相连村寨,结为团堡,守望相助"。据说以往县官在每年冬天要在附近的蒙家岭宴会民众,"虽假耀武以惊猺獞,实申禁令以戢戎心"①。直到康熙年间,"八都地方,猺人不法,岁多仇杀;探丸御货,整齐难施",甚至"行劫楚省"②。说明这一带地区一直让地方官员高度警惕。

顺治十二年九月,"探得猺贼数千,聚城会众,要来劫抢,二五都各处村寨百姓,惊惶逃避。又据差役杨正侦探回报,自昭平副将营兵马撤回。其钟山镇附近下九团暨擎田五洞龙井各寨猺贼,约有三四千,即将钟山镇营房一百余间烧毁,镇堡四门打坏落水,城垛俱拆平。又将附近钟山投诚观岩、水岩、石墙数寨男妇掳去。又统贼围困马山。又行劫昭平二五都高寨,顺民纷纷奔窜。……富川一隅,久为贼孽盘踞;又有伪逆朱盛浓等煽惑猺獞,负固狂逞,毒流楚粤"。十月,清兵开始对其大规模征剿,"各塘、下井、千长、盘文、星猺、老廖、明月等九排四十一户,俱闻风归顺","月塘、涌泉、长广诸寨户老,各具甘结,愿保宝剑寨,永不做贼"③。

对这种情形,当地士绅认为,是因为邻省的"江、永不轨之民,勾连煽鼓,诸猺始蹶然鸱张","谷塘、下井最称魁桀"。事实上,这里的瑶民起事与前述湖南蓝山一带瑶民起事是同一区域内的一个整体。这些士绅不满的是,这次清兵的清剿是"当事惟图底定,不痛芟除也",因此只能"晏安数载"。到康熙二年此地瑶民再度起事,就遭到

---

① 光绪《富川县志》卷一《舆地·乡村》,清光绪十六年刻本,叶9a—10a。
② 光绪《富川县志》卷九《宦迹·徐大材》,叶4b。
③ 《粤西官兵会合湖南将兵剿抚富川贼众获捷情形事揭帖》(顺治十二年十二月十九日到),《洪承畴章奏文策汇辑》,台北:大通书局,1984年,第130页。

清军屠杀①。这主要是因为顺治十二年时清军力量尚较薄弱,南明军队还在附近形成威胁,到康熙二年永历政权已经灭亡,清军可以全力镇压这些地方反抗,而不必担心顾此失彼。然而,直到雍正中叶,鄂尔泰担任云贵广西总督的时候,他还特别强调富川八都这个地方的危险性,因为这里的六大寨、四十多小寨,不仅连接湖南的江华、永明二县,而且与大源山相通,"凡八都不法猺獞,一犯盗劫仇杀,潜躲大源山内,山高路险,兵役不能追捕",建议在湖广交界处增加兵力岗哨②。可见这是个长期难以解决的问题。

瑶民起事与明清时期的移民与开发有关,而与改朝换代没有直接关系,明清易代只是被他们利用的一个契机。这里的瑶民和僮民多占有较为肥沃的土地,"猺田"所出田赋仅为民田的四分之一,而且"赋而不役"。散居在花山、西乡的僮人也"无编籍"。但是,据说瑶民中的"富而黠者,匿异境无赖,尊为讼师";而在僮民那里,"奸民遁入其中,假獞貌而獞心"。特别是那些曾经起事后受抚的人所居各源,称为"抚巢",这里"半猺、獞,半梧州流民,其编籍输赋者十之一,余则自种自食"。很多起事都是"梧州流民勾通抚巢",以至这些"抚巢抚民几半境内"③。所谓梧州流民,或为广东来的移民,或为梧州、浔州地区的卫所军户。这些民户或军户为逃避赋役,避入瑶、僮山区,就被官府视作不法潜藏。他们有机会像前述蓝山民户那样,进入瑶、僮地区,从而逃避赋役。明中叶的大藤峡"瑶乱"也是由于各种外来势力进入这一地区,损害了瑶人利益,引起动荡。

西南土司地区与中央朝廷本来就保持着羁縻关系,具有较大的独立性,明清鼎革也给土司们带来颠覆以往秩序的机会。正如"三藩之乱"后首任云贵总督蔡毓荣所说,"土官各有土地人民,而其性各不相下,往往争为雄长,互相雠杀。一不禁而吞并不已,叛乱随之,故明

---

① (清)王廷湊:《平贼功德碑》,光绪《富川县志》卷一一《艺文》,叶35a—41a。
② (清)鄂尔泰:《湖广交界添设弁兵会哨疏》,光绪《富川县志》卷一一《艺文》,叶43。
③ 光绪《富川县志》卷一二《杂记·猺獞》,叶2b—4a。

沙、普之祸可鉴也"①。

但土司、土官的起兵举事,并不足以说明他们具有"反清"或者"复明"的目的,而往往是在自身利益受到侵害后的自发之举,或是为了趁局势不稳之际扩充自己的势力。康熙元年,偏沅巡抚就曾向朝廷报告,"永顺、保靖二土司处在川、黔之界切近,施州邻寇,乃以小忿致相仇雠者两载,窃恐酿成边衅,实切隐忧"。后经官府协调,双方才"各差舍把三员,会于地名南渭洲、信坪适中地方,经同差官对神歃血立誓,会盟和好"②。到康熙十八年时,永顺土司彭廷椿还向清地方官府禀报:"本司额叨西南诸司首领,近为家难频仍,诸邻窥伺,攻掳财帛子女人民,悉饱强邻无厌,以致本司愈穷愈下,百务掣肘。今逃蛮百余,久踞辰州,结党通府如仇。今投伪杨将军,屡谋引路灭司;又为叛奴彭尚选纠奸,遍许诸邻割土,邀兵遗害。"③

湖南、四川、贵州、广东、广西、赣南交界的地带,是苗、瑶、僮、土家等各西南族群的"内边"生存地带。所谓"内边",就是上述几省在靠"内"的方向上存在一个多族群杂居的地带,而其腹地往往由朝廷直接控制,也因此存在较多汉人移民,再向外才又是多族群杂居的边疆,可谓"外边"。这一"内边"的存在是因为各省交界的山区长期未被朝廷有效控驭,为这些族群的存续提供了环境上的条件。其中,湘西地区包括了辰州、靖州、岳州的西半部以及永顺、保靖、桑植3个宣慰司,其下还有15个安抚司、宣抚司、长官司,占有湖南近三分之一的面积。与此同时,明朝还在这里设立了许多卫所,并与这些土司一起,同属湖广都司管辖,如桑植土司即归九溪卫管辖。这种安排,一

---

① (清)蔡毓荣:《筹制滇边土民疏》,(清)贺长龄、魏源等编:《清经世文编》卷八六,北京:中华书局,1992年,第2134页下栏。
② 《偏沅巡抚周召南题本》(康熙元年九月十八日),《明清史料》丁编第8本,第703—705页。
③ 《湖广总督蔡毓荣启本》(康熙十八年七月十四日),《明清史料》丁编第10本,第961页。

方面体现出土司与卫所同是明帝国控制边地的机构,另一方面则体现了由卫所来监控土司的设计,二者既是一套机构,又存在亲疏的差异。此种情形,时人也认识得非常清楚:

> 湖南所属,西连云贵,南接两广,北枕四川。红、黑苗、猺,杂处境内。万山鼎峙,竹木长青,即明朝承平之日,节节堡哨,处处屯兵,控制反侧。况今云、贵、两广,未入版图,群贼毕聚其间,进有险阻苗峒,可以潜身;退有未辟疆土,得为巢穴,所以王师三番大创,而贼犹未尽者也。①

明代卫所的安排本来就具有"犬牙交制"的特点,而在这些边地,土司与卫所的安排也依照"犬牙交制"的原则来设计。即在土司地区的卫所中,也存在相当数量的土官和土兵,与汉官兵再度形成"犬牙交制"的格局。这种复杂的关系格局导致卫所官兵相对于民人的强势地位,因此在明代就出现卫军强买民田,但又不纳或逋欠田粮的状况;此外由于各所下隘丁在明初只交"隘粮",不征徭役,后土官发家之后购买民田,仍只交"隘粮",不当民差,即类似蓝山瑶户的情况②。时人感慨:"民与军杂处,民强必占军田,军强必夺民业。"③这种状况必然导致不断的军民纠纷,而这在某种程度上又表现为土、汉或苗、汉冲突。清初取消卫所的军事职能,原有土官的强势地位遭到削弱,原来强占民田并以其他名义逃避徭役或减轻田粮的做法无法继续,势必导致其强烈不满。在另一方面,受到压抑并被迫多承担赋役的民人,也会加入到经临此地的大顺军余部,共同形成颠覆既定社会秩序的浪潮。

---

① 《偏沅巡抚金廷献揭帖》(顺治七年十月二十日到),《明清史料》甲编第3本,第272页。
② 万历《慈利县志》卷八《田赋·军买民田粮米》《田赋·隘粮议》,明万历刻本,叶4a—5a、5a—7a。
③ 康熙《石门县志》卷中《武备·屯田》,清康熙二十二年刻本,叶47a—48a。

三、"无明不清":对清初弊政的区域社会史讨论

"清承明制"一语,为治清史者熟知,通常意指清朝的许多制度承自明朝,并以此来论证明清时期的连续性和清作为明朝继承者的合法性。事实上,从上面的叙述中已可看出,清初的许多史事并非由清的入主中原所导致,而具有更长期的渊源。在这里,我们无法全面展开对这一问题的探讨,只就耳熟能详的几事略陈管见。

清初圈地,牵连直隶以及山东、山西等省,为清初著名的恶政,以往的研究者虽正确地指出了这对华北社会秩序的扰乱,但认识仍过于简单化。

从圈地之举的动因来说,是延续关外的计口授田政策,如《八旗通志》记载,顺治元年规定的土地分配标准是:"民间无主田地拨给八旗壮丁每人三十亩。"①这里的"壮丁"不单单是指八旗官兵的家下人,也包括旗人披甲兵丁在内。从政策上来说是很清楚的。但从这个角度看,不能一方面对后金攻占辽沈之后实行的这一政策表示肯定,而另一方面却对同一政策在入关后的延续予以否定。

有的汉官也对此事表示理解:"窃惟圈丈田地,仿古寓兵于农之意,甚盛举也。"②他们知道明代卫所屯地就有数十万顷之多,仅江西都司一地即达6000—7000顷③,但其最初的划定并没有引起人们如此大的关注。从明初的情况看,一方面是广泛利用了无主荒地,另一方面是利用被垛军户的原有土地。如河南浚县的张仲迁是明初被垛籍的军户,"时当国朝洪武建元,天下甫定,乃开垦王二庄西头地一段

---

① (清)铁保等纂修:《钦定八旗通志》卷六二《土田志一》,《中国史学丛书》续编,台北:学生书局,1986年,第4878页。
② 《黄徽胤为蠲免被圈地之民三年赋税事揭帖》(顺治三年四月初五日),《清代档案史料丛编》第4辑,北京:中华书局,1979年,第56页。
③ 参见于志嘉:《明代江西卫所的屯田》,《历史语言研究所集刊》第67本第3分,1996年。

二顷余亩,使子孙永为庄园。又开垦王二庄西坡地一段三顷余亩,使子孙世为耕种。考开业传家,教子耕读,因三子孤弱,尝以终身经历之事、合户军籍之由,授之于口,书之于刊"①,并没有造成产权和生计现状的太大改变。如果严格按照入关之八旗壮丁数量予以分配,圈地大约当在 3 万顷以内;又如果不是集中在京畿地区圈地,问题也会缓和得多。即如有些官员所论,"自国家定鼎于兹,即察屯地与勋戚绝产及民间无主荒田,安插满洲,窃意满洲虽多百万之众,处之裕然已"。

因此问题在于这三次大规模的圈地,已经远远超过关外的计口授田原则,"如满洲分地,原以口计,今诸大人之地,广连阡陌,多至抛荒,则亦委于无用已……诸王校尉则有地,各色匠役则有地,市民投人则有地,甚至阉宦刑余则有地",尽管"此辈从来不知稼穑,授之土田如抟画饼"②。由此可见,除了包括八旗王公贵族、勋臣、八旗官员、兵丁以及旗下家人(包括各色匠役、奴仆以及皇室及王府所役使的太监等)等在内的所有男性旗人都可以分到土地外,为他们服务的大量关内汉人也成为新获土地的人口依据,这就极大地扩充了圈占土地的规模,损害到更多人的利益,成为严重的社会问题。但这同时也说明,享受到圈地好处的,并非只有满洲贵族和八旗兵丁。

当然在实际的圈地过程中,还存在更加复杂的因素。众所周知,明代民地与卫所屯地的关系异常复杂,至明代中叶许多地方官便难以弄清。明末侯方域曾写道:"国初开设屯田,派坐甚远,幅员甚广。名隶本卫,地落他处,有相去数百里者,有相去数千里者,军产民产,相错其间,屯伍之官不能照管,大半为豪民所占。"因此很难清查③。这种记载,在明代材料中较为常见,但也有许多材料说是卫军逐渐占

---

① 洪武三十一年《明张仲迁墓志》,《新中国出土墓志(河南)》,北京:文物出版社,1994年,第 116 页。
② 《史科都给事中向玉轩题畿辅地圈拨将尽民众失业者苦不忍言事本》(顺治三年二月二十二日),《清代档案史料丛编》第 4 辑,北京:中华书局,1984年,第 53—54 页。
③ (清)侯方域:《壮悔堂文集》卷四《奏议·代司徒公屯田奏议》,清顺治刻增修本,叶 17b。

夺民田的,如"我下邑膏腴之地,在国初先尽屯军,所遗瘠薄者方付之民。迩来累起重科,纵丰岁不能完税;加以军日强梁,并吞得计,讼连隔省,完结尤难"①。在数百年中,既有卫军将屯地典给民户的,也有卫军购进民地,因而有附籍当差的,种种复杂关系,并未因为改朝换代而立刻消失,反而被继承下来,使圈地纷争更为复杂。

顺治十年,有抚宁、山海卫人上告,说滦州圈地4200顷,用永平、卢龙、东胜、开平四卫等处土地拨补,并多拨补了数千顷,其中包括抚宁、山海卫的有主土地,按照户部的档册本来并没有该拨补给滦州人的,但在顺治四年却被滦州的一些人"假旨概行私夺",因此请求"将有主地土断归两卫"。本来顺治七年已经把争议卫地断给两卫,但到顺治八年却有一些"滦奸"贿赂了满洲人和一些书办,把这些土地抢夺回去,所谓"将已断两卫之地土,翻然改断于滦民"。两卫印官因此上告御状。但紧接着被告数人又反诉这两卫"污弁奸民",说民地圈给满洲后,"奉旨俱以卫地补偿",但滦州并没有得到应补的数量。这些卫地拨补给了滦州后,当然就是"滦产",因为这两个卫官害怕把自己的土地用于拨补,于是就挑唆明朝卫勋某某等"虚词渎奏"。

当然原告人并不服气,他们指称这是"投充变诈百出,部文反覆无定",认为这些本来属于卫所的土地被被告携带投充于旗下,因此部里的官吏也在处处阻挠,请求把案子发给三法司去审理。原告认为拨补圈地已经足数,不该再从两卫拨地,被告则认为以前的拨补并未补足圈地的数量;原告认为之所以认为并未补足,是因为被告在拨补的时候,把两卫的土地四亩算作一亩,被告含糊辩称原来圈占的滦州土地本有上中下之分,需要较多薄地才能弥补被圈好地。最后户部断定,顺治七年时的审理有误,两卫原告所告失实,争议的卫地应断给滦州②。

---

① (明)李一元:《答朱东原巡抚书》,康熙《建德县志》卷九《艺文》,清康熙元年刻本,叶8a。

② 《车克题直隶永平为圈补土地与滦州涉诉事本》(顺治十年四月初二日),《清代档案史料丛编》第4辑,第94—100页。

此事的是非曲直,已难以真正查清。本来属于州县的民地与属于卫所的屯地之间在明代就不断引发诉讼,到清代,卫所系统已经瘫痪,其屯地部分本应纳入州县征粮,但此时显然还在不同的系统中。圈地之后,借拨补将卫地纳入州县,本是朝廷顺理成章的举措,但这里又有滦民乘机将拨补的卫地800多顷投充到两黄旗下之事,引起这些土地上的卫民的不满,这种不满既是新形势下的产物,也是明代历史的遗留。这个案例意在说明,顺治年间纷纷扬扬的圈地事件,搀杂了多种复杂的成分,仅将其视为一种民族压迫之举,必然失之简单。

江南的反剃发斗争是另一个被不断叙述的问题,但我们仍然没能在史料的基础上,对原来的叙事语境进行反思。《研堂见闻杂记》非常详细地记载了苏松一带的乌龙会活动,讲到城镇士绅与乡村百姓之间的矛盾本已十分激化,剃发更成为这种矛盾激化的借口。"会其时,城民患薙发,有潜至乡间者,乡人指为奸细,以杀为快。于是昼夜守伺,每至日落星稀之际,呼声四起,各执梃狂奔,如见神鬼者,使人睡梦不宁,一夕数起。间指某家已薙发、某家藏薙发者,则千人持戈赴之,举家鸟兽散,以得全性命为幸。""吾城自削发后,惟乡民梗顽自如。有发者不得城行,削发者不得下乡,见者共杀之,乡城闭塞。"反剃发斗争的矛头不仅指向清朝官府和清军,而且主要指向已经剃发的城镇居民,可以肯定,这些人多数是被迫剃发的。

这是否说明,江南的"乡民"比"城民"更忠于明朝,或者更具有忠节观念?事实上,不同群体对于清军的态度,与其说是受国家观或忠节观的影响,不如说是受晚明以来城乡之间或者乡宦与民众之间日益激化的矛盾所制约。在这个意义上说,过去曾有强调清初"阶级矛盾"甚于"民族矛盾"的说法,也不无道理。在江阴守城的著名事件中,《江上遗闻》向我们揭示的情景是:

> 当是时,兵乱日久,刑法不修,各乡叛奴乘衅,索券焚主、弑主者络绎而起;烟光烽火相杂蔽天,大家救死不暇。外兵乘之,先至西城;移兵至南关,康公往御,不克(众以其无功,置之狱;阎

公至,乃出之)。继烧东城城外富户,乡兵战多败。复乘胜至北城,乡兵三路御之,其两已溃;余数十人据闸桥力战,杀其骑将,外兵乃退。次早,侦乡兵不备,复进攻,多所杀获。大桥东西湾二保奋力抗拒,杀外兵骑将二员。泗善港兵五百人,自负勇悍,赴城为援。但其众素为盐盗,好劫掠;其领兵人葛辅弼父子又不谙纪律,至三官殿遇敌,勉强出战,众尽歼。外兵乘锐东下,至大桥、周庄等处;乡兵知外兵不可胜,悉远窜。周瑞龙以兵势不敌,亦扬帆去;外[兵]遂得专意攻城矣。

可见当时江阴的社会动乱中,城中"奴变"是重要的组成部分。下层民众对于士绅的不满,从明末一直延续到这个时候,而且并未因清兵南下或者剃发令下而放缓。江阴的抗清也因此受到干扰,所谓"大家救死不暇,外兵乘之"。这时在城外抵御清兵的主要是乡兵,另外还有以私盐贩子组成的"泗善港兵",但都被清兵击败。城中领兵出来御敌的"康公"实际上是个徽商,一战失利就被关入监狱,可见这时的江阴处在一种十分无序的状态下。不同的人都担心自己的利益受到动乱的损害,因此聚合在一起,剃发令只是一根导火索,应该不是这不同人群担心的主因。一旦形势恶化,则各人自顾不暇。江阴城中也有不少士绅意欲降清。

奴变在明末的江南就频有发生,至顺治元年再起,曾被南明弘光政权镇压。清兵南下后奴变又起,如太仓"顾慎卿者,乌龙会剧者也,为徐宦家奴,老而黠,素为衙蠹,贩私盐,行不法"。另有一支,"最横者,莫如金孟调一事。金亦徐奴,家千金,已早世"。"持兵过之,即以千金奉饷。茂成与顾慎卿瓜分之,以余者犒士卒。如是者无虑几十百家,此两姓为特著。"这些奴仆已经不是那些赤贫者,已握有财产。甚至有大姓生员,也投身乌龙会中。"吕茂成者,名之模,吾沙溪著姓也。……年二十六,补弟子员。两试皆优等,志意发舒,高睨阔步。未几,乌龙之会起,茂成遂跳入其中,手执牛耳,呼召群小,与慎卿、瑶甫鼎足,里中子以百数,皆衣食之。"①

乌龙会与类似会党之兴起,给王朝更迭时期的地方社会增加了更多导致动荡的因素,一些社会下层加入其中,但那些不愿被其袭扰的镇民和乡民往往组织起来,武力自保。特别是那些比较富裕的人户,并不希望自己的利益受到损害。由于乌龙会众大多来自城镇,因此与农村居民形成对立:

> 乌龙会之剧也,二三无赖,腰斧出入,无不丧魄狂走,鸡犬一空。乡人患之,各为约:遇一悍者至,则以呼为号,振衣袒;一声,则彼此四应。顷刻千百叫号,数十里毕达。各执白梃出,攒扑其人至死。于是会中不敢过雷池一步,而乡民势盛。

到剃发令下达之后,"乌龙会中,倡乡兵合剿之说",但未获成功。城里的居民被迫剃发,但"城民患薙发,有潜至乡间者,乡人指为奸细,以杀为快。……间指某家已薙发、某家藏薙发者,则千人持戈赴之,举家鸟兽散,以得全性命为幸"。原有的社会上下层的矛盾被演化为城乡之间的矛盾,然后又转化为降清者与抗清者之间的矛盾。但太仓乌龙会到七八月间被清军彻底击溃。

金坛、溧阳的"奴变"则呈现出不同的局面。据《瀬江纪事本末》记载,削鼻班的潘茂是溧阳彭氏的奴仆,不但没有反抗主人,反而"主人又纵之为爪牙"。清兵渡江之后,知县李思模与士绅商议,用潘茂作为城守甲长。李思模不愿降清,偷偷跑掉,潘茂等便"偕其党肆掠"。随后,潘茂以溧阳户口册降清。这时,溧阳士绅开始组织起来对"奴变"进行回击,杀掉一些削鼻班的人。后者躲避入城,于是乡绅与削鼻班在城池内外形成对峙。不久,清兵大举来援潘茂,"分掠浪洋、戴埠等处,烧其庐舍,掳其子女,杀伤者甚众"。在剃发令再下之后,潘茂也接受了清廷的任命,继续引导清兵与抗清的士绅作战。据

---

① 佚名:《研堂见闻杂记》,《台湾文献史料丛刊》第五辑,台北:大通书局,1997年,第5—6页。

说后来是本地士绅实在忍受不了削鼻班的侮辱,秘密通过在北京朝廷中掌权的人,下令逮捕了潘茂、潘珍等百余人,在顺治二年(南明弘光元年,1645)十一月将潘茂处死①。这种情况也并非不可理喻,因为奴仆的主要打击对象是本地绅衿,他们并没有任何与清政权合作的障碍;而地方士绅在对付"奴变"和清兵南下及反剃发的问题上,目标完全统一起来了。但对清兵来讲,造反的奴仆只是一时的利用对象,最终他们还是要依赖士绅,因此在秩序基本建立起来之后,就对他们痛下杀手,便不令人惊奇了。

在此处,我们并未对这些错综复杂的事件背后的区域历史过程展开论述,因为那需要详细讨论明代各个区域内部的各种关系的演变,故而无法在本文中进行。像金坛"通海案"中所涉及的胥吏、豪绅、生员,以及豪绅内部之间的关系,不放在特定的区域历史中去重新认识,去理解明遗民花村看行侍者《花村谈往·金坛海案》的说法,"今又缘海寇一案,迷入雾网,屠戮灭门,流徙遣戍几及千人,起祸之因亦惟放利自尊而已矣",就是不可能的,就还是会落入清统治者打击江南士绅的陈说之中。

所谓"无明不清"的道理,十分简单;事实俱在,又无从回避,但至今在对清初史事的解释中,仍然在先入为主的概念支配下,沿袭着许多似是而非的结论。特别是明清之间有许多"剪不断、理还乱"的因果,怎么可能会有高度评价清而贬低明或完全反之的幼稚现象存在呢?

---

① (清)周廷英:《瀼江纪事本末》,《清史资料》第1辑,北京:中华书局,1980年,第137—157页。谢国桢在他的《明末农民大起义在江南的影响——"削鼻班"和"乌龙会"》一文中指出,《瀼江纪事本末》"歪曲了这项事实,不甚可靠",但未提出任何证据。需要指出,他所利用的《金沙细唾》是乾隆时的材料,而《瀼江纪事本末》就是顺治时的文献。参见谢国桢:《明末清初的学风》,北京:人民出版社,1982年,第254页。

多元的时间和空间视域下的19世纪中国社会*

——几个区域社会史的例子

一、问题之由来

近年来,社会史研究在取得迅猛发展之后,逐步暴露出一些问题。某些社会史研究在揭示以往不曾为人所知的方面的同时,却无力关注以往史学提出、至今也还存在意义的一些重要问题①,于是,社会史与以政治史为代表的传统研究模式之间,就形成了互不干涉、各说各话的局面,以致造成相互之间的某些误解②。实际上,任何新的研究尝试都不可能包打天下,包治百病,而只能对有意义的问题提

---

* 本文曾提交2005年北京论坛的历史学分论坛,参与2007年于台湾举行的"基调与变奏:7—20世纪的中国"国际讨论会,并以此为题在中国人民大学进行过演讲,承蒙在场学者和同学的评论,受惠匪浅,特此说明并致谢。

① 参见拙文《社会史研究向何处去》,《河北学刊》2005年第1期,或《小历史与大历史——区域社会史的理念、方法与实践》,北京:生活·读书·新知三联书店,2006年,第52—70页。

② 例如,在2005年北京论坛历史学分论坛的"近代东亚社会的转型与重构"主题说明中,设计者有这样一段阐释:"一些人认为东亚某些国家经过百年政治革命,社会发生了巨大变化。另一些人则认为历经革命洗礼的社会与革命前的社会没有太大的差别。在这个问题上,政治史学者与社会史学者的看法有明显的差别。……这一组的学者们将围绕着对世界进程有重要影响的典型事例,借用社会学的研究方法,更多地利用新发现的历史数据、特别是档案史料,从政治与社会、个人与国家之关系等等新视角,来看待'历史中的变迁',分析其表征与实质,实现政治史与社会史之间的对话,并向原有的对人类社会发展经验的解释提出挑战。"(重点为引者所加)这个问题的提出非常有意义,即不仅是讨论"变与不变"的问题被延续到了上述台湾会议上,更重要的是提供了政治史与社会史之间对话的机会,使二者有可能发现各自的局限性。但从这段话中仍然可以发现研究视角间的某些误解。

出新的解答思路;这些新的思路会对旧的思路提出挑战,但这不应该是一种彻底否定,而是一种认识途径上的丰富。

社会史研究会不会或者应该不应该回避历史上的重要变革? 尽管目前国内大部分冠以"社会史"头衔的研究成果的确对此较少关注,但我个人的答案还是否定的。我相信我的真正的社会史同行都不会同意说,革命前后的东亚社会或者中国社会"没有太大的差别"。但在这里,"东亚社会"或者"中国社会"是否可以被当作一个同质的有机体,可以不加分别地说它有变化或者没有变化? 对此,罗志田已有清醒的认识,他在《见之于行事:中国近代史研究的可能走向——兼及史料、理论与表述》一文的第一部分"近代中国的变与不变"中提出,在这一时期,变与不变是"并行而共存"的,其具体的表现是沿海和内地竟成两个不同的"世界",当然这种"多歧性"又不仅体现在空间上,也体现在不同的社会群体及思想界中等等①。这种看法及其中体现出的多元视角显然是我所赞同的,他力图避免的是长期以来研究主题和基本观点的单一向度。但是,如果我们再深入一些,从区域社会史的角度看,或者从多元的时空视域观察,变抑或不变具有更大的复杂性和相对性。

以此立场为出发点,我们就必须去思考一个个区域社会的历史发展轨迹。但是,这种所谓"在地化"的立场是否能够解释整体的政治变革及社会变化②? 我个人的答案是,区域社会史研究的立场一

---

① 罗志田:《中国近代史研究的可能走向——兼及史料、理论与表述》,《历史研究》2002年第1期。

② 杨念群在其《"在地化"研究的得失与中国社会史发展的前景》一文中(《天津社会科学》2007年第1期)就提出了这样的质疑。他在文中表达的担心并非杞人忧天,也非无的放矢,其实我们自己也在不断地反躬自问,一些成果是否有可能成为新的学术理念训练出来的人用新的学术概念表述的新版"地方志"? 显然,对于历史的重新诠释仅靠所谓"在地化经验"是不够的,我们也不认同把所谓"在地化"的实践视为学术创新的一种快捷方式。问题在于,在目前这个所谓"历史人类学"的群体中,无论是否以"在地化经验"为基础进行研究的人,他们的学术训练、早期研究实践及关注的问题与其他同行没有太多区别,甚至多由政治史或制度史出身,因此他们的"在地化身份"恐怕不是唯一的身份,甚至不是主要的身份,他们的研究基础也不仅是"在地化经验"。在我看来,区域史(我不用"在地化"这个概念是因为我在研究中多不具备这个身份)不过是"感觉"历史或诠释历史的方式之一,任何方式被"过度依赖"都会有其危险性,这绝对是正确的告诫。

样不能解决一切问题,但是,它可以从与以往不同的角度帮助解释这个整体的变化,也许可以揭示这个整体变化的复杂性和多样性。当此之际,下面的问题变得重要起来:区分变与不变是否造成了"有历史"和"无历史"的社会这样一个带有西方殖民话语倾向的两分? 即使我们承认这样一个区分,那么我们能否在"不变"中把握"变",同时又在"变"中理解"不变"? 社会史学者如何面对19世纪诸多显示出巨变的事件,是视而不见还是束手无策? 他们如何为揭示19世纪中国社会变革的历史提供新的解说视角?

二、"此鸭头非彼丫头":19 世纪中叶的宁波

宁波是鸦片战争后最早开埠的东部沿海城市之一,即所谓"条约港口"(Treaty Port),这里应该属于近代以后"变"的那个世界。但它之所以被列入首批开埠城市,不仅是因为它在东部沿海的重要位置,还因为它已有很长的"开埠"历史。地理位置上,宁波"北接青、徐,东洞交、广"①,处于南北洋的分界处,成为南北洋干线和长江干线的水运交叉点之一。这里早在唐代就有通商日本的记录,而自宋元以来浙江沿海市舶机构反复撤建的过程中,宁波市舶机构却基本上一直独立建置,成为辽东半岛至浙江海域合法进行海外贸易的唯一港口。从明中叶到清中叶开埠之前,已有欧洲人来到宁波,进行贸易②。正是因为这个原因,我们不能仅把它放在 1842 年以后的历史脉络中去理解,即使是从海上贸易——无论是从国内市场的角度还是从国际市场的角度——出发,也是同样③。我们在一般的叙述中

---

① 光绪《鄞县志》卷七四《土风》,清光绪三年刻本,叶 1a。
② 关于19世纪中期前朝鲜、日本、安南、南洋诸国,以及葡萄牙、荷兰、英国等通过宁波开拓海洋贸易线路的记载,参见光绪《鄞县志》卷七〇《外国·附市舶》。
③ 这个例子参考了李伏嫒的研究,她的硕士论文《宁波渔民:权力关系的多样性与社会变迁》(北京:北京师范大学,2005)所提供的事例引起了我的思考,在此特致谢忱。相关细节可参考她的论文。

提及首批五个开埠口岸的时候，往往将其作为自然而然的、相对同质的事，相对忽略了它们之间在区域历史脉络和传统上的区别，而正是这些区别导致了它们在开埠这个重大的政治—经济变动中的不同反应。

故事发生在咸丰初年。这时距开埠已经过去了10年左右的时光，太平天国运动已轰然爆发。咸丰四年，这里发生了所谓"渔镖之争"的事件，将海商、官府、由海盗转化而来的水师、洋人全部牵连其中。事件的起因在于沿海的货物运输长期以来极为繁荣，清初以来，宁波商旅遍于天下，"甚至东洋日本、南洋吕宋、新嘉坡，西洋苏门答腊、锡兰诸国，亦措资结队而往，开设廛肆，有娶妇长子孙者"。而大量的外地人口也纷纷涌入宁波，"嘉道以来，云集辐凑，闽人最多，粤人、吴人次之"①。由于海禁政策的缘故，海上走私活动也十分猖獗，伴随而生的则是劫掠海商和渔民的海盗。特别是到了太平天国运动爆发后，传统运道受阻，浙江漕粮只好通过海运入京，经营北洋贸易的宁波"北号"商帮觉得有利可图，运漕商船大增，江西、两湖的货物也转道宁波集散。这样，水道的安全也就变得更为重要。

这时，纵横宁波洋面的来自广东潮州的"广盗"被地方官府招安，编为"广勇"，力图使他们为商船护航。但海商根本不相信这些亦兵亦盗的人，双方也频频发生摩擦。这批广勇又转而向渔民勒索保护费，使渔民也深受其害。在一个偶然的机会下，个别渔民因遭受海盗危害而获得了英国领事的帮助②，后者介绍他们去寻求葡萄牙人的帮助，由葡萄牙人出力护镖③。但后来葡人及其华人代理也经常遇

---

① 光绪《鄞县志》卷二《风俗》，叶 6b—7a。
② 据说，一个宁波渔民在舟山附近被海盗抓住，他的寡母在得不到官府的帮助之下，向其邻居英领事馆求助并如愿以偿。参见 J.K.Fairbank, *Trade and Diplomacy on the China Coast*, *The Opening of the Treaty Ports*, *1842-1854*, Stanford: Stanford University Press, 1953. p.335。
③ 关于葡萄牙人很早就在东南沿海一带从事"护航事业"的叙述，参见《五口通商时代疯狂残害中国人民的英美"领事"和"商人"》，载《严中平文集》，北京：中国社会科学出版社，1996年。又，Francisco João Marques: *Correspondence Relating to the Ningpo Massacre*, printed at Noronha's Office, H. K, 1857。这是记录这一事件的主要资料，当然也因此具有片面性。

事生风,指商船为盗船,然后将船上货物尽行干没,官府稍作惩处,葡人即出面抗议①,渔民不得已恢复受广勇的保护,或另与英法水手签订护镖协议。而广勇又与一家法国商行合作,后者则雇有欧洲不同国籍的水手,这样,就此事形成了复杂微妙的局面。但之所以酿成以广勇和法国水手等为一方、葡萄牙人为另一方的武力纠纷,其实又不仅在于每年数万串钱的护镖酬劳,而是在护镖过程中"合法"地大肆进行走私活动获得利益的机会。同时,"西夷本不在互市之列,因历年渔户及南北商船资其护洋,遂得停泊鄞港"②,表明为商船护航也是一个利薮③。这显然说明,五口通商初期,洋人通过"规范"的贸易活动所得利润大大少于他们的预期,需要靠其他途径加以补充。

于是,咸丰四年五月,以广勇、当地"游手"及法国水手等一二千人为一方,以葡萄牙人及其西班牙帮手为另一方,发生了武力冲突,后者阵亡二十余人。葡萄牙人派舰队前来报复,却在外洋被广勇水师击败,被击沉战船三艘,俘获六艘,击毙三人。事后,葡萄牙驻上海领事要求赔偿,官司一直打到浙江巡抚那里,后者建议采用"羁縻"的手段解决,地方官便"移诸领事书,往复排解。以二国本非互市,出资作赆,劝令西归"④。葡萄牙、西班牙人由此退出这场利益的争夺,此后也很少来此贸易,这也或可被视为老牌殖民势力衰颓的一个缩影。

从事件的规模及其后果来看,此事并不比我们所熟知的一些晚清中外纠纷之起始事件更微不足道,但却显然完全没有引发更严重的、影响更大的交涉,甚至地方志只是在其《外国传》中记载此事,仿佛与本地毫无干系。究竟是因为受侮辱与受损害的是葡萄牙和西班牙这些国际事务中过时的角色,还是因为太平天国事件使列强的注

---

① (清)段光清:《镜湖自撰年谱》,北京:中华书局,1984年,第64—65页。
② 咸丰《鄞县志》卷二九《杂识》,清咸丰六年刻本,叶24。
③ 据马士:《中华帝国对外关系史(一)》:1857年至1858年一年间,宁波渔船交出了"护渔费"5万元,南号的运木船只交纳了20万元,其他的船只所缴也不下于50万元。(上海:上海书店,2000年,第458—459页)
④ 光绪《鄞县志》卷七〇《外国传·西班牙葡萄牙》,叶33b。

意力转移？或者是因为鸦片战争中清军与英军在宁波曾经交战,地方官府希望避免烽火再起,而葡、西两国也无力与广勇背后的英法列强争斗？无论如何,这次事件悄无声息地解决,固然是与当事的洋人一方无意追究有关,但也是由于此事的起因本属于不同的洋人利益集团介入中国内部事务,与其说是中外纠纷,不如说是外人相互之间的利益冲突,否则,主要角色之一的广勇不会这样轻易地脱离了干系。

我们可以在这个事件中看到新的变化:这些洋人卷入此事当然是因为有了开埠这个背景,但又不仅是因为这个背景,因为故事的主角之一葡萄牙人早在明代就在宁波活动,他们,以及英国人和宁波地方的关系并非从这个时候才开始。所以在这个事件中,第一,不仅是洋人把中国或者宁波牵连到了"他们的"历史、"现代化"的历史,或者所谓资本主义的扩张史中,同时也表现为洋人被卷入了宁波本地的海上贸易的历史脉络中,被牵连进了一个已经形成多年的复杂的地方权力关系网络中;第二,虽然这些"外夷"已经换成了西洋人,但对于宁波人来说,在上千年的对外贸易史中,无论是西洋人还是东洋人,他们对于来自异域的洋人及其生活方式已经并不陌生,也已有一套行之有效的处理方式,当地的一些士绅早已成为熟悉夷务的买办,曾凭借自己的力量劝退前来报复的葡萄牙军队。这样,"变"便被消解在了"不变"之中,或者说,今变乃是昔变之延续。相反,几年后各自有地方大族著姓为后盾的本地渔民与钱庄之间的武装冲突,倒被称为"萧墙之祸"而更受重视。因此对于宁波来讲,同样是"条约港口"、开埠城市,但由于其悠久的"开埠"传统,它又与另一些"条约港口"呈现出不同的面貌。在这里,这个"千古未有之大变局"虽产生了相当震撼,但它却成为——至少是在这个阶段——这个具有悠久的对外贸易传统和讲求经世的文人传统之地日常生活的一部分。

三、从南下牧马到北上移垦：19世纪前后的土默特

让我们把视线拉到远离东南沿海那个"是非之地"的内蒙古草原。

这里同样不是一个"不变"的世界，更不是一个由于没有发生前者那样一些政治事件而"无历史"的世界。至少从表面上看起来，这里的"变"不仅不同于前者那里的"变"，而且对当地人来说，也是一种"巨变"，也是"千古未有之大变局"。在它们的深层之间，也许还可以找到某种若隐若现的联系①。

土默特地区在长城以北，阴山以南，西临黄河，东接察哈尔，地近归化（今呼和浩特）西郊，土壤、气候条件均属上乘。清初，蒙古为封禁之地，1902年正式开禁放垦。但在实际上，到这时土默特地区已有大量从内地来的汉人移民，光绪末年的移垦高潮只是18—19世纪移垦潮流的延续。因此这里的巨变是移民拓垦所带来的，是生态、生计方式、社会组织、人际关系、权力网络、宗教信仰等各个方面的变化，这些变化的内容与工业化和"国际规则"给东南沿海带来的那些并不相同，但涉及的方面却同样广泛，对这个区域社会而言，它们给原有的社会带来的震撼并不比后者小。

导致1902年正式开禁的虽是19世纪社会的一系列变动，但这里的移民屯垦却已经历了数百年的过程，因此这里的"近代史"显然不是沿海的那"近代史"，这里唱响的历史主旋律也并非那里的主旋律，要想不折不扣地将这里的这段历史纳入以后者为标准构建起

---

① 以往学术界对于明代蒙古板升以及清代内蒙古的移垦都有不少研究，但我们在看了土默特左旗档案馆所藏数万件清代档案之后，认为对这里的了解还需要大量具体研究。北京师范大学的乔鹏、中山大学的田宓都以此为题完成了硕士学位论文。这里涉及的问题，使用了乔鹏在该档案馆抄录的档案资料，特此说明并致谢。此外，我在该处买得《土默特旗志》两卷（呼和浩特：内蒙古人民出版社，1987年），其中也保留了大量有价值的历史资料。

来的国家史版本,只好削足适履。但是,这并不等于说,这里发生的一切完全孤立于19世纪的世界变化,只是我们还没有准确地把握它们之间的脉搏。

在土默特或丰州滩,元代便已有零星农业拓垦,但直到明代的大部分时间里,这里基本上都是牧地。明嘉靖以后,长城以内的叛卒、民间宗教会众、逃难者,以及被掳掠、被招募的汉人纷纷进入此地,建立了定居的聚落,称为"板升",开垦土地达万顷之多。但后金天聪年间皇太极率军征服漠南蒙古,这些聚落在战火中大多被摧毁①。原居汉人或死于战火,或逃回内地,或融入蒙古。清初禁垦,但自康熙时又有内地汉人前来,采取春来秋归的"雁行"方式,其户口仍在原籍,从理论上说亦应在原籍纳税。于是政府也对此采取半放任的态度,规定"种地之民人……俟秋收之后,约令入口,每年种地之时再行出口耕种"。对政府分给蒙古人的份地——户口地,蒙古人也像关内旗人一样,将其租给外来汉民耕种,所谓"蒙利汉租,汉利蒙地,当时虽有私垦之禁,而春种秋归之习依然"②。

乾、嘉以降,内地汉人出口耕种已成为不可禁止之势,此时一味禁止已证明行不通,而完全宣布开放封禁,会违背祖宗"既定国策",形成进退两难的态势,只好做一点局部调整。比如乾隆十三年政府就要求"蒙古部内所有民人,民人屯中所有蒙古,各将彼此附近地亩照数换给",等于承认汉人移垦的合法性。到光绪十年,清廷正式批准民人在土默特地区落籍,这个合法性就从事实上的变成了法律上的。在这一过程中,直至清末民国时期,由于内地民人移垦引起的蒙

---

① 明宣大总督王崇古说:"自东山西到黄河约三百余里,自沙领儿北至青山约三百余里,内有板升聚落三十余处,俺答、李自馨……等,或有庐舍,或修堡,或筑墙,或筑墩台。"((明)王崇古:《散逆党说》,《登坛必究》卷三七《奏疏一》,叶87。)据《把什村史》(呼和浩特:内蒙古人民出版社,2003年,第291等页)记载,把什村,即原把什板升中的蒙古家族坟墓有10—20代之多,也就是说最老的村落定居家族可上溯到400多年前,即17世纪时。这个蒙古家族究竟最早是否蒙古人,还未可知。

② 绥远通志馆编纂:《绥远通志稿》卷四〇上《水利》,呼和浩特:内蒙古人民出版社,2007年,第588—589页。

汉纠纷大量增加，土默特档案中的大量诉讼案件就说明了这个变化。在这些案件中，土地纠纷案是相当常见的，因为耕种土地需要浇水灌溉，因挖渠争水出现的诉讼也很多，因在草场建造房屋引起蒙人不满的案件也不少。特别是从嘉庆到光绪这段时间，康乾时期移入土默特地区的内地民人经过几十年的发展逐渐富裕起来，从最初的租种蒙民土地变为将蒙民土地购为已有。这就使得许多失去土地的蒙民不满，这种不满情绪通过各种渠道表现出来，引起当地社会的震荡①。于是，旧的游牧社会秩序被已经商业化了的农业移民的进入打破，适应新变化的新秩序急需建立。19世纪便是这个地方新秩序

---

① 道光八年(1828)的一份案卷记载："刘永魁籍隶山西，来土默特河尔土默特营子佃种蒙古地亩，盈剩获利有年，巴牙尔台曾借刘永魁东钱一百九十吊，屡经逼讨，巴牙尔台将园地六亩、熟地十五亩当给刘永魁，尚欠东钱七十吊，无奈以应收租项当给折欠，因尔怀恨，后向刘永魁之弟刘永元借钱，复被刘永魁拦阻，不为借给，巴牙尔益为忿恨，适刘永魁父母先后亡故，因蒙古地方向来不准民人葬坟，刘永魁暂租蒙古隙地，于上年三月十二日埋葬之后，巴牙尔台意以刘永魁本屡佃种伊等地亩起衅，竟敢任意葬坟，随邀素与刘永魁不睦之蒙古莫霍尔南沁喇嘛拉什、民人保成子、张不头等共六人，于四月二十七日夜间分持锹镐去刨刘永魁父母坟冢"，并最终将刘永魁父母"尸身刨扬"。但最终的判决是，"查向来蒙古地方不准民人葬坟，应札饬所属府州各县，出示晓谕，佃户、商人各以刘永魁为戒，嗣后其有亡故者，仍前浮厝，或代量力送回原籍埋葬，违者治以应得之罪，并行文住居民人之各扎萨克，一体知照"（原件藏台湾"中研院史语所"，对傅斯年图书馆允我打印该项数据，特表谢意）。这种权宜之计显然并不能让按传统做事的汉民满意。又如，"具呈人纳参领兼佐领下蒙古恩受，年二十九岁，住城东苏计村，距城九十里。为屡欠租银，抗不偿给，祈恩饬宁远厅查卷，地归蒙古，以免失落无着事。缘小的等先人七户蒙古户口地二十二顷余，租给民人花户承种，每年宁远经征租银三十二两，交给小的等七户分散。迨至光绪十年，花户报退八顷有余不堪耕种，每年应得租银无几，以致众蒙古赤贫如洗。又至二十八年，花户弃地逃走，遗留地五顷六亩，现在小的等承种。荒芜者多，耕种者少，宁远至今应征九顷有余，地租银花户分交，不能短欠，小的等更不能见租。现在荒抚（同'芜'），不堪耕种，逃亡绝户，短欠旧租，该厅原差勒逼，向甲、会讨要。此租与甲、会无涉，将二个甲、会勒拿管押在班。祈恩宪天饬宁厅将九顷有余地原归蒙古，将甲、会开放还家。眼看年节临迩，情迫无奈，为此星夜匍匐来辕，叩乞都宪老大人恩准作主。迅速饬厅查卷，地归蒙古。以免将来失落无着。施行。光绪三十一年十二月"。此案说的是汉人租种蒙古土地后弃耕而逃，赋税负担落在原蒙古土地所有者身上，但如民人属于租佃，就不应是纳税的花户，也不存在要官府把土地判回蒙古的问题，可能其中还有曲折。原件藏土左旗档案馆，全宗号80，目录号5，卷宗号2313。

营建的时代。

在蒙古实行的盟旗制度下,参领、佐领下的基层管理人员为领催,虽然他们在这个过程中继续发挥制度赋予的作用,但对管理汉民村落已经力有不逮。于是雍正年间,在所谓汉人"寄民"中实行保甲制度,一村设一甲头,个别村庄会设有蒙、汉两个甲头。光绪时情况变化,甲头成为村众共同推选出来应付官府之职,其性质也从最初的一个管理内地民人的职位变为了内地民人"支应官差"之职。这说明政府已从对临时移民的管理过渡到对永久居民的管理,重点考虑其交税问题,甲头也同时肩负在赋税问题上与政府打交道的责任。

除此之外,山西移民也把原居地的会社组织形式带到这里,成为民人村落自治组织的一种形式,与甲头制度相表里。这些会社也是围绕寺庙而形成,也通过组织祭祀活动整合乡里,但也同时起到协调关系、调解纠纷、稳定秩序的作用,比如水神社在解决争水纠纷过程中起着很大的作用,这显然是把山西原居地解决此类问题的传统有效方式,带到新的环境中[①]。由于这类会、社组织的亲和力,使我们在大量诉讼案件中见到所谓"甲会"并称出现,即甲头与会首共同扮演维持地方秩序的角色。在光绪年间的一起纠纷中,"领催格海呈控甲头张六九、会首赵德明等,声称托府主出谕,由各村捐办义务,令其入社,随同伊等摊办襟差。格海与甲会理较,而甲会以禀明托厅,拘锁到衙门责打管押,那时看你入社不入。说完扬常(原文如此——引者)而去"。汉人甲头、会首对原有盟旗制下的蒙古领催的固有权威地位也提出了挑战,似有在基层实际管理上取而代之的趋势。虽然地方官府还要维护原有制度的权威性,归化城厅长官批示"晓谕该村

[①] 寨素齐村有水神社,道光年间,"今小的等九家不知油楞一家所卖与伊系何处水分,但小的等水神社自乾隆年间就有龙王、河神庙宇。到嘉庆十三年,众地户等拆旧建新,嗣因众地户浇地强弱不分,动起口角。是以道光二十四年,全化寺喇嘛并蒙古、民人三赦公同商明,按以水口流水之势,照社帐有地亩人名分开水分。从每年立夏前七日,按焚香分寸轮流使水浇地,不许紊乱成规。如此小的等村始得相安"。原件存土左旗档案馆,全宗号80,目录号5,卷宗号2203。

甲会等,嗣后再不准牵连蒙古摊派民社差使"①,但这样的组织形式显然也较大地影响到了蒙古社会,而这影响的另一方面体现就是我们同时见到大量关于"蒙社"的记录②。

由此,我们知道,来自长城以南的移民大量涌入,给土默特地区造成巨大冲击,原有的制度——无论是国家的还是民间的——都被迫去适应这个新的变化,在适应的过程中发生冲突,在冲突的过程中日益调适。经过各种纠纷和不断磨合,到光绪年间,土默特基层社会逐渐形成了一个由旗制(参佐领催)、甲头、会、社以及喇嘛等共同构建的社会秩序,这种秩序远非完善和谐,但却是对因移垦引起的日益剧烈的社会变化的有效反应。要了解这些挑战与响应,我们仅靠西方挑战与中国响应的模式及相关的方法是无法得出答案的,仅靠了解19世纪中叶以来中国的变化也是无法得出答案的。

四、简短的结语

我们还可以举出若干例子,这些例子的取得基于我们的区域研究实践,其结果恰好是为了使我们避免某种单线的、以某种意识形态支配下的大历史母版来概括历史的认识逻辑,而希望从具体的历史情境去理解政治事件和制度,又反过来通过这些事件和制度在具体的历史情境中的操作去把握社会变迁。

比如,在因晏阳初的平民教育运动和诸多学者、国民政府的关注而闻名天下的定县,我们在当年平民教育试点的那个村的邻村,看到

---

① 原件存土左旗档案馆,全宗号80,目录号5,卷号2213。
② 如,"时小的等与上下达赖两村蒙民甲会会同议定,依照旧年旧规,将乔秉义所退之地按亩应社,摊费之事自光绪四年归入上达赖村蒙古神社应社。至今毫无异说。追至上年间,袁口海等所退之地亦照旧规,仍应蒙社,业已六七年矣。不意空出下达赖村甲会王楞达、李喇嘛等,欲将前已退交,归与上达赖村蒙古神社应社摊费户口地亩,硬霸与下达赖村民人神社摊费。因不遂意,控в萨厅案下"。原件存土左旗档案馆,全宗号80,目录号5,卷宗号2089。前引领催格海那段材料也说,"蒙民各别,各有各社,各当各差"。

了一个规模很大的庙宇韩祖祠,其中供奉的是明代后期著名的民间宗教领袖飘高老祖,现存多块碑刻说明了当地的信仰系统历经数百年仍具有顽强的生命力。现代平民教育实验和这个信仰体系共处于同一个空间,它们之间究竟存在怎样一种张力?定县士绅长期以来不断塑造的韩(琦)苏(轼)形象,与现代平民教育运动究竟存在一种什么样的关系?仅从清末改制、新学推广、思想启蒙等因素,是否能全面解释定县平民教育运动的前因后果?我们自以为(或者通过文献,包括第一历史档案馆的材料)已经被明清两代统治者镇压下去的、以无生老母信仰为核心的民间宗教,在河北、河南、山东等地普遍存在(这里不能详细叙述我们所见的田野资料),脱离了这些了解,我们也许对义和团事件的认识就不会全面;脱离了这些了解,我们对定县平民教育运动之类的研究始终被框定在一个现代化话语中,而脱离了具体的时空脉络。

再如,我曾随研究华南的学者前往曾经爆发太平天国运动的广西桂平,虽然没有深入调查研究,但此地的材料所显示的问题也足以对我产生巨大的冲击。在随后的田野随笔中我曾写道,此行对我以往的相关历史认识至少有两点深化。第一,在一个相当长的时间里,我并没有把这里与王阳明成就其事功的平定大藤峡瑶民起事联系起来,并不觉得这两件通史叙事中的大事件发生在同一个县里。恰恰就是在那前后,外来人日益进入此地,在明代有从附近地区调来镇压瑶民的狼兵,在明末清初则有随永历政权避入西南的大批官员、军队和百姓,在清代更有日益增多的经商的福建和广东商人,于是此地渐成化内之区。不过成为化内之区的代价是外来人与"土著"之间会因资源等问题产生越来越多的纠纷,这种情况在其他地区也经常出现。太平天国运动发起时的主要成员是外来人,他们没有办法进入"土著"的生活秩序,只好靠破坏原有秩序来解决问题。也正因此,明朝瑶乱平定为大量外来移民创造的契机,就与太平天国起事有了联系。第二,我们以往总会把洪秀全及其拜上帝会捣毁偶像的行为与其信仰基督教联系起来,这样,这种行为就与近代西方列强进入中国这个大形势有了直接的关系。但当我们进入这个地区就会知道,他们之所以和那些寺庙和神灵过不去,并不是因为他们要以一神的基督教来对付中国本土的神灵崇拜,而是因为当地是以神庙为中心构成不同的社群及其行为空间,这个社群及其行为空间又通过日常的祭祀仪式被不断强固,外来人则被排除于这个社群和空间之外,也就是被排除在地方公共生活之外。没有以"在地"身份参加过游神的人,不会理解自己没"份"的那种困境。由此我们也看到了这里的"变"。这个变化是跨越明朝中叶直到19世纪的中叶,而不仅与1840年以后的事件有关。从这里燃起的火焰之所以迅速在南方燎原,也许主要并不在于清廷的压榨加重,也主要不在于西方列强对中国的侵略,而是人口流动等等原因导致的资源再分配和社会秩序再调整的欲求①。

  这样的例子随着研究的深入还会继续浮现出来。它们显然没有回避政治史,也没有回避变化,甚至"变"与"不变"的问题在这里并不是核心。它们所回避的只是某种特定意义上的变化,即可以说是向两个"半"的转变,也可以说是"从传统向现代化"的转变。甚至可以说它们回避的并不是这些具体的走向或过程,而是回避这种话语及其语境。我想,之所以讨论"变"与"不变"的问题,是因为我们的一切现实问题似乎都和欧洲完成了工业革命、中国被动挨打的那个19世纪具有直接联系。我们将"近(现)代"的划时代或转折点意义作为"应然"接受下来,但是,为什么近(现)代这个转折或断裂比任何其他转折或断裂意义都更重大?是不是真的是因为它创造了超过以往的巨大的生产力?无论如何,因为有了对"现代性"的追求,才有了"启蒙时代",有了"萌芽",有了"早期现代""前现代",甚至"后现

---

① 与上述认识相关的研究如黄志繁:《贼民之间——12—18世纪赣南地域社会》,北京:生活·读书·新知三联书店,2006年;刘平:《被遗忘的战争——咸丰同治年间广东土客大械斗研究》,北京:商务印书馆,2003年。但最直接最全面的研究是唐晓涛的博士论文:《礼仪与社会秩序:从大藤峡"猺乱"到太平天国》,广州:中山大学,2007年;〔日〕菊池秀明:《广西移民社会与太平天国》,东京:风响社,1998年。

代"等等,它们都是以"现代"为旨归的。这些对历史时段的表达都是掌握了话语霸权的近代人群体所发明的,后者并不考虑在他们之前的那些人如何思考他们自己的时代,因为那些人"俱往矣"。

前面两个例子都在讲 19 世纪的变化,在社会史学者的眼里,社会绝不是静止不变的,其中很重要的一个原因是他们采取的仍然是历时性的眼光,而不是社会学家的共时性角度。只不过两个例子提示我们,时间的标志是人为设定的,历史时间(historical time)具有很多的层次,宁波、土默特,甚至定县、桂平不仅经历了世界历史的时间,也经历了中国历史的时间,同时还经历了它们各自区域历史的时间,在不同的时间表达中我们发现了不尽相同的历史面向。显然,如果我们不循着多元的时间线索,特别是以本地为中心的时间线索去追寻的话,我们对这些地区的历史解释是可以预先想见的。空间具有同样的特点,这两个例子已经说明了区域社会史研究的方法论意义,假以时日,当我们试图将这些天各一方的区域发展整合在一起,并试图给予解释的时候,会发现 19 世纪的中国并不完全是现在我们所知的中国。

宁波的例子告诉我们,当中国人开始与西洋人打交道的时候,他们并不是完全没有本钱。事情的发生本围绕中国人的利益而起,但结局却仿佛是新老殖民者的鹬蚌相争,本地人并没有承担什么责任,这个"渔镖之争"的故事便成为一个演出了多年的肥皂剧的新的一集。土默特的例子告诉我们,到 18—19 世纪欧亚大陆重新连成一个整体——这里主要指陆路——的时候,以往北方游牧民族南下牧马的两千年历史被翻转过来,北方汉人的移垦使长城以外的北部和西部地区真正成为帝国疆域的一部分。就整个世界历史的格局来看,这二者难道就不存在某种内在关联吗?

在区域社会史的眼光下,历史的音调是多重的,但它们无疑交织成为一个具有共同主题的混响。

"中心"·"边缘"·全球史：空间上的连续性

在中国研究：全球史、江南区域史与历史人类学*

近年来，关于20世纪70年代以后在美国兴起的"全球史"或"新世界史"，经过学界的介绍，在中国史学界已广为人知。在不同研究领域中，多有将"全球史"概念引入，以促进本领域研究深化之举①。无论是作为传统国家、帝国，还是民族国家，在全球史看来，中国只是一个区域而已，所以，区域史研究与全球史研究究竟应该具有怎样的关系，或者怎样在区域研究中体现全球视野，还是可以略做讨论的。

一、区域史研究与全球史的兴起

根据大体上已有共识的看法，所谓全球史，即指全球关联与全球性互动的历史。《全球史读本》的主编之一本特利认为，全球史研究的主题包括跨文化贸易、物种传播与交流、文化碰撞与交流、帝国主

---

* 本文系应"全球史视野下的江南文化与社会变迁"学术会议的邀请而作。我对江南地区的历史文化极少了解，不能就此领域发表具体的研究心得，故仅就与此会议主题直接相关的几个概念略陈管见，敬请学界同仁批评。

① 比如，麦克尼尔、斯塔夫里阿诺斯等人的著作都已被译成中文，首都师范大学编辑了《全球史评论》杂志，《历史研究》《史学理论研究》《学术研究》等期刊分别刊发了有关"全球史"的笔谈和专题论文，北京大学出版社出版了《全球史读本》，甚至在中学历史教育领域中，也已将"全球史观"引入教学。

义与殖民主义、移民与离散社群等①。人们很容易看出,这些主题在人类学研究以及社会—文化史研究中极为常见。事实上,全球史不过是在人类学观念影响下,社会史与文化史研究这两个新史学的主力军不断壮大、发展的结果。

刘文明已经指出,麦克尼尔的世界视野从方法论上说主要得益于人类学的启迪,同时指出他的《欧洲历史的塑造》一书,实际上是为国际人类学与民族学大会准备的②。麦克尼尔本人也明确提到,他关于文化借鉴的重要性的认识,以及后来他写作《西方的兴起》一书,是受到美国的人类学家的影响,比如他提到的威斯勒(Clark Wissler)、林顿(Ralph Linton)和雷德菲尔德(Robert Redfield)③。这些人物及其思想当然是20世纪中叶人类学的代表,全球史的兴起实际上与20世纪中叶以后的世界变化有更直接的联系。

众所周知,全球史的兴起或可以几部重要著作的出版为标志,如前述麦克尼尔的《西方的兴起》(1963)、斯塔夫里阿诺斯的《全球通史》(1970)、沃勒斯坦的《现代世界体系》(1974)等。这个时期,正是从"冷战"的高峰(古巴导弹危机)到反思"冷战"(越战结束)的时期,这是欧洲中心主义或西方中心主义破灭,以及反思现代性的最重要的时代背景。与此相配合的,便是意识形态领域和知识界中的"去中心"(de-centralization)④。"去中心"当然是后现代主义的重要特征,我们原来秉持的单线进化论、中心—边缘观念被日益解构,而现在主张的文化多样性等等则是"去中心"的产物。所以,也有学者将

---

① 本特利:《新世界史》,夏继果、〔美〕本特利编:《全球史读本》,北京:北京大学出版社,2010年,第44—65页。
② 参见刘文明:《全球史理论与文明互动研究》,北京:中国社会科学出版社,2015年,第62页。
③ 麦克尼尔:《变动中的世界历史形态》,《全球史读本》,第10页。
④ 我非常吃惊地发现,关于"去中心"的讨论,不仅存在于城市规划或者生态学领域,而且最集中地存在于互联网行业,特别是电商行业中。相形之下,人文—社会科学的有关讨论太"小众"了。

全球史的产生定时于20世纪90年代和世纪之交,并不令人惊奇①。

但是,对现代性的反思和批判必然伴随对"宏大叙事"的批判,全球史不会重蹈以往"通史"的覆辙吗？在这一点上,全球史必须小心翼翼。萨森迈尔注意到,"20世纪80年代兴起的所谓'文化转向'虽与上述普世模式发生抵牾,但却同样注重跨地区的运动";主张"任何全球史研究必然要权衡普世与个别之间的关联,既要关注全球框架下区域内部的多样性表现,又要明察各种区域力量的全球维度"②。可以这样说,在对付以民族国家为叙事单元的某某中心主义时,以强调社会—文化多样性为切入点的社会—文化史——往往表现为区域史——作为前驱,而以强调跨区域联系的全球史则以前者后盾的面目出现。因此,全球史的兴起与展开无法与人类学、社会史、文化史等等脱离干系。

如果稍微具体一点地讨论全球史与人类学、与社会史、文化史的渊源关系,我们至少可以有以下几条理由:

首先,诚如刘志伟所强调的,社会—文化史研究从人的动机和行为入手,而不是从国家意志入手③,这样,无论是帝国、王朝,还是民族国家,都必然从历史研究的至高无上的地位跌落下来。其次,由于社会、文化的特性,研究者更加强调关联、互动、连续性,而不像传统政治史研究那样强调革命和断裂,这种关联和互动不仅指社会、文化的网络,也包括政治、经济等方面的联系。第三,社会—文化史研究经常表现为区域研究,从一开始,区域研究就不是目的,而是过程。正是由于区域的多维度特点,导致区域研究本质上必然是一种关于关联和互动的研究。第四,既然社会—文化史研究从人出发,就必然关注所有个体和群体的人,关注与他们的生存密切相关的一切事物,

---

① 萨森迈尔:《全球史与西方史学视角批判》,刘新成主编:《全球史论集》,北京:中国社会科学出版社,2015年,第36页。

② 萨森迈尔:《全球史与西方史学视角批判》,《全球史论集》,第46、38页。

③ 参见刘志伟、孙歌:《在历史中寻找中国——关于区域史研究认识论的对话》,香港:大家良友书局,2014年。

这就导致研究的对象变得包罗万象,从而使关注关联和互动变得不可或缺。

就此而言,彭慕兰曾提醒全球史或新世界史的从事者们,全球史或新世界史的先驱除了世界体系论以外,还有布罗代尔以及年鉴学派的"整体史",而这主要是关于日常生活的社会史;另一条路径就是区域研究,"这些区域研究强调概念化和跨学科,而这与社会史极其契合"①。对这一点,中国大陆研究全球史的学者很少提及。由于在中国大陆,研究社会—文化史的学者主要在中国史领域,而倡导全球史的主要是世界史学者,而研究世界史的中国学者又较少有研究社会—文化史的②,因此,或许有点"危言耸听"地说,如果没有从事过或至少比较了解社会—文化史研究的话,我们的全球史研究就会先天不足,甚至可能半途而废。

二、建立关联:关于江南区域史的反思

回顾全球史的前世今生,我们发现,如果将其主要特征概括为突破民族国家的分析框架、整体史的观照、反欧洲中心和跨学科方法的话,它与以布罗代尔为代表的年鉴派范式、人文地理学或文化地理学的研究主题,以及文化—社会人类学的视角存在千丝万缕的联系。

我们知道,从布洛赫到勒华拉杜里,大都是做区域研究的,布罗代尔的《地中海与菲利普二世时代的地中海世界》虽也是区域研究,但是也已突破了民族国家的叙事框架,到 1979 年,在《15 至 18 世纪的物质文明、经济和资本主义》一书中,他写道:"我立足于长时段,根据过去和现在的辩证关系,从时间上进行比较。这种方法从未使我失望。我还从地域上进行尽可能广泛的比较,因为在力所能及的条

---

① Kenneth Pomeranz, "Social History and World History: From Daily Life to Patterns of Change", *Journal Of World History*, Vol. 18, No. 1, p. 70.

② 比如,在中国的社会史或区域史研究的学术会议上,几乎见不到世界史或外国史学者的身影。

件下我把自己的研究扩展到全世界,使之'世界化'。"①而在20世纪的传统文化地理学研究中,文化源地、文化扩散、文化区,空间、地方与文化,以及文化景观,就是最为核心的主题。至于人类学的研究,用最为概括性的话来表述,就是它"力图解释世界上各种社会和文化的不同,但将各种各样的社会系统和人类关系之间的相似之处形成概念并加以理解"②,要达到这个目的,微观的个案研究以及比较研究是不可或缺的。具体来说,人类学是研究异文化的,或者是意欲通过理解异文化来理解本文化的,因此,跨文化的视角(cross-cultural perspective)是贯穿始终的,同样因此,整体的视角(holistic perspective)也是贯穿始终的。在这些领域,20世纪上半叶就已有大量经典性的成果,那么,分享上述观念的全球史的意义在哪里呢?

全球史的意义在于建立关联。

几乎从一开始,江南区域史的研究就是与更大空间的历史过程联系在一起的。王家范在一篇序言中"寄语'江南史'后生"说:"在更大的中国历史网络中,'江南史'只是其中的一个网络区域,它外与其他区域(甚至世界)有经纬线相连,而内部又是由东西南北许多小网格联体组合。"因此倡导一种"立体的、多线交叉的、互相关联的'整体性'思维"③。这当然是有感而发,而本文的主题,也是对王家范呼吁的响应。

把江南区域史研究与全球性问题联系起来的,是对现代化问题的讨论。在中国来说,这可以上溯到20世纪中期关于"资本主义萌芽"问题的讨论,由此延伸到李伯重的《江南的早期工业化》。在国外,森正夫、滨岛敦俊、岸本美绪的江南史研究——无论是早期的具有"革命史"背景的土地所有制研究、民变研究和乡绅研究,还是最近

---

① 〔法〕布罗代尔:《15至18世纪的物质文明、经济和资本主义》第1卷,顾良、施康强译,北京:生活·读书·新知三联书店,1992年,第21—22页。
② 〔挪威〕埃里克森:《小地方,大论题——社会文化人类学导论》,董薇译,周大鸣校,北京:商务印书馆,2008年,第6页。
③ 王家范:《寄语"江南史"后生》,《文汇报》2013年7月7日。

的关于16—17世纪的秩序问题的研究,都把江南视为时代变化的地区缩影;众所周知,彭慕兰的《大分流》也以江南或东南沿海地区作为比较研究的中国一方代表。近20年来中国学者对江南市镇、士绅、商团等城市组织的研究,也基本上是沿着现代化研究的脉络。

谢湜的新著《高乡与低乡》试图超越这一延续了40年的问题意识。当然,他的研究起点还是对"唐宋变革论"和"资本主义萌芽论"的反思。他在处理11—16世纪600年左右的历史时,找出了11世纪、13世纪后期—14世纪和16世纪这三个"重要时段",分别描述了太湖流域以东地区区域结构的三次整体转变①。但是,他并没有回应最初反思的问题起点,对这些转变过程进行新的理论概括。甚至,其中第一个和第三个时段与传统的"唐宋变革论"和"资本主义萌芽论"是基本一致的。在这些重要的转变过程中,外部因素如海外贸易的影响似乎是无足轻重的,"倭寇"问题也只是一笔带过,这似乎暗示自11世纪至16世纪这里的结构性变动基本上可以在一个区域内的、原有的历史走向中加以把握。但由此他对"唐宋变革论"和"资本主义萌芽论"的潜在回应就只是针对其中的"断裂—延续陷阱",只是更强调论断的弹性和整体性,而放弃了讨论上述问题的历史分期内核。他所做的是告诉你这里是怎样的和为何如此,似乎要将概括这些变动的工作留待日后。

当然,简单地套用某种社会理论是不可取的,对区域历史过程的具体而整体的分析是十分必要的。而且,做出某种宏观判断往往是困难的,也是危险的。但是,区域研究的目的究竟是什么呢?或者说,历史人类学的区域研究究竟应有怎样的理想?大约70年前,费孝通先生曾写道:"社区分析的初步工作是在一定时空坐落中去描述出一地方人民所赖以生活的社会结构;……第二步工作是比较研究,在比较不同社区的社会结构时,常发现了每个社会结构有它配合的

---

① 谢湜:《高乡与低乡——11—16世纪江南区域历史地理研究》,北京:生活·读书·新知三联书店,2015年。

原则,表现出来的结构的形式也不一样。"①最近,科大卫先生也重申:"我们的目标远远不止撰写一村一地的历史,我们的目标更为远大,但要达致这些远大的目标,我们每个人的历史人类学研究也不应是孤立的个案,而是整合研究的一部分。"②我们当然不是靠做简单的加法来达致这种整合研究(这一点刘志伟已经指出过),历史学者的工作其实就是发现和建立关联,即按照某种历史逻辑,对特定时空中的那些看似无关的历史碎片建立关联,然后,对这些关联做出判断。从区域史研究到全球史研究,就是从建立一个空间内部的关联到建立不同空间之间的关联。

我依然觉得傅礼初(J. Fletcher)的概念有启发性。他的概念由于"新清史"以及"内亚研究"受到重视而日益为人所知。在讨论一种"整合的历史",也即全球史的时候,他使用了 parallels 和 interconnections 这两个概念。前一词的意思是在不同的地方同时出现的相似现象,傅礼初也把它称为 horizontal continuity,就是说不一定是谁影响了谁,而可能是由同样的原因造成的、不约而同出现的类似状况,与后一个概念"相互联系"有所区别③。在区域研究的基础上,除了寻找和建立关联之外,发现和探讨这种"异地共生"现象,对于把握全球史与区域史之间的关系也是非常重要的。

傅礼初说,"在 1500 年时,我只看到了相互分离的历史;但到 19 世纪下半叶,人人都看到了相互联系"。他正是基于这个从分离到联系的全球史认识,将 16 世纪初到 18 世纪末这 300 年视为一个过渡性的"早期现代"。按照他当时的认识,在这 300 年中,第一,虽然不

---

① 费孝通:《乡土中国》,"后记",北京:生活·读书·新知三联书店,1985 年,第 94—95 页。

② 科大卫:《历史学者走向田野要做什么?》,《东方早报·上海书评》,2015 年 10 月 11 日。

③ Joseph Fletcher, "Integrative history: parallels and interconnections in the early modern period, 1500-1800", Beatrice F. Manz, ed., *Studies on Chinese and Islamic Inner Asia*, Ashgate Publishing Limited Gower House, 1995, X, pp.1-46.

同时期有所起伏,世界各地的情况也不一,但总体上存在一个人口增长的趋势;第二,城市化的趋势非常明显,市镇和中等城市的数量、规模以及重要性都增长了;第三,长途贸易在继续发展,但最值得注意的是区域性的短途贸易,不仅在沿海,而且在内地大为增加;第四,城市商人阶级兴起,在文学、艺术等文化生活方面,他们的影响是很明显的;第五,宗教复兴和传教活动凸显,这是城市阶级重新审视宗教和社会的宗教价值观的结果;第六,农民暴动,这既有气候的因素、人口增加的因素,也普遍由于税收的加重,而这又与商业的发展有关;第七,游牧势力的衰落,不只是火器,而且是包括火器在内的现代战争手段所提出的新的财政需求,营造了一种新的帝国体制,是游牧势力所无法匹敌的。

傅礼初描述的这七种在全球普遍存在的表现,无疑可以在中国历史上得到印证。但问题是这说明了什么?在1500—1800年间,在英格兰、莫斯科、撒哈拉非洲、伊朗、印度、布哈拉、中国江南、南岛岛链、北美、墨西哥和巴西,共性更大还是差异更大?或者说,由于上述"异地共生"现象,各个区域之间的差异是否在逐渐缩小?要回答这些问题,在始终持有全球史视野或建立关联的问题意识之下,对区域史的深入探讨是极其必要的。在这样的方法论意义上,李伯重的《江南的早期工业化》等研究,既是传统的江南区域史的终点,又是新的江南区域史的起点。

三、在中国研究:历史人类学视野下的江南研究

格尔兹说:"人类学者不研究村落(部落、集镇、邻里……),而是在村落里研究。"[1]他的意思是说,并不因研究者所处在的社群,便决定了他的研究对象就只是这个社群;同时,研究者的眼界虽不应囿于

---

[1] 参见〔美〕克利福德·格尔兹:《文化的解释》,韩莉译,上海:上海人民出版社,1999年,第25、29页。

某个社群,却应立足于这个社群。格尔兹的"以小见大"并不仅仅是从一个小社会看一个大世界,而是要设身处地地理解和解释这个"小"的文化之象征意义,"不是超越个案进行概括,而是在个案中进行概括"。

在这个意义上,全球史所进行的区域性比较所针对的,也应该是"概括",而不是"地点"。夏继果认为,"全球史一定要以全球为研究单位吗?答案当然是否定的。……全球史注重探讨'小地方'与'大世界'的关系"①。所以,对于中国学者来说,全球史研究更多地应是"在中国研究"。借用柯文的书名,即"在中国发现关联"(discovering relevance in China)。

在任何一个区域建立历史关联,都可以是"全球性"的,也可以是"区域性"的,我们应该在不同的区域历史过程中发现尺度不一的历史关联,以充满弹性的方式来对待"全球性"或者"区域性"。新的江南区域史研究可以有不同的取向和路径,而之所以区域社会史研究时而冠之以历史人类学的名目,我以为,主要是因为文化的转向(cultural turn)。刘志伟强调的以人为出发点,应该是包含在其中的。华南研究,甚至滨岛敦俊的江南研究,是如何从经济史的取向转向了民间信仰、宗族、族群等主题的,前后的关系是什么,是值得深思的。在华南研究中,社会经济研究与社会文化研究是构成一个整体的,是回答同一个问题的;但在以往的明清江南研究中,这两个面向大多是相互分离的。同样与社会研究和文化研究出现分离的是江南的政治史研究。谢湜的研究把政区变动与社会经济研究结合了起来,冯贤亮对州县行政与江南社会、经济的关系进行了综合考察②,都是很好的开端,但还有许多问题需要重新探索。换句话说,江南区域研究的突破之处可能在于整体史。

---

① 夏继果:"导言",《全球史读本》,第Ⅸ、Ⅺ页。
② 冯贤亮:《明清江南的州县行政与地方社会研究》,上海:上海古籍出版社,2015年。

明清江南一直是关注的焦点，但要把握江南社会史的脉络，窃以为唐、五代是至关重要的阶段。人们常引用韩愈在《送陆员外出刺歙州诗并序》中说的，"当今赋出于天下，江南居十九"，像地处山区的安徽歙州，已被韩愈称为"大州""富州"。财政比例的扩大与区域的深度开发会产生直接的关系，但这个开发的详细过程及其与社会结构变化的关系，我们还并不十分清楚。张剑光认为，到五代时，江南的城市格局基本稳定，此后大体上没有新的城市出现①。在吴和南唐，为因应社会的变化，地税和户税都改按地亩征收，夏钱秋米；闽、吴越和前后蜀的制度也大抵如此。因此，从一个较长的时段来说，江南社会发展的基本格局在这个时候开始奠定，以后的发展基本上是延续着这一走向。如果这样一个判断能够成立的话，对谢湜所说的11世纪、13—14世纪以及16世纪的"整体变动"如何定位，应该是一个饶有兴味的问题。

关于如何深化江南区域史研究或如何建立关联，可以举个例子。佛教自传入中土以来，好像就在长江以南找到了最适合发展的土壤。我们在山西看到，自北朝至宋，佛教的势力一直在基层社会扮演非常积极的角色，但自宋金元时期，道教势力就逐渐取代了这种地位。但在江南有所不同，佛教在地方社会上始终都很活跃。那么江南的这种土壤究竟是什么呢？

有学者发现，当北宋时期王朝势力进入湖南的"蛮夷"之地的时候，佛教是先锋军，在西南地区也是。但逐渐地，在这些地区民间社会的日常生活仪式中，道教系统却占据着更为重要的地位。在北方，这种情况也类似。这可能与宋代，特别是明代以后的国家礼仪系统基本采取道教系统的仪式有直接关系。这就吸引我去了解最早深入边陲地区的王朝力量，比如明代的卫所军人使用的是怎样的"礼仪标识"（ritual marker，科大卫提出的概念）。我们也许没有注意，在王朝力量新扩展的地区（哪怕属于羁縻的性质），除了设置管理机构外，最

---

① 张剑光：《隋唐五代江南城市的基本面貌与发展趋势》，《史林》2014年第1期。

早建立的就是庙宇,大家熟知的奴儿干都司的永宁寺就是典型的例子。这不仅体现了"国之大事,在祀与戎"的传统,而且显示出该地及其人民进入"化内"的外在表征。

江南早早就是"化内"了,而且这里自科举制实行以来就有很强大的士大夫传统,这个士大夫传统除了可以抗衡国家,而且可以深入到民间社会。我假设,江南的士大夫传统是以佛教为"礼仪标识"的。

苏州天平山白云寺有清末的《重修白云寺记》,称"吴郡多古佛寺,山中之寺尤胜。兹寺肇自李唐,以迄宋元,白乐天、范至能、袁清容、倪云林皆尝流连赋诗"。这是说唐宝应二年永安和尚在山上建了白云庵,北宋庆历初年范仲淹因为三代祖先埋葬在那里,请求皇帝批准将此庵改为他家的功德寺,改称白云寺。此后虽经改朝换代和族人、胥吏的侵渔,先后改称忠烈庙和文正书院,但一直由僧人住持,以寺为主体。木渎灵岩山寺据说是东晋陆玩舍宅为寺,后因韩世忠葬于此,灵岩山亦为南宋孝宗划为赐山,与天平山同。自"唐宋盛时,禅刹皆有钦赐田亩。……隆、万以来,禅宗式微……先师三峰和尚忧之,尝作募田疏,命山僧走江淮,正告海内;翕然信徒,遂成玄墓僧田,至今受其福利"①。这样的例子背后,当然是士大夫及其家族与僧人相互利用的关系,这些关系的后面,多有很实在的利益。

当然,在不同的时代,佛教或者佛寺对于人们的意义是不尽相同的,对不同的人群意义也不同,比如在明清之际,江南士大夫与佛教关系密切,自与当时的政治氛围和意识形态直接相关②,阎尔梅说论佛谈禅之风在京师和吴越最盛,"京师主者,大半皆后宫、戚畹、中官辈;吴越则士大夫主之"③。禅宗的重要支脉临济宗发源于北方,繁荣于江南,镇江金山寺、杭州灵隐寺及天目山诸寺均与临济宗有很多

---

① 《灵岩饭僧田记》,碑在木渎灵岩寺。前引《重修白云寺记》碑亦在该寺。
② 可参见〔加〕卜正民:《为权力祈祷——佛教与晚明中国士绅社会的形成》,张华译,南京:江苏人民出版社,2005年。卜正民正确地指出了晚明士绅向寺院大量捐赠是有所图的,他还指出了宗族与庵寺的关系,实际上财产或产权的问题是这时期捐赠的核心。
③ (清)阎尔梅:《白耷山人诗文集》文集卷下《万佛阁募缘疏》,清康熙刻本。

渊源。顺治皇帝高度重视江南临济宗僧人,是离不开当时在朝中的江南士大夫的推动的,后者由此可与北人势力抗衡。同时,明代中叶兴起并在清代江南极为活跃的民间教门斋教,其龙华派便称自己源于临济宗。在民间的日常生活中,一直延续的庵堂宣卷活动也基本上属于佛教活动的范围。

所以,在明代中叶以降,士大夫的佛教传统与民间的佛教传统合流,在某种意义上说,可能就是江南地区的"文化大一统"①。如果这个假设成立的话,这就与国家的礼仪系统,与华南、西南的民间仪式系统,形成了鲜明对比②。这个问题甚至可以和滨岛敦俊的"江南无宗族"引发的争论联系起来讨论③,珠江三角洲的士大夫创造出一个勾连国家和民间社会的"礼仪标识"——宗族,来应对社会的重构,那么江南呢?

无论如何,明清时期江南佛教的在地化和世俗化是值得重视的,当然,这只不过是江南地区开发史后期"结构过程"中的一个组成部分。之所以这样考虑,是这样的情形与本地区的商业化、社会流动性加大、竞争加剧、士大夫的道德反思以及民众的心理需求等其他结构要素有直接联系。我以为,应该像西方学者审视宗教改革和新教伦理那样去重新审视这个现象,虽然我们未必需要或者能够得到与西欧的现代早期一样的结果,但未必不可能由此得出一些富有启发性的新见。

---

① 参见科大卫、刘志伟与苏堂栋等人关于华琛命题的争论,《历史人类学学刊》2008年1—2期合刊、2009年第2期。

② 这当然不是说,在华南和西南(这里暂不包括南传佛教和藏传佛教地区),佛教在民间仪式生活毫无影响。只是说在上述地区,道教仪式在生活中更为凸显。同时,在江南,佛教似乎打通了士大夫和普通民众的信仰生活。

③ 我认为,徐茂明的分析是比较允当的,参见徐茂明:《江南"无宗族"与江南"有宗族"》,《史学月刊》2013年第2期。

时代交替视野下的明代"北虏"问题*

明代中叶被朝廷视为大患的"北虏南倭"问题,长期以来即受到明史研究者的重视。近年来,"南倭"问题已被置于明中后期(16世纪中叶—17世纪中叶)海上贸易发展的大背景下去重新诠释①,但发生在同时期的"北虏"问题,却仍在传统的游牧民族南侵的解说框架下得到叙述。本文希望,在将这一时期视为中国与世界的整体面貌和关系格局发生巨大变化的前提下,对发生在长城内外的相关事件重新加以解说,并试图发现"北虏"与"南倭"问题之间的历史联系。

一、"北虏"问题的发生与新旧时代的交替

所谓"北虏"问题,当其与"南倭"问题相提并论时,主要是以明嘉靖二十九年的"庚戌之变"为标志的。所谓"庚戌之变",即指蒙古俺答汗兵临北京城下,造成北部边疆危机空前加重。事实上,自从明朝建立伊始,"北虏"问题就一直存在,明初以亲王守边、永乐时期的

---

* 本文系香港的大学委员会"卓越研究计划"(AoE)之"中国社会的历史人类学研究"项目华北地区子项目的成果之一。在本子项目中,长城沿边区域社会研究是我与我的合作者的重要内容,本文即为这一领域研究的总体想法之一。

① 这个方面的研究可参见林仁川:《明末清初私人海上贸易》,上海:华东师范大学出版社,1987年;樊树志:《"倭寇"新论——以"嘉靖大倭寇"为中心》,《复旦学报》2000年第1期;陈春声:《从"倭乱"到"迁海"——明末清初潮州地方动乱与乡村社会变迁》,《明清论丛》第2辑,北京:紫禁城出版社,2001年。在樊树志的论文中,也列举了我国台湾学者及日本学者的研究,可参看,不赘举。

五次北征、"土木之变"的发生,以及"九边"的设置等等明史上的重大事件,都是这一问题的表现。从长时程的历史来看,由于自战国时期始,北方游牧民族与边内农耕民族的冲突不断,甚而数次造成中原王朝的更迭,使论者常常将明中叶的这一事件继续置于这一历史脉络中加以解读;从短时程的历史来看,由于明朝代元而兴,元顺帝君臣北遁,给明朝留下了强大的北元威胁,使朱元璋非常重视这份"遗产",因此这一事件又可被视为元明交替的延续。这也成为解释这一事件的常见逻辑。

学界已经充分认识到"倭寇"问题与16世纪初的世界变局有着千丝万缕的联系。他们指出,从16世纪20年代始,葡萄牙商人在试图与明朝正式通商遭到拒绝后,一直在中国东南沿海游弋,与中国海商及日本进行三角贸易。他们以西方及东南亚的土产及火器来交易中国的瓷器、丝绸、棉布等货物,或以日本银锭支付,每年的贸易额达数百万葡元[1]。而嘉靖初年行海禁、撤市舶的举措彻底断绝了合法的私人海上贸易,迫使王直等中国海商以武装"走私"的形式延续这种贸易活动,构成嘉靖中期的大规模"倭乱"。因此,这一事件就被置于新航路开辟、东亚地区国际贸易规模的空前加大和中国国内对白银的大量需求这样的世界变局的背景下。

但是,这样一个发生在中国东南沿海的事件,与发生在遥远的北部边塞的"北虏"问题有没有什么联系呢?换句话说,上述世界变局似乎是在一种"海洋史"的历史逻辑,也即通常所谓的"世界近代史"的历史逻辑中得到说明的,内陆的历史是否成了另一部完全不同的"世界历史"?

岸本美绪敏锐地指出了二者之间的关联。她问道,"从东南沿海流入的白银到底上哪里去了呢?"她的答案是,由于抵御蒙古和女真,从16世纪后半叶开始,国库中用于支付北部边防的白银从200万两逐渐增加到400万两,这相当于从东南沿海每年流入的白银总额。

---

[1] 参见樊树志前揭《"倭寇"新论》。

随着北方军费的日益增加,国家通过税收大力吸纳内地的白银,使内地白银的存量日益不足。"随着国内白银不足的严重化与白银需求的增大,沿海的走私活动更加活跃。如上所述,'北虏'与'南倭'以白银流动为媒介,有着密切的关系。"①根据岸本美绪的解释,北部边塞地区的问题是由于朝廷将大量因海上贸易得到的白银以军费的形式投入此地,而与这个"海洋史"的历史逻辑勾连起来。这引发我思考如下问题:第一,从宏观上说,在16世纪,欧亚之间的内陆地区发生的历史事件,是否也能反映这一时期的世界变局?是否也是一种时代交替的结果?换句话说,这一时期的世界变局或时代交替,是否不仅可以从"海洋史"的历史逻辑去解释?第二,从微观上说,"北虏"与"南倭"问题的关联,是否不仅是朝廷将大量白银投入北部边塞地区这一比较间接的原因所形成的,而可能有更为直接的关系?

近年来美国一些研究清史的学者着意强调了清帝国与内亚(Inner Asia)的关系,正如万志英(Richard von Glahn)所概括的,"把清代形成包含在一个早期现代的分析框架中的情形,有赖于对全球互动的主张,这种互动是经由欧亚大陆中部大草原并与奥斯曼、蒙兀尔和俄罗斯'火药帝国'的情形相似,而不是通过与欧洲的海上贸易以及显示'原生资本主义'特征的市场经济发展进行的"②。在一篇文章中,米华健(James A. Millward)简述了13—14世纪蒙古帝国崩解之后,在明朝、奥斯曼帝国与莫斯科大公国之间的地带,到15世纪后期出现了一个"再帝国化"的过程。在中亚和内亚的许多地区,如乌兹别克、蒙古、青藏等,在继承蒙古帝国遗产的动力下,重新形成了强大的政权,这些政权往往与一个强大的宗教派别结盟,并以类似的方式强化了游牧地区与农耕地区的联系。他因此倡导一个除了中国王朝史、中国与欧洲的海上联系(即我所谓的"海洋史")以外的新的"历

---

① 〔日〕岸本美绪:《"后十六世纪问题"与清朝》,《清史研究》2005年第2期。并见其《清代中国の物価と経済変動》,东京:研文出版社,1997年,第215—238页。
② 〔美〕万志英:《序》,〔美〕司徒琳主编:《世界时间与东亚时间中的明清变迁》下卷,中译本,北京:生活·读书·新知三联书店,2009年,第5页。

史坐标",即"后黄金家族在欧亚大陆中部的谢幕(或许在那些包括俄罗斯在内的、有欧亚大陆中部根源的、处于欧亚大陆边缘的其他农耕帝国中,有些可以补充进来)",并以清乾隆时期的土尔扈特东迁事件作为欧亚大陆中部"历史的终结"①。

对于15世纪以来的世界变局而言,相对前述"海洋史"的历史逻辑,这或可被称为一种"内陆史"的历史逻辑。这两种历史逻辑是相互分离的,即前者体现了一种断裂而后者体现的是连续性,还是具有内在的联系？狄宇宙(Nicola Di Cosmo)以研究火器的传播为切入点,论证了15世纪中叶以后奥斯曼土耳其和葡萄牙先后将火器技术及其使用向阿拉伯世界、印度和东南亚传播。至少在16世纪20年代,中国已有了佛郎机,并被建议用于抵御北边的蒙古;同时稍早,哈密、吐鲁番速檀满速儿等穆斯林势力反明,也使用了奥斯曼帝国传来的火器;而在东南沿海的"倭乱"中,日本的火器也得到了戚继光的注意。由此,狄宇宙认为,"火器在亚洲的传播不能被理解为,因为航海上的进步导致欧洲人流动性增加的线性结果"②。这个个案似乎说明,两种历史逻辑是有关联的;当然,这种关联也可能是新旧时代之间的关联。

这两种历史逻辑之间是有因果联系的。13世纪蒙古人的西征彻底终结了阿拉伯帝国,这给了奥斯曼土耳其在地中海建立自己霸权的机会,在15—16世纪,他们取代了阿拉伯人以往对通往东亚地区的航路的控制。正是由于他们对旧航路的垄断,欧洲人才转而开辟了经由大西洋的新航路,由此,以葡萄牙人为先驱的西欧势力开始挑战奥斯曼土耳其的海上霸权。可以说,是蒙古帝国主导的"内陆史"引发了欧洲人主导的"海洋史"。事实上,阿拉伯帝国崩解之后在海洋上留下了一段时间的空隙,成为15世纪初"郑和下西洋"的背

---

① 〔美〕米华健:《清的形成、蒙古的遗产及现代早期欧亚大陆中部的"历史的终结"》,《世界时间与东亚时间中的明清变迁》下卷,第115—151页。

② 〔美〕狄宇宙:《与枪炮何干？ 火器和清帝国的形成》,《世界时间与东亚时间中的明清变迁》下卷,第152—207页。

景;尽管奥斯曼帝国的勃兴成为这一盛举戛然而止的因素之一,但后者并不能全力向印度洋以东拓展,使 16 世纪的南洋和西洋成为印度人、东南亚人、中国人,以及间或东来的欧洲人开展贸易的舞台。而这一"群雄并起"的局面正与欧亚大陆中部许多政权"再帝国化"的纷乱多元局面相互因应。

在其身后发表的一篇颇具影响的文章中,傅礼初(Joseph Fletcher)对 1500—1800 年间的世界历史提出了两个分析性的概念:相互联系(interconnection)与水平上的连续性(horizontal continuity)。前者是指存在将两个或以上社会连接起来的接触,比如观念、制度、宗教的传播和大规模的贸易;后者是指在没有传播的情况下,两个或以上社会共同经历的经济、社会或文化历史现象。他认为,如果我们透过政治史和制度史的表面,审视早期现代世界经济、社会、文化的发展,17 世纪的日本、中国西藏、伊朗、小亚和伊比利亚半岛这些相互隔绝的地区,做出了同样的、相互联系的,至少是类似的人口、经济,甚或社会的反应。这些共同的现象包括,在 16 世纪前后,除了美洲以外的整个世界出现了迅速的人口增长,甚至在某些地区出现了人口压力;区域性的城镇无论是在数量上还是在规模上都大大增加,它们与传统的大城市相比,主要服务于短途贸易,是区域联系的中心;城市商人阶级的兴起,使城市的政治、经济,甚至审美趣味都带有他们的特征;宗教的复兴和传教活动的开展,不仅体现在欧洲的宗教改革运动上,还体现在:苏菲派的发展使伊斯兰世界内部分庭抗礼、黄教的扩展,以及中国的阳明心学和民间教门的活跃;全球性的农民暴动,除了气候的原因外,旧式地主转而经商,而商人阶级大量投资土地,甚至贵族、寺庙也热衷于积聚地产,导致尖锐的两极分化;游牧民族的衰落,火器的使用改变了力量的平衡,定居聚落得到了更好的保护,同时服务于帝国政治的巨大经济需求,也不是那些基于游牧经济的草原国家所能满足的。按照傅礼初的假设,这些相似性之间是存在着因果关系的,而且,所有这些相似性(parallelisms)的同时发生说明,世界各地各民族比以往历史学者认识到的更为密切地联系在一起,从而造就了一个不同于 19 世纪以后的那些相似性的"整合的历史"(integrative history)①。

傅礼初认为,在 1600—1800 年间西欧发生的许多事情,在同时期的整个欧亚大陆的许多社会中都有发生,因此西欧经历的"早期现代"变化,这些社会同样经历。对于我们所关注的问题来说,如果说"南倭"问题是区域性贸易发展的一部分,"北虏"问题则是游牧族群整体衰落过程中倒数第二次"辉煌"(最后一次应该是准噶尔蒙古在 17 世纪的扩张)。在某种意义上说,前者是"海洋史"的开始,后者则是旧的"内陆史"的终结和新的"内陆史"的开始,二者都是同一世界变局的组成部分。

二、在明蒙关系之外

对于明朝人以及明史研究者来说,也先及"土木之变"与俺答汗及"庚戌之变"都是明史或明蒙关系史上的标志性事件②。但是,观察 15 世纪中叶到 16 世纪中叶蒙古与明朝以外的地区的交往,应有助于对明代"北虏"问题的认识。

在"土木之变"发生的时代,即 15 世纪中叶前后,蒙古黄金家族世系各政权处于纷乱的局面中,由于脱欢和也先父子并非黄金家族中人,所以《阿勒坦汗传》中只是简略写道:"其后直至数代可汗,历

---

① Joseph F. Fletcher, "Integrative History: Parallels and Interconnections in the Early Modern Period, 1500-1800", in his *Studies on Chinese and Islamic Inner Asia*, B. F. Manz ed., X, pp 1-35.

② 对明蒙关系,学界已有非常丰富的研究。比较有代表性的如和田清的《明代蒙古史论集》(潘世宪译,北京:商务印书馆,1984 年);Herry Serruys(司律思), *Sino-Mongol Relations during the Ming*, 3 vols. (Bruxelles: L'Institut Belge des Hautes Etudes Chinoises, 1959-1975),*The Mongols and Ming China: customs and history*(Françoise Aubin ed., London: Variorum Reprints, 1987);萩原淳平的《明代蒙古史研究》(京都:同朋舍,1980 年)等。国内学者的研究也很多,如达力扎布:《明代漠南蒙古历史研究》(呼伦贝尔:内蒙古文化出版社,1997 年)、于默颖的博士论文《明蒙关系研究》(呼和浩特:内蒙古大学,2004 年);等等。

经苦难政教不稳,军民迷途善恶不分,是时字儿只斤黄金家族衰微不振。"①从元朝灭亡直接跳到达延汗的兴起,并没有提到卫拉特蒙古的一时强盛。按17世纪初无名氏的《诸汗源流黄金史纲》,在脱欢时代,"卫拉特、厄鲁特、巴噶图特、辉特四万户结盟",形成了一定的势力。脱欢攻杀了黄金家族的阿岱可汗(阿台王子),拜谒了成吉思汗遗物所在的八白室②,开始控制东蒙古。同时,脱欢和也先又击败了察哈台的后裔歪思汗。这样从东蒙古以西直到阿尔泰地区,包括哈密和吐鲁番的绿洲,有了一支相对统一的强大力量。

但是,由于明朝的抵抗,瓦剌(卫拉特蒙古)在"土木之变"中的胜利并未达到通商的目的,于是他们转而向西寻求资源。在他们的西面,即在乌拉尔河以东和锡尔河以北的地区,金帐汗国的故地,由黄金家族的后裔阿布海尔汗建立了一个新的、信奉伊斯兰教苏菲派的汗国,这个汗国在他孙子昔班尼汗统治时期得到较大扩展③。在15—16世纪,传统的西域地区处在察哈台汗国分裂后的纷乱局面中。东部的秃黑鲁帖木儿汗及其继承者曾试图重新统一两部,但未能成功,便一直以别失八里为中心;西部则以巴鲁剌思部的异密帖木儿汗及其后裔为统治者,以河中地区为统治中心,史称"帖木儿帝国"。在明朝建立后,东察合台汗国或别失八里国与明朝一直保持比较友好的关系,其势力范围包括了东起阿尔泰山、西至塔拉斯河东岸、北达塔尔巴噶台山的蒙古人游牧地,还包括西辽时期东喀喇汗王朝的部分领土,即葱岭以东的喀什噶尔、英吉沙、和田、阿克苏、乌什等地;此外,吐鲁番、焉耆等天山以南的高昌回鹘故地也在其辖内。

---

① 珠荣嘎汉译注:《阿勒坦汗传》,呼和浩特:内蒙古人民出版社,1990年,第11页。
② 朱风、贾敬颜译:《汉译蒙古黄金史纲》,呼和浩特:内蒙古人民出版社,1985年,第56—58页。
③ 一些学者将其称为乌兹别克汗国,参见米华健:《清的形成、蒙古的遗产及现代早期欧亚大陆中部的"历史的终结"》,《世界时间与东亚时间中的明清变迁》下卷,第125页。也有学者称其为哈萨克汗国,参见纳比坚·穆哈穆德汗:《15世纪至18世纪中叶哈萨克与西蒙古准噶尔部关系初探》,《新疆社会科学》1990年第3期。

在整个 15 世纪,东察合台汗国也经历了许多纷争,但最重要的是两个事件:一是在 15 世纪初马哈麻汗在位期间,采取强制手段在蒙古人中推行伊斯兰教;二是在瓦剌西进的影响下,汗国在歪思汗统治时期迁都亦力把里(今新疆伊宁市),此后开始了察合台蒙古人从游牧生活到农业定居生活的转变。到 16 世纪初满速儿汗统治时期,他的弟弟萨亦德在叶尔羌另立门户,建立了叶尔羌汗国。

在这一时期,河中地区,特别是以布哈拉为中心,与中国一直有着贸易往来。在中国的文献中,关于吐鲁番布哈拉商人或撒马尔罕商人的记载是很多的。布哈拉商人因同时与波斯、俄国和奥斯曼土耳其进行贸易,从而成为中国与西方陆路贸易的中间商[1]。由于 15 世纪中叶瓦剌的攻击,中亚与明朝的贸易可能转由瓦剌经营,景泰初年瓦剌来北京的贡使每次近 3000 人,要求明朝给予的物品包括金器、药材、颜料、乐器、佩刀等;前来使臣中也有火只尔阿麻回回,带来玉石 9900 斤在中国出售[2]。随着瓦剌的衰落,布哈拉商人的居间贸易又逐渐恢复。

在瓦剌西进的途中,也先为部下阿剌知院杀死,一度强盛的瓦剌立即崩解。不仅中亚与中国的商路再度打开,而且以布哈拉为中心的苏菲派教团纳格什班迪耶也从南疆向吐鲁番一带扩展[3]。明初设立哈密卫等"关西七卫",主要是察哈台后王势力的土卫,系明代与中亚各国交往的枢纽,此时便遭遇了吐鲁番的强烈冲击,最后被迫东撤入关,嘉峪关以西地区各族大多皈依了伊斯兰教。在我以前关于"南蛮子盗宝"传说的研究中,曾提到这一传说的主角在唐代的记述中多为"波斯胡",而到明代多转变为"回回",即以这样一个时

---

[1] 参见 Chahryar Adle and Irfan Habib ed., *History of Civilizations of Central Asia*, vol. V, UNESCO Publishing, 2003, p. 412。

[2] (明)郑晓:《皇明北虏考》,薄音湖、王雄编:《明代蒙古汉籍史料汇编》第 1 辑,呼和浩特:内蒙古人民出版社,1994 年,第 211、213 页。

[3] 参见 Joseph F. Fletcher, "The Naqshbandiyya in Northwest China", in his *Studies on Chinese and Islamic Inner Asia*, B. F. Manz ed., XI, pp 4-7。

代变化为背景①。因为明代与波斯之间很少直接贸易往来,前来贸易者成为信仰伊斯兰教的中亚商人。1619年,波斯的阿拔斯一世还在他的宫廷里招待布哈拉和撒马尔罕商人,询问他们每年前往中国的商队在什么时间、采用哪条商道。

在以布哈拉为贸易枢纽的中亚贸易中,中国、印度以及中亚地区的棉花、丝绸以及丝、棉织品,突厥的马,俄国的锅、盘,撒马尔罕的纸张,中国的珍珠等各种物品都充斥于市场。虽然没有很多15—16世纪的统计资料,但17世纪中期的一些记录也能说明这一时期的贸易规模。1655—1656年,俄国西伯利亚的托博尔斯克海关申报进口的布哈拉丝织品"撒答剌欺"(sandanichi)每年的最高额为8080匹;1619年,一个布哈拉商人一次运到喀山1294匹"撒答剌欺"、223匹其他棉布、300条腰带、70米印花布、4.5公斤丝绸、几件衬衫和13块羊皮。在同一时期,布哈拉商人也垄断了波斯和俄国的中国大黄贸易,1653年,一个商人就运到托木斯克671公斤大黄。在16世纪及至17世纪末,布哈拉商人一直都是哈萨克人、加尔梅克人以及喀什噶尔汗国下各族的中间商②,这里的加尔梅克,就是明朝文献中的瓦剌。虽然缺乏资料,但我们还是可以相信,16世纪前后中国通过中亚地区的陆路贸易是有一定规模的。

到15—16世纪之交,东蒙古的达延汗崛起。后世蒙古人认为除成吉思汗、忽必烈汗之外,达延汗是第三个最重要的领袖。在他执政期间,对内分封诸子,对外平定蒙古右翼,消灭了哈密一带皈依了伊斯兰教的亦思满(亦思马因),并讨伐了西蒙古的瓦剌,重新将东蒙古的触角延伸到西域。正如和田清所注意到的,虽然明代史籍中关于"小王子"(即达延汗)寇边的记载不少,但其大规模的军事行动还是

---

① 参见拙著《小历史与大历史——区域社会史的理念、方法与实践》,北京:北京大学出版社,2017年。

② 以上皆引自 Chahryar Adle and Irfan Habib ed., *History of Civilizations of Central Asia*, vol. V, UNESCO Publishing, 2003, pp. 410-412。

向西①。这不仅与也先的军事动向吻合,也与其祖先成吉思汗的战略一致。这不仅是由于广阔的西部草原上分布着许多蒙古部落,也是由于他们与欧亚大陆中部各部族同属于一个游牧世界。而这正是我们为理解"北虏"问题而关注明蒙关系以外历史的依据。

16世纪的蒙古草原是达延汗的孙子俺答汗的时代,也就是明代"北虏"问题最突出的时期。从达延汗到俺答汗,明朝在长城沿线全面被动,最终发生"庚戌之变",俺答汗于嘉靖二十九年兵临北京城下。此后,俺答汗又两度向西攻打瓦剌。这时已迁居哈密、吐鲁番以西的瓦剌(卫拉特)诸部,已不能对东蒙古造成威胁,所以俺答汗的军事征服除恢复喀喇和林这个蒙古的圣地之外,目的在于向西扩张。瓦剌被迫继续西迁,进入哈萨克人的地区。在16世纪初到17世纪初这一段时间,他们的生存状况比较恶劣:通往中原的道路被东蒙古阻塞,而到中亚的商路则受到察合台后裔蒙兀儿诸汗及哈萨克人的阻碍。在他们面前唯一开放的是通往钦察草原的通道。

对上述历史,《黄金史纲》是这样记述的:

> 巴尔斯博罗特济农之子格根俺答可汗,追念我等国主圣父辛勤经营并主宰的五色四夷大国,窝阔台可汗、贵由可汗、蒙哥可汗治世获得的可贵的宗教,忽必烈薛禅建立的太平大国,宝贵的宗教和经典,坚实筑造的宫阙和城池失于天命之不佑。后来图报额勒伯克可汗、阿岱可汗、岱总可汗之仇,与计杀阿噶巴尔沁济农之恨,宣布往昔之诸般仇恨,行兵于汉地及卫拉特二者。赛音俺答可汗艰苦经略,平定了唐古特土伯特东境的阿母多国与撒里畏兀儿国,俘虏了阿里克桑噶尔沁吉博、老崩楚尔彻、伊斯塔哈楞色楞台等三勇士,取其贡赋而还。攻打卫拉特,杀死了扎拉满图噜,降服了以伊客根阿哈为首的部分人民。攻打汉地,袭击城池之际,汉地的大明皇帝惧怕而缴纳贡赋和租税,并上俺

---

① 〔日〕和田清:《明代蒙古史论集》上册,第363页。

答可汗以顺义王的称号。①

这段话强调了俺答汗的动机是恢复往日荣光和复仇,这种冠冕堂皇的说辞并非完全没有真实性,但完全遮蔽了他的现实诉求,因而又是不完全真实的。

文中的唐古特土伯特及撒里畏兀儿,即指青海及青海与新疆交界地区。俺答汗进攻瓦剌时,与吐鲁番的统治者通好,"旋派学识渊博的威正宰桑为使,向白帽沙汗讲说昔日传说故事,以及长辈察哈台以来互为族亲之由时,(沙汗)无限欢喜赠给阿尔古玛克马和宝石以为贡赋",白帽沙汗即前述速檀满速儿的长子。黄龙年(明隆庆二年)俺答再次攻击瓦剌,"于名为赛罕之地设阿兀鲁克以居哈敦,直趋阿勒泰罕山抵达奥达陶图木"。赛罕在今三棵树西北,玉门西北,哈敦即赫赫有名的三娘子②。俺答汗对明朝和卫拉特实施打击,但其西征是有限的,一方面并未建立有效的统治,另一方面又建立了和好的关系。这种策略与对明朝的态度基本相似。到万历初年,东蒙古在与卫拉特角力的过程中几次受挫,只能接受双方分庭抗礼的局面。

俺答汗除了在阿尔泰山一带与瓦剌这个内部的夙敌周旋之外,另一个重要举措就是皈依藏传佛教格鲁派,并成为其世俗庇护者,从而开始了将西藏变成蒙古势力范围的过程。其结果是在东、南两个方向以藏传佛教势力阻遏了伊斯兰教势力的扩展。明万历六年(1578),俺答汗与三世达赖在青海察卜齐雅勒庙(后称仰华寺,在今青海海南州共和县)相会结盟,据《阿勒坦汗传》记载:俺答汗在会盟后即"派宝迪苏色特希、敖齐赉古彦为首,自察卜齐雅勒庙赴白帽、卫拉特二国,立即命隆古英、岱青乌尔鲁克、古英台吉等官员使臣先行前往刺探"③。虽然只留下了"十二城白帽之主阿卜都乞喇木"(即前述创建叶儿羌汗国的萨义德汗,满速儿的弟弟)交纳贡物,以及使臣

---

① 朱风、贾敬颜译:《汉译蒙古黄金史纲》,第103—104页。
② 珠荣嘎汉译注:《阿勒坦汗传》,第57—58、62页。
③ 同上书,第126页。

未能到达卫拉特的记载,但这一举动的意图可能是俺答汗希望说服这两个蒙古后裔建立的政权皈依藏传佛教。因为在此同时,俺答汗亦建议明朝与三世达赖建立联系①。

因此,对于明朝而言的"北虏",即嘉靖时期的东蒙古俺答汗势力,并非只与明朝发生冲突,他们同时也与西蒙古瓦剌(卫拉特),同属蒙古、但已皈依伊斯兰教的东察哈台汗国、叶儿羌汗国,及西藏黄教势力有着密切的往来。相对于长城沿线的攻守,他们与亚洲内陆的联系更频繁、规模更大、内容更丰富。在从中国到中亚地区城镇及商业发展的大背景下,东蒙古的这种努力或许具有更深层的意义。

三、蒙古的开市需求与长城内外的商业联系

关于蒙古要求通贡、遭到明朝拒绝和限制导致其不断攻掠边塞,最终造成"北虏"问题的严重,学界已有不少研究。论者也敏锐地发现,在是否同意与蒙古通贡开市的激烈争辩中,边塞守臣大多持赞同的态度,而朝中官员却大多反对②。最后经由明蒙双方的努力,最终达成"隆庆和议",此一事件得到学界的充分肯定,应已成为毋庸置疑的定论。

本文意欲提示的是,第一,蒙古的通贡开市需求可能并不只是为了简单地获取一些草原上匮乏的资源,也可能是为了重新开通欧亚内陆的贸易渠道,营造一个由蒙古控制的内陆商业网络;第二,蒙古

---

① 据《明史·西域传三》载:"俺答亦劝此僧(指三世达赖)通中国,乃自甘州遗书张居正,自称释迦摩尼比丘,求通贡,馈以仪物。居正不敢受,闻之于帝。帝命受之,而许其贡。由是,中国亦知有活佛。"(《明史》卷三三一,北京:中华书局,1974年,第8575页)

② 如胡凡:《论明世宗对蒙"绝贡"政策与嘉靖年间的农牧文化冲突》,《中国边疆史地研究》2005年第4期;温德华:《俺答汗研究》,博士学位论文,武汉:华中师范大学,2009年等。关于蒙古南下"扰边"的动机,学界尚有不同看法,多数人认为是通贡要求得不到满足的结果,但其背后的深层原因,或以为是由于游牧经济本身的缺陷,或以为是气候及环境的因素,也有人认为就是为了抢掠物资,特别是畜牧业物资。见姜爱红:《明代蒙古南下"扰边"探析,1436—1464》,硕士学位论文,厦门:厦门大学,2007年。

的通贡开市要求不仅是对传统游牧经济的补充,而是整个内亚城镇及商业发展,包括东蒙古自身聚落发展的结果;第三,蒙古的通贡开市要求是将业已存在的长城内外民间("走私")贸易合法化的反映,这都与东南沿海"倭乱"的背景具有异曲同工之妙。

就第一个方面而言,在正统时期瓦剌与明朝通贡的使团中,包括了察哈台汗国等中亚地区的商人。正统十年"瓦剌使臣"皮儿马黑麻到京,"以瓦剌使团贡物过多,命马收其良者,青、银鼠皮各收一万,惟貂鼠皮全收之,余悉令其使臣自鬻"。同时记载"必儿洗必儿等处使臣马黑麻等以其头目沙不丁速鲁檀等,所备撒哈剌段匹来贡,俱短恶不成匹"①。皮尔马黑麻正是1406年即位的帖木儿汗国大汗,这个使臣或许是同名,或许是借用大汗的名义,但却以瓦剌使团的身份入贡。他们带来的所谓"贡物"实际上有相当部分用于民间交易,其中的"撒哈剌段匹"就是前述布哈拉的著名丝织品"撒答剌欺"(sandanichi)。从规模来看,正统十二年皮儿马黑麻以瓦剌脱脱不花和也先使者的名义再度来贡,达2472人,带来马4172匹、各种鼠皮12300张②,数量相当大。次年末,瓦剌来贡时的报名中就单独列出了"买卖回回阿里锁鲁檀等",共752人,占总数2524人的近30%③。说明瓦剌已成为中亚商人与中国贸易的重要媒介。

瓦剌衰落之后,蒙古诸部互争雄长,反而给原来的朝贡贸易造成困扰。从景泰年间到弘治时期(15世纪中叶到16世纪初),在边外求贡和侵扰的蒙古势力主要是明朝文献中所谓鞑靼的"孛来太师"、蒙古翁牛特部的毛里孩以及黄金家族的满都鲁汗。各部间的相互攻杀,使明廷有机会采取比较强硬的政策,对其通贡要求予以

---

① 《明英宗实录》卷一三六,正统十年十二月丙辰、丁巳,台北:历史语言研究所1962年校勘本,第2704—2705页。

② 《明英宗实录》卷一六〇,正统十二年十一月壬辰、甲辰,第3113、3116页。

③ 《明英宗实录》卷一七三,正统十三年十二月庚申,第3325—3326页。

限制①。所以成化初官员建议,"哈密乃西域诸番之要路,祖宗待之特为优厚。然朝贡有期,遣使有数。近年为乜加思兰残破其国,人民溃散,无所栖止,不时来贡,动以千百,将瘦损驼马数匹,名为进贡,实则贪饕。……合酌量事体,哈密使臣岁一人朝,不得过二百人,乜加思兰五十人,其土鲁番、亦力把力等或三年五年入贡。经哈密者依期同来,不得过十人",得到朝廷批准②。后来瓦剌遣使入贡时,明朝在给他们的敕书上责备说,"自尔祖脱欢以来,遣人朝贡有常时,往来道路有定处,未尝牵引他夷,混取赏赉。朝廷亦待之不疑,所以和好长久,无有败事。尔宜遵守前人家法,以修旧好。何乃不依时月,既差使臣兀纳阿等纠同卜剌罕卫来朝,回还未及两月,又遣使臣哈三帖木儿等同朵颜卫,不依故道,却从东路来朝?"要求他们每年朝贡的人数不得超过三四十人③。这两段材料说明中亚与明朝的贸易此时大受限制,时间和规模都不能满足多边贸易的需求,也说明蒙古仍力图扮演居间的角色。

弘治初年,明朝的边略有所改变。大同巡抚许进向朝廷建议:"自古驭夷之道,未尝不以怀柔为上策。今小王子以皇上嗣统,感恩向化,遣使入贡。若不俯顺其情,使之怀惭意沮,则外为强虏所胁,欲来不能,欲往不安,非大举入寇,计无所出。今其来贡夷人一千五百三十九,马骡四千九百三十,已暂验入边,安置大同馆。其入贡人数,乞为裁定。兵部覆议,宜如其言。"④对此,郑晓的评价是:"时马文升在兵部,许进巡抚大同。进数条边事,戎政修明。中朝大臣知进,进

---

① 据郑晓《皇明北虏考》,天顺间,"毛里孩、阿罗出、孛罗忽三酋始入套,争水草,不相能,以故不敢深入为寇";"成化间,大抵瓦剌为强,小王子次之,二种反复相残,并阴结朵颜,伺我塞下。即贡马,二种亦相继往来,恐中国左右,以故虽深入,彼自相猜忌,不能久留内地。"《明代蒙古汉籍史料汇编》第 1 辑,第 214、216 页。孛罗忽本名巴彦孟克,为满都鲁汗封为博勒呼济农,掌管右翼蒙古。
② 《明宪宗实录》卷二二,成化元年十月丙戌,第 434 页。乜加思兰亦为蒙古右翼的太师,与孛罗忽相仇杀。
③ 《明宪宗实录》卷三七,成化二年十二月丁未,第 726 页。
④ 《明孝宗实录》卷一五,弘治元年六月癸卯,第 368—369 页。

疏至,辄允下。进尝贻书小王子,言通贡之利。小王子、瓦剌闻进威名,遣其酋长哈桶、察察少保等贡马,三年三贡,每贡多至三千人,少不下二千。……大同、宣府、河曲皆无虏患。"①

但好景不长。从弘治后期到嘉靖前期,明廷的政策转向强硬,导致大同兵变的大同外五堡的营建,也是在这一边略改变的背景下发生的,这种态势直到隆庆时期的"俺答封贡"才告一段落。因此在这一时期,"北虏"问题空前加重。此外,吐鲁番与哈密一带战乱纷起。弘治二年,撒马儿罕的"阿黑麻王遣使从满剌加国取路,进狮子、鹦鹉等物至广州",孝宗还认为"番使奸诈,又不由正路以来"②。弘治三年,再次发生此类事件:"先是,土鲁番尝遣使臣哈只火辛等从海道入贡狮子,有旨令广东守臣却之。至是,哈只火辛乃潜自赴京。礼部请治广东都布按三司及沿路关津官之罪。上曰:夷人远逃而来,必有情弊,礼部仍同大通事审察奏闻处置。"③显然经由蒙古的传统商路已不通畅,中亚商人只好尝试绕道由海路进入中国。

俺答汗势力强大之后,试图改变这种状况,多次向明朝提出通贡请求。最重要的一次是在嘉靖二十年,"北虏俺答阿不孩遣夷使石天爵、肯切款大同、阳和塞求贡。言其父谘阿郎在先朝常入贡,蒙赏赉,且许市易,汉达两利。近以贡道不通,每岁人掠,因人畜多灾疾。卜之神官,谓入贡吉。天爵原中国人掠居虏中者,肯切系真夷,遣之同来。果许贡,当趣令一人归报,伊即约束其下,令边民垦田塞中,夷众牧马塞外,永不相犯,当饮血为盟誓,否即徙帐北鄙,而纵精骑南掠去。巡抚大同都御史史道疏闻其事,因言:虏自弘治后不入贡且四十年,而我边岁苦侵暴。今果诚心归款,其为中国利,殆不可言。第虏势方炽,戎心叵测,防御机宜,臣等未敢少懈。乞亟下廷臣议所以待之者"④。石天爵到后详细说明了蒙古求贡的目的:"谓虏酋小王子

---

① (明)郑晓《皇明北虏考》,《明代蒙古汉籍史料汇编》第 1 辑,第 216 页。
② 《明孝宗实录》卷三二,弘治二年十二月壬申,第 717 页。
③ 《明孝宗实录》卷四三,弘治三年闰九月丁酉,第 884—885 页。
④ 《明世宗实录》卷二五一,嘉靖二十年七月丁酉,第 5030 页。

等九部咸住牧青山,艳中国纱段,计所以得之者,唯抢掠与贡市二端。抢虽获有人畜,而纱段绝少,且亦自有损失,计不如贡市完。"①但俺答的请求和史道的建议都被朝廷拒绝,石天爵被杀,由此引起俺答汗的报复。

"隆庆和议"之后,俺答汗陆续要求在长城沿线开市。万历元年,应俺答之请,明朝于甘州开大市,于庄浪开小市。四年二月,御史傅元顺言:"番以茶为命,岁易马六千。近以茶市诸酋,则房逐利而专意于番,番求生而制命于房。"②万历五年三月,"俺答欲赴西宁青海寺会番僧设醮,请开大马市、茶市",没有得到明廷允许。九月,俺答又向甘肃巡抚请开茶市,陕西巡按御史李时成上疏说:"番以茶为命,若房得,藉以制番,番必转而从房,贻患匪细。"③这两个官员的话意思一致,但都表明,俺答求贡开市确有作为明朝与西藏的茶马贸易的中介之意。而这种情况不仅是涉及西部诸族,也有对东北各族的考虑:"俺答听我降人议,以大明律绳其下,得中国锦绮奇巧,每以骄东房。"④

前述石天爵所谓的"纱缎"不过只是一个象征。当时的东蒙古像中亚绿洲地区一样,也开始了由游牧生活向局部地区的定居生活转变的过程,在这个过程中,蒙古人希望通过开市得到的物品,就远不止纱缎一项。这就是本节指出的第二个方面的问题。

在中亚的帖木儿汗国范围内,撒马尔罕和布哈拉的城市规模在15世纪有了进一步的发展,手工业比较发达。在15世纪末,塔什干也有较大的发展,其金属制品、麻织品等手工制品销往各个邻近的游牧部落。在都城赫拉特(Herat),手工业和商业很兴旺,文学、艺术也

---

① 《明世宗实录》卷二六二,嘉靖二十一年闰五月戊辰,第5209页。
② (明)冯时可:《俺答后志》,薄音湖、王雄编:《明代蒙古汉籍史料汇编》第2辑,呼和浩特:内蒙古人民出版社,2000年,第137页。
③ 《明神宗实录》卷六〇,万历五年三月甲辰,第1375页;卷六七,万历五年九月己未,第1459页。
④ (明)冯时可:《俺答后志》,《明代蒙古汉籍史料汇编》第2辑,第137页。

随之发展起来。其他城镇如沙赫里夏勃兹(Shahr-i Sabz)、铁尔梅兹(Termez)、安集延(Andijan)、忽盏(Khujand)、西萨尔(Hisar)等地,城乡贸易都很活跃①。这一时期正处在中亚地区蒙古人的突厥化和伊斯兰化过程中,而这一过程又与该地区的城镇化和商业化(去游牧化)过程同步。羽奴思汗比较喜欢城镇,但速檀阿黑麻则倾向于游牧生活②,说明这一地区正处在一个社会结构激烈变化的过程中。

我们不清楚蒙古地区的佛教化过程是否也有助于这一地区的去游牧化,但15世纪以后大批汉人移居塞外、逐渐造成定居聚落,是众所周知的事实。隆庆和议的主持者之一方逢时曾记录说:

> 嘉靖三十年,妖人吕老祖以白莲教惑众,构祸于山西、大同之间,有司捕之急,叛投彼中。其党赵全、李自馨等率其徒千人从之。周元者,麻城人也,以罪戍大同,为彼所获。刘四者,老营堡戍卒也,与其徒三百人戕其主帅而叛。张彦文者,大同卫百户也,亦以通彼叛。而吕老祖之徒马西川、吕老十、猛谷王各先后亡命,俱入俺答营部。……自全等教以攻取之术,多诱华人为彼工作……岁掠华人以千万计,分部筑室于丰州之川,名曰板升,而彼知屋居火食矣。
>
> 赵全有众三万,马五万,牛三万,谷二万余斛。李自馨有众六千,周元有众三千,马牛羊称是。余各千人,蜂屯虎视,春夏耕牧,秋冬围猎。每大举进寇,俺答必先至板升,于全家置酒大会,计定而后进。全为俺答建九楹之殿于方城,板升自为屋室,僭拟王侯,丹青金碧,照耀龙庭。③

这里所记汉人出塞者,或为山西的白莲教徒,或为沿边军卒,但从数

---

① Chahryar Adle and Irfan Habib ed,. *History of Civilizations of Central Asia*, vol. V, UNESCO Publishing, 2003, pp. 358-360.

② 参见刘正寅:《元明时期西域蒙古诸部的突厥化过程》,郝时远、罗贤佑主编:《蒙元史暨民族史论集——纪念翁独健先生诞辰一百周年》,北京:社会科学文献出版社,2006年。

③ (明)方逢时:《云中处降录》,《明代蒙古汉籍史料汇编》第2辑,第80—81页。

万的规模来看,应该还有普通的百姓。王琼记载嘉靖七年的一段对话颇为生动:

> 一日早,虏贼五骑至兴武营暗门墩下,问墩军曰:"我是小十王、吉囊、俺答阿卜孩差来边上哨看,你墙里车牛昼夜不断做甚么?"答曰:"总制调齐千万人马,攒运粮草勾用,要搜套打你帐房。"贼曰:"套内多多达子有哩,打不得,打不得。"又言:"我原是韦州人,与你换弓一张回去为信。"墩军曰:"你是韦州人,何不投降?"贼曰:"韦州难过,草地自在好过,我不投降。"①

此事发生在宁夏镇至花马池沿边,韦州即今宁夏同心县一带,这个出塞的汉人应该是普通农民,认为在内地的生活不如草原。这种态度在边内汉人社会中应该不是个别的。

大批汉人出塞,给塞外草原带来重要变化,即在某些地区向定居农业转变,土默川地区的板升就是这样的聚落。除方逢时上述记载所说的"屋居火食""春夏耕牧"以外,在对赵全等人的审讯记录即《赵全谳牍》中,也记载了板升中的万余汉人"各在丰州川分地住种"②。王琼还记载了一个"虏中走回男子杨通(甘州人),备言在虏营见达子打造锹、镢、弓箭,说到七八月要到腹里抢掠"。这些锹、镢应该不是为战争所用,而是供给定居农业生活的需要。所以嘉靖二十六年俺答向明廷求贡时,"自誓敬信天道,乞给耕具,欲于塞外垦耕"③,并不都是虚言空话。

出塞汉人的聚落生活和俺答汗的城市营建,所需要的物资种类和数量自然大大超过以往。有如下记载:

> 嘉靖四十四年间,全与李自馨、张彦文、刘天麒又各不合献谀,将俺答僭称皇帝伪号,驱使被掳汉人,于大板升迤东与俺答

---

① (明)王琼:《北虏事迹》,《明代蒙古汉籍史料汇编》第1辑,第142—143页。
② 佚名:《赵全谳牍》,《明代蒙古汉籍史料汇编》第2辑,第115页。
③ (明)严从简:《殊域周咨录》卷二一《北狄·鞑靼》,《明代蒙古汉籍史料汇编》第1辑,第503页。

修城一座,采打木料,于内起盖长朝殿九间。

  嘉靖四十五年……三月内,仝与李自馨、张彦文、刘天麒各又不合驱使掳去汉人,采打木植,于俺答前盖朝殿、后盖寝殿七间。又于城上周围修盖两滴水楼五座。密遣奸细窃入各城,易买金箔并各色颜料回营,将修完前后殿楼妆彩龙凤花样,耸动彼处汉夷。仝等各又不合就于前筑土堡内建盖大宅一所、大厅三间、大门二门各一座,各悬牌匾,大门上书"石青门化府",二门上书"威振华夷"。又建东蟾宫、西观阁各一座,三滴水土楼三座,悬扁上书"沧海蛟腾",仍用五色颜料僭画龙凤等项,住过。①

这些建筑需要大量木材和各种装饰材料,许多需要从边内购买。虽然我们无法知道具体的数量,但营建一城的物资是可想而知的。"虏王修罗城,盖佛殿,求乞不赀,皆难从事,甚而欲借五千军夫助工役。……继复使土骨赤、海大等率能言有气力者来索铁钉、铁料,为筑盖用。"时任山西巡抚的郑洛是如何回答的呢?"乃诘以铁与银孰贵贱,答云银贵铁贱。余云:银贵,乞即与,铁贱却不与,以银例得给,铁则犯国家禁",最后是按铁价给银了事②。这说明,白银向北部边塞的流动确为事实,不过不只是用于军费,还有部分则流入塞外。当然,极有可能蒙古再用这些白银通过"走私"的形式从边内买回他们所需的物资,这样白银就再度回流入内地,并不影响内地白银流通量的平衡。

  第三个方面,是长城内外一直存在"走私贸易",只不过"隆庆和议"在较大程度上使"走私贸易"合法化。同时,在开市贸易即马市、茶市之外,以往的"走私贸易"依然存在,因为开市贸易的限制依然很多,无法满足内陆长程贸易的需要。造成这种状况的原因,一是元代以来蒙古、色目等族人居中原者众多,他们一直与边外族人保持着一定的联系;二是内地移入蒙古的汉人多来自山西、陕西、宁夏沿边地

---

① 佚名:《赵全谳牍》,《明代蒙古汉籍史料汇编》第2辑,第113页。
② (明)郑洛:《抚夷纪略》,《明代蒙古汉籍史料汇编》第2辑,第143、145页。

区各州县,边内就是他们的老家,来往渠道自然通畅;三是沿边蒙古与边内汉人多年来也形成了私下的关系,双方也不是陌生人。

例如,成化年间,"瓦剌平章拜亦撒哈差头目哈剌忽思同哈密王母所差头目马黑麻来朝贡。哈剌忽思至京,奏甘肃蒋总兵及通事索其贿,而稽留逾岁,且棰骂之。事下礼部"。定西侯蒋琬回报说,"两国男妇二百余人到边,有旨令遣十之一赴京。瓦剌头目不肯从,固留之。彼甚忿怨,故诬辞以奏,实未尝索贿且棰骂之也。盖回回人有仕中国者,每岁与彼使私交,诱其乞茶营利,且唆其诬辞妄奏"。于是朝廷下令,"在边军民不许交通,漏泄事情"①。

在长城沿线,"虏待命边外,屡向墩哨卒词进止。一日,邀守墩百户李宝下墩,以虏酒席地饮之,载以马拥入俺酋营,与之欢饮。虏众有势掠哨卒,劫其衣粮者,俺酋闻则痛惩之,遣夷使送哨卒,给衣粮还"②。翁万达也发现,"虏入,道里必知,至有杀掠时呼人姓名者"③。说明都是熟人。由于双方往来不绝,冯时可不得不给俺答写信,要求双方严守边防:"但闻板升人常入边,或打牲,或买卖,久住边堡,刁夺物件生事,都是汉人。……我这里人亦有生事的,出边外私赶达子牛羊马匹,我亦不能防。"④这种情况发生在"隆庆和议"之后,虽然仍超出了马市贸易的范围,但由于战争停止,双方的买卖应比以前要大为增加。

在交战对峙期间,沿边内外的交易也未中止。"墩军多与零贼交易,以斧得裘,铁得羊肘,钿耳坠得马尾,火石得羔皮。"⑤其中马尾是一宗主要的交易货物。隆庆三年,"有见获陕西西安府民杨一休,因艰难投偏头关应军食粮,拨在高民墩哨备。伊亦不合与虏交通,货换

---

① 《明宪宗实录》卷九〇,成化七年四月辛未,第1756—1757页。
② 《明世宗实录》卷二五一,嘉靖二十年七月丁酉,第5030—5031页。
③ (明)严从简:《殊域周咨录》卷二一《北狄·鞑靼》,《明代蒙古汉籍史料汇编》第1辑,第492页。
④ (明)冯时可:《俺答后志》,《明代蒙古汉籍史料汇编》第2辑,第148页。
⑤ (明)郑晓:《皇明北虏考》,《明代蒙古汉籍史料汇编》第1辑,第239页。

马尾。事发,由本墩出口,叛投虏营"。次年,"有阳和卫左所已故百户余丁马四见获男马西川,因与逃脱榆次县人李孟阳各不合出边货换马尾,投见在虏营逆犯孙四即孙大臣,不合容留窝住。马西川又不合投入板升全等部下,往来传泄边情与贩货物图利"。后来李孟阳"随带马尾又不合越关前去扬州货卖,李义等仍在营堡潜住"①。这些从事马尾买卖的汉人原来多是沿边的守军,或者是边卫军户,他们入边买卖时就暂住在守军的营堡中,应该是边堡中习以为常的事情。

马尾之所以成为沿边内外"走私贸易"的货物,是因为明代中叶的官僚士人中,以马尾作为衣帽装饰成为时尚。明中叶世风"奢靡"已多为学者论及,但这些风气风俗的变化与边疆大事密不可分,却少为学界注意。弘治年间,因"左侍郎张悦前为佥都御史,身服马尾衬裙,以表式百僚之人为市井浮华之饰",孝宗下令"今后有用马尾服饰者,令锦衣卫缉捕"②。《治世余闻》也记载,"京城士人多好着马尾衬裙,营操官马因此被人偷拔鬃尾,落膘"③。说明越是严禁,市场上就越是趋之若鹜。《万历野获编》《菽园杂记》等书说,马尾裙在成化年间开始流行,据说是从朝鲜传来。最开始是在武官中流行,这可能也是守边军兵从事此业的原因之一④。除裙以外,马尾在江南也可饰帽,如"俞嘉讱以手卷一个、马尾帽一顶及弓箭等向方用彬乞当银子若干"⑤。清雍正时的市井小说《姑妄言》描写明末南京一个富翁,

---

① 佚名:《赵全谳牍》,《明代蒙古汉籍史料汇编》第 2 辑,第 114 页。
② 《明孝宗实录》卷九,弘治元年正月甲寅,第 191—192 页。
③ (明)陈洪谟:《治世余闻》下编卷三,北京:中华书局,1985 年,第 57 页。
④ (明)沈德符:《万历野获编·补遗》卷四,北京:中华书局,1959 年;(明)陆容:《菽园杂记》卷一〇:"马尾裙始于朝鲜国,流入京师,京师人买服之,未有能织者。初服者,惟富商贵公子歌妓而已。以后武臣多服之,京师始有织卖者。于是无贵无贱,服者日盛,至成化末年,朝官多服之者矣。大抵服者下体虚奓,取观美耳。阁老万公安冬夏不脱,宗伯周公洪谟重服二腰。年幼侯伯驸马,至有以弓弦贯其齐者。大臣不服者,惟黎侍淳一人而已。此服妖也,弘治初,始有禁例。"(北京:中华书局,1997 年)
⑤ 陈智超:《美国哈佛大学燕京图书馆藏明代徽州方氏亲友手札七百通考释》火册六五《俞嘉讱》,合肥:安徽大学出版社,2001 年,第 953 页。

"跟着一阵家人,穿得好不体面。都是马尾织的瓦楞帽儿,一色油青布直裰,净鞋净袜"①。明代男子束发的网巾,也多用马尾编成。"网巾以马鬃或线为之。"②不仅男子,即江南妇女头饰中也有用马尾者:"今留都妇女之饰,在首者翟冠七品命妇服之,古谓之副,又曰步摇。其常服戴于发者,或以金银丝,或马尾,或以纱帽之。"③这些都说明,马尾在日常生活中的需求量很大,而边塞之地也了解到这一需求。"奢靡"风气之盛,除京师之外,应以江南为最,所以上述材料记载李孟阳前往扬州进行买卖。作为晋中人,他很容易与在江南的晋商贸易网络发生联系。

边塞与全国的贸易网络发生联系,当然不止马尾一宗。铁器是蒙古大量需求的物品,也是明朝限制出口的物品。高拱的建议是:"用广锅不用潞锅,用以充赏而不用以开市,庶有限制而彼不可多得铁。"④这里的广锅应指广东佛山所产铁锅,潞锅则指山西潞州所产铁锅。佛山自宋代起就以生产铁锅闻名,至明代产量极大,在近年来挖掘的"南海一号"沉船中也发现了大量铁锅。山西潞州、泽州也是著名的铁器产地,明末时泽州阳城抵御农民军曾用铁锅塞路,可见产量之大。但高拱为何建议以广锅而非潞锅给蒙古,舍近求远呢?主要在于佛山铁锅以薄闻名,而泽潞铁锅比较厚重,若给后者,等于增加了供给蒙古铁器的数量。但是,这却扩大了南北方之间的长程贸易。高拱建议只以赏赐的形式给予铁锅,并不能限制市场的需求:"诸酋请市铁锅,杨博议许铜锅,然小民时奸阑出与之。"⑤

前文曾述及布哈拉商人往俄国、波斯贩卖中国大黄事。在清人

---

① (清)曹去晶著,许辛点校:《姑妄言》第五回,"诡胁小人承衣钵为衣食计,膏粱公子仗富势觅富贵交",北京:中国文联出版公司,1999年,第238页。
② (明)谢肇淛:《五杂组》卷一二《物部四》,上海:上海书店出版社,2009年,第250页。
③ (明)顾起元撰,陈稼禾点校:《客座赘语》卷四,"女饰"条,北京:中华书局,1997年,第111页。
④ (明)高拱:《伏戎纪事》,《明代蒙古汉籍史料汇编》第2辑,第65页。
⑤ (明)冯时可:《俺答后志》,《明代蒙古汉籍史料汇编》第2辑,第136页。

南海一号上的铁锭残留　　　　佛山民居墙壁中的铁范残片

《太上感应篇·感应录》的首篇"得富灵验记"中,就记载了明代一个徽州商人去沈阳做生意,但赔了本。因他在关帝庙中念诵《感应篇》,得到海神的指引而致富。其中讲徽商程某按神灵的指点,用仅有的10两银子买了匹马,献给俺答,因为俺答这时已很强大,可能会登上可汗之位。俺答发现此马是龙驹,就给了程某500两银子。神灵又指点说,有个贩药材的商人因为母病,急于将价值千金的大黄出手,程某用半价将这些大黄买了回来。过了不久,地方瘟疫流行,大黄稀缺,程某于是获利十倍。从此不断得到神灵指点,获利无数①。这个

---

① 承蒙科大卫教授提醒我注意这个故事,特此致谢。经检索,这个故事在明末凌濛初《二刻拍案惊奇》卷三七中就有细致铺陈,该卷题目是《叠居奇程客得助,三救厄海神显灵》。故事的背景写明是在明朝正德年间,地点放在辽阳。该卷之初便提到,"只是我朝嘉靖年间,蔡林屋所记《辽阳海神》一节,乃是千真万真的。盖是林屋先在京师,京师与辽阳相近,就闻得人说有个商人遇着海神的说话,半疑半信。后见辽东一个金宪、一个总兵到京师来,两人一样说话,说得详细,方信其实。也还只晓得在辽的事,以后的事不明白。直到林屋做了南京翰林院孔目,撞着这人来游雨花台。林屋知道了,着人邀请他来相会,特问这话,方说得始末根由,备备细细。林屋叙述他觌面自己说的话,作成此传,无一句不真的。"(北京:人民文学出版社,1996年)蔡林屋即蔡羽,著名文人、书法家,号林屋山人,"吴门十才子"之一,活跃于弘治、正德、嘉靖三朝,晚年授南京翰林院孔目。同是明代的笔记、施显卿的《奇闻类记》卷三《奇遇记》中,也有"程宰遇辽阳海神"一目,其中有关内容与《二刻拍案惊奇》相同:"时已卯初夏,有贩药材者,诸药已尽,独余黄蘖、大黄各千余斤不售,殆欲委之而去。美人谓程是可居也。不久,大售矣。程有佣直银十余两,遂尽易而归。其兄谓弟失心病风,诟骂不已。数日疫疠盛作,二药他肆尽缺,即时踊贵,果得五百余金。"施显卿为无锡人,生活在嘉靖、隆庆年间,可见这个故事在明代后期,特别是在江南地区传播甚广。

故事中的大黄虽不是被售于蒙古或中亚,但把这种物品与向俺答卖马放在一起,说明在时人的头脑里,马匹和大黄是长城内外贸易的两种重要的物品。此外,这个故事还说明,此时与蒙古的民间贸易可能已成为一个新的商机,徽商不仅在沿海贸易中颇具规模,也在内陆贸易中扮演了重要角色,从而成为故事情节中的典型素材。

大黄的功效在于清热解毒,相当于中药中的消炎药,对于伤寒菌的抑制作用很明显,也对流感有控制作用。自张仲景《伤寒论》以来,多种医书都对其药用详加叙述。蒙古帝国兴起后,契丹后裔耶律楚材随忽必烈攻打灵武,"诸将争掠子女玉帛,王独取书籍数部,大黄两驼而已。既而军中病疫,惟得大黄可愈,所活几万人"①。显然在欧亚大陆上的军事行动对其颇为依赖。这种情形一直延续到清代,在中俄交界的恰克图贸易中,大黄仍是一宗主要商品②。

综言之,"隆庆和议"之后长城内外贸易规模的扩大,已为许多学者论及,此不赘述。本文所要指出的是,这一结果是此前长城内外"走私贸易"的连续不断所导致的。蒙古方面对贸易的渴求,不仅是自身游牧经济的缺陷和环境、气候的结果,也是整个欧亚大陆中部城镇、商业发展的组成部分;而明朝方面民间贸易的积极态度,也与明中叶贸易规模的扩大、市场网络的形成有直接的原因,后者又与江南及东南沿海的商业发展、与这些地区与东南亚及欧洲的贸易有关。因此,"北虏"与"南倭"的确是16世纪后期不可分割的重要事件,值得在全球史的框架内重新加以思考。

至于明代的边军这一双边贸易的特殊媒介,他们与塞外汉人及与原籍商业网络的关系,实在是区域社会经济史研究中的重要课题,有待后人深入细致地探讨。

---

① (元)陶宗仪:《南村辍耕录》卷二,"大黄愈疾"条,北京:中华书局,1997年,第24页。
② (清)姚元之:《竹叶亭杂记》卷三:"恰克图,读者去声。我国与俄罗斯交界之所,库伦大臣所辖也。库伦,土谢汗地,商民皆居氇帐,大臣衙门壁瓦则皆以木。交易即在恰噶尔,设监督焉,彼亦遣人于恰噶尔总其事。以我之茶叶、大黄、磁、线等物易彼之哦噔绸、灰鼠、海龙等物。"(北京:中华书局,1982年,第81页)

重观东江：明清易代时期的北方军人与海上贸易*

拙文《时代交替视野下的明代"北虏"问题》将在长城沿线发生的、以明朝和蒙古为主角的一系列事件，与"南倭"问题相联系，同视为全球史时代变化的组成部分①。文中举例讨论了明代长城内外的频繁走私贸易，与明蒙和战具有相同的性质。本文可以说是前文的一个案说明，故其大的背景于兹不赘，可参见前文。

所谓"东江"，即指在明天启年间毛文龙以皮岛为中心建立的军事势力，因皮岛在鸭绿江以东，故名东江镇。它包括自东江镇设立至裁撤该镇所辖各岛的军事势力，既包括毛文龙任总兵时期的力量，也包括毛文龙被杀后陈继盛、刘兴祚乃至黄龙掌权时期的力量。从广义上说，它不仅包括军队，也包括在岛上屯垦和经商的流民。

以往研究毛文龙史事及东江势力的论著颇多，但多集中于毛文龙与袁崇焕的是非恩怨，间有涉及海上贸易者，又大多略而不

---

* 本文系香港的大学资助委员会"卓越领域计划"（AoE）之"中国社会的历史人类学研究"项目华北地区子项目的成果之一。在 2013 年 9 月于香港中文大学的讲演中，承蒙听者的提问和建议，受益良多。又，本文系与杜洪涛合作撰写，特此说明。

① 赵世瑜：《时代交替视野下的明代"北虏"问题》，《清华大学学报》2012 年第 1 期。又参见本书。

详①。东江势力虽存在时间短暂,且僻在岛屿,但依然是辽东长城戍守的延伸,其影响一直延续至入清之后,甚至可以将华南海上贸易与华北海上贸易勾连起来。重观东江史事,可以使我们将明清易代的政治变迁更为具体地纳入到一个全球史的视野之中。

一、从清初海禁时期的尚可喜说起

清初"三藩"史事与明末东江史事有什么关系?作为"三藩"之一的平南王尚可喜是明清易代时期政治史上的重要人物,但论者很少讨论到他与这一时期全球性海上贸易的联系,也往往忽略他在清初的活动与他在明末史事的联系。

由于清初东南沿海抗清活动的持续不断,清廷在约 30 年中采取海禁政策,对晚明以来欧、亚各股势力在东亚地区的大规模海上贸易形成扼制。顺治四年(1647)七月,清军刚刚占据广东,在朝廷颁布的恩诏中,表示南海诸国可以照旧朝贡,但同时也对"广东近海凡系飘洋私船,照旧严禁"。八月,两广总督佟养甲请求允许居住在澳门的

---

① 关于东江史事,可回溯至孟森:《关于刘爱塔事迹之研究》,《明清史论著集刊》,北京:中华书局,2006 年,第 117—143 页。该文及文后之商鸿逵赘言论及刘兴祚、刘兴治兄弟与明、后金的三角关系,有助于我们理解当时的复杂情势。其后专论毛文龙及东江史事者,如孟昭信:《〈毛文龙来书〉试析》,《史学集刊》1981 年创刊号;陈生玺:《关于毛文龙之死》,《社会科学辑刊》1983 年第 2 期;姜守鹏:《毛文龙与皇太极的关系——〈毛文龙书信〉简析》,《史学集刊》1984 年第 1 期;许振兴:《论毛文龙的历史地位》,《社会科学辑刊》1984 年第 5 期;〔日〕神田信夫著,刁书仁译,薛虹校:《清太宗皇太极和毛文龙议和》,《社会科学辑刊》1987 年第 1 期;尹韵公:《袁崇焕诛毛文龙案考——兼论毛文龙》,《社会科学战线》1990 年第 1 期等。松浦章依据《毛大将军海上情形》对毛文龙所占海岛的耕地面积及屯田所得进行了细致的讨论,却未对东江集团所掌控的海上贸易展开分析。参见〔日〕松浦章:《天启年间毛文龙占据海岛》,载松浦章著,郑洁西等译:《明清时代东亚海域的文化交流》,南京:江苏人民出版社,2009 年,第 105—131 页。在本文主题方面有较多发明者,有赵亮:《浅析明末东北亚政治格局中的东江因素》,《满族研究》2007 年第 2 期;郑炳喆:《明末辽东沿海地区的局势——毛文龙势力的浮沉为中心》,《第 10 届明史国际学术讨论会论文集》。

葡萄牙人到广州来通商,以补充收入,但户部的意见是,由于明末葡萄牙人到省会做生意引起"激变",因此还应沿用崇祯十三年的规定,不准他们到省贸易,"止令商人载货下澳贸易可也",得到批准①。顺治七年,澳门的葡萄牙头目呈文给广东香山参将,据说只是希望清朝能对他们"加意柔远,同仁一视"。广东巡抚李栖凤确认这些人"托处"在澳门,"往来贸易,输饷养兵",已有百余年,可命广东巡海道"加意安抚,以示怀柔"②。

葡萄牙人希望凭借自己在澳门经营的长期历史继续保持对华贸易的优势,特别是因为他们曾经在明清战争中帮助过明朝制造火器,此时希望不要影响到清朝对他们的态度。但是,已经占据台湾的荷兰人立刻展开了竞争。顺治十年,李栖凤接到巡海道的报告说,"若荷兰一国,从来声教不通,今慕义来归,愿奉正朔,此旷代所无者。本道遵奉王命,令前往虎门押带至省,首询其有无表文方物进贡朝廷,只称朝见两王,通贡贸易"。于是查阅以往的记录,并未有荷兰国名在案;问了海商之后,才知道荷兰即红毛。由此建议允许他们三年一贡,船不过三,人不满百。至于这次的商船,可以适当抽税,货物卖完后即遣回国。同时,清朝也已了解荷兰人与葡萄牙人的纠纷,表示"至若澳彝夙怨,彼既列在荒服,率土皆臣,更宜彼此和衷,共守我朝常宪,乃可许其入贡,免起将来衅端"。有了这个初步意见后,李栖凤与布、按二司及广东巡按商议,并请示了平南王尚可喜、靖南王耿继茂的意见。

对于荷兰人"私自往来贸易"的要求,地方官认为《会典》未载,但平南王、靖南王"或念其归诚独切,不以例限"。这说明尚可喜、耿继茂二人是主张继续与欧洲人通商的。但地方官以历史为鉴:"佛郎机国向不通贡,忽大舶突入广州澳口,铳声如雷,以进贡请封为名,金

---

① 《清世祖实录》卷三三,顺治四年七月甲子、八月丁丑,北京:中华书局,1985年,第274、275页。

② 《广东巡抚李栖凤揭帖》,台北:历史语言研究所编:《明清史料》丙编第4本,叶307a。

议非例,寻退泊东莞南头,径造屋树栅,恃火铳以自固。后帅兵往逐,舶人鼓众逆战,擒斩始遁去。吕宋国例由福建贡市,时径抵濠镜澳住舶,索请开贡。咸谓其越境违例议逐,诸澳彝亦谨守澳门,不得入,遂就虎跳,径结屋群居不去。饬兵焚其聚,始还东洋。红毛鬼国大舶顿至濠镜之口,译言不敢为寇,欲通贡。而皆讶其无表,不宜开端。诸彝在澳者共守之,不许登陆,始去。又岂非已事著明者乎!"因此坚持对其进贡规模、期限加以限制。

以上说明广东地方官对于葡萄牙人与荷兰人的警惕,主要出于对海疆安全的顾虑。靖南王耿继茂对李栖凤表示,此事"应听贵院从长酌夺,非本藩所能悬拟者也"。在两王给台湾荷兰人的复函中,都拒绝了后者自由贸易的请求。耿继茂的表面理由是,"仅以贸易为词,则圣朝所宝,惟仁不贵,异物虽奇货可居,将焉用之?"平南王尚可喜也说,"仅以贸易为言,我大清敦诗说礼,贵五谷而贱珠玉,又何利焉!"但这只是表面上的说辞,而真实的想法是:"前代每遇其来,皆严饬海将厉兵防之;向不通贡贸易,而又素与澳彝为难,彼此互争,动辄称戈构斗,封疆之患,在所当防。"①

1655年(顺治十二年)7月13日,荷兰人派两名使者将上呈清国的表文和给两王的呈文都传至朝廷,坚持希望"凡可泊船处,准我人民在此贸易"。尚可喜也随即揭帖,认为荷兰人已备好表文和贡物,"未可坚阻"。但最后朝廷给荷兰的回复更为苛刻:"着八年一次来朝,员役不过百人,止令二十人入京。"②由此可以看出,尚可喜在海外贸易一事上,与清廷的立场不尽相同。

其实,自从清军一入广州,尚可喜就将自晚明以来的海上走私力量收编。"周玉、李荣皆番禺蛋民,所辖缯船数百。平藩尚可喜以其能习水战,委以游击之任,遇警辄调遣防护,水乡赖以安辑。"到海禁

---

① 《广东巡抚李栖凤揭帖》,《明清史料》丙编第4本,叶336a—338a。
② 《译荷兰国表文》《译荷兰国与两王文》《平南王揭帖》《敕谕和兰国稿》,《明清史料》丙编第4本,叶377a、378a、382a、387a。

政策实施后,这批蛋民武装的家属被强制安排到广州城里,"鹥獭之性,不堪笼絷,诈归葬出海,纠合亡命"①。实际上这些蛋民就是无法忍受海上生计被断绝,复归海外。另一股明末海盗许龙的势力以南洋为基地,长期以来与郑氏海上势力相竞争,入清后也被尚可喜收编。顺治十六年"四月十八日,就准平南王臣咨内开:……龙虽谢事多年,然率土义重,每与郑成功为难。致贼人恨深,于去年四月十一日,亲督战船四千号,连舻入南洋,焚屋杀人。龙弃家驾舟,率原标哨于海口堵御"②。到康熙元年(1662)正月,"平南王尚可喜疏言:许龙自投诚以来,屡建功绩。已奉谕旨:以总兵官用。查南洋与南澳相对,最为要地,请授许龙为潮州水师总兵官,驻扎南洋,以资弹压。从之"③。这些势力被收编之后,并不只是用来对付抗清武装的军事力量,同时也被尚可喜等利用其以往的网络继续从事海上贸易。

"尚氏开藩,益事招集,关榷税务,准沈上达、白有珩二人总理,钩稽锱黍,无微不至。"④沈上达一说为尚可喜麾下参将,又一说"沈上达者,江西优童也;之信嬖之,授以藩府家政,大小事咸取决焉"⑤。三藩乱后,两广总督吴兴祚回顾说:"至市舶一项,原与民无害;奸徒沈上达乘禁海之日、番舶不至,勾结亡命私造大船,出洋为市。"⑥除此人以外,另有"金光,字公绚,浙江义乌人。知书有权略,尚可喜从辽阳入关,得光甚喜,置之幕下,凡有计议,必咨于光而后行"。此人后"曲顺之信所为,凡凿山开矿、煮海鬻盐,遣列郡之税使,通外洋之

---

① 乾隆《番禺县志》卷二〇《海氛》,清乾隆三十九年刻本,叶27b。
② 《两广总督李栖凤揭帖》,《明清史料》甲编第5本,叶453a。
③ 《清圣祖实录》卷六,康熙元年正月己丑,第103页。
④ (清)樊封:《夷难始末》,转引自(清)黄佛颐撰,钟文点校:《广州城坊志》卷五,广州:暨南大学出版社,1994年,第322—323页。
⑤ 佚名:《吴耿尚孔四王合传·平南王尚传》,于浩辑:《明清史料丛书八种》,北京:北京图书馆出版社,2005年,第565页。
⑥ (清)李桓:《清耆献类征选编》卷六,《台湾文献史料丛刊》第9辑第185册,台北:大通书局,1997年,第522页。

贾舶，无不从光擘画。以是藩府之富几甲天下，而光之富亦拟于王"①。到三藩败后朝廷查没尚之信家产时，巡抚金俊"干没尚之信商人沈上达财贿，恐后告发，将沈上达谋害灭口，应立斩；道员王永祚等分取财物，又同金俊谋死沈上达，应立斩"②。这说明沈上达确实是尚氏经商的心腹，他可能为了便于替平藩经商，脱离了军籍，成为王府商人。

已有一些学者认识到，即使是在海禁期间，由平藩暗中鼓励的广东海上贸易一直没有停止。《抚粤政略》云："自康熙元年奉文禁海，外藩舡只不至。即有沈上达等勾结党棍，打造海舡，私通外洋，一次可得利银四五万两。一年之中，千舡往回，可得利银四五十万两，其获利甚大也。"③黄国信对这一时期广东盐政的专门研究显示，尚可喜的部下或家人占埠行盐且无引行盐，所谓"藩商遍地，虐焰弥天"④。而且大宗外销，"海上连樯捆载，通洋私贩，此又利之最厚者"⑤。至最受两藩所宠的广州长寿院，"大修洋船出海，货通外国，贩贱卖贵，往来如织。于是长寿院富甲一时"⑥。但限于当时的认识，他们大多强调尚可喜等藩王势力以权敛财、破坏社会经济的一面，而较少指出这样的行为处于明清之际海上贸易的大背景之下，与郑氏海商集团的活动并无二致。

需要特别指出的是，尚可喜父子以及耿继茂先后占据广东、福建之后积极经商牟利，并不是简单的官员权贵贪婪的反映，而是因为早在他

---

① （清）钮琇：《觚賸》卷八《粤觚》，北京大学图书馆藏清康熙临野堂刻本，叶 6a—7a。
② 《清圣祖实录》卷一一四，康熙二十三年三月癸酉，第 184—185 页。
③ （清）李士桢：《抚粤政略》卷七《议复粤东增豁饷税疏》，《近代中国史料丛刊》三编第 384 册，台北：文海出版社，1988 年，第 813—814 页。
④ （清）李士桢：《抚粤政略》卷五《文告·抚粤条约》，第 541 页。黄文见其《藩王时期的两广盐商》，《盐业史研究》1999 年第 1 期。
⑤ （清）吴震方：《岭南杂记》上卷，《丛书集成初编》本，上海：商务印书馆，1936 年，第 10 页。
⑥ （清）刘世馨：《粤屑》卷二《石濂和尚》，北京大学图书馆藏光绪三年铅印本，叶 14a。

们作为东江将领时就已经卷入了东亚地区的私人海上贸易,于是晚明东北亚与清初东南亚这两段以往被割裂的历史,由此被联系了起来。

二、东江势力的生存危机与海上贸易

东江镇是明朝末年辽东都司东部被后金侵占后成立的军事机构。它所管辖的地区主要包括辽东半岛东面的广鹿岛、大长山岛、小长山岛、石城岛和朝鲜半岛西北面的皮岛(按:即椵岛)等岛屿。《明史》对该区域的地理形势述之甚详:"皮岛亦谓之东江,在登、莱大海中,绵亘八十里,不生草木。远南岸,近北岸,北岸海面八十里即抵大清界,其东北海则朝鲜也。岛上兵本河东(按:指辽河以东)民,自天启元年河东失,民多逃岛中。文龙笼络其民为兵,分布哨船,联接登州,以为犄角计。中朝是之,岛事由此起。"① 尚可喜降清之前曾任明军广鹿岛副将、石城岛都司,属于东江势力。

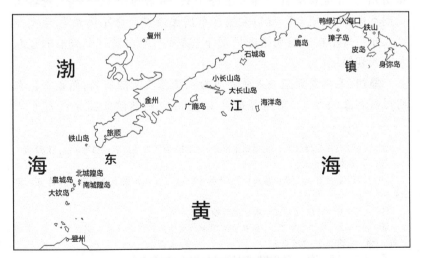

明末东江镇及周边地区形势图

---

① 《明史》卷二五九《袁崇焕传附毛文龙》,北京:中华书局,1974 年,第 6715 页。

论及东江史事,就不能不提及明末著名的历史人物毛文龙。毛文龙本是浙江人,其伯父是辽东都司海州卫百户,由于其伯父无嗣,毛文龙来到辽东承袭了百户的职位。至天启元年三月,"辽沈继陷"之时他已在辽东"落魄二十余年"①。天启元年(1621)五月二十日,毛文龙奉辽东巡抚王化贞之命率领四艘沙船、197名士兵由海路东进袭击镇江(今丹东市东北,即九连城,也称镇江)等地②。毛文龙等人招抚的第一个岛屿是盖州附近的连云岛③,随后一路招抚辽东半岛东侧沿海各岛,至七月十八日到达朝鲜弥串堡并"暗通镇江士庶"④。此前镇江居民因为不肯剃发遭到了后金军队的残酷镇压⑤,因此毛文龙等人的到来获得了当地居民的积极响应。七月十九日夜,毛文龙等人在当地居民的配合下袭取镇江城并俘获了后金守将佟养真等人,"沿海一带各堡千有余里之内"以及金州、复州地区的居民闻讯后,"处处扑杀虏级","响应奔赴,不可胜计"⑥。明朝政府接到镇江大捷的报告后,下令经略熊廷弼、辽东巡抚王化贞、登莱巡抚陶朗先、天津巡抚毕自严等人三路出兵"务收全胜",但"经、抚各镇观望不进,坐失机会",导致大量辽东居民惨遭后金屠杀⑦,毛文龙等人亦不得不在后继无援的情况下,携带不愿接受后金统治的辽东人退入朝鲜境内。

最初,毛文龙无意进入此后成为东江镇治所的皮岛,而是寄住在朝鲜西北部的龙川、义州等地⑧,以便接应相继渡江而来的辽东人

---

① (清)毛承斗辑:《东江疏揭塘报节抄》,杭州:浙江古籍出版社,1986年,第62页。
② 同上书,第5页。
③ (清)毛奇龄:《毛总戎墓志铭》,毛承斗辑:《东江疏揭塘报节抄附东江遗事》,第214页。
④ (清)毛承斗辑:《东江疏揭塘报节抄》,第6页。
⑤ 中国第一历史档案馆、中国社会科学院历史研究所译著:《满文老档》,北京:中华书局,1990年,第205—206页。
⑥ (清)毛承斗辑:《东江疏揭塘报节抄》,第6—7页。
⑦ 《明熹宗实录》卷一三,天启元年八月丙子,台北:历史语言研究所1962年校勘本,第654页。
⑧ 吴晗辑:《朝鲜李朝实录中的中国史料》,北京:中华书局,1980年,第3135页。

口。一时间朝鲜西北部涌入了大量的辽东人,《李朝实录》载:"龙、义之间假鞑(按:指被迫剃发的辽东人)弥满。"①又载:"沿江上下避乱辽民等搬移家小,尽向内地,相望于道路。"②后金政府不能忍受大量辽东人就此脱离自己的统治,于是在明天启元年十二月发动了所谓的"林畔之役"。据《满文老档》,"十五日攻剿毛文龙,时毛文龙未在龙川,而在距龙川九十里外之林畔。毛文龙本人脱逃,斩吕游击及千总和把总、军士共五百余人"③。遭到这次打击后,毛文龙等人开始考虑将皮岛作为自己牵制后金的主要基地,并最终于天启二年十一月进入皮岛④。同在天启二年,明朝政府开始向毛文龙等人颁发饷银⑤,因此可以将本年视作东江镇正式成立的年份。

关于毛文龙及其东江军事势力的评价,自毛文龙在世时即存在着很大的争议。限于篇幅和本文的主题,我们仅在此简要归纳一下东江势力在明与后金的角力中所扮演的重要角色:收复了自旅顺口至鸭绿江的沿海各岛,在明朝与朝鲜的陆路交通已被切断的情况下确保了两国之间的海上交通;"镇江大捷"及其在沿海各岛的军事存在,迫使后金"迁镇江沿海居民于内地""迁金州民于复州"⑥,"命沿海之黄骨岛、古嘴堡、望海埚、归化堡等处及其屯民,悉退居距海六十里之外"⑦;天启三年东江镇将领张盘收复旅顺,使这个具有重要战略地位的港口处于明朝的控制之中⑧;不时出兵进入后金境内,令后

---

① 吴晗辑:《朝鲜李朝实录中的中国史料》,第3132页。
② 同上书,第3137页。
③ 中国第一历史档案馆、中国社会科学院历史研究所译著:《满文老档》,第275—276页。
④ 吴晗辑:《朝鲜李朝实录中的中国史料》,第3135页。
⑤ (清)毛承斗辑:《东江疏揭塘报节抄》,第105页。
⑥ 《清太祖实录》卷八,天命五年七月己未,第112页。
⑦ 中国第一历史档案馆、中国社会科学院历史研究所译著:《满文老档》,第227页。
⑧ 天启三年张盘不但收复旅顺而且一度进驻金州。然而,由于得不到明廷的及时支援,金州不久即得而复失。此外,天启五年东江势力镇守旅顺等地的将领张盘、朱国昌虽然在与后金的战斗中战死,但东江将领张攀等人很快恢复了对旅顺的控制。《明熹宗实录》卷五六,天启五年二月戊申,第2595页;(清)毛承斗辑:《东江疏揭塘报节抄》,第58页。

金"不能无东顾之虞"①;天启七年后金侵入朝鲜,在李朝军队望风而逃的情况下,东江势力不但坚守皮岛,而且接济固守龙骨山城的朝鲜义兵将领"郑凤寿及诸义兵","赈救垂死之命不啻累千"②。本文无意对这些行为给予肯定或否定,因为这势必要选择站在明朝或者后金的立场。实际上东江势力多少带有一些割据势力的色彩。举出这些事实,只是强调此时期东江势力的崛起。

已有识者指出,东江势力的崛起加剧了这些岛屿上的人口集聚③。一些逃离后金的辽东居民纷纷南下避难,涌入附近海岛,为毛文龙吸纳。特别是东江势力一时控制了辽东到山东登、莱地区的海上通道,这些岛屿成为难民、商人、军人和海盗的中转站,因此也存在大量的临时人口,总数应在数十万之多:

> 将军屯兵平岛,开督府于朝鲜之新改馆驿,日以招集辽民,安插屯种,拣练将士为事。凡归止之辽民,每口月给粮三斗。奴自去冬杀阿骨后,残酷日甚,杀戮日众,故民离怨而归将军者日众,即编制辽兵逃者亦多归公。……大略选兵已十余万,并新归附各岛安插屯种辽之男妇,合兵民已五六十万矣。④

除平民以外,东江镇所辖军队数量如何呢？毛文龙在崇祯元年的奏疏中自称领有"二十余万之精锐"⑤,这无疑是为了争取更多饷

---

① 吴晗辑:《朝鲜李朝实录中的中国史料》,第3202页。
② 同上书,第3367页。
③ 郑炳喆:《明末山东与辽东的人际往来》,赵毅、秦海滢编:《第十二届明史国际学术讨论会论文集》,沈阳:辽宁师范大学出版社,2009年。
④ (明)汪汝淳:《毛大将军海上情形》,北京图书馆藏日本抄本,本书未编页码。以下征引此文者出处俱同,不另注。本文撰者汪汝淳,安徽歙县丛睦人,明末寓杭州经商。李光涛、王钟翰、乔治中以其为毛文龙幕僚、麾下将领或巡视官员的猜想均不确,胡金平辨之甚详。参见其《晚明"汪汝淳"考》,《基督教文化学刊》第21辑,北京:宗教文化出版社,2010年。汪汝淳之弟亦为盐商,但他热衷于刻书,尤其是《天主实义》《畸人十篇》等天主教文献,并刻有明初文人徐贲的《北郭集》6卷等多种。该文是他根据同乡徽商自海上归来的讲述所记,故而不无失实之处。
⑤ (清)毛承斗辑:《东江疏揭塘报节抄》,第122页。

银的虚诞之语。袁崇焕在擅杀毛文龙后,令东江镇将领"自行开列"兵额,得到"四万七千"人的报告,但袁崇焕认为老弱不能算"兵",于是据毛永义所管士兵的状况得出"不能二万矣"的结论①,这个数字可能又偏低。我们通观现存毛文龙的奏疏、揭帖,发现早期毛文龙所报的兵额比较接近事实。天启三年,毛文龙奏曰:"(臣)接渡辽民老幼、男妇三十余万口。除南兵外,挑选壮丁入伍,业计三万六千三十九名"②,与崇祯元年(1628)饷臣黄中色所报"三万六千余名"相符③。

这数十万平民与三万六千名军士在海岛在上如何生存呢?就军队而言,一方面毛文龙不断向朝廷请饷,另一方面朝廷也答应给饷,双方不断在具体数额上讨价还价。那么,东江究竟从明朝政府手中得到了多少饷银呢?据毛文龙崇祯元年"为查核历年收过钱粮等事"的奏疏,自天启二年至天启七年,东江镇每年收到的明朝政府发放的全部银两(按:包括饷银、功赏银等)、粮食及布匹的详细数据列表如下④:

年份	银(两)	米豆/杂粮(石)	布(匹)
天启二年	52292	83000	20000
天启三年	69998	109300	17750

---

① 《蓟辽总督袁崇焕题本》,《明清史料》甲编第7本,叶721a。
② (清)毛承斗辑:《东江疏揭塘报节抄》,第20页。
③ 同上书,第117页。
④ (清)毛承斗辑:《东江疏揭塘报节抄》,第105—107页。按:表中每年的银两总额是笔者根据毛文龙在奏疏中开列的每次解到银两的具体数字统计出来的,表中每年的粮食与布匹的总额大部分是根据毛文龙奏疏中提供的总数直接填入的,唯有天启六年的相关数据是经过计算得出的,这是因为该年存在补运往年物资的现象。又按:现存毛文龙奏疏中天启三年误作"天启二年",因为毛文龙按年度逐次开列所收银两、粮食及布匹,他在"至天启二年"之后已经开列了该年的相关数据,随后不该再次出现"天启二年"并列举出不同数据。考虑到在第二个"天启二年"的相关数据之后即是"天启四年"至"天启七年"的数据,我们认为第二个"天启二年"应作天启三年。

续表

年份	银(两)	米豆/杂粮(石)	布(匹)
天启四年	110286	195264	19651
天启五年	279379	147378	17894
天启六年	207127	199844	33264
天启七年	331896	199730	18753
总计	1050978	934516	127312

由于这是向朝廷的奏报,不能与朝廷实际下发的实际钱粮数差距太大,所以毛文龙指出这些数字皆有"印信实收,交付各官,凿凿有据"①。但毛文龙也在崇祯二年的奏疏中表示:"每年津运十万,所至止满六七万,余俱报以漂没。臣欲图其来年之运,不得不出实收与之。"②即他认为实际所获钱粮要少于上述数额。

明朝政府拨发的军需物资是否足以维持东江势力的基本生存呢?据上表提供的数据统计,天启二年至天启七年间东江镇共收到银两1050978两,平均每年175163两;米豆或杂粮934516石,平均每年155752石。按照关宁(按:山海关、宁远等地)明军的给饷标准"每兵一月银一两四钱,米一斛",一名兵士服役一年所需的费用是银16两8钱、米6石。这也就是说,明朝政府每年拨给东江镇的银两只够雇用士兵一万余人,而其所拨给的粮食如果扣除上文提到的每年漂没的35000石(按:取每年漂没三四万石的中间值)则只够发给两万人左右。

据上文所述,明朝政府每年拨给东江镇的银两只够维持一万余士兵服役,而明朝政府提供的粮食只够分配给二万名士兵食用,这也就意味着东江镇的军队每年有两万六千人左右完全没有饷银,一万六千多人根本分不到粮食。按毛文龙的说法,"然以五万官兵,计足

---

① (清)毛承斗辑:《东江疏揭塘报节抄》,第107页。
② 同上书,第131页。

一岁之饷,并盔甲、军火、器械、马匹舡只等项,应总一百五十万两"①。如果考虑军备器械等项,即使按三万六千多兵计,每年也需银一百万两左右。而如前文所述,东江镇每年仅能得到明廷拨给的白银十七万多两。此外,据毛文龙崇祯二年的奏疏,东江镇"众兵将领绝无廪俸"②。这种情形,与晚明辽东军事力量大体可以获得正常军费支持的一般情况形成明显对比③。

当然东江并不处于明金辽东战争的正面战场,这样一支二百人左右的小股部队迅速膨胀为三万多人的军队得不到明廷的信任,辽东军政大员无法有效控制这支力量,都是东江兵饷不敷的原因。无论如何,东江势力都必须采取其他办法来维持军队的生计并保持战力。

东江镇所辖各岛上数十万平民又如何维持生计呢? 明廷曾发一百万两白银赈济从辽东逃往北直、山东一带的二十万辽民,但对投奔东江的辽民却分毫未给④。根据《毛大将军海上情形》的记述,他们采取了辽东卫所体制下习惯的屯田方式:

> 公招集辽民,安插屯种。周回岛屿,星列棋置,如石城有田一万亩,设参将刘可绅领兵二千人防守;如常山岛长百余里,有田万亩,设守备钱好礼领兵三百名防守;如鹿岛周围数十里,山环险峻,设游击朱尚元领兵一千名防守;如广禄岛有田数万,设游击张继善领兵三千余名防守;如弥串、千家庄等处属数十百里,有田十余万可屯种,今俱次第安插辽民。去今两岁开垦颇多,各岛除选兵外,合有辽男妇四五十万,今秋成熟便可积谷十余万。

但正如该文所记,"第各岛屯种,海水不能浇灌,遇旱则颗粒无收",不

---

① (清)毛承斗辑:《东江疏揭塘报节抄》,第28页。
② 同上书,第135页。
③ 参见张士尊:《明末辽东军食问题述论》,《山东师大学报》1996年第2期。
④ (清)毛承斗辑:《东江疏揭塘报节抄》,第30页。

能保证粮食的稳定供给。且"今春尚乏种子,故屯种尚不及半",即使朝鲜每月援助万石、明廷从天津和登莱每年分别三运和二运,共计全年十余万石,仍然不敷。其中朝鲜提供的粮食乃是用钱购买,或者是用贸易的货物来交换。朝鲜《李朝实录》有两处记录:"都督贸粮及流民处置等事,极可虑也。前年已给六万石,今年又给三万石,而辽蓟出来之民连续不绝"①;"督府多率辽民,仰哺于我,今过五载,所食公私米粮不知几十万石,而犹以货物拨出之故,而诿谓无一粒侵夺。彼所发之货,非关于我国之用"②。文中"都督"即指毛文龙,"贸粮"及"所发之货"所指,从《毛大将军海上情形》中的一句话便可一目了然:"而登、津商货往来如织,货至彼,一从帅府挂号,平价咨鲜易粮,以充军实。"所谓"贸粮"就是用天津、登莱商人运来的货物来换取朝鲜的粮食。至于购买这些货物的银两,应该也是通过海上贸易获得。

由此可知,无论是东江镇自身的屯种,还是明廷的拨饷,都无法完全解决这里的生计困境,即使是朝鲜的粮食援助,也需要靠通商来进行交换。因此,海上贸易成为这里解决困境的最重要手段,换句话说,中国北部海域的商业贸易是东江镇的生命线。

三、16 世纪东亚贸易背景下的东江海上贸易

站在东江立场上的文献通常以军饷匮乏为理由提及东江势力所进行的海上贸易,这固然是重要原因之一。但是,由于我们知道在明代大部分时间里,长城沿线由军队进行的走私贸易乃是常态,就知道东江势力占据皮岛,控制中原、辽东、朝鲜之间的海上通道,本身就有继续开展海上贸易的目的。

站在批评东江立场上的《明史》这样说:

> 顾文龙所居东江,形势虽足牵制,其人本无大略,往辄败衄,

---

① 吴晗辑:《朝鲜李朝实录中的中国史料》,第 3227 页。
② 同上书,第 3248 页。

而岁縻饷无算;且惟务广招商贾,贩易禁物,名济朝鲜,实阑出塞,无事则鬻参贩布为业,有事亦罕得其用。①

在《明史》编修者看来,毛文龙占据东江后主要经营的就是走私贸易,其贸易对象主要并非朝鲜,而是后金,贸易的内容也是传统的"鬻参贩布"。如果从后金商人亦是多边贸易的伙伴之一这个角度来理解,清人编修的《明史》所反映的情况并非空穴来风。

又据杨嗣昌在崇祯四年"吴桥兵变"之后引巡抚杨文岳的话说:"无事则专以贩参、卖布为生涯,有事便以据岛走险为退步。而臣有进焉,曰:如尚可喜、沈志祥之在岛,则以走险为退步也;如耿仲明、孔有德之在登,又以投岛为退步者也。"②同样说明了东江势力的存在与海上贸易具有直接的联系。

东江势力所经营的海上贸易之繁荣景象,见诸多种文献的描述。据《李朝实录》,东江集团自天启二年冬季进入皮岛后,"辽民皆卷入岛中,接屋甚盛,作一都会。南东商船,往来如织。近海草木,尽于樵苏"③。《满文老档》亦载:"毛文龙自去年(按:天启四年)驻于铁山,船皆在岛上","内地前来之商人极多,财积如山"④。

为什么以东江势力为中介的海上贸易会如此兴盛呢?其主要原因是,自16世纪起,辽东地区的边疆贸易十分繁荣⑤。然而万历末年后金起兵与明朝展开军事对抗以来,明朝政府始终坚持对后金实行经济封锁政策,天启元年后金军队攻占辽沈之后,明朝与朝鲜之间通过陆路交通维系的商业往来亦难以为继。于是,自登莱经东江镇诸岛至朝鲜的海路就成了避开主战场的新的通商渠道。"时朝鲜贡道改从登莱,(张)可大言四害,丽船往来内地,奸宄易生,一;习知海道,

---

① 《明史》卷二五九《毛文龙传》,第6715页。
② (明)杨嗣昌:《杨文弱先生集》卷二四《复登抚岛事初定疏》,《续修四库全书》第1372册,上海:上海古籍出版社,1995年,第333页。
③ 吴晗辑:《朝鲜李朝实录中的中国史料》,第3202页。
④ 中国第一历史档案馆、中国社会科学院历史研究所译著:《满文老档》,第621页。
⑤ 相关问题,将另文专论。

便于勾彝,二;私买违禁军需,三;土人利其参貂,朋与为奸,四。宜从觉华岛登陆入。"①恰在此时,东江势力占据了位于中朝海上交通必经之路的自旅顺口至鸭绿江沿海诸岛,掌控了明朝与朝鲜之间的海上贸易。与此同时,由于明朝与女真已成敌国,原有的马市贸易自然终止,走私贸易的难度也空前加大,但贸易的需求却依然存在。因此,东江势力为明朝与后金之间的走私贸易提供了新的通道。

如前所述,毛文龙势力于冬季进入皮岛,鉴于中国北部海域的海上航路冬季难以通航②,以皮岛为中心的明末中国北部海域的商业贸易应该是在天启三年发轫的。天启三年八月,为了扩大海上贸易的规模,毛文龙以饷银不足为由请求明朝政府"比壬辰征倭事例(按:指明朝政府在万历年间的援朝战争中暂时开放海禁,招募中国商人运粮于朝鲜),使南直、山东、淮胶等处,招商运米,令其自备粮石,自置船只,到鲜之日,核其地头米价,外加水脚银两,凡船装十分,以八分米,二分货为率。米必两平籴粜,货听其市卖取利。"③毛文龙的请求得到了明朝的批准,大量中国商人奔赴皮岛。上述史实亦可从经营人参的朝鲜商人的变化得到证实。天启元年,东江势力掌控的海上贸易尚未展开,"其时(朝鲜)赴京牟利之徒多储人参,而辽路断绝",因此李朝政府在为应付明朝使臣而购买人参时,众商"争先出货,多至四千余斤,以此准银四万余两以用,其价则以物货从容还偿矣"④。而海上贸易广泛展开以后,李朝政府为应付明朝使臣准备人参时顿觉"参价踊贵",因为"商贾等深藏不市,以索高价,而潜相贸卖椵岛"⑤。可见中朝之间的商贸需求是东江势力掌控的海上贸易

---

① (清)查继佐:《罪惟录》列传卷一二下,杭州:浙江古籍出版社,1986年,第1908页。
② 毛文龙在崇祯二年的塘报中说:"于三月初二日,海冻初开,接得去冬十月邸报。"可见十月至三月之前中国北部海域无法通航。(清)毛承斗辑:《东江疏揭塘报节抄》,第130页。
③ (清)毛承斗辑:《东江疏揭塘报节抄》,第20页。
④ 吴晗辑:《朝鲜李朝实录中的中国史料》,第3173页。
⑤ 同上书,第3231页。

繁荣发展的重要基础。

中朝商人此时经营的海上贸易所涉及的货物包括军需品和土特产。明天启五年，朝鲜官员建议李朝政府以"本国连年失稔，前日所发丝缎之价尚未尽偿，方为未安"为由，拒绝与东江集团进行粮食贸易①。崇祯四年，皇太极试图与当时东江势力的首领刘兴治商谈互市事宜，他写道"其䌷缎金银，无有也罢，惟弓面、茶叶等项杂货，这边不出，那么得的，幸勿吝而易换之"②。刘兴治虽然拒绝互市，但将弓面"二百付，茶叶一百斤。针五十裹，石青十二小口，金线八十缕"等物作为礼品赠送给皇太极③。明崇祯六年，明军在平定了原东江系将领孔有德、耿仲明的"吴桥兵变"后，有官员提出"关于登莱二属善后各款"："海禁向来森严，自设岛帅而始通奸商，谲弁串通夹带之弊从此生矣"，故请严厉禁止，以使"海路一空，海禁益肃。貂、参不得南，硝黄、布帛不得北。"④以上材料说明，中国商人向朝鲜半岛输出的商品有硝黄、布帛、生丝和绸缎，朝鲜商人输出的货物是貂皮、人参。此外，东江军人依然可能继续在与后金做生意。

战乱并不能减弱人们对商业利润的兴趣，相反，战时的物资紧缺倒会使商人牟取暴利。在东江贸易中，大的地域性商人集团是当仁不让的。崇祯三年，朝鲜国王在给明朝政府的奏表中写道：

> 据陈副总（按：当时的东江镇首领陈继盛）接伴使李硕达驰报，该译官金汝恭告称"听得上年拾月分，奴贼自喜峰口犯入密云，直向昌平。天朝游击迎战败没。贼兵亦多死伤"，跪禀陈副总。答曰"道路讹言，误听误传，不可取信。勿为提起"云云。又听山西客商赵姓人来到本岛（按：即皮岛）言说，传说上年十月

---

① 吴晗辑：《朝鲜李朝实录中的中国史料》，第3248页。
② 罗振玉辑：《史料丛刊初编》之《谕刘兴治兄弟》，北京大学图书馆藏民国十三年东方协会铅印本，叶14a。
③ 同上书，叶19—20a。
④ 《兵部行关于登莱二属善后各款》，《明清史料》辛编第1本，叶95b—96a。

分,西鞑诱引奴贼,前向喜峰口与天兵战,奴贼大败等情。①
据此,东江贸易网络中有晋商的身影。

在东北亚海上贸易中更为活跃的徽商也不例外。据《东江始末》,袁崇焕在擅杀毛文龙之后,"发稿写四协札付。又差官陈岛中冤狱,并携来各商船只,俱即查报。有商人王从义等数十名,讫至夜静,有徽州朱相公拂缨上船,叙坐至二更方散"②。前述《毛大将军海上情形》的作者汪汝淳本为歙县之徽商,他的这篇文字就是因"往二三乡人从海上归者,略述彼中情形"而写出来的,这些"乡人"应该也都是徽商。徽商长期经营东北亚海上贸易,许多人对海上的地理、军事形势颇为熟悉。嘉靖间著名的"海盗"王直、平定过倭乱并与戚继光一同经略长城战守的汪道昆,都是歙县人。所以汪汝淳对天津、特别是登莱到东江的海路情形描述甚详。

山东登州商人与辽东商人占有地利之便。《福山县志》中收有登州府福山县商人王道增传:"平岛(按:即皮岛)初设镇,运道未开,防抚檄郡县,重购募官商,无敢应者。道增慨然曰:'粮糈事亟,东江岂在天上耶?'遂凿空汗漫,极危险,卒致军需。岛帅奇而礼之,辟幕职,辞不就。归途所经岛屿纡近,上当事者,登、岛(按:登州与东江诸岛)通运自道增始。"③有先逃往登州,后又投奔皮岛的辽东人向毛文龙控诉登莱巡抚杨国栋的暴行:"复出拿奸一令,富商被拿者,动以千金贿之。"④可见在辽沈陷落后,有不少辽东"富商"客居登莱,这些辽东商人理应参与主要由辽东人构成的东江势力主导的海上贸易。

苏州、杭州的商人也参与了东江贸易。崇祯时兵部尚书杨嗣昌

---

① 《明朝鲜国王李倧奏表》,《明清史料》甲编第7本,叶601a。
② 傅衣凌在研究徽州商人时亦曾以《东江始末》所载徽州商人朱某的事例为证,指出徽州商人参与了辽东势力主导的海上贸易。(清)柏起宗:《东江始末》,《丛书集成新编》第119册,台北:新文丰出版社,1985年,第702页。傅衣凌:《明清时代商人及商业资本》,北京:中华书局,2007年,第60—61页。
③ 民国《福山县志》卷七《人物志》,台北:成文出版社,1968年,第1186—1187页。
④ (清)毛承斗辑:《东江疏揭塘报节抄》,第116页。

云:"苏杭商贾之走江东(按:应作东江),贩丽货者,岁时寓书沈太爷(按:东江系将领沈世魁)不绝。"①此外,毛文龙曾在天启三年的奏疏中,奏请在山东、南直隶等地区招商②。因此,参与东江贸易的山东、南直隶商人应该不限于登州、苏州两地。

朝鲜商人更是这个贸易网络中的重要一环。崇祯元年,李朝户曹官员指出:"我国则京、外商人云集椵岛(按:即皮岛),赍持银参,换贸货物者不可胜数。"③

由此,以东江诸岛为中心,形成了一个军人主导的海上贸易网络,在这个网络中,中国商人和朝鲜商人显然是主角。在由朝鲜商人连接的贸易网络中,商人不但人数众多而且来自朝鲜各地,此外还向日本和后金延伸。由于朝鲜商人与日本的对马商人始终保持着贸易往来,至17世纪末更形成了从北京经朝鲜义州、日本对马至日本京都的相对稳定的商路④。因此,明末的朝鲜商人从皮岛购买的中国布帛、生丝、绸缎等商品应该有相当一部分被转卖到了日本。在天启七年前,后金与朝鲜之间不存在官方贸易,天启七年后金凭借武力入侵迫使朝鲜与之展开官方贸易,但在清崇德元年之前双方摩擦不断,实际互市的次数十分有限。不过,双方的走私贸易却比较活跃。明崇祯八年,后金在致朝鲜的国书中写道:"贵国之人又与我东边避居逃民私易皮张。"⑤考虑到貂皮正是朝鲜商人通过皮岛向中国输出的主要商品,女真人生活的地区又盛产貂皮,因此所谓"皮张"应以貂皮为主。这也就是说,在朝鲜商人输出的大宗商品中除了部分人参系在后金境内盗采之外⑥,貂皮更主要是通过与后金商人的走私贸易

---

① (明)杨嗣昌:《杨文弱先生集》卷一五《覆登监兵垣道将激变岛众疏》,第211页。
② (清)毛承斗辑:《东江疏揭塘报节抄》,第21页。
③ 吴晗辑:《朝鲜李朝实录中的中国史料》,第3410页。
④ 费驰:《17世纪末18世纪初的东亚商路及其影响》,《中国边疆史地研究》2011年第4期。
⑤ 吴晗辑:《朝鲜李朝实录中的中国史料》,第3544页。
⑥ 同上书,第3486页。

得到的。对于后金商人来说,他们很可能从朝鲜商人手中购入了后金地区缺乏的布帛①。

在由中国商人构成的商业网络中,前述晋商、徽商必然扮演重要角色。生丝、绸缎与布帛是中国商人销往朝鲜的主要商品,因此货源大多来自中国南方。登莱地区与南方的商业联系,除可继续经由海路之外,还可由陆路前往临清,借助大运河转运,临清本身也是南北货物的集散地之一。东江系将领刘兴祚的弟弟刘兴贤曾在书信中提到:"弟交与李天禄往临清买货银子一千两,此时不知到否。如到,你收贮,来时带来。"②

此外,据《毛总戎墓志铭》,毛文龙"在岛中,日市高丽、暹罗、日本诸货物以充军饷"③。由此可知,从东南亚的暹罗及东北亚的日本、朝鲜运来的商货源源不绝,可以达到"日市"的程度。这无疑证明了在16世纪以降全球性贸易空前繁荣的大背景下,东江势力掌控的海上诸岛一时成为这一更为巨大的贸易网络的重要组成部分。

毛文龙占据东江诸岛的目的,是为了控辖登莱到辽东和朝鲜的正式及非正式商路,而不仅仅是为了形成对后金的侧翼军事威胁,这就决定了东江镇除了直接经营贸易以外,还以收取商税为获利的主要手段。朝鲜户曹官员向李朝政府报告:"毛都督于岛中接置客商,一年税收,不啻累巨万云。"④这当然是夸大之辞,但也表明商税收入额是很大的。

此外,他们还采取了巧取豪夺式的赊欠方法。天启六年毛文龙的奏疏称:

---

① 袁崇焕曾向明朝政府报告:"各夷(按:此处指蒙古人)共谓,室如悬磬,不市卖一二布帛于东(按:指后金),何以藉其利以糊口?"崇祯三年,后金曾遣人前往朝鲜以人参换取青布。因朝鲜方面"不能副其意",遂"怒入安州,折辱(朝鲜)边将"。可见,布帛在后金的需求远大于供给。《兵部行督师袁崇焕题稿》,《明清史料》甲编第8本,叶707a;吴晗辑:《朝鲜李朝实录中的中国史料》,第3451页。
② 罗振玉辑:《史料丛刊初编》之《刘兴贤家信与皮岛刘五》,叶5a。
③ (清)毛奇龄:《毛总戎墓志铭》,(清)毛承斗辑:《东江疏揭塘报节抄附东江遗事》,第219页。
④ 吴晗辑:《朝鲜李朝实录中的中国史料》,第3410页。

> 至于客商领价,原该挨号给发,今天营饷官不念当此至极至苦之日,决不肯用一点良心,分点公道。登州向有射利之徒,以六七十两之银,便可骗买百金红票,候得饷到,便讲扣除瓜分,至有假印假票,一样描标硃笔,对半扣除,管饷者又何乐而不为。致卖货真商,盘费尽而典衣揭债,呆呆日坐,未领一分到手。①

关于奸诈之徒制造"假票"牟利之事兹姑且不论,上引史料显示,已经将货物卖给东江集团的"卖货真商"并不能及时收回货款,他们必须等到明朝政府发放给东江镇的饷银到达之后,才能凭借"红票"(按:亦称商票)领取货款②。然而,如前文所述,明朝政府拨给东江镇的饷银有限,造成天启二年至天启七年东江势力拖欠商人货款 200 多万两。东江军人以此为借口不予偿付,"卖货真商"往往破产。

对于东江贸易,无论是当时的明朝文献还是后人的研究,大多站在明朝的立场上,将其视为一种资敌行为。袁崇焕擅杀毛文龙时,将"皮岛自开马市,私通外夷"作为毛文龙的罪状之一。乐于为袁崇焕辩护的孟森也认为,"毛文龙东江之兵,始以明廷无的饷而借口通商,以违禁物与敌为市,敌乃大得其助"③。事实上,这主要不是一个史实问题,而是一个史观问题。在东江贸易中,与后金之间发生直接贸易关系的记录并不清晰,但这并不能表明双方没有私下的贸易行为,也不能表明双方对民间的走私贸易不是采取听之任之,甚至纵容的态度。至少,由东江流向朝鲜、再间接进入后金境内的货物,无论数量多少,亦无论是否稳定,都是存在的。问题在于,自明代中叶以来,长城内外由军人、商人和普通百姓所进行的贸易活动乃是一种常态,是那个时代全球性商业化趋势的组成部分,是不同区域不同族群的共同要求,也是对各自的社会发展有利的行为。值得反思的是,对东

---

① (清)毛承斗辑:《东江疏揭塘报节抄》,第 79 页。
② (清)毛承斗辑:《东江疏揭塘报节抄附东江遗事》,第 87 页。
③ 孟森:《明本兵梁廷栋请斩袁崇焕原疏附跋》,载孟森:《明清史论著集刊》,第 150 页。

南地区的郑成功势力与荷兰人、日本人等等进行贸易的行为,并没有多少人持批评的态度,而对东江贸易的批评却不绝于耳,这难道只是因为后金政权是当时大明国的敌人吗?抑或因为长期以来袁崇焕的"民族英雄"形象导致了对东江贸易的贬斥?

四、东江变乱中的贸易因素

海上贸易究竟是给东江势力带来了极大利益,还是只能勉强解决军食问题和数十万人口的生存危机,根据目前的史料,我们还无法得出明确的结论。可以肯定的是,由于这种贸易的开展,至少维持了东江势力的存在,这已经是一项了不起的成就。但是,此后因袁崇焕擅杀毛文龙事件而导致的一系列变乱,使这股海上势力轰然崩解。

关于袁崇焕擅杀毛文龙事件,学界已多有讨论。究其原因,并非袁崇焕对东江镇的钳制和侧翼威胁作用完全无知,而主要是对毛文龙个人不听其号令的不满,也出于对一个由二百人左右的小股部队迅速壮大为百万人势力的警惕。在袁崇焕向崇祯皇帝汇报毛文龙的"十二大罪"中,首条"专制一方,兵马钱粮不受查核",这的确是袁崇焕擅杀他的最主要理由。毛文龙之所以不愿意让袁崇焕查核兵马钱粮,一方面在于岛上的确存在兵民不分的情况,另一方面也可能因为毛文龙不愿意让袁崇焕知道商业利润。有学者为毛文龙鸣冤,认为这些罪状或为"凭空捏造,无中生有",或为"吹毛求疵,小题大做"[①],其实袁崇焕所论都不是完全没有影子,只是看如何理解。

明崇祯二年,袁崇焕在给朱由检的奏疏中自述:"自去年十二月,臣安排已定,文龙有死无生矣。"[②]其中最有针对性的安排是"严海禁",他在崇祯元年十二月的奏疏中写道:"议仍登莱之海禁,东江钱粮器用俱从关门起运,至觉华岛登舟,即津运粮料,俱由静海、泺乐以

---

① 参见孟昭信、孟忻:《"东江移镇"及相关问题辨析》,《东北史地》2007年第5期。
② 《蓟辽督师袁崇焕题本》,《明清史料》甲编第8本,叶719a。

及觉华岛,必经臣衙门挂号,始许往东。自兹一禁,不许一船私自往来,即往东官船,不许迫近南岸登莱,自协营水兵之外,不许一舟出海。"①针对毛文龙"禁绝外人,使张继善横绝旅顺,不许一人入其军"的情况,袁崇焕又奏请"改贡道于宁远者,欲藉此为间,皆所以图文龙也"②。袁崇焕提议的海禁政策直接切断了东江势力的生命线,时在工部任职的徐尔一敏锐地指出,袁崇焕"今又疏请严海禁以绝其商贾,东江续命之膏绝矣"③。

由于北部海域冬季无法通航,东江势力是在崇祯二年三月初七日得到袁崇焕提议严行海禁的消息的。毛文龙在三月十三日的奏疏中追述了当时的情形:

> 忽闻哭声四起,各岛鼎沸。臣亟问其故,诸将拥进禀云:"兵丁嗷嗷,挨至今日,只望粮饷到,客商来,图有复辽之日,谁知袁督师上本,而今登州严禁,不许一舡出海,以致客米上舡者,俱畏国法不敢来。且山东布政司钱粮及登、莱、青三府官粮,竟无影响。明是拦喉切我一刀,必定立死。况兼饥饿无餐,不容不哭。"臣多方抚慰,哭声始得稍息。
>
> 至初八日,纷纷群聚,竟续宁远揭竿之状。臣怒发上指,请旗责谕各营将官,不能禁约兵哗者,将官立斩。是日虽得不哗,而人心从此变矣。
>
> 至初九日辰刻,家丁急报兵聚海边,抢船杀人。臣即亲带十

---

① 《兵部行申斥东江运道稿》,《明清史料》乙编第 1 本,叶 58a。按:袁崇焕在转述严海禁的奏疏时没有提供时间线索,但毕自严奏疏中转抄袁崇焕有关海禁的奏疏中提到,朱由检在崇祯元年十二月二十八日批准了袁崇焕的提议,参照前文所引袁崇焕自称于崇祯元年十二月"安排已定,文龙有死无生"之言可知,袁崇焕上疏的时间应在崇祯元年十二月。(明)毕自严:《度支奏议》新饷司卷四《题覆东江改运道设饷司疏》,《续修四库全书》第 484 册,上海:上海古籍出版社,1995 年,第 411 页。

② 《蓟辽督师袁崇焕题本》,《明清史料》甲编第 8 本,叶 719a。

③ (清)孙治:《孙宇台集》卷一四《徐工部善伯先生传》,《四库禁毁书丛刊》集部第 149 册,北京:北京出版社,2000 年,第 10 页。

> 余骑驰至海边,而降夷与辽兵争舡,已先血刃。幸得潮未涨满,臣至厉喝,人俱下舡。慰以前岛移米分给,复诱之以官粮客米随来,男妇万余,跪哭震天,臣亦怜泣抚之。当刻查出无状降夷二名,枭示军中,方得稍定。①

我们无法判断这次被终止了的哗变是岛上军民自发的行为,还是东江将领的挑拨所致,也不知道毛文龙是否真如他在奏疏中表现的那样,事先毫不知情,但袁崇焕此举戳到东江势力的痛处是无疑的,因此毛文龙奏疏中所谓"纷纷群聚,竟续宁远揭竿之状",所谓"抢船杀人","已先血刃",无论是否属于胁迫朝廷重开海运之辞,他所描述的场景都有可能在严行海禁的情境中成为事实。

在呈上这篇奏疏的三个月之后,毛文龙被杀。或许可以说,该奏疏中的"揭竿"之语,更坚定了袁崇焕迅速剪除毛文龙的决心。据《国榷》,毛文龙死后,袁崇焕命陈继盛暂时代管东江事务②,然而东江势力的实际掌权者却是刘兴祚。《李朝实录》载:"陈继盛、刘海(按:即刘兴祚)等因督师部分权察岛中。继盛性本良善,且其女为文龙之妾,故畏缩不敢自擅。刘海乘时恣横,岛中威权,皆归于海。海素多才能,挟以权数。文龙之诛,岛中危惧,几于生变,赖海镇静。"③陈继盛是袁崇焕比较信任的人,但在岛上掌握实权的又是刘兴祚、刘兴治兄弟,双方的相处并不和谐④,故令其各掌一支军事力量,分庭抗礼。

崇祯三年,刘兴祚战死之后,陈继盛拒绝承认刘兴祚已死,刘兴治愤恨不已。"择日为兴祚治丧,诸将咸吊,继盛至,伏兵执之,并执理饷经历刘应鹤等十一人。袖出一书宣于众,诡言此继盛诬兴祚诈死及以谋叛诬陷己者。遂杀继盛及应鹤等。"⑤在此过程中,据《李朝

---

① (清)毛承斗辑:《东江疏揭塘报节抄》,第1330—1331页。
② (清)谈迁:《国榷》卷九〇,北京:中华书局,第5487页。
③ 吴晗辑:《朝鲜李朝实录中的中国史料》,第3423页。
④ 《明史》卷二七一《黄龙传》,第6966—6967页。
⑤ 同上书,第6967页。关于刘兴治兄弟,另请参见黄一农:《刘兴治兄弟与明季东江海上防线的崩溃》,《汉学研究》第20卷第1期,2002年。

实录》,崇祯二年七月,"陈继盛禁我国私市"①。陈继盛禁止朝鲜商人赴皮岛贸易可能是奉袁崇焕之命而行,但此举损害了皮岛商民的利益,站到了东江势力多数人的对立面。刘兴治"又伪为岛中商民奏一通,请优恤兴祚,而令兴治镇东江"②,由于陈继盛奉行海禁,与商民利益相悖,所以此奏是否"伪"也无从查证。到袁崇焕被杀后,海禁有所松弛,刘兴治又积极展开海上贸易。《李朝实录》说:"兴治方在旅顺,刘、周两将亦且来会,商船、民船往来诸岛,依旧不绝。"③

奇怪的是,刘兴治擅杀陈继盛的举动既未引起皮岛商民的强烈反弹,明廷也没有立即兴师问罪④,但却给予了李朝兴兵讨伐的口实。由于东江势力长期寄驻皮岛,并经常在朝鲜境内活动,双方多次产生摩擦;东江势力还时常假道朝鲜,攻击后金,并谋划袭击出使朝鲜的后金使者,使企图在夹缝中求生存的李朝时刻恐惧后金的报复;同时,李朝还担心赴皮岛贸易的朝鲜商人会泄露本国机密。基于上述考虑,李朝试图趁皮岛内乱之机,削弱东江镇的军事力量。不过朝鲜出兵皮岛遭到了本国大臣的反对,李朝军队的士气亦十分低落,最后此举无疾而终。

失去了毛文龙的东江势力此时已经失去了凝聚力,刘兴治更像割据一方的军阀。于是,明廷也采取措施试图最终解决刘兴治的麻烦。刘兴治已感觉到朝廷要对自己下手,他在给皇太极的信中写道:"且看旅顺周将官原是我委的人,今西边又用姓魏的来了;失了辽东,多年不添兵将,见今登州添一孙都堂,添一黄总兵,又添许多川兵、苗兵、枪手、火器,这是为汗添的,还是为我添的?"⑤虽然已经觉察危险的存在,但刘兴治最终仍然没能逃脱败亡的命运。《明史》载:"帝用

---

① 吴晗辑:《朝鲜李朝实录中的中国史料》,第3420页。
② 《明史》卷二七一《黄龙传》,第6967页。
③ 吴晗辑:《朝鲜李朝实录中的中国史料》,第3454页。
④ 《明史》云:"举朝大骇,以海外未遑诘也。"《明史》卷二七一《黄龙传》,第6967页。
⑤ 罗振玉辑:《史料丛刊初编》之《太宗文皇帝招抚皮岛诸将谕帖》,叶22b—23a。

(梁)廷栋言,趣(张)可大还登州,授副将周文郁大将印,令抚定兴治。会永平已复,兴治稍戢,返东江。(黄)龙莅皮岛受事,兴治犹桀骜如故。四年三月复作乱,杖其弟兴基,杀参将沈世魁家众。世魁率其党夜袭杀兴治,乱乃定。"①

刘兴治被杀后,当年毛文龙麾下的实力派均已不复存在。为了控制东江势力,明朝政府乘机派遣辽东籍将领黄龙担任东江镇总兵。但黄龙到达皮岛后与此时掌握岛上大权的沈世魁之间发生冲突。崇祯四年十一月,皮岛再次发生变乱:

> 椵岛都督黄龙专废军政,贪黩无厌,凡除将官,必皆受赂;西来钱粮,不以给军。孙军门求买舡只送鸟铳、铜锅等物,而亦皆自占。军中咸怨,遂持兵器会于都督衙门,绑都督以下诸将官,沈世魁亦在其中。世魁自解其缚,复解黄龙而言之曰:"虽是赃吏,曾为都督,岂无权道。"即徙置于王游击良臣家。仍扬言岛中"今因无粮,军兵造叛,绑拿总爷及诸将,而以本协为署管岛中之事"云。于是领兵直至物货所储处,搬出银货五万余两,分给各管总兵。②

按照《李朝实录》的说法,在变乱发生后,"岛众惧曰:'今日之变,虽都督自取,而朝鲜若绝我饷路,移檄问罪,则是一岛之人,均之为叛逆,而又有朝暮饿死之忧。'于是,收耿仲裕、王应元等十余人斩之,扶都督出而视事,都督差游击江定国来[督]粮饷"③。但据《明史》,此次变乱的诱因是:"游击耿仲明之党李梅者,通洋事觉,(黄)龙系之狱。仲明弟都司(耿)仲裕在龙军,谋作乱。……未几,龙捕斩仲裕,疏请正仲明罪。"④可见,由于东江诸将继续从事海上贸易,被黄龙借机究治,本是商人出身的沈世魁则又借机挑动军队哗变,迫使黄龙移

---

① 《明史》卷二七一《黄龙传》,第6967页。
② 吴晗辑:《朝鲜李朝实录中的中国史料》,第3483页。
③ 同上书,第3485页。文中"都督"即黄龙。
④ 《明史》卷二七一《黄龙传》,第6967页。

镇旅顺,其事的深层原因仍是黄龙阻碍了东江势力的海上贸易①。

又据事后兵部尚书杨嗣昌对细节的追述,"耿仲明者,该抚孙元化之中军也。黄蟒、湖丝,黄龙所执,以为仲明透贩之物,而并以持元化之短长者也。镇主贩而欲专之,抚分权而旋嗾之"②。认为黄龙抓获李梅通洋贩卖黄蟒、湖丝,是企图牵连在毛文龙死后投奔孙元化的原东江镇将领耿仲明,并借此为孙元化罗织罪状。本来黄龙(按:即上引"镇主贩"之"镇")也是主张通商的,但却希望将通商之权控制在自己手中;但孙元化(按:即上引"抚分权"之"抚")却希望分其权,拒绝其垄断通商之利,从而对黄龙形成有效控制。这说明东江贸易的利益之大,不仅与岛上军民商人息息相关,就是东江总兵和登莱巡抚这些地方大员也不肯轻易放过。

此次哗变又不仅限于皮岛。由于事涉时在登莱的耿仲明,"仲明遂偕孔有德反,以五年正月陷登州,招岛中诸将。旅顺副将陈有时、广鹿岛副将毛承禄皆往从之。龙急遣尚可喜、金声桓等抚定诸岛,而躬巡其地,慰商民,诛叛党,纵火焚其舟"③,从而与著名的"吴桥兵变"息息相关④。此次事件不但在登莱地区引发了历时两年的大规模动乱,而且导致了分别以孔有德、黄龙为首的两股东江势力的火拼⑤。最终尚可喜、孔有德、耿仲明、金声桓这些在清初东南、华南战场上的重要战将先后降清。

---

① 关于沈世魁的商人出身,杨嗣昌曰:"沈世魁者,本一买头牙行。"见杨嗣昌:《杨文弱先生集》卷一五《覆登监兵垣道将激变岛众疏》,第211页;《李朝实录》云:"都督(按:沈世魁)本辽东商贾。"吴晗辑:《朝鲜李朝实录中的中国史料》,第3528页。
② (明)杨嗣昌:《杨文弱先生集》卷二四《复登抚岛事初定疏》,第333页。
③ 《明史》卷二七一《黄龙传》,第6967页。
④ 关于"吴桥兵变",参见黄一农:《吴桥兵变:明清鼎革的一条重要导火线》,《清华学报》2012年第1期。
⑤ 孔有德、耿仲明及其所辖军士虽然在毛文龙死后投奔孙元化,但从人员构成来看他们属于东江势力。与此同时,黄龙是明朝政府派到东江镇的总兵。他虽然在沈世魁等人的胁迫下离开皮岛,但并没有离开东江镇。他移镇旅顺后,仍然是东江镇的将领。因此,黄龙亦是东江势力的重要成员。

纵观以上,东江势力的兴衰,始终与明清易代时期的海上贸易有关,不可仅将其置于政治史、军事史的脉络中观之。如果我们把视野放得更大些,在空间上,东江贸易是16—17世纪东亚贸易,乃至全球性贸易的一个组成部分;在时间上,它又是明代长城沿线卫所军人走私贸易的一个组成部分,至清初的广州两藩——东江旧将尚可喜与耿继茂——在华南的通洋贸易,仍是此一活动的习惯性延续。

东江贸易虽然只是随东江镇的短暂存在而兴盛一时,但它所牵连的问题却更久远。在中国东部沿海贸易的北路,渤海湾的重要性毋庸讳言。在明代,这里不仅距离京师极近,而且距离长城极近,战略物资的运输成为重中之重,同时也必然伴随着私人贸易。渤海湾有三个贸易的支点,一是南面的登莱,二是西面的天津,三是北面的辽东。其中登莱是个重要的中转站,往往在这里将闽粤江浙的货物分流到天津(京师)或辽东。因此,对东江贸易的研究将推动我们对南货北上及北货南下的细节(如路线、货物种类、贸易量等)做进一步的研究。

【附记】本文完成并发表后,于"明代的边疆问题与东亚秩序"学术会议上读到杨海英研究员的《山阴世家与明清易代的历史隐秘》一文。文中提及绍兴州山吴氏家族自吴兑任宣大总督时期便从事与蒙古之间的军需生意,后其子、其族弟又利用东江贸易通道及水师与朝鲜进行贸易,外甥与女真也有生意往来。直至易代之后,吴兴祚在复界开禁之前任福建巡抚和两广总督期间,又与海外贸易多有联系,为本文所论提供了类似案例,特于此向杨海英研究员表示感谢。

明朝隆万之际的族群关系与帝国边略[*]

16世纪到17世纪,是世界历史发生重大变化的时代。在以往以中国历史为中心的学术脉络中,已为学者充分重视的"北虏南倭"问题,已开始在世界史或全球史的学术脉络中得到新的诠释。但是,对这一时期西南边疆的关注,似乎仍与上述变化缺乏契合。北方边陲、东南沿海发生的一系列事件是与西南边疆毫不相干,还是一个整体中相互关联的部分?在传统的研究中,学者们的思路通常是一种单向的观察,即如明朝廷与蒙古、明朝廷与西域、明朝廷与沿海或西南,而后者之间似乎没有太多联系。事实上,在明朝版图的整个周边,是否存在共同的问题?不同的边陲地区是否曾以互动的形式对历史产生影响?

从16世纪初到17世纪初,即约略是嘉靖、隆庆、万历三朝,不仅是新航路开辟与欧洲人东来的时期,也不仅是以一条鞭法为标志的新型财税制度出现的时期,也是新形势下明朝边疆族群呈现新格局的时期。深入理解这一点,对于认识16世纪的时代转折、认识明清之间的连续性,具有重要意义。

一、隆万边略

《明经世文编》的编者认为:"国家外夷之患,北虏为急,两粤次

---

[*] 本文系香港卓越领域计划(AoE)项目《中国社会的历史人类学研究》的阶段性成果。

之,滇蜀又次之,倭夷又次之,西羌又次之。"①明朝边患,多以"北虏南倭"为代表,在明朝的大部分时间里,北方蒙古人的威胁是显而易见的,但《明经世文编》的编者把两粤和滇蜀的问题放在"倭患"之前,而后又提到"西羌"的问题,这究竟是其独到之见还是时人的共识?

陈子龙是明末江南几社的骨干,几社成员身处特殊的时代,对兵事极为关注,并于崇祯九年编写了《兵家言》一书②。上述判断见于两年后编纂的《明经世文编》的"凡例"中,为几社成员、《兵家言》的编者之一宋征璧所撰,应体现了他们的共识。几社的文人之所以重视兵事,是因为他们"愤愤于天下之大而知兵者鲜也",所以要提出自己独到的看法。由于他们站在明末这个特殊的时代节点,回望整个明代的边事,有可能对明代的边疆问题做出比较全面的判断。

在野文人对天下时局的判断未必与庙堂之上的主政者完全相同,那么庙堂上的主政者是如何看的呢?围绕着这一时期的边疆族群问题,庙堂之上,经常是众议纷纭。但在高拱和张居正相继主政时期,他们的强势态度往往能形成最终的决议。如在广东"海盗"问题上,张居正回忆说,"广事自区区力主夹剿之议,及请发帑银先治海贼诸事,人皆未以为然"③;又如俺答封贡及平古田僮乱等事,"皆大违群议,而仆独以身任其事。主上用仆之策,幸而时中矣。乃异议者犹欲搜求破绽,阻毁成功,以快私指"④;在朝廷议征川南都掌蛮时,据称张居正厉声驳斥反对者:"蜀在中国为西南重镇,叛不速讨,诸夷将望风起事,蜀岂得全?……所不成者,吾不得复平章国事。"⑤因此他

---

① (明)宋徵璧:《明经世文编·凡例》,北京:中华书局,1962年影印本,第53页上栏。
② 参见冯玉荣:《晚明几社文人论兵探析》,《军事历史研究》2004年第2期。
③ (明)张居正:《张太岳集》卷二一《答蓟镇戚总兵》,影印复旦大学图书馆藏明万历刻本,上海:上海古籍出版社,1984年,第258页上栏。
④ (明)张居正:《张太岳集》卷二三《答两广殷石汀论平古田事》,第274页上栏。
⑤ (明)任瀚:《平蛮碑》,万历《四川总志》卷二八《碑文》,《四库全书存目丛书》史部第200册,济南:齐鲁书社,1996年,第57页下栏。

们的意见可以代表当时的国家立场。

当然,高拱、张居正的边略能够得以实施,也在于他们任用了一批与其见解一致的地方督抚。张居正曾说:"仆自去岁曾面奏主上曰:今南北督抚诸臣,皆臣所选用,能为国家尽忠任事者。主上宜加信任,勿听浮言苛求,使不得展布。主上深以为然。"①胸怀抱负的内阁首辅与熟悉边情的封疆大吏共同造就了此一时期的帝国边略。

明朝建立之初,便将蒙古视为头号敌人,这一点在朝野双方都是有共识的。"隆庆和议"是重要的转折点,但其意义不仅限于明蒙关系的改善,300年后魏源评价说:"高拱、张居正、王崇古张弛驾驭,因势推移,不独明塞息五十年之烽燧,且为本朝开二百年之太平,仁人利溥,民到今受其赐。"②魏源认为清朝接受的遗产,是明朝主政者那种"张弛驾驭,因势推移"的策略,其中所因之"势",又不仅是蒙古草原上的形势和走向,还是整个国家周边的大势。

明穆宗朱载垕对高拱的评价也颇值得注意:"且值国家多事之时,先为社稷万年之计。乃通海运,乃饬边防,乃定滇南,乃平岭表。制降西房,坐令稽颡以称藩;威挞东夷,屡致投戈而授首。盖有不世之略,乃可建不世之勋;然必非常之人,斯可济非常之事。"③在朝廷看来,高拱的最大功绩就在于他对边疆的经营,而且不仅对于蒙古,对于西南和东南地区的经营均获得进展。

清康熙年间,高拱在边事上的主张被编为一书,名为《边略》。其中谈到"俺答封贡"的三大意义,一是"可以息境土之蹂践,可以免生灵之荼毒,可以省内帑之供亿,可以停士马之调遣,而中外皆得以安";二是"可以示舆图之无外,可以见桀犷之咸宾,可以全天朝之尊,

---

① (明)张居正:《张太岳集》卷二六《答殷石汀言宜终功名答知遇》,第315页下栏。
② (清)魏源:《圣武记》附录卷一二《武事余记·掌故考证》,长沙:岳麓书社,2010年,第519页。
③ (明)高务观编:《东里高氏家传世恩录》卷二《少师兼太子太师吏部尚书加勋柱国进兼中极殿大学士兼掌吏部事高拱并妻》,载岳金西、岳天雷编校:《高拱全集》附录一,郑州:中州古籍出版社,2006年,第1321页。

可以伸中华之气,即使九彝八蛮,闻之亦可以坚其畏威归化之心。"但"要领之图"和"本意之所在"则是"但得三五年宁静,必然安顿可定,布置可周,兵食可充,根本可固,而常胜之机在我"①。

这里所谓"九彝八蛮""畏威归化"只是一种场面话,还是此时帝国的最高决策层已有统一的规划?从字面来看,这只是出自安定北部边疆的考虑;但至少是因北部边疆的形势相对稳定,为朝廷对南方的经略提供了重要的条件。所以四川巡抚曾省吾在征讨都掌蛮时便说:"兹值明良交泰之会,正当中外协攻之时。险莫险于海倭,每见骈首就戮;强莫强于塞虏,已看稽颡称臣。矧兹鼠首蜂腰,岂足润戈膏斧?……且朝廷以征剿尽绝为期,主将以荡平图报自誓。"②

二、两粤边事

陈子龙等将两粤和滇蜀的问题置于"倭夷"之前,一方面是因为嘉靖时期达到高潮的"倭乱"已大体平息,另一方面则是因为华南与西南地区的区域开发引发的社会矛盾此时日益凸显。

高拱在分析广东这个"旧称富饶之地"为何近来"盗贼充斥"的原因时,主要将其归咎于"有司不良所致"。其中谈到"广乃财贝所出之地,而又通番者众。奇货为多,本有可渔之利,易以艳人"③。两广总督殷正茂在给他的信中提到"倭奴猖獗,土寇相勾为乱"的情形,都说明广东沿海的动乱与嘉靖"倭乱"有着相同的私人海上贸易的背景。

当时广东与"倭"有关的动乱集中发生于惠州、潮州地区,高拱也说"惠、潮多事"④。又在给殷正茂的信中说,"然倭尚可平,而地方之

---

① (明)高拱:《高拱全集·边略》卷四《款敌纪事》,第596—597页。
② 《明巡抚曾公省吾征蛮檄》,光绪《兴文县志》卷六《艺文志·檄》,《中国方志丛书·华中地方》第372号,台北:成文出版社有限公司,1976年,第619页。
③ (明)高拱:《高拱全集·边略》卷五《疏·议处远方有司以安地方并议加恩贤能府官以彰激劝疏》,第603—604页。
④ (明)高拱:《高拱全集·边略》卷五《疏·议留副使王化立功赎罪疏》,第608页。

贼难于卒灭。地方之贼不可灭,固倭之所以来也"①。按陈春声的研究,潮州地区这种"民盗不分"的情形由来已久,屡抚屡叛,"海盗"即使接受招抚,也不入里甲,更以合法外衣继续进行私人海上贸易。直到隆庆末年,林道乾等几支大的"海盗"势力被明军消灭后,这一地区的大量人口才逐渐被"编户齐民"②。

正是因为这一时期东西方贸易的大背景,使得沿海居民以海上贸易作为重要的生计手段,而地方官府也以此为牟利之机,所以殷正茂在善后策略中专门提到海外贸易问题。对此,《明史》的记载是,"殷正茂总制两广,欲听民与番人互市,且开海口诸山征其税"③;高拱则在给他的信中表示:"番人市舶一节,尊谕极是。"④其结果就是我们今天熟知的"隆庆开海"。

但此时广东或者两广的问题不止"倭乱",还有"猺乱"和"獞乱"。在明代,随着大量汉人向两广猺、獞地区迁徙,拓垦经商,土客矛盾日益激化。成化年间,除了著名的"大藤峡猺乱"之外,在桂林以北的古田地区也因土地赋税的争执不断发生猺人起事。隆庆初殷正茂为广西巡抚,发兵14万平之,设三镇土司以管辖,又于其下设里甲,形成亦土亦流的过渡性管理体制。

嘉靖四十四年,总督吴桂芳言:"广东肇庆府上下江一带,地名罗旁、渌水,介东西二山之间,竹木丛翳,素为猺渊薮。其罗旁西山猺人,先年都御史韩雍经略堤防,颇就安辑,惟东山诸猺阻深箐而居,时出剽掠。有司每岁发卒戍之,费广力疲,无益实效。"⑤ "督抚殷正茂既讨平惠、潮寇,上疏言罗旁当诛。廷议不能决。居正毅然言当诛,

---

① (明)高拱:《高拱全集·边略》卷五《书·答两广殷总督五》,第619页。
② 陈春声:《从"倭乱"到"迁海"——明末清初潮州地方动乱与乡村社会变迁》,《明清论丛》第2辑,北京:紫禁城出版社,2001年。
③ 《明史》卷二二九《沈思孝传》,北京:中华书局,1974年点校本,第6005页。
④ (明)高拱:《高拱全集·边略》卷五《书·答两广殷总督四》,第619页。
⑤ (明)方孔炤:《全边略记》卷八,王雄编辑、点校:《明代蒙古汉籍史料汇编》第3辑,呼和浩特:内蒙古大学出版社,2006年,第307页。

举兵部尚书凌云翼,请赐玺书,属之讨贼。"①可见当政者将解决"倭乱"和"猺乱"问题看成是密切相关的一盘棋。而且张居正似乎比殷正茂更为坚决,在他给继任的两广总督凌云翼的信中说:"罗盘、渌水之事,石汀公在任不能处,乃诿难于后人,诚为不恕。然此地不沾王化数十百年,义所当讨。"②

罗旁山区傜人显然没有编入国家户籍,在此之时,又有大量流动人口涌入,被称为"浪"。他们不仅占据其中的肥沃土地,更以开发经济作物和矿藏为生,成为"脱治"之民:

> 罗旁广一千五百里,在万山中,多林木岩洞,道里皆蹊径。一旦有缓急,辄走他旁近寨阆匿。一姓而二名,如孔子成曰孔绍太、庞力王曰庞公定;一人而数名姓,如谢月兰、黄朝泰、简总管、庞胜龙,曰邓胜龙。籍第令毋阆匿,固无能辨识矣。而又有四方亡抵于巢者,号曰浪。……见旁近美田宅,尽夺而有之。今其下,厥田沃壤,颇有砂仁、藤蜡、蜜漆可采以为利。……贼度我师必不能入,乃以请款尝试我,我名降猺曰良猺,降浪曰抚民。然干戈未及倒载,牛马未及放散,而猺、浪则从中起矣。③

明廷发兵 30 万,平定 564 峒,斩杀 4 万余人,并在该处设立罗定州等州县。按张居正的设想,应"多方招徕,开其生路,随宜处置,务绝后患"④。

经此数役,山区傜、僮的问题暂告解决,但在张居正看来,海盗的问题却难以终结:"广中防御山盗,闻已略备,惟海防甚疏。"⑤主要的

---

① (清)谷应泰撰,河北师范学院历史系点校:《明史纪事本末》卷六一《江陵柄政》,北京:中华书局,2015 年,第 949 页。

② (明)张居正:《张太岳集》卷二八《答两广凌洋山计剿罗盘寇》,第 336 页下栏—337 页上栏。

③ (明)瞿九思:《万历武功录》卷三《罗旁猺狼列传》,《续修四库全书》第 436 册,上海:上海古籍出版社,2002 年,第 246 页下栏。

④ (明)张居正:《张太岳集》卷二九《答两广凌洋山》,第 348 页下栏。

⑤ (明)张居正:《张太岳集》卷三〇《答两广刘凝斋条经略海寇四事》,第 376 页下栏。

原因,在于对山地新开发地区,可以沿用传统的编户齐民办法加以管理,而对沿海居民的海上贸易问题,则需要有新的制度安排。

三、西南边事

元明时期,广西地区的傜、僮起事不断。明中叶大藤峡之役和晚明古田之役后,广西的族群问题虽未完全解决,且一直延续入清,但毕竟没有了大规模的动荡和大规模的军事行动。不过,就包括云、贵、川的西南地区来说,帝国的深度经营才刚刚起步。

就在两广之交的罗旁之役进行得如火如荼之时,明廷又在川南的叙、泸之间地区发动了征剿都掌蛮的战争。就像张居正迫切希望殷正茂在讨平惠、潮"海盗"后立即发动罗旁之役一样,万历初年同时开辟西南战场,也不是一时的心血来潮。

在北宋时期,川南与云贵交界地区仍设羁縻府州,北宋的直接管辖到达长江一线。随着北宋势力渗入长江以南,这一地区的"蛮夷"开始骚乱,从而引发了元丰之役,以乌蛮为主的势力遭到极大削弱。到明代,这一地区和其他许多边陲地区一样,以卫所—土司双重体制加以管理。在明前期,这里的"蛮夷"亦不断起事,成化、正德年间朝廷屡次征剿,最后只有戎县大坝的都掌蛮,一直在与明军反复拉锯。万历元年,四川巡抚曾省吾开始剿灭都掌蛮的行动;一年后,明军将都掌蛮消灭①。

张居正曾给曾省吾写信说,"都蛮为害多年,不容不除"②,表明朝廷或他个人早已考虑将这一地区真正纳入国家的管治。明军获胜后,他大喜过望,"十月十四日闻九丝捷音,不觉屐齿之折。殄此巨寇,不惟蜀民安枕,且国家神气藉此一振,四方有逆志干纪之人,亦将

---

① 参见屈川:《都掌蛮——一个消亡民族的历史与文化》,成都:四川人民出版社,2004年,第90—95页。

② (明)张居正:《张太岳集》卷二五《与蜀抚曾确庵计剿都蛮之始》,第297页下栏。

四川兴文县明建武所城平蛮碑

破胆而不敢恣睢矣。喜甚!喜甚!"①兴奋之情溢于言表。后来他又表示,"仆以剪劣,谬司鼎轴,际兹盛会,窃以为荣,可不谓大幸欤?!"②认为这是他在主政时期取得的一件大功,也说明他对此事的高度重视。

此事的直接起因,仍然是汉人移民渐次进入叙、泸以南少数族群居住地区,意图开发其腹地的利益驱动。在善后过程中,四川的豪强势家希望把那些"众蛮残孽"迁走,趁机占其故地。张居正知道后者"恋其故土","一旦欲别处之,祸萌当自此生矣"。因此他叮咛曾省吾说:"都蛮未平之先,蜀中士大夫求免其毒害而不可得。今既克复,遂欲窥其土田而有之,此私情之难狥者也。……蜀人有倡为余党未尽之说者,皆欲利其土地耳。公宜熟计其便,毋狥人言,坐堕前功。"③

川南叙、泸以南地区,地接云、贵,是深入开发西南边疆的交通要道。在明代隆、万之前,叙、泸两地人民逐渐编入里甲,其扩展的方向,一是从宋代已逐渐控制的淯井(长宁军)地区继续向南,进入过去的"生界";一是从宜宾向西,向马湖地区扩展。这时,云南地方官已有打通川滇通道、进一步开发西南的建议,但张居正当时似未有定见。张居正曾于隆庆年间给云南巡抚陈大宾写信,提到"但通道马湖,蜀中士大夫咸以为未便。俟其论定,当有处也"④。所谓"马湖通

---

① (明)张居正:《张太岳集》卷二五《答蜀抚曾确庵》,第307页上栏。
② (明)张居正:《张太岳集》卷二五《与曾确庵计平都蛮善后事》,第310页上栏。
③ (明)张居正:《张太岳集》卷二六《答蜀抚曾确庵计都蛮善后事》,第322页上栏。
④ (明)张居正:《张太岳集》卷二一《答云南巡抚陈见吾》,第249页下栏—250页上栏。

道",即从叙州府(宜宾)向西到马湖府,沿金沙江向南,穿越乌蒙山,可直抵昆明。

云南的矿产资源在清代得以大规模开发,在此时也已有人提及。张居正在给云南巡抚饶仁侃的信中提到,"广右铸钱,议欲采铜滇中,乃场屋经生之谭"①,意思是开采云南的铜,用于广西铸钱,是书生之见。虽不清楚张居正不予采纳的理由,此处也并不是指川滇通道,但却说明人们开始认识到云南矿产资源的价值。而清代的滇铜京运,恰恰就是沿着这条路线到达泸州总店,再行北上的。

虽然张居正高度重视川南,但此时他对云南的经营方略还是比较慎重,甚至是保守的。就在川南地区,叙、泸以南,分布着永宁、乌撒、东川、乌蒙四个土司和贵州水西、云南沾益两个土司的辖地,即云、贵、川三省的交界地带,是为有姻亲关系的安氏和奢氏的势力范围,明清之际这一地区的大规模动乱,同样是在汉人逐渐涌入后土司面临改流的威胁背景下发生的。在隆庆末,这一局面已初现端倪。

张居正认为,云南这个地方"得其地不可耕也,得其人不可使也"。为什么太祖不在这里全部设置郡县呢?因为这里的人民不是可以完全用"汉法"管理的。"近年之事,皆起于不才武职、贪渎有司,及四方无籍奸徒窜入其中者,激而拘煽之。星星之火,遂成燎原。"②这种说法是与他对广东"猺乱"和"海盗"之所以发生的解释一样的,因此应该意识到了云南的资源对外来者的吸引力,否则为什么有各地的流民到这里来,还引发了社会动荡呢?但张居正并未像对两广和川南那样重视对云南的经略,因此他一再强调对这里要"因俗为制",不应"轻动大众"③。万历元年缅甸宣慰使莽瑞体起兵,传闻"有兵百万,战象万余,西南诸夷尽为所并,交趾亦半属之",张居正

---

① (明)张居正:《张太岳集》卷二三《答云南饶巡抚》,第392页下栏。
② (明)张居正:《张太岳集》卷二八《答云南巡抚何莱山论夷情》,第347页下栏。
③ (明)张居正:《张太岳集》卷二七《答云南巡抚王毅庵》,第328页上栏。

仍质疑"其言不知何所据",表示"修内治,饰武备"便可①。由此可见,张居正在对云南问题的处理上,方略与对待两广、四川不同。

在西部地区,除了西南的川、滇以外,还有甘、青、藏地区的西番问题,也就是陈子龙所说的西羌,包括这里的土著族群、藏传佛教势力和西迁到这一带的蒙古诸部。由于西迁蒙古无法在河北、山西等地的边市中满足需要,发现明朝与西番之间的互市有利可图,便频频"抢番",双方不断发生冲突。由此,张居正认为,"大抵西之番族,广之猺獞,事体略同"②;"西凉重地,番房杂居,措画稍差,便成乖阻"③。所以张居正对于蒙古的"西抢"以及俺答的西行采取不予理会和放任的态度。

俺答西行之后,曾向朝廷转达西藏意欲仿照俺答与明朝通贡的意愿。张居正通过甘肃巡抚以他的名义回复俺答,"渠西行劳苦,既得见佛,宜遵守其训,学好戒杀,竭忠尽力,为朝廷谨守疆场。……所言番人追贡事,此种僧人久失朝贡,本当绝之,兹因渠之请乞,特为允许,但只可照西番例,从陕西入贡"④。张居正还希望俺答"早归建寺",因为"归则贡市愈坚,而西镇可安枕矣"⑤。

张居正希望通过笼络俺答,营造西北地区的和平环境,因此对于其在西北地区的扩张,甚至称霸的企图,采取了默许的态度。他又希望通过封赐三世达赖索南坚措能"化虏有功",后者则表示"阁下分付顺义王早早回家,我就分付他回去"⑥。这样就形成了一次明朝与蒙古及西藏格鲁派三方之间的良性互动,以期"此后中华、番、虏合为一家,永享太平,垂名万世矣"⑦。

---

① (明)张居正:《张太岳集》卷二九《答滇抚王凝斋》,第361页上栏。
② (明)张居正:《张太岳集》卷二七《答三边总督论番情》,第327页上栏。
③ (明)张居正:《张太岳集》卷二七《答甘肃巡抚侯掖川》,第325页上栏。
④ (明)张居正:《张太岳集》卷三〇《答甘肃巡抚侯掖川》,第373页。
⑤ (明)张居正:《张太岳集》卷三一《答贵州巡抚何莱山》,第378页上栏。
⑥ (明)张居正:《张太岳集》卷四三《番夷求贡疏》,第552页上栏。
⑦ (明)张居正:《张太岳集》卷三一《答甘肃巡抚侯掖川》,第378页下栏。

四、隆万边事的联系与国策的整体性

明朝隆万之际是中国历史上一个重要的变化时期,这已成为研究者的共识。论者以往多关注这一时期美洲白银的流入、商业经济的发展、赋役制度的变革、思想界的变化以及社会风气的改变,对边疆、族群问题虽多有讨论,但或就事论事,或较少将其与上述社会变化联系起来,视其为相互关联的整体①。在从"边缘"的视角对此问题加以考察的相关研究中,也缺乏对这一时期的讨论②。

正如我们今天不满于以往从中心看边缘,故而试图从边陲的角度理解帝国一样,隆万之际的主政者们在制订并且实施其边略的时候,是否也有可能,至少在某种程度上,将他们对边陲的了解作为其边略的基础和出发点呢? 从本文前面呈现的材料来看,这是可能的。在当时的信息传递条件下,高拱和张居正试图从各种渠道知晓地方的情况,所以经常会看到他们调整策略,或者在不同地方采取不同策略的事发生。在张居正与地方督抚的通信中,经常会出现这样的词句:

---

① 《剑桥中国明代史》下卷的第 4 章与第 7 章分别讨论了明朝与蒙古、西藏、西域、东北及东南沿海地区的关系,但颇简略,且互无关联。参见崔瑞德、牟复礼主编,杨品泉等译:《剑桥中国明代史》下卷,北京:中国社会科学出版社,2006 年。《晚明社会变迁问题与研究》并未将边疆、族群问题纳入讨论,在有关人口流动的章节中,也没有涉及边疆地区的人口流动与族群关系。参见万明主编:《晚明社会变迁问题与研究》,北京:商务印书馆,2005 年。惟展龙对张居正主政时期的边疆民族政策撰写过一系列论文,如《论张居正改革时期的明蒙贡市关系》(《黑龙江民族丛刊》2009 年第 5 期)、《论张居正改革时期的西南民族政策》(《西南大学学报》2010 年第 4 期)、《张居正改革前周边民族形势之透视》(《西北民族大学学报》2010 年第 3 期)、《张居正改革时期南方民族政策述论》(《历史教学问题》2011 年第 1 期)等,但均与本文的着眼点不同。

② 如,*Empire at Margins, Culture, Ethnicity, and Frontier in Early Modern China*, edited by Pamela Crossley, Helen Siu and Donald Sutton, University of California Press, 2006. 其中 10 篇论文中大多讨论清代,只有科大卫的文章讨论的是明代中叶的"傜乱"。这说明,人们认为清代的族群问题或边疆问题比明代凸显或重要得多。这在相当程度上是个事实,但也或多或少造成了"传统的"偏见。

剌麻僧来,曾备问彼中事。其板升诸逆倡为流言,殊为可恶。

闻西省自府江平复,道路开通,客旅无阻。

近闻虏酋与察罕构隙日深,此正吾用奇之日。

近来彼中人来,皆言此地在四府之中,素称沃壤,与广右边徼不同。且远近之民愿受廛者众,不设官建治,何以统之?①

所以后来陈子龙称赞说,"先臣张居正之为辅臣也,凡边镇之臣、郡国之长,所行之事,纤悉毕闻。有善则移书以奖劝之,有失则必呵让之"②,说明这是广为人知的。近多有论者论及明蒙之间的封贡,从汉文史籍看多显示为蒙古向明朝俯首称臣,而从蒙古史料看则更多体现为双方在平等地位上达成和议③。强调从当事各方的材料出发去全面理解当时的情形,这无疑是非常正确的,但同时也要注意各方的表达往往是官方言辞,是从各自的"面子"出发的,并不等于某些决策者并不了解实际情况。当张居正把中华、番、虏相提并论的时候,认为他不知道明朝与蒙古和西番处在同等的地位上是难以置信的,只不过他们认为自己的文明比后者程度高而已。

正因此,本文对帝国边略的讨论似乎回到一种"自上而下"的视角,但高拱、张居正时期边略的制订和实施,却是这一时期周边族群关系变动的结果,而后者的重要动因就是普遍性的人口流动与边疆开发。在上文中,已经提及两粤、滇蜀边陲不同族群的"动乱"与汉人的大量涌入有关,他们或开发土地,或经营其他资源,或从事商业,国家随之便在这里设立管理机构,将这些流民编入户籍。比如云南的

---

① 以上分别参见(明)张居正:《张太岳集》卷二六《答方金湖》,第316页上栏;卷二七《答两广总督殷石汀》,第324页上栏;卷二八《答方金湖》,第346页下栏;卷二九《答两广凌洋山计罗旁善后》,第361页上栏。

② (明)陈子龙著,王英志编纂校点:《陈子龙全集·安雅堂稿》卷一〇《策·尚有为》,北京:人民文学出版社,2010年,第1234页。

③ 如于默颖:《蒙古对明蒙封贡的看法》,《朔方论丛》第2辑,呼和浩特:内蒙古大学出版社,2012年。

阿迷州在明代为土州,"汉民自明始盛于阿,或宦于斯,贾于斯,后遂家而聚族于斯。如楚如蜀,如江之左右,杂然封内,今悉汉民远祖也"①。到清康熙三十五年便改土归流,"自奉旨裁土归流,历年涵濡渐摩,乃渐知诗书之宜读,而礼义之可行也"②。将少数族群变为"化内"之民的背后,是将他们变为国家的编户齐民。这在许多地方,便引发了地方社会的动荡。

这种情况不仅发生在明代中叶以来的两粤、滇蜀地区,也同样是隆万之际长城沿线一系列事件的背景。汉人大量前往蒙古地区,张居正是了解的,"近见山西巡按疏中,言边人叛入虏中者甚众"③,他们逐渐在边外形成聚落,称为板升。张居正对此非常重视,称"西北边患,无大于板升者"④;后又说,"今东患在属夷,西患在板升。二患不除,我终无安枕之日"⑤。张居正起初将这些汉人视为"倚胡为患"的"叛逆";后来听说"彼中荒旱饥窘,人思南归",策划将这"数万之众,皆可渐次招来";再后则建议,"此辈正宜置之虏中,他日有用他处,不必招之来归,归亦无用。第时传谕以销兵务农为中国藩蔽,勿生反心"。实际上是认可了这些汉人在蒙古定居的既成事实,虽然其负面效应是这些人"耕田种谷以供虏食",但客观上在塞外形成农耕聚落,日后有可能为明朝所利用⑥。

除了蒙古与西番之外,我们不能假设"北虏""南倭""西南夷"之间一定没有什么联系。南岭走廊和西江流域把东南沿海与西南山地连接了起来,这里的徭、僮、畲、苗等等亦具极大的流动性,所谓"湖南

---

① (清)王民晫:《风俗志论》,雍正《阿迷州志》卷一〇《风俗》,《中国方志丛书·华南地方》第258号,台北:成文出版社有限公司,1975年,第116页。
② (清)刘鹏鲲:《风俗志论》,雍正《阿迷州志》卷一〇《风俗》,第118页。
③ (明)张居正:《张太岳集》卷二八《与总督方金湖以奕谕处置边事》,第343页下栏。
④ (明)张居正:《张太岳集》卷二一《与蓟镇督抚》,第251页上栏。
⑤ (明)张居正:《张太岳集》卷二二《与蓟辽总督谋俺答板升之始》,第264页下栏。
⑥ 分别参见(明)张居正:《张太岳集》卷二二《答蓟镇抚院王鉴川论蓟边五患》第263页上栏;卷二二《答王鉴川计贡市利害》,第270页—271页上栏;卷二六《答蓟辽总督方金湖计处板升逆种》,第314页。

所属,西连云贵,南接两广,北枕四川。红黑苗猺,杂处境内"①。我们期待能找到这些族群之间在明代的直接联系。从事情的结果来看,这些地区之间的联系显然加强了。罗旁之役后,"广右今已大定,闻西省自府江平复,道路开通,客旅无阻。梧州之盐,方舟而下;南交通贡,贸迁有无,桂林遂为乐土"②。而隆庆和议后朝廷允许向蒙古出口广锅,已为学界熟知,不赘述③。甚至长城内外蒙汉联手,在山西镇口堡开矿,"利之所在,人争趋之,且虏人不知所谓矿,皆板升之徒导之;板升之人虽得矿,亦不知煎取之法,又内地之人导之"④。

虽然明朝对待蒙古、西番与两粤的傜、僮,滇蜀的蛮夷有着明显的区分,但隆万之际的主政者却采取了大体相同的策略,即使对沿海的"海盗"也不例外,即先施以武力,然后通贡或安抚。"俺答封贡""达赖封贡"以及"隆庆开海"是一种模式⑤,在东南和西南傜、僮、蛮夷地区平息动乱后设置州县、卫所或改土归流,将其纳入帝国直接管辖是另一种模式。这两种模式都是在保证帝国边陲安定的前提下,承认移民的流动和开发,接受商业贸易需求不断增长的现实,同时,尽可能地使国家获利并对地方实施更为有效的管理。

论者对隆万之际变革印象最深的当属以"一条鞭法"为标志的财税改革,从梁方仲到当今的研究者,都认识到赋役折银乃是"一条鞭法"的核心,而国家之所以采取此种办法,是人口流动加剧等因素造成旧的编户体制瓦解、赋役征派出现严重问题的结果。明代中叶以来的边陲动荡,则或因脱籍人口涌入边陲进行开发,或因国家加强了对边陲地区不同族群的直接管辖,或因普遍性的商业化趋势。所以,

---

① 《偏沅巡抚金廷献揭帖》(顺治七年十月二十日到),台北:历史语言研究所编:《明清史料》甲编第 3 本,上海:商务印书馆,1936 年,第 272 页。
② (明)张居正:《张太岳集》卷二七《答两广总督殷石汀》,第 324 页上栏。
③ 亦可参见本书所收拙文:《时代交替视野下的明代"北虏"问题》。
④ (明)张居正:《张太岳集》卷三二《答宣府总督郑范溪》,第 399 页下栏。
⑤ 已有学者指出,面对不断东来的欧洲势力,张居正当局在外贸制度、欧侨管理、沿海防务等方面都做出了调整。参见庞乃明:《明朝张居正时代应对欧力东渐之得失》,《求是学刊》2009 年第 4 期。

上述帝国边略两种模式的原则和出发点与"一条鞭法"等财政制度的改革是一样的，只不过一个是针对版籍之内的编民，另一个则是针对不在其内的边民。与此同时，"量出制入"的新型财税体制的建立，也可能是出于实施上述边略的需要；上述边略如获成功，国家掌握的资源日增，也可能为这一新体制的确立奠定更坚实的基础。虽然我们看到高拱和张居正等人的言论多为就事论事，还需要寻找更为明确的证据证明它们之间的关联，但有理由相信它们同属隆万之际朝廷方略的整体。

万历二年十二月，神宗小皇帝连续数日御文华殿讲读。张居正为了"天下幅员广阔，山川地理形胜，皇上一举目可以坐照"，从而用人得当，故以成祖、仁宗故事，"造为御屏一座。中三扇绘天下疆域之图，左六扇列文官职名，右六扇列武官职名，各为浮帖，以便更换。……其屏即张设于文华殿后、皇上讲读进学之所，以便朝夕省览"①。高拱也曾提出，"今边徼用兵之处，是蓟辽、宣大、延绥、宁夏、甘肃，而南则闽、广。是数处者，风土不一，事体各异。……臣愚谓，宜于是数处之人，择其有才力、知兵事者，每处多则二人，少则一人，使为本兵司属"②。虽然强调的是知人善任，但可以看出主政者确是有整体考虑的。这个总体考虑就是："边方之实政日兴，中国之元气日壮，庙堂得坐胜之策，而宗社有永安之庥。"③

显然，明代中后期边疆地区不同族群的动荡不是孤立的和偶然的，它们是东亚历史乃至世界历史之时代变化在中国的表现与结果。虽然基本上没有改变传统的天下观和朝贡理念，但隆万之际的主政者或许是被动地触摸到了这个时代变化的脉搏，而此时期的帝国边略正是对这一变化的应对。

---

① 《明神宗实录》卷三二，万历二年十二月壬子，台北：历史语言研究所 1962 年校勘本，第 753—754 页。

② （明）高拱：《高拱全集·掌铨题稿》卷二《议处本兵司属以裨边务疏》，第 195 页。

③ （明）高拱：《高拱全集·纶扉稿》卷一《虏众内附边患稍宁乞及时大修边政以永图治安疏》，第 168 页。

连续性与"历史性时刻":山西之例

晋祠与熙丰新法的蛛丝马迹

建于山西太原南郊的晋祠，或称晋侯祠，传说是祭祀晋国开国之祖唐叔虞的场所。自两汉以降，历代皆有重修、复建，亦有改易，逐渐成为一个寺庙群。通过对晋祠的考察，我们可以对太原地区开发历史的线索有更清晰的了解①。熙丰改制或王安石变法，是北宋历史上的大事件，历来多为学界所论②，本文所及并不仅仅欲使这两件看似无关之事有所勾连，而意在强调以王安石变法为中心的这一时期，是晋祠或太原乃至晋中历史上的"历史性时刻"之一。

一、晋祠与王安礼

晋祠中存有唐太宗李世民所书《晋祠铭碑》，多为学者及书法界瞩目。碑阴除有七行为唐臣长孙无忌等列名外，余为宋、明、清人的题刻，两碑侧亦有题刻，其中均以宋人题刻为最多，即如：

> 临川王安礼赴官太原，过谒祠下。因与钱塘杨世昌、河南张仲谘会于泉亭。熙宁戊申三月十四日题。③

---

① 对晋祠及相关史事的社会史研究，可参见拙文《赤桥村与明清晋祠在乡村网络中的角色》(《社会科学》2013 年第 4 期)中的介绍。
② 关于对王安石变法的研究成果，可参见李华瑞：《王安石变法研究史》，北京：人民出版社，2004 年。
③ 见《晋祠碑铭》碑侧。

熙宁戊申岁九月十四日,范阳卢大雅君美、临川王安礼和甫、清源王本安国、同谒晋祠,舍均福堂。①

此两事发生在同一年,即神宗熙宁元年(1068)的三月和九月,前者是王安石之弟王安礼到太原赴任时,与朋友在晋祠游览时所留;后者是他在任职期间与朋友再游晋祠时所留。此时,王安石才从江宁知府任上入京为翰林学士,开始与神宗酝酿改制事宜,而王安礼"从河东唐介辟"②,即应河东经略使唐介之邀来太原,但到时唐介已入京为参政,王安礼在太原"掌河东机宜"③。兄弟两人同年双双北上,或属偶然,但学界论王安石、王安礼兄弟于新法意见不合等情,在此时应尚未发生。

与王安礼同游之"钱塘杨世昌",不知何许人。同时代有自称绵竹羽客的西蜀道人杨世昌,与苏轼同乡相善,曾与其同游赤壁。又同时期有山水画家杨世昌,生平不详,作品有《崆峒问道图》,但应均非此人。河南张仲谘亦不知其人。

时隔半年,王安礼又与卢大雅、王本到晋祠一游。王本,字安国,系宋初著名宦族太原三槐王氏子弟,未出仕,声名不显④。其家迁自山东莘县,此处称其为"清源王本",即王安礼未将其与望族"太原王氏"联系起来。范阳卢氏与太原王氏同为北朝以来的北方大族,至宋初其地位已不再显赫。此卢大雅生平不详,或其族裔。《四库全书》从《永乐大典》中辑出王安礼《王魏公集》七卷,中有"送卢大雅赴阙"一首:

箫鼓纷纷载酒醪,送行汾水觉秋高。吏民遮道瞻思切,车马还朝气势豪。圣主询谟忘旰昃,明庭收选尽英髦。看君才业何

---

① 见《晋祠碑铭》碑阴。
② 《宋史》卷三二七《王安石附王安礼传》,北京:中华书局,1977年,第10553页。
③ (宋)李焘:《续资治通鉴长编》卷二二九,熙宁五年正月己酉,北京:中华书局,1990年,第5582页。
④ 参见李贵录:《北宋三槐王氏家族研究》,济南:齐鲁书社,2004年。

人似,哿矣趋荣勿告劳。①

从诗中看,王安礼此时尚在太原。"明庭收选"句似说卢大雅前往京师应考,但这位甚得王安礼推重的人显然并没有青史留名。

在唐代,太原王氏与范阳卢氏二族仍互为姻娅。据王安石所写《先大夫述》称:"王氏,其先出太原,今为抚州临川人,不知其所以徙。"②王安石的姻亲曾巩亦说:"王氏其先太原人,世久迁徙,而今家抚州之临川。"③可知临川王氏崛起之后,仍愿附会于太原王氏。王安礼初到太原,与此二人相聚,可能是借此互相联络感情。

对王安礼在太原这一段的经历,我们至今知之甚少。但从他日后的诗中看,还是对这段时日充满留恋的:

几年留滞起边愁,只忆家园烂熳游。今日西来更愁索,却令人意忆并州。④

王安礼任河东机宜时所经历的一件大事,是熙宁四年鄜延路(今陕西延安)在罗兀建城,作为对西夏战略的重要举措。"河东发民四万负饷,宣抚使韩绛檄使佐役,后帅吕公弼将从之。安礼争曰:'民兵不习武事,今驱之深入,此不为寇所乘,则冻饿而死尔,宜亟罢遣。'公弼用其言,民得归,而他路遇敌者,全军皆覆,公弼执安礼手言曰:'四万之众,岂偶然哉。果有阴德,相与共之。'"后朝廷议河东功,吕公弼将受,亦为王安礼建议辞去,故吕公弼荐王安礼于朝⑤。

《宋史·吕公弼传》记此事小有不同:"韩绛宣抚秦、晋,将取罗

---

① (宋)王安礼:《王魏公集》卷一,《景印文渊阁四库全书》第1100册,台北:商务印书馆,1986年,第6页。

② (宋)王安石撰,唐武标校:《王文公文集》卷三三《杂著·先大夫述》,上海:上海人民出版社,1974年,第389页。

③ (宋)曾巩撰,陈杏珍、晁继周点校:《曾巩集》卷四四《志铭》,北京:中华书局,1984年,第598页。

④ (宋)王安礼:《王魏公集》卷一《清明日赐宴琼林苑奉酬宫使太师相公》,第6页。

⑤ 《宋史》卷三二七《王安石附王安礼传》,第10553页。

兀城，令河东发兵二万，趣神堂新路。公弼曰：'虏必设覆以待我。永和关虽回远，可安行无患。'乃由永和。既而新路援兵果遇覆，诏褒之。"①同书记"安石立新法，公弼数言宜务安静，又将疏论之"，吕公弼与王安石政见不合，也是他出知太原府的原因。朝廷接受种谔建议营建罗兀城，是对西夏进取战略的一部分，也是王安石主政时期采取积极边略的一部分。无论王安礼的主观意图如何，他在太原期间便与王安石的对立面绑在了一起。

熙宁五年正月，"试校书郎王安礼为著作佐郎、崇文院校书。安礼先掌河东机宜，吕公弼荐于朝，谓材堪大用。代还，召对称意，欲遂加峻擢，兄安石辞之，乃有是命"②。王安石拒绝了神宗对王安礼的重用，是出于避嫌还是由于他受到政敌的推荐，不得而知。

同年五月，王安礼奉命编修"三路义勇条贯"，这应该是他以在河东机宜任上的经验为基础上疏的结果，也可视为此任与新政关系的余绪。王安石对神宗说，"奉旨令臣弟安礼选举相度，观臣弟必不能选举，恐合自朝廷差，仍须候赵子几京西回，令与张京温同去乃济事"，对王安礼明显采取不信任的态度。王安石之所以对此事颇为看重，是因其与新法中的保甲法有关，而赵子几则是保甲法的首倡者，这时他正将开封府推行保甲的经验向京西路推广。

熙宁三年十二月，始行保甲法。"保甲之法，始因戎狄骄傲，侵据汉唐故地，有征伐开拓之志，故置保甲。乃籍乡村之民，二丁取一，皆授以弓弩，教之战阵。又令河北、陕西、河东三路皆五日一教阅。"③尽管保甲法设立的初衷是加强地方治安，但诚如邓广铭先生所论，王安石亦意图借保甲义勇逐渐取代募兵，以节省养兵经费④。司马光

---

① 《宋史》卷三——《吕夷简附吕公弼传》，第 10214 页。
② 《续资治通鉴长编》卷二二九，熙宁五年正月己酉，第 5582 页。
③ （宋）王称：《东都事略》卷七九《王安石传》，《文渊阁四库全书》第 382 册，第 512 页。
④ 邓广铭：《北宋政治改革家王安石》，石家庄：河北教育出版社，2000 年，第 223—232 页。

的《乞罢保甲状》的理由之一，就是民兵遇敌"其奔北溃败可以前料"，这与王安礼阻止吕公弼发河东民兵的理由是一样的。

王安礼关于义勇强壮的原疏未见史载，但通过神宗与王安石的对话可窥大貌：

> 壬戌，执政同进呈河东保甲事，枢密院但欲为义勇、强壮，不别名保甲，王安石曰："此非王安礼初议也。"上曰："今以三丁为义勇，两丁为强壮。三丁远戍，两丁本州县巡检上番。此即王安礼所奏，但易保丁为强壮，人习强壮久，恐别名或致不安也。"安石曰："义勇非单丁不替，强壮则皆第五等户为之，又自置弓弩及箭寄官库，须上教乃给。今以府界保甲法推之河东，盖宽利之，非苦之也。请更遣官相度，不必如圣旨为定。"上曰："河东义勇、强壮，已成次第，今欲遣官修义勇、强壮法，又别令人团集保甲，如何？"安石曰："义勇要见丁数，即须隐括。因团集保甲，即一动而两业就。今既差官隐括义勇，又别差官团集保甲，即一事分为两事，恐民不能无扰。"上曰："保甲要亦未可便替正军上番。"安石曰："王安礼所奏，固云俟其习熟乃令上番。然义勇与东军武艺亦不相较。臣在江宁，见广勇、虎翼何尝有武艺，但使人诣逐路阅试东军及义勇，比较武艺生熟具奏，即可坐知胜负。今募兵大抵皆偷惰顽猾不能自振之人，为农者皆朴力一心听令之人，以此较之，则缓急莫如民兵可用。"

可知王安礼上疏单就河东义勇、强壮的编制条例而论，认为他们武艺练熟后可以顶替正军上番；枢密院欲以之取代保甲，王安石认为这不是王安礼的"初意"。枢密院主张传统的义勇、强壮制度，王安石则强调保甲的重要性。两者的区别在于，前者类似预备役，属军政系统，后者则是民兵，是寓兵于农，属民政系统。神宗提出两套系统并存，王安石认为这更加扰民。最后，"上卒从安石议，令尽依王安礼所奏，彦博请令安石就中书一面施行此事，安石曰：'本为保甲，故中书预议。若止欲作义勇、强壮，即合令枢密院取旨施行。'上曰：'此大事，须共议乃可.'"①这里的"卒从安石议",是否定了枢密院以义勇等取代保甲的主张,而"依王安礼所奏",则是指同意王安礼关于义勇整顿的建议。

据《长编》记,数日后,"上既用王安石议,命子几使河东,相度保甲";正式的说法是"遣起居舍人、史馆修撰兼枢密都承旨曾孝宽,太子中允、权发遣提点开封府界诸县镇公事赵子几,往河东路察访义勇利害及体量官吏措置常平等不如法事"②。即在保存河东义勇并考察其表现的同时,又在河东推行保甲。在关于这个重要新法的争论中,王安礼虽未站在王安石的对立面,但立场还是不同的。

二、晋祠、吕惠卿及其他

在《晋祠铭碑》的右碑侧还有一条题记:

> 元丰七年正月,予伯兄吉甫帅太原。五月,升卿被旨来,面授所议事入奏。六月十七日,还朝过晋祠,侄潍、洵及余中、李士亨、高陟明栈送至此,男洞侍行。温陵吕升卿明甫题,甥余彻。

元丰七年为1084年,距离前论熙宁初年史事已过了十余年,王安石新法也已发生了许多变化。

熙宁七年,王安石首次罢相,举吕惠卿为参知政事,九个多月后复相。在此期间,吕惠卿与王安石反目,并于熙宁九年接连上疏控诉王安石的罪状。同年十月,王安石第二次罢相,退出政治舞台。但在王安石复相时,吕惠卿也被迫出外,先后知陈州、延州,元丰五年末又知太原府。

元丰间,王安石与吕惠卿皆已不在朝中,没有太多利害关系,双方的关系也缓和下来。元丰三年王安石在给吕惠卿的信中说:"某启

---

① 《续资治通鉴长编》卷二三六,熙宁五年七月壬戌,第 5743 页。
② 《续资治通鉴长编》卷二三六,熙宁五年七月乙丑,第 5746 页。

与公同心,以至异意,皆缘国事,岂有它哉!同朝纷纷,公独助我,则我何憾于公?"①后又在六年的信中说:"闻有太原新除,然不知果成行否?想遂治装而西也。……令弟各想安裕,必同时西上也。"②

此处的"令弟"即指吕升卿。吕惠卿族兄弟中,有8人中进士,晋祠吕升卿题记中提到的吕濰为吕惠卿子,吕洵为吕德卿子,故吕升卿称之侄。吕洞应为吕温卿子,此处称男,似是过继给了吕升卿。

元丰五年八月,吕惠卿在延州任上归母丧后被命知太原府。十月,命其继续知延州。王安礼认为,为让人知吕惠卿"过恶所在",应与其一"小郡",故命其知单州。六年十一月,改知定州。十二月,再改知太原③。这一系列反复的背景是国家对西夏的战略以及对西北边事的权力管控,吕惠卿和王安石都是进取派,王安礼等是反战派④。所以王安石对吕惠卿的境遇是同情的,便在信中劝勉他研习佛教经义,"惟刮磨世习,共进此道,则虽隔阔,常若交臂"。

据吕升卿题记,吕惠卿于元丰七年正月至太原,五月,"升卿被旨来",为王安石料中。据《长编》,"上批:'司门员外郎吕升卿乃吕惠卿弟,奏乞往河东受辞。既非朝廷专命,但与告归少异,尔可特依所乞,不住请给,支驿券,仍带亲随吏。'升卿初乞依奉使例故也"⑤。吕升卿请求以向吕惠卿传达旨意为名到太原来,《长编》说不是"朝廷专命",但题记却写明是"面授所议事入奏",即让吕升卿将朝廷商议的要事面告吕惠卿,并要吕惠卿给予回应。这似乎又与《长编》所记抵牾。这究竟可能是什么事情呢?

元丰四、五年间,北宋对西夏先经历了熙河之役的大胜,又在永

---

① (宋)王安石:《王文公文集》卷六《答吕吉甫书》,第70页。
② (宋)王安石:《王文公文集》卷六《再答吕吉甫书》,第70—71页。
③ 《续资治通鉴长编》卷三二九,元丰五年八月壬戌,第7921页;卷三三〇,元丰五年十月戊申,第7945页;十月癸酉,第7960页;卷三四一,元丰六年十一月乙未,第8200页;十二月壬辰,第8214页。
④ 《续资治通鉴长编》卷三三〇,元丰五年十月乙丑条下,"上顾王圭曰:'王安礼常劝朕勿用兵,少置狱,此诚可听。'"(第7956页)
⑤ 《续资治通鉴长编》卷三四五,元丰七年四月甲辰,第8283页。

乐城遭遇惨败。此后宋夏处于对峙状态①。恰在元丰五年九月永乐之役惨败后,吕惠卿本已调任太原知府,这时种谔奉诏援永乐城,提出"未知延州守御大计所付"②,神宗因此决定改调吕惠卿知延州,接替沈括的工作,可见神宗当时是企图把扭转不利局面的担子交给吕惠卿的。

但为什么又突然把吕惠卿改任单州以示惩罚呢?综合《长编》及所引《吕惠卿家传》,发现症结在于神宗欲以吕惠卿为陕西四路经略使,"总四路守备",遭到了王安礼等宰辅的反对。吕惠卿认为,"陛下虽令总领四路,如熙河在千里之外,缓急何由节制?不若令臣往来边上,亲见利害,不须专在鄜延也",得到神宗认可。他甚至提出为避免朝野干扰,最好由宰相担任正官,他可为副官,说明他充分意识到朝廷在对夏和战问题上的严重分歧。由于宰辅们不认同吕惠卿的方略,说动神宗将其改任③。

元丰六年,鄜延边事由范纯粹负责,重在与夏议和。闰六月丙申,富弼死。死前上遗疏,表明"今日近忧,最在西事",继续给神宗施加压力。但到十月,神宗也意识到,"永乐失律,贼气冯凌,凡有所求,意在必得。今答诏既拂其意,必无顺命之理"④。和议既然不成,西夏人又因生计艰难而不断东来,使神宗多次下令给边臣,让他们警惕西夏的异动。正是在这一背景下,吕惠卿重新调任太原。

元丰七年二月,据报西夏兵围困兰州,"将士随机应敌,杀贼数万,城壁无损"。可能这一胜利鼓舞了神宗,以致他数日后询问,"浅攻扰贼春耕,若如所画,理固甚善。所未可知者:我兵出境,非十余万众果可以致倾国点集否?"又考虑采取积极的态势⑤。又下诏:"本路

---

① 具体分析可参见李华瑞:《宋夏关系史》,北京:中国人民大学出版社,2010年,第56—67页。但对永乐之役后到元丰末年之间宋夏之间的对峙情态未有涉及。
② 《续资治通鉴长编》卷三二九,元丰五年九月癸卯,第7939页。
③ 《续资治通鉴长编》卷三三〇,元丰五年十月癸酉,第7961—7963页。
④ 《续资治通鉴长编》卷三四〇,元丰六年十月庚寅,第8187页。
⑤ 《续资治通鉴长编》卷三四三,元丰七年二月庚辰,第8241页;戊子,第8248页。

军气,自永乐不守以来,折索摧丧,非往日之比。近闻诸将互出,颇获贼级,军气小振,则豪勇异常之人,宜有旌别,将以气作之,使鼓率士心,乐于攻战。"吕惠卿又于此时上疏建议整军、沿边建堡寨、招流民营田等举措,也许吕升卿来太原,就是将朝中就此进行的谋划转告吕惠卿①。

这一揣测尚无法得到证实。吕升卿回京后一个月,七月,以范纯粹与吕惠卿有私嫌,会影响在边事上的协作为由,将任河东转运副使的范纯粹调走,说明多少发生了一些变化。

总体来说,无论宋神宗、王安石,还是吕惠卿,他们的边略主张都是积极进取的,是熙丰新法的重要组成部分。虽然元丰时王安石已不在朝中,吕惠卿也出外多年,他这次出知太原前后的风波,也体现出政治力量斗争带来的反复,但终神宗之朝,对西夏的战略态势并没有太大改变。

吕惠卿虽曾任职延州,处理一线的战守,但他也将太原或河东路视为重要的前线。元丰八年八月,他为晋祠旁的惠明寺舍利塔撰写了《太原故城惠明寺舍利塔碑铭》,文末有这样的词句:"问谁相继扬真风,维我有宋祖与宗。太原形势控胡戎,唐俗犹□□邑丰。"②在此任上,他仍全力经营有关西夏的边防事务,试图延续新政时期边略的基本方向。

元丰八年十二月十二日,吕惠卿游览晋祠(当时称兴安王庙,兴安王是石敬瑭给唐叔虞的封号)。他即兴作诗一首,并亲书于石:

> 翦叶疏封意,归禾协济心。遗风固唐远,积德本周深。逝水悲兴废,浮云阅古今。祠宫尚翚翼,鸣玉漱松阴。③

首句说成王剪桐封弟,次句说唐叔虞以嘉禾献天子,喻上下一心,互

---

① 《续资治通鉴长编》卷三四四,元丰七年三月庚戌,第 8256 页;庚申,第 8264—8265 页。

② (清)胡聘之:《山右石刻丛编》卷一四,太原:山西人民出版社,1988 年,叶 46a—49b。

③ (清)刘大鹏著,慕湘、吕文幸点校:《晋祠志》卷一〇《金石二·吕惠卿题兴安王庙诗碣》,太原:山西人民出版社,2003 年,第 190 页。

敬互爱。三、四句说虽然遗风传自陶唐,但主要还是靠西周的积德,意即虽有地方传统的影响,但更重要的是中央朝廷的德行所致。五句表达了某种悲凉的情绪,六句则表明对世事应该看开。由于神宗此时已经去世,哲宗即位,高太后主政。反对新法的旧党开始支配朝政,废除新法,联系当时吕惠卿的境遇,应该说此诗传达了他对朝廷的不满和无奈的感伤。

哲宗元祐元年(1086),司马光与王安石先后去世,标志着一个时代的结束。就在这年,新党的另一个重要人物曾布到太原,接替了吕惠卿的职务。他上任之后就率全体下属到晋祠祈雨:

> 龙图阁学士、河东经略安抚使曾布,提点刑狱、朝奉大夫范子琼,躬率寮吏,祷雨祠下。通判太原军府事田盛、高复,签书河东节度判官卢讷,知阳曲县冯忱之,走马承受王演,检法官史辩从行。元祐丙寅岁七月十三日,讷谨题。刊者任贶。

此段文字刻于晋祠铭碑碑阴,在碑右侧又刻有"鲁郡侯曾布以元祐丙寅岁闰二月庚戌出帅河东,四月丙辰至太原府视事。己巳四月丙午易守真定。五月辛卯率僚吏告违于晋祠之神。丙申受代而东,子堉兴国吴则礼书"。

曾布,江西南丰望族,熙宁末因市易法与吕惠卿等发生分歧,被贬出京。元丰七年,曾布复翰林学士;八年,哲宗立,迁户部尚书。元祐元年闰二月,御史中丞刘挚弹劾曾布,建议移外任。数天后即命出知太原①。元祐四年,因朝官弹劾,曾布被不断贬官调任,直至哲宗亲政。

在此新旧交替之际,宋廷对西夏的立场也开始软化。元丰八年十月,接替曾布知庆州的范纯仁便上书对西夏弃地议和。元祐元年二月,朝廷又下令河东、陕西严禁与西夏"私相交易"。在此期间的讨论中,并没有听到作为河东经略的曾布的声音,至朝廷决议弃地、西夏对宋采取强硬态度时,高太后严禁边将应战,曾布无所作为也是可

---

① 《续资治通鉴长编》卷三六九,元祐元年闰二月甲辰,第8900—8901页。

以想见的。直至哲宗亲政后,重新起用章惇、曾布等,在绍圣元年和二年确定了开边的积极边略。从这个背景来看,曾布自元祐元年至四年在河东的经营,不可能是消极退缩的。

从前述吕惠卿与晋祠关系的分析,可知晋祠此时已成为开边的文化象征。曾布在就任和离任时两次率僚佐拜谒晋祠,虽无法得知详情,或可推为某种态度的表露。

三、熙丰间本地区的开发与晋祠的变化

作为一个寺庙,晋祠曾具有重要的政治象征意义。

隋末李渊将起兵时,为隋将察觉,借口请他到晋祠祈雨,欲乘机杀之,为李渊发觉。所以前文提及李世民的《晋祠铭碑》碑文中,就说:"先皇袭千龄之徽号,膺八百之先期,用竭诚心,以祈嘉福。爰出鞠旅,发迹神祠,举风电以长驱,笼天地而遐卷。一戎大定,六合为家。"认为唐朝就是继承了唐叔虞被封的唐国国号,唐朝就是从晋祠这里发迹的。

宋太宗攻灭盘踞太原的北汉之战,还是比较惨烈的。此前周世宗、宋太祖两次亲征,都没有攻破太原。宋太宗堵塞了晋祠水和汾河水,灌太原城,才逼迫北汉后主出降。为惩罚太原的抵抗,宋太宗下令焚烧全城,将百姓迁到一个叫唐明镇的地方,仍称晋阳,即后之太原府所在。太平兴国九年,即毁故太原城四年后,宋太宗为了宣示威德,重修晋祠。所谓"乃眷灵祠,旧制仍陋,宜命有司,俾新大之"①。

上述两个事件,都将晋祠与政权的转移联系起来,晋祠所奉唐叔虞作为一地之神主,在前者成为起于地方渐而统治全国的象征,在后者则成为地方必须臣服国家、为国抚民的象征。这种情形,到真宗、仁宗时期开始发生改变。

真宗大中祥符二年(1009)时地震,晋祠毁。"四年四月诏,平晋

---

① (清)刘大鹏:《晋祠志》卷一〇《金石二·新修晋祠碑铭并序》,第189、200—201页。

县唐叔虞祠,庙宇摧圮,池沼湮塞,彼方之人,春秋尝所飨祭。宜令本州完葺。"① 就在此后的重修过程中,原来晋祠中的女郎庙在天圣到嘉祐间逐渐被扩建成晋源神祠,即晋水水神②。在一个极为重视水利兴修的时代,水神祭祀必然被提高到很高的位置。

熙宁二年,朝廷颁布《农田利害条约》(《农田水利约束》)8 条;三年,颁布《千仓渠水利奏立科条》11 条,开启了熙丰新政中的农田水利改革。不过北宋时期对农田水利问题的重视,自仁宗"庆历新政"时期就开始了。著名的水利工程福建莆田的木兰陂就是英宗治平时开始修建的,经熙宁八年大规模修建后告成。

晋祠水利也是在仁宗嘉祐时开始的:

> 难老泉源晋祠下,支行股引,东走平陆,十分之以溉田土。倍加于昔者,前大夫陈君所为也。嘉祐四年邻水兴,天下争言灌溉事,独此方民浮说,意以水增赋,虽田被其流,悉不肯疏为之用,只旧溉田一百余夫而已。迄五年夏,民益不劝,君敕府禁,敢有浮说罔人者置之法,民始释然,从事惟君命。于是浚其源为十分,穴庙垣以出其七分,循石弦而南行一分半,面奉圣院折而微东,以入于郭村。又一分凑石桥下,以入于晋祠村。又支者为半分,东南以入于陆堡河;其正东以入于贤辅等乡者,特七分之四,其三分循石弦而北,通圣母池,转驿厅左,以入于太原故城,由故城至郭村。凡水之所行二乡五村,民悉附水为沟,激而引之,漫然于塍陇间,各有先后,无不周者。已而皆汇于汾河,其溉田以稻数计之,得二百二十一夫,余七十亩,合前为三百三十四夫五

---

① 《宋会要辑稿》礼二〇之二二,国立北平图书馆 1936 年影印本。
② 有人把这次地震与圣母殿的兴修联系起来。据说明代罗洪先曾在此题诗一首,为清顺治初知县郚焕元刻于石:"悬瓮山中一脉清,龙蟠虎伏隐真明。水漂火劫山移步,五十年来帝母临。"民间传说罗洪先极为神异,预测到题诗 52 年后这里的大地震。或以为这是指祥符二年的地震。真宗死后,祖籍太原的仁宗养母明肃皇后(刘娥)在入宫 50 年后回归故里,故而大修圣母殿。殿中彩塑的侍女与宦官像体现的是北宋宫廷的"六尚"官制。参见牛慧彪:《晋祠圣母殿建筑年代考》,《文物世界》2005 年第 5 期。

十九亩三分有奇。碾硙之具鳞次而动,以屋计之,得一十二区,有利于民,而自以为事故不趋,不期而其成也。不日,于是晋水之利无复有遗,倍加于昔矣!……嘉祐八年二月初五日记。①

据此,在嘉祐四年(1059)时,已"天下争言灌溉事",即兴修水利已成为朝野关注的大事。但晋祠地区的人害怕兴修水利后增加税收,并不打算利用这一资源。直到嘉祐五年夏,知县陈知白破除传言,才兴建工程,将难老泉水三七相分,灌溉周围村落的稻田,共计3万多亩。到神宗熙宁八年,"太原草泽史守一修晋祠水利,溉田六百余顷"②,灌溉面积扩大了一倍。

宋初,河东北部长城沿线实际上成为宋辽边界,雁门及东西两侧的管涔山、五台山一线是为北宋的前线。从仁宗到英宗统治时期,辽民南扩,引起边界纠纷。在韩琦知并州的时候,相应采取了"根括禁地"的措施,对边界地区的禁地加强了控制。熙宁七至十年间,宋辽为边界争议多次遣使谈判,最后结果是辽界向内扩至长城以南,将黄嵬山以北的天池划归于辽③。

在这种情况下,特别是在熙丰年间对西夏的战略成为重点的时候,太原地区的经营与开发变得尤为重要。如在太原以北、地近雁门、五台的崞县申村,有个叫高万的人,"便习水利事"。当地有阳武河,经常泛滥,"滨河有田数千顷,因垫溺则废为旷土,其民亦转徙而他者不可胜计矣。嘉祐、熙宁间,君始为凿渠道,筑堰埭,引涨水以溉瘠田,得膏壤数千亩,卒抵丰殖。由是一川之人皆效而为之。……熙宁以前,民知有涨水之害而不知有涨水之利;熙宁以后,民知有涨水之利而不知有涨水之害"④。

---

① 公乘良弼:《重广水利记》,道光《太原县志》卷一二《艺文》,台北:成文出版社,1976年,第665—667页。原碑已不存。
② 道光《太原县志》卷二《水利》,第109—110页。
③ 参见彭山杉:《封陲之守——宋辽河东熙宁划界诸层面》,硕士学位论文,上海:复旦大学,2012年。
④ 《高万墓志》,《山右石刻丛编》卷一五,叶8。

就在此时,晋祠也发生了历史性的转变,这一转变当然是与区域开发有直接联系的。

熙宁十年,朝廷敕封晋水源神为"昭济圣母"[1]。从此,晋祠中圣母殿的香火就开始远超唐叔虞祠。其实,根据古建筑学者对圣母殿的勘查和研究,现存圣母殿本来是太平兴国年间重修晋祠时所建祭祀唐叔虞的祠殿,因为在落架修缮时,在三个柱础中发现了83枚古钱,其中最晚的不晚于后周显德六年(959)[2]。大约在熙丰之间,昭济圣母"鸠占鹊巢",晋祠的正殿便成为圣母殿。

在正对圣母殿的莲花台上,有四尊镇水金神铁像,它们的出现,是圣母殿奉祀的主神为水神的明证。在这四尊铁像的腹背,分别镌有文字,其中三尊都是北宋时所造。位于西南隅的铁像上的文字是:

> 维大宋太原府故绵州魏城令刘植、县君张氏、男元吉、新妇谢氏、房弟延昌、侄万、孙男应、乡贡进士世安、世臣、世顺、进士重孙莹,谨卜绍圣四年三月朔日,立此金神,用彰阴报。一人积德于百年,后世承恩于四世。常修祖业,望昌盛于无穷;献尔丹诚,庶永期于不朽。外甥乡贡进士张鉴记。

晋祠莲花台北宋镇水金神像铭文 1

---

[1] 《宋会要辑稿》礼二〇之五九,国立北平图书馆1936年影印本。
[2] 参见彭海:《晋祠圣母殿勘测收获——圣母殿创建年代析》,《文物》1996年第1期。

后背列助缘人乡贡进士武安行等38人，右膝列太原府文水县助缘人市令冯远木、牙人、节级齐照等8人，同助缘人义社弟兄郭清、任规等12人。

位于西北隅的铁像腹背文字略漫漶，可识读的文字是：

大宋太原府甲午□□社赵和等特敬□□舍净财铸铁人一……昭济圣母永充供养……神侍……永古舆情。俗……于长年，咸仰昭明……佑。绍圣五年……甲午社都维那头赵和、弟赵闰□□□、副维那李立□□□、副维那张国分□□，社人李和、杨福张、郑诚、乔水、庄立、赵俊，道士白□□□、陈平、大监王昌、弟王和。绍圣五年四月初一日。□□□。

晋祠莲花台北宋镇水金神像铭文 2

位于东南隅的铁像胸前残存"太原岳庙邑人赵谏""王斌、贾吉和、毕荣""施主司福、妻李氏、屠户王德等"字样。其他漫漶不清。为政和年间铸（一说元祐四年铸）。此外圣母殿前飞梁之东尚有政和年间铸二铁狮，其中之一残存"太原文水弟子郭丑牛兄""灵石县任章、常杜、任用、段和疋"等字样。

此外，在圣母殿中圣母塑像的座椅背后有题记如下：

> 元祐二年四月十日献上圣母,太原府人在府金龙社人吕吉等,今月赛晋祠昭济圣母殿,缴柱龙六条;今再赛,给圣母坐物椅。社人姓名如后:正社头吕吉、副社头韩瞻、焦昌、赵良、王德、薛巡、杨仙、段清、杨福、张迁、张钦、牛景、李宣、师圣、范顺、李德、张诚、穆玉、崔诚、阎安、郭荣、赵德、宋三、阎德、刘信、刘润、王德、郅元、毛安、史玉、齐信、曹玉、高恩、陈容。右前体项众德人并题。①

捐献圣母殿前柱上的木雕龙和圣母像座椅的时间比捐献莲花台铁像的时间还早数年。

从以上材料可知,自熙丰年间晋祠主神由唐叔虞变为昭济圣母之后,晋祠已成为太原地区民间赛社的重要场所。之所以出现这种情况,是因为晋祠主神昭济圣母与当地百姓的日常生活具有更直接的联系。无论圣母所司的晋水还是雨水,都是在灌溉对于农事和百姓生计变得更为重要的前提下才会得到重视的,而灌溉变得重要,又是在极端依赖水利灌溉的农作物(如小麦)在此时此地区普遍种植的情况下发生的。关于这个问题,将另文加以讨论。

前述材料中,除一尊铁像为本地官宦家族为积阴德而捐献以外,其余皆为结社赛神的民众集体捐献,这些结社来自太原府属的文水县、灵石县,及太原本地。看起来,这些社是按地缘组织起来的团体,由各不同姓氏,甚至不同职业的人组成。甲午社可能是因立社时间而取名,金龙社可能是因发愿捐献龙柱而取名。他们可能定期到若干个寺庙赛神,故有"今月赛晋祠昭济圣母殿"之语。可见自北宋时起,对晋祠昭济圣母的民间祭祀已开始定期化。

水神昭济圣母取代唐叔虞成为晋祠的主神,是晋祠历史上的一件大事,这可以说是官方与民间的"共谋"。首先,由于李唐的发迹被李世民与晋祠和唐叔虞相联系,入宋之后,随着宋太宗毁晋阳城,唐

---

① 转引自高寿田:《晋祠圣母殿宋、元题记》,《文物》1965年第12期。

叔虞有可能被视为旧朝的文化象征而被边缘化；其次，由于太原地区对于宋廷对辽、西夏和战具有重要意义，特别是熙丰新法的一些重要举措在河东地区的推行，使晋祠水神得到朝廷重视，获得敕封；再次，由于熙丰新法实行前后的一段时期，农田水利事业在这一地区得到极大推进，与百姓生活的联系日益密切，故而这里逐渐成为当地民众处理水利事务的公共空间。可以说，晋祠历史自身的一个事件，折射的是国家政局与地方发展双重的影响。

就在太原地区的民众赛社晋祠昭济圣母，捐献金神铁像的绍圣初年，在晋祠铭碑的右侧，有绍圣三年四月二十一日的一则题记：

> 大帅左辖王公命王修永之再新庙宇。是年十月初二日，丘括公庹、王防元规来按视，吕珣温甫、萧经臣伯邻偕行。王良弓袭之督役同至。

据《山右石刻丛编》卷一三，"考史，安礼绍圣初还职，知永兴军，三年知太原府。与碑合称左辖者，安礼尝拜尚书左丞，特举前官称之耳"。指文中的"王公"为王安礼。王修，不知是否王氏子弟。王防，王安礼之子，即王安石托付《日录》之人。王安礼于此后不久即去世，他及王防在这里做了什么，不得而知，这是晋祠里留下的有关熙丰新法主角们的最后一则材料。

从贤人到水神：晋南与太原的区域演变与长程历史*
——兼论山西金元时期与清中叶这两个"历史性时刻"

在近年来的研究中，学者们逐渐认识到，对包括民间信仰、神祇建构在内的一切文化事象的理解，都应该放在一个区域发展演变的复杂动态过程中去理解。但对于历史学者来说，理解这些单个的或复合的文化事象的目的，不仅在于解释它们本身，而且在于以此理解区域历史变化的内在机制和动力，在于理解该区域逐渐构成一个更大区域一部分的内在机制和动力，在于理解不同层级的区域历史之间的互动关系。

作为中国文明最早的发源地之一，山西可以成为学者探讨这类问题的一个资源丰富的田野，本文只是一个非常小的、可以触及上述问题的个案。

一、贤人窦鸣犊

清雍正《泽州府志》记载了一个当地的名胜古迹，叫"孔子回车

---

* 本文系王秋桂教授主持的"历史视野中的中国地方社会比较研究"计划的成果之一，部分田野调查费用承蒙立青文教基金会补助，特此致谢。

辙迹"。据传说,"邑南四十里天井关石路,车辙迹回环约百余步,深数寸许。传孔子将适晋,闻赵简子杀贤人鸣犊、舜华,至此回车,后人因之立庙"①。对这件事,《史记·孔子世家》是这样记载的:

> 孔子既不得用于卫,将西见赵简子。至于河而闻窦鸣犊、舜华之死也,临河而叹曰:"美哉水,洋洋乎!丘之不济此,命也夫!"子贡趋而进曰:"敢问何谓也?"孔子曰:"窦鸣犊、舜华,晋国之贤大夫也。赵简子未得志之时,须此两人而后从政;及其已得志,杀之乃从政。丘闻之也:刳胎杀夭则麒麟不至郊,竭泽涸渔则蛟龙不合阴阳,覆巢毁卵则凤皇不翔。何则?君子讳伤其类也。夫鸟兽之于不义也,尚知辟之,而况乎丘哉!"乃还,息乎陬乡,作为《陬操》以哀之。

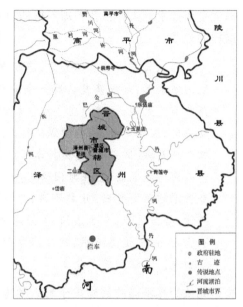

明清山西泽州府及拦车镇位置图

孔子在黄河边上听说赵简子杀了鸣犊和舜华两位贤人,颇有兔死狐悲之感,并对赵简子表示不满。其实孔子此前在卫国得不到国君的重视,本想到晋国碰碰运气,但此事的发生,令孔子感到他不可能在赵简子那里得到满意的结果,于是失望而去,并一生再也未曾涉足山西。

对此传说,后人颇多讨论。在天井关这个地方,还建有孔子庙,

---

① 雍正《泽州府志》卷一三《古迹》,清雍正十三年刻本,叶1b。

据说是为抒发晋人仰慕孔子却不得见的怀念之情。《水经注》卷九有这样的记载：

> 邗水又东南径孔子庙东，庙庭有碑。魏太和元年，孔灵度等以旧宇毁落，上求修复。野王令范众爱、河内太守元真、刺史咸阳公高允表闻，立碑于庙。治中刘明、别驾吕次文、主簿向班虎、荀灵龟，以宣尼大圣，非碑颂所称，宜立记焉。云仲尼伤道不行，欲北从赵鞅，闻杀鸣犊，遂旋车而反。及其后也，晋人思之，于太行岭南为之立庙，盖往时回辕处也。余按诸子书及史籍之文，并言仲尼临河而叹曰：丘之不济，命也。夫是非太行回辕之言也。碑云：鲁国孔氏，官于洛阳，因居庙下，以奉蒸尝。斯言是矣。盖孔氏迁山下，追思圣祖，故立庙存飨耳。其犹刘累迁鲁，立尧祠于山矣。非谓回辕于此也。

郦道元认为孔子庙的修建出于晋人的思念这种说法不对，因为孔子不是在这里回辕的，孔子庙只是他的后代为祭祀他而建的。

窦鸣犊，一说即窦犨，《汉书·刘辅传》注引张晏的说法是，"赵简子欲分晋国，故先杀鸣犊"①。似乎窦鸣犊是"三家分晋"的反对者。关于二人的关系，《国语》中有一段记载：

> 赵简子问于壮驰兹曰："东方之士孰为愈？"壮驰兹拜曰："敢贺！"简子曰："未应吾问，何贺？"对曰："臣闻之，国家之将兴也，君子自以为不足；其亡也，若有余。今主任晋国之政而问及小人，又求贤人，吾是以贺。"赵简子叹曰："雀入于海为蛤，雉入于淮为蜃。鼋鼍鱼鳖，莫不能化，唯人不能。哀夫！"窦犨侍曰："臣闻之，君子哀无人，不哀无贿；哀无德，不哀无宠；哀名之不令，不哀年之不登。夫范、中行氏不恤庶难，欲擅晋国，今其子孙

---

① 《汉书》卷七七《刘辅传》，北京：中华书局，1962年，第3254页。

将耕于齐,宗庙之牺为畎亩之勤,人之化也,何日之有!"①

以上记载说,赵简子执政时,曾向壮驰兹询问东方国家有什么贤人,壮驰兹连忙夸奖赵简子是君子。赵简子却感叹说,动物都是可以变化的,只有人无法变化,这多么可悲啊!正好大夫窦犨站在一旁,说,晋国的范氏、中行氏不能体会庶民的苦难,想要专擅晋国,结果他们的子孙却从贵族沦落成种田的农民了,人的变化是很快的啊!这里赵简子询问东方的贤人,也许与史传他请孔子来晋有关,而他感叹人不能变,也许是因本地无贤人而失落。

西周时期,晋国曾两次迁徙,先从唐迁至故绛(翼),又从故绛迁至新绛(新田),但始终是在晋南的狭小区域,因为唐—晋以北是戎狄的活动地区。大约是由于唐叔虞及其继承者"启以夏政,疆以戎索"逐渐取得成效,戎狄逐渐北退;特别是到晋文公成就霸业的时代,晋国的势力范围已经大大超出了晋南一带,春秋末期赵简子能够在更北的晋阳(太原)经营城邑,是在这样的基础上实现的。晋国的历史上开始有以晋阳为中心的故事,就是在这个时候。晋定公十五年(前497),晋阳城刚建好,因为邯郸大夫赵午未能履约将卫国送给晋国的500名奴隶送到晋阳,为赵简子捕杀,引起中行氏和范氏的不满和围攻,赵简子被迫逃往晋阳。孔子认为赵简子杀赵午是没有经过国君允许的,违背了礼制,因此在《春秋》上写上"赵鞅以晋阳畔"。晋定公三十五年(前477),赵简子死于晋阳,葬地即在今晋祠附近的金胜村②。到晋出公二十二年(前453),赵襄子又在晋阳成功抵御了智伯的进攻,最后导致了三家分晋局面的形成。

范氏和中行氏被赵简子所逐,逃到齐国,是公元前490年前后之事,窦犨的劝诫,显然是在这以后,此时赵简子已有独揽大权的实力。窦犨实际上是暗示赵简子不要重蹈范氏和中行氏的覆辙,是否因此

---

① 上海师范大学古籍整理研究所校点:《国语》卷一五《晋语九》,上海:上海古籍出版社,2007年,第498—499页。
② 参见陶正刚等著:《太原晋国赵卿墓》,北京:文物出版社,1996年。

而引来杀身之祸,不得而知,但这些言论却应与孔子的思想一致。不过,孔子离开卫国前往晋国,是在公元前493年前后,如果是这样,那么在范氏和中行氏被逐之前,窦鸣犊就已经死了;假如是窦鸣犊死后赵简子才邀请孔子入晋,那么孔子为什么会接受这个他素来讨厌的人的邀请?司马迁写到窦鸣犊之死,只不过是为说明孔子为何没有入晋,也许采用了某种传说,并不一定符合事实。更何况,窦鸣犊与窦犨是否真为同一人,也没有更多材料可证。

在民间传说中,孔子回车的故事完全与窦鸣犊无关。相传春秋时期,孔子周游列国至今回车村之地,遇到几个儿童在玩打仗游戏,其布防设伏头头是道,孔子叹道:"不云游四海,不知天外有天,不入晋国,不知人上有人,此地人多知,物有灵,何需我等教化。"于是,掉转马头,打道回府,这也就是孔子周游列国,唯独没有到达晋国国都的原因。在一些传说中,还把这个儿童指为因《三字经》而妇孺皆知的项橐。类似的传说,至少在明代就有:"此地名曰天井关,然俗亦名拦车者,父老传为孔子见黄鼠拱立,或曰小儿拱揖,因之回车也。"①

显然,贤人窦鸣犊只是在讨论孔子入晋的语境中一个不太重要,而且生平事迹语焉不详的小角色。

明万历"孔子回车之辙"碑

---

① (明)陈棐:《先师孔子回车庙解》,万历《泽州志》卷一八《艺文志》,明万历刻本,叶89b。

二、窦鸣犊的消失与晋东南的文化复兴

三家分晋之后,赵国已以晋阳(今太原)为中心,晋南与晋东南已属韩、魏的势力范围。但在三国之中,赵国实力最强,文化中心开始逐渐从山西南部向中部转移。史称山西为"表里山河"①,是因其东为太行山,西、南为黄河,成为其自然屏障。但晋国的早期发源之地,正处在这个自然屏障的边缘地带上。千余年后,明万历泽州知州傅淑训说:

> 往闻愚公之移太行也,意为一部娄耳。及揽辔来陟太行之巅,退哉齐青未了也。盖尼父于斯旋轸焉,史称尼父临河而叹:某之不济,命也。夫此非太行回辕之言也。……昔歌刘歆《遂初赋》,驰太行之险峻,入天井之高关;及魏武《苦寒行》,今殆身履,始知战国时秦欲有事山以东,诸侯畏韩之议其后也。盖此地可当百二也。晋朱序竟破慕容永于兹,岂不信哉!

他说孔子在这里掉头而去,虽无法确知,但这里的地势非常险峻,为易守难攻之地。同时期的山西按察使李维祯进一步概括说:"州介万山中,枉得泽名。田故无多,虽丰年,人日食不足二䉑。高赀贾人,冶铸盐筴,曾不名尺寸田。"②因此这里不是一个适合农业的地区。

这样的环境,使得这个地区在春秋时期生活着许多非农耕的族群。《左传·宣公十六年》记:"春,晋士会帅师灭赤狄甲氏及留吁、铎辰。"杜预的注释说晋人灭掉潞国以后,就把赤狄的这些部落作为余党都灭掉了。马端临的《文献通考》解释说,"晋都冀北,立国于戎狄之间。祝鮀所谓'疆以戎索',籍谈所谓'晋居深山,戎狄

---

① 语出《左传》僖公二十八年,晋文公重耳兴兵攻打曹、卫,与楚国发生了冲突,发生了著名的城濮之战。当时子犯为晋文公打气,说,"战也,战而捷,必得诸侯;若其不捷,表里山河,必无害也"。

② (明)李维祯:《〈泽州志〉序》,叶5a。

之与邻'。"①这些山中的族群,后来逐渐被华夏族消灭或驱赶了。但是这一地区,显然不是文明的中心。因此,赵简子希望从东方之国招揽贤才,孔子毕生未能入晋,是与这些地区的文化系统不同有关的。在一个较长的历史时期,这一带与元明以降的湘西、闽粤赣交界地区、川黔滇交界地区的历史特征颇为类似。

自北朝以降,这一地区已为佛教势力所笼罩。北魏太和时孔子后代孔灵度在这里立庙,并不能表明当时儒教在此地的基层社会有多大影响。郦道元说"盖孔氏迁山下,追思圣祖,故立庙存飨耳。其犹刘累迁鲁,立尧祠于山矣",就是说这相当于孔氏的家庙,就像唐尧的后代刘累在夏的孔甲时期逃到河南鲁地,在那里建立了尧的祠堂一样。

事实上,郦道元记录的这个孔子庙是否后代的天井关孔子庙,一直受到后人的怀疑:"按天井关距野王县北邘台六十五里,道元以千里片石难以指名,即孔子庙以标地望,非谓邘水径于庙之下也。至石上车辙,明州牧鄢陵陈棐辨已析,不待再及。"②如果此孔子庙非彼孔子庙,那么后来的这个孔子庙就是宋、金以后的地方文化建构。

到了元代,这里的儒学学正刘德盛在《重修天井关夫子庙记略》中说:

> 世传夫子至此还辕,因建庙。壁记有唐驾部郎中程浩所撰碑、宋直龙图阁崔德符等所题柱,金则有西溪姚俊升录《寄隐者王胜之之所跋》。胜之子子安为时闻人,计其世,金盛日,关民富庶。及国兵南下,关当路隘,无人烟者又六十年。后稍安集,亦未土著寄寓于附近村落。庙之所存者,惟正殿而已,为行旅往来

---

① (元)马端临:《文献通考》卷二六四《封建考五》,北京:中华书局,1986年,第2093—2094页。

② 乾隆《凤台县志》卷二《山川》,清乾隆四十九年刻本,叶12a。明人陈棐的考辨见其《先师孔子回车庙解》,文称"关有孔子庙,庙号曰回车",因此显然既不是孔子家庙,也不是文庙。见同书卷一五《艺文三》,叶1a。

止宿之所,圮毁荒芜,人不堪忧。①

文中提到庙中存有唐代程浩的碑记,此碑记亦为地方志所收,似乎唐代重修过此庙。唐代开始尊崇孔子,玄宗时谥为文宣王,因此碑文对孔子大加赞扬:

> 我先师夫子,圣人也。古之帝圣者曰唐,古之君明者曰禹。唐之德有时而息,禹之功有时而穷。我夫子之道,久而弥芳,远而弥光,用之而昌,舍之而亡。昔否于宗周,今泰于皇唐,不然何耀衮于裳、垂珠而王者矣。②

此碑收于《唐文粹》,实为程浩为陕西扶风的夫子庙所作,后因颜真卿书写,因此流传甚广,在西安碑林中也存有北宋初书法大家宣义大师梦英书写的同一碑文。所以,这块墙碑应是后人抄写在天井关孔庙中的。由于此庙于1943年为日军所毁,无法得知是何时所抄③。

不过,从刘德盛的碑文中,我们至少知道在宋、金时期,这座孔庙就已存在,是进行过修缮或者至少受到关注的。后世泽州的文人,经常热衷于谈论北宋理学家程颢对这里的贡献,据说程颢在出任晋城知县期间(宋治平四年—熙宁三年,1067—1070),建立了72所乡校和数十处社学④,明人说正是由于他的教化,"故熙宁、元丰间应召者数百人,登科者数十人"⑤。但据杜正贞的考证,程颢在任晋城令期间的这些作为,并没有太多事实依据,他的教化事迹被大书特书,是在金末元初的时期⑥。这一时期的实际情况,按金代状元李俊民的

---

① (元)刘德盛:《重修天井关夫子庙记略》,雍正《泽州府志》卷四五《文》,叶24。
② (唐)程浩:《夫子庙堂记》,雍正《泽州府志》卷四五《文》,叶4。
③ 在太原的孔庙,也抄有程浩撰文、颜真卿书写的《夫子庙堂记》,碑文落款为唐天宝十一载四月廿二日。此碑立于太原孔庙的时间,是在元至正三年十月。由此猜测,天井关孔庙中的《夫子庙堂记》也是元人所为。
④ 雍正《泽州府志》卷一三《古迹考·程子乡校》,叶4a。
⑤ (明)张珽:《重修程子祠记》,雍正《泽州府志》卷四五《文》,叶85b。
⑥ 参见杜正贞:《村社传统与明清士绅——山西泽州乡土社会的制度变迁》,上海:上海辞书出版社,2007年,第79—85页。

说法,"郡之庙学旧近市,宋至和乙未,太守吴中徙焉。悯其民之不喜儒术,境内贡举,五六十年无一人登高第者"①。直到元代,"明道先生殁几三百年,泽潞里馆岁昵淫祀而嬉优伶,才乏俗浇,识者兴叹"②。

金元之际大力宣传程颢教化功绩和理学思想的是本地人郝经,其意在延续北方理学一脉。在《宋两先生祠堂记》中,他不仅构建出"鹤鸣李先生俊民得先生之传"的谱系,而且称在他教化之下,"被儒服者数百人,达乎邻邑之高平、陵川,渐乎晋、绛,被乎太行。担簦负笈而至者日夕不绝,济济洋洋有齐鲁之风"③。事实上,李俊民在他的文集中从未提到过他与"二程"的学术传承关系,而凡强调本地有"齐鲁"之风者,往往是本地的现实与这些儒者的理想状态尚有很大距离,如在明代仍然海盗盛行的广东潮州和福建莆田,也多称本地在韩愈或者朱熹进行教化之后,已成为"海滨邹鲁"。

不过到元代,情况发生了变化。至元九年(1272),凤台县尹皇甫琰看到该庙破败不堪,"以关之故民、胜之之孙庆显、重孙弼、蔡钦、张福等八家供粮饷,计功役集,不日而废修坠举矣"。但十多年后又复破败,元贞年间(1295—1297)的知州刘仲元再度倡导修缮,考虑"须关后市庙后恒产,则利有所依,费有所给乃可。遂议民居以实市,创客店以属庙",但未实施就离任。最后凤台知县李从仕"括店之所得以实用,听市之三十二家以供役"④。开始是地方官号召本地人捐资重修,但无法持久,后来的地方官则利用天井关是商贾往来之地,将孔庙的房间辟为客店,收取的费用用来维持本庙。

此后的地方官延续了这种做法。元大德年间的知州王伯福"大

---

① (金)李俊民:《重修庙学记》,雍正《泽州府志》卷四五《文》,叶13b。
② 元泰定二年《有元泽州高平县米山宣圣庙记》,(清)胡聘之:《山右石刻丛编》卷三三,太原:山西人民出版社,1988年。
③ (元)郝经:《宋两先生祠堂记》,雍正《泽州府志》卷四五《文》,叶19a。
④ (元)刘德盛:《重修天井关夫子庙记略》(大德四年),雍正《泽州府志》卷四五《文》,叶24—25。到清顺治十二年宣大总督马鸣佩的《重修回车岭文庙序》中,竟将元至元九年皇甫琰修庙之举,误为唐贞元九年"知州皇甫琰相承增修",以致后人以讹传讹。见同书叶205b。

振儒风,创建外门□□庑□□□北邸舍,复为修整,以安行旅,所得房课,不计多寡,以充庙祀"。大德十一年(1307)另一位姓解的知州率领僚属捐俸,以剩余的中统钞250缗,招募本关的王珍、崔直等"就带营运",每年获得的利息90缗,用来提供祭祀用品。到泰定年间(1324—1328),本地"水旱相仍",本关的"行本之家"缺衣少食,纷纷逃亡,已无法继续靠取息来维持祭祀,只好让"县掾"王弼孙等人"借贷营办"。至顺二年(1331),县尹裴从善再次动员下属和乡绅捐资重修,"依前营运,存本取息。及店课每岁所得中统钞六十缗二项,获利钞□百五十缗,特命璧等逐月收受,以供春秋二丁,从实销用"。碑立于元统二年(1334),碑后题名"本关王璧、张沼、张清、王闻、张全、张荣、马□、□□、赵义、张顺、司宽、武让、武诚、□□、冯宽、张诚、张让、陈德、王瑞立石"①,这些人应该就是天井关经营该庙旅店的商人。这所文庙此时的主要功能,是为来往客商提供临时住所,地方官为利用其倡导文风教化,也只好利用房租来维系这所孔庙的存在。

在元代,天井关的孔庙的确得到了超乎以往的重视。延祐七年(1320)刘复亨任泽州同知,次年"躬率僚吏诣天井关,释奠于宣圣庙"②;他又在"至治二年复享祀孔子于天井关"③。这种状况,是与宋、金以来山西南部地区的发展有关的。欧阳修曾向朝廷建议,"今河东除并、辽、火山三处外,并差配下及十等。臣今欲相度并、晋、绛、潞、汾、泽等六州,在河东比他州富实,其第九、第十两等人户,乞与免差配"。可见此地经济上有长足的进步。在文化上,郝经则概括说,"金源氏有国,流风遗俗,日益隆茂,于是平阳一府冠诸道,岁贡士甲天下,大儒辈出,经学尤盛"④。这种情况虽颇有夸大,但以平阳为中心的晋南地区进入了历史上的繁荣期,却是事实,这是陶寺文化或唐

---

① 《天井关孔庙本息记》,《山右石刻丛编》卷三四,叶24—25。
② 元至顺三年《松岭寺诗碣》,《山右石刻丛编》卷三三。
③ 元至顺三年《法轮院善法堂记》,《山右石刻丛编》卷三三。
④ (宋)欧阳修:《乞免浮客及下等人户差科札子》、(元)郝经:《宋两先生祠堂记》,雍正《凤台县志》卷一三《艺文一》,叶22b;卷一四《艺文二》,叶5a。

虞时代以来很少几次文化复兴期之一。这一点,也为当时的人们意识到,因此山西南部各地对尧、舜等上古圣王的崇祀,在此时被广泛建构起来。

元代继续了这一趋势,特别是崇尚儒学成为朝廷的国策,因此上述一切,都表明元代对倡导儒学的热衷。不过,对窦鸣犊都只字未提,毫无兴趣。直到明代,虽对天井关孔庙有过若干次重修,但只有万历时的工部官员贺盛瑞,因对世事不满,才对鸣犊、舜华的冤死表示感慨,表示"君子志前事于不经之石迹,盖使临河之叹长存,两贤之死不朽"①。窦鸣犊已完全被孔子的光芒遮蔽了。

三、正统的雨神窦鸣犊

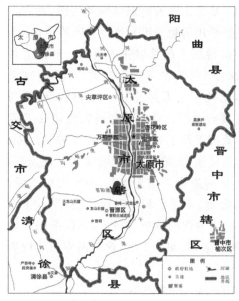

山西太原及大夫寺(祠)位置图

窦鸣犊再次出现于世人眼中,已经是在多年后的太原地区。窦犨是晋国大夫,按说应该在晋国的国都,即晋南绛县、曲沃一带活动,他与赵简子的来往,是发生在晋国的国都,还是在晋阳(今太原),不得而知。从他的踪迹不在晋南而在太原来看,他和赵简子的关系是非同一般的。

在太原府的附郭县阳曲城北40里的烈石口,有一座英济侯庙,旧称窦大

---

① (明)贺盛瑞:《重修天井关孔子庙记》,雍正《泽州府志》卷四五《文》,叶61b。

夫祠，祭祀的就是窦犨。"庙临汾流而靠诸泉，宋元丰八年六月，汾水涨溢，遂易今庙，有金县令史纯碑记。"①但窦犨祠庙的存在还早于北宋，唐代李频有游烈石诗："游访曾经驻马看，窦犨遗像在林峦。泉分石洞千条碧，人在冰壶六月寒。时雨欲来腾雾霭，微风初动漾波澜。个中若置羊裘叟，绝胜当年七里滩。"②李频是晚唐宣宗、懿宗时期人，浙江睦州人，大中八年（854）进士。诗之末句所提"七里滩"，在浙江桐庐，唐时亦属睦州管辖，即著名的严子陵钓台所在地，历代文人以此为题吟咏不绝，多传达怀才不遇、苦中作乐的愁绪。不过，早于唐代的窦犨祠庙的记载尚未发现。

据说此地古称狼孟，窦犨的封地在此，其后人建祠是有可能的。但至少从北宋开始，窦犨就已成为水神。这与晋祠圣母的情况非常类似，也与北宋熙宁、元丰间王安石变法期间大兴水利直接相关。金大定年间县令史纯的《英济侯祷雨感应碑记》中说，"汾水之滨，有祠曰英济，俗呼为烈石神。考之图籍，乃春秋时赵简子臣窦犨⋯⋯英灵能兴云雨，里人立祠祀焉，旧无碑记可考"。在现存最早的这份碑文中，史纯只字未提窦鸣犊与孔子的关系，谈论的完全是与水利有关的内容。

大夫祠内英济侯窦鸣犊塑像

烈石口是汾水源头出山流入平原后的起点之一。"汾水西条之山，来龙有二。在汾东北，自宁化、管涔而下，由静乐县天柱山、分岭山、下马城、界口山，交城县早霜山、玉庙儿山入邑界。历水头梁、青

---

① 道光《阳曲县志》卷八《礼书》，清道光二十三年修民国二十一年重印本，叶29a。
② 道光《阳曲县志》卷一《舆地图上》，叶12b。

烈石口今貌

崖怀、扫石峪、朝阳山、瀑水崖、官山、小店镇、凌井、天门,至烈石而汾水出焉。"①在这个地方,有几股泉水,被称为寒泉,"烈石寒泉"后成为"阳曲八景"之一。史纯说这些泉水"湍流奔涌,滔滔然势不可遏",但本地很多沙子,"溃逼于河汾,不能凿渠溉田,如汾阴、昭济之利益也"。所谓"汾阴"应指汉武帝时修渠引黄河及汾河水灌溉之事,而"昭济"应即指晋祠南、北二河的水利。

虽然这个地方不能引渠灌溉,但却成为民众在天旱时祈雨的所在,往往"不远千里,俯伏祠下请水"。大定二年(1162)时,"入夏,雨泽愆期,下民几不聊生,土人祈求无验",史纯前去祈雨,"礼未毕而奔云涌雾,遍满山谷,须臾而雨泽雱霈"②,于是在事后刻碑立石。

史纯的金大定二年碑今已无存,庙中现存最早的碑是元至正八年(1348)八月所立《冀宁监郡朝列公祷雨感应颂》。碑文如下:

> 皇元至正之年,有若朝列公以必里杰帖木儿大王之邸驸马贵臣监牧于冀宁,每值时□,必躬至英济侯祠下,有祷辄应焉,如是者三载矣。粤夫山川之□,固以御灾扞患为功,而吏之守斯民者,尤以民之天为重也。神之功效因人而现,人心之诚,又可以显有应验也。幽明感通之妙,非知道者,孰能与于斯乎!
>
> 公讳搭海帖木儿,族出阿剌兀义氏,蚤由王邸侍从,得尚主为驸马,积劳效功,俾监汾州,再升监郡,阶朝列大夫。公之在官

---

① 道光《阳曲县志》卷一《舆地图上》,叶11b。
② (金)史纯:《英济侯祷雨感应碑记》,道光《阳曲县志》卷一五《文征上》,叶41b—42a。

也,以仁惠为心,以勤恪为务。下车之初,辰在丙戌,夏五旱,公诣祠行雩祷礼,膏泽以降,岁为之熟。明年夏大旱,公复至祠,所如前礼。且奉灵泉,朝夕拜祝,不旬浃获霖雨之应,境内赖以活。又明年,其时恒旸稍愆,公告焉,雨之至若取携而易者。嗟夫!是则公之昭格于神也,神且弗违,迹其有感于民者,从可知也。郡之人泽被即久,思所以不忘也,相与言曰:窦大夫,古之贤人也,其死也,孔子惜之。今其遗德余烈,百世之下,犹能祚我晋土,然则人为之不善,而招致殃殄者,安可以求望于神哉!今者人为之善,岂不可以取必于神也。人以是感之,神以是应之,幽明无间,和气流行,佳谷实而民人育,神之德至矣,公之德亦盛矣。抑神之福我者,公有以致之也,遂凿石于祠,作诗以颂之。

从碑文中看,英济侯庙仍是发生旱灾时的祈雨之所。在题名中,除了冀宁路总管府达鲁花赤等一干官员、吏员外,还有"当里耆老"康海等、"都社长"杨思让等基层头目,及看庙道人牛忠茂。

碑阴的题名十分混乱,除了本地县尹等一批文官武将外,还有大量佛教寺院如土堂净因院、宁福惠觉院、蒙山开化大禅寺、宝泉院、多福寺等的尚座、监寺、提点、住持、阇梨等,以及佛教组织的维那;有道教宫观如敕赐崇禧宫、清真观的道士等,此外还有城内外各地人等,如城内的府南关、西关、东门街、皇华坊、拱辰坊等,城外的呼延村、翟村、杨家井、刘村、向阳村、宁福村、西张村、凌井、韩庄、上碾村等。这些人分别是"当里都管勾"和"当里助缘人",还有西门街、呼延村和陈村的铁匠、当里砖瓦匠等工匠列名。最重要的是署"都社长兼管勾杨思让等立石"①。从题名所涉及的地区和组织来看,这次由官方出面组织的仪式活动动员了官民僧俗各界,但基层的主要参加者还是来自于英济侯庙所在附近的地域。

---

① 碑在今太原窦大夫祠,原碑阳录文可参见康熙《阳曲县志》卷一四中《艺文志·碑记》,清康熙二十一年刻本,叶5—6。

大夫祠（英济侯庙）正殿

我们不清楚元代这里的基层设置，明代至清初，本地"量道里远近而立为都，因人丁多寡而分为甲"，原为83都，万历时减为71都，到清初更减为61都①。在清代中叶的地方志中，记载这里实行的是乡（关）都制，如果对应清代的乡都体制，碑阴中出现的向阳村、上碾村属于西北乡兰伏三都，翟村属于四都，杨家井属于五都，韩庄、刘村（清代方志中为刘家村）、凌井村、西张村（清代方志中为西庄村）属于七都，只有呼延村属正西乡呼延一都，但呼延村和土堂村是正西乡最北的两个村，与西北乡的兰伏都接壤，因此这些村完全可能在元代属于同一个都，因此才会有"都社长"之称。在清代方志中，多福寺和土堂大佛寺（即净因院）也在正西乡②。按元代制度，50户为一社，但未闻其上有"都社"的层级，也许元代在这里有都的设置，因此专门在都的层级上也设有社长，是为"都社长"。

---

① 康熙《阳曲县志》卷三《建置志·都里》，叶27a。
② 道光《阳曲县志》卷二《舆地图下》，叶21b—23a、36a、38b—39a。

这种情况在明初依然延续。宣德八年(1433)河南山西巡抚于谦曾到这里,在他撰写的碑文中说,"宣德癸丑岁,自春徂夏,山西阖境不雨,众咸以岁事为忧"。镇守山西都督李谦率人前往此地祈雨。于谦称,"祠为赵简子臣窦鸣犊血食之所,屡著灵验,而为郡人所宗",特别是这里的寒泉,"澄波滉漾,穹甲巨鳞,出没于天光云影中",因此祈祷后大雨如注①。

明英宗景泰四年(1453),新任山西巡抚萧启来到太原,本来六月时无雨,但他"将抵藩城始雨,既驻节又雨",于是4天后就到烈石祠祭祀。这次祭祀后,他还"设祷雨坛于藩城外,每望烈石云起,必雨"。景泰六年五月时也无雨,萧启因病未去祈雨,巡按李宏、马文升、钱珹等官带着下属前往烈石祠,"即日暮,雨随至,连三夕"。这场祭祀,都、布、按三司及太原府都有参加②。

由此可以知道,烈石祠或英济侯庙得到了官方的高度重视,它不是一个影响范围很小的地方神庙,作为雨神,其灵验涉及的范围包括太原府地区,甚至有可能是山西全境,因为前述例子都发生在山西普遍干旱的时候,前来祈雨的又都是省级的最高官员。当然,这所神庙之所以得到官方的重视,并不仅在于传说中窦鸣犊的灵验,也不仅在于这里有寒泉,还在于窦犨的贤人身份,不同于那些于史无征的荒诞鬼神,使士大夫便于接受,甚至将其纳入祀典。正如史纯碑记所谓"窦公,贤大夫也。生而德及于民,殁则康济于物",元至正碑记所谓"窦大夫,古之贤人也,其死也,孔子惜之。今其遗德余烈,百世之下,犹能祚我晋土",于谦碑记所谓"神之遗烈,载在信史",因此具有极大的正统性。

与元末碑记有所不同的是,明前期这两块碑没有显示出政府对于民间社会的动员,呈现出明显的官方色彩。

---

① (明)于谦:《烈石祠祷雨感应碑》(宣德八年),碑在窦大夫祠,亦可见乾隆《太原府志》卷五五《艺文》,清乾隆四十八年刻本,叶11。

② (明)萧启:《烈石祷雨感应记》(景泰六年六月),碑在窦大夫祠。

到明代中叶以后,窦鸣犊已从雨神向水神转变。"三晋地瘠山多,风高天冷,十年中旱常八九……故水利一事在四海为首务,在三晋为急务"。因此,虽然烈石口这里的水量并不大,但也被开渠引水,灌溉农田。"阳曲之西北距邑三十余里,有烈石口。志云寒泉者,状其清也,与汾流合。泽、兰诸村引以溉田,然未尽其利。兰村据上流,每岁旱,水不足以遍润诸村,辄数数相哗,小民相友相助之谊,反坐此而携。初议改修之,而兰人惧失其利,皇皇弗安。余曲为规画,详为劝谕,俾因旧渠深浚之,使注水而下。而兰地最高,又从旧渠之岸,疏一浅洫,以供兰人,诸村之民乃忻然从事。"①烈石口地在兰村(后分为上、下兰村),拥有水利之便,因为水量不大,下游各村常与之争水。地方官府从税收的角度考虑,当然希望各村都能得到灌溉,但又必须保障兰村的优势地位,于是就将原渠挖深,流向其他各村,再新修一条较浅的支渠向兰村供水,使之两不相碍。"水道经处,凿兰村地三十四亩,官给价一百一十九两余。"因此,这是官府出面、出资,协调用水灌溉的一个例子。大约是觉得此例具有示范作用,而且可能杜绝争端,山西巡抚曹尔祯特别撰写了这篇《烈石口开凿水渠口广开水利纪实文》,并将其发至太原府,要求其"刻石立之渠上,以垂永久";该府又将其发至阳曲县实施。

　　从此例来看,各村间发生争水纠纷,是因为水量的不足,但更关键的问题,是兰村"据上流"的霸权位置。各村多次"相哗",就是不承认"据上流"就可以控制水权或者水量分配权。曹尔祯的出面,可能是因为阳曲县和太原府都不能解决纠纷,只好请巡抚出面。但曹尔祯所为,并不能改变水量,只是从国家利益出发,利用国家权威,强制性地剥夺了兰村对这股水的绝对控制权,但同时又以"横渠"的形

---

① 天启七年《烈石渠记》,碑在窦大夫祠。可参见道光《阳曲县志》卷一五《文征上》,叶63b。但在方志中,本文题为《横渠渠记》,与原碑碑额、碑题不同,应为方志编者所改。碑文中有"是役,凡两阅月而告竣。请之者,横渠之民也;因其请而倡之者,余也",这条"横渠"应就是在旧渠基础上新开凿的一条新渠。

式承认了兰村在用水上的优先地位①。有意思的是,他在这篇碑文中写到,"协其议者,藩泉诸公也;总其要者,郡守佐也",这两句话在地方志所录碑文中被有意无意地删去了。

该碑当年是否"立之渠上",不得而知,它目前立于窦大夫祠。在修渠的过程中,也曾举行过祭神仪式,"其匠役木石工价、祭谢神祇,约用二百四十余金"。文中所谓"神祇",即应指窦犨。这样,随着水利的开发,寒泉被扩大利用,窦犨已不仅是祈雨之神,而且也是渠水之神了。

四、民间神祇与民间社会

山西的历史,经历了从上古时期以晋南为中心、渐向以太原及周围的晋中地区为中心转变的过程。在这一过程中,宋金之际显然是一个重要的"历史性时刻"。在本文的"孔子回车"故事中,两个核心角色孔子和窦鸣犊,都分别在这一时期的晋东南和太原被重塑和"发明":孔子回车庙在金元时期晋东南地区的"文化复兴"过程中被努力弘扬,而窦犨则在宋金以降太原地区的深度开发过程中,扮演了重要的水神角色。就后者而言,虽然自战国时期始,太原地区就得到广泛开发,但自那时至整个明代的1800年历史中,太原地区始终具有

---

① 我曾撰有《分水之争:公共资源与乡土社会的权力和象征》一文(《中国社会科学》2005年第2期),力图不局限于前此在"资源紧张"或"人地关系"框架下的讨论,而将话题引向对水权界定的讨论。首先,该文无法穷尽地的许多个案,因此其结论绝不是普适性的;我欢迎用其他案例说明不同的情况,但其他案例也同样不是普适性的,无损于我的个案结论(即争水不仅是水资源紧缺的结果)。其次,有文章认为我的研究并未抓住"问题的要害",结论"简单"(参见张俊峰:《前近代华北乡村社会水权的表达与实践》一文,《清华大学学报》2008年第4期,第36页),我认为拙文结论的"简单"是肯定的,而且不止这一篇文章如此。因为拙文的主要目的就是把讨论引入一个新的框架,在这个新框架中,大家可将我提出的问题深化和复杂化。可喜的是,上述批评文章的讨论已进入了这个新的、以"产权"为主题的框架中。我更希望论者也能提出更多、更新的讨论框架,这才应该是新一代学者的特长。

边地的特征,始终处在多民族征战的前线。这一时代特点到明清之际以后彻底改变①。

在清代,窦大夫祠或者英济侯庙见证了太原地区更加复杂、多元的历史过程,作为区域性的水神和地方先贤,它更多地展现了普通人的生活状态:

> 阳曲西北一带村庄,引水溉田,其利溥矣。而利之所在,讼每兴焉。所在皆然,不独阳曲也。历年既远,碑券罕存,甚有一讼而数年不息者。此皆愚氓贪利之拙见也。一遇干旱,渠水多涸;偶逢潦溢,渠堰又冲。方拮据求生之无策,而何暇讼?抑思开此渠、利斯水者,无非高曾以来,幼而壮、壮而老之人也,让水少灌一田,与讼起二村受累,其损益何如耶?

地方志编者认为,争水纠纷的存在,与水资源带来的利益有关。无论资源丰富还是紧张,只要有利可图,争端便不可避免,当然如果资源紧张,争端就会更加激烈。他以为争端与用水相比,其实得不偿失。但他忽略了,这一地区水渠的开凿,是明末政府加大财政税收的结果。康熙志记载了这一地区的 17 条渠②,道光志记载了兰村渠、横渠等 31 条渠,其中标识了开凿年代的,一是明天启年间的横渠,二是万历十四年(1586)开凿的龙首渠③。在前引天启七年的《烈石渠记》中,开篇即说,"今天下大患不惟缺饷耶!饷缺而军饥,军饥而祸将中之九边"。

清代前期,曲阳西北地区的村落显然经历了一个分化的过程。原来的兰村析分为上、下兰村,雍正间的碑刻即称"晋邑西北上兰村有英济侯祠,里人讹呼为烈石"。这时"年远日深,倾倒颓败","住持

---

① 对"宋金之际"这一"历史性时刻"的讨论,参见本书第一篇,或见拙文《从明清史看宋元史——倡导一种"连续递进"的思考方法》,见《清华历史讲堂续编》,北京:生活·读书·新知三联书店,2008 年,第 219—50 页。
② 康熙《阳曲县志》卷三《建置志·河渠》,叶 38—39。
③ 道光《阳曲县志》卷一一《工书第六》,叶 1。

玄直,茶会本村众姓,协力同心,共勷此事",显然将此庙视为本村的资源。其"经理纠首"为苗如埔、苗如京、苗云凤、苗奇、苗根五人,苗氏为本村大姓,碑阴题名中"本村"的部分多为苗姓。在附近各村的捐款者中,包括向阳镇渠长高宗、渠长刘宽、李奇,下兰村张万仓、张万财等大批张姓,横渠村、镇城村、五梯村、龙王堂村、白道村、北头村、西村、柴村、后比丘村乡约,火路平村(县志作火炉坪)等各村经理人和捐款人,此外还涉及交城、灵石、榆次等县的一些村①。这些村落基本上都在西北乡和正西乡的范围内,但与元代碑记中的村名几乎没有重合,因此这些村落应该与寒泉渠水灌溉的区域范围有关,渠长在题名中的首要位置,应该能够作为佐证。

乾、嘉、道时期是本地社会经济发展的繁盛期,与全国及华北的状况一致,窦大夫祠也得到了多次重修。与许多地方与水利有关的碑刻不同,这一时期的碑文几乎完全没有涉及当地的水利事务,没有涉及水利纠纷,也没有水规、水条的记录,虽然都会提到窦鸣犊在祈雨方面的灵验,但更多的是歌颂他的功德,强调士民的爱戴。虽然我们不能以此证明这一时期的水利纠纷完全消失,但至少可以说窦鸣犊作为与水有关的神灵,其权威在消退。

在乾隆十九年(1754)的《重修烈石口英济祠碑记》中,其"经理纠首"为苗生洪等四人,说明上兰村在神庙祭典以及修缮活动中,依然保持着核心位置,而苗氏家族也依然控制着上兰村的公共事务。但在碑阴题名中,捐钱村落发生了一些变化,其中捐钱最多的是翟村、横渠村、善姑村、呼延村的少数个人,以及来自临县周家沟、太原县、文水县、静乐县的百姓。其他捐款人来自本地的后北屯、向阳镇,其后是东、西、南、北甲,最后是本村众姓和上兰村西街的人,绝大多数都是苗姓。值得注意的是,题名中出现了远自晋东南晋城的15位捐款人,原因应该是那里的孔子回车故事与窦鸣犊的牵连。这一事

---

① 清雍正十一年《重修西廊碑记》,碑在窦大夫祠。

实说明,在此时的祭神活动中,窦鸣犊重新以与孔子有关的贤人形象出现①。

嘉庆二十一年(1816),窦大夫祠又大兴土木,增建了鼓楼、角门,重修了钟楼、西廊和南殿,再为旁边的保宁寺新修了山门。"其银两则纠首、住持等之所募化也,其缺乏则本街粮石及住持地租之所增益也。""功垫主"列苗天培、苗建勋等若干人②,"经理总管"列苗万宝、苗恒德、苗定宝、王斗金、苗克泰。此外列名于前的三类人比较重要,一是"股头",列苗克佳、苗凌云、苗尚仁等共 31 人,悉数姓苗;二是乡约,共列 14 人,其中苗姓者为 7 人;三是渠长,列史正贵、樊庆等 6 人,苗姓者 3 人。在这里,我们看不到有里甲或保甲等组织的影子。"明制,百户为里,里有长;十户为甲,十甲一保,保有正有副。……又有乡约以互相觉察,本乡有争讼者,咸就质焉,否则为越诉。今皆废弛矣。"③清代乡约依然存在,阳曲在康熙时,在城乡约"四路分三十六号",关、乡乡约共 84 号,但地方志编者感叹说:"案今之乡约,既无号数,又无处所,在城乡约不但不觉察奸匪,查禁窝赌,而且扰索闾阎,把持乡党;在四乡者畏胥役如虎,一有官差到乡,供办车价饭资,莫敢稍后,去则摊派阖村。"④

在乡约题名之前,记"阖村按粮捐银八十两",即村民根据缴纳田赋的多少分摊修庙的费用,根据前引方志,这类额外的费用公摊,正是由乡约负责征收的,这也许就是他们列名于此的理由。在渠长题名之前,记"合渠按地亩捐银八十□两五钱",之所以按地亩而非如前按田赋分摊,应该是由于渠水灌溉的水量分配是根据各户地亩的多少,渠长便于按分水惯例摊派。但是,村与渠所涉及的人户是重合的

---

① 清乾隆十九年《重修烈石口英济祠碑记》,碑在窦大夫祠。
② "功垫主"一词,本不知其意。后见光绪二十六年《重建乐楼碑记》后有"功德预垫钱主"一词,知前者是后者的简称。说明工程启动与募捐是同时进行的,有些人在经费还未募化到手之前,提前预垫了部分。
③ 清嘉庆二十一年六月《英济侯庙重修碑记》,碑在窦大夫祠。
④ 道光《阳曲县志》卷一〇《刑书》,叶 6—10b。

吗？如果是重合的,岂不是要重复捐钱？

由于本次工程巨大,因此必然要从其他渠道获得财源。从碑阴题名看,省城的北市、南市都有人捐款,太原府正堂赵某、阳曲县正堂福某也有捐款,比较大量的是"本村"的捐款。此外,还有太原县上庄村的个人及"合村众姓""西村管渠众姓"、横渠村、上薛村、向阳店等。碑阴共开列14名乡约,即使包括正副,也至少涉及7个乡约所的地面。按地方志的记载,向阳店是一约,南北固碾、下兰村和温村共为一约等,7个乡约所摊派捐款的村庄应该很多。渠的系统也是超村落的,不过目前我们还无法确定这7位渠长是哪些渠的、灌溉的是哪些村的土地。

本次大修后的第二年(1817),又有当地文人在庙中立碑,碑文多抄自金代知县史纯的文字,根据变化略加修改,如史纯文为"不能凿渠溉田",被改为"□□改流,灌溉民田"等,颇为拙劣。作者署"本里学儒苗千宝抄书","功垫主"和总管钱粮名单里有苗万宝,二人应为兄弟。另列经理纠首28人、乡约仍为14人,渠长仍为6人①。可以断定这些乡约和渠与本庙的关系是比较固定的,虽然时隔一年,人员已经有所调整。上一年题名中的"股头"不见了,这个"股"或许是分水比例单位,或许是集资时临时形成的"合股"组织,但碑阴中还是有大量捐钱的题名。奇怪的是,碑文中不但并未交代这次是为何立碑,而且太过敷衍。不过,在同年的另一碑文中,谈到上年的大修"已告竣勒石","复募化万缘,共得金八百余两,金妆大佛三尊,并修禅室一所",这一举动已经与窦鸣犊无关。此碑称"万人碑",即将捐款者"万人"列于题名,虽然从姓氏判断,其中依然有许多人是上、下兰村的村民,但这里完全不见村落名称,也不见乡约、渠长、纠首等组织者,似乎完全是自发的行为②。这同时立的两碑形成了鲜明的对

---

① 清嘉庆二十二年六月《英济侯庙碑记》,碑在窦大夫祠。
② 清嘉庆二十二年六月《万人碑记》,碑在窦大夫祠。

比,修寺①立碑虽无组织体系,却有万人的规模;修窦大夫祠立碑利用原有的组织系统,碑文重复着窦鸣犊的事迹及与孔子的关系,似乎在强调传统。

这二者间是否存在某种紧张关系,不得而知,但窦大夫祠或英济侯庙与地方民众的生活却肯定联系得更紧密了,它日益像一个社区性的庙宇。在清代,虽然有太原和阳曲的官员在修庙时捐款,但很少有正官为其撰写碑文或题写碑额,更不用说有像元、明时期那样,经常有巡抚出面,省、府、县官员集体参加仪式的场面,官府的临时性投入,已经转变为民间集资性的、经常性的投入。也正因此,以前这里是没有戏台的,"向有祠宇而无乐楼","止于祠内设场献戏,计登香资后一切告罢"。官方对先贤的祀典场所,通常是不设戏台的。但这里逐渐也要唱戏酬神,并借机收取香火钱,转变为民间神庙。到道光十八年(1838),"祠前高建乐楼,焕然一新"。

这次募捐的情况是:兴化镇、归化城、张家口共捐银220两,关东、榆次、清源、静乐共捐银130两,平阳府、汾州府、省城、四乡共捐银840两,官署、河路筏商、官山、黄土寨共捐银280两,本村乡约、和合渠、本街共捐银770两,共计2250两。题名中包括了各种商号、店铺、当铺、钱庄等百余家,特别是外地商家,应该都是晋商或本地商人所设。"河路筏商"应该是在黄河上放筏运货的商人。因此在本次乐楼的修建中,商人的资金扮演了重要角色。当然,以个人身份捐款或募捐的占了主体的部分,其中既包括官员、胥吏、缙绅,也包括普通百姓;既包括来自文水、辽州、襄垣、祁县、太谷、榆次、省城等外地的人

---

① 这个佛寺即保宁寺,与窦大夫祠连成一体。据明万历年间的《保宁寺养赡地亩碑记》说,一般寺庙都是"废者莫举,举者易圮,若烈石古庙是已,然特高僧世鲜故至此",是说英济侯庙破败不堪,所以没有高僧愿意来。这时有个叫邢海静的僧人募捐,"于烈石左建一寺,为古庙翼"。晋王府的宗人朱慎鋼不仅给寺命名,而且用15两8钱银买了16亩地,"施为烈石庙保宁寺焚修之资",意在以佛寺养窦大夫祠。从此后的碑文中可以看出,窦大夫祠的住持实际上就是这个保宁寺的住持,是僧人。这证明在晚明以前,窦大夫祠是很不景气的。

员,也包括向阳镇、西村、宇文村、上薛村、横水村、卢家河、柴村、呼延村、新城村、横渠村等附近村落的民众。苗姓仍然十分显眼,特别是在"经理纠首"30人中,苗姓为22人,史姓3人,另有王、康、樊、于、杨姓各一人,证明苗氏是延续百年不衰的大族。

渠长和乡约也扮演了重要角色,但主要是以西河渠与和合渠为主。在一块题名中,此二渠几次出现,在以渠为单位捐款的记录下,注明渠长若干人的姓名;在以"阖村按粮捐钱"的记录下,注明乡约若干人。渠之下的村不记村名,应该说明特定的村与某渠直接相关,时人是习以为常的。在不同的捐款记录下,虽同渠同村,但渠长和乡约完全是不同的人,一村下记录乡约可达16人之多①。在道光二十三年所修县志中,记载了31条渠的名字,其中并没有西河渠与和合渠,有可能是在某一时期,将若干条渠组合在一起,形成一个总渠的名称,在这一总渠的范围内,实际上有许多自然村落,因此出现许多不同的渠长和乡约②。

因此,这次募捐达到了空前的范围,体现了极为强大的动员力。这绝不是窦鸣犊的影响度突然提高的结果,而是由于本地的影响力大幅增强。但是,在清中叶围绕窦大夫祠重修的活动中非常活跃的苗氏家族,没有一人出现在地方志的选举志和人物传中,说明这种影响力并非出于当地士绅力量的崛起,而是商人力量的作用。在此之后,由于汾水将乐楼冲毁,光绪十五年"乡约复谋重建",到二十六年(1900)修成,同样动员了大量资金和民力③。这在光绪初年"丁戊奇荒"对山西社会经济造成严重破坏的情况下,是一个值得注意的现象。

在本文中,我以"孔子回车"故事为引线,讨论了窦鸣犊从一个精英话语中的"贤人",逐渐变为具有降雨灵验的正统神祇,最后由于晋

---

① 清道光十八年七月《窦公祠新建乐楼碑记》,碑在窦大夫祠。
② 民国时曾将本县所有村落组成164个"编村"和695个"附村"。
③ 清光绪二十六年《重修乐楼碑记》,碑在窦大夫祠。

中水利的发展，成为与民众息息相关的水神。我们看到，在金元时期，孔子和窦鸣犊分别在晋东南和太原地区被"再发明"，是与这一时期在区域重建中的重要性分不开的。但是，我没有在这里讨论的，是金元以降晋南、晋东南的区域优势的惯性一直延续到明代，这可以体现在泽潞商人的发达上；但他们的辉煌到清代中叶似乎被晋中商人掩盖了，因为清代中叶以降是晋中地区的繁荣期。这一点，恰恰在本文对窦大夫祠的描述中体现出来。

我不打算在这里对此展开详细论述。约略言之，二者"历史性时刻"的不同在于，明代晋中地区仍接近北部边塞，长期受制于战时或半战时体制的约束（如卫所屯田、商人"开中"、兴修长城及堡寨等），只有到与蒙古关系彻底缓和之后，才打开了通往北部草原的商路。而西连关中、东下河南、湖北的晋南、晋东南商路，在明代远离北部边塞烽火，因此得以发展。但当这一大形势改变之后，晋中地区相对于晋南、晋东南地区的地缘优势就充分显现出来。

圣姑庙：金元明变迁中的"异教"命运与晋东南社会的多样性*

今山西东南部的高平市，即金、元以降之山西泽州府高平县，在其境西北的上董峰村，有一座圣姑庙，供奉一个基本上不为人所知的神祇，俗称马仙姑。在一个偏僻小山村中的这样一个无名小神，虽不能与那些为朝廷瞩目或与重大事件勾连的神祇及其信仰、礼仪相比，但也还是折射出金、元以来华北历史变迁的若干重要轨迹①。

美国学者编纂的《中国历史上的宋元明变迁》一书②，意在讨论"唐宋变革期"与"帝制晚期"或"早期现代"之间这个时段的过渡性。该书中的"宋"明确指南宋，对于讨论华北的人来说，更毋宁称之为"金元明变迁"。如果南宋以降确实构成一个变迁时段的话，那么这些新的特质不仅出现于南宋或南方，而且更多地体现在金或北方。

---

* 我们在几次赴山西高平进行田野调查的过程中，得到高平档案局刘志强先生的支持；在本文写作过程中，博士生罗丹妮整理了部分资料；整个山西乡村研究的计划，也分别得到香港大学、香港中文大学、台湾中研院的项目支持，本文也是这些项目中的一部分，在此一并表示感谢。另外需要说明的是，本文虽涉及摩尼教在中国的传播，但与摩尼教史研究的取向不同，对此领域也颇陌生。故在本文撰写过程中，分别学习了沙畹、王国维、陈垣等前辈学者关于摩尼教传入中国的论文，以及林悟殊、马小鹤、芮传明、王见川等当代国内学者的摩尼教研究论著，了解到很多基本知识和学术史，受益匪浅。

① 关于这个圣姑庙，根据检索，只有曹飞的《万寿宫历史渊源考——金元真大道教宫观在山西的孤例》一文，参见《山西师大学报》2004年第1期，第80—85页。他认为马仙姑属于真大道的派系，甚至推断她是该教五祖郦希成的嫡传弟子、八祖岳德文的师姐。

② P. J. Smith and R. von Glahn, *The Song-Yuan-Ming transition in Chinese History*, Harvard University Press, 2003, "Introduction", pp. 1-2.

本文虽然只集中于一个很小的个案,但因这一个案恰在此时段展开,窃期能够对前述讨论有所深入。

一、一个"异教"寺庙的缘起①

圣姑庙中现存最早的碑刻立于元世祖忽必烈至元二十一年(1284),与元代的几块碑刻比照来看,此庙就是创建于这个时期。在古迹众多的泽州或者高平地区,它显然并不算是一个古老的寺庙,但元初这座庙宇的新建,意义却并不简单。

根据碑文,所谓马仙姑的生平是这样的:

> 仙姑姓马氏,世洺州永年人。自幼遽长,有轻去世累之心。会良人韩志达,亦甚慕善,因同修,所谓在家而能忘家者耶?一日忽有所悟,遂能谈天地之机,微烛幽玄之至理,备述已往方来

---

① 在本文发表后,赵建勇发表了《元大道教史补考——以〈创建大明观更上清宫记〉等三方碑刻及山西省境为中心》(《中国史研究》2013年第2期),文中指出,"赵世瑜却认为该庙所奉教派为非佛非道的民间教门,更有可能为摩尼教,而于元代在对异教封禁的情况下托庇于大道教门下,明代又托庇于王府卫所势力,最后于清后期融入当地社庙系统。笔者认为曹飞所论该庙宇为元代真大道教宫观的基本结论是正确的。赵世瑜的民间宗教或摩尼教说没有文献证据,其误判为不熟悉大道教史以及该派碑刻铭文格式及教职、教徒名号所致。圣姑庙现存之《重修万寿宫记》所采用的以教祖刘德仁至九祖(或作十二祖)张清志的历代教主道行为中心的碑记叙述格式为该教碑刻典型格式,且该碑中所见各级教职等均屡见于其他大道教宫观碑刻;并且马仙姑弟子'韩志诚'、'张进善'的'志诚'、'进善'之'名'以及'志'、'进'这些'辈字'排行皆为大道教徒最常见的'名'、'辈'文字。但该文对于长时段的区域宗教信仰维系、变迁与地方社会阶层变动关系的社会史研究理路之探讨,具有很强的开拓大道教史'外史'研究的方法论意义。"的确,我不太熟悉大道教史,错误在所难免,欢迎批评。不过本文已指出,指称圣姑庙在元代以前可能属另一教门,甚或可能是摩尼教的说法只是假设,并未言之凿凿;再者,本文的主旨也并非论证该庙属于什么宗教。所以,本文所涉及的内容对于大道教史来说可能属于"外史",但对于区域社会史来说,寺庙或宗教本身的历史却只是一个切入点。此外,我依据的至元碑文"蓬首衣褐,无讽诵之烦,无衣钵之具,唯救膜拜朝日于东,夕月于西""既不归于空门,又不入于玄教"等材料,该文并未给予不同的解释,便指为"没有文献证据"。另称该文提出写明弟子字辈的至治《重修万寿宫记》说明其为元代大道教的确证,而拙文通篇均未否认其在元代为大道教寺庙,顺便提到的那个假设说的是此前的事。所以该文的批评尚乏足够的说服力。

之事,类若影响,徒众崭然,奉信甚众。思欲游历方外,念秦地可居,乃命其徒挽鹿车以载,遂自永年转而之上党,历壶关,复曰:"犹未至也!"乃之长平,距县治之西一舍曰通义里。按其地,介于群山之间,居人萧条……壶公之庙、果老之祠,连属相望,而魏相、张公之庙,据山之东趾,兹岂非至人可居者欤! 丙申之岁,仙姑遽尔税驾于此,乃心舒意适,因结庐而居,畴昔之愿,神实相之。其徒数人,皆蓬首衣褐,无讽诵之烦,无衣钵之具,唯敕膜拜朝日于东,夕月于西。居人观其法象,则悚然喜,愕然慕。睹其真气粹容飘飘然,信其可与神游于八极之表也。问其徒,则曰:"仙姑辟谷不食数年矣。"于是一方之民,纷集云合,奔走奉信,如市贾然。病者得愈,疡者得痊。间以前定之事往问,应答如神,一一昭合。居顷之,谓人曰:"吾之结缘宿注于此,今而幸达,吾不可久留于尘世矣,弟子当治我后命。"浃旬遂委蜕。①

传马氏为河北永年人,与丈夫韩志达一起授徒传道,后来带着徒弟来到晋东南地区定居。他们定居于此的时间是"丙申之岁",从碑文中说仙姑去世至当时四十余年判断,这个年代应是1236年。在此两年前,金已正式灭亡,而元朝尚未建立,是大蒙古国窝阔台八年。此时的华北不仅非宋,而且不金不元,处在一个政权真空的时代。在这样的时代,对于很多人来说是命运多舛,前途未卜,但对另外一些人来说则可能提供改变命运的机会。在这年前后,蒙古大军已攻破汴梁,进一步经略江淮;而就在这一年,耶律楚材建议在晋南的平阳(今临汾)设立经籍所,编修经史,说明以往金的文化腹地已为蒙古人接收并承认,向南拓展已是大势所趋。虽然语焉不详,我想马氏夫妇率徒南下,也并不见得是要找个清修之地,而有可能是试图寻找向南传教的机会。

根据上碑,我们是否可以知道马氏师徒信仰的究竟是什么教呢?

---

① 元至元二十一年《仙姑祠堂记》,碑在圣姑庙。

"大抵玄妙之道,人所罕闻;过高之行,人所罕及。故以士夫之贤,不免于若存若亡,况以妇孺之质,不缁不黄,懑然有所操守,嶷然有所成就,使仙风懿范,至于今而不泯绝。追而配之古女仙,其卫夫人、谢自然之流亚欤!"同年的另一碑文中也说:"惟思仙姑学道宗派,既不归于空门,又不入于玄教,无易服之异,特同于流俗。"①两碑都提到她所宗的既非佛教,也非道教,一般人不能理解其玄妙之处,只好将其归入神仙者流。

前碑中笼统谈及其信仰特征时说:

> 其徒数人,皆蓬首衣褐,无讽诵之烦,无衣钵之具,唯敕膜拜朝日于东,夕月于西。居人观其法象,则悚然喜,愕然慕。

从朝拜日夕拜月的仪式、"无衣钵之具",以及"辟谷不食"来看,很像是摩尼教或明教②,而且在两宋时期后者也确常借道教之名传播,但摩尼教是诵经的,而且教士不得结婚。从宋元摩尼教在南方传播的情况看,不排除在实际生活中产生变异的可能。后碑的相关记载是:

> 通义里仙姑祠堂之前,有曰太上、天公、玉皇之殿。余见里中故老,访其所由,则曰:仙姑自广平初悟道,时常欲寻访三圣像,故西登太行,驻上党。居民时致廪饩,则曰往送路福童。福童者,自幼似悟前世事。日于壶关沙窟里古圣山前,或默坐不语,或荷钟而立。□其下曰:此有石像焉,即仙姑所谓三圣也。

这里的"三圣"被称为太上、天公和玉皇,其中玉皇是北宋以来被统治者尊崇的道教最高神,但太上和天公则比较玄虚,碑文中也含糊其辞③。这在摩尼教教义中是否有迹可循呢?从碑文的描述来看,他

---

① 元至元二十一年《太上祖师天公玉皇庙碑并序》,碑在圣姑庙。
② 参见马小鹤、芮传明:《摩尼教"朝拜日夜拜月"研究》(上)(下),《学术集林》卷十五、十六,1999年。
③ 目前庙中新塑的并排三尊神像,中间是佛像,左为道者,右为儒者,殿外亦有说明称之为"三教殿",与最初的三像肯定相去甚远,但此种变化不知从何时起。

们绝非道教的三清。一般说摩尼光佛是四位一体的,即察宛、光明、威力、智慧,但又有三位主神之说,即除了摩尼光佛或大明尊或明父以外,还有善母和先意,分别代表摩尼教中的父、母、子三位主神,此外也可能是指迎接信徒获救的三位光明天使①。在此后为马氏修庙的过程中,"丁未年,继修南殿,绘塑仙姑所事三像。远近馈遗,门无虚日"②。这里的"仙姑所事三像"绝非大家所熟知的神祇,而是非常特殊的神祇,所以才用这样的提法。

北宋宣和间,因摩尼教方腊起事,朝廷禁断摩尼教,至南宋依旧,南方摩尼教转为秘密活动,至此时时过境迁,也许其势力有卷土重来之趋势③。当然,以上看法目前尚属推断,根据碑文中的只言片语还不能完全认定这就是摩尼教。特别是这一时期摩尼教主要在东南沿海传播,北方自宋以后便罕见其踪迹。另外,论者以真大道教本身发迹于河北,与马仙姑的家乡接近,其修炼"惟以一瓣香朝夕恳礼天地"与前述马仙姑师徒的做法有近似之处④。同时,与之相关的真大道教在1299年后主要在河东发展,郦希成亦曾到襄陵万圣观主持教务,等等,都有进一步讨论的余地。

根据碑文,马氏死后,他的徒弟吴子显希望能在这里给她建一座庙,本地人元璋、张庆捐出了自己的房宅,"建堂三间六筵,以奉仙姑焉",但只是称为"仙姑祠堂",表面上并非摩尼教或其他教派的寺庙。又"于其后构小堂以祠太白",我们不能肯定这里供奉的"太白"何指,也许指启明星,但恰恰是这里成为这个"异教"寺庙的重要空

---

① 参见芮传明:《摩尼教"平等王"与"轮回"考》,《史林》2003年第6期,第4—5页。
② 元至治二年《重修万寿宫记》,碑在圣姑庙。
③ 浙江温州苍南有元至正十一年《选真寺记》:"有宫一区,其榜曰选真寺,为苏邻国之教者宅焉。"同年之《竹西楼记》记载:"潜光院者,明教浮图之字也。明教之始,相传以为自苏邻国流入中土,瓯闽人多奉之。"(陈高:《不系舟渔集》卷一二)可见元代东南沿海明教之盛。
④ 《大道延祥观碑》,参见曹飞前揭文,第83页。不过,该文称马仙姑是郦希成的弟子纯属臆测。据嘉靖《隆庆州志》收元大学士刘庚的《龙山水谷太玄道宫真大道五祖郦君本行碑》记载,"君之高弟三人:孙德福、李德和、岳德文",未及其他。

间。很快,祠堂还没有建成,"吴之显弃而他往","继而徒众散驰略尽",可见该种信仰及其活动方式在当地并没有得到认同。但在这里我们却注意到一段重要的因缘:

> 初,仙姑之来也,时则有前州牧夫人,聆其善言,炙其善行,故命男军千户段绍先董治其祠宇,事功垂成……继有本墅信士张璇、秦元、张□绪成其功,构东西庑,以为四方来者设斋供之所。……典庙事者,继继承承,皆段公洎里人所招致。

这里的"前州牧"和"段公"都是指金元之际的泽州世侯段直。所谓世侯,即指金贞祐南渡后,黄河以北地区处于无序状态,一些地方豪强起兵自保,被蒙古人授予元帅、总管等头衔,且可世代承袭,自辟僚属,支配一方军民之政,被称为世侯。段直"世为泽州晋城人。少英伟,有识虑。甲戌之秋,南北分裂,河北、河东、山东郡县尽废,兵凶相仍,寇贼充斥。公乃奋然兴起,率乡党族属为约束,相聚以自守。及天子命太师以王爵领诸将兵来略地,豪杰并应,公遂以众归之。事定,论功行赏,分土传世,一如古封建法。公起泽,应得泽,遂佩黄金符为州长官,凡廿余年"[①]。这里的"夫人",在另一碑文中明确写为"夫人李氏"。据前引段直墓志,他共娶4位夫人,分别为卫氏、张氏、马氏和李氏,因此李氏是其最小的夫人;又共有子4人:绍隆、绍先、绍相、绍宗,碑中的千户段绍先为段直次子,曾为王府宿卫。

在这位异教徒马氏刚刚来到此地时,这个本地最强有力的家族便与其多有交往,并在其死后资助其寺庙的建成。从《仙姑祠堂记》的碑阴上看,李氏夫人和段绍先是最大的都功德主,到至治二年的《重修万寿宫记》中,不仅有功德主前千户段绍先、夫人姬氏、孙段德新,还在碑阴中列上了"前泽州功德主长官段直"。可知段直家族的势力是这种外来宗教的有力支持者。我们毫不怀疑段氏家族和当地

---

① (元)刘因:《泽州长官段公墓碑铭》,(清)胡聘之:《山右石刻丛编》卷二七,太原:山西人民出版社,1986年,叶37。

人,包括后来将其纳入道教系统的道士,都非常清楚这是一个疑似摩尼教的组织,所以后来道教系统的碑文中才有这样的语句:

> 至元二十七年,嗣孙康妙善门徒明真大师韩志诚,备述仙姑始末实录,礼谒真人宫岳八祖,考义灵验,有合于真大道,高风懿范,可谓并行而不相悖也。①

就是说其精神与道教是合拍的,是并行不悖的,但也就此告诉我们它并非道教。即使如此,泽州的地方势力与在本地的蒙古统治者还是联手推出这个新的神祇马仙姑和新的神庙,其意应在重建这里的秩序。

我们在泽州现存的碑刻中读到过许多段直及其家属资助修庙的记载,金代状元李俊民也曾多次为段直捉刀撰文,记录他重修庙学、为战乱中的死者举行大规模醮仪等举措。但我们还是会感到惊讶,因为除了本县的李村、陈庄、常庄、周纂,本府的阳城、晋城等县有多人前来捐款之外,在沁水、壶关,以及直隶的永年、肥乡等地居然还有这个庙的下庙!我们同时也注意到,在马氏夫妇所来自的直隶两县的三处下庙功德主,在永年均为马姓,在肥乡均为韩姓,也就是马氏夫妇的两个家族成员,分别掌管这个"异教"寺庙的分支机构,其他山西各县的下庙,如本县的周纂、晋城的大阳、阳城的屯城、沁水的郭壁,都是比较繁荣的村镇,可见其扩展势力的努力。显然,我们今天所见到的这个山村小庙,与彼时这个寺

山西高平上董峰村圣姑庙大门

---

① 元至治二年《重修万寿宫记》,碑在圣姑庙。

庙的地位，无法同日而语。

二、金、元道教势力的扩展与圣姑庙的隐秘

全真教、太一教和真大道教都是金代产生的，因此无论是道教还是金代这个时期，都是我们了解华北社会转型不可忽视的因素。全真教的祖师王重阳是北宋末人，在金不得志，后主要在山东各地收徒传教，最后于大定十年死于开封。在金统治时期，全真教在北方就已经获得很大发展。前述金正大四年重修王屋山阳台宫，就是由林州王志佑号栖神子的道士发起的；山西高平李门的真泽二仙庙，按李俊民的说法，始建于唐天佑年间，也是到金"贞祐甲戌烽火以来，残毁殆尽"[①]。但也就在此时，"大金贞祐甲戌岁，国家以征赋不给，道士李处静德方纳粟于官，敕赐二仙庙作悟真观"，然后又于庚子（1240）重修。此人在丁酉岁（1237）曾赴燕京受戒，归后"请以白鹤王志道知神霄宫事"[②]，可见与全真教的关系。又前引《重建修真观圣堂记》提到，主事的女道士张守微，"幼妇赵氏，夫亡，正大甲申五月舍俗出家，礼太原榆次县专井村玉真庵洞妙散人杨守玄为师，师乃长春真人门下宁神子所引度者也"。再有道者杜志元，据说在金正大五年梦见与道士讨论玄教，后来因躲避战乱而出家，到正大七年时"诣天坛，礼全真邱长春门下……"[③]因此，在不金不元的蒙古国时期，全真教便成为华北的社会重建中一股不可忽视的力量。

进入元代，全真教的活动就更频繁地出现在泽州的地方文献中。如山西高平全真教申志谨曾拜怀州青城观李志端为师，他创建的玉虚观请来了泽州长官段直等一应官员作为功德主，金状元李俊民撰文，元素子郭志宏校正，而在碑上列名第一的是段直的夫人，号清真

[①] （金）李俊民：《重修真泽庙碑》，晋城市地方志丛书编委会编著：《晋城金石志》，北京：海潮出版社，1995年，第403页。

[②] （金）李俊民：《重修悟真观记》，《晋城金石志》，第401—402页。

[③] （金）李俊民：《会真观记》，《晋城金石志》，第417页。

散人,可见全真教在该地的地位①。而在铁炉村的清梦观原为姬志玄所创,"贞祐南迁之末,兵尘骚屑,靡有孑遗。方河朔预宁,先生避地于齐赵之间,闻长春之风而悦之,乃易衣而道。久之历太原,经台山,杖履所及,观宇随立。户外之履常满,将尸而祝者众"。碑文中不仅讲到他个人的影响,而且也吹嘘了全真教在元代势力的扩大:"逮乎皇朝应运,奄有诸夏,上遣使征栖霞长春真人……特旨复燕,建长春宫,主盟玄教,蠲免门下赋役。……自是玄风广被,道日重明;参谒者雾集云骈,营建者星罗棋布。"②

由此可知,金元之际全真道等道教支派在华北势力的扩展,形成了这一地区的新的社会秩序,与蒙古人势力的逐渐向南扩展互为表里。这两种势力互相利用,但又不相重叠。以往论者多关注政权更迭,而较少注意此时期道教势力开始全面取代佛寺在基层社会秩序中的地位,成为秩序重建过程中的重要因素③。

尽管全真道在当时山西的地位已无其他宗教势力能及,但也并非唯此一家。据陈垣的说法,"南宋初河北新兴三教,全真为盛,凡有宫观,十之七皆属全真,故不必特为著录。若太一则所存宫观史料太少,不足成章。惟大道上不及全真,下有余太一,辑而存之,可见其教区之广狭及组织也"④。而圣姑庙的故事恰恰可以补充援庵先生的论说。

在圣姑庙的《重修万寿宫记》中,我们发现时隔不久,仙姑祠堂便已更名为万寿宫,至少在表面上它已成为道教庙宇。碑文从黄老一直下述至金代真大道的创始人刘德仁、第九代传人元至元年

---

① (金)李俊民:《新修玉虚观记》,碑在高平良户村。
② (金)姬志真:《创建清梦观记》,碑在高平铁炉村。
③ 关于此,可参见拙文:《从明清史看宋元史——倡导一种"连续递进"的思考方法》,收于《清华历史讲堂续编》,北京:生活·读书·新知三联书店,2008年。
④ 陈垣:《南宋初河北新道教考》,载氏著:《明季滇黔佛教考》(下),石家庄:河北教育出版社,2000年,第653—654页。

间的张清志①,并把马仙姑列入这一系谱。其实早在至元二十七年(1290),也即圣姑庙建成后六年,马氏夫妇的"嗣孙(女)康妙善门徒明真大师"韩志诚,就跑去"礼谒真人宫岳八祖",并得到蒙古"阿识罕大王令旨,香幡护持"。大德十一年,"明真弟子提点张进善,悼其师云轩远驭,恐弗克荷付托,意思欲有光于前,无愧于后。复受教于天宝宫郑真人,乞行部符,定万寿宫额"②。

关于真大道的"岳八祖"和"郑真人",据《真大道教第八代崇玄广化真人岳公碑》记:

圣姑庙元至治二年碑记

真大道第八代师,曰岳真人,讳德文……故家绛州冀[城]县,娶泽州王氏。兵间,迁涿之范阳,今为涿州人……遂以(至元)二十一年,宣授崇玄广化真人、掌教宗师,统辖诸路真大道教事。③

又据《郑真人碑》:

其十一世祖曰郑君,名进元,以宋咸淳三年五月十四日,生于永嘉。家本儒也,幼值乱离,至于辉州。……至元庚寅(二十七年),君从卫辉道录贾师来燕,抵天宝,

---

① 《元史》卷二〇二《释老》:"真大道教者,始自金季,道士刘德仁之所立也。其教以苦节危行为要,而不妄取于人、不苟侈于己者也。五传而至郦希成,居燕城天宝宫,见知宪宗,始名其教曰真大道,授希成太玄真人,领教事,内出冠服以赐;仍给紫衣三十袭,赐其从者。至元五年,世祖命其徒孙德福统辖诸路真大道,锡铜章。二十年,改赐银印二。又三传而至张清志,其教益盛,授演教大宗师、凝神冲妙玄应真人。清志事亲孝,尤耐辛苦,制行坚峻。"

② 元至治二年《重修万寿宫记》。

③ (元)虞集著,王颋点校:《虞集全集·真大道教第八代崇玄广化真人岳公道行碑铭》,天津:天津古籍出版社,2007年,第1044页。

居堂下。①

圣姑庙《重修万寿宫记》中的"明真",疑仍为这个民间教门的说法。这两条材料揭示的是该教门在圣姑庙的第三代和第四代弟子分别主动与真大道联姻的过程。有意思的是,岳德文本人是晋南人,而他的妻子则恰好是泽州人,他们又曾迁到河北,而也正好是在圣姑庙建立的至元二十一年,他被蒙古人任命为真大道的掌教宗师,这不能不使人怀疑马氏师徒的教门系统与真大道早有渊源。而从郑进元的经历看,他本来也在邻近的豫西北活动,后来也是在河北获得蒙古人支持,重新在河南北部,也即许州天宝宫建立据点②。这个过程,应该是亟望获得势力扩展、与全真道一争短长的真大道和该教门一拍即合的结果。

姑以摩尼教而论,道教与之早有渊源。除敦煌唐代《老子西升化胡经》讲述的老子化摩尼故事外,日本学者曾指出,北宋真宗时编纂的道藏《大宋天宫宝藏》中曾收有《明使摩尼经》,后来才被从道藏中删除③。朱越利则综合柳存仁等人的研究,讨论了净明道与摩尼教的关系,特别是指出前者受后者的影响。文中引南宋黄震《黄氏日钞》卷八六之《崇寿宫记》说:"吾师老子之入西域也,尝化为摩尼佛。其法于戒行尤严,日惟一食,斋居不出户,不但(仅)如今世清静之云(法)。吾所居初名道院,正以奉摩尼香火,以其本老子也……独念新之增者旧之忘,身之舒者心之肆。摩尼之法之严,虽久已莫能行,而其法尚存,庶几记之。"认为崇寿宫原是依附道教的摩尼教寺院,后改

---

① (元)程钜夫著,张文澍校点:《程钜夫集》卷一七《碑铭·郑真人碑》,长春:吉林文史出版社,2009年,第212页。

② 参见陈智超:《许昌天宝宫访碑记》,《中国史研究动态》1986年第6期;史福岭:《许昌天宝宫及其前期兴衰的宗教政治背景》,《中原文物》2007年第4期。所引《汴梁路许州长社县创建天宝宫碑》记:"先是大道一宗,其所崇尚不过河北有焉。自五祖太玄广惠真人命举师卢尔德清往河南典教,其后教法流行。"

③ 〔日〕福井康顺等:《道教》第1卷,朱越利译,上海:上海古籍出版社,1990年,第50页。

为道观,但观主仍不忘摩尼教法。而早期崇寿宫的宗教类型,与兰公早期孝道接近;净明道的宗教类型,盖与后期崇寿宫相似。因此他认为净明道事实上是明教教团创建的披着道教外衣的组织,或曰"清净的明教",但久而久之便道教化了①。这些都说明历史上不同教门与道教之间存在互动关系。

由于真大道得到蒙古统治者的支持,被其吸纳的这个民间教门也就因此得以生存和发展。于是我们明白了为什么泽州地方长官段直家族对圣姑庙青眼有加,明白了在寺庙建成的碑刻题名中,还分别列有元朝潞州、壶关、河内、闻喜、浮山、榆社及高平的许多官员,更明白在这个似摩尼教的寺庙中有蒙古贵族的令旨专门涉及对它的保护。庙中的一块残碑是较早一两年的:

> ……与随城子里达鲁花赤……来□大道□□宋通……圣山有马仙姑指引路福童……来的院子一处,怀孟路武陟县府……真观,如今他的徒弟韩志诚为他徒门……与俺大道岳真人师父教法一般上头。……也,将那……皇庙改为灵应观,委付大道每住持焚修,与皇家告天祈福上头,真大道头目每执把着行的,令旨与了,一随处□那马仙姑的徒门祠庙院子并常……业,若有……每昏赖占着,不肯吩咐呵,恁官人每……的使臣大……每一同依理归断,分付与先生……令旨,俺的不……引了呵,罪过大……么!
> …… ……
> 元贞□□月日。②

虽然碑文内容残缺,但还是可以看出,由于真大道与之"教法一般",马仙姑的门徒都归了真大道控制,朝廷当然也就对其利益一体保护。后碑则讲得更为详细:

---

① 朱越利:《净明道与摩尼教》,《中国学术》2003 年第 2 期。
② 阙名令旨碑,碑在圣姑庙。元贞在大德前,该年号只有两年。

圣姑庙：金元明变迁中的"异教"命运与晋东南社会的多样性

皇帝福荫里阿识罕大王令旨：宣慰司官人每，廉访司官人每，随城子达鲁花赤管民官人每，管军官人每，管打捕鹰房，不以是何官人、和尚、先生、也里可温每，答失蛮每，众百姓每，俺真大道大宗师、崇玄广化真人岳氏祖管着的马仙姑徒门为头儿行的，平阳路泽州高平县通义村马仙姑祠庙崇真观女冠韩志诚，□□□撒□儿妃子老娘娘出家的，上头在先曾与懿旨，那崇真观里降香挂幡布施，有来为那般呵。韩志诚执把行的令旨再与去也。属平阳路潞州壶关县沙窑村灵应观、怀孟路武陟县府城村修真观，并随处但有旧属马仙姑的徒门祠庙，照依在先体例里韩志诚为头儿管着行者，更依着圣旨体例里，这韩志诚管着的马仙姑随处行门观庙里，不拣甚么差发休著者。田产水土不□甚物业，或是置卖来的，诸人施恩与来的，开耕占到的，不拣甚人休倚气力争占，休搔扰，休欺负。□□了的人每有呵，仰本处官司，添□□与大道头目每，一同好生的理问归断者。□人每不偢信呵，写将名姓来俺根前说者，怎生般要罪过呵，俺识也者。

……

大德元年十二月日。①

由此我们知道，圣姑庙或此时的万寿宫还有另一个名称为崇真观，"马仙姑徒门"是由真大道"管着的"单独一个支派，但是否还保留着该教门系统的独立性便需揣测。由于至元二十一年《太上祖师天公玉皇庙碑并序》里提到其"既不归于空门，又不入于玄教，无易服之异，特同于流俗，遂占籍道义，与编户等，犹且义未获伸，诉之上官。蒙省部符下，仰与齐民一例应役，稍获安"，即不归属朝廷佛、道二教专管部门的直接管辖，而由真大道代管，马仙姑门徒同于一般民户纳税服役，故而怀疑他们还是具有一定的独立性的，是利用了真大道这柄保护伞，却没有真正消解于其中。如果是这样，或者是摩尼教，或

---

① 明正德元年录《大元皇帝敕谕碑》，碑在圣姑庙。

者是别的什么民间教门便在朝廷的庇护和道教的掩护之下重新获得了发展的空间,这也就使我们容易理解,为什么在前朝屡遭打压的民间教门,包括明教、白莲教、摩尼教等等,在元朝末年蔚然大观,终于起事埋葬了元朝,这对于曾经庇护它,又允许它保留一定独立性的元朝来说,的确是一个极大的讽刺。如果我们深入分析元代真大道与该教门之间的关系,或许有可能对真大道基本消失于明初的原因得到全新的解释。

三、"王府香火院":最后的庇护与圣姑庙的地方化

与金元之际的社会动荡相比,元末明初的动乱并没有对泽州或者整个山西南部造成严重的破坏。但从这里的材料来看,的确已很少有真大道的痕迹;我们也没有看到这个教门的教徒在元末响应红巾军的北伐,他们似乎进入明初就销声匿迹了,但圣姑庙却并没有丧失其与众不同的地位。

与金元时期的泽州相比,明初这里似乎并没有立刻显现出兴旺发达的景象。高平的城隍庙"金大定癸卯创建,元皇庆一新之,入国朝,宣德丁未王公惟一一新之;正统辛酉张公玑一新之,然而因陋就简,规制多未备也"①。就其文教事业而言,"余高平域大而习淳,则晋诸方冠。入明初百余年,草昧肇夷,奎文郁然未光也。宪孝之际,天下久邕熙,章缝翔洽,而一二贤司牧者,来宣明主德意,招延弟子"②。都是到中叶以后才开始稳步的建设,在明初,这里还在逐步进行新的秩序重建。圣姑庙虽然并非明代国家礼制或教化的重要组成,但经历是相同的。

与泽州地区大部分寺庙的情况不同,圣姑庙在元、明时期并没有

---

① (明)杨应中:《重修城隍庙记》,乾隆《高平县志》卷二〇《艺文》,清乾隆三十九年刻本,叶43a。
② (明)刘虞夔:《重修奎光楼记》,乾隆《高平县志》卷二〇《艺文》,叶40。

显示出社庙的特征①,这应该与它在元代的特殊性有关系。限于材料,我们至今不了解圣姑庙是如何度过明初时光的,按清代碑刻中的记载,有说"是庵也,肇封于元,迨明成化间始大创兴"②;有说"其庙肇基元代,增修明初,迄今数百余年"③;有说"后世补葺不一,自天顺至成化及我朝康熙、乾隆、嘉庆,历代有修补"④,基本上说其整修于明中叶。我们今天在庙中看到的有限的证据也只能说明明中叶该庙重修的情况⑤,包括在大殿屋脊正中的琉璃牌位上残余的"大明国弘治年七月造"字样。鉴于圣姑庙在元代这样特殊的背景,我们只能想象它在明初经历了一段衰颓的命运。

到明代中叶,圣姑庙的命运开始改变,其重要证据就是正德元年所立《圣姑庙大明宗室隰川王令旨碑》:

> 代府隰川王令旨,遣内史赍去禁约一应军民人等。照得高平县董峰乡仙姑万寿宫,□本府香火院。命住持杨得真,在内焚修香火,祝延圣寿以图补报。访得居民有等无籍之徒,不遵法礼,亦不知是府中香火院,诚恐在内游荡,打搅亵渎神祇,除本府密差人役时常访察外。令旨到日,敢有似前凶徒军民入宫搅扰者,许守官住持上实赴府启闻,轻则量情究治,重则送问不恕。故谕。

为什么一个远在泽州府城的王府会突然关注这个地处偏僻的寺庙?个中缘由已经很难复原。我怀疑在明初的一段时间里,这个庙里的"道士"还想维持原有的系统,不对本地开放,避免成为社庙那样的公

---

① 关于泽州地区的社庙传统,参见杜正贞:《村社传统与明清士绅——山西泽州乡土社会的制度变迁》,上海:上海辞书出版社,2007年。
② (清)田逢吉:《重修万寿宫记》(康熙十五年),碑在圣姑庙。
③ (清)田普生:《重修万寿宫碑序》(嘉庆五年),碑在圣姑庙。
④ (清)郑希侨:《重修大圣仙姑殿碑记》(道光十八年),碑在圣姑庙。
⑤ 庙中现存两块重修墙碑,一是在弘治十一年,一是在万历四十五年。这在清代碑文中都没有提及,可能重修规模不算大,而清代碑文中提到的成化年间的大修倒没留下任何碑刻,应该是后来毁掉或遗失了。

共空间,因此不愿意与之无关的人"在内游荡,打搅亵渎神祇",这恐怕也正是其没有在明初得到修葺的原因之一。当庙中住持实在抵挡不住邻里的压力时,才主动前去寻求王府势力的庇护,主动投身为王府的"香火院"。所以那些居民"不遵法礼"是主要的,"不知是府中香火院"是非常次要的,这个"法礼"也许依然是这个"异教"的存续。

隰川王是代王的第十子,母亲是开国功臣徐达的女儿,英宗正统七年封。正统十年,"代王桂宫人刘氏溺爱壶关郡主,时以禄米给仪宾秦安。……已而,代府封识一合内,置无首面人、羊肝等物赐隰川王,王疑刘氏魇魅,秦安或知之,以白代世孙,系安于狱。事闻,下巡抚佥都御史罗亨信等核之,言魇魅事实出刘氏,安不与闻"①。似乎代王子女已与晋东南地区有关,但此时隰川王尚未至泽州。天顺五年,"命迁代府山阴王逊煁、襄垣王逊燂于蒲州,宣宁王逊烊、隰川王逊燎于泽州"②。这些被迁的藩王非常不满,"奏称迁居泽州,不宜水土,多染疾病,欲求改迁"但没有得到同意③。

宁山卫,洪武十一年六月由驻泽州之宁山所升,初属河南都司,永乐间改隶后军都督府④。这个卫地处山西、河南交界,屯地又多在河南,一直是纠纷频发之地,已见于于志嘉相关研究⑤。有官员请求将其或隶河南,或隶山西,但兵部认为"宁山所以控制河南、山西,二都司规画已久,难改隶其编屯连坐之法"⑥,说明宁山卫的设置地点具有鲜明的以中央监督、控驭地方军事力量的目的。因此,宁山卫也成为明初泽州超越地方行政力量的又一种强大势力。

因此,我们在现存最早的明代弘治十一年重修碑文中发现,宁山

---

① 《明英宗实录》卷一二五,正统十年正月戊子,台北:历史语言研究所1962年校勘本,第2498页。
② 《明英宗实录》卷三二四,天顺五年正月癸亥,第6708页。
③ 《明英宗实录》卷三二九,天顺五年六月己卯,第6766页。
④ 《明太宗实录》卷八七,永乐七年正月戊辰,第1157页。
⑤ 参见于志嘉:《从〈嵒辞〉看明末直豫晋交界地区的卫所军户与军民词讼》,《历史语言研究所集刊》第75本第4分,2004年,第745—795页。
⑥ 《明英宗实录》卷四四,正统三年七月丁亥,第852页。

卫是圣姑庙最大的功德主,这次重修主要是修成"圣女殿石堂一座"。虽然碑文漫漶,但还是可以看出作者是在强调后人对信仰的固守和坚持:"惟世之人孰不欲□一善□一名以自立于天地间,但渐为□,□□有浅深,所趋有邪正,今守□以潆然一女子之身而成厥功,可谓懋矣。然其所为所见所趋,未□有差,非吾儒所可与也。噫!物之□天下,理有所固然,而人之□□而从其本,然守源知之乎?"①

但宁山卫似乎并不能保护圣姑庙完全不受干扰,于是住持杨得真在请求隰川王府庇护的同时,又把元朝贵族的令旨两道重新抄录立碑,并题为《大元皇帝敕谕碑》,希望来自前朝统治者的庇护依然能够发挥效用。在隰川王令旨碑的题名中,除了有王府各宗室之外,还有宁山卫的各级武职官员,说明这两股势力同意联合起来保护圣姑庙。

我们并不知道元、明两代这三块碑文是否发挥了作用,但我们却能看到在这些活动中"里人秦贤"的身影。那两块元代的令旨碑都是他"书并额"的,弘治十一年重修也是他主持②。早在元代圣姑庙初建时,就有本县秦氏列名,即秦庄的秦玉③。这个秦玉显然是个热心于祭祀事务的人,元中统二年,他与米山的程吉、龙曲村的杨德和、张鹏翼等人在高平城东的南赵庄真泽二仙庙旁创修太尉殿。奇怪的是,这些人并没有率先重修贞祐间被毁的二仙庙的建筑,却在正殿旁新修一个原来没有的殿。更有意思的是,后来这个庙依然无人热心管理,于是"众乃举其忠信者秦庄秦金移家来守其庙"④,秦庄的秦氏竟成了南赵庄二仙庙的管庙人。

没有直接证据说明圣姑庙所在的董峰也是秦庄秦氏的"殖民地"。在至元二十五年开列圣姑庙庙产清单的碑记中,也有本村的秦

---

① 弘治十一年阙名碑,碑在圣姑庙。
② 秦贤,曾官经历。见乾隆《高平县志》卷一二《选举志·例贡》,叶17a。在《选举志》中还有一些秦姓的人,但没有材料证明他们之间的关系。
③ 乾隆《高平县志》卷一二《选举志·例贡》,也有秦玉,但未记是何时人,叶19a。
④ 元至元二十一年《重修真泽庙记》,碑在南赵庄村二仙庙。

觉、秦大列名;直至清代多次重修碑刻的碑文或题名中,秦氏一直是重要角色。虽然我们不知道这个与圣姑庙保持联系六七百年的秦氏家族与《明实录》中提到的代王府仪宾秦安有无关系,但至少知道他们是明代圣姑庙的重要支持者。

还有一些间接的证据证明秦氏和圣姑庙的密切关系。元代的碑刻记载周纂村(今大周村,在董峰之南)有圣姑庙的下庙,但未记是何庙。但明代周纂的社庙汤王庙却同时有"圣仙姑"配享,有可能正是这座下庙。碑文中记载的除本社社首武姓、李姓、牛姓等以外,还有12名水官,主持日常祭祀。其中姓秦的有两人,姓杨的有五人,与圣姑庙明代弘治碑中的姓氏相同,有可能是同一伙人①。另外就是在圣姑庙初建时就已参与其中的秦庄村,上述秦氏就是来自这个秦庄村的。其位置在县城的东边,"居大粮之麓,山居野处",与董峰距离遥远,这里的玉皇庙是该村的社庙,在清乾隆间"合社同立"的补修碑记中,讲到这里"自古在昔,先民有作,奉祀玉皇大帝、西陵圣姑以及高媒、葛仙、机神、牛王、当方土地诸神"②,其中的"西陵圣姑"也即董峰的圣姑,而此庙应即元代圣姑庙的下庙。为什么凡有圣姑庙或其遗迹的地方也就会留有秦氏的痕迹呢?为什么在元代是秦庄村的秦氏超越了村落或者乡里去助修庙宇,而到清代参与重修圣姑庙的都是董峰的秦氏?我们目前还不得其解③。

重要的是,在圣姑庙元代和明代的碑刻中,碑阴题名都是个别的、分散的,而不是以村落、社或其他地缘性组织出现的,这的确与我们在泽州地区所看到的多数情况大异其趣。难道这些分散的个人都是摩尼教或者披着真大道外衣的摩尼教信徒吗?对此我们依然没有答案。但圣姑庙的确长期没有得到一种地缘性的认同。到再一次王朝更迭之后,当顺治年间进士田逢吉之父田驭元重修仙姑庙时,该庙

---

① 明嘉靖四十一年《汤王庙增修记》,碑在大周村汤王庙。
② 清乾隆三十二年《补修玉皇庙碑记》,碑在秦庄村。
③ 在圣姑庙正殿中内龛的门上方挂着一面锦旗,上书三个大字"万寿灵"。落款是:"信士下董峰秦福喜敬上。癸未七月初五日。"可见秦氏现在还是圣姑庙的重要支持者。

"而至于废,占祀田则有人,盗山木则有人,因岁时以为利则有人,而殿庑则任其废而莫之兴"。田驭元在与"里人"商量修葺经费的时候,大家都不积极,"家大人曰:'余瘠宫也,弗能从事。惟是二三间口,十室九虚,募之不应,反以䲡功。无已,则有因物成务之术乎?夫大山阿之松,往日被窃伐无算,盖酌取焉,或庀之为榱栋之用,抑贸之亦工料之资也。累之以锱铢,需之以岁月,旧者新、敝者整矣。'众唯唯而退"①。大家"募之不应",只好利用寺庙自己的山产来解决。值得注意的是,在题名各姓氏 20 余人中,仍有四位姓秦。

直到雍、乾时,"里人"秦氏家族的秦咸宜见该庙实在破损不堪,倡导重修,"欲兼修之则不能,欲恝置之又不忍,即慨然以东殿为己任,而以西殿让之乡众公修焉。其子盘石,又能善承父志,乐为鸠工。往岁咸宜客寓山左,盘石立愿兴工,一木一椽,非借他人之助;寸瓮寸瓦,皆出自己之金,工未毕而咸宜旋里,喜其子年少好善,于是接续振作,解囊以费,美轮美焕,华观厥成,鸟革翚飞,焕然维新"。仍然是秦氏自己出钱,而得不到乡邻的帮助,同时被迫将"西殿"交给大家"公修"②。但据乾隆二十七年的碑文,"西庑至今荒废,曾无人焉起而问之",竟无人愿意问津!乾隆时是泽州各地修庙最为普遍的时期,但圣姑庙却如此凄惨,这究竟是碑文所说"本社无力重修"的缘故,还是它独特的信仰传统所致呢?

也正是到这个时候,"七庄善信目睹神伤……爰是广为募化,共得布施若干两,又七庄布施若干两,自庚辰鸠工,阅辛巳及今告竣"③。圣姑庙终于被迫完成了它的蜕变,从一个孤立无依的神庙变成了一个地域性的公共空间。尽管在这次重修活动中,秦氏还是其中的主要参与者,并且列名为"主神官"的第一人,但同时却已有"总领社首"和"各庄社首"许多人参与其中。也正是有了这样的变化,

---

① 清康熙十五年《重修万寿宫记》,碑在圣姑庙。
② 清乾隆元年《万寿宫重修列宿东殿碑》,碑在圣姑庙。
③ 清乾隆二十七年《重修万寿宫西庑碑记》,碑在圣姑庙。

圣姑庙的香火得以靠地缘性的村社组织加以维持。嘉庆五年重修,"第村若弹丸,人多贫乏,即使家家乐输,亦难支此浩费。因思他乡社众常蒙甘雨之施,受福既多,宁无乐助之志?由是持疏募化,共获二百余金"①。到清末则"庙为七庄之望,岂可任其荒芜败坏乎!"②

道光二十七年圣姑庙发生的一场风波颇能说明圣姑庙对于地方的"门户开放":

> 道光丁未,皇天不雨。邑之李村、店上村来求灵液。自大元以来,乃常事也。事虽常事,而伊等到而无礼之论。一日,邑之西南乡回山村亦来拜祷,踵至门,鼓乐人众不得入门,仅十数拈香者入门,少申拜祷。善男崔凤阁像其言,传以李村、店上村拜祷者,责之曰:"尔等封门闭户,私一己之拜祷,阻多方虔诚之不得伸之。"退去,郊村者及迁入宫,一同登堂拜祷,使得以申其诚敬,展其肃将。归后,李村、店上村得灵液亦归。③

由于该庙的维持要依靠一个大范围地域的支持,因此无法将"七庄"之外的信众排斥在外。但更重要的是圣姑庙的管理已归"七庄"公管。"凡车牛运行土工之烦,后土殿找补椽数,三清殿一同椽数,悉出于七庄公摊。凡庙后门前社属地隅松柏榆杨树株,原本七庄培栽,日后长大成材,非万寿宫公用,非七庄公议,不许私行伐砍。"④

四、赘论

在山西泽州的历史发展中,高平董峰的圣姑庙是个非常独特的个案。自始至终,它都没有像多数寺庙那样扮演本地社庙的角色,而是从一个披着真大道外衣的异教寺庙,最终变成一个七庄共管的、对

---

① 清嘉庆五年《重修万寿宫碑序》,碑在圣姑庙。
② 清光绪二十年《补修碑记》,碑在圣姑庙。
③ 清咸丰二年《整修万寿宫记》,碑在圣姑庙。
④ 清咸丰五年《重修后土殿三清殿碑记》,碑在圣姑庙。

圣姑庙：金元明变迁中的"异教"命运与晋东南社会的多样性 263

更大地域开放的公共空间。在得到最高统治者庇护的情况下，它得以维持其独立性和私密性，一旦这种庇护消失，当然，也随着金、元"异教"生存的土壤消失，它便不得不考虑继续生存的问题，不得不向本地民众的生活需求让步。

在这个意义上，明代与元代、与金都有其共性，宫廷和贵族与宗教系统存在相当密切的相互依存关系。勿论元代的蒙古统治者，即明代宫廷或藩王也多与佛、

圣姑庙正殿内堂神龛

道，甚至民间教门和后来的天主教颇多往还，扮演庇护者的角色。这便在某种程度上体现了金、元、明变迁过程中的一脉相承性。但到清代则形势为之一变，除了藏传佛教之外，统治者并未对其他教门表现出特别的青睐，更谈不上对某一寺庙的照顾。在这一点上，满洲统治者表现出与前代的巨大区别，或许也表现出一种文化差异。但无论如何，圣姑庙作为中古"异教"的历史余音，到清代终于画上了休止符。

上层的庇护曾是维持圣姑庙独特性的重要条件，但在元、明时期的高平，还存在一个有利于其独特性保持的大环境。在我们所见到的高平金石资料中，有一个现象值得注意，就是关于村社、社庙的记录比较集中于清代，而见于元、明碑刻资料中的很少。在前面提到的南赵庄二仙庙碑刻中，元代碑刻题名为"具乡堡下各村分数、老人姓

名开列于后",记载了各村的老人、社长姓名①,庙中没有保留明代的碑刻,但在清代的碑刻中,就已出现了"三社"的系统。在嘉庆碑题名中,除了众多商号外,前有米山镇西里大社、龙渠村大社代北村、秦庄村大社列名,被称为"赵庄村三社"②。即至此时,这里的二仙庙被记为此三社的社庙。南村的二仙庙也类似,在金大定、元至元的碑记中,均未见村社的痕迹,直到明万历年间,一是南坑村一些姓韩的人"建立西庑中三楹",一是"中村四年之善士,建大门□于真泽之前",碑文中还是没有明显出现村社的影子③。到天启时,碑文回顾说万历二十九年的重修是南村的社首袁某"纠领中村、长畛、东庄三村之善士,同修东庑",至此时"众村之社首,又不忍坐视东庑之倾否,权集六村财□之银"。崇祯元年碑文则说这里"连延数庄,共一社事"④,村社的作用开始凸显出来,这个二仙庙成为附近 6 个自然村共管的寺庙,但却非各村社自己的社庙。我们暂不讨论明清之际乡村寺庙大量转变为社庙或村社作用日益凸显的原因,但圣姑庙正是在此大环境下变成村社系统的一个组成部分,不仅不再具有独特的教门特征,而且融入了地方的生活传统,成为一个人们熟视无睹、司空见惯的乡村小庙了。

因此,圣姑庙的故事不仅揭示出一个长期被忽视的"异教"门派在晋东南逐渐溶解、湮灭的历程,还向我们展示了区域历史的复杂多样性和跨时段的连续性。虽已有论者已对明清泽州的历史做出了远

---

① 元至元二十一年《重修真泽庙记》,碑在南赵庄二仙庙。这个社长是元代的基层制度,与明清时期这里的村社不同。

② 清嘉庆二十一年《重修二仙庙碑记》,碑在南赵庄二仙庙。

③ 明万历二十九年《重修二仙宫碑记》、明万历三十一年《补修二仙宫碑记》,均在南村二仙宫。

④ 明天启七年《重修二仙宫记》、明崇祯元年《二仙庙记》,均在南村二仙宫。在清代雍正七年的重修碑记中,称该庙为"六庄公修",但题名开列了中村、南村西社、南村东社、东庄、庄里、长畛、南坑七个单位。而在清同治十二年的重修碑记中,明确说明是"六庄七社",即南村这个自然村立有两社。

超前人的分析,但泽州高平历史的某些重要侧面还是不同于同属泽州的晋城和阳城。在这个个案中,我们的确更多地看到了明代,特别是明代中前期与金、元时期的一致性,看到了清代的独特性。虽然我们不应夸大矫正的程度,但这样的看法毕竟和以往强调明与元对立、"明清"时代特性等同之类论说有明显之别。

村民与镇民:明清山西泽州的聚落与认同*

关于明清市镇的研究,历来是海内外史学界研究的热点①。已有论者指出,以往研究较少注意市镇与乡村之间的关系②,即使最近一些涉及市镇与乡村关系的研究,也多将二者置于一种二分的格局中加以讨论,即便是从城乡"连续统一体"(continuum)的认识出发,也没有改变其城镇乃是乡村的"异化"的认识特征③。此外,由于市镇研究的热点地区在江南,因此往往延续以往"资本主义萌芽"讨论的路向,关注的是市镇在"近代转型"中的地位,相对忽略了在特定区域内市镇与其前身的脉络联系。本文试图从市镇研究中较少论及的华北地区入手,思考本地人的认同改变及其动因,并把市镇和乡村放在同一空间的历史脉络中加以把握。

关于山西的历史研究,近年来随着区域社会史研究的发展,也日

---

* 本文系教育部人文社会科学基地重大项目《10世纪以来华北村社、移民与宗族的历史人类学研究》的阶段性成果,项目批准号:06JJD840018。

① 对于明清市镇研究的学术综述,可参见吴滔:《明清江南市镇与农村关系史研究概说》,《中国农史》2005年第2期,其中涉及的相关研究,本文不再赘述。此外对于近期召开的相关学术会议的综述,可参见郭常英:《"市镇研究"大有可为——"中国江南市镇国际学术研讨会"综述》,《史学月刊》2004年第5期。从以上二文也可看出,对于明清江南市镇的研究仍是市镇研究的热点。

② 参见前揭吴滔:《明清江南市镇与农村关系史研究概说》。

③ 参见 Town and Country in China: Identity and Perception, David Faure and Tao Tao Liu ed., Palgrave Publishers, 2002。该书是1996年在英国牛津大学召开的学术会议的结集。我曾经与会并发表论文,本文可以视为对会议提出的问题的后续思考。

益得到瞩目①。但对晋东南泽、潞地区历史的系统研究,目前只有杜正贞的专书②。在书中作者侧重讨论村社传统,虽然也涉及当地,特别是阳城、沁水的个别市镇,但毕竟没有以市镇为中心展开。同时,对明清华北市镇的研究无论从深度还是广度上说,都无法与对江南市镇的研究相比,而泽、潞地区毕竟在历史上是以商业活动而著称的,因此本文对市镇的探讨自有其必要性,也可与上述村社历史研究相呼应。

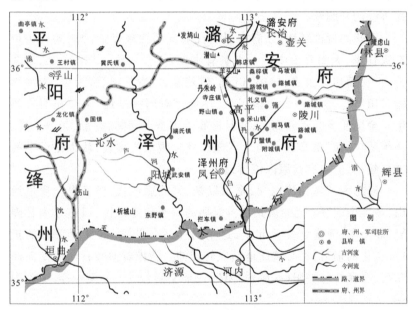

明清山西泽州府位置图

---

① 相关成果除晋商研究不胜枚举外,尚可参见行龙的《走向田野与社会》(北京:生活·读书·新知三联书店,2007年)及拙著的《小历史与大历史——区域社会史的理念、方法与实践》,当然还包括上述二书中提到的相关研究。

② 杜正贞:《村社传统与明清士绅——山西泽州乡土社会的制度变迁》,上海:上海辞书出版社,2007年。我曾与杜正贞一起数次前往该地区进行田野调查,搜集民间文献,以该地区为我们的华北区域研究的重点之一,因而本文的看法既可反映我们共同的一些看法,同时也有对她的著作的补充。

一、泽州诸镇的历史沿革

明清泽州即今山西晋城地区,隔太行与河南济源相望,古称上党。元、明时期泽州下领晋城、阳城、高平、陵川、沁水五县。清雍正后,泽州升格为府,晋城县改名凤台县。今晋城下辖晋城、阳城、沁水、陵川、高平五县市,几乎与以前没有变化,或许从这里也可看出此地传统的延续性。

泽州的内部环境,以府志引明代陆深的话来概括,即"太行山川有极佳者,大率万山中得一平旷有水处,便立州县。泽之郡县,皆在万山中,而川之大者,曰沁,曰丹,曰获泽,咸奔赴河、济为渠,为浸灌输民田"①。这样一个山多田少、环境相对闭塞之地,不仅在明代产生了全国闻名的泽潞商人,而且遍布上古圣王女娲、炎帝、尧、舜、禹、汤等的"遗迹"和传说。虽论者颇以此类说法为虚妄,认为是后世的文化建构,但必有其原因值得追寻。

府志说,"考浊漳以北,常山以东,又北逾雁代,皆其野。表里河山,藩屏中国"②,说的就是上古时期的华夏腹心地区,以这里为其限隔;而山东、河南之文化北上,这里同样是个界线③。此后帝国的扩展、文化的辐射,也必越此地而向外延伸。就像黄河在晋南由南向而东折,在泽州与平阳(今临汾地区)二府交界处进入河南一样,由关中

---

① 雍正《泽州府志》卷六《山川》,清雍正十三年刻本,叶 1a。
② 雍正《泽州府志》卷一《星占》,叶 11b。
③ 明万历时的泽州知州傅淑训曾在《泽州志·序》中感叹:"往闻愚公之移太行也,意为直一部娄耳。及揽辔来陟太行之巅,逖哉齐青未了也。盖尼父于斯旋辔焉。史称尼父临河而叹:某之不济,命也。夫此非太行回辕之言也。"同上书,"旧序",叶 4b。作者时过境迁,不完全理解这些传说的意义,但也发现了这些传说的共性。关于孔子到此掉头而返的传说,在当地留有遗迹,表明的就是文化的边界问题("孔子回车辙迹。邑南四十里,天井关石路车辙迹,回环约百余步,深数寸许。传孔子将适晋,闻赵简子杀贤人鸣犊舜华,至此回车,后人因之立庙。"同上书卷一三《古迹》,叶 1b)。愚公移山的故事,实际上也可以被理解为试图突破文化传播之地理障碍的努力。

腹心之地进入中州,这里是重要的走廊。或者说,在较早的时期,泽州曾是"中国"的边塞;在日后的发展过程中,它又是北方政权的势力南下的通道,这种地理的重要性不仅在周、秦、汉、唐时期可以体现出来,在金时期也可得到证明。

今天晋城五县市下辖各镇,如同更上层的行政区划一样,多为历史的遗留,本文所讨论的,就是在这样一个地理环境中村镇的发展变化。

晋城五县市下辖各镇(不含乡)

地区	泽州	高平	阳城	沁水	陵川
现在的镇	大阳、下村、巴公、北义城、高都、北石店、周村、金村、大东沟、柳树口、南村、大箕、犁川、山河、晋庙铺	寺庄、马村、野川、河西、米山、三甲、神农、陈区、北诗	凤城、润城、北留、东冶、蟒河、芹池、河北、町店、次营、横河	龙港、中村、郑庄、端氏、嘉峰、郑村	杨村、礼义、附城、西河底、平城、崇文、潞城
清代的镇	巴公、渠头、七岭、大阳、东沟、苇町、周村、鲁村、高都、水东、水北、犁川、拦车(据光绪县志续地图)	寺庄、马村、野川、米山、河西、徘徊、建宁、周篆、陈圪(据同治及光绪县志)	在城、润城、白巷、郭峪、东冶(地方志缺载,据清代碑刻)	端氏、武安、郭壁、固镇、中村(据雍正府志)	杨村、崇兴、夺火、礼义、池下、附城、平城、潞城、南马、义和(据乾隆县志)

明清时期晋城(即凤台县)的镇况如何,没有十分完整的记录,只能根据零散的材料观其大概。清乾隆《凤台县志》记载境内设有仓厫的地方包括高都镇、圪头镇、苇町镇、周村镇、犁川镇、河底镇,虽没有大阳镇,却包括东大阳(即今大阳镇)和西大阳、巴公村、大箕村①。

---

① 乾隆《凤台县志》卷三《仓厫》,清乾隆四十九年刻本,叶4—5a。

其中苇町镇距离现在的川底乡很近,河底镇在今大阳镇与下村镇之间,坯头镇疑即为今渠头,距离巴公镇很近。在同书记载设有文庙的,则有巴公原、高都镇、大阳镇、周村镇等①。

以泽州今天的镇和清末的镇相比,数量上后者比前者仅少两个,延续下来的有6个,但巴公、鲁村、高都、水东、水北等镇都在东北部地区,在地理上非常接近,在空间上不太均衡。这种状况当然是与历史上这里是本地的中心,后来镇又是自然发展的产物有关,而后来镇成为一级行政中心,要考虑分布均衡不同,因此需要加以调整。

巴公、高都、大阳、周村等应为凤台或晋城县中历史比较悠久的镇。"金志:晋城镇二,周村、巴公。旧又置星轺,镇曰拦车,以北十五里有孔子回车庙。"②所谓金志,不知何指,但拦车镇应为较古老的镇,何时始设,何时衰废,尚不得而知,今为拦车村,但与今天的晋庙铺镇距离极近。

高都是先秦时期便很知名的古城邑。"高都,邑东三十里高都村。……考《史记》秦庄襄王三年,蒙骜拔魏高都,似属魏。秦汉置县,在今高都村;北魏高都在今治,不容混也。"③也就是说,在后来的高都镇也即高都村的地方,曾经是秦汉时期的高都县。巴公镇的来历应该也比较古老,据说是"晋文公西伐巴蜀,迁巴子于高都",所居之地被称为巴公原,后即巴公镇的所在地。而汉高祖封阳阿侯国,东汉设阳阿县,其地就在大阳镇④。这些古镇之所以长期存在,与其很早成为较大聚落,甚至被设置为地方行政单位有密切关系,但显然也与它们处在交通要道上有关,比如周村镇并没有古代城邑的渊源,但它正处在晋城与阳城的交界处,也处在从晋南侯马一带向晋东南直至河南的必经之路上,因此也有了一个长期发展的历史。

① 乾隆《凤台县志》卷三《学校》,叶7b—8a。
② 乾隆《凤台县志》卷三《关隘》,叶11b。
③ 乾隆《凤台县志》卷一二《古迹》,叶11b。
④ 乾隆《凤台县志》卷一《沿革》,叶8a。

高平的情况与前者有所不同。从镇的数量来看,清中叶、清末与今天基本相同;同时9个镇中有6个是前后一致的①;另乾隆县志中记载,除米山、建宁、野川、马村、周纂、寺庄这6个镇以外,又有丁壁镇、唐安镇、换马镇,后来消失了或改换了名称,总数还是9个②,因此更体现了历史的延续性。但与凤台相似的情况是,由于这里为历代政权建设的核心地区,所以一些镇也具有比较古老的行政渊源。比如,唐高华府,"县东建宁镇,唐高宗开府于此,开元初废"③;"周纂镇,故属晋城,宋之平泉故里也"④;"相传今邑米山镇为盖州,理或然也";等等⑤。

与这些镇的历史渊源有关的是,它们在历史上虽然不是最低一级的行政中心,但却具有这样的中心的强烈色彩,这与我们通常认为的那种纯粹的工商业市镇略有不同。譬如高平的镇都建有堡:"邑堡则米山、建宁、玉井、丁壁、野川、马村、唐安、周纂、寺庄、赵庄、换马,凡十一,犹有宋时太行忠义砦遗意而险不逮矣。"作者认为,"乡聚有堡,犹州郡有城。……然则欲弭流贼之乱,非并村置堡、得人以完守之,其能有济乎?"⑥可知在主要各镇都建有堡城,镇也成为军事防御的中心。

阳城、沁水、陵川的情况也大体类此。如沁水的镇数量不多,其中端氏镇处在往阳城、凤台的交通要道上,规模较大。镇西有所谓"端氏聚",曾是三家分晋之后将晋国国君迁往之处;镇东有所谓"端氏故城",唐代曾把泽州的州治放在这里,到清代还留有当年的文庙

---

① 徘徊应与今三甲镇不远,清前期曾有徘徊西里,下辖三村,其中就包括三甲村。
② 乾隆《高平县志》卷四《驿堠铺递》,清乾隆三十九年刻本,叶9b—10a。其中唐安镇距马村镇极近。
③ 同治《高平县志》卷一《地理》,清同治六年刻本,叶39b。
④ 光绪《续高平县志》卷三《古迹》,清光绪六年刻本,叶12a。
⑤ 乾隆《高平县志》卷三《沿革》,叶8b。
⑥ 乾隆《高平县志》卷四《驿堠铺递》,叶9b—10a;同治《高平县志》卷二《建置》,叶17b—18a。

和城隍庙①;或说"端氏旧县即今端氏镇"②。这些镇虽然不复作为行政中心,但由于历史的渊源和地理位置的重要,它们还承担着许多政治、军事职能,这些也许与南方某些地区的镇有所不同。这种状况的另一个侧面,就是没有历史传承的新起市镇不很发达,雍正府志中记载的沁水的镇,到光绪县志中却少了很多,在后者的"村镇"部分中,明确开列的镇只有端氏、王寨和中村,其他分别记为郭壁村、武安村、固镇村,也许这些地方经历了一个衰落的过程,至少在官方的眼里,重新从镇的位置回落到原来的村。同样的情况见于阳城的郭峪和白巷,到晚清以降,本地的碑刻里提到本地"镇"的情况也已大为减少了。

二、巨村为镇:地缘上的一致性

同治《阳城县志》说到一个很重要的事实,说明村与镇之间本来就没有很大的差别:

> 在城曰坊,在关曰厢,在乡之聚落曰村,附于村者曰庄。村之巨者,有商贾、集市曰镇。③

换句话说,这里的镇就是一个"巨村",不同之处在于其商业集市的特点。也许正是因为这个原因,县志编者并没有觉得镇比普通乡村更为重要而特殊,因此也就没有专门予以记载。因此,如果我们试图去了解一个作为镇的聚落的话,那就不得不从了解这个聚落作为村的历史开始。

高都镇在元、明之晋城县,清之凤台县,今之泽州县境内。当地之东岳庙中现存两处金代石刻,一处在正殿左明柱上:

---

① 雍正《泽州府志》卷一三《古迹》,叶 17b。
② 光绪《沁水县志》卷二《方舆·古迹》,清光绪七年刻本,叶 12a。
③ 同治《阳城县志》卷五《赋役·里甲》,清同治十三年刻本,叶 5b。

高都北上社维那赵铎自办家财，谨施岳庙正殿石柱一条。
妻司氏、弟赵钧、赵镐、赵锐、弟新妇焦氏、王氏、乔氏。
男成住、宜奇、侄男吴住、王住、念五、念六、侄女简奴。
时大金大定十八年岁次戊戌孟冬庚寅朔十八日丁未吉时立
石匠　司俊

另一处在正殿门楣上：

维南赡部州大金国河东南路泽州晋城县莒山乡高都管高都社众维那共发诚心，命匠创造神门一合，谨献上岳庙正殿，永远安置者。
进义校尉刘湜、进义校尉张琪。
李昊、续厚、续美、元益、续林、续□、赵金、刘顺
王睿、陈仲、任德、司应、续□、赵铎、续玠、任圣
时大定二十五年岁次乙巳壬子朔一日壬申立毕
石匠司俊　　同男司宝
乡贡士段安　书

在金代，至少从上引碑刻中还未见有"镇"的概念。彼时这里是一种乡、管的体制，其中乡是比较虚的、形式化的，而管应是比较实体化的层级。按杜正贞的研究，这种乡、管的体制自五代时便已存在，宋开宝年间作为本朝制度实施，虽到王安石变法时期废掉，但此后并未完全从地方的生活中消失。在本地府城村的玉皇庙中，金泰和七年的《重修玉帝庙记》碑阴题名也是"水东管西五都糺司维那东元庆社进义校尉段继立石"，以下是府城社等各社管首、社人的题名。在"管"这种"地方层级"之下，水东是"都"；而在高都，管下直接是社，像碑文中题名所示，"南赡部州大金国河东南路泽州晋城县莒山乡高都管高都社"，或者如府城玉皇庙元至元三十一年《玉皇行宫记》碑文首句"大元国河东南路泽州晋城县移风乡水东管刘家庄"这样的用法，应是当时对各级管理组织的正式称呼。因此在县下村上，应该是乡—管—(都)—社(村或庄)几级。

明代建立了里甲制度,它并非一个严格的地缘性制度,而是以户籍为基本单位的赋役征派制度,但大体会照顾到原有的聚落关系。清代府志记载里甲制度时说:"邑之有里甲,为编户之籍,亦古党载旅胥之师所,比伍闾联,相友相助之遗意。泽自前明寇残,户口匪昔,逃亡之屋,荆榛之墟,颇为司牧者所蒿目。"①虽然这只是非常含糊的概括性说法,但还是清楚表明这个里甲也即明代那个"为编户之籍"的里甲,但同时也具有"相友相助之遗意"。

乾隆《凤台县志》记:"县分四乡,乡分二十都,旧管分为一百七十一里,后并为一百五十一里。"②高都即为莒山乡义城都下的里,原有高都东里、高都中里和高都北里,后中里并入东里,冠以高都之名的应有两里。这套制度可以被视为明代插入地方地缘系统中具有特殊目的的制度,但它又给地方地缘系统以深刻烙印。明代的高都东里、高都北里与金代石刻上的"高都社"和"高都北上社"也许不无渊源关系。民国二十三年《重修东岳庙记》题名有"高都三村士绅"的说法,说明这里应该是三个自然村,与明代的高都三个里可能也具有历史的传承关系。因此在一个较长的时段中,这里的社应是村社,在明代设里以后才同时成为里社。

在高都镇东岳庙的明代碑刻中,社还以非地名的名目出现过。天顺五年的《重修殿宇记》中说:"维那头晋志、李凯、李兴……三人同心努力,□□舍家财,礼请五社维那头人等,各输材木者,如云集而争先;并工陶冶者,若归市接踵。"这五社分别叫保福社、上社、下社、中社、南社,现在还没有找到证据说明它们都是原来的高都社析分或演变来的。有无可能下社就是前面出现过的金代的高都北下社?中社即高都中里的社?如果是这样,那么这五社有可能就是高都下面的各个村社,而东岳庙就是统领各村社的高都镇的社庙或者镇庙。清嘉庆间有《请定各社该行花车故事碑记》:

---

① 雍正《泽州府志》卷二三《里甲》,叶 1a。
② 乾隆《凤台县志》卷三《里甲》,叶 20b。

本社修建□槐神庙以祀天齐仁圣大帝历有年□。每岁三月二十八日虔备油席、鼓吹、大戏、旗伞、花车、故事奉祀圣诞，□村行会相沿已久。□□□□前嘉庆十六年三月，逢闰值事公议重新整齐，会同客社以及诸行户将花车故事定一额数分派办□，协力共济，于□东社倡其首，众社勤其成，焕然振兴，为镇之光，迄今约三岁矣。且会事既成，而碑石未立，犹有憾焉，兹于二月朔日，轮班会社，复议勒石题列，永垂于后。适值正会前七十日石一告竣，聊记始末，俾众人属□不□罪首事者之废缺云。

凤台县儒学生员原凤德撰书。

各社花车数额……（此后字迹不清——引者）

嘉庆二十年三月十八日东山四社会首公勒。

这里的"本社"应指高都社，但"东山四社"何指并无更多材料可证。碑文中的"□东社"应为水东社，水东与高都距离很近，东西并立，都在府城之北，又都是镇的所在，可能是相互联合的一个跨越以往乡、都传统的社的联盟①。这样，原来与高都社联系更为直接和单一的高都东岳庙，开始超越一个狭小的地域范围，与更大地域上的社群发生联系。这种变化，显然与镇的发展及其空间网络意义使其覆盖的空间超越了传统的行政组织或聚落层级有关，"焕然振兴，为镇之光"几个字，或许可以成为以上说法的注脚。

冶底村同样在泽州县，高都在府城东北，冶底在其西南。明永乐《创建东岳速报司神祠记》中说："泽州西南约一舍余地，所谓冶底里者，有庙在焉。"②万历四十三年《重修东岳天齐庙舞楼三门记》中记："我大明山西泽州治之西南三十里许，有镇曰冶底焉。乃山陕通衢，宦商交错，日无辙西。传有东岳天齐行宫，群山背绕，流水面前，规制隆竣，其中桧竹森列，金鲤跃渊。"

---

① 在一个方圆几里的范围内，高都东、中里与水东里东西相对，府城里与高都北里南北相对。当然我并不知道东山四社是否与此同为一个范围。

② 碑在冶底村东岳庙。

明清时该地为县西五门乡武城都下的冶底里，根据上面的碑文，这里在明代也是一个镇，但从上表看，到清代这里并无镇的记录，这样的情况还见于高平的石末、郭壁。从保留下来的正殿边檐柱头刻字来看，该殿创建于北宋元丰三年，时称"五岳殿"。该殿门楣下还有金大定时期的刻字，说明彼时亦有重修或补建。这里保留下来最早的元至元年间的碑刻《重修岱岳庙记》中提到：

> 社西有祠曰岳囗，已积年矣。偶囗兵厄之后，伤哉梁栋之倾缺，瓦毁垣外，榛内棘颏，风雨剥丹青之像，奈春秋失香火之仪，瞻之者无不悼哉。此本社乡老董仔暨社长门聚，与德年丘坚同老人门广，共启虔意，各分一隅，顷心协力相助者一十三人，定立分数，出纳己财，营求瓦木等物，率诸匠伦鸠囗，其功半载乃毕，方之旧宇三倍峥嵘，尤增壮丽。

碑文中的"社西"其实就是指村西，与今天我们见到庙在村西北的位置一致。这个社既不是指社庙，也不是指组织。元代至元初年已在乡村的基层正式推行社制，"如一村五十家以上，只为一社，增至百家者，另设社长一员。如不及五十家者，与附近村分相并为一社。若地远人稀不能相并者，斟酌各处地面，各村各为一社者听，或三四村五村并为一社，仍于酌中村内选立社长"①。文中提到的本社乡老、社长等等，都是这样一种最基层的地域性层级的负责人。我猜测，元代华北的社作为一个或一个以上自然村落的行政管理层级，是接续了，至少是利用了金代乡—管—社这种层级体系的传统的。

正如杜正贞所论，明代的里甲制度对金元以来的社制形成了冲击。在明永乐《创建东岳速报司神祠记》的题名中，除了当地大小官吏的题名外，接下来是"本里里众耆民人、囗匠安远坊杨拳、画匠安远坊王绘同弟王纯、石匠沁水县土沃里葛整"，没有出现"社"的痕迹。

---

① 陈高华等点校：《元典章》卷二三《农桑·立社·劝农立社事理》，天津：天津古籍出版社，北京：中华书局，2012年重印本，第917页。

当然这并不能说"社"就此绝迹,实际上"社"在明清时期还依然扮演着非常活跃的角色,但重要的是"里"(以及城内的"坊")变得重要起来。

在冶底村东岳庙正德年间的碑记中,题名是"白俊艮三钱,本里木匠白孜艮七钱",里已成为表明所在地的单位,但文中还是出现了"今有本镇董文怀……先克已资,后会本社,捧白银百两"的字句①,说明社还是存在的,只不过没有用"社"来表达行政序列中的一级。清顺治十八年碑文题名中也开列了董高惠等20余名社首②。乾隆间的一块碑刻上说,"冶邨之有东岳庙,由来久矣。旧与环秀、犁川、常村诸社轮流周转,每年取水于王屋山之圣王坪,名曰倒水"③。在清代中叶地方志的记载中,它们是本乡还秀都的还秀里、武城都的犁川里和常村里,在光绪的《凤台县续志》卷二中,还分别记载了这些里之下辖多少村庄。有意思的是,在前述元代碑刻的题名中,还保留了"常村崔□""元系众□[环]秀社人氏"等字样,说明常村、环秀等社的体制一直从元代延续到清,与明代以后的里甲也存在一定联系。这种联系大体保持在地缘的一致性上,而把户籍与赋役的职能交给了非地缘性的里甲。

高平的米山可以说是个古镇。金人在当地定林寺的碑文中说:"此招提者,赐名定林禅寺,创建年远,不知源流。……有米山镇郭考宁,遵师道业,以将本家自造圣像并家资地土,尽系舍于寺内,永为常住。"④可知金代米山即为镇。到了明代,米山镇显然有所发展⑤:"高平县之东南十里许,有镇曰米山,民居稠密,犹一邑。然当泽、潞之冲,商贾辏聚,百货咸集,往来贸易,不远数百里。境内之地,此其最者。第无垣墉之蔽,米没患于盗,而有司莫之省者有年矣。"地方士绅

---

① 明正德七年《重修东岳庙记》,碑在晋城东岳庙。
② 清顺治十八年《重修东岳天齐庙记》,碑在晋城东岳庙。
③ 清乾隆五十三年《东岳庙装修东庭记》,碑在晋城东岳庙。
④ 金大定二年《重修大粮山定林寺碑阴》,碑在米山定林寺。
⑤ 关于米山镇身份的强化,将在下文进一步论证。

便向新任知县建议修筑镇墙,于正德三年开工兴建,于是这一举措被人视为"不止于安一邑,而卫一镇也"①。城墙的修建强化了米山镇的独特性,将其与其他村落区分开来,但这也并不能构成镇与村的重要差别,因为也有的大村为防备盗贼而修建墙垣。与此类似的是高平的建宁镇,现存明万历二十七年的"建宁镇"石匾也应是镶嵌于墙垣之上的,但现在基本就是一个乡村聚落的形态。

高平的石末现今为乡,在地方志的记载中从未被称为镇。但在当地的碑刻中,却被以镇称之:"石末镇为高平东南之望,而紫峰山又石末东南之望也。"②明万历间知县曾撰写《石末镇乡约碑记》,说明石末至少在明清之际是被人称为镇的。但这个"镇"应该即指各乡村的集合:"约众俱兴木铎,一人持牌,二人振铎,遍村倡和圣教以警众。"③在同庙及同村的元代碑刻中,未见镇的提法;而在民国时期的碑刻中,也都自称石末村。这种状况使我们怀疑,对于某些"镇"的称呼并不是十分固定的,作为明清一个里的首村,比较繁荣的时候或可称镇,实与村无异;到比较衰落的时期就少有人称其为镇了。

这种情况在阳城郭峪的材料里可以得到证明。郭峪在地方志里未记为镇,现在则是北留镇下的一个村,但它在明代就曾被人称作镇。按清康熙时的碑刻,"按县东乡镇名郭峪者,盖因里成镇,镇以里名也"④。郭峪村因为是明代郭峪里的所在,因此便逐渐成镇,这与润城的情况一样的。这个地方至迟在唐便已成聚落,但在后周的碑刻中尚未称镇。在明嘉靖时的墓志中,我们见到"夫郭谷为阳之巨镇,繁琐之区,俗皆华靡相炫"的说法⑤;万历时的碑刻也称:"郭谷镇

---

① 明正德《米山镇新修垣墙记》,《高平金石志》,北京:中华书局,2004年,第357页。
② 清乾隆八年《紫峰山永禁樵牧碑记》,碑在紫峰山碧霞宫。
③ 明万历八年《山西泽州高平县东乡石末镇乡约碑记》,碑在石末村宣圣庙。
④ 清康熙十七年《邑侯大梁都老爷利民惠政碑》,王小圣、卢家俭编:《古村郭峪碑文集》,北京:中华书局2005年,第159页。
⑤ 明嘉靖《明故南平处士张君墓碣铭》,《古村郭峪碑文集》,第191页。

之西南隅,地势峻而风脉甚劲。"①但这里称镇是否明初甚至以前的事,并不能确定。"吾乡自宋元以来,达显无闻;起明成化以迄于今,人文累累,甲第连连"②,这应该是成镇的一个基本氛围。清顺治十二年规定商税分摊的原则时这样表述:"顺治十二年四镇分认,在城分税银陆拾两,润城分税银壹百壹拾两,白巷分税银贰拾两,章训都郭峪镇分税银肆拾两。"③这后三个地方是清代阳城 70 个里中的三个。按这个说法,它们也许是当时阳城仅有的四个镇(一城三镇),至少是四个最大的或商业最发达的镇。

沁水的郭壁现亦为村。在被当地称为"大庙"的崔府君庙,有明万历四年阙名残碑记:"……东百里,居民数百家,镇之南旧有神祠一所,创于宋,重修于金元……"说明明代这里已成为镇,直到雍正府志中还记载这里为镇。在题名中,有"进士邑人韩可久撰,进士邑人韩子义篆,进士镇人苏守志书"的字句④,清晰地区分出"邑人"和"镇人"的不同,"镇人"的身份得到了强调。直到清道光时的碑记中,还称为"吾镇大庙"⑤。根据庙中所存明清碑刻记载,历次修葺基本都是由本地姓韩的大族主持参与,另外还有姓苏的人始终参与,历经近 300 年而主事者变化不大,说明这个镇与村的特征类似,是一个非常稳定的聚落。值得注意的是,明代碑上的"邑人"韩氏,到清道光时则为"邑庠生镇人韩增寿(德征)撰并书"。

明代泽州县的周村镇是个历史悠久的大镇,那里的有关记载充满了对本镇及镇人身份的自豪:

> 泽据太行之险,扼燕云,俯瞰中原。镇居郡西,黄沙耸峙,太行、王屋、析城诸山献嶂列峙,乃巨镇也。《金史》曰:晋城有周村

---

① 明万历《重修汤帝庙舞楼记》,《古村郭峪碑文集》,第 65 页。
② 清康熙《郭峪镇仕宦题石记》,《古村郭峪碑文集》,第 142 页。
③ 清顺治《阳城额设商税银碑》,《古村郭峪碑文集》,第 155 页。
④ 冯俊杰:《山西戏曲碑刻辑考》,北京:中华书局,2002 年,第 265—267 页。
⑤ 清道光《补修大庙记》,碑在郭壁村崔府君庙。

镇。以镇表识,泽雄三晋而镇实一郡冠。……暨石勒、慕容永僭据,金粘没喝位闰,于宋岳武穆义旗北指,镇之梁兴筑岩响应……人文熙洽,科第相望,语泽士之杰且多者,以镇为最焉。……镇故有庙,正殿祀东岳神。……镇人张仲让、司蛟等倡众以新。①

这里至少在宋代就已成镇,这个东岳庙也曾在北宋元丰时重修,这样历史悠久的镇长期属于晋城,没有发生行政隶属的频繁改变,在明代还出现过吏部员外郎卫邦、阜平知县梁恺、神木知县李荣、涿州知州范祺、临潼知县梁悌等官绅名人,有助于形成长期稳定的地域认同。

本节之初谈及"巨村为镇",倒不是泽州地区独有的状况。在晋中地区的太谷县,阳邑镇"为太谷四镇之一,村大户繁,分六社,社中多好善之人,村中多修善之事。于是□六社公所而立大社,每于一、五日,六社社首集议于斯,小则排难解纷,大则修桥建庙,捐谷储仓,兴一切施济益人之事,或由是出焉"②。这个镇显然也是个"巨村",此村原分为六社,为了协调六社,又于其上成立大社,唐开元间建造的净信寺即为此大社社庙,"村人皆呼之曰公厅",这个"大社"就成为镇或巨村的公所。

在明万历碑刻的碑阴题名中,出现了东社、中寨、中社、寺前社、后社、前社这六社名称,表示的应该是不同方位的聚落;在崇祯二年碑刻的碑阴题名中,则是前、中、后、东、南、西南六社,与前者名称有所变化;在康熙二十六年前后的碑阴题名中,有寺前、南、后、中、东五社出现。到乾隆十二年碑刻中,称"又于本镇六社共化银约百余金",碑阴题名"本镇六社地亩"中出钱的,分别是东、前、后、寺前、南、中这六社。由此可知,虽然历代名称略有差异,但大体相同,应该是阳邑镇的基本村社组织。但是,并不是说这些名称中的差异是不同的社相互替代的结果,因为明崇祯时的西南社到清乾隆时还在单独修建

---

① 明隆庆《泽州周村镇重修庙祀记》,碑在周村镇东岳庙。
② 清光绪《阳邑大社六义堂记》,张正明、科大卫编:《明清山西碑刻资料选》,太原:山西人民出版社,2005年,第38页。

那里的观音堂,只不过被从阳邑六社的系统中清除出去了而已。从题名看,西南社众基本姓杨,而与从明至清一直把持净信寺六社主导权的杜氏不同。

阳邑六社与周边村落、里甲到底是何关系？从地缘上看,"余乡东南两麓有泉,四卦、李满庄并余乡三村镇,世传为谷德将军韩厥出焉……"这似乎说明了一个邻近的、具有共同传说系统的地域。在清代,阳邑之义仓设于净信寺,"系回马里、四卦里、阳邑镇三里公立","三里所贮仓谷,日后开放补纳,三里户头、社首递年按粮经理摊派,各管所属里甲村庄不得推诿",也说明了这三个形成地理三角关系的"里"或村之间的共同地缘联系。但在乾隆《太谷县志》中,清代阳邑并不是里,也许是延续了旧有的称呼,但这里却似乎提到了社与里甲、村庄的关系①。虽然没有具体的记载,我依然怀疑阳邑内部的这些社与较早的不同聚落有渊源,阳邑后来逐渐并成一个巨村,这些聚落也从地理上和组织上逐渐划一,在六社之上建立大社就是其表现。

三、称镇与村镇关系

上文中的高都和冶底虽然不是县城或府城,但也都地处本地的市场网络中心。万历《创修拜殿山门记》说:"尝闻高都乃古郡也,在州治之东三十余里,拥太行之盛,壮晋阳之雄。镇东北祀有东岳天齐仁圣帝行祠,传来旧矣。"冶底虽然现在是个大村,但明万历四十三年《重修东岳天齐庙舞楼三门记》中也记:"我大明山西泽州治之西南三十里许,有镇曰冶底焉。乃山陕通衢,宦商交错,日无辙西。"

虽然存在米山、周村这样自宋、金时代就称镇的地方,但多数镇应兴起于明。在碑文中,高都和冶底作为镇都是在明万历时才首次出现,这应该与明代以及泽潞商人的发达有关。镇的兴起既会改变

---

① 关于文中所引明清太谷净信寺的碑刻资料,皆见史若民、牛白琳:《平、祁、太经济社会史料与研究》,太原:山西古籍出版社,2002年,第380—480页。

原有的聚落关系和居住状况,也会改变居民与当地主要祭祀中心的关系。或者说,在原来的村落土地上生长出的镇,会异化于这些村社,还是继续依赖这些村落? 镇与村社的关系如何?①

在上文提到的各个镇中,我们看到了不同的类型。

在高都东岳庙较早的碑刻中,我们看不到能够回答此问题的材料。清嘉庆十五年《东岳驾前制提炉凤扇碑记》中有这样的说法:"吾镇东庙古祀天齐大帝,每年三月念八日恭奉圣诞之辰,合镇赛社迎神,游巡一方。"在这里,"镇"成为一个统领附近一带地区的概念,不再是以村,而是以镇的名义来统领各社的迎神活动。高都东岳庙是否从高都社的社庙变成了高都镇名义下更大范围的公共资源? 也许,前述嘉庆二十年碑文涉及的范围更大的所谓东山四社,就是这样一场变动的产物。我们或许也可以由此理解,本来只是作为一个"巨村"而称镇的聚落怎样到民国以后变成一个村以上的行政层级。

根据光绪《凤台县续志》提供的地图,在清代中晚期,本县东北部地区只有三个镇,一个是最东北角与高平毗邻的鲁村镇,一个是本地区比较靠中心位置的高都镇,第三个就是靠西南也即靠近县城的水东镇。如前述,水东镇的前身是宋、金、元的水东管,但其"管庙"玉皇庙却在相距较远的府城村。虽然元、明时期,水东社一直是玉皇庙"七社十八村"系统的一个重要组成部分,但即使成为镇以后,它始终也是明清另一个"里"下一个村庙活动的参与者(水东在明清为移风乡建福都的水东里,府城村为同乡丰安都的府城里),不知道这是否是其发起所谓东山四社活动、与相距较近的高都镇合作的原因?

民国时期的碑刻果然更加凸显市镇的重要性。民国二十三年的《重修东岳庙记》中说:

> 东岳为五岳之一,载在祀典,岁有常祭,其崇而奉之也固宜然。礼有云:天子祭天下名山大川,诸侯祭封内山川。高都居晋

---

① 虽然杜正贞的著作对市镇中的社已有专章讨论,但仍值得继续思考。

城东北,不过一巨镇,而竟修庙致祭,拟与王者,无乃僭与? 非也。……高都之庙,士人号为天齐,以其功德隆盛,于天齐等,故谓之天齐。相传神以暮春降诞,适符春生之会,至日远近士女盛设香火,陈百戏以赛祝,典至隆也。……民国壬戌,众首事意欲振新,恐志未逮。又邀请本镇绅耆,建议捐修,一倡百和,集腋成裘,不数月间而颓官败宇焕然改观矣。

碑记作者的意思是,若按照礼制,尽管高都是个镇,建东岳庙也是一种僭越的行为,当然由于碑文下面所说的原因而不能这样认为,等等。这表明,作者已经是把东岳庙视为镇之所有了,却未想到没有这个市镇的时候又该如何看待此庙。这次重修也是与"本镇绅耆"商议操作,当然这些"本镇绅耆"可能也是现在居住在镇中的原来的村社成员而已。

同高都类似,高平的米山既是一个古镇,也是一直延续至今的镇,这里的镇与其他聚落有着相对清楚的区分,自身也有比较清晰的认同。前述这里的定林寺在大粮山上,而该山被视为本镇的风水所在,所谓"大粮,米镇主也"①。由于明末清初在这里开设煤窑,导致镇人的不满,曾迫使县里下令禁止:"照得大粮山为米山镇来龙去脉,阖镇生齿所系,千家坟墓攸关,亘古以来,从无行窑取煤之事。因被奸民张国龙、张德威凿山开窑,有伤龙脉。"这里大粮山作为一种象征已被"镇人"所垄断,而这似乎也得到了政府的认可。这一禁地的区域是:"东至王家庄土桥河外,西至南庄石桥口,南至本镇南河,北至七佛顶。"②这基本上是清代米山北里略大的范围,也可以被视为米山镇的空间范围,周边的许多村落都不在其内。明正统碑刻记:"兹有本镇男善人陈怀美发一良心尊佛像,全管妆塑,微有西尊。本寺惠海同赵庄主程聚、川底乔奎、米山赵凤等众,具以周隆。"题名中也有

---

① 清康熙二十三年《定林寺创修东阁记》,碑在定林寺。
② 清康熙十一年《高平县正堂白为永禁凿窑保全龙脉事》,碑在定林寺。

"本镇作纠耆老"某某①,说明这个"镇"与同属一都或一里的其他村庄存在界限。

虽然定林寺并非米山镇的社庙,但从金代开始,维护该寺已成为本镇人的专职,这也是镇人塑造认同象征的表现。除前述金人郭考宁、明人陈怀美外,许多碑刻都记述了这样的举动。如明万历时"镇民王孟林、孟连登、王东鲁等,有忧之虔心,同许每岁供水陆一堂"②;清乾隆时,"本镇赵子讳云程……后与本镇同志八人……即将社内余金,觅工栽树"③;等等。但与高都不同的是,在晚清时期定林寺的碑刻中,提到镇民的地方几等于无。

以上这些例子中的材料,都没有显示出这些镇与本村有什么脱胎换骨的差别,也没有显示出相对于原有村社的变质。但是阳城县润城的东岳庙却透露出一些更复杂的信息。

润城在明清为阳城东乡之润城里,但据同治县志,里之上还有都,润城里即属润城都。"各都之首里与都共名,各都之里唯上庄有里无村。"④润城正是这样一个都的首里,后来逐渐发展成为市镇,而且即使在成镇之后,也会被本地人习惯性地仍视为村⑤。

山西阳城润城东岳庙今貌

关于这座东岳庙的历史,明万历年间的《重修东岳庙记》称"镇中古有东岳庙三进",实属语焉不详。

---

① 明正统四年《定林寺彩画七佛殿壁记》,碑在定林寺。
② 明万历二十年《大明泽州高平县定林寺积善记》,碑在定林寺。
③ 清乾隆元年《定林寺种松碑记》,碑在定林寺。
④ 同治《阳城县志》卷五《赋役·里甲》,叶5b。
⑤ 这与我们今天的概念不同,如果我们用今天具有行政级别意义的"镇"去理解过去的镇与村的关系,就会有所误解。

清乾隆《润城社新制神伞仪仗记》更称"乡之社,盖莫详其所自始"。今人考始建于金,但目前不见相关记载。在前碑中,我们知道这个地方在明代中叶前并不发达,没有出过仕宦之家,是否已形成集镇也未可知:

> 润城镇古名小城,脉势围固,水绕山环,人聚风秀,今古无宦。自嘉靖三十八年蒙县主张爷,陕西西宁人,进士出身,嫌村名不好,祈吕仙鸾笔,改为润城。至改后,民淳繁富,人物端清。

这说明此地原名小城村,嘉靖三十八年改为润城村,这以后才变得富庶繁华起来。大约经历了30多年后,到万历中叶,这里已经成镇,具有了大兴土木的条件。

> 万历二十年,蒙县主叶爷,山东德州人,进士出身,亲诣乡约,见殿榻毁,张诏等禀建,慨得金语重修。本年正月二十一日祭设,请村百众,共议为首四十余人,凡布施各坊社首,犹秦撤舌化善缘成功,有催有纳,有收有支,销洗心言,誓不得一人由己。寄居善人张世德,施银百金,感镇民诚心竭力,本村随社一千五百家余,喜舍资帛木石等项,家家争先迎送布施,户户夺前造管肉饭。

明万历润城东岳庙碑记

这段文字涉及了村与镇的关系,但却语焉不详。文中提到"镇民",也提到"本村",我们很难分辨这是作者有意的区分还是习惯性的混用。从上下文看,当原来的村成镇之后,其中的中心地区仿照县城的设置划分为12个"坊",因此虽然"镇人"仍可以被广义地称为"村人",但也可以被狭义地理解为十二坊的居民。或者说,当坊被区划出来之后,同村为镇的居民可能因此有了一个区分,即十二坊居民更具有被称为"镇民"的资格。根据碑文,是在100个"村民"当中选出40多个社首来操持修庙之事,碑后开列的42名社首应该就是碑文中说的"为首四十余人",其中就包括镇中十二坊的社首27人。一方面,"各坊社首"所代表的"镇人"主要扮演的是"布施"的角色。因此才有"感镇民诚心竭力,本村随社一千五百家余,喜舍资帛木石等项"的说法。揣摩这句话的语气,虽然镇与村本处同一空间,但"镇人"多是外人,而"本村"才是本地人——外人都很热心,本村人怎敢不尽力而为?这样才与上一句"寄居善人张世德,施银百金"具有逻辑上的连贯性①。

在碑文的题名中,十二坊社首的头衔是"贤能勤劳督运社首",与后面的"贮守布施社首""计算支销社首""督功社首""总化缘监视社首"等相比,基本上是个荣誉称号,而后面的则体现出具体的工作。虽然十二坊社首列名居多,但估计是因为有许多捐款者是外来者的原因,所以本地人要求他们长期性投资,以换取本地的身份认同,否则碑文中的下列文字便有些奇怪:

> 他乡奸黎鞭惩国税而不纳,我镇良民善感神社而肯施……

---

① 东岳庙正殿左侧壁上镶一墙碑,正中大书"本镇张世德施银一百两",两边分列其子、侄、孙、曾孙的姓名。论者认为前碑强调张世德为"寄居",这里则强调他是"本镇",表明张氏一族力图通过捐钱来换取一种本地的身份。见杜正贞前引书第149页。但需要证明的是,前碑是润城社所立,而此碑是张家自己所立。因此也可能具有另外一层意思,即强调"镇民"张家与"村民"的区别。附带说,这块墙碑已在多年前被刷上红漆,上书:"我们的同志在困难的时候,要看到成绩,要看到光明,要提高我们的勇气。毛泽东。"原碑上的字只是依稀可辨。通常,即使在当年修庙的时候,也需要这种精神。

虽名重修，功大即系创建，先将为首勒入卧石。为庙前后俱坏，建一殿而新，不如不建。力出于众，大幸岁丰，产营活便者，志限三年内，一进准要完新。志再限十年，内外一通俱要建新。恐为首限内命终之人，名下刻石，伊子随之。伙中定有高明远见、才力精通，若见在不同心、不竭力、不谦为者，共誓盟曰：故懒懈怠，犹活桩死，神照不久亡矣。……安已立卧石，拴首远虑，修功勿得滞之。本村善施者，功殿未完，难入卧石，待功完，照布施次序，另有大石刻细云，名留千载不朽。本镇有好事贤能为建者，首名入石，藉众圣事，非予等强为之也。

所以，尽管张世德捐银一百两，也没有被刻名于碑。其原因在于，此时庙还没有修完，修者计划3年修完一进，10年全部完工；若未完工前本人死了，子孙继续承担义务，直到完工之日才勒石刻名。同时声明，这是为做善事，"本镇有好事贤能为建者"，可不是我们强迫的。这些似乎说明，作为本地人的村人与有相当部分外地人的镇人之间，此时开始有了一定的分别。可以明确的是，这个润城社的构成，在明万历时期，并不是完全由"镇民"或镇上十二坊社首控制的。

这种情况的改变到明末清初就有了痕迹。崇祯八年的《乙亥宰社碑记》记载了一个姓乔的人于本年接任润城社社首的事情，虽然碑文中谈到战乱之后"大村巨落，荡为灰烬，本镇尤甚惨焉。毋论蓄以宁室，家百不一，有即储以供神祀不问，然无遗矣"，但在尽力重修东岳庙事上，十二坊的社首还是扮演了重要角色，题名中以他们为主。到顺治五年的《戊子宰社碑记》中，谈到战乱破坏的情况较少，题名除了捐款者姓名外，就是总理社首翟谅和十二坊的各两位社首，尽管看不太出这其中包含多少外地的移民，但至少看不出以往的十二坊以外的村民参与或主持的情形。

到乾隆时期，经济比较繁荣，所谓"润城之在阳邑，巨镇也。比屋鳞次，烟火数千家"，具有了维护社庙的条件：

乾隆三十有六年春，社首魏君世梁、张君世禄、成君文宠等，毅然更新。乃谋诸镇人士张君受祉、延君镜心、王君萌生等,相与裒金庀工,授之式法,协诸仪则。工既讫功,遂陈列而观之。社鼓逢□,钲声盈耳,华盖旋转,旌旆飞扬,其繁庶之容,丰盈之象,以视曩日盖无以加焉。是役也,凡为金二百有奇,皆取诸镇人之乐输者,不数月而告成。①

由此可以看出,到此时社首商量的对象、募捐的对象都变成了"镇人"。必须指出,即使是称为镇人,也不等于他们就都不是原来的村民或本地的土著,像碑文中的延氏,从明代起就是本地居民和十二坊中的大族。只是作为一个地名,润城镇变得比润城村具有更大的影响力,镇民成为润城社的领袖,东岳庙由此变成了这个"镇"的社庙。在这个意义上,此时的社庙便渐与以前的乡里之制渐行渐远。但是,由于镇由此开始了它作为一个基层行政层级的历程,社庙的地位似乎却依然未变。

附带说,在润城,明末崇祯年间也修建了防卫性的砥洎城,后因士绅居住和独立经营而与润城镇十二坊之间形成特殊关系,已如杜正贞所述。但因砥洎城与润城镇同为以前的润城村,前者乃是后者空间上的一部分,因此他们同为润城社的成员。砥洎城类似于郭峪城,那里居住的士绅还是润城村人,镇的出现并不能完全改变社人的身份,而这一身份又是以村人的身份为基础的。

四、里人与镇人:郭峪的个案

虽然在上节中已经涉及村人与镇人的关系问题,但由于阳城郭峪的材料比较丰富,可以使我们对它单独进行讨论。与润城不同,那里也许是因为地处要道,成镇之后一直延续至今,郭峪虽然曾经历过繁盛,但最后仍回落为村。正如阳城另外一个村下交,虽一直为村,

---

① 清乾隆《润城社新制神伞仪仗记》。

但也有称"其村曰下交,人烟稠密,为邑南重镇"的①,可知在泽州的许多地方,"镇"的含义就是一个中心聚落。

杜正贞注意到,在明清时期,郭峪出现了"镇人"与"里人"之间的紧张关系。她认为,所谓"里人",就是被政府编入户籍的郭峪里人,一般是有田产的本地人;而所谓"镇人",一般是指并非编户的、外来的工商业从事者。揭示这种紧张关系的,是清康熙时的一块碑记:

> 按县东乡镇名郭峪者,盖因里成镇,镇以里名也。镇成,而凡所托处者率致富厚,里人实贫,四散他所。人见城垣完固,栋宇壮丽,辄谓富饶甲诸镇,以空名而受实害。不知镇非穷镇,里实穷里。今且镇虽不穷于皮而穷于腹里,里人更甚。私计不难办,茕茕里甲,非死即徙,势且同归于尽也。惟县主都老爷洞见疾苦,有可以利吾里人者,靡不欲拯溺救焚而急焉为之所。于是本里绅衿里甲,仰体斯惠,相本里之美利可因者,莫如斗行一事,急行呈请,即蒙锐意举行。方及三月,而鼎镬之徒,复欲狡谋由旧,以撼成议于仍。持正论而卒不以私废公,此仁慈出于明断,岂止一时之里甲蒙恩,且令宛从者□而生,为朝廷留亿万载供赋之地,其所开岂□鲜哉! 夫铭以口何如镌诸石,行使百之下者咋弊蒂而心铭之,并以俟后之来继,我□后者以为加□与除之,勒于石,为记。
>
> 阳城县正堂都为晓谕事:据郭谷里绅衿里甲呈状,为本里白米、杂粮斗行积弊相沿,久被强占,卖贩居民,两受其困。且本里里甲之苦,受多烦多,残不堪命。公诣将本里白米、杂粮斗行统归见年里长轮应,以苏里役之苦。花户之帮贴永行禁绝。本县阅其呈状条陈,苏里甲以办钱粮,在官在民,殊为两便,相状如议准行。但恐既应之后,复踵前辙,□民交病,有使司市之宜,又恐不法之徒,挟私隐恨,妄生事端,仍行肆害,合行出示晓谕。为此

---

① 清康熙五十二年《重修大殿碑记》,碑在下交汤王庙。

示,即郭谷镇居民人等知悉,嗣后一应粜籴杂粮,因时定价,交易两平。斗严抄勺,无容高下其手;戥析分毫,不得轻重其权。勿多增价值,而病在土著之民;勿巧取牙用,而病在负贩之子。至□旧牙豪棍,亦不得借端生事,阻挠官行。如有前项等弊,许该年乡地里甲即行赴里,以凭尽法究处施行,决不姑贷。①

碑文实际上由两部分组成,后面的官府告示实为附录,讲到一个具体的案例,而前段则为借题发挥的感慨,涉及"镇"(非"镇人")与"里人"之间的某种紧张关系。从后面的案例来看,问题的核心是斗行也即粮食收购商。从材料的含糊语句中揣测,似乎斗行当时是被外地来的粮商把持着,而且根据下文似乎是由他们代行征收(或包买)田赋②,也由他们买卖粮食,所以本地的"卖贩居民,两受其困",即粮贩和居民都受到损害。在这个过程中,由于粮商牟利,有些额外的需求或损耗还需要"花户之帮贴",因此本里的绅衿主张斗行应由值年的里长来轮流兼任。换句话说,本来由里甲承担的征收钱粮的职责,到明清之际为包买商代行,而花户只需"帮贴"一些钱给粮商③,作为其包税的报酬。另一方面,斗(粮)行收购了粮食之后,又在市场上扮演向居民卖粮的角色。这样一种方式实际上是一种趋向于市场化的赋税交纳,官府发现即使改为里长

山西阳城郭峪鸟瞰

① 清康熙十七年《邑侯大梁都老爷利民惠政碑》,《古村郭峪碑文集》,第159页。另可参考郭峪汤帝庙原碑。

② 这只是一种推测。如果说斗行只是收购粮食,花户从卖粮所得之钱中拿出田赋,通过里甲的渠道交纳给政府,那么就谈不上再把收购粮食之权交回里来办钱粮的问题。

③ "花户"即纳税人户,"帮贴"往往指因他人帮自己承担了某项义务而给该人的一些报酬。

负责也不一定能杜绝这个问题,因此需要的是公平交易。这样,既要求斗行不要抬高价格来伤害土著(里人),也要求牙行不要多收额外的费用,来损害粮商的利益。

但是,为什么会由此引发"里人"或里中士绅对"镇富里贫"的感慨呢? 郭峪里是明代阳城的99里和清代的78里之一,不过在康熙二十六年前,全县因人口减少而缩编为40里,而郭峪里均在其内。但该里下包括哪些村庄,未见地方志记载。如果按照碑文中"因里成镇,镇以里名"的说法,这个"里"既可能指包含数村的里甲之里,也可能仅指里的首村即郭峪村。陈廷敬曾说:"吾所居镇曰郭峪者,连四五村,居人逾千家,皆在回峰断岭、长溪荒谷之间。"① 其中包括郭峪村,也包括陈氏所居之中道庄,另有三四个小村庄,当然郭峪村应是郭峪镇的中心,甚至在狭义上就等同于郭峪镇。

明崇祯五年陕西农民军一度攻入郭峪,造成当地的动荡,于是崇祯七年以郭峪村人为主,为其加筑城墙,成为郭峪村凸显其"镇"身份的重要标志。其中出面的主要士绅张鹏云是郭峪村人,而具体实施者大商人王重新也是郭峪村人。据称城墙"周围合计四百二十丈",即平均每边300—400米,应该只是把郭峪村包含在内②。又有碑文说"阳城县之郭谷镇,建城一座"③,说明这个镇的范围就是郭峪村,而不包括郭峪里全部村落。因此出力的主要是张氏家族和王氏家族,属于黄城村(中道庄)陈家的陈昌言只是众多赞助者之一。郭峪建城之后,才进一步对内部聚落重新进行了规划,建了三层共609眼窑洞,供城中居民租住。其四至涉及的范围,包括了张府,也包括了王家④,说明这两个郭峪村的大户,自动成为"镇人"。清乾隆时又在

---

① (清)陈廷敬:《午亭文编》卷四〇《义冢碑记》,《景印文渊阁四库全书》第1316册,台北:台湾商务印书馆,1986年,叶11b—12a。
② (明)张鹏云:《郭谷修城碑记》(明崇祯十一年),碑在郭峪城中。
③ 明崇祯十一年《抄录奉旨叙劳疏》,碑在郭峪城中。
④ 清顺治十二年《城窑公约》,碑在郭峪城中。

城上加修了奎星阁①,咸丰时还在继续维修护城河的堤坝②,进一步强化了这个镇的独特性。

陈廷敬自己并不认为自己住在郭峪镇。"樊川在阳城万山溪谷之间,余家焉。其南半里许,墟烟相接,林木交映,邑之所谓郭峪镇也。"③王重新在记述崇祯五年战乱情景时谈到郭峪村受到的侵害,全县中"独周村保全一城,上佛保全一寨,吾乡保全陈宅一楼,余皆破损"④,也是把陈家所在视为本里的另一村。在本地所存墓志中,明代墓志多按籍贯称墓主为阳城郭峪里人,并不强调具体的村或镇,因为里是籍之所在。但陈氏家族的墓志多记为阳城郭峪之中道庄,似乎有意与郭峪本村即郭峪镇相区别。但郭峪张慎言为同村之张鹏云所写的墓志铭中,却明确说其"上世自沁水金凤迁居阳城之郭峪镇"⑤。

据此,一般说自己是郭峪镇人者均为郭峪村民,郭峪里其他村的居民不在其内。这样,镇人中既有外来的移民,也有本地的土著;既有工商业者,也有官宦士绅,像镇人王重新,既是本地的土著,又是大商人;既世代居此,但又在另外的龙庄(今史山村)立籍。在这个意义上说,许多"镇人"同时也是"里人"。前面所引碑文中强调的是里人与镇中"托处者"之间的矛盾,也即在籍者和不在籍者之间的矛盾,而非里人与镇人的矛盾。

从前引碑文的字面上看,官府虽做出有利于"里人"的判决,但却担心在里甲操作下仍然会出现同样的弊病,使里人和商人受到伤害。根据碑文的前半部分,斗行的人还是力图恢复以前的做法,"里人"士绅因此立碑以维持原议,但显然,由里甲征收田赋同样是存在弊病的,只是由地方士绅控制对他们是有利的;同时"镇富里贫"的主要原因并非由于镇人压榨了里人,而在于他们各自所从事的产业不同。

---

① 清乾隆《创修奎星阁碑记》,碑在郭峪城中。
② 清咸丰五年《重修奎星阁城垣河堤碑》,碑在郭峪城中。
③ (清)陈廷敬:《故北直隶任县知县卢府君墓表》,《晋城金石志》,第699页。
④ 明崇祯十三年《焕宇变中自记》,碑在郭峪豫楼。
⑤ 《清故大中丞都察院右佥都御史雨苍张公墓志铭》,《古村郭峪碑文集》,第220页。

之所以有这样的感慨,也是对现实的一种无奈的反映,并不一定说明里人与镇人的对立,否则也不会将碑立在郭峪村(镇)的大(社)庙里。

同样的情况出现在乾隆年间的两起纠纷中。一起纠纷是乾隆二十九年前后,本镇居民认为在本地开窑的卫、张两姓窑头因挖窑开矿伤害了本镇的风水,导致经济的衰落,呈请地方官封窑,得到批准。碑中提到受害者是"该镇居民",碑后题名的也是"阖镇士民",因此他们恰恰正是本地"镇人",他们的对立面是身份不明,但也居住在本镇的窑头①。另一起纠纷是乾隆二十年前后,因本镇土工行和轿夫行垄断本地婚丧嫁娶事务,强迫事主必用他们高价承办,本镇士绅、乡地联合申告,希望地方官干预。这个纠纷中的受害者同样也是镇人,而非"里人"②。这两例纠纷或许反映了镇中一般居民与特定行业者之间的纠纷,至多反映了土著镇人与外地务工人员的冲突,并不表明"里人"与"镇人"的矛盾。

在此前的康熙十三年,郭峪镇上的牙行立了一块石碑,碑文如下:

> 按阳城阖县额设商税银二百三十两,顺治十二年四镇分认,在城分税银陆十两,润城分税银一百一十两,白巷分税银二十两,章训都郭峪镇分税银四十两。缘镇小,非通往来客商者,有分到刘村、安阳、刘善、章训、南石、东石、南晋、北□、刘村、崇上、洮壁、东裴各里。卖物买□□□□卖地□□□□无□立石,永远为志。

由于应纳商税被部分分派到各里,此项行为因此也被认为会引起里人的不满。但上述商税并非只与郭峪里有关,而是分布在全县的12个里,如洮壁、东裴二里即原属在城,后被归并改易。或者说,郭峪镇

---

① 清乾隆二十九年《封窑碑记》,碑在郭峪村委大院。
② 清乾隆二十年《邑侯杨老爷剔弊安民示》,碑在郭峪汤帝庙。

所承担的商税份额,并没有部分转嫁到郭峪里民头上,而是摊到其他可能没有大镇的里,其他三镇的商税分摊也是同样,因此并不会引起郭峪镇人与郭峪里人的矛盾。之所以这样规定,是因为县城和三镇中的商户较为集中,商税主要由他们分担;但这并不等于说其他各里之民完全没有交易活动,因此由他们分担部分也不无道理①。

到康熙三十三年,郭峪牙行代表十七行的行户请求豁免除正额商税之外的其他各项杂派,得到官府的批准,因此立碑歌功颂德。通过碑文,我们知道,杂货、斗行、铁匠、银匠、酒行、屠行等等并非只存在于县城当中,只是因为路途遥远,应役困难,往往由在城工匠支应,在乡、镇各匠给予"帮贴"。因此此碑称为《县主衷老爷体恤里民行户永免一应杂派德政碑》。这说明,官府也并非只是关照里民,也注意体恤镇上的工商业者。据碑文称,此事之所以成功是由于陈廷敬的上疏、得到户部的同意,可见并非镇人的陈廷敬也并不一定是站在镇人的对立面的。

郭峪村的大庙或者社庙与泽州很多地方一样,是汤帝庙。清顺治九年的碑文称:"郭谷镇大庙创于元之至正,修于明之正德,后灾于嘉靖,又修于万历,其补茸者亦时而有之。"②由于缺乏材料,我们不清楚郭峪在元代是否已经成镇,但由于它在唐代便成聚落,五代后周时称"东邻郭社之陌,前据金谷之垠,既名额以未标,称郭谷而斯久",可能彼时已有郭峪社③。元末修建汤帝庙时不知它是否已作为社庙,但明万历时重修则肯定是郭峪社的行为,清顺治九年再修也是由社首王重新等一干人进行组织,郭峪的大族张氏也都是其中的主要参与者。

----

① 碑文中的商税包含哪些部分并不清楚,但根据后面残缺的字句可知,应该包括买卖土地和其他物品的交易税。根据乾隆时期的地方志记载,属于商税范围的包括溢额商税、畜税、牙帖税、盐牙税、当税、房田契税等(卷四《田赋·税课》,叶 5a),因此不能说里民完全不涉及这些交易行为。
② 清顺治九年《郭谷镇重建大庙记》,碑在郭峪汤帝庙。
③ (后周)徐纶:《阳城龙泉禅院记》,《高平金石志》,第 353 页。

从清初到清中叶,郭峪汤帝庙多有修葺,也大多是在社的组织内进行,从历次修葺所立碑刻题名来看,这个郭峪社似乎只限于郭峪村(镇),并不包括郭峪里其他村落的人。在顺治九年、十年碑中,社首均有王重新和张氏多人,康熙十三年修葺庙中高媒祠,也是"里人张肇基、张元弼等迫意为重修计",基本上未见当时非常显赫的黄城陈氏。论者发现这一现象,并将其主要解释为陈氏是那种对乡村公共事务不太关心的士绅,其实忽视了陈氏并不属于郭峪社的范围①。另外碑中也有"镇之人每借□庙为公所"的字句,说明这个社庙确被当作郭峪镇的公共处事之所。

山西阳城郭峪汤帝庙今貌

这种情况到咸丰间的碑刻中有了变化。在为重修汤帝庙捐款的题名中,包括了外地人或外地商号,远如山东峄县、河南周口,中如山西榆次、霍州、长治,近如阳城县城、大端、上庄等;还包括了一些个人在不同地方的募化,此外就是大批未注明地点的商号,应该就是在郭峪本镇的外地商号。与上述分列的是"本村捐赀",既包括五永店这样的商号,也包括本地文人团体奎文社,以及一些个人,并无原来十分积极的郭峪社的痕迹。这说明,汤帝庙的背后除了郭峪镇的"老人"或土著之外,这时更多地出现了"新人"即外地商人的力量②。到

---

① 参见杜正贞前引书,第142—143页。我们知道,陈氏家族在将郭峪原来的里馆改造为文庙的活动中起了重要的作用。此事不仅是陈廷敬倡议,而且还捐地捐款,这是因为他将此视为涉及本地区全体士绅,甚至本地文运的事情。因此《里馆故墟建孔子庙碑》碑阴列出本地自明成化到清康熙的93名有功名者,既包括张氏,也包括陈氏,就连与文庙有关的文社组织,也是陈氏把持的。见《文社财产及保护碑》(此名为今人定),碑均在郭峪文庙。

② 清咸丰《重修汤帝庙舞楼碑记》,碑在郭峪汤帝庙。

这个时候,也许"镇人"才得到了重新定义,即从原来的郭峪村人变为以外地商人为主的移民,而郭峪本地人被重新定义为"村人"。

五、余论

在明清泽州的镇中,有许多具有相当悠久的历史渊源。一些曾为过去的某级行政机构,一些从宋金时期就开始成镇,还有一些虽到明代成镇,但也是自唐代,甚至更早时期发展过来的聚落①。泽州地处万山之中,交通不便,镇的发展有此特点,应该说代表了华北地区的共性,与早期国家发展在特定区域的影响有关。

根据文章开始时所列表格,在以清代地方志为主的材料中,泽州地区先后存在过至少42个镇,这个数量无法与苏州、松江和常州各府相比,但与太湖流域的嘉兴和湖州二府相差不多,相当于苏州、松江16世纪初的水平。如以县为单位,则至少与桐乡、归安、乌程相同②。考虑到一个是被与19世纪以前的英国相比的发达地区,而另一个则是在华北腹地的山区,其自金、元以来的社会经济发展常常为人诟病,这样一个非常表面化的比较还是令人惊讶。但是我们并不试图将这种状况与有关"都市化"或"城市化"进程的讨论联系起来。在所见关于泽州的基层聚落的材料中,我发现自然村的地位还是最基本的。这里的镇基本上不是脱离原有的村落,在一个个新的所谓交通要道上发展起来的,而是在原有的空间范围内被重新"冠名"的。这里的镇并不像明清江南的市镇那样,由水栅、河道、桥梁和特色建筑构成某种边界,将"四乡"与市镇区分开来,但是却可能在特定的时期加筑城垣寨墙,以之为一种标志性的景观,突出了它们作为"巨村"或镇的地位。也就是说,与我们通常设想的那种从产生伊始就与乡

---

① 这样的情况在全国其他地区也存在,如江西的景德镇、樟树镇等。
② 参见刘翠溶:《明清时期长江下游地区都市化之发展与人口特征》,表二和表三,梁庚尧、刘淑芬主编:《城市与乡村》,北京:中国大百科全书出版社,2005年,第251—252页。

村对立的城镇(town)不一样,在一个相当长的时期内,村就是镇,镇民还是原来那些村民,无论他们是普通的农民还是士绅。因此这里的镇与其说叫"市镇",不如说叫"村镇",尽管这里往往也是乡村市场体系中的商品集散地。

这样一种特点说明,在相当长的时期内,泽州的镇始终是"扎根乡土",也即与原有的村落共同体保持密切联系,并未因成镇或称镇而与本村脱离干系,独立发展;同时,这些镇的形成往往具有悠久的聚落历史,因此即使是历代基层制度的设立地点,也要考虑这些"巨村",如元代的管和明代的里,后者反过来又强化了这些"巨村"的地位。

与此相应的是,这些"巨村"中的居民也同样具有长期的延续性,也就是说一些大族长期在本村或本镇居住,至少是本村或本镇具有影响力的群体,而较少出现大规模的人口变动。比如前面提到的沁水郭壁的韩氏和苏氏,另外如晋城冶底的董氏,从元初到清后期一直是修建东岳庙的主要力量,这也许是维系其"巨村"或镇的地位的重要因素。这些本地人或继续从事农业,或经商积蓄财富,或在明清之际进入仕途而获得权力资源,既保证了自己在本地的长期控制力,又维系了村镇之间的稳定联系。

值得注意的是社在这个过程中发挥的重要作用。虽然社自金、元以至明、清,具体的含义有所变化,无论这期间历代朝廷的基层户籍管理、赋役征派、治安与教化组织如何不同,社的组织却始终存在,甚至一直延伸到民国时期。一方面,一些大族从元、明以来一直把持着社首的位置,另一方面,无论从村到镇,还是由镇复归为村,甚至在晚清以后一些镇上的外地人增加、多姓参与公共生活的情况明显之时,社的核心位置依然未变,成为不同时期、不同人群力图控制的所在,也是他们发出声音的公共场域。这或许解释了为什么在全国其他地区,明代里甲制度的实施得到了更多的关注,或者对于地方历史的进程造成了较大影响,而在明清泽州地区的民间文献中却往往语焉不详:因为像里甲这样的制度更多地被理解为一种外来的、自上而下强行贯彻的,甚至是临时性的制度,而社却是本土的、与本地人的历史传统和生活惯习密切相关的、长期性的制度,既是地方认同的标志,也是地方权力体制。

在一定意义上,以上的分析与科大卫的看法一致。在《韦伯不知处:明清中国的市镇与经济发展》一文中,科大卫分析了江南的濮院、南浔和乌青镇的情况,这些市镇与苏州或南京等大城市不同,经常由自元代发展而来的一个或几个大族支配,直到16世纪他们的权威才受到外来移民,比如以前的仆人或商人的挑战,这就促使他们去建构一种历史的合法性。这些大族士绅否认市镇的商业特性,而强调市镇与乡村的渊源。科大卫认为,城市或市镇的居民看待自身世界的方式与乡民并无不同。"不仅乡民,城市与市镇居民也是从乡村的视点去看待市镇和城市的。"[1]他在文章中强调了建立在明初里甲制度基础上的市镇领导权到16世纪转归获取功名的士绅之手,而在这一过程中"宗族的兴起"是一个重要的因素,在市镇中则表现为对寺庙控制的争夺[2]。他认为,这些都与乡村中发生的过程是一致的。

虽然泽州的镇与普通村落的区别在于这里的工商业集聚程度,特别到清后期外来人口的增加使镇具有更大的开放性和流动性,但正如前述,镇与村的地缘一致性特征是非常明显的,这里与其说形成了"市场共同体"(marketing community),不如说依然保持着"地缘共同体"(territorial community),而维系这个地缘共同体的历史文化资源就是社。正如科大卫所说,"在人们被组织到里甲中去进行祭祀之前很久,社就是地缘共同体的中心,这在广东、福建、长江下游都有体现"[3]。但在泽州,元代的社制和明代的里甲制度都没有改变社的中心地位,这里的村或自然村是最基本的聚落形式,社就是以自然村为

---

[1] Town and Country in China: Identity and Perception, eds., David Faure and Tao Tao Liu, " Introduction ", Palgrve, 2002, p. 5.

[2] David Faure, " What Weber Did Not Know: Towns and Economic Development in Ming and Qing China ", idem, pp. 64, 75.

[3] Idem, p. 77. 这一点在杜正贞前引书的结论中也得到了讨论,第282—283页。

基础的,一村一社的情况非常普遍,而且没有因为明代因里建社,也没有因为明清之际里甲废弛而完全改变这种基本的格局,甚至,由于本地的里甲往往依村社而设,所以能够延续到清末。

这种地缘共同体的维系的重要因素就是历史的悠久。在华南,我们很难寻找到延续几百年甚至一千多年的村落,我们也很难找到与这些古老的村落有直接联系的大事件、大人物,比如长平之战、孔子、唐玄宗、程颢等等。在这里,炎、黄、女娲、尧、舜、禹、汤这些传说中的上古圣王成为百姓生活中有"迹"可寻的重要文化资源,他们不像华南地区外来的移民所塑造的神祇,也不像国家礼制塑造的正祀,而是一种本土的、与村落生活息息相关的神圣象征。另一个重要因素就是居民变动性在某一个较长的时间段中相对较弱。对于一个"洪洞大槐树移民"传说脍炙人口的地方,对于一个以经商闻名于世的地方,这个说法似乎是无根之谈,我们也的确看到过不同历史时期一些村落的姓氏发生了较大变化的例子,但是在元代以后到清末民初之前,我们毕竟很难看到这里有大规模居民变动的统计,相反却看到一些历经元、明、清长期存在的大族,平安渡过了明末清初的动乱,现存的族谱显示的也多是从明代至今尚存的状况。另一个有趣的例子是,无论从唐代以来的大批墓志还是从地方志或族谱的记录来看,其始迁祖来自的地方都相隔不远(比如阳城的一些家族自称来自高平的赤土坡,即金门镇),这里早已不是吸引大批人口前来开发的地区。即使有因经商等等原因出现个别性的人口流动,但并不致造成其举族而迁、导致其聚落"换血"的局面。这种地缘共同体的维系有赖于在历史过程中本地人的自身努力,这种努力反过来也是地缘共同体带来的结果。在金元之际的本地士绅如李俊民的笔下,蒙古灭金的"贞祐之变"常常被描述为造成巨大破坏的灾难,但同时他也大量记录了乱后寺庙的迅速重修,成为地方社会秩序重建的表现。

在泽州,我们还没有看到类似珠江三角洲"宗族的兴起"那样的、在镇的勃兴过程中起重要作用的变化。一些镇兴起于宋、金,更多的地方也是到明代中叶以后开始称镇,这与明初里甲制抬高了设里之村地位有关，与本地人开始取得功名、进入仕途有关，与本地区商业的发展有关，也与明末清初战乱的压力迫使其自保有关，但这些都只能说明上述因素使一些村有别于另一些村，因此前者被称为镇，而不能造成结构性的变化，使前者走上一条与后者完全不同的发展道路。多数地方的镇与原来作为村落体系中心的村差别不大，除了一些镇早晚不一地进入了一些外地人外，村人就是镇人，在自称与他称方面，村人与镇人的边界往往是模糊的。社始终是这个地缘共同体的中心，村社就是镇社，镇与其他村之间的联系往往也是通过社的网络。这些镇与周围其他未被称镇的村落之间，与其说是一种反差很大的城乡关系，不如说还是一种村落关系，只是有中心村与一般村的不同。

那么，镇人在这样自称或被他称的时候，有没有与以前被称为村人时的相异之处？有没有与周边各村那些此时还被称为村人者的相异之处？如果没有，我们应该如何看待这种有别于从前或他人的称呼？如果这种称呼体现了某种身份认同或某种新的地缘共同体意识，那会表明什么？

在以往关于乡村关系的历史学、人类学、民俗学研究中，已论及村落之间可能存在的紧张关系和竞争关系，这种紧张和竞争可以通过水利纠纷、土客矛盾、宗族械斗、迎神赛会等多种形式表现出来，并通过相互的协调，形成村落之间权力关系的某种差序格局，而称镇或成镇之村应该在这样一种差序格局中占有优势的地位。因此，在前面引述的材料中，我们还是可以看到对本镇的自豪感。也正因此，在镇人与同样的镇人自称"镇人"或"村人"时，随意性是很大的；在某些地方、涉及某些问题，或在某类材料中，可能会更突出这个镇的或镇人的身份，而在另外的地方、材料或问题上，又可能完全不在意这个身份。

按照前面的材料，阳城白巷也是被称为镇的，而且在阳城的所谓

"四大镇,八小镇"中属于"四大镇"之一①。但我们在当地的材料中很少看到它称镇的说法,与郭峪等地形成鲜明对比。这里在明代为白巷里,至民国人们也还习惯称为白巷里。它由上、中、下三庄组成,所以地方文献中往往又称其为三庄。如"源出史山曰史山水,会郭谷、三庄诸水,西流至润城镇入沁河中"②,可见在当地的正式说法中,有的地方要称镇而有的地方则不必称。这里在元、明时矿冶就十分发达③,也出过一些名宦大族,如上庄王氏、下庄李氏、杨氏,都在明末清初以进士发迹,但却没有经常以镇自诩。在清雍正十三年的一块墙碑中,讲到保全以前修建的堡寨,因为这些公产"半属于村民或典或卖者",请求官府"出示永禁,则合村人民辈辈感恩,世世戴德矣",官府的批示也是:"为此示,仰该村乡地□甲人等知悉……"④;嘉庆元年白巷里的一块碑文中,经常出现的是"合里绅耆""阖里人民""阖里同立"字样⑤;另有一嘉庆二十一年碑称,"如吾村馆庙之兴筑,固众人所共愿者也"⑥;等等。在族谱、私人书信中也绝少称镇。在白巷,人们的认同是明代以来的白巷里或相应的三庄或三社,而不是镇的概念。

在郭峪的许多碑文中都非常强调其镇的身份,但在明代的碑文中称镇时不多,往往是表现一种自豪感的用词。如"吾乡郭谷,夙称巨镇",具体说到本地人时还是称"乡人"⑦;又如"吾镇迩来蜚英跻

---

① 民国《阳城县乡土志·地理》,民国二十三年铅印本,叶28a。"区分为七十八里,统属于十有一都。四大镇,八小镇,周围约五百村庄。"但具体是哪些镇被列入四大镇和八小镇中却不得而知。
② 民国《阳城县乡土志》,叶30b。
③ 同上书,叶4b。"明正德七年,霸州贼刘六、刘七至阳城东白巷里等村,村多业冶,乃以大铁锅塞衢巷,登屋用瓦击之。"
④ 清雍正《王公保全磐石寨城垣窑楼永禁拆毁碑》,碑在阳城县中庄汤帝庙。
⑤ 碑无题,在阳城县中庄汤帝庙。
⑥ 清嘉庆《重修东西客房看楼钟鼓楼山门门外市房并补葺一切碑记》,碑在阳城中庄汤帝庙。
⑦ 明崇祯十一年《郭谷修城碑记》,碑在阳城郭峪村。

跻,文运益昌",但说到具体的地点时则是"第村之北……"①,因此镇和村在所指上是有分别的。王重新自己撰写的《焕宇变中日记》是一篇记事的文字,与那些公之于众的"展示性"碑文有所区别,他在文中只在提到张鹏云时用了"本镇乡宦",其他各处均用"吾村""合村"等,到清代的碑文中镇的使用才变得普遍起来,说明郭峪镇的认同是一个逐渐强化的过程。总体来说,碑刻都具有权威性、神圣性、展示性的特点,其中的文字措辞虽能表现出地方历史及其变化,但与日常生活中的实际观念与实践还是有一定的差异。

在明清时期的泽州,镇的共性可以概括为"巨村为镇",即村镇统一体。其不同大体在于以下三类:一是像高平的米山、晋城的周村这样自宋金以来即称镇的地方,由于其历史悠久和交通等条件的优越性一直不曾丧失,镇的叫法和认同比较稳定;二是像阳城的润城、晋城的高都,甚至郭峪这样的地方,虽然也是在明代后期才开始称镇,但由于内部的努力,造成了它们的内部城市化趋势,比如修建城垣、划分坊巷、根据风水和礼制在相应的位置安排神圣空间(修建庙宇)、外来移民构成镇中人口的较大比例等(第一类也可能具有第二类的特征);三是当时被称为镇,但基本上还是村落的形态,也被普遍视为村的地方,如阳城的白巷、沁水的郭壁、晋城的冶底,是典型的"巨村为镇"的代表。虽然这些镇的兴起和存在程度不等地具有工商业发展的因素(第二类镇表现得更为明显),但显然还是与它们所在的和其他的村"同呼吸,共命运",一起走进20世纪的。

---

① 明万历四十六年《郭谷镇修券造像碑》,碑在阳城郭峪村。

赤桥村与明清晋祠在乡村网络中的角色*

赤桥村,在今山西太原以南约22公里,属晋祠镇。这个地方为学界所知,主要是因为清末民初生活在这里的乡绅刘大鹏及其他的《退想斋日记》。自20世纪80年代始,学者们开始利用刘大鹏的丰富撰述进行研究,特别是行龙及沈艾娣的论著,与本文的主题相关①。在我研究晋祠的计划中,晋祠周边地区的村落必然是讨论明清以降时期(如有可能当然会向早期延伸)的重要内容,赤桥村自然是这些村落当中比较重要的一个。

一、赤桥村所在的乡村网络

根据现存的聚落形态和寺庙等"礼仪标识"的遗存并不能重现赤

---

* 本文发表于《社会科学》(上海)2013年第4期。
① 与刘大鹏及其日记有关的研究,有乔志强、罗志田、行龙等人的大作。乔志强先生整理出版了《退想斋日记》(太原:山西人民出版社,1990年),罗志田教授讨论了晚清科举制之废引起的社会变化(《科举制的废除与四民社会的解体———个内地乡绅眼中的近代社会变迁》,台湾《清华学报》1995年第4期),行龙教授有对晋水流域36村水利祭祀系统的研究(《晋水流域36村水利祭祀系统个案研究》,《史林》2005年第4期,第1—10页),也有数篇文章专门介绍刘大鹏(如《怀才不遇:内地乡绅刘大鹏的生活轨迹》,《清史研究》2005年第2期;《新发现的刘大鹏遗作三种》,《走向田野与社会》,生活·读书·新知三联书店2007年,第394—402页)。沈艾娣的相关研究,除了她的著作《梦醒子:一位华北乡居者的人生》(Henrietta Harrison, *The Man Awakened from Dreams: One Man's Life in a North China Village, 1857-1942*, Stanford University Press, 2005)以外,直接相关的研究是她的"Village Identity in Rural North China: s Sense of Place in the Diary of Liu Dapeng",收于科大卫与刘陶陶主编:*Town and Country in China: Identity and Perception*, Palgrave, 2002, pp. 85-106。

桥这样的华北村落的早期形成过程。

公元前5世纪末,晋国大夫赵简子开始在今太原经营其新的封邑,以家臣董安于营建晋阳城,据《战国策·赵策一》记载,城墙达到丈余,宫室的柱子皆以铜铸,这个城堡就在后世的古城营。1987年,赵简子墓也被发现,随葬的精美器物数量惊人,这个地点则在金胜村,即后世"柳氏坐瓮"传说的发生地。这两个村落都在晋祠以及赤桥以北不远,都是晋水灌溉网络中的村落,它们与赤桥同是宋代以后晋水北渠,即海清北河所灌溉的15个村落中的3个①。由此可以肯定,这里是"三家分晋"后赵国的统治中心区域。

另一个根据,是这条晋水北渠即战国时的智伯渠,"当晋六卿之时,知氏最强,灭范、中行,又率韩、魏之兵以围赵襄子于晋阳,决晋水以灌晋阳之城,不湛者三版。知伯行水,魏桓子御,韩康子为参乘"。《史记正义》引《山海经》解释说:"悬瓮之山,晋水出焉,东南流注汾水。昔赵襄子堡晋阳,智氏防山以水灌之,不没者三版。其渎乘高,西注入晋阳城,以周溉灌,东南出城注于汾阳也。"②郦道元也说:"昔智伯遏晋水以灌晋阳,其川上溯,后人踵其遗迹,蓄以为沼,沼西际山枕水,有唐叔虞祠。"③智伯所挖水道被后人改造成水渠,说明这一带已成农业开发地区,而这一水道自悬瓮山一出,首先就会流经后来的赤桥村。因此,至少不晚于此时,这一带已存在大规模的聚落,只是我们不知道当时存在哪些村落,以及这些村落具有怎样的景观标记(landscape marks)。

但无论这里的村落历史多么悠久,在千年进程中,这里的居民已多次更换。东汉至三国时期,南匈奴内附,大量定居于山西,以至西

---

① 这是道光《太原县志》的说法,参见卷二《水利·晋水渠》,清道光六年刻本,叶15b—16a。嘉靖《太原县志》卷一《水利·晋水四渠》中只是记载:"北渠水七分,溉赤桥、花塔、小站、县城外、古城、金胜等村屯。"(明嘉靖刻本,叶22b)

② 《史记》卷四四《魏世家》,北京:中华书局,1959年,第1855页。

③ (北魏)郦道元原注,陈桥驿注释:《水经注》卷六《晋水》,杭州:浙江古籍出版社,2001年,第107页。

晋时期称其为"并州胡"。十六国后期,拓跋鲜卑势力壮大,后建立北魏,迁都于平城(今山西大同),山西全境已成为北方各族杂居的地区。北齐的建立者高欢也是一个鲜卑人,他在晋阳建别都后,多所营建,许多佛寺都是北齐时所建。在今太原北郊的郝庄镇发掘的北齐徐显秀墓中壁画,鲜明地反映了当时胡汉杂糅的状况。更引人注目的是,在晋水南渠灌溉流域的王郭村发现虞弘墓,虞弘是生活在北齐至隋的西域鱼国人,属"粟特胡"。墓志中称其在北周时任检校晋阳萨保府,兼领并、代、介三州乡团。说明这一带广泛分布着西域胡人的聚落①。

由于太原是李唐起兵的"龙兴之地",所以这里的人口一直很稠密,只是材料中对晋祠周围的村落情况没有多少记载。日本僧人圆仁自五台山求法后赴长安,途经太原,提到许多著名寺院,如崇福寺、开元寺等,提到他们离开太原时出西门,"向西行三四里,到石山,名为晋山。遍山有石炭,近远诸州人,尽来取烧,修理饭食,极有火势,见乃岩石燋化为炭"。这里有石门寺,据说曾在此发现了三瓶舍利,所以"太原城及诸村贵贱男女,及府官上下,尽来顶供养"②。这个记载正与日后刘大鹏的记载相符:"太原西山之峪凡十……均出煤炭。"其中五条合称明仙峪,峪口就在晋祠与赤桥村之间③。虽然圆仁没有提到具体的村落名称,但这里无疑已有许多聚落存在。

北宋时期,这里的村落情况依然不甚分明。宋仁宗庆历年间

---

① 参见张庆捷等:《太原隋代虞弘墓清理简报》,《文物》2001年第1期。
② 〔日〕圆仁撰,顾承甫、何泉达点校:《入唐求法巡礼行记》,上海:上海古籍出版社,1986年,第136页。我们没有在地方文献中找到关于石门寺的信息,清乾隆时人赵谦德撰有《悬瓮山记》,其中说入明仙峪口五里左右,有"两山竦峙如门",曰石门",石门寺应即由此得名。见道光《太原县志》卷一三《艺文》,叶28b。但圆仁提到,从石门寺向西上坡二里左右,有童子寺,这在嘉靖《太原县志》中有记载,该寺位于县四十里龙山上,为北齐天保七年建,金天辅元年为兵火所毁,明嘉靖时重建(卷二《寺观》,叶16)。两种相隔千年的文献关于该寺起建的情况记载完全相同。又,龙山即为晋祠之后的悬瓮山。
③ (清)刘大鹏著,慕湘、吕文幸点校:《晋祠志》卷四《山水》,太原:山西人民出版社,2003年,第92页。

范仲淹游览晋祠,作诗有"皆如晋祠下,生民无旱年"之句,说明这里的居民一直用晋水灌溉。嘉祐年间太原知县陈知白整顿晋祠水利,开始三七分水,"穴庙垣以出其七分,循石弦而南行一分半,面奉圣院折而微东,以入于郭村。又一分凑石桥下,以入于晋祠村。又支者为半分,东南以入于陆堡河;其正东以入于贤辅等乡者,特七分之四,其三分循石弦而北,通圣母池,转驿厅左,以入于太原故城,由故城至郭村。凡水之所行二乡五村,民悉附水为沟,激而引之,漫然于塍陇间,各有先后,无不周者"。文中提到二乡五村,其中一乡应为贤辅乡;郭村(刘大鹏注郭村即后世之王郭村)、晋祠村应为五村之二[①]。这说明,明代这里的一些村落直接源自宋代或更早,同时村落的数量少于明代。

晋祠的文物遗存中也开始出现宋代民众的痕迹。如圣母殿圣母塑像座椅背后的题记,"元祐二年四月十日献上圣母,太原府人在府金龙社人吕吉等,今月赛晋祠昭济圣母殿,缴柱龙六条,今再赛给圣母坐物椅"。莲花台金人身上的绍圣五年题记,"大宋太原府甲午□□社赵和等特敬□□舍净财铸铁人一……昭济圣母永充供养";"甲午社都维那头赵和、弟赵闰□□□,副维那李立□□,副维那张国分□□,社人李和、杨福张、郑诚、乔水、庄立、赵俊,道士白□□、陈平、大监王昌、弟王和。绍圣五年四月初一日"等。但无法得知金龙社、甲午社的社众是太原何方之人。

到元代,晋祠附近村落的眉目开始清晰起来。在至元四年的《重修汾东王庙记碑》碑阴中有两段文字,记录了官府派人到晋祠来勘察地界的过程和结论,颇为重要,兹节录如下:

> 晋祠等村乡老冀宝等、耆老燕德等,今准簿尉文字该准县衙关文奉太原总府指挥将德等勾来取勘晋祠惠远庙四至界畔根脚等事。承此,德等依奉将晋祠庙宇四至界畔开写前去,并是端

---

① (清)刘大鹏:《晋祠志》卷三〇《河例一》,第570页。

的,中□别无争差。今开申于后:东至草参亭,出入至官街,并诸人见住屋后大泊堰为界;南至小神沟旧墙,并碓白北景清门根脚为界,出入通奉圣寺道;西至神山大亭台后为界,北至旧大井南神沟观院墙为界。

……

据本庙知宾道士□仲□并告本庙四至界畔,乞照详事。为此行下平晋县取会本管地面邻右村分主首、耆老,自来知识人等,堪当四至,端的备细,开写画图,贴说保结申来,去后回该申移关本县主簿兼尉张天福就使勘当。今准来文发到晋祠镇并邻右索村、赤桥等村儒户、军民、人匠、打捕、站赤诸色人等,燕德、冀宝等三十四人,年各七十,及□有八旬之上,俱系本土自来久居人氏,备知本处起建晋祠庙宇四至根脚。①

第一段材料清晰地说明了晋祠的四至,与今天晋祠的范围没有什么变化。这是因为此时准备大规模重修晋祠,为避免纠纷,由该庙道士向官府申请勘察,与当地耆老共同认可其四至范围。第二段材料说明,延续至今的村落格局——晋祠北侧的赤桥村、南侧的索村——在元初便已存在。由于官府召集了34位七八十岁、世居于此的老人,说明这种村落格局至少可溯自宋金时期。

在明代,太原县共分55都,应即相当于里;都下可能即为村②。按刘大鹏记载的清代晋水灌溉村庄的情况,包括总河三村:晋祠镇(南河总河)、纸房村、赤桥村(北河总河);北河上河12村、北河下河5村、南河上河3村、南河下河2村、中河7村、中河小渠1村、陆堡河4村,共36村。这与明代的情况变化不大。在天龙山圣寿寺明嘉靖

---

① 元至元四年《重修汾东王庙记碑》,《晋祠志》卷一〇《金石二》,第193页。
② 嘉靖《太原县志》卷一《坊郭·乡镇》,叶6a。书中没有记载都下有何行政层级,如王索都可能包括晋祠以南索村到王郭村一带的村落,张花都可能包括晋祠东北的花塔、塔院等村落。同书记载汾河水渠,"南关等都渠一道,南屯取水,灌北庄等八村;……首蓿等都渠一道,看河楼取水,灌庞家寨等村"(卷一《水利》,第22页下)。都是在都以下直接提village。

铁钟铭文中，依稀可见赤桥村、东庄村、花塔村、大川都、上庄村、嘉□村、郜村、□店村、□花营、下社村、河下屯、西寨村、董茹村等大量村名，许多已漫漶不清，像赤桥、花塔、东庄、董茹等村都是这个灌溉系统中的村庄。

在这个村落网中，也包括卫所和王府的屯庄。它们分别是：晋王府的四个屯庄（东庄屯、小站屯、马圈屯、马兰屯）、宁化王府的两个屯庄（古城屯、河下屯），以及太原三卫的三个屯庄（张花营、圪塔营、化长堡营）①。其中至少有三个屯庄属于这个灌溉网。在明代，民田与王府地、卫所屯田之间也经常发生争水事件。

这样，在这个以晋水灌溉系统联系起来的村落网内部，形成了比较复杂的关系。一是在水利网络的框架里，北河与南河占用不同的分水比例，自然形成两个相对不同的村落群体；同时，即使在北河或南河内部，上游诸村与下游诸村也会因为水量问题形成不同的利益群体。二是在行政管理系统的框架里，州县管理的村落与王府及卫所管辖的屯庄之间更存在界限。

那么，赤桥村在这大大小小的网络中处于什么地位呢？

二、明清赤桥的村落空间及其在晋祠水利系统中的地位

从今天的地图上，我们还可以确定晋祠与周边村落的相对位置。晋祠是坐西朝东的，背后就是龙山或称悬瓮山，其前方和左右都各有聚落。前方（即东侧）的村落为北大寺村和东庄村，紧邻的右侧或南侧为索村，紧邻的左侧或北侧就是赤桥村了。在地图的上缘，我们还可以看到在明清时期这个村落水利网中赫赫有名的花塔村的位置。

除了聚落的密度加大和规模扩延外，赤桥的村落空间布局变化不大。我们看到图中自东而西斜贯整个村庄的旧路，号称老官道，也称驿道，是从古晋阳城通往天龙山区的必经之路。全长约1公里，目

---

① 嘉靖《太原县志》卷一《屯庄》，叶22b。

前还保留着一些老房子,据说是当年的店铺、旅店和民宅。刘大鹏的故居也在这条官道的南侧。

村后的卧虎山下原有一兰若寺,据道光《太原县志》记载,为清康熙年间所建,到20世纪60年代被毁。村西有座悟园寺,也叫兴化洞。二者都于近年开始复建或重修。豫让桥旁原来有豫让祠和观音庙,现也只留下一些遗迹。但最为遗憾的是,过去十分重要的渠道完全失去了踪迹,我们只能通过豫让桥的遗址来判断这条赫赫有名的智伯渠的走向。

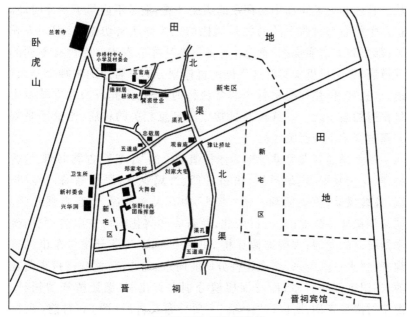

山西太原赤桥村示意图

豫让桥即赤桥,在清末时长约一丈,宽两丈,跨于北河之上,是晋祠通往县城的交通要道。桥西原来的观音庙东向,在晚清时庙内塑有豫让的像。豫让桥很古老。《水经注》里就有记载,但观音庙应该是相对晚近的。卧虎山麓的兰若寺建于康熙十一年,道光、咸丰间重修。庙内不仅供奉释迦牟尼、观音、关帝等佛教神祇,同时还在南配殿供奉蔡伦，这显然是与赤桥村民以造纸为主业有直接关系的。兴化洞不知建于何时，在兰若寺以南约半里，下有关帝，上有玉帝供奉。过去的驿路经过庙前，路东有戏台，庙旁还有茶房，凡自东北方向到晋祠去的人，往往在这里歇脚喝茶。

在今天的赤桥村，我们所能看到的，除了兰若寺、兴华洞和观音庙以外，在村南口、村中各有一个五道庙，村北有个三官庙。这些庙都是曾经毁坏、近年来又重建的，已不再是旧有的规模，好在位置依旧。由于没有任何文字记载，我们无法得知这些村庙建于何时。但从三官庙和五道庙在华北存在的历史来看，最早不应早于宋元时期。这几个村庙与村落生活的关系远比前三个寺庙密切得多，因为人死了，都要到五道庙烧纸，称为"报庙"，然后才能发丧。赤桥有不同的五道庙，说明村里确实存在不同的群体划分。三官庙的主神虽是天、地、水三官，但往往配祀各个非常流行的神祇，因此成为北方城乡中最普遍的庙宇之一。这种与日常生活息息相关的村庙，恰恰不是刘大鹏这样的士绅所关注的。

刘大鹏的兴趣可见于他为赤桥概括出的"十景"：古洞书韵、兰若钟声、龙冈叠翠、虎岫浮岚、古桥月照、杏坞花开、唐槐鼎峙、晋水长流、莲畦风动、稻陇波翻。这"十景"中有人文景观，也有自然景观。虎岫浮岚即指卧虎山，在村西北，兰若寺和兴化洞均在山前；龙冈叠翠指村北的龙堰；古桥即豫让桥，在村中心；杏坞花开指村东南的杏沟子，晋水自南流来，到豫让桥分两股向东、向北流；莲畦指村东荷花池；稻田也都在村东；而三棵唐槐分别在兴化洞、豫让桥和槐树社。由于村南是晋祠，所以这"十景"主要分布在村后（西）和村前（东），村北只有一个龙冈，以及村中心的豫让桥。

这十个景观以豫让桥为中心，这显然是聚落最古老的景观标记，既有代表忠义的故事，也有晋水水利的源头象征，同时又是村落的公共空间，"父老子弟暇则聚谈于斯"。相反，兰若寺是清代所建，兴化洞则不知建自何时，虽然居高临下，在风水的意义上非常重要，但并不是村落古老历史的代表。所以，刘大鹏把历史不清或短暂的兰若寺和兴化洞写入《晋祠志》，又在"赤桥十景"中将兴化洞塑造成一个读书的地方（"青衿之士诵读其中，书声琅琅"），而把兰若寺塑造成警醒村民的所在（"晨钟一击，声韵铿锵，村人闻之，莫不惊醒"），试图努力将其塑造成本村的"礼仪标识"，但显然并未成功。

诚如刘大鹏所说，赤桥的生命线是晋水。"晋水出晋祠，分南北流。北流经赤桥，故村人赖晋水以造纸，且溉田畴，利用甚广，足以赡养身家。"所以，晋祠虽然不是赤桥的村庙，但由于晋祠北渠水出首先经过赤桥，赤桥居于绝对的上游，因此赤桥和晋祠的关系就极为密切，超过了村庙。对于本村来说，豫让桥的意义更大。

晋祠对赤桥的意义重大，但赤桥在明代的晋祠水利网络中的地位如何呢？至少自明代中叶以来，同属北河村落网的花塔与南河村落网中的王郭村显然具有更大的权威。在拙文《分水之争》中，已经指出，至少自明代中叶起，北渠渠长一职，已有花塔村张氏世袭把持。按旧例，"每年三月初一日先浇晋府地（即小站营、五府营），一日毕；至初二日浇宁化府地（即古城营）二日，至初三日毕，初四日方浇本县民地三日，至初六日毕"，然后再周而复始，即所谓"军三民三"。但到弘治年间，渠长张宏秀据说因为出了人命官司，也许是需要借助晋王府的威势，就把灌溉民地那三天的"夜水"（即夜里浇水的权利）投献给了晋王府，导致下游如董茹等村的水量短缺。直到嘉靖二十二年，可能是有人告到山西巡按，最后官府批示认为，这些做法"俱属违法，通行久治改正"，令北渠渠长张镇等人改过自新。到万历十五年，此案再度重提，也是被人告到山西巡按处，讼状中又提到"世袭渠长张相、王朝彦并在官张孝、崔坤等投托豪校周密、周天恩等，不遵古迹志书，用强霸水"，说明这种局面一直没有改变。拙文也提到，嘉靖四十二年水母楼的创建，是一个新的权力象征，与代表旧秩序的圣母殿分庭抗礼。考虑到直到清末，在正月初八到初十北渠各村祭祀水母时，三天演剧，"系花塔村都渠长张某写定，发知单转达古城、小站、罗城、董茹村、五府营，届期各带戏价交付"，即由花塔张氏主持，很可能水母楼之建也与花塔张氏有关①。

　　类似的是南河的王氏。清雍正时"积年渠长王杰士把持需索,无弊不作",结果有个当地士绅杨廷璿上下告状三年,知县龚某派乡长、总渠甲去重订制度,还被王氏"率众阻之,殴郭、冀两人几毙",最后才将其扳倒,可见其势力之大。也正因此,后人在每年祭祀水母的时候,都要在献庭左右设杨、龚两人的神位②,与其说是表彰其功德,不如说是在不断重申那时新订的水利制度。

　　赤桥似乎一直与这些争水的纠纷无干。后人总结说:

> 前人立法颇详,北以薄堰口为界,南以邀河子为界,界外乃入渠例,界内俱属晋祠地亩,随时取灌,不分程限,无渠甲。③

北河的薄堰口与西镇村的南界毗邻,与晋祠水源相距3里左右。晋祠、赤桥、纸房三村都在界内,用水的规矩是"有例无程",就是要遵守河例,但浇灌时没有水程的限制,即前引所谓"随时取灌,不分程限",地位超然于南、北、中、陆堡四渠。后人认为明嘉靖碑文中所谓"晋水经流之地,皆为应溉之田,水行渠中,必盈科而进;地临水畔,资枿比而浇",说的就是这三村的地亩,因此这三村"应溉田畴,四河不得阻挠"。所以,赤桥可以相对无约束地用水,这个特权地位长期以来也得到下游各村的默认,当然也就显示不出它有多么强横。

　　但是,晋祠三村的这种特权地位,在清雍正年间遭到挑战,主要是南河界限邀河子与王郭村的北界毗邻,王郭村的渠长王氏意欲抢占与其接壤的界内稻田的水例,"无钱不许灌浇",理由是按规矩凡各村出挑河疏浚之夫者才能有例,晋祠不出夫,所以无例。官府认为,

---

① 明嘉靖二十二年《申明水利禁例公移碑记》、明万历十五年《水利禁例移文碑》,《晋祠志》卷三〇《河例一》,第578—582页;《晋祠志》卷八《祭赛下·祭水母》,第149页。可参见拙文《分水之争:公共资源与乡土社会的权力和象征》,《小历史与大历史:区域社会史的理念、方法与实践》,北京:生活·读书·新知三联书店,2006年,第136—139页。

② 清雍正七年《晋水碑文》、清乾隆三十年《晋祠水利纪功碑记》,《晋祠志》卷三二《河例三》,第615—620页。

③ 清乾隆三十年《晋祠水利纪功碑记》,《晋祠志》卷三二《河例三》,第619页。

晋祠是晋水发源地,本无程可计,另外又为下游各村贴赔了水流经的土地,因此不用出夫也可有例。但问题既然提出,为了防微杜渐,需要做出制度的补充:"今北河虽无此弊,亦不可不防其渐,应立晋祠渠长一名,经管南北两河有例无程地亩。……北河自发源至雨花寺前口为公渠,每年晋祠与花塔等十三村公挑;自雨花寺前口东门外纸房、赤桥二村至薄堰子为晋祠用水之地,每年出夫自挑,不许派及远村。"以免下游各村认为他们不仅可以无水程限制,还要用他们的人力为自己挑河。由此,晋水诸村建立渠甲制度,分设渠长(头)、水甲、锹夫不等,以地多者充任,每年一换,不许有功名者充任,其工食银按浇灌地亩的多少摊派,由乡地保甲负责推举和监督①。

从此,在晋水四河之上,新增了一个"总河",赤桥就成了总河三村之一,以往的超然地位被制度肯定了下来。

三、晋祠、村庙及其他寺庙祭典中的赤桥

在明代中叶,为了防范蒙古的侵袭,太原地区普遍修建了堡寨,如东庄水堡就是东庄的乡贤高汝行倡导修筑的。此外还有北堰寨、义井堡、南堰堡、董茹堡、王郭村堡、张花堡等多处,基本都是嘉靖十九年由山西巡抚号召修建的,其中也包括晋祠堡。晋祠分别建有南堡和北堡,逐渐地,堡内就被称为晋祠镇,堡外就是各个村。

同时如上述,晋祠与赤桥、纸房三村共同构成了一个"界",属于晋水发源的区域,与在界外的各村具有用水权利上的差异。而"界外"各村,北河各村中多数是赤塔村的属村,相对简单;南河各村既具有共同的利益,同时又因可分为南河、中河和陆堡河三个支流而有一些区别。

我们看到,正月初三日祭祀文昌帝君,是晋祠附近上游各村的群体行为,参与的村落有晋祠、赤桥、纸房、塔院、长巷、大寺、王索等。

---

① 清雍正七年《晋水碑文》,《晋祠志》卷三二《河例三》,第616页。

文昌宫在晋祠内东北角,建于清乾隆三十八年。根据碑记,原有个文昌祠在智伯河南岸,比较简陋,雍正时杨廷璿建议把它移建于河之北,直到乾隆中期才有人向杨廷璿之子杨二酉再度提出,最终花了近3年时间将其建成①。考虑到杨廷璿在雍正年间为保证晋祠利益与王郭村的王氏豪强数年纠纷,最后改订章程后造就了总河三村的体制,这时将原来邻近南河的文昌祠移建于晋祠之内,即在晋祠与赤桥之间的位置上,或有大张晋祠文运之意,毕竟这几个村明清很少有人取得功名。杨二酉在碑文中感叹道:"夫文运之将昌也,应时而遂发;地运之将转也,待人而后兴。前人虽有志未逮,其动我者几乎?"应该是有感而发。

此外,在文昌宫西侧的东岳祠每年祭祀的花费,也与赤桥有关。因为该庙的祭田有赤桥村糯米口平地五亩、牛角坪平地二亩、西堡子村平地二亩。

不过,晋祠最重要的祭祀,应该是祭祀水母和圣母,由于圣母的身份在明清时期逐渐被士大夫改造为唐叔虞之母,祭祀圣母便成为官府的行为,凝聚水利村落网的仪式行为就以水母祭祀为主了。祭祀水母自农历六月初一日起,延续到七月初五,所以是每年的晋祠祭祀活动中最隆重的一次了。祭祀的地点并不在晋祠内的水母楼,而在晋水之源。祭祀的顺序如下:南河上河两天,北河上河三天,总河一天,南河下河、陆堡河、中河均各一天,各河各村祭期之间有间隔。我们不清楚为什么是按这样的排列顺序,但这个以水利灌溉结成的村落网被分成6个支系,在这里也体现得非常清楚。这个祭祀活动是属于整个晋水灌溉系统的,是覆盖性的,也是功能性的。

与此同时,每年九月的祭龙神活动也引人注目,这是因为参与的村落与水利灌溉无关。每年三月初,纸房村民就去天龙山请黑龙王,安置在该村的真武庙,奉祀黑龙神的各村晋祠、纸房、赤桥、索村、东院、塔院、长巷、北大寺、南大寺、三家村、东庄、万花堡、濠荒前去致

---

① 清乾隆三十八年《晋祠移建文昌阁碑记》,《晋祠志》卷一《祠宇上》,第44—45页。

赤桥村与明清晋祠在乡村网络中的角色 315

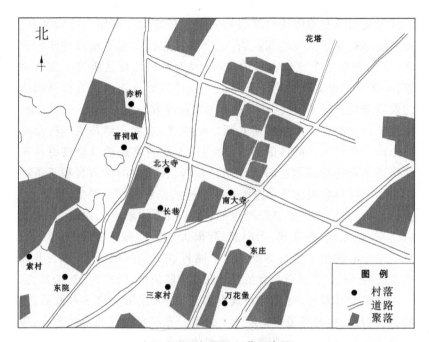

山西太原晋祠周边村落示意图

祭。秋收后,即九月初二日,各村民将黑龙神的神像从纸房村迎出来,送到献殿,初三日在三圣祠演戏祭祀。三圣祠在石塘(即难老泉前那个有分水堰的池塘)的东南,原为药王庙和真君庙,到乾隆二年合并成一个庙,除供奉原来的药王和真君(仓神)外,增加了黑龙王神。初四日,各村民聚于文昌宫,商量送黑龙神回山的吉期,以便在次日在南堡张贴告示。在送神的前一天,各村抬阁聚集在晋祠北门,从关帝庙出发,巡游各村,顺序是纸房、赤桥、晋祠、索村、东院、三家村、万花堡、濠荒、东庄、南大寺、长巷、北大寺、塔院,最后回到晋祠北门。这个活动到道光时仅剩 8 村参加,包括赤桥;光绪时仅剩 6 村,连赤桥都退出了[①]。

---

① (清)刘大鹏:《晋祠志》卷八《祭赛下》,第 157—159 页。

天龙山黑龙神应该与纸房村的关系最密切。每年三月到九月,黑龙神都被置于该村的真武庙,这个真武庙就具有了超出村庙的意义,这也许是一个比较古老的传统,因为晋祠圣母是祈雨的重要对象,而黑龙神也应该是用于祈雨的。三月到九月正是从春播到秋收的农耕周期。到了清代中叶,这个黑龙神要在晋祠中占有一席之地,成为晋祠镇附近十几个村落共同祭祀的神,这就必然是这些村落需要形成一个新的共同体的结果。而且,这些村落还通过绕境游神来强化这个新的共同体之间的认同。显然,晋祠内的文昌宫和三圣祠都是这个村落联盟的活动空间。从游神的路线图可以看出,纸房、赤桥、晋祠这总河三村是要先经过的,等于沿着镇墙自北而南,再从索村向东,经东院、万花堡,折向北,到南大寺再掉头向西回去,形成以晋祠为中心的第二道村落圈。这个圈打破了四河的区分,成为非晋水水利网络的村落系统。赤桥当然在这个联盟里,但并不是中心角色。

在这个过程中,村庙开始具有意义,如前述纸房村的真武庙,同时,它与晋祠内的三圣祠也发生了关系。赤桥村的村庙是兰若寺,虽然兴建较晚,但也由士绅赋予了类似的角色。

刘大鹏记述说,赤桥村"南北西三面地甚狭,且矿碛难耕。东资晋水灌溉者稻田五六百亩,麦田三四百亩。村人造草纸者十八九,耕田畴者十一二。稼事之多者,田不过三四十亩,少则一二亩。鳞塍雉陇,层叠不平,刈获植种,车马难施,悉以肩仔。他处农以三时,此独严冬隩寒造作草纸,不得休息。亩之所获,不敷朝饔夕餐,所资以为生者,藉稻秸以成草纸,可易金钱,以佐菽粟之不足"[①]。我们不是很清楚赤桥村自明至晚清的人口数,但有千亩土地的一个村庄,既可种稻,也可种麦,仅靠农业养活上千口人也应不成问题,并不至于像刘大鹏所说那么凄惨[②]。所以,正如刘大鹏所说,"由他乡而迁来者,岁

---

① (清)刘大鹏:《晋祠志》卷五《古迹·赤桥村记》,第 117—118 页。
② 根据 2000 年的人口普查资料,赤桥村农业人口 2278 人,603 户。如果按全国人口 2000 年约为明代人口峰值的 6 倍、清代人口峰值的 3 倍估计,赤桥村在明清时期的人口不过数百而已。

不断",到20世纪初还有容纳的空间。

造纸是赤桥人的主要生业,在晋祠石塘的北岸原有一段石梯,每年春秋挑浚北河时,因为要筑堰把水排干,所以赤桥村人都要临时从这个石梯下到塘里去洗纸。清道光二十四年,四河渠甲把这段石梯堵了,令洗纸者不得入塘。但赤桥村人还是把这个口子打开,依旧下塘洗纸,还在石梯上面盖了一个门厅,平时加上木门锁住。南北河渠甲出面阻拦,赤桥村的董事人任宝成等只好上诉官府,刘大鹏后来认为这是北河渠甲故意由此兴讼,以图渔利。但是屡讯不决,村人又无法等待,只好上诉到太原府。判决同意延续旧规,引起北渠张氏的不服,上诉到按察司,最后决定创立新规,大意是每年春天改从庙内起挑,五府营、花塔等村出帮夫,将原来的十天挑浚缩短为三天,"停洗无多,事属可行"。秋天河工较大,停洗的时间定为五天,如果到五天时不能放水,则允许赤桥村民到金沙滩去洗纸,由此暂时解决了争端①。这个定规被刻碑立石,一通立于晋祠的唐叔虞祠正殿中,另一通立于赤桥村的兰若寺正殿前阶下,一是说明兰若寺在晚清的确被塑造成赤桥的村庙,具有神灵权威象征的地位,二是说明晋祠的唐叔虞祠对于整个晋水灌溉系统的村落来说具有公共空间的意义,石碑立于此,意在昭告整个南北河的公众。

与此类似,光绪六年赤桥村农赵某因加工蓝靛用水,被都渠长兴讼,最后凭借雍正八年古碑结案。赤桥村的公正李彬等认为,此碑意义重大,但字迹漫漶,于是重刊一通,立于观音堂正殿檐下,这个观音堂就在村中心的豫让桥畔,也是赤桥的重要公共空间②。

沈艾娣讨论的是,城乡连续统一体解释模式和行政管理解释模式只是给出了城乡空间的客观差异以及分化过程,却没有给出生活

---

① 清道光二十七年《遵断赤桥村洗纸定规碑记》,《晋祠志》卷三〇《河例一》,第572—573页。

② 该碑即《北河总河用水界碑》,《晋祠志》卷三二《河例三》,第608—609页。

于其中的人们如何看待这些空间的看法。她通过刘大鹏对其家乡的诸多表述，讨论了19世纪末、20世纪初这些空间观变化背后的社会原因。她当然也涉及了这里的水利灌溉系统及其与晋祠祭祀的关系，虽然其重点并不在晚清以前的历史。

从空间上说，本文的重点既不在城市，也不在城乡关系，而在于关注这个水利灌溉网络中的村落与村落关系，尽可能揭示它们在历史中的结构过程，以及"礼仪标识"在这个结构过程中扮演的角色。但是，与中国的东南或者华南地区不同，这里的村落动辄就有上千年甚至更久远的历史，我们很难根据现有的各种景观标记（landscape marks）去重现某一乡村聚落的定居模式或早期建构过程。具体说，我们今天所能见到的村落庙宇，与这个村的早期历史可能没有任何关系。当然，它们一定与这个村落某些阶段的历史有关系，比如赤桥村里的寺庙与其清代的境遇有关系。我们的讨论可能是这个村落历史的"再结构过程"（re-structuring）。

赤桥和晋祠一样，因为占据了晋水灌溉的源头地区而具有了先天的自然优势，当然，也许这是由于晋祠镇和赤桥等村的祖先长期供养晋祠而得到的回报。同时，晋祠虽然是国家正祀和整个太原地区的文化象征，但也是晋祠镇以及赤桥等毗邻村落所控制的象征资源，因此获得"天赋水权"并由此在村落网中占据了超然的地位。在这种情况下，晋祠同时具有了"镇庙"或者"村庙"的性质。我们看到，虽然晋祠镇还有多所寺庙，但并没有哪一所堪称"镇庙"，赤桥村自己的村庙三官庙究竟发挥过什么作用，目前并不清楚。这是我们所知道的明代以前的情况，但那个时候赤桥与晋祠的关系，我们还是语焉不详。

但是，这种"不劳而获"的地位在明清时期受到了挑战。下游各村因各种因素得到发展，如北河的许多村落都是花塔村的属村，"南关、西关两厢皆隶花塔村也。其属之村曰西镇村、曰南城角村、曰沟里、曰墼里、曰杨家北头。罗城、董茹两村皆隶花塔"①,张氏又是该村大姓,明清两代都由其充任北河渠长。明代时他们又借助晋王府势力,形成晋水领域中的权势地位。在中河、南河的东庄、王郭等村,明清时期也出过一些考取功名的士绅。水母楼的修建以及水母祭祀在明嘉靖以后的大规模举行,就是下游各村势力壮大的具体体现。所以刘大鹏说:"南北河渠甲往往依恃河势,凌侮农氓,动辄用武殴人,与上流之村构讼。有司因其办公,瞻徇情面,不严加申饬,而渠甲遂愈肆鸱张,于无事中寻事,冀启讼端。"②

因此,到了清代,一方面总河三村借助旧例获得官府的支持,继续保持特权地位;另一方面晋祠、赤桥等源头各村,也在晋祠中建立自己的神圣空间,如文昌宫、三圣祠,并借黑龙神的祭祀活动,联合了与自己地缘接近的中河、南河数村,形成一个超越四河这种水利灌溉关系的村落祭祀联合体,隐约有以此抗衡下游诸村的含义。对于赤桥村来说,建造自己的村庙,加强本村的认同,也就有了必要性,这就是兰若寺等寺庙修建或重建的背景。

更为重要的是,这个个案具有很大的特殊性,因为晋祠不仅与赤桥村的这个过程有密切的关系,也与处在这个乡村网络中的其他村落的这个过程存在密切的关系。在地方的意义上说,晋祠当然不是一个村庙,而是一个"村落网"或"村落体系"的庙宇。它坐落于晋祠镇,也可以是一所"镇庙"。但是,对于一个村落来说,这个"超级"的庙比村庙与自己历史的关系还要密切,意义究竟在哪里?同时,当这个寺庙存在并发挥作用时,赤桥村,以及周围其他村落的村庙究竟与村民的日常生活有着什么样的关系?或者说,晋祠这个庞然大物与各个村庙之间究竟存在怎样的结构关系,是像以往学者们已经揭示的那样,与村社、里甲等地方行政体系存在对应关系吗?而这种结构

---

① (清)刘大鹏:《晋祠志》卷三三《河例四》,第 621 页。
② (清)刘大鹏:《晋祠志》卷三〇《河例一》,第 573 页。

关系又如何影响每个村落及村落网的历史？当然，还有赤桥自己的村庙，在晋祠这个庞然大物的身边，它们究竟起着怎样的作用？在赤桥村的内部，还有南志社、前头社、灯山社、西稍社、官道社、高家社、庞家社、真武社及槐树社的区分，它们又与几个村庙和晋祠有着怎样的关系？

一切有待于深究。

族群、地域及其"历史性时刻"

"岭南"的建构及其意义

在中国的区域社会与区域文化讨论中,"岭南"这个概念屡见不鲜。在现今人们的头脑中,它与广东差不多是同义词①。其实,这个概念从出现到日后的变化,都一直与历史上的"我者"与"他者"对这一地区的认识过程直接相关。尽管岭南研究已经汗牛充栋,但对这一过程做一番梳理还是必要的②。

一、岭南的"出现":从以人名地到以地名地

在历史地理的意义上说,一般说秦设南海、桂林、象郡,将帝国势力扩展到岭南,但在文献上,彼时尚未把这个地区叫作"岭南"。贾谊《过秦论》说秦"南取百越之地"③,司马迁的《史记》卷一一三则叫

---

① 如《岭南丛书》的"编辑缘起"中提到的历代人物事迹,基本上都是广东的(包括海南),参见黄佛颐:《广州城坊志》,广州:暨南大学出版社,1994年,第2—3页。而《岭南文库丛书》中《岭南文化》一书的"前言"中更为明确地说:"广东一隅,史称岭南。"(李权时主编:《岭南文化》,广州:广东人民出版社,2010年)这样的说法,当然都没错。

② 在《"岭南""五岭"考》一文中,作者主要论证在南北朝之前,"岭南"往往是对所有山岭之南地区的泛称,并指出从南朝到隋唐,此概念处在从普通名词向专属名词的转变过程中(马雷:《"岭南""五岭"考》,载《中华文史论丛》2015年第4期)。与本文主题相关的,还有高建旺《岭南意识的勃发——以明代广东作家为考察对象》(载《山西师大学报》2007年第2期)一文,该文很准确地把"岭南意识"这种地域认同的兴起定时在明代,并认为有了明代"岭南意识"的崛起,才会有近代广东人文的发展。

③ 贾谊撰,吴云、李春台校注:《贾谊集校注》(增订版),《过秦上》,天津:天津古籍出版社,2010年,第4页。

《南越列传》,甚至在《秦始皇本纪》里用了一个令后人莫衷一是的名词"陆梁地"来形容这里①,大概的意思是"山里的强人住的地方"或者是自称"陆梁"的人群住的地方②。

在两汉时期,对周边地区的称呼经常不是地理的概念,而是人群的概念,或说是以人名地。如桑弘羊说:"秦既并天下,东绝沛水,并灭朝鲜,南取陆梁,北却胡、狄,西略氐、羌,立帝号,朝四夷。"③《史记》关于边疆的记载都置于"列传"之中,如南越、东越、朝鲜、西南夷及大宛,与人物并列,且此传统一直沿袭于后世正史中。到《汉书》有了《地理志》,将州郡、封国置于其中,匈奴、西域、西南夷以及诸粤、朝鲜仍置于列传,可见以此作内外之分。至汉武帝灭掉南越国并在其故地设了9个郡以后,还是没有"岭南"的概念,所以我猜测这不是因为有没有行政区划的问题,而是彼时对边疆地区的标识,常常是以人群的不同或者文化的不同为标志,而不完全是以自然景观、地形地貌不同为标志。

造成这样的状况的原因最初应该是对比较遥远的地方不甚了解,无法以地形、地貌等自然特点称呼某地,当然对某地的军事、政治管辖就更无从谈起,以形成政区的名称。所以殷墟卜辞中有所谓土方、鬼方、羌方这类地名,便是以人名地的。但是到了秦汉大一统时

---

① 唐代张守节的《史记正义》的解释是,"岭南之人多处山陆,其性强梁,故曰陆梁",意思与说"山寇"差不多(《史记》卷六《秦始皇本纪·正义》,北京:中华书局,2011年重印本,第253页)。

② 今人对张守节、司马贞等的解释或有不同意见,如认为"陆梁"为"骆偎"或"骆郎"的转写,即"骆越偎人"之意(胡起望:《"陆梁"小考》,《中央民族学院学报》1991年第1期,第25页);为什么越人称骆呢? 因为骆即骆马,为越人之图腾,而"陆"和"梁"在越语中均为"马"的意思,中原人以汉字记越音,故以"陆梁"盖称岭南越人(谷音:《"陆梁"新解》,《贵州民族研究》1994年第1期,第38页);近年辛德勇博引诸书,论证"陆梁"即陆地上的"桥梁"(辛德勇:《陆梁名义新释——附说〈禹贡〉梁州与"治梁及岐"之梁》,载《历史地理》第26辑,上海:上海人民出版社,2012年),其重大区别是,前二者均以陆梁指人,而后者则以陆梁指地形、地貌,本文暂取指人之意。

③ (西汉)桓宽著,王利器校注:《盐铁论校注》(增订本)卷八《诛秦》,天津:天津古籍出版社,1983年,第497页。

期，对各个周边地区已有了更多了解，比如益州地区在战国时期便已相当富庶，有了都江堰这样的水利工程，但周围一带还是被称为"西南夷"，岭南也是一样。特别是《史记》《汉书》，乃至后世正史将其列入"列传"的做法，说明即使对该地有了较多了解，而且也有了更多的地名选择，中原王朝也依然愿以与内地不同的方式看待并在官方文本中记录他们，即将他们视为文化上异于己的"他者"和"异邦"①。

这种情况究竟是怎么发生变化的，是一个饶有兴味的问题。到了两晋南北朝的时候，岭南这个词就突然在文献中泛滥开来了。郦道元《水经注》说，"秦始皇开越岭南，立苍梧、南海、交趾、象郡"②。但从全书看，他的"岭南"还不是特指，因为他在不同的地方都用了"岭南"这个说法。裴骃的《史记集解》和他引用很多徐广的话，显示出人们对五岭和岭南有了更多的了解，他们都是南朝刘宋时的人。东晋人葛洪的《肘后备急方》提到"岭南"的地方很多，比如"脚气之病，先起岭南，稍来江东"③，大体上已经是特指。《宋书》记王镇之"出为使持节、都督交广二州诸军事、建威将军、平越中郎将、广州刺史。高祖谓人曰：'王镇之少著清绩，必将继美吴隐之。岭南之弊，非此不康也。'"④是此地区的特指无疑。

东晋南朝是"岭南"从以人名地到以地名地的转折时期，即"岭南"作为地名开始出现的时期，也即"岭南"的首次建构。假如我前面的假设可以成立，那就说明这时对那里的人的看法变了。

胡守为先生接续陈寅恪先生的思路，曾对南朝岭南社会阶级的

---

① 已有学者指出："作为史传之一，四夷传是为了昭示'王化所及'的。"参见姜维公：《从传统民族观与正史体例来看正史四夷传的部族前史兼论族源族属问题》，《东北史地》2006年第6期，第20页。

② （北魏）郦道元撰，陈桥驿点校：《水经注》卷三七《叶榆河》，上海：上海古籍出版社，1990年，第693页。

③ （东晋）葛洪：《葛洪肘后备急方》卷三《治风毒脚弱痹满上气方第二十一》，北京：人民卫生出版社，1983年，第77页。

④ 《宋书》卷九二《王镇之传》，北京：中华书局，1974年，第2263页。

变动做过分析,讨论此时期"所谓岩穴村屯之豪长"乘侯景之乱而兴起①,这些人无论是本地俚僚土著,还是迁居来的江左汉人豪族,虽然并非文化显族,但也与东晋南朝的腹心地区有了密切的联系,担任或者自居朝廷在岭南设置的州刺史。这种人口构成的情况已与秦汉时期发生了根本的变化。据黄金铸先生的研究,六朝时期朝廷在这里设置的州、郡有快速增长,从六朝初到六朝末,这些"政区城市"增长了 12.71 倍,其背后则是外来人口增加、编户增多等因素②。又据范家伟先生的研究,六朝时期佛教在岭南广泛传播,广州成为重要的译经中心③。

这些研究都表明,这一地区已不再是秦汉时期的化外之区。在《宋书》的"列传"中,有索房、鲜卑、吐谷浑、夷、蛮、氐、胡,其中的"夷蛮"部分包括南夷、西南夷,但指的是"大抵在交州之南及西南,居大海中洲上,相去或三五千里,远者二三万里"④。所以对岭南地区用原有"百越""南越"等以人名地的做法已不太合适了,需要用表示地理空间特征的概念来称呼这一已入"化内"的地区。

二、限隔抑或通道:他者与我者之别

东晋南朝时期的文献很少对为什么发明出"岭南"这个词做出解释和说明,但我想这个词中最关键的是"岭"这个字,至于"南",南到哪里,包括哪些地方都不太重要,因为再南就是大海。秦汉以降至于南朝,对"五岭"的认识日益清楚,由时人关于"五岭"或"南岭"的概念出发,对"岭南"的建构就好理解了。

在司马迁的《史记》中,多用"南越地"这样的说法,但开始有了

---

① 参见胡守为:《南朝岭南社会阶级的变动》,《中山大学学报》2000 年第 1 期。
② 参见黄金铸:《六朝岭南政区城市发展与区域开发》,《中国史研究》1999 年第 3 期。
③ 参见范家伟:《六朝时期佛教在岭南地区的传播》,《佛学研究》(香港中国佛教文化研究所学报)1995 年第 4 期。
④ 《宋书》卷九七《夷蛮传》,第 2377 页。

"五岭"的概念①。班固的《汉书》也说"务欲广地,南戍五岭,北筑长城,以备胡、越"②。《东观汉记》里记载一个叫吴佑的陈留人,他的父亲吴恢曾做过南海太守。吴佑12岁的时候曾劝说他父亲说,"今大人逾越五岭,远在海滨,其俗旧多珍怪",不要急着写书③。所以到东汉的时候,"五岭"的概念就为人们所知了。

根据于薇的研究,在战国时期,舜的故事已经传到湘水上游和潇水流域,秦始皇时则派兵驻扎"九疑之塞"④,所以到了西汉时期,对南岭一带地区已有较多了解,马王堆汉墓中发现的地图,已经画出南岭地区,不过可能更多体现在政府的档案中,一般文人还不一定有清晰的概念,但到东汉就有所变化了。所以西晋张华的《博物志》中就可以说:"南越之国,与楚为邻,五岭已前至于南海,负海之邦,交趾之土,谓之南裔。"⑤不过同为晋人的顾微作《广州记》,说"五岭者,大庾、始安、临贺、揭阳、桂阳"⑥,说明那个时候人们对"五岭"的名称还不统一,所用是南岭地区的地名;到南朝梁的时候,顾野王才在他的《舆地志》中说,"今名大庾,二曰骑田,三曰都庞,四曰萌诸,五曰越岭"⑦。

无论如何,郦道元的《水经注》指出了汉人对五岭的看法,主要是强调五岭的限隔作用:

> 古人云:五岭者,天地以隔内外,会贞按:《汉书·严助传》载淮南王安上书,谏伐南越,曰:越与中国异,限以高山,人迹所绝,

---

① 《史记》卷八九《张耳陈余列传》,"北有长城之役,南有五岭之戍",第2573页。
② 《汉书》卷二七下之上《五行志》,北京:中华书局,1962年,第1472页。
③ (东汉)刘珍等撰,吴树平校注:《东观汉记校注》卷一七《吴佑传》,郑州:中州古籍出版社,1987年,第746页。
④ 于薇:《先秦两汉舜故事南方版本与潇水流域的政治进程》,载吴滔、于薇、谢湜主编:《南岭历史地理研究》第1辑,广州:广东人民出版社,2016年,第14—15页。
⑤ (西晋)张华撰,范宁校证:《博物志校证》卷一,北京:中华书局,1980年,第9页。
⑥ 《史记》卷六《秦始皇本纪·正义》引《广州记》,第253页。
⑦ 《史记》卷六《秦始皇本纪·正义》引《舆地志》,第253页。

天地所以隔外内也。况绵途于海表,顾九岭而弥邈,非复行路之径岨,戴改阻。信幽荒之冥域者矣。①

所谓"天地以隔内外",就说明时人将其视为一道自然分界线,于是就形成了"岭南"可以成为一个单独地理单元的前提;但所分"内外",又不仅是自然地理单元的不同,而更有化内与化外之别。

这种观念,在南朝时期开始有了打破的迹象。特别是到了梁、陈时期,许多重要的事件都在南岭内外发生,陈霸先凭借在岭南地区发展起来的势力,最后打到建业,做了皇帝,并继续对岭南地区用兵。所以陈寅恪先生说"侯景之乱"的重要分期意义,在这里也有明显的体现。不过这种变化只是非常初步的,陈的时候"岭南俚、獠世相攻伐"②;"其岭南诸州,多以盐、米、布交易,俱不用钱云"③,与腹心地区还是有较大的差别。

六朝以降,人们有了明确的"岭南"概念,与这一时期"岭南"被用于行政区划的名称有关(即唐代岭南道之设),此为常识,不赘论。但从他者的角度看,"岭南"自单独成一区域之后,即便不是蛮荒之地,至少也被定义为"瘴疠之地",这种看法尤因北方籍士大夫的强调而得到凸显。狄仁杰曾上表说:"天生四夷,皆在先王封疆之外,故东拒沧海,西隔流沙,北横大漠,南阻五岭,此天所以限夷狄而隔中外也。"④韩愈曾在途中请教一个小吏岭南的情形:"吏曰聊戏官,侬尝使往罢。岭南大抵同,官去道苦辽。下此三千里,有州始名潮。恶溪瘴毒聚,雷电常汹汹。鳄鱼大于船,牙眼怖杀侬。"⑤宋人韩元吉也

---

① (北魏)郦道元注,杨守敬、熊会贞疏,段熙仲点校,陈桥驿复校:《水经注疏》卷三六《温水》,南京:江苏古籍出版社,1999年重印本,第2998页。
② 《陈书》卷二三《沈君理传》附《沈君高传》,北京:中华书局,1974年,第301页。
③ 《隋书》卷二四《食货志》,北京:中华书局,1973年,第690页。
④ 《旧唐书》卷三九《狄仁杰传》,北京:中华书局,1975年,第2889页。
⑤ (唐)韩愈著,钱仲联集释:《韩昌黎诗系年集释》卷一〇《泷吏》,上海:上海古籍出版社,2007年重印本,第1109页。

说:"岭南号瘴地,西境尤阔远,民病皆饮水而无药饵。"①直到明代,岭南地区的面貌已大为改观,但大学士高拱还是认为,"岭南绝徼,僻在一隅,声闻既不通于四方,动静尤难达于朝著"②,仍被视为一个相对隔绝的、独立的地理单元,仍是非常强调文化的异质性的。

不过,关于"五岭"和"岭南"也有不同的看法。南宋人周去非是这样理解"五岭"的:

> 自秦世有五岭之说,皆指山名之。考之,乃入岭之途五耳,非必山也。自福建之汀,入广东之循、梅,一也;自江西之南安,逾大庾入南雄,二也;自湖南之郴入连,三也;自道入广西之贺,四也;自全入静江,五也。乃若漳、潮一路,非古入岭之驿,不当备五岭之数。桂林城北二里,有一坯,高数尺,植碑其上,曰"桂岭"。及访其实,乃贺州实有桂岭县,正为入岭之驿。全、桂之间,皆是平陆,初无所谓岭者,正秦汉用师南越所由之道。桂岭当在临贺,而全、桂之间,实五岭之一途也。③

他认为"五岭"的说法不一定是指山,而是指五条进入岭南的通道,甚至在五岭之外,还有其他被称为"岭"的入粤通道,正可谓"天堑变通途"。这与原来把"五岭"看作限隔内外之界线的看法有很大的不同④,岭南地区不再被视为"外"而同属于"内",或者与"内"可以有频繁的联系,文化的异质性就被逐渐消解了。

周去非是温州人,其家乡长期处于边缘位置,在观念上自与中原人不同。他后来又在广西做官,对岭南地区有很直观的了解。所以他的看法近似于"我者"。其实,"岭南"这个概念,长期以来都是他

---

① (南宋)韩元吉:《南涧甲乙稿附拾遗》卷二二《龙图阁侍制知建宁府周公墓志铭》,《丛书集成初编》第1984册,北京:中华书局,1985年,第446页。
② (明)高拱:《议处远方有司以安地方并议加恩贤能府官以彰激劝疏》,(明)陈子龙等选辑:《明经世文编》卷三〇一,北京:中华书局影印本,1987年,第3176页上栏。
③ (南宋)周去非著,杨武泉校注:《岭外代答校注》,北京:中华书局,1999年,第11页。
④ 关于五岭内外的流动问题,可参见刘志伟《天地所以隔外内》,载吴滔、于薇、谢湜主编:《南岭历史地理研究》第1辑,广州:广东人民出版社,2016年。

者建构和使用的概念,是一个身处北方向南看的说法,自然带有许多不解、猎奇,甚至排斥的因素。

那么,作为"我者"的岭南人又是如何看"岭南"这个概念的呢?陈白沙是明代中叶广东的大儒,他曾表扬潮州地方官兴修水利,说"今守令称贤于一邦,利泽及于民,民爱而乐之,问于我。岭南十郡之内,吾知其人者周潮州也"①。说明明代广东人已习惯自称"岭南人"了。

当然,这种不同与时代的变化也有关系。清初江南文人潘耒在给屈大均的《广东新语》作序时说:"粤东为天南奥区,人文自宋而开,至明乃大盛。名公巨卿,词人才士,肩背相望。"②他把岭南地区人文兴起的起点定于宋,兴盛定于明,这固然有为广东人写广东书吹嘘的成分在,但也是潘耒游历岭南的切身感受。

由于到明代中叶以后,岭南人也开始在全国有了话语权,所以最重要的工作是改变"他者"赋予"岭南"这个概念的贬义。海南人丘浚在他所写的《唐文献公开大庾岭路碑阴记》中说:

> 岭南自秦时入中国,至于唐八百八十有八年。丞相张文献公始钟光岳全气,而生于曲江之湄,时唐高宗咸亨四年癸酉也。……自公生后,大庾以南山川烨烨有光气,士生是邦,北仕于中州,不为海内士大夫所鄙夷者,以有公也。凡生岭海之间,与夫宦游于斯土者,经公所生之乡,行公所辟之路,而不知所以起敬起慕,其非夫哉!③

丘浚说,因为唐代时本地(韶关)出了张九龄这样一个人物,跑到

---

① (明)陈献章:《白沙子》卷一《潮州三利溪记》,《四部丛刊三编》第 73 册影印明嘉靖刻本,上海:上海书店据商务印书馆 1936 年版重印,1986 年,叶 55a。
② (清)潘耒:《广东新语·潘序》,(清)屈大均:《广东新语》,北京:中华书局,1997年,第 1 页。
③ (明)丘浚:《唐文献公开大庾岭路碑阴记》,载屈大均辑:《广东文选》卷一二,《北京图书馆古籍珍本丛刊》第 117 册,北京:书目文献出版社,1998 年,第 403 页下栏—404 页上栏。

内地做官的岭南人才不至于被人看不起。所以在这里的人,无论来自外地还是本土,实在不应该不尊敬他。当然丘浚这么说,表明当时人们已经不大记得有这么个人,所以从唐至明,还未能转变传统的观念。同时这种推崇乡贤的做法,总是自己有底气的人才能做;丘浚当然是有底气的人,他曾对柳宗元说"岭南山川之气独钟于物而不钟于人"表示不满①,他才是使外面的人对岭南的负面认识开始改观的重要人物之一。

三、屈大均与帝国的岭南

与丘浚一样对柳宗元的话不服气的广东人在明代中叶以后大有人在。比如黄佐,认为唐代岭南像柳宗元夸奖的廖有方这样的、不为人所知的好诗人"世之所罕"②。但真正花大气力重新建构"岭南"概念的,是明末清初的广东人屈大均。他在《广东新语》中考证了"五岭"的来历,提到了前人的各种说法,总的结论是:"大抵五岭不一,五岭之外,其高而横绝南北者皆五岭。不可得而名也。"③意思是说,为什么关于五岭有不同的说法,是因为南岭山脉一线高山很多,很难说哪个就算五岭,或者都可以叫作五岭。

他还提到古人的说法,即五岭以"人迹所绝,车马不通,天地所以隔内外"。但他又指出,"今梅岭之旁,连峰迭嶂间,小陉纷纭,束马悬车,纵横可度,虽使千夫扞关,万人乘塞,而潜袭之师已至雄州城下。又况郴之腊岭,与连之星子、朱冈,皆可以联镖径入乎!"④这个说法

---

① 柳宗元语见其《柳河东集》卷二五《送诗人廖有方序》,上海:上海人民出版社,1974年,第418页;丘浚之不满见其《武溪集序》,(明)丘浚撰,丘尔谷编:《重编琼台会稿》卷九,《景印文渊阁四库全书》第1248册,台北:商务印书馆股份有限公司,1986年,第170页下栏。事实上,柳宗元时在广西为官,所感慨的对象明确指的是交州,丘浚在这里当然是借题发挥,对时人轻视广东人文表示不满。
② (明)黄佐:《诗人邵谒传》,载屈大均辑《广东文选》卷一四,第471页上栏。
③ (清)屈大均:《广东新语》卷三《山语·五岭》,第69页。
④ (清)屈大均:《广东新语》卷三《山语·腊岭》,第67页。

呼应了前引周去非的观点,南岭之间是有很多通道的。

不过,他最重要的观点是他对当时的《岭南文献》一书的批评:

> 先是,吾粤有《岭南文献》一书,吾尝病其文不足,献亦因之,盖因文而求其献耳,非因献而求其文也。斯乃文选之体乎?以言乎文献,则非矣。且岭南之称亦未当。考唐分天下为十道,其曰岭南道者,合广东西、漳浦,及安南国境而言也;宋则分广东曰广南东路,广西曰广南西路矣。今而徒曰岭南,则未知其为东乎?为西乎?且昭代亦分广东为岭南东西三道矣,专言岭而不及海焉。廉、雷二州则为海北道,琼州为海南道矣,专言海而不及岭焉。今而徒曰岭南,则一分巡使者所辖已耳,且广东之地,天下尝以岭海兼称之,今言岭则遗海矣,言海则遗岭矣。或舍岭与海而不言,将称陶唐之南交乎?周之扬粤乎?汉之南越乎?吴晋之交广乎?是皆非今日四封之所至,与本朝命名之实,其亦何以为征?凡为书必明乎书法,生乎唐则书岭南,生乎宋则书广南东路,生乎昭代则必书曰广东,此著述之体也。①

他认为这个书名叫"岭南"很不合适,因为岭南是唐代的叫法,到宋代分为东西,那这里的"岭南"是指广东还是广西啊?而且广东这个地方,大家都知道是有岭有海的,只提岭就遗漏了海,只提海又遗漏了岭,都不全面,所以,既然明代叫广东,我们就应该用"广东"这个词啊!

屈大均的这番话,听起来有点矫情。他不主张用"岭南"这个概念,所以他编的书叫《广东新语》或者叫《广东文选》。在他的《广东新语》中,还是到处出现"岭南"这个词,不过,除少数指称宋代以前事者外,大多是在描述自然现象的时候使用。这样看来,屈大均倾向于用"岭南"来指代自然区,而以广东来指代行政区。他是局内人,是"我者",局外人或他者比较强调"岭",但他却指出"海"与岭对广东

---

① (清)屈大均:《广东新语》卷一一《文语·广东文集》,第 317 页。

同样重要,如果不是局内人是不可能有这么深的体会的。最为重要的是,他认为应该用"广东"这个概念而不是用"岭南",是因为这是明朝国家的正式名称,这表明他更强调与国家的认同,强调这里与中国其他地区的一体性,讲述的是一国之内的区域差异,而不是像用"岭南"那样,更凸显这一地区的独特性。

屈大均是南海人,他的这种看法,固然与他在清初长期游历于大江南北,对事物的看法并不囿于家乡一地有关。也与他作为明朝遗民,长期保持忠明反清的立场有关。更为重要的是,明中叶以降的广东士大夫已经深深地介入明朝的政局和思想文化领域的变革,更不用说广东的经济发展已经构成全国乃至东亚经济的重要组成部分。作为全国行政区划之一的广东,已然不应再被视为"瘴疠之地"那样的地方。

不过,这种看法并非为屈大均所独有。明嘉靖时广东巡按、福建莆田人姚虞编纂了《岭海舆图》一书,湛若水为之序。在其中的《岭海总图序》中,作者称"广东虽古百粤地……北负雄、韶,以临吴、楚,东肩潮、惠,以制瓯、闽。高、廉门户,西排交、桂之梯航,岭、海藩篱,外扼黎、夷之喉舌"①。在这里,编者就用"岭海"这样的概念来指称广东。

屈大均对"岭南"与"广东"的取舍,与他关于何为"粤人"的看法是完全一致的。他同样在《广东新语》中论证"粤人""大抵皆中国种",是中原移民的后代,而且,与傜、僮等原住民明确区分开来,希望"粤人"不要忘记自己的来历②。使用"广东"概念和强调"粤人"来自中原,都表明了屈大均对中原王朝和中原文化的认同,强调二者的一体化,而不像使用"岭南"和"百越"这类概念,更容易让人联想到区隔和文化异质性。

---

① (明)姚虞:《岭海舆图》不分卷,《丛书集成初编》第3124册,第1页。
② 参见程美宝:《地域文化与国家认同——晚清以来"广东文化"观的形成》,北京:生活·读书·新知三联书店,2006年,第47页。

至此,一个偏僻、蛮荒的旧"岭南"被解构了,一个作为中国的重要组成部分、站在中原王朝的立场上关注"华夷之别"的新"岭南"被建构起来。

四、清代广东对岭南的"垄断"

岭南之分为广东、广西,肇端于宋代设广南东路和广南西路,从此,"岭南"便可能被"两广"所取代。屈大均主张以"广东"的概念替代"岭南",一方面强调的是明帝国的视角,另一方面则希望与广西脱离关系。其实,把广东和广西拆分开来,元朝是个重要的转折时期,因为此时广东属于江西行省,而广西属于湖广行省,这就为明代分立广东和广西两布政司(省)奠定了基础。

有意思的是,明代按察司系统下设四十一道,其中广东有三道,称为岭南道、海南道和海北道,广西也有三道,称为桂林苍梧道、左江道和右江道。这时候,不仅唐代的"大地名"岭南道变成了广东下面的"小地名",而且"岭南"成为广东的专属,与广西无干。具有象征意义的是,这个岭南道的衙门就设在广州。

虽然行政区划名称和范围的变化并不能立刻改变人们的传统观念,特别是对于南岭以北或中原地区的人,总还是将两广地区泛泛视为"岭南",但在明清之际,把岭南直接与广东挂钩变得日益普遍。我以为,这是广东的经济文化地位提高、与广西的差距拉大,以及广东人地域认同观念加强等等因素的结果①。在清初,特别是在"三藩之乱"平息后,广西稻米沿西江大量进入广东的过程,也是广东移民大量进入广西拓垦定居的过程,这使得明代开始的广东士大夫传统、商

---

① 有关分析和论述,可参见 David Faure, "Becoming Cantonese, The Ming Dynasty Transition", in David Faure and Liu Tao Tao, eds., *Unity and Diversity: Local Cultures and Identities in China*, Hong Kong: Hong Kong University Press, 1996;陈春声:《市场机制与社会变迁——18世纪广东米价分析》,广州:中山大学出版社,1994年;唐晓涛:《俍傜何在——明清时期广西浔州府的族群变迁》,北京:民族出版社,2011年。

人与商业、神明崇拜等等向广西传播的过程进一步加速,最终造成了广东对广西的"文化霸权"。但正如前述,在广东的知识精英那里,以"岭南"专指广东的观念至少在明代中叶就开始萌发了。

到清代中叶,广东的各界精英为进一步甩掉文化落后的帽子而做出努力,嘉庆时兴起的学海堂就是一个象征。"岭南自昔多诗人而少文人,阮文达公开学海堂,雅材好博之士蔚然并起,而南海谭君莹最善骈体文,才名大震。"①关于学海堂的历史,程美宝的"追溯岭学"论之甚详②,此处不赘。但究竟何为"岭学"?我意即岭南人之学,也就是广东人之学,既包括广东学者对经史的看法,也包括他们对广东文化的弘扬。学海堂历史上最有名的人物之一陈澧曾回忆说:"澧从学时,先生掌教羊城书院,刘朴石编修彬华掌教越华书院,时广州省城翰林惟两先生,士民尊敬之。刘编修选粤东近人诗为《岭南群雅集》,行于世。"③谢兰生、刘彬华都是嘉庆年间广东的文化名人,特别是后者将广东的诗作合集,冠以"岭南"之名,显然就是把"岭南"与"广东"直接画了等号。

广东人对文化的弘扬也离不开当地的商业环境:

> 近刻《粤雅堂丛书》百八十种,校雠精审,中多秘本,几与琴川之毛、邬镇之鲍,有如骖靳。每书卷尾必有题跋,皆南海谭玉生舍人莹手笔,间亦嫁名伍氏崇曜。盖伍为高赀富人,购书付

---

① (清)陈澧:《东塾集》卷六《内阁中书衔韶州府学教授加一级谭君墓碣铭》,《续修四库全书》第1537册影印清光绪十八年菊坡精舍刻本,上海:上海古籍出版社,2002年,第330页上栏。

② 参见程美宝《地域文化与国家认同——晚清以来"广东文化"观的形成》第4章,作者在书中并未讨论"岭学"一词的出处;但在她的《"岭学"正统性之分歧——从孙璞论阮元说起》一文中,提到孙璞和黄节已使用"岭学"的概念,即在清末民初时便有此用法。不过,按照孙璞的说法,"岭学"在陈白沙、湛若水的时代就开始了(程美宝:《"岭学"正统性之分歧——从孙璞论阮元说起》,载广东炎黄文化研究会编:《岭峤春秋——广府文化与阮元论文集》,广州:中山大学出版社,2003年,第231、236页)。承蒙程美宝教授惠示此文,特致感谢。

③ (清)陈澧:《东塾集》卷四《谢里甫师画跋》,第289页上栏。

雕,咸藉其力,故让以己作云。顷阅《南海县志》,知伍氏所刻书尚有《岭南遗书》六十二种、《粤东十三家诗》、《楚庭耆旧集》七十二卷,复影刊元本王象之《舆地纪胜》,皆舍人为之排订。编珰截贝,阐滞扬幽,贤主嘉宾,可谓相得益彰矣。①

伍崇曜是十三行总商,他出资支持刊刻《粤雅堂丛书》,后被张之洞高度赞扬。他所资助刊刻的《粤雅堂丛书》《岭南遗书》或《粤东十三家诗》,无论用粤、粤东,还是岭南冠名,指的都是同一个地方。

至此,从明代中叶开始,经由明末清初的屈大均,到清中后期的学海堂,再到清末民初"岭学"之说的出现,广东的知识精英完成了对"岭南"之一概念的垄断。

在这一时期,将"岭南"视同于广东也不再是广东人的孤芳自赏,外来的他者也非常自然地以"岭南"与"广东",甚至珠江三角洲地区相对应。乾隆时期的官员查礼是北京人,精于诗词书画,他在广州期间曾留下不少诗篇,如《广州元日寄履方仲兄》:"元日风和景物妍,羊城旅馆绕晴烟。岭南气候殊中土,蓟北春光隔远天。"②又如《雨行兴安山中怀杭大宗编修》:"闻说重阳后,君将返故岑。_{大宗自广州寄书云:重阳后当归杭州。}蜑人船可趁,椰子酒须斟。寂寞珠江水,凄凉榕树林。岭南刊有集,归去忆题襟。"③诸如此类,说明岭南北之人对此已没有什么分歧。

五、结语:"岭南"建构的历史意义

由前述可知,"岭南"这个词用来专指广东,经历了一个漫长的过

---

① (清)陈康祺撰,晋石点校:《郎潜纪闻初笔》卷一四,"粤东伍氏刻书之多"条,北京:中华书局,1997年,第297页。

② (清)查礼:《铜鼓书堂遗稿》卷九《广州元日寄履方仲兄》,《续修四库全书》第1431册影印清乾隆查淳刻本,第69页下栏。

③ (清)查礼:《铜鼓书堂遗稿》卷一二《雨行兴安山中怀杭大宗编修》,第89页上栏。

程。在汉代,人们还多用"南越""百越"来称呼两广地区,至南朝时期"岭南"的说法才日益普遍。这个变化是中原与岭南地区的联系日益密切、中原地区对岭南地区的了解日益增多的结果,同时这一变化以唐设岭南道、岭南正式成为一级行政区划的名称而得到确定。从此以后,"百越"这类"以人名地"的称呼便成为一种历史的过往,即后人所谓"岭南,古百粤地"①。

不过,这种称谓的变化只是反映了他者,特别是中原人看法的改变,由于传世文献的局限,汉魏六朝时期土著如何称呼和看待本地的记录实在难以发现,所以我们也只是讨论了"一面之词",也即在此背后的帝国扩张的版本。无论如何,"岭南"或者"岭外"的说法也还是自居北而南视或自居内而外视的结果。虽然它逐渐替代了"百越"或者"南越",但并没有完全改变它对于中原人来说边徼蛮荒之地的印象,故常被人视为畏途。《新唐书》提到一个叫陈少游的官员,被派到广西去做官,便曾哭诉"岭南瘴疠,恐不得生还见颜色"②,犯罪的官员被发配到岭南,在唐宋时期史不绝书。

但也正是从唐宋时期开始,"岭南"一词虽仍旧,但内涵开始与前不同。这种不同通过双向的表达显现出来,一是内地到过岭南的人的表达,虽然仍是他者,但已非道听途说;二是岭南本地人的表达,尽管这些我者之所以有了自我表达的可能是因为他们接受了主流文化传统,但毕竟会与他者有所不同。比如前述周去非,只能算是个"准我者",但讲到五岭时,就不是只强调区隔的意义。像韩愈这样在岭南做过官的人,就知道"若岭南帅得其人,则一边尽治,不相寇盗贼杀,无风鱼之灾、水旱疠毒之患。外国之货日至,珠香象犀玳瑁奇物,溢于中国,不可胜用"③。岭南便成为中国对外联系的窗口和珍稀资

---

① (元)周伯琦:《肃政箴》,《永乐大典》卷 5345 引《(潮州府)图经志》,马蓉等点校:《永乐大典方志辑佚》,北京:中华书局,2004 年,第 2634 页。
② 《新唐书》卷二二四上《陈少游传》,北京:中华书局,1986 年,第 6379—6380 页。
③ (唐)韩愈:《韩昌黎全集》卷二一《序三·送郑尚书序》,北京:中国书店,1998 年,第 301 页。

源的来源地。

当时岭南虽是一个资源丰饶、可供往来的地方,但还称不上是人文荟萃之地。南宋淳祐时所修《南海志》是这样描述本地情况的:

> 惟广素号富饶,年来寝不逮乎昔,而文风彪然日以张。虽蕉阜桃林之墟,蛎田蟹窟之屿,皆橐渠斋庐,币良师以玉其子弟。弦歌争相,挟艺得读上都者数甚眾,每连联登名,与中州等。惜人士重于簦笈远游,所以登其□秖乡举一途,故仕进者鲜。①

说这个地方比较重视教育,所以虽然出去读书的人很少,但考中的比例却与中原地方差不多。可惜多数人不愿意出去读书考试,单靠本地乡举,做官的人自然很少。

到了明代丘浚、陈白沙、霍韬的时代,这种状况已经有了很大的改变,所以他们要大声疾呼,改变人们对岭南人文落后的印象。包括屈大均强调使用"广东"这个概念来取代"岭南",都是因为"岭南"或多或少带有某种人文落后的贬义。在他们看来,广东文化已是中国文化版图中的一块自然的拼图,是可以与"江南""中州"等等并列的,已经成为"海滨邹鲁"。

当然到了清代,特别是到了晚清,广东知识精英的自卑心态已消失殆尽,取而代之的是某种对自己独特文化传统的自信。"岭南"这个词被再度寻回,甚至成为广东的专属名词。这标志着这个词汇不再象征着偏远和瘴疠,而成为令本地人自豪的、经常被用来修饰特色文化和地方历史传统的区域文化地理概念。

---

① (宋)李昂英:《宋淳祐重修南海志序》,载康熙《南海县志》,《日本藏中国罕见地方志丛刊》本,北京:书目文献出版社,1992年,第20页。

从草原传统到汉人文化的建构
——从明初军户的垛籍谈起

社会史研究倡导从更丰富多元的资料出发,反思和深化政治史、制度史和各个重大历史主题的研究。反过来,后者研究的深入亦可反思和深化以往社会史研究关注的主题。以往对华南等地明清宗族资料的解读,帮助我们对于明代里甲制度有了更新的认识;反过来,对户籍赋役制度的分析也有助于我们认识宗族制度的建构①。在前辈学者相关研究的基础上,顾诚、于志嘉等学者在明代卫所军户制度方面的研究上取得了突出的成绩,显示了以此为出发点重新思考明清历史诸多面向的巨大空间,本文便试图从两则墓志入手,探讨相关制度内容,兼及元明军户制度与宗族建构之间的关系,以此反思中国南北社会历史之关联和制度上的继承性②。

一、明初墓志二则

关于明初军户的来源,有"籍选"一途③。关乎此,于志嘉早就指

---

① 参见刘志伟:《在国家与社会之间——明清广东里甲赋役制度研究》,广州:中山大学出版社,1997年;科大卫、刘志伟:《宗族与地方社会的国家认同——明清华南地区宗族发展的意识形态基础》,《历史研究》2000年第3期,及其他相关研究。

② 本文的核心观点曾在2008年中国经济史年会上发表,承王珽教授批评及陈高华教授、于志嘉教授指点,在此特致谢忱。

③ (明)章潢:《图书编》卷一一七《国朝兵制》,《景印文渊阁四库全书》第972册,台北:台湾商务印书馆,1986年,第554页上栏。

出,王毓铨认为这包括垛集与抽籍两种形式,前者以户为单位,后者以丁为单位;而日本学者川越泰博则认为这二者实为同制异称。她自己认同王毓铨的区分,但强调垛集的要害在于本来无关的各户因军役而结合,这确为的见①。她的结论是,"垛集法是配合当时军政与民政的需要,以丁数为基准,由数户协力供办军役的方法"。20年后,于志嘉又补充材料,对垛集与抽籍二法再加详论,文章特别指出垛集军具有在军籍与民籍、卫军与民兵之间的特点,在战事结束后可以放归为民,从而与梁方仲70年前的某些看法不同②。至此,关于此项制度已有较为清晰的梳理。

于志嘉当年曾经感叹,涉及此制度的史料"多失于粗泛",不能给我们比较"具体的印象",而在文物出版社出版的《新中国出土墓志》(河南卷)中,恰收有两则浚县的材料。其一署洪武三十一年《张贵墓志》者,录文如下:

> 考云:明初有垛籍例,凡同姓异姓之人,合户附籍当差。彼张八其名张贵,乃山东定陶人也,亦流落王二庄居住。我与张八虽是同姓,却是各祖异族之人,因遇垛籍例,偶合一户,其后定里甲,遂佥张八太安里里长一名。洪武十八年张八领狗打围,冒犯招军官,又报张八军一名,充大宁前卫后所张旺下军。张八雇伊女户邓小童应役不缺。
>
> 洪武三十一年十月十八日张义等刊行

浚县元时隶中书省大名路,明沿其旧,隶北直隶大名府,今属河南,位置在冀鲁豫三省交界处。这个地方在明代卫所屯地与民地错综纠

---

① 于志嘉:《明代军户世袭制度》第1章第2节"垛集与抽籍",台北:学生书局,1987年,第10—26页。

② 梁方仲:《明代的民兵》,原刊《中国社会经济史集刊》1937年第5卷第2期。参见刘志伟编:《梁方仲文集》,广州:中山大学出版社,2004年。

缠,有明末张肯堂的《辔辞》作为此类案件的记录,已有于志嘉的研究涉及①。上篇文字虽被编者署为"墓志",但从形式和行文上看,与规范的墓志有较大差距。从该篇文字的内容上看,讲述的正是明初合户当差的垛集为军之事。但从内容文字可知,这绝非埋在张贵的墓室中的墓志。幸好,此墓中真正的墓志仍然存在,并一起被收入同书,使我们能够了解前者与此墓志的关系。此署"洪武三十一年张仲迁墓志"者录文如下:

  明显考张公墓志

    考讳仲迁,字善甫,号复文。其□江西饶州人,有祖得山早卒。考业儒弗就,尝为书商而寓居于太原,并无兄弟族属之人焉。适遭红巾倡乱,不得回归故里,继而兵侵冀宁,西方多惊。又东至于浚北王二庄,娶母王氏,遂居家于此。时当国朝洪武建元,天下甫定,乃开垦王二庄西头地一段二顷余亩,使子孙永为庄园。又开垦王二庄西坡地一段三顷余亩,使子孙世为耕种。考开业传家,教子耕读,因三子孤弱,尝以终身经历之事、合户军籍之由,授之于口,书之于刊,且又命之曰:义、荣、敏三子欲反其所自生,考其所从来,将吾言刻之于石,斯足以追远而淑后矣。洪武三十一年八月十三日,考以疾卒。生于至元二年三月十一日,享年六十有五。谨卜以是年十月十八日葬于王二庄西南一里许。义等遵父命而重遗言,遂以遗书所载户籍之事刻于石,以传来世云尔。

                张荣
洪武三十一年十月十八日   孝子张义同立
                张敏

---

① 于志嘉:《从〈辔辞〉看明末直豫晋交界地区的卫所军户与军民词讼》,《历史语言研究所集刊》第 75 本第 4 分,2004 年。

墓志中讲张仲迁原为江西人，后为书商寓居山西太原，元末时迁居浚县王二庄，于明初开垦土地500余亩。在此期间，他被与其他户垛集为军。张仲迁生于元至元二年即1336年，死于明洪武三十一年即1398年，享年应为62岁，文中略有差误。但内容的关键是他要把合户为军的事情讲清楚，并要求子孙把户籍这件事刻成碑文，以传后世。所谓"遂以遗书所载户籍之事刻于石"，就是我们前面提到的被讹为"张贵墓志"的那篇东西。"张贵墓志"实际上是张仲迁的遗书，作为张仲迁墓志的附录，一起置于墓中。

张仲迁显然非常在意他与别人合户为军这件事，甚至可以说是死不瞑目。他对子孙交代说，与自己同为一户的张八或张贵为山东定陶人，也是外地流落至此，与自己是"各祖异族之人"，是因为垛集的缘故才"偶合一户"。

二、"垛集"与"垛籍"

于志嘉及大岛立子等学者已经指出，垛集的办法来自于蒙古的合户制度，所以明初的"合户为军"或"合户为民"都是从元朝承袭过来的。以民俗学的知识，"垛集"这个词汇，似应来源于"箭垛"，即采用箭垛集箭的方式，把射自不同弓的箭只汇集到一个箭垛之上，类似"草船借箭"的方式，这应该也与蒙古人或游猎民族的传统有关。这个箭垛便是军户，箭便是军丁，而不同的"弓"实际上就是原来各自无关的民户。

垛集在此处被写为"垛籍"，这在《明实录》中没有发现[①]。那么，"垛籍"的写法只是一种笔误吗？嘉靖九年十月戊寅，"户部议大学士桂萼所奏任民考，曰清图，曰清籍，曰攒造，曰军匠开户，曰新增田地，曰寺观田土，曰编审徭役，请上裁。得旨：新增田地、寺观田土、编

---

① 在明实录中提到"垛集"的也不过寥寥数处而已。

审徭役如议,余已之,以免纷扰"①。在"军匠开户"这一部分中,桂萼指出:

> 臣考近来有上匠不准开户之例,盖为军匠逃亡事故而设。迩来军户有原不同户、而求告合户者,又有串令近军同姓之人投告而合户者,匠籍亦然。于是军匠有人及数千丁,地及数千顷,辄假令不分户为辞,于是里长、甲首、人丁、事产不及军匠人户百分之一。其法只当不分军、民、匠、灶等籍,限田限丁,将州县人户事产通融总算,一体分户等因,该本部查得《大明会典》内一款,凡军户子孙畏惧军役,另开户籍,或于别府州县入赘寄籍等项,及至原卫发册清勾,买嘱原籍官吏、里书人等,捏作丁尽户绝回申者俱问罪,正犯发烟瘴地面;里书人等捏作丁尽户绝,发附近卫所俱充军;官吏参究治罪。今本官奏,要将州县人户通融总算,一体分户,盖欲同籍则承军伍之役,分户则应里甲之差,今如湖广之垛籍、山东之分开审差是矣。②

这里出现了"湖广之垛籍"的用法。但与整段材料有何关联?

明初垛集是合户,嘉靖间桂萼讲的是军匠大户不愿分户,往往以不准分户的政策为借口,导致那些承担徭役的民户比军、匠等户少很多。桂萼的建议,是"欲同籍则承军伍之役,分户则应里甲之差",就是由于同为军籍必须承担军役,但分户之后,原籍或附(寄)籍军户便不能逃避承应里甲之役。这一点也为于志嘉论及③。但随后户部说"今如湖广之垛籍",没有得到解释,似乎是指军户中正军充役之外,其户下人丁及贴户照例应差,两方面由卫所与州县分别审编的一种

---

① 《明世宗实录》卷一一八,嘉靖九年十月戊寅,台北:历史语言研究所 1962 年校勘本,第 2814—2815 页。

② (明)章潢:《图书编》卷九〇《军匠开户》,《景印文渊阁四库全书》第 971 册,第 719—720 页。

③ 于志嘉:《论明代的附籍军户与军户分户》,《顾诚先生纪念暨明清史研究文集》,郑州:中州古籍出版社,2005 年,第 94—96 页。

办法。于志嘉认为,湖广的这个"垛籍",就是桂萼在做成安知县时"不拘军伍不分户之例,一以均里长之丁产、甲首之多寡为事"的实践①。由此猜测"垛籍"强调的是从民籍转为军籍的身份变化,即原籍或附籍军户的身份认定,而不像"垛集"那样强调的是从民户征集军士的特定方式。

一般说明代军户的来源有 4 种,实际上就是两类,从征和归附的人原来多为军籍,而谪发和垛集的人原来都是民籍。无论是军籍还是匠、灶,只要人员不足,就需要从民籍当中补充。所以虽然明人材料中多见"垛集",但"垛"与"集"同义,垛籍即垛为军籍,与"籍选""抽籍"都表示从民籍转为军籍的含义。于志嘉曾说"收原充军人者为军时用'收集';收屯田夫或蛋户、船户为军时称'收籍'"②,可见"集"与"籍"的区别。

其实,"垛籍"比"垛集"更能体现"合户为军"的特点,甚至也可以体现"合户为民"的特点。因为"垛"就是把不同民户合并,而"籍"就是指合并为一"军户"(包括正军户和贴军户),从民籍转变成军籍。因此,垛籍一词未必一定是垛集的误用。如果确为民间的误用讹写,那也恰好说明民间对这一制度造成的户籍归属变化更为重视。

三、关于"附籍"

在同一篇材料中,还提到了"合户附籍当差"。这里的"附籍"一词,也已有于志嘉专文论及,前面也已提到。于志嘉的定义是:"另有一批原属卫所军户因在卫所附近州县购置田产,因而附籍于卫所附近州县的军户人丁;还有一些正军因故调卫,其卫籍已迁至新调卫份,但留下余丁在原卫所看守坟地田产,这些人也以附籍方式归原卫

---

① (明)章潢:《图书编》卷九〇《攒造》,《景印文渊阁四库全书》第 971 册,第 719 页上栏。

② 于志嘉:《再论垛集与抽籍》注 48,《郑钦仁教授七秩寿庆论文集》,台北:稻乡出版社,2006 年,第 211 页。

所附近州县管辖。为与居住原籍州县之军户加以区别,遂以'原籍军户'、'附籍军户'分别称之。"①这样,于志嘉及所引韩国学者徐仁范所谓的附籍或寄籍,都是指不在原籍而附属卫所附近州县管理的情况,这里所谓"籍"不仅指军政管理与民政管理的区别,还指原籍与现居的住地差别。那么本段材料中这6个字,特别是"附籍"二字,指的是什么呢?

一种理解是,两户张姓合户为军之后,可能作为贴户附籍当地州县,但是,浚县应该就是他们的原籍,与前述学者的说法不符。有无可能因张姓被垛为军之前已有田产,因此可能附籍原籍州县纳粮当差呢?另一种理解是,这里的"合户附籍当差"就是指合户为军,"附籍"不是附着于当地州县民籍,而是指附于军籍,附籍一词便不止一种含义,而可能存在一种泛指。洪武元年《大明令》规定:"凡各处漏口脱户之人,许赴所在官司出首,与免本罪,收籍当差。"这里的"收籍当差"虽然是指编入民户,或编入包括民户在内的各种户籍,但意思与所引"附籍当差"意思相同。如前述,"收籍"一词经常在讨论军士来源时出现,但并不妨碍它在此处意指从无籍之徒编为民籍。根据文意,拙意以为当作后者理解。

附带说,第一则材料讲到一个不幸的变化。洪武十四年里甲制实行之后,与张仲迁合户为军的张八或张贵被佥充里长,在一次偶然事件中得罪了"招军官",把他"报为军",到一个叫张旺的正军户名下为军。问题是,张八已经被垛充为军了,如何又被再次充军呢?一种可能的情况是,张旺就是与张八、张仲迁一起被共同垛集为军的正军户,到大宁前卫去服役,张八和张仲迁作为贴户。本来按规定正户亡后以贴户补,但作为惩罚或者是招军官公报私仇,将张八也补为正军。但是,如果张旺也同为这个垛集户的话,那张仲迁在遗书中为什么不像提到张八那样明确说明呢?除非张旺和张仲迁是同一户,即

---

① 于志嘉:《论明代的附籍军户与军户分户》,《顾诚先生纪念暨明清史研究文集》,第81页。

正军户，张八本来作为贴户，被转为正户补役。另一种可能是，张旺与张八及张仲迁都没关系，张旺是否户绝也不清楚，总之张八被招军官非法变成张旺户下的正军。明代非法勾补的情况是很常见的，《军政条例》记，"各处军户有于洪武年间或抽丁或收集充当附近卫所军役，后因为事等项问调别卫充军，其原卫因地里近便，不将调卫缘由声说，朦胧又勾户丁收补在伍"，等等，方式是很多样的。尽管张八自己也未亲自补役，而让女户，即自己女儿出嫁到的那户人家出丁补役，但却可能波及同为一个垛集户的张仲迁，少了一家贴户，后者补役的可能性就大大增加了。

四、"祖"与"族"

《张仲迁墓志》及遗书的重点有二：一是讲到自己被合户为军的历史，二是强调自己与张八毫无亲缘关系，前者显然是为了说明后者，因为如果没有被垛为军，这两个不相干的家庭本来是不太会合为一户的。但为什么会有这么大的必要说明这一点，让后代子孙牢记于心呢？大概一是担心受到张八的牵连，不小心也被改成正军户补役，所以遗书的最后一句是说张八有女户应役不缺；二是让子孙清楚自己的世系血脉，不要因天长日久而误以为同为一户姓张，因此是一家人。后一点应该是这两篇文字的重点，但我不能肯定这是否当时的一种普遍性的观念，也许只与张仲迁个人有关。

就前一点而言，涉及军户的分合，在不同的时期、不同的政策、不同的境遇下，不同人会有不同的选择。前面举到嘉靖时桂萼所说的例子，就是不希望分的；早些时候，"军民以籍为定。自宣德四年，本部具奏遣官清理天下军伍之后，有司俱造黄册，分豁军民户籍，粲然明白。近年以来，有等军户刁徒，又将同姓平民妄指作洪武间同共军户，往往牵告，动扰官府。今后有妄指远年民籍作军户者，诸司不许准理，其宣德四年清理以后，军户之人若有买求官府脱报民籍，许令本身自首，及许官司改正，各免前罪"。也是喜欢合的，是现在军户希望与民户共同承担军役①。就张家的个例,往好处想的话,《张仲迁墓志》表达的是他们和张八都是民户被垛的原籍军户(无论是正户还是贴户),现在承担军役的是张八一支,与自己一支无关,为以后可能脱籍做准备。往坏处想的话,这可能是张义兄弟制造的一份父亲的"遗嘱",目的也是为了以后的分户脱籍。

就后一点来看,张仲迁非常强调他与张八是"各祖异族之人",又在墓志中写明,他到太原以后"并无兄弟族属之人焉"。张仲迁的"遗嘱"中强调了族、祖和姓,《明英宗实录》中讲的也是军户把同姓的平民妄指为同户,可见大家还是愿意区别族和姓的。祖和族的观念在元末明初非常关键吗?

张仲迁是江西饶州府人,饶州恰与南直隶的徽州相接,位于鄱阳湖以东,景德镇也在此地,宗族传统和工商业传统都与徽州类似。另外传说"江西填湖广"的主要发生地瓦屑坝就在饶州,传说中大量迁往安徽和湖广的移民主要是饶州人。应该说,自元末明初以来,饶州是个人口流动性较大的地区。《张仲迁墓志》中只提到他前面一代张得山,而且早卒,既没有提到以前历代祖宗,也没有提到其他亲戚族人,好像是一个孤儿,只身跑到山西去做生意。他既没有可能携家回到自己的祖籍,但也没有让子孙在墓志中把家世叙述清楚,可见他不是一个宗族意识很强烈的人。根据常建华的研究,宋元时期强调宗族建设,甚至兴建祠堂祭祖的人,都是世代官宦,或有"族论""谱论"者,也都是名满天下的大学者②,像墓主这样孤身在外打天下的人,是无宗可敬也无族可收的。

那么为什么像这样一个人还强调族、祖的纯洁性呢?我猜测是金、元至明初的合户编民制度把的"户"的因素引入了汉人传统的血缘关系中,在较大程度上造成了以后族、祖相混的状况。武汉大学徐斌博士的研究说明,鄂东的宗族发展在明代经历了一个由户到户族

---

① 《明英宗实录》卷二七八,天顺元年五月乙丑,第 5937—5938 页。
② 参见常建华:《明代宗族研究》,上海:上海人民出版社,2005 年。

的过程;北京师范大学博士生王绍欣对山西闻喜的研究,发现当地族谱中不仅也有户族之称,而且皆称其始祖为"户祖",说明这个族系的确立是从被明初政府编户齐民那一代开始记起的。徐斌意图说明,由于明初的一户后来由其子孙分裂为多个家庭,但一直在一个相同的户名下纳税服役,这样就逐渐形成一个共同承担赋役的同姓血缘群体,即户族,最后经过宗族礼仪的包装之后演化成后世的宗族。王绍欣则说明晋南有类似的过程,强调的是里甲编户对宗族形成的关键作用。而我想说的是,金、元合户为军及合户为民的制度,制造了许多根本没有血缘关系的"户""户族",乃至"宗族"。

山西闻喜裴村《宁氏家谱》"源流考"载:

> 余族相传为本省太原人,徙绛郡稷山县之吴城,户名宁顺。自吴城有徙陕西郃阳者,亦名宁顺,今林放等始祖也。有徙稷山钟楼巷者,余祖则自钟楼巷徙闻喜之西裴村,占籍甘泉里三甲,亦以顺为户名。三处盖皆顺之孙,故随所居而不敢忘其自出云。元代族殷人繁,其姓名散见于本村汤庙、灌底景云宫之碑记者,昭然可考。明初分为五族,本户号大宁家。①

这三户人家元代时都顶着"宁顺"这一个户名,明明来自不同的地方,但却因此成为三家的共祖。张仲迁担心的事终于发生了。

明中叶以后的宗族建构之所以伟大,不仅在于把有血缘的"户族"们变成了宗族,还在于把许多没有血缘的"户"变成了宗族,把一种北方族群的传统变成了汉人的正统。

---

① 裴村《宁氏家谱》,"源流考",民国二十一年重修本。

从移民传说到地域认同：明清国家的形成*

以国家、地方、族群、社区等等政治或空间实体为分析单元讨论认同问题，已经成为近年来中国不同学科的热点，论著以千，甚或以万计。这样一种现象的出现，固然有意识形态导向的影响，也是中国这样一个地域广大、文化多元、经过漫长且持续不断的国家建构过程的国家自身特点所致。

就中国历史上的认同问题而言，除了我们熟悉的那些讨论之外，近年来有两个值得注意的话题，一个是与美国的"新清史"有关的，因为强调了清代历史中的满洲或内亚因素，受到了国内学术界的关注，也受到许多学者的批判；另一个是与美国人类学家华琛（James Watson）当年那篇关于天后崇拜的文章有关的，前些时在《近代中国》（*Modern China*）和《历史人类学学刊》上也有一番争论，重新涉及中国文化的统一性与多样性，但较少受到学术界的关注。事实上，上述两个话题不仅关涉认同的问题，而且直指认同问题的背后。

本文试图从学术史的梳理入手，以祖先移民传说为切入点，对上述两场讨论所关涉的认同问题有所回应。

---

* 本文系香港中文大学科大卫教授主持之卓越领域计划（AoE）项目《中国社会的历史人类学研究》的阶段性成果之一。受许纪霖教授之邀，本文初次宣读于华东师范大学召开之"明清以来的地方意识与国家认同"学术研讨会，承蒙冯贤亮教授的指教，特此致谢。又本文的补充修订，系受到会上刘志伟教授、石井冈教授的发言启发，亦致谢忱。

一、从两场关涉"认同"问题的争论说起

2010年,有一本关于"新清史"研究与争鸣的论文集出版了,它的书名叫《清朝的国家认同》。但通读该书的序言和后记,并没有找到编者将关于"新清史"的讨论定义为讨论"国家认同"问题的任何说明。同年,在北京召开了一次名为"清代政治与国家认同"的学术会议,在会后出版的(2012)论文集中,也有一组关于"新清史"的讨论文章,被归纳在"清朝的国家与民族认同"标题下,但同样在序言和后记中没有任何解释,这显然是因为"国家认同"被编者认为是件不言而喻的事情①。

如果循一般的看法,把罗友枝(E. Rawski)和何炳棣之间的辩论视为"新清史"讨论的缘起的话,他们讨论的核心概念在是否"汉化"。"汉化"与否的确与"认同"有关,因为如果某个人群认同汉文化,就等同于它"汉化",但是,这与"国家认同"无关。罗友枝的文章强调了清朝成功的满洲因素,但有没有只言片语说清朝就因此不是"中国"了呢?没有。即使她在《清代宫廷社会史》中强调了中国与满洲帝国的非同一性,也不能就因此证明她要把中国与清朝完全剥离开来。在本书中所收卫周安(J. W. Cohen)对"新清史"的评述中,仍然没有提及"新清史"的诸多代表作尤其注重"国家认同"问题,包括欧立德(M. Elliot)的《满洲之道》。

也许恰恰是欧立德比较鲜明地挑战了清朝的"中国认同"问题:"也许'新清史'要提出来的最大问题是,我们可以不经质疑地直接将清朝等同于中国?难道我们不该将其视为一'满洲'帝国,而中国仅是其中一部分?部分'新清史'的史家因此倾向在'清朝'与'中

---

① 刘凤云、刘文鹏编:《清朝的国家认同——"新清史"研究与争鸣》,北京:中国人民大学出版社,2010年;刘凤云、董建中、刘文鹏编:《清代政治与国家认同》,北京:社会科学文献出版社,2012年。

国'间划下一条界线,避免仅仅称呼清朝为'中国',也不仅仅称呼清朝皇帝为'中国'皇帝。"①这样的说法不免让有些中国学者紧张起来,比如黄兴涛专门撰文讨论清朝时满人如何对待"中国认同"问题,以回应欧立德的这种看法②。这可能就是上述两本论文集以"国家认同"为主题的由来。

诚如欧立德所说,不仅清朝,历朝历代都不能直接"等同于中国"。唐朝可以吗？南宋可以吗？还是说可以把辽、西夏、金和宋加起来"等同于中国"？如果把清代中国视为一个"满洲"帝国,而中国只是其中一部分？那也可以把13—14世纪的欧亚大陆视为一个"蒙古"帝国,而中国、印度、俄罗斯、伊朗、阿拉伯等等都是其中一部分？这样的做法其实并没有改变什么。即使我们统统承认这些,也改变不了清朝、包括元朝,是中国历史上一个王朝的事实;讲述清代历史,无论把它置于怎样的世界历史中,也完全无碍它是中国历史叙事的一部分;无论是否仅仅称清朝皇帝为"中国"皇帝,也不可能把他称为俄国沙皇或美国总统。

欧立德为什么要担心把"清朝"和"中国"完全等同起来呢？是因为在"清朝",还有许多非"中国"的东西,而且它们被许多人视而不见吗？众所周知,在唐朝也是有很多非"中国"的东西的,陈寅恪的《隋唐制度渊源略论稿》就是讲这个的,大家也都接受多年,没有人整天去强调不要把"唐朝"和"中国"完全等同起来,更没有人会因此警惕"中国认同"被削弱或者被消解。所以,在我看来,欧立德所针对的只是某种历史常识,对此,我们不必紧张过度。即便清朝是一个超越了"中国"的"满洲"帝国(其实我们如果用"中原王朝"代替"中国"这个敏感的字眼会更好),也无法挑战"中国认同"。不然的话,倒不

---

① 〔美〕欧立德:《满文档案与"新清史"》,《清朝的国家认同——"新清史"研究与争鸣》,第391页。

② 黄兴涛:《清朝满人的"中国认同"——对美国"新清史"的一种回应》,《清代政治与国家认同》,第16—34页。文中将《清实录》作为代表"满人"立场的文献,包括将康熙帝、雍正帝的看法作为"满人"立场的代表,都不十分严谨。

妨请教一下,晚清时期"满洲"帝国的四亿臣民(或者更多)是如何表述他们的国家认同的?

因此,与其拘泥于"新清史"语境中的某些过度挑战和中国学术语境中的某些过度回应,不如从事实的层面去一一梳理彼时的人们是如何产生对清朝统治的认同的:清初的遗民如何、农民军余部如何、西南地区的土司如何、漠南蒙古与漠北蒙古先后如何……无论他们原来是属于哪个"国家"的。更为重要的是,需要从事实的层面去了解,究竟何种认同对于人们最重要,并从而影响到国家的建构。

第二个话题源自华琛 1985 年的文章《神明的标准化:天后在华南沿海地位的抬升,960—1960》①。在这篇文章中,华琛采用"标准化"(standardization)和"正统实践"(orthopraxy)这两个核心概念,讨论了中国何以促成"文化大一统"(cultural unification)。时隔 20 多年,《近代中国》发表了一组文章,旧话重提,由苏堂栋(D. Sutton)、彭慕兰(K. Pomeranz)、宋怡明(M. Szonyi)、康豹(P. Katz)和鲍梅立(M. Brown)分别撰写文章,试图通过揭示地方礼仪与信仰中的"异端实践"(heteropraxy)和地方精英的"伪正统实践"(pseudo-orthopraxy)策略,证明标准化机制或正统实践并不总是有效,所以所谓"文化大一统"迟至晚清仍未完成②。

科大卫和刘志伟却对《华琛专号》这组强调地方文化多样性实践的文章不以为然,他们以直接批评的形式,辅以其研究团队中贺喜、唐晓涛、谢晓辉、陈丽华的个案研究,认为认识到地方文化多样性实践,应该只是继续研究的起点,而不应该是结论③。这个意思是说,在华琛的文章发表了 20 年之后,这样的表述已经成为圈内接受的常

---

① James Watson, " Standardizing the Gods: The Promotion of T'ien Hou ('Empress of Heaven') Along the South China Coast, 960-1960 ", in David Johnson, Andrew Nathan, and Evelyn Rawski ed., *Popular Culture in Late Imperial China*, pp. 292-324. University of California Press, 1985.

② *Modern China*, 33:1 (2007), pp. 3-153.

③ 《历史人类学学刊》第 6 卷第 1—2 期合刊,2008 年。

识,不能对这 20 年来中国社会历史研究的相关成果视而不见,而应在此基础上将对所谓"文化大一统"机制问题的讨论推向深入,也即:在如此多样化的地方传统之上,是否存在文化大一统(文化一体性);如果是,它是怎样存在的。显然,《华琛专号》的作者们并没有对此有明显的异议。随后,苏堂栋又对科大卫、刘志伟的文章进行了反批评,进一步争论他与科、刘对华琛的概念和观点究竟谁理解得更为准确和到位,而科、刘对此的简短回应似乎比前面的长文更清晰地说明了双方的分歧所在①。

虽然后一场争论远没有前一场那么引人注目,但以我个人之见,其学术价值要高于前者。正如 20 多年前华琛提出"神明标准化"和"正统实践"的概念是基于他对香港两个天后宫的田野研究一样,论争双方在各自专号中的文章也都是具有田野和文献基础的个案。无论双方对华琛当年提出的观点以及华琛之后的学术进展如何评价或评价如何不同,但都是在思考中国文化的统一性(或"一体性",unity)与多样性(或"歧异")之间的复杂关系。这样的思考,不仅出自对具体的族群或社区的信仰与礼仪实践的观察,而且被置于一个较长的(从宋代到明清)历史过程中。虽然在论争中,他们没有直接讨论"认同"问题,但如果承认中国文化的大一统,就等于承认有一个对中国文化的"认同"。

这两场讨论本来各行其道,互无关涉。"新清史"的讨论者或关心的是蒙古、西藏、新疆的文化歧异,而不是"中国本土"(China Proper)的文化歧异,或关心的是最高统治者的文化策略,而不是民众的文化策略及实践;而"标准化"与"正统化"的讨论者虽然也把关注的时代定为明清,并一直注重明清国家与民众之间的互动,但也没有特别思考清朝建立之后,地方传统多样性与文化大一统之间的关

---

① 苏堂栋:《明清时期的文化一体性、差异性与国家——对标准化与正统实践的讨论之延伸》;科大卫、刘志伟:《简短的回应》,《历史人类学学刊》第 7 卷第 2 期,2009 年,第 139—166 页。

系是否出现了什么新的变化。双方可能的交集发生在《帝国之于边缘:现代早期中国的文化、族群性与边疆》一书中,因为该书的主编是柯娇燕、萧凤霞和苏堂栋,而欧立德、科大卫、刘志伟都是该书的作者①。当然,共享某些看法,但并不共享所有看法,是十分正常的。

这本书的核心概念是"族群性"(ethnicity),这个关键词对于柯娇燕、欧立德的关注来说要比对科大卫、刘志伟更为核心,因为对于延续着对"征服王朝"兴趣的北族王朝史研究者来说,对于习惯于把中国当作一个没有差异的整体的外部世界观察者来说,强调多样性和差异性是自然而然的,就像柯文(P. Cohen)的《在中国发现历史》强调了区域研究改变了旧的中国研究范式那样,也就像科大卫和刘志伟批评《华琛专号》的文章注重地方传统多样性没有新意一样。而"族群性"正是强调多样性和差异性的重要标签。

所以,在本书中,欧立德讨论的是"清代八旗的族群性"②,他拒绝认为"族群性"问题是与异类或边缘问题直接联系的,因此讨论这个问题的意义更大,但是,强调八旗的族群性特征依然不脱强调多样性与差异性的逻辑。柯娇燕讨论的是"蒙古人的形成"③,她认为蒙古与瑶、疍或畲不同,其认同的形成过程与满洲极为类似,发生于明末清初,甚至是 17 世纪末和 18 世纪清朝的国家力量支持的产物。按她的看法,所谓蒙古的认同是由清朝所赋予的。她所针对的,是那种自有这个人群便自然有蒙古人认同的看法;她所强调的,是清代国家在蒙古认同形成中扮演的重要角色。

科大卫的文章在某种程度上支持了柯娇燕的论点,他探讨了明

---

① *Empire at the Margins: Culture, Ethnicity, and Frontier in Early Modern China*, P. Crossley, H. Siu, and D Sutton ed., University of California Press, 2006.

② 该文的中译本见《清朝的国家认同——"新清史"研究与争鸣》,第 93—128 页。该中译本将 ethnicity 译为"种族性",容易引起歧义。因为在中文里,通常将白种人、黄种人、黑种人等视为种族,即英文的 race。

③ P. K. Crossley, "Making Mongols", in *Empire at the Margins: Culture, Ethnicity, and Frontier in Early Modern China*, P. Crossley, H. Siu, and D Sutton ed., University of California Press, 2006, pp. 58-82.

代中叶大藤峡之役对于瑶人族群界定的重要意义。他认为明代国家和地方利益的结合导致了珠江三角洲土著民族的汉化,但在广西却导致了瑶人的土著化。在明中叶之后这里的身份边界被大大强化了,"16世纪在两广出现了正统实践,同时也出现了正统与歧异之间的分别。大藤峡事件正是这一分别的象征,甚至加速了这一分别的确立"①。虽然他比柯娇燕更强调地方利益的重要性,但同样主张明清之际的国家行为在瑶人族群认同过程中的作用。萧凤霞和刘志伟通过珠江三角洲的宗族、市场、海盗与疍民的关系讨论族群性的问题。他们试图论证族群分类是个变动不居的历史过程,而不是一个僵化的设定。他们认为"民"与"疍"都是珠江三角洲的土著,他们之间的分别远比和畲、瑶之间的分别小得多,大体上只是陆上居民与水上居民的差别,"疍"只是在沙田开发即水上人上岸的过程中被民田区的居民制造出的族群标签②。

苏堂栋认为,创造出一种主观上的统一性、一种共同的政治认同,需要同强大的外来者遭遇才能实现。所以,在18世纪的苗疆,边政官员、军队与大量汉人无籍之徒的进入造成了18世纪末的苗民起事。帝国边略、皇帝的个性、地方官的不同立场以及各种地方性力量的选择,"抵消甚至颠覆了原有的族群认同",却使湘西苗民五部在苗民起事时达到空前的内聚。"不同的人出于相反的目的给予苗疆不同的定义,但像其他边疆地区一样,苗疆也有助于定义这些人自己。"③

---

① D. Faure, "The Yao Wars in the Mid-Ming and Their Impact on Yao Ethnicity", in *Empire at the Margins: Culture, Ethnicity, and Frontier in Early Modern China*, P. Crossley, H. Siu, and D Sutton ed., University of California Press, 2006, pp. 171-189.

② H. Siu and Liu Zhiwei, "Lineage, Market, Pirate and Dan: Ethnicity in the Pearl River Delta of South China", in *Empire at the Margins: Culture, Ethnicity, and Frontier in Early Modern China*, P. Crossley, H. Siu, and D Sutton ed., University of California Press, 2006, pp. 285-310.

③ D. Sutton, "Ethnicity and the Miao Frontier in the Eighteenth Century", in *Empire at the Margins: Culture, Ethnicity, and Frontier in Early Modern China*, P. Crossley, H. Siu, and D Sutton ed., University of California Press, 2006, pp. 190-228.

在"族群性"或"族群认同"的形成上,上述学者都共享某种对主体性的强调,都对"中心"和"边缘"持一种相对的态度,都赋予族群认同一种变动不居的和多元的特性。另一点共识是,无论是满、蒙这样的北方族群,还是苗、瑶、畲这样的南方族群,其"族群性"的确定或"认同"的形成都是在16—18世纪这个时段产生的,这似乎与"帝制晚期"和"早期现代"这样的分期概念相吻合。不同的是,欧立德、柯娇燕以及苏堂栋试图证明,他们的个案与清朝的满洲特性有直接关系,从而合乎"新清史"的主张,而科大卫、萧凤霞和刘志伟则更多考虑的是明代的制度要素,其中,区域开发与国家户籍制度扮演了重要的角色。联系到前面所述围绕《华琛专号》的争论,这些学者中的确有些更侧重强调族群认同形成的多样性,有些则试图进一步寻找这些多样性背后的统一性机制。

因此,对认同的讨论应该置于如何理解特定历史时期的具体历史过程中,思考某种认同是否可以构成历史变动(比如多样性差异中的统一性走向)的某种机制,才是至关重要的。

二、祖先移民传说与明代卫所军户制度

由于对"国家认同"的讨论涉及不同历史时期的国家概念,比如较为侧重民族国家(nation state)形成之后的讨论,而传统的国家又与王朝、政权、天下等政治或文化概念纠缠不清,特别是往往存在预设的意识形态框架,所以在对近代以前的讨论中经常陷于事实与概念无法对应的困境。而所谓"地方认同"一方面牵涉到"地方"的概念,比如是否社区认同或族群认同都属于"地方"认同,另一方面,"地方"是否指称"国家"的对应物,因此也会经常引起争论。在本文中,我与其纠缠于国家、地方等等具有复杂多样指代的概念上,毋宁采用"地域认同"这样一个相对简单的、指代比较明确的概念,即指人们对生活于其中的一个或大或小的地理空间之认同。

除此考虑之外,地域认同的形成可能在某种意义上超越地方认

同的狭隘、稳定的理解,它是一种动态的、不断变化的过程,在一般情况下是地方认同继续衍化的结果。同时,地域认同又往往是族群认同乃至国家认同的基础,是后者形成的早期阶段。因此,当我们讨论国家认同与地方认同的主题时,地域认同应该成为一个承上启下的历史过程。如果我们着力于发现中国的文化多样性中如何产生出某种统一性机制,必先讨论地域认同的形成及其衍化,这便是本文的目的。

对地域认同的讨论当然也有很多切入点,比如从行政区建置、方言、族群等等入手,而本文只是试图从明清时期的移民传说入手。这里的移民传说,指的是关于移民迁出地的传说,即关于自己的祖先来自哪里的传说。我的假设是,关于祖先来历的移民传说的产生和传播,是地域认同形成的标志,也是国家建构的民间基础。

有关移民传说的研究已有不少,如曹树基的《中国移民史》第5卷、安介生的《山西移民史》、濑川昌久的《族谱:华南汉族的宗族、风水、移居》、牧野巽的《中国移民传说》等等,都有较多涉及[①]。其中珠江三角洲地区的南雄珠玑巷传说、北方许多地区的山西洪洞大槐树传说、华南客家的宁化石壁村葛藤坑传说、四川移民的湖广麻城孝感乡传说、江西移民的瓦屑坝传说等等,得到了比较深入的讨论和解释。

南雄珠玑巷传说在珠江三角洲地区流传很广,说的是南宋时宫中的一个妃子得罪了皇帝,从皇宫逃出,逃到南雄珠玑巷。后来风声走漏,朝廷派兵剿灭,这里的人害怕牵连,连夜扶老携幼往南迁移到珠江三角洲,于是珠江三角洲很多地方的人都认为自己的祖先是从

[①] 曹树基:《中国移民史》第5卷,福州:福建人民出版社,1997年;安介生:《山西移民史》,太原:山西人民出版社,1999年;〔日〕濑川昌久:《族谱:华南汉族的宗族、风水、移居》,钱杭译,上海:上海书店出版社,1999年;〔日〕牧野巽:《中国の移住传说》,《牧野巽著作集》第5卷,东京:御茶水书房,1985年。

南雄珠玑巷迁移过来的①。刘志伟认为,如果把这个传说认定为史实是不可靠的,但毕竟是重要的历史记忆,而这种历史记忆的传承对区域历史的进程产生了重要的影响。他同意科大卫的说法,认为这与明朝初年广东人的入籍问题有关。当地的土著、贱民为了取得合法身份,千方百计地希望政府把他们纳入户籍当中,为了与已经在籍的那些人保持一致,便采用了南雄珠玑巷迁来的说法,以证明他们的中原身份及其正统性。这个传说的普遍化是在面临入籍困境的情况下造成的,是与明朝初年广东特殊的社会环境有关的②。因此,无论是由于表面上强调来自中原正统的身份,还是由于背后所反映的对入籍的追求,在刘志伟看来,这一传说都是明清时期珠江三角洲地区国家认同建立的手段和结果。

关于客家移民研究,罗香林的《客家研究导论》(1933)和《客家源流考》(1950)实为奠基之作③。他采用大量族谱资料,得出的基本观点是客家来源于中原,其主要迁移过程从南北朝到晚清共有五次,这也是相当长时间内客家研究界的主流看法。根据陈支平的看法,虽然罗香林当时强调客家与汉人同源的观点,既有学术意义,也有社会意义,但同样通过对族谱的梳理,特别是对非客家系统族谱的梳理,及与客家系统之族谱相互比勘,可以认为,"客家民系是由南方各民系融合形成的,客家血统与闽、粤、赣等省的其他非客家汉民血统并无差别"④。在他的研究中,就其中原居地和南迁过程而言,客家人与非客家人没有多大区别。他论证客家人初迁至赣南闽西一带,进而进入粤东北时,所受阻力不大,但向西南方向发展时,就与当地

---

① 据我了解,在青海的汉族和藏族中有从南京珠玑巷迁来的传说,这是把明初卫所设置造成的移民与此混淆起来了,那是另外值得研究的问题,但也可见传说的影响之大。

② 刘志伟:《附会、传说与历史真实——珠江三角洲族谱中宗族历史的叙事结构及其意义》,刊于上海图书馆编:《中国谱牒研究》,上海:上海古籍出版社,1999年。

③ 罗香林:《客家研究导论》,上海:上海文艺出版社,1992年;《客家源流考》,北京:中国华侨出版公司,1989年。

④ 陈支平:《客家源流新论》,南宁:广西教育出版社,1997年,第3页。

居民发生激烈摩擦。随着冲突的激化，广东南部的本地居民就蔑称这些外来者为"客民"，其时应在16、17世纪之交①。

陈春声对客家的研究也是以罗香林的客家研究为起点的。他发现在韩江流域，以语音作为分类标志的有关"客"的文字资料，见于雍正《揭阳县志》对清初当地一次动乱的描述，说明在17世纪40年代，"客"已成为当地人所接受的方言群体分类。到康熙年间迁界与复界时期，先有沿海讲福佬话的人群进入客家山区，后有包括不同方言的人群迁入平原及沿海，随后便出现大量宗族建设的现象，许多族谱中出现了祖先自中原迁至宁化石壁，再迁到现居地的故事。直到咸同年间的土客大械斗和晚清城市的兴起，以及进化论思想的传播，才造就了"近代种族"意义上的客家②。他暗示，在晚明以前，当地是没有"客"或"客家"这样的族群分类的，这个后来称作"客家"的人群应该同瑶、畲同样，是居住在南岭山区的土著。

根据目前的研究，如果说南雄珠玑巷移民传说是本地的一部分土著，或者说是居于弱势群体地位的土著制造的故事，而客家的宁化石壁村传说也大体如此，山西洪洞大槐树移民传说则呈现出一些不同的特点。首先，这个传说较多分布在今北京、河南、河北、山东等北方地区，虽然其他省区也有分布，但呈距离中原地区越远越少的面貌，因此并不一定具有强调中原正统身份的动力。其次，这一传说虽或通过口述传统传承，或来自于墓志、墓碑，但也有大量见诸族谱，即与宗族的建构有一定的关系。但这些地方的宗族建构是否像华南一样与定居和赋役完纳有关，还没有明确的结论。第三，由于这一传说分布相对广泛，并不像"客家"那样是某一特定方言群体在特定时代和特定环境下促成的结果。

此外，在山东地区呈现了祖先移民传说的不同空间分布。这里

---

① 陈支平：《客家源流新论》，第135页。
② 陈春声：《地域认同与族群分类——1640—1940年韩江流域民众"客家观念"的演变》，《近代中国社会与民间文化——首届中国近代社会史国家学术研讨会论文集》，北京：社会科学文献出版社，2005年。

大量分布着所谓洪洞大槐树移民的后裔,在胶东登、莱一带则多称祖先来自"小云南",也有部分称来自四川"铁碓臼",中北部多称祖先来自河北枣强,南部有称祖先来自苏州阊门的,东南部有称祖先来自"东海十三家"的,等等。

这种状况似乎可以作为山西大槐树移民传说在全国范围内分布的一个缩影。首先,虽然未必尽如陈春声在前揭文中所言,中国是一个虚拟的"移民社会",但的确有许多家族的移民历史是伪造的。其区别在于,边陲地区的祖先移民传说多将自己说成来自中原,且历史久远;而腹心地区的祖先移民传说只是讲从甲地到乙地,这些迁出地甚至籍籍无名、难以稽考。其次,在中原社会或者明清帝国的腹心地区,与边陲地区的人群分类不同(其实,在更早的历史阶段,当这些地区未必处于腹心地带时也同样)。后者可以根据方言、信仰、生计模式等等分为"化内"的人群与"化外"的人群,或者称为"编户齐民"与"无籍之徒",也就是"汉"与"夷"之别;但在前者那里,基本不存在这样的区分[1]:大家都是"化内之民",都是在籍人口,甚至代替方言的官话也很通行。但即便如此,包括这些地区自称为特定族群(如明代的蒙古、回回,清代的旗人等)在内,他们的祖先移民传说是否另外的历史过程的表征?

在我对洪洞大槐树传说的研究中,提到民国编纂的河南《获嘉县志》中感慨如今的人都说自己迁自洪洞,却不说自己是土著或明初军士,说明明初卫所制度的设置,对祖先传说的产生具有较大的影响[2]。在记述祖先迁移的传说中,明初洪武、永乐这个时间段是最为普遍的,而这正是卫所设置和军人调防最频繁的时期。到宣德、正统以后,大规模的军事行动已经停止,同时由于朝廷的制度做出了调

---

[1] 这一区分表明,华南学者试图从区域文化传统多样性出发,发现更大空间内的文化统一性机制,而对北方或王朝腹心地区的研究恰好体现了它们如何在宋代以后经历了这一过程,为华南研究提供了"前车之鉴"。

[2] 赵世瑜:《祖先记忆、家园象征与族群历史——山西洪洞大槐树传说解析》,《历史研究》2006年第1期。

整,卫所军人改为就近赴卫承役,无需长途跋涉,所以制度所规定的、全国普遍流动的移民行为大为减少。

特别重要的是,明代卫所军户制度不仅制造了原籍军户和在卫军户的分离,从而导致大量原属同一户的人口异地而居,而且由于补役、袭职,以及此地的军户在彼地屯田,导致两地人口的不断联系。根据学者们的研究,明代中叶以后许多地方军户家族族谱的编纂和宗族的建构,正是由于对付军役而采取的策略。在这里,我们似乎发现了祖先移民传说主要记载于族谱与祖先系明初军户亦大量记载于族谱的关系。

我们已经知道,山东胶东地区的"小云南"传说,主要来自登、莱一带,特别是灵山卫、鳌山卫、海阳所等地,这些地区的族谱多有记载其祖先来自云南乌撒卫;而辽东地区的"山东小云南"传说,则记述其祖先来自山东登、莱,祖籍云南①。众所周知,明代辽东地区均为实土卫所,极少州县设置,而山东行都司与辽东都司具有直接的行政关系。如果这类传说反映了某种历史真实,这些传说只是反映了卫所军人不断调防的历史,至于祖军入籍何处则是较难确定的。同样,根据徐斌的研究,鄂东地区的大量族谱均记载其祖先来自"江西瓦屑坝",是由于元末江西饶州人吴汝及其部将黄荣在鄱阳湖之战中为朱元璋立下大功,后黄荣任黄州卫指挥,麾下军人及其军户便成为这一地区的势族。在明初编户入籍的过程中,更多的人在建构宗族时附会这批军人的原乡便是可以理解的②。在我所见到的四川西昌、宜宾地区的族谱中,称祖先为军户且同时称祖先来自麻城孝感乡的说法也很常见。有意思的是,在我所接触的自称祖先为回回的明清族谱中,大多数都有曾为卫所军户的记录。

当然在族谱中,并不都能发现关于其祖先属于明代军户的记载,

---

① 参见刘德增:《大迁徙——寻找"大槐树"与"小云南"移民》,济南:山东人民出版社,2009年。
② 参见徐斌:《明清鄂东宗族与地方社会》,武汉:武汉大学出版社,2010年。

比如，自称洪洞大槐树移民后代者分布极广，需要对各自入籍所在地区的历史分别进行研究，才有可能知道他们各自的真实来历，然后才能研究他们为何都去附会大槐树传说。有学者注意到，在河南的内黄一带，存在"异姓同宗"现象，即现今虽为异姓，但族谱记载原为同宗。一类是由于政治避难，如本为蒙古人，入明后被迫将其五子分别随妻妾改为五姓；或为元官，明初逃入内黄，入赘妇家，四子一女中或从妻姓，或李姓，五世后又或复原姓。另一类为原住民，因元末战乱，一地仅余两姓一男一女，婚后二子各承一姓。第三类为洪洞移民，原为一姓，迁入内黄后其中一人改姓，死后并排立墓，称"双立祖"①。虽然族谱或墓碑并未清楚记载其有军户身份，但所说这三类情况，一是都将其事定时于明初，显然与明初编户入籍的执行有关。二是所谓异姓同宗的现象，与后来常见的因某种需要异姓联宗不同，倒非常可能是明初垛集为军、将不同家庭三丁以上者抽一丁合户为一军户的历史记忆②。也有可能是因为避役改姓，单立一户。

虽然在边陲地区的祖先移民传说中，与明初卫所军户有关者更为常见，但本文并不是说明初所有的移民都是卫所军户，而是试图证明：第一，祖先移民传说将原乡归结为少数很难理解的小地方（如大槐树、枣林庄、瓦屑坝等）所导致的疑惑，也许与卫所军人的遣戍、调防有关；第二，卫所军户制度造成了无论在战时还是在平时最为频繁的、成规模的人口流动，在明初的许多地方，他们成为占有一定优势地位的人群，所以虽然未必人口规模最大，但其来历却成为周围人群附会的对象；第三，无论是否卫所军户，假如祖先移民传说多与明初入籍有关，传说中的原乡必定对这些人入籍有利，否则便很难给出解释。

祖先移民传说所反映的地域认同与其他文化现象所反映的地域

---

① 傅辉：《华北移民后裔异姓同宗现象探微》，《寻根》2006年第5期。
② 参见赵世瑜：《两则墓志所见之明初军户的垛籍》，陈春声、刘志伟主编：《遗大投艰集——纪念梁方仲教授诞辰一百周年》（上），广州：广东人民出版社，2012年。

认同有所不同,比如同乡会馆当然表现出某种对原乡的地域认同,但它们反映的大多是一时侨寓异地,或者迁入该地时间尚短的人群心态,在社会生活中具有更为实用的功能;而移民传说则可以在数百年之后、移民早已土著化之后依然脍炙人口,在社会生活中多为象征作用。但二者之间也有共性,即如程美宝所指出的,地域性文化标签往往是在异乡得到强化的①,移民传说亦是如此。但之所以如此,是因为移民传说最初往往是移民在异乡的生存策略,后来可能演变为地方为显示其兼容并蓄的多元文化包容性而打造的标签。无论如何,与其说它反映了对原乡的历史记忆和地域认同,不如说它成了在现居地地域认同形成过程中的工具。

三、地域认同与明清国家的形成

从各个地方的区域历史结构过程中,我们看到,不同祖先移民传说的存在与传承,无论其在不同历史时段的意义有何变化,都并不意在割裂或阻碍某一地方的地域认同。对于那些本来是土著却附会移民传说的人群来说,就更是如此。在最初阶段,制造或传播这一传说如果是为了便于入籍或者在此地定居,如果这样的传说需要得到原住民或者在籍人群的接受,那更会有助于对本地的地域认同。

以往对明清国家形成的讨论,更注重王朝开创时期的文治武功以及各项国家制度的创设、传承和嬗替,这无疑都是非常重要的。但与此同时,国家对版图及其中不同人群的有效管控,或从另一面说,版图内不同人群对新建国家的加入,也是国家形成的重要方面。这当然与文治武功、各项制度有直接关系,当然不能只考虑国家的巨大推力,也需要观察地方的能动性。

明代国家的形成之初,并不试图维系元朝的巨大版图,其统治集

---

① 程美宝:《近代地方文化的跨地域性——20世纪二三十年代粤剧、粤乐和粤曲在上海》,《近代史研究》2007年第2期。

团也不具备蒙古人那样的能力,对北部草原和西部高原形成直接的支配。但在一个相对内缩的版图内,通过各项国家制度,强化对土地、人口的管控,形成比元朝更强的内在凝聚力,只是在明代中叶以降全球性变化的背景下,由于区域开发、人口流动性加大、国家对各种资源的需求加大等原因,开始逐步向外扩展。而清代国家的形成,正是继承了这二者的双重遗产,是元明国家发展的合理延续。因此,从明到清,正是国家认同形成的关键时期。

本文提及的祖先移民传说,考其源流,正是在这一过程中逐渐产生和传布的。根据现有的研究,这类传说最早产生于明代中叶,按照徐斌前述研究,鄂东地区的江西饶州瓦屑坝传说在明正德初年即已存在,但至迟到清康乾时期便在当地广为流传①。珠江三角洲地区的南雄珠玑巷传说也大体类似,出现在明代中叶以后的族谱中,到清代大为普及。华北各地的洪洞大槐树传说在晚明已有蛛丝马迹,真正广泛流传则到了清中叶以后。当然,这可能是由于大多数此类传说都见诸族谱,而各地族谱的普遍修纂是在清代,特别是清代中叶以后的缘故,因此这些传说的口头流传应该略早。

边陲地区的移民传说已经得到了比较深入的讨论,无论是否土著,这类传说往往以中原某地为原乡,目的在于确立某种正统性的身份。除了珠江三角洲的南雄珠玑巷传说外,西部地区也多有祖先来自南京珠玑巷的传说。比如我所讨论过的云南腾冲董氏,根据其家族流传下来的明代军官承袭供状,本为当地土军,只是到清代嘉庆时编纂族谱,建造祠堂,才称祖先是南京人,再晚则细化为应天府上元县胡树湾人②。在青海某些回族和土族的口述传统中,也有祖先是南京人的说法。而自称来自南雄珠玑巷的粤人,既有较早入籍的民人,以此将自己与瑶、疍、畲人相区分,也有开发沙田的瑶、疍、畲人,

---

① 见徐斌:《明清鄂东宗族与地方社会》,第 21—22 页。
② 赵世瑜:《身份变化、认同与帝国边疆拓展——云南腾冲董氏族谱(抄本)札记》,《西北民族研究》2013 年第 1 期。

以此将自己的族群身份转化为汉。由此,具有不同历史文化传统的人群(或族群)逐渐共享了同一个祖先移民传说,从而形成了珠江三角洲地区的地域认同。同样,客家的宁化石壁村传说也具有一个中原身份的前提,以此形成了围绕南岭山区的各个山地开发人群的地域认同。

如前述,腹心地区的移民传说具有不同的特点,这些移民没有塑造中原身份的动力。在我看来,这可能是由于清初乱后,北方土地占有剧烈变更、卫所裁撤,屯田、民地、旗地纠缠不清,故为重申地权而创造出来的身份确认的产物,即强调自己是明代军户。被作为洪洞大槐树移民正史证据的往往是《明太祖实录》的十几条记载,如:

洪武二十二年九月"壬申,后军都督朱荣奏,山西贫民徙居大名、广平、东昌三府者,凡给田二万六千七十二顷"。

同月"甲戌,山西沁州民张从整等一百一十六户告,愿应募屯田,户部以闻。命赏从整等钞锭,送后军都督佥事徐礼分田给之,仍令回沁州召募居民。时上以山西地狭民稠,下令许其民分丁于北平、山东、河南旷土耕种,故从整等来应募也"。

同年十一月丙寅,"上以河南彰德、卫辉、归德、山东临清、东昌诸处土宜桑枣,民少而遗地利,山西民众而地狭,故多贫,乃命后军都督佥事李恪等往谕其民,愿徙者验丁给田,其冒名多占者罪之,复令工部榜谕"①。

引述者大多未注意到,洪武年间迁民的建议本来是户部官员提出来的,朱元璋最初也将批示下于户部,但具体的操作,却很多是由后军都督府来进行的,而五军都督府恰恰是京师内外都司卫所的上司机构,武官选授、军伍清勾,以及屯田事务,正是它们的主管职责。后军都督府除主管在京属卫外,也是北直隶诸卫(初北平都司、行都

---

① 《明太祖实录》卷一九七,洪武二十二年九月壬申;同卷,洪武二十二年九月甲戌;卷一九八,洪武二十二年十一月丙寅。台北:历史语言研究所 1962 年校勘本,第 2958、2959、2967 页。

司)、山西都司、行都司以及大宁、万全都司的上司机构。上述地区，既是明初山西移民传说中的主要迁出地，也是其主要迁入地。虽然我们没有直接证据判断这些移民迁徙后是否仍属民户，但从操作来看，他们是被纳入到卫所系统中的。

在近年对山东聊城地区各市、县（即明清东昌府）的调查中，可以发现这里是山东传布山西洪洞大槐树传说最广的地区之一，有些县持此说法的村落甚至高达 90% 以上。在至今尚存的成化二十二年《重修东昌楼记》和嘉靖十二年《重修光岳楼记》的碑阴题名中，留下本地武官刘氏的姓名，据万历《东昌府志》及乾隆《东郡刘氏族谱》，该人正任职于后军都督府。刘氏祖上为南直隶沛县人，后落籍平山卫，在"靖难之役"前后立下功劳，五世刘汉任山西行都司平虏卫指挥、大同总兵，六世刘宠任山西都指挥佥事，隶太原前卫，于是家族成员与山西有了联系。这一家族虽然并非自称来自山西洪洞，但其身份却把官私文献中的东昌府、后军都督府、山西等要素勾连了起来。

事实上，在不少地方以前自有其独特的祖先移民传说，但逐渐被淹没在主流话语的浪潮里。山西晋东南的许多地方，明清之际还多称来自高平赤土坡：如万历时进士卫一凤，"其先自高平赤土坡迁阳城"；万历时举人张廷芝，"其先高平赤土坡人"；顺治年间进士乔映伍的墓志中说其祖先由陕西龙桥关迁山西高平赤土坡，再迁阳城。但在今天的调查中，人们已失去了对"赤土坡"这个名字的历史记忆，大多改称祖先来自洪洞大槐树了。原乡从寂寂无闻的小地名改为脍炙人口的大地名，当然也反映了地域认同。

无论如何，祖先移民传说与明初的定居与开发史有直接关系，而不同人群从各地来到一处定居和开发的历史过程，也就是地域认同逐渐形成的过程。

不同人群在不同时期定居与开发的历史，不仅是明清时期普通人的历史，也是明清国家形成的历史。我们知道，明帝国获得的疆土遗产，一方面是蒙古人空前广大的疆域，另一方面是这一广大疆域内部的非均质化，即存在许多"地理缝隙"。其中既有处于边陲的较大的"缝隙",也有处于内地的较小的"缝隙",它们或与中央,或与区域行政中心的关系还是非常疏离的。因此,除以州县系统管理国家的"编户齐民"之外,以卫所—羁縻卫所(土卫所)—土司系统管理边陲地区(外边),以内地卫所系统管理腹地的"地理缝隙"(内边),即非编户齐民,或将其化为编户齐民。整体而言,土司虽是国家设置的地方行政机构,但具有明显的"在地"特征,而卫所则更具帝国"代理人"的特点。于是明朝对边陲的控驭就与元朝有了显著的不同。

清代延续了这一过程。起初,东北和蒙古地区属于"禁地",但与中国南方的开发向山区拓展,向云、贵、桂等西南边陲地区拓展一样,北方民众开始向东北、内蒙古地区迁移开发。随着"闯关东"和"走西口"的浪潮,"山西洪洞大槐树"传说在内蒙古、"山东小云南"传说在东北广泛流传开来,这些移民传说便将地域认同从长城以内扩展到长城以外,清代国家的版图就此奠定。

明清国家的形成可以放在一起讨论吗? 明与清的制度(regime)当然有很大不同,特别是强调清代之内亚因素的"新清史"这样认为。但就原属明代版图的部分而言,我认为是可以一起讨论的。为什么大家都看到了16世纪以后的变化? 套用过去称呼近代史的说法,明代也是"两个半":前一半是与元代国家的纠葛,后一半是开启了清代国家的新变化。所谓与元代国家的纠葛,是说明前期延续了元朝的某些国家管控体制,比如在内地实行按役分户、配户当差的制度,在边疆实行土司—卫所双重管理制度等,以不同的统治模式将国家与人民、土地连接起来。但到明代中叶,也即大体上的16世纪以后,这些制度开始松动,甚至瓦解,民户中的里甲制、军户及匠户制度等都发生了变化,边疆地区开始改土归流,卫所开始在地化。为了适应这些变化,我们所熟知的财政制度改革,在明代中叶后订出原则,入清后基本确立并在实践中不断调整。宋至明中叶国家对于百姓(包括各类户)相对随意性的榨取,逐渐变为按照比较规范的原则和标准(财产)来获取。上述变化自然强化了人口的流动性,这进一步促动了国家对边陲地区的管理从羁縻性的间接治理逐渐向直接治理过渡,在内地实行的原则和标准开始在边地推行。清代国家对基层社会的支配方式几乎完全沿自明代,只是更加规范化、制度化,支配的强度加大。所以,自16世纪开始的一个新的"国家"的形成,到18世纪的清代才告一段落。

本文几乎没有涉及清代国家制度的新变化,或"清的形成",这需要另文讨论,以回应因"新清史"而引发的相关问题。一个粗略的看法是,无论对"旧疆"还是对"新疆"来说,无论统治者的身份还是国家的制度有怎样的差异,基本的走向是具有连续性的,清与明之间并不存在巨大的断裂。诚然,内亚因素的加入极大地影响了清代国家的形成,但华南和西南的开发也极大地影响了明代,特别是16世纪以后的明代国家。

16—18世纪,是由于上述变化导致人口流动性加大的时期,是各种祖先移民传说从萌发到广泛流传的时期,也即它们从更早的口头流传变成文字记录,并为士大夫传统所接受和利用的时期。这些传说故事不是像其表面上那样反映了某种地方认同,或原乡认同,而是由于不同的人群出于不同的需要共享某一传说,反映的是超越地方的认同,即现居地区的地域认同。这种认同的过程与特征与族群认同有些类似,因为族群认同也可能是超越地方的,这也许正是为什么本文前面所提讨论"族群性"的学者将南北方许多不同族群的认同形成置于16—18世纪的缘由所在。

如前述,随着清代的移民运动向西部和北部扩展,移民传说也逐渐在这些地区广泛流传,它和其他的文化标签一起,扩大了地域认同的空间,成为不断丰富和逐渐定型的国家认同的表征。

身份变化、认同与帝国边疆拓展
——云南腾冲《董氏族谱》(抄本)札记

2005年秋冬之际,我偶于云南大理喜洲一古董店购得抄本《董氏族谱》一册,该谱共62面,每面约14行,竖写,每行字数不等。封面除《董氏族谱》诸字外,又有"梦君代书"四字,疑为族人请他人抄录之本。全谱也许不太完整,因为谱序中有"伯父际之公缵承父老,自一世至十有五世,汇为谱牒二本"句。本册共有5个部分,一为清同治七年之谱序;二为"供状",述祖先自明初至明天启年间简历;三为"宗图",世系时间与前同;四为"世代昭穆图",共记十六世之世系;五为重修祠堂碑记,时间应亦在清同治间。

该谱虽十分简略,但却勾勒出一幅清晰的历史画卷:自元至明,云南西部诸族逐渐被纳为土官;随着帝国的扩展,他们选择成为帝国系统内的土著或变为汉人。其间波澜曲折,但该地终成帝国版图之一部。董氏即从土著转变为明代卫所的低级军官,至清则渐由武而文,成为具有文化等第之"汉人"。

大小历史,由是二而一焉。

一、明初腾冲与土人董救见诸帝国历史

腾冲在明为腾冲卫,地在永昌府(今云南保山)境,腾越州与之同治。其地在大理府西邻,是明代云南设置府县最西端的地区,其北有丽江府、南有镇康州和孟定府,其更西、更南的地区只设宣抚司、宣慰司,包括缅甸宣慰司、老挝宣慰司、八百大甸宣慰司(今在泰国)等。

这个永昌府全称永昌军民府,虽亦属布政使司,但毕竟与内地府、县有区别,如同这里的军事设置卫指挥使司多为军民卫指挥使司一样。这些多少显示了一种"内""外"有别,说明这里是明帝国在西南地区的文化边界。

明洪武十四年九月,朱元璋以云南故元梁王不从招抚,派军队攻打。到洪武十五年闰二月时,明军攻克大理,这被历史学家作为一个标志性事件,称"云南悉平"[1],或者"诸夷悉平"[2]。这一是因为大理与昆明不同,长期以来是一个镇抚云南内部诸夷的政治中心和文化中心,二是因为大理地处云南的腹地,在这里才可以真正做到控驭全滇。尽管如此,在这个时期,还只能说是明军攻克了一些城池据点,距离稳定还有漫漫长路。

洪武十六年三月,攻打云南的大军班师回朝,"副将军沐英以数万众留镇之"[3],或者具体说,"以云南既平,留江西、浙江、湖广、河南、四川都司兵守之,控制要害"[4]。一方面,这些原来内地的士兵开始了他们在云南的戍守生活,尽管日后一再调防,但多少留下了关于这段云南经历的记忆[5];另一方面,仅靠这些内地的官兵稳定云南的秩序又是远远不够的,这就为当地的许多土著开始他们"有历史"的生活提供了机会。

> 一世祖董救,洪武三十一年从军攻打南甸叛贼刀干孟,蛮干寨杀贼,斩获首级三颗解官,编充土军,起发云南住种。(《董氏族谱·供状》)

---

[1] (清)谷应泰:《明史纪事本末》卷一二《太祖平滇》,北京:中华书局,1977年,第169页。

[2] 《明太祖实录》卷一四三,洪武十五年闰二月癸卯,台北:历史语言研究所1962年校勘本,第2247页。

[3] (清)谷应泰:《明史纪事本末》卷一二《太祖平滇》,第171页。

[4] 《明太祖实录》卷一四三,洪武十五年三月丁丑,第2258页。

[5] 在山东或东北山东移民的家谱中,多有"山东小云南"之说,学界多有揣度。其一说为原镇云南之卫所军士后调防山东登、莱,后渐分散。"云南"的经历被作为一种语焉不详的历史记忆逐渐沉积下来,流传在山东人的祖籍传说中。

洪武末年，董氏所居腾冲一带发生了一件事，把这一家人牵连到了明帝国的大历史中。本来，在这个今天看来仍很偏远的地方所发生的，不会是什么惊天动地的大事，但到正统年间此事演为所谓"麓川之役"，被谷应泰单独列为一卷，置于《明史纪事本末》。说明即使是在史家的眼里，它也非同小可。

在腾冲的西南，明称麓川，即今西双版纳之瑞丽，元设平缅宣慰司，以地方土酋为宣慰使。洪武十七年征滇大军回师后，宣慰使思伦发也遣使入贡，朝廷"改平缅军民宣慰使司为麓川平缅宣慰使司。麓川与平缅连境，元时分置为两路，以统领其所部。至是，以思伦发遣使来贡，乃命兼统麓川之地，故改之"①。这里平原沃土，雨水丰沛，河流密布，是大理以西的另一富庶之地。

但对这样一个"美丽的地方"，朱元璋当时还将其视为化外之地，曾谆谆告诫云南守将："知百夷谲诈之详，虽百千万言，无一言可信。由是观之，蛮夷反欲窥伺中国，为我边患。符至，可即葺垒金齿、楚雄、品甸、及澜沧江中道，须高城深池，固其营栅，多置火铳为守备。贼来，勿轻与战，相机乃动。往岁云南军中遣人至百夷，多贪财货，不察事势轻重，张威、贾勇贻笑诸蛮。又因靖江王不才，以大理印行令旨，皆非道理，致其侮慢，上累朝廷。继今不许一人往平缅，惟静以待之，彼若有文移，则大略答之，否则勿答。应有职贡之物，皆不得取。如是数年之后，则麓川之地可入版图矣。卿等固守朕言毋怠。"②

按朱元璋的看法，此时的麓川还并非中国的版图，金齿（即腾冲、镇康所在）、楚雄（在今昆明与大理之间）、澜沧江中道（楚雄与金齿之间）才是边境线，因此需要高筑墙。无论敌人是来打仗还是求贡，都不予理睬。这里还透露出云南守军曾赴彼勒索、靖江王应对失体等信息。

---

① 《明太祖实录》卷一六四，洪武十七年八月甲午，第 2538 页。
② 《明太祖实录》卷一八二，洪武二十年五月庚申，第 2739—2740 页。谕中的"百夷"或作摆夷，今归之为傣族，按理，其时应为许多不同的族群。

果然,洪武二十一年思伦发就袭击明军,被击败后于二十二年再度求贡,《明实录》此时记为"百夷悉平"①。数年之内,思伦发多次遣使入贡,但其显然处在势力强盛的时期,又恰逢王朝更迭的时期,因此有了乘机扩张势力的机会。洪武二十九年朱元璋指责其"岁以兵寇车里,不时侵掠八百,恃强犯缅戞璃国。……近闻蚕食邻邦,意在扩土地而擅有其众。……尔思伦发不修邻邦之好,三面发兵,蚕食诸国"②,正是其日渐强大的表现。

无论朱元璋的敕谕对思伦发是否有效,但他不与明公开为敌此时肯定对他利莫大焉。因为恰在此时,后者手下有个叫刀干孟的部落首领对思伦发不满,发生内乱。前述《董氏族谱》中提到"南甸叛贼刀干孟",按《明史·土司传》:"南甸宣抚司,旧名南宋。""南宋"即曩宋,即今腾冲县与梁河县相邻的曩宋阿昌族乡一带,属梁河。据明代《土官底簿·南甸州知州》:"刀贡蛮,百夷人,有祖父刀贡孟,先蒙宣慰思伦发委充南甸召鲁,洪武三十二年选充百夫长,三十四年给赐冠带。"③此处的刀贡孟即刀干孟,处于麓川宣慰司思氏的控制之下。洪武三十一年前后,他起兵攻打思伦发。南甸刀氏土司势力壮大后,建文帝新立,虽派兵攻杀了敢于挑战权威的刀干孟,但却不得不承认南甸土司的地位,所以才有洪武三十二年(即建文元年)、三十四年(建文三年)赐官南甸之举。

按照《明实录》的记载,这次内乱发生的原因是"缅俗不好佛,有僧至自云南,善为因果报应之说,思伦发甚信之,又有金齿戍卒逃入其境,能为火炮、火铳,思伦发喜其有艺能,俾系金带与僧,位诸部落上。刀干孟恶之,遂与其属叛,率兵寇腾冲府"④。对于一个处在发

---

① 《明太祖实录》卷一九八,洪武二十二年十一月己卯,第2970页。
② 《明太祖实录》卷二四四,洪武二十九年二月庚寅,第3542页。文中之"车里"即元之车里府,在今西双版纳之景洪;"八百"即元之八百宣慰司,治在今泰国清迈;"缅戞璃国"即今之缅甸,三者分别位于麓川之东南、南及西南,所以太祖谓其"三面发兵"。
③ 龚荫编著:《明清云南土司通纂》,昆明:云南民族出版社,1985年,第208页。
④ 《明太祖实录》卷二五五,洪武三十年九月戊辰,第3679页。

展壮大时期的部落联盟领袖而言,火器的重要性是自不待言的,而统一的意识形态也是极为重要的,佛教在大理国的作用便是证明①。这一武一文两股力量,对上升期的政权而言形同膀臂,也因此与原来的地方传统发生了冲突。后来,思伦发逃到明国,被送往南京,后又在明军支持下被送返乡。

这两条理由极为符合我们对麓川当时形势的判断,也恰好成为这位"始祖"董救见之于历史的原因②。

二、董氏从军与"麓川之役"

《董氏族谱》以董救为一世祖或者始祖,当然不是因为他是本族的第一人,虽然谱序开篇便提到"粤自豢龙赐氏,肇开董氏宗谱之端",但毕竟这个传说中帝舜时代因养龙闻名、被赐姓董的人很难与现实中人联系起来,因此只得承认"阅世数千余年,前此之源流支派,不能考核,故复之阙如"。土著董救之见诸历史,在于家族内留下了于明代从军的"供状",在于他在洪武末年成为大明国家机器上的一颗螺丝钉。

就像很多家族的祖先见诸历史是因为保留下来户口册或赋役册一样,军户袭职或承役所必呈的供状也就成为后人从何时开始建构宗族系谱的重要依据③。

---

① 参见连瑞枝:《隐藏的祖先:妙香国的传说和社会》,北京:生活·读书·新知三联书店,2006年。
② 族谱所收供状中说,董救"洪武三十一年从军攻打南甸叛贼刀干孟",这个"南甸"即元之南甸府,明之南甸宣抚司,今之梁河,在腾冲以南,与麓川之间。
③ 利用族谱资料透视明军户及卫所制度,有于志嘉大作于前,如:《试论族谱中所见明代军户》,《历史语言研究所集刊》第57本第4分,1986年,第635—667页;《再论族谱中所见的明代军户——几个个案的研究》,《历史语言研究所集刊》第63本第3分,1993年,第639—678页。而以族谱资料为中心,讨论军户宗族建构之于地方整合进帝国的历史,则可见刘志伟:《从乡豪历史到士人记忆——由黄佐〈自叙先世行状〉看明代地方势力的转变》(《历史研究》2006年第6期,第49—69页)等文。

这份供状是明天启年间董勋袭职时所写,从董救起算至他为第八世,其生活年代应在明末清初:

> 一世祖董救,洪武三十一年从军攻打南甸叛贼刀干孟、蛮干寨,杀贼斩获首级三颗解官,编充土军,起发云南住种。洪武三十三年发回腾冲,开设守御千户所,自备鞍马征操。洪武三十四年,跟指挥陈彬攻打刀俸岗贼寨回所。永乐六年至宣德四年,节次差跟内官徐亮、云仙等官,前往木邦、缅甸入焉,至大小古喇,底充等要,给赏八次,共赏钞八百贯。下番年深言功,杀贼首级解官。蒙右府云字一千二号勘令,开升本所小旗管军(供状)。

董救从军立功后,被编为土军,起初被"起发云南住种",这里的"云南"当指昆明所在之云南府。洪武三十三年即建文二年又回到腾冲。到正统元年退役之前,董救从军约 31 年。其中提到永乐至宣德间跟随宦官徐亮、云仙前往木邦等地招抚事,《明实录》确实记载永乐二十年"遣中官云仙等赍敕戒之(指麓川宣慰使思任发——引者),并赐之绒锦文绮表里";宣德元年"遣使往抚……西南夷木邦、缅甸、麓川、车里……时麓川、木邦互争强界,各诉于朝"等①,可证供状记载之确。

这里将腾冲守御千户所之设系于洪武三十三年即建文二年,而《明实录》及《明史·地理志》均将其系于永乐元年②。而所谓"土军",据《腾越州志》载:

> 又曰腾冲卫有汉军,有土军,有充发新军。汉军有三分操守,七分屯种之异,土军有操守认办之殊,余丁之役尤繁……夫汉军者,正统时调拨来戍,今五所者是也;……土军者,元时守御土著之人,今腾冲所是也。③

---

① 《明太宗实录》卷二五四上,永乐二十年十二月己亥,第 2360 页;《明宣宗实录》卷一三,宣德元年正月己酉,第 350 页。

② 《明太宗实录》卷二三,永乐元年九月甲午,第 424 页;《明史》卷四六《地理七》,北京:中华书局,1974 年,第 1188 页。

③ 道光《云南腾越州志》卷五《户赋·户口》,清道光戊戌重修光绪丁酉重刻本,叶 3a—4a。

可见所谓土军是元代在这里守御的土著,后来设为守御千户所,直到正统年间大规模军事行动展开后,这里才有专门从内地调来驻守的汉人军队,分为五所(在今腾冲县城以北的瑞滇镇尚有"左所"的村名)。腾冲大牛场出土的明万历《吴宗尧墓志铭》中说吴氏"世为浙之余姚人,先祖有讳延龄、号友梅者,洪武间以贤良征,授清涧教谕,以言事编伍滇之大理。子二人,长左璇留余姚,次广承,后正统间移伍于腾",说的就是正统麓川之役时调防腾冲的汉军。这种情况,亦可见当地出土之嘉靖《郑永生墓志铭》、成化《蔺愈墓志铭》等。

从这种情况来看,土军的来源或者属于归附,或者约略属于于志嘉所论的"垛集"①,但这里是否每军都有三丁共之,不敢肯定,从董氏族谱中看出的是其一世确有兄弟三个及以上。在腾冲益群中学尹氏墓地发现的明成化《尹忠墓志铭》中记载,"公讳忠,字本良。厥祖讳庆,其先本土人。父讳得,皆表表之士。洪武、永乐间,屡承重用,曾随内臣征取方物,数次蒙赏金帛。……正统间,从事大司马扫平酋贼,功烈惟多,不次受赏,乃升斯职"。从这个经历看,尹忠被编入土军和升任土军官的情形与董救极其相似。此外,在新编《腾冲籍尹氏族谱》中,收有明嘉靖三十二年及崇祯五年的两份《号纸》,前者记:"腾冲所不支俸土官试百户一员尹璋,年二十一岁;腾冲所,始祖尹海,洪武二十九年至三十三年充土军,故,尹庆系嫡长男,补;永乐八年选充小甲,宣德三年功升小旗……"②《墓志》中的尹氏一族应与《号纸》中的尹氏一族并非同族,新编《族谱》将其合一,排世系为兰—海—庆—忠,遗失尹忠之父尹得,明显为后人联宗的结果,但以明代承袭供状为证据来编列族谱世系的做法,也是相同的。

开始,土人从军后的管理比较松散。当时沐春就曾描述说:鹤庆、丽江"二府地属远方州县,人民多义兵、土军,聚则为兵,散则为

---

① 于志嘉:《明代军户世袭制度》,台北:学生书局,1987年,第16—17页。
② 《尹忠墓志铭》及《尹氏族谱》皆引自彭文位:《腾冲出土明代墓志铭简介》《尹忠墓志铭考释》,《保山学院学报》2010年第4期、2011年第1期。根据文中提到的和顺土主庙钟铭文,尹忠曾任千户。

民,卒难调用"①。但从董氏一家的情况看,则应属土军的系统。在此期间,董救因功被提升为小旗,开始了董氏家族的下级军官历程。

《董氏族谱》中"录宗图"和"录世代昭穆图"有些不同。前者为:

> 一世祖董救,洪武三十一年从军功升小旗,正统元年内故。
>
> 二世伯祖董山,补役,正统七年升总旗,正统九年出哨七瘴病故。
>
> 二世祖董赐,正统九年十月补役,节次有功,开升世袭土官,试百户,到任老病病故。

而后者则记为:

- 一世祖左昭
- 二支始祖讳通住古永
- 太始祖前明诰封武信户侯讳救
  - 总旗
  - 讳洪甲
  - 洪元
  - 讳惠瓦甸始祖
- 二世【祖】右穆
  - 海顾氏
  - 山马氏
- 二世祖前明诰封武户侯讳赐
  - 讳仁寿
  - 友明

则董救既被称为一世祖,又被称为太始祖。这里没有始迁祖的概念,但意义相近,从文字记录中所有最早的记载开始,始祖即为一世祖。同辈兄弟有兄董通住在腾冲以北约百里的古永(古勇关),弟董惠后迁往瓦甸(亦在腾冲以北,与古勇关平行稍东)为该支始祖。与之并行而列的还有总旗董洪甲、董洪元二人,未出现于族谱其他各处。在此二人名下注明:"二位疑皆卫官,然无可考。从小山脚墓中抄出,故照世叙。"可见这里的世系,参照了祖坟的墓碑,遂把在同一祖先墓地发现的墓中人物,一起放入族谱世系。

---

① 《明太祖实录》卷二五五,洪武三十年十一月乙亥,第3689页。

正统元年内,故伯祖董山补役。正统三年,麓贼思任法反叛,随军攻开高黎贡路,道往潞江迎接大军。正统四年内,跟随百户张善攻打龙川江象头等寨,杀贼来保等,斩首二颗解官。蒙钦差总兵官都督沐赏银二两、布二匹。又至南甸杀贼刀们刚等,仍回金齿司暂住。正统六年内,往湾甸杀贼刀们靴。本年正月内,复随指挥陈彬攻打上江,首先过江等(登)岸杀贼,大败之,计头功。本年四月内,哨至镇康州,又往乌木弄山寨,攻破孟雷、永怕等寨,杀贼,大败之。本年四月内,又攻破思机法巢穴,班师回还。正统七年正月内,奉钦差总督军务兵部尚书大理寺乡(卿)王,札付开升本所总督军旗管军,赏银三两、布八匹。正统八年九月内,调往贡奉开路,前往孟外攻打贼寨,攻破焉西哈喇寨。正统九年差往杉木弄山寨出哨,冲冒瘴疾,病故绝嗣(供状)。

《董氏族谱》中"供状"的这一部分是董氏为军的第二代的经历,这段经历对于他们来说显然也是十分重要的。因为就在这期间,这里爆发了所谓"麓川之役",即麓川宣慰使思任叛①。洪武末年刀干孟逐走思伦发,明军将其送回,并于建文年间杀刀干孟。但这里相互攻掠的矛盾并未解决,永乐六年时黔国公沐晟就曾报告"麓川平缅所隶孟外、陶孟,土官刀发孟之地,为头目刀薛孟侵掳,请命宣慰使思行发谕刀薛孟归所侵地"②。到宣德初年,思任发再度四面蚕食,"侵夺南甸、腾冲、潞江等处之地,杀掳人民,劫掠孳畜财物,又强执头目班道罕等逼胁服从"③。地方几次请求发兵征剿,都被宣宗拒绝。英宗即位后,此事再度提上日程,正统三年六月英宗终于下令征剿④。

---

① 通常作"思任发",即前述思伦发之子。其实他们的本名应为思任或思伦,"法"为"王"之意,后渐讹为"发"。族谱将其系于正统三年,《明史纪事本末》卷三〇将其系于正统二年十月。据《明实录》,族谱的记载更为准确,详见后。

② 《明太宗实录》卷八二,永乐六年八月己丑,第1103页。思行发即思伦发之子,思任发之兄。永乐十一年正月思任发代其兄职。

③ 《明宣宗实录》卷四一,宣德三年四月甲戌,第1016页。

④ 《明英宗实录》卷四三,正统三年六月乙亥,第844页。

据《明实录》的记录,正统三年七月报,思任发"遣其部属万余夺占潞江等处地方,杀死官军",又"沿江造船三百艘,欲取云龙州等处";八月报,"思任发遣部属杀瓦甸、顺江、江东等处军余殆尽",声势浩大。十一月,明军"至金齿司驻扎……政等造舟六十艘,渡江攻之,大败贼众,追至潞江安抚司,贼遁入景罕寨,指挥唐清、舍人方瑛等进击贼溃散,指挥高远等复追抵高黎共山下,击败之,共斩首三千余级"①。按照《供状》,董山便参加了这次军事行动②。

"麓川之役"自正统三年正式展开至最终结束,持续了十年之久。就明帝国而言,也是一次规模相当浩大的行动。其实还在战役初期,军费开支浩大就屡屡被提出来讨论,兵力也似不足。沐晟死于军中,沐昂也被切责,一些将领还因贻误战机而遭到惩罚。于是朝中出现不同意见,如刑部侍郎何文渊认为:"麓川之在南陲,一弹丸之地而已。疆里不过数百,人民不满万余,以大军临之,同往无不克。然得其地不可居,得其民不可使。"建议以德化之,得到先朝老臣杨士奇的支持。但兵部尚书王骥、英国公张辅等却认为:"今我国家混一四海,华夏蛮貊,罔不率俾。……释此不诛……不惟示弱外邦,抑且贻患边境。"③前者基本上是沿袭当年弃交趾的内收的思路,后者代表一种扩张的思路,在英宗统治时期,后面的思路是占上风的。

"麓川之役"最后还是以明军的胜利而告结束。在战事结束后一年,便发生了更为著名的"土木之变"。这一南一北的边陲事件,前者旷日持久,被时人认为是劳师糜饷;后者因英宗被俘,北京受困,被人视为奇耻大辱,因而多有非议。而无论对其如何评价,这两件事都是

---

① 以上分别见《明英宗实录》卷四四,正统三年七月庚子、丁未,第 858、862 页;卷四五,正统三年八月乙丑,第 875 页;卷五一,正统四年二月癸亥,第 982 页。

② 《供状》称董山"斩首二颗解官。蒙钦差总兵官都督沐赏银二两、布二匹"。《明英宗实录》卷六九,正统五年七月乙丑记:"赏征麓川叛寇思任发有功官军旗甲人等凡一万二百六十二人……斩首一级以下及失陷伤疾……旗军各钞二百贯、布二匹。"两相符合,唯《供状》写作银而非钞,当以《实录》为确。

③ 《明英宗实录》卷七五,正统六年正月甲寅,第 1459—1461 页。

15世纪初东南亚和东北亚力量格局发生变化的结果,它们反过来,也使这些地方和生于斯、长于斯的许多人的命运发生了变化。

三、族谱所见"麓川之役"后的军户董氏

"麓川之役"后,这里虽然没有再度发生大规模的战事,但明军与当地土著还是经常发生零星冲突,董氏也仍然扮演同样的角色。但自三世祖董信以降,供状再没有生平事迹的记录,说明这里的气氛处于比较缓和的状态。正统七年,董山升任总旗;天顺二年,董赐升为百户,成为本所的土官,由此子孙世袭,直到明清易代。

> 三世祖董信告蒙司所保送赴京,蒙兵部官引奏,钦准世袭土官,试百户职事,回还本都司告缴,札发卫所到任。生男董升、董昂、董晁。后信病故,四世伯祖董升告明司所,保送赴京,袭授试百户职事,回还本部(都?)司告缴,札发卫所到任。正德九年内病故。
>
> 四世祖董昂系董升亲弟,告明司所,保送赴京,蒙钦准世袭土官职事,回还本都司告缴,札发卫所。嘉靖七年六月内到任差操。年老。伯祖董应武系昂嫡长亲男,于嘉靖三十一年内告蒙司所,保送赴京,蒙兵部官引奏,钦准袭授土官,试百户职事,系在例前,未蒙给札号纸,当令领凭回缴本都司发卫所。嘉靖三十二年六月初九日到任差操,至万历三十七年内,年老病故,不能供职。职该血弟董应时、男董祥书授袭,俱已先故。承正系应武血孙、祥书亲男,于天启元年十二月十一日到任,年老有疾,不能差操,告替与嫡长亲男董勋承袭(供状)。

从麓川之役前后的情况看,地方土官对明朝不满,甚至起兵作乱,主要是因为明朝在那里的驻军以及宦官对当地勒索太重。正德末,何孟春巡抚云南,对当地弊害深恶痛绝,上疏力陈:

> (洪武)十六年春附近诸彝忿王真立卫镇守,不恤众,乃共推

已退土官知府高公,引麓川思可法彝兵数万来攻,生擒王真,尽夷其城而去。……景泰末都督毛胜因随征麓川,知金齿司指挥,供给甚多,遂营干镇守,有内臣见毛胜得利,遂接踵前来,由是广占彝田,以为官庄,大取彝财,以供费用。……彝民畏死,不敢不从,由是强者为盗,弱者远逃。如近城凤溪一长官司,今止数家,二代不袭,可见矣。比之宣德、正统间,环城万里之彝民,十亡八九;比之成化、弘治初二三百里之彝民,亦减六七。……如施甸彝民,害极欲变。①

所以何孟春建议在这里设立民政系统,代替纯粹的卫所系统,腾越州于是设置。但问题也接踵而来,州卫并置,有军有民,"新设州治,别无民籍,乃分官旗归卫为军,余属州为民。然军之籍不除,掺之队不废,州卫兼役,如之何不逃徙? ……其土民者,即前腾冲所分隶之土军也,军籍如故而强名曰民,时以其土著之故耳"②。所以到了这个时候,董氏虽仍为军籍,但却划归腾越州为民,他们所居的村寨,又分别系于某某里甲之下。

从董氏袭职的顺序看,现任者身故后,采取兄终弟及的办法,没有弟弟或者弟弟死后才由儿子继承。按明代武官袭职制度,采用嫡长继承的方法,洪武四年三月"丁未,诏凡大小武官亡没,悉令嫡长子孙袭职,有故则次嫡承袭,无次嫡则庶长子孙,无庶长子孙,则弟侄应继者袭其职,如无应继弟侄而有妻女家属者,则以本官之俸月给之"③。在实际生活中,虽然也有很多不按制度办事的情况出现,但据现存《武职选簿》的记录,在正常情况下嫡长继承的情况还是多数。董氏以兄终弟及为第一原则,也许是对土官系统采取的变通办法,因为本地土酋之嬗代,往往有兄终弟及的传统。

三世祖董信袭百户职,应在英宗末期到宪宗时期,据《世代昭穆

---

① 道光《云南腾越州志》卷一《建置·沿革考》,叶 7a—9a。
② 道光《云南腾越州志》卷五《户赋·户口》,叶 3a—4a。
③ 《明太祖实录》卷六二,洪武四年三月丁未,第 1199 页。

图》,他尚有一弟董昭为总旗,一兄董慎庵、一弟董仲瑀为"庠彦",大约是卫学或州学庠生。慎庵被注为"从龙马窝墓中录出",仲瑀被注为"猛连始祖"。另有一兄董春被注为"木水河始祖"。到这代人,家族人口显著增多,逐渐分散于其他村寨,甚至有了读书人,这显然是被朝廷封为土官百户、家族逐渐势大的结果。以后家族进一步析分,从四世开始,先后有"罗绮坪祖""峨龙祖""里仁村祖""回龙村祖""三家村祖"等,到大约第七世时,这一拓居的过程告一段落,董氏家族的生活空间大体形成①。

第七世董承政处于万历、天启间,在这一代的不同支派中,有四人注为"庠彦",其中有两位蓂丛、蓍丛属瓦甸一支,应即一世董惠的后代。

四、清代董氏的宗族建设

到八世董勋时,正是明清易代的时刻。虽然在这个过程中,这里经历了南明政权与清政权较长时间的拉锯,不久后又经历了"三藩之乱",但除了在族谱中不再出现"明诰封户侯"的标签外,并未有明确的反映,与明朝的情况形成鲜明反差。但就是在这一代,家族中除有庠彦外,还有把总、副榜(即乡试副榜)、外郎(即吏员),不仅表明他们在地方的军政事务上继续扮演一定角色,而且这个把总应已是清军绿营的官职,而副榜也应是清代的副榜②。

大约在康雍时期,第十世庠生董璐企图营建宗祠,未能实现。到十一世董世远三十岁时,也即乾隆时期,才建起董氏的第一个宗祠,到十二世"廪庠彦"董盛周时,编纂了董氏家族的第一部族谱。此外,

---

① 道光《云南腾越州志》卷二《疆域·村寨》:"缅菁在城西……鹅笼……五甲。"(叶13a)"小西练在城西观音塘……罗绮坪分上下寨,八甲。里仁村,地多斧手,十甲。……董官村、小罗绮坪,十二甲。"(叶13b)说明董氏家族所居集中在城西一带。

② 在地方志中,无论是在职官还是在选举、学校等部分中,均未发现董氏这些人的记录。

这位董盛周不仅多年教授家族义馆,而且命侄子董大昌"往小山脚修建先茔",由此开始了他们宗族建设和建构家族历史的过程①。

在今天腾冲县城西南数公里外,有一个和顺镇,古称阳温暾。据当地学者研究,这个地名是白族或佤族的叫法②。由于这里是明代腾冲卫的屯田所在,我觉得也有可能就是阳温屯或阳温墩的误写。和顺镇下的董官村系自然村,是当地非常有名的侨村之一,自清代以来,有多人前往缅甸、泰国定居,后又转居美国、加拿大等地。根据1994年编写的《董氏宗谱》,董官村董氏就是以董救为始祖的:"始祖讳救,南京应天府上元县胡树湾人。洪武十五年,随西平侯西征到腾,以军功任正旗管军,统领土军,分地防守于小山脚,因遂家焉。"(《董氏谱前言》)洪武十五年这个年份不见于本文所据族谱写本,应该是用洪武十五年平云南的事件编造最早的家族历史;董救本为土军,这里写为南京人,"统领土军",自然是更为晚出的版本。

尽管根据晚清族谱收录的片段资料,我们知道一些祠堂在道光、同治时重修的情况,知道这里曾遭到杜文秀起义的冲击、祠堂被毁,族谱被烧,但毕竟需要更为详细的调查和资料收集,才能了解这个家族及他们所居的地方社会发展变迁的细节。有意思的是,在晚清董氏后裔追溯其祖先历史的时候,其明代当兵的祖先所写供状中的"状供原籍腾冲司土人",竟变成了"救祖,南京人也,洪武末移伍来腾,子孙遂家焉"(谱序)。这个晚清的说法也就成了当代新修族谱的历史依据。

这样的传说当然也并非全无来历。"麓川之役"前后来此驻扎、

---

① 在《世代昭穆图》十一世世远条下注:"公字明经,年三十,承叔璐公志,修建宗祠,纲纪法度,井井有条。"谱序中说:"乾隆间,我祖明经公创建祠堂,分昭穆次第,以事先灵。"在十二世盛周条下注:"公字际之,承父老宗祠事,事皆亲料理,辛苦五十余年。"谱序中说:"厥后,伯父际之公缵承父老,自一世至十有五世,汇为谱牒二本。"在十三世大畅条下注:"公……壮年贸易大理,归来会合州家族,修古墓十百余冢。"

② 参见彭文位:《尹忠墓志铭考释》,《保山学院学报》2011年第1期;赵明生:《腾冲和顺古地名新考》,《德宏师专学报》2010年第2期。

后来作为腾冲卫五所的内地军人,多由江南调防,"明初开滇,江南从戎者多驻牧其地,故金、腾人多金陵软语,其风俗有吴下风"①。这些外来者虽然往往盛气凌人,但却代表了一种强势文化,为地方所追捧仿冒。历年久远,外来者与土著大多混淆不辨,何况同为军籍的土著,以为与调防的卫军来自同一个祖地,亦属自然。

据民国《腾越乡土志·氏族》记:"腾民氏族,半起于卫秩。明洪武中徙中原大姓以实边,其时从军伍而来者,多江浙、湖广、四川、江西人,流寓既久,子孙遂占腾籍。故欲考其氏族,当先详乎卫秩。"(抄本卷五,第1页上)其后列举了十数当地大姓,均称其为明代从征至此,在卫所中任职。从其追溯祖先至上古的叙事方法,可知这些内容应源于各姓族谱。不过其中未提到董姓,或许是因为董姓起家于土军,直到晚清才有董大纯、董在宽、董友兰等中进士,族中倒是有不少侨商。由此可知,后来称为汉人的那些人将自己的家世与明代的卫所联系起来,已成为一种惯习,成为大家接受的、确立身份认同的文化策略。

---

① 道光《云南腾越州志》卷三《山水·风俗》,叶25a。

图像如何证史：一幅石刻画所见清代西南的历史与历史记忆

在云南楚雄大姚石羊镇文庙的明伦堂里，保存着一幅由六块大理石拼合而成的彩绘石刻。整个石刻约有 8 平方米，其上绘有人物 88 位，还包括远山近水、楼台亭阁、车船马匹、花卉器具等等，内容繁复却层叠有序。特别重要的是，这幅石刻画中描绘了清初与本地，甚至与整个云南地区都密切相关的几个故事，使我们对绘于道光二十一年(1841)的这幅石刻产生了浓厚的兴趣：在东南沿海爆发鸦片战争的次年，在中国西南的一个小镇上，人们究竟在想些什么？

一、"封氏节井"石刻的故事

大姚是云南楚雄彝族自治州的一个属县，与四川省界相距很近，而楚雄则被称为"省垣门户""迤西咽喉"。之所以这样说，是因为它处在历史上作为行政中心的昆明和作为传统文化中心的大理之间的重要地理位置。大姚在今楚雄市西北，而石羊镇又在今大姚县城的西北，位置实际上在大姚的中心地带。清代在这里设白盐井提举司，故又称白盐井。到民国时又在这里设立盐丰县，直至 1958 年才被裁撤，并入大姚县。

因石羊至少从明初开始就是国家在云南收取盐税的重地，所以在地处边陲、多族群杂居的大环境中显得与众不同。"而白井之志有不同者，盖其地以盐名，学以盐开，凡兹一切兴建文物之得比于州郡者,皆以盐故。"①在该镇主要进出通道的大南关上,建有关帝庙;在相对的大北关上,建有真武庙,一切符合国家礼制的格局。此外,在本文开始时提到的文庙,地方文献记载是明朝洪熙年间(1425)的旧物,万历三十七年(1609)经历一次重修,到清康熙三年(1664)后多次大规模重修②。该文庙是否建于明洪熙年间,已没有直接的证据,但根据明朝的礼制,文庙或者学宫至少也应修建于县城及以上城市,因此在石羊镇建造文庙实属"异数"。

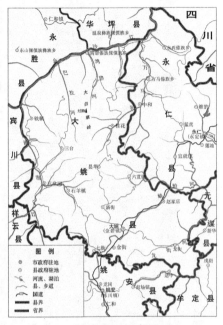

云南大姚县示意图

但是,目前存放在文庙中的这幅被称为"封氏节井"的石刻画却并非这里的原物。由于它被置于文庙,以致曾经被人以一种"宏大叙事"加以误读,即被解释为对忠孝节义的道德宣传,表现了明清时期以儒学为主导的汉人文化向边疆民族地区的扩张。经过了解,人们发现这幅石刻原本置于石羊的威楚土主庙中,嵌于本主神龛背后的墙上,是1962年才被移放到文庙中的,亦有说土主庙毁于"文革"期间,其时石刻移入文庙③。既然知道它本属当地土主庙,自然就会把对这幅图像的解释置于土主神迹的框架中。

---

① (清)赵淳:《重修白盐井志跋》(乾隆二十三年),光绪《续修白盐井志》卷八上《艺文志·序》,清光绪三十三年刻本,叶68b。
② 雍正《白盐井志》卷三《建置志·学校》,清雍正八年刻本,叶6。
③ 参见王翼祥:《土主庙价值探析——以楚雄土主庙为例》,《楚雄师范学院学报》2002年第2期,第57页。

现存石丰镇文庙的石刻画

那么,这幅长4.1米、高2.2米的石刻上面究竟描绘了什么场面呢?在其上部,约占整幅石刻六分之一画面的是"洞庭不波,艖使欣逢利济"的故事,说的是清雍正二年(1724)李卫来滇赴任,其官船行至洞庭湖遇难,幸有石羊土主显圣;其余画面则描绘了"黎武坡前现旌旗以示异"和"森罗殿上挂佩剑而难欺"的内容,讲述明末清初张献忠部将孙可望进军云南,其部将张虎兵屯石羊前杀死白盐井武举人席上珍,欲娶席妻封氏为妾,封氏为保贞节而投井自尽的故事①。由此我们知道,无论其中如何彰显当地土主七星神的灵异,传递的终归是清代中叶当地一个特定人群对清初历史的记忆。

一二百年过去,物是人非。石刻画上的场景只能是现实的反映。石刻上描绘张虎进入石羊途经的石羊大南关,旧额为"石羊锁钥",到康熙中叶以后被盐课提举郑山改为"石羊天府"。石刻画上刻写的"石羊艖郡",是乾隆初由提举刘邦瑞再改的②,因此石刻画上所表现的当地景物应是道光时人们所看到的"新貌",而非故事背景那个时代的原状。只有画上的两则故事与曾经发生过的历史有着联系。从画上所描绘的张虎军队的装束上看,清中叶的人们已对清初史事恍若隔世,头盔两旁长长的野雉翎说明,那些事情已经与舞台上的戏曲故事差不多了。

我们仔细观察这幅图画,接下来的问题就益发有意思了。图画的右上部画的是李卫过洞庭遇风浪的故事,洞庭湖远在湖南,与楚雄的大姚相距遥远,本来与本地毫无干系,石羊当地的土主不过是地方性神祇,如何"捞过界",跑到洞庭湖去显圣?但恰恰是这个虚构的、似乎与地方生活无关的故事被置于图画的上部,显示出它非同一般

---

① 在一篇署名久自荣的作者所撰的《威灵土主灵应颂》一文中提到:"敕封肇自前代,异迹著于江涯。洞庭不波,艖使欣逢利济;香水安堵,生灵得免沦危。黎武坡前,现旌旗以示异;森罗殿上,挂佩剑而难欺。遂使伪军稽首,不能肆恶逞枭;流寇还戎,就此闻名散党。井名节井,俯全烈妇清操;台号胆台,照破奸顽意象。"说的就是这两件事。光绪《续修白盐井志》卷八上《艺文志·杂著》,叶75a。

② 光绪《续修白盐井志》卷二《建置志·关卡》,叶18a。

的地位。这到底是为什么呢?

在我们的田野经验中,对这样的情景总是能够理解的。比如在华南的村落寺庙中,坐在正中的神像往往是代表了某种正统或者覆盖空间较大的神祇,而地方性的土神往往被置于下端,甚至摆放在角落,形体也往往较小,但却是村民们最为亲近和尊崇的神祇。在我所见华北的以祈雨为主题的寺庙壁画中,上部也有风伯雨师等许多神祇,而把生活中百姓求雨的仪式活动画在下方。而我们讨论的这幅石刻右下侧镌有"封氏节井"四字,说明这幅石刻的主题是描绘石羊本地封氏死节的情节,因此是以图画下部的内容为主体的。从表面上看,这不过是在宣扬女性的节烈。如果仅此而已,那么说它显示了儒家文化或者中原意识形态向西南边陲扩展,渗透到了彝人族群,也没有什么大错。但是这个故事的背后竟会如此简单吗?

在我看来,如果我们将这幅石刻画视为一个历史文本,那么这个文本可能暗含着多重复杂的关系:一重是南明势力与本地势力的关系,一重是贞节故事,第三重是这个故事与土主的关系。除了文本本身以外,我们还要追问它的历史语境:为什么到19世纪中叶,有人要用图像的形式去追记发生在200年前的这一事件?为什么这个图像的设计者要用18世纪初李卫来滇遇到危险的故事,来配合这个贞节故事的主题?

二、夫妻忠节与清初云南史事

"封氏节井"的故事之所以可以被视为一种历史文本,在于此事于史有据。不过,关于席上珍和封氏的生平事迹,清雍正《白盐井志》的记载令人匪夷所思:

> 席上正,成化乙酉举人。己丑四月,张虎作乱,劫掠入姚。上正被擒,贼众欲屈之,上正侃然守义,骂贼而死。家居旧井,即

> 今萧公祠,其墓在小井松树林,面山而上。①
>
> 封氏,姚安人,幼适白井举人席上正。成化己丑四月,判(应为"叛"——引者)贼张虎劫掠入姚,上正被执,不屈而死。氏出走,亦被执,缚于司治东土主庙,方入庙时,见深井,即定死节志。乃逾时不得,遂因向守者求告便,守者指其足下,曰于此,氏哀告曰:羞耻之心,人所皆有,如控出走,闭其门可矣。守者匙闭庙门,氏遂投井死。至今土主庙之井名曰节井。②

故事的情节大体如此,但时间却被安排在了明朝成化年间,张虎也没有被写明是孙可望的部将。在席上正的后面,排列的都是明代的人物,说明编写这部分内容的作者是把他作为明代人物的。而且,成化年间并没有乙酉,倒是有己丑年(成化五年,1469),显然雍正版志书的作者对此事颇为迷惑。如果张虎确为孙可望部将,方志作者为何不敢明白指斥呢?一种可能性就是顺治末康熙初清军征服云南后,原孙可望或大西军余部将领降清,成为清廷的地方官员。譬如原孙可望帐下总兵史文,当时曾为"钦命总理云兴通省盐政税务总镇"(康熙《黑盐井志》卷六),降清后仍在这里担任负责盐务的官员③。

对此莫名其妙的"己丑"纪年,晚近还有一种解释:

> 崇祯己丑年,流贼张献忠败亡,其党孙可望奔滇,窃踞省垣。白井举人席上珍、大姚举人金世鼎、姚州知州何思据守姚安城。可望遣张虎攻之,城陷,世鼎与思死之,上珍被执至昆明。……谨案:张虎屠姚与袭井两事,姚州新旧志及《白井灵验记》皆作崇祯己丑年。考《明史》,甲申三月闯贼陷燕京,明帝殉国。我朝已于是年定鼎,改元顺治,则元年已属甲申,己丑当书顺治六年矣。

---

① 光绪《续修白盐井志》卷六《人物志·忠孝》,叶 6b。
② 雍正《白盐井志》卷六《人物志·节义》,叶 7。
③ "本朝定鼎之初,伪管盐课总兵官史文投献邀功,伪报课额九万六千两,几四倍其额矣。"见国家博物馆藏康熙四十六年《滇南盐法图》,"黑井图说"。

特云南道远,有明旧臣未奉正朔,故记载相沿耳。①

究竟是因为以前的方志作者弄不清王朝更迭、未奉清朝正朔,还是有什么难言之隐,到清末之时才时过境迁,我们不得而知。不过到了乾隆《白盐井志》这个版本,对席上珍及妻封氏事迹的记载就大致与时代背景相合了:

> 席上珍,崇正中举于乡,磊落尚节义。闻孙可望入滇,与知姚州何思、大姚举人金世鼎据守姚安城。可望遣张虎攻陷之,被执至昆明,不屈,可望呵之,珍厉声曰:我大明忠臣,肯为若屈耶! 可望怒命斩之,仍大骂不绝,遂磔于市。本朝乾隆年崇祀会城三纲祠,事载《明纪》。②

> 席上珍妻封氏,夫举人,明末张虎劫掠入白井,其夫被执,不屈死,氏亦被执于土主庙,入门见井,欲投不得。绐守者以欲□便,曰:女但闭门,我安逃乎? 贼信之,起闭门,氏遂投井死,今名其井曰节井,载《通志》。③

据乾隆《白盐井志》记载,席上珍是明崇祯乙酉科的举人④。这个僻处西南边陲的小人物也被写入了官修的《明史》:

> 席上珍,姚安人。崇祯中举于乡。磊落尚节义,闻孙可望、李定国等入云南,与姚州知州何思、大姚举人金世鼎据姚安城拒守。可望遣张虎攻陷之,世鼎自杀,上珍、思被执至昆明。可望呵之,上珍厉声曰:"我大明忠臣,肯为若屈耶!"可望怒,命引出斩之,大骂不绝,遂磔于市。思亦不屈死。⑤

这段文字与乾隆《白盐井志》何其相似乃尔! 显然是源自同一版本。

---

① 光绪《续修白盐井志》卷四《武备志·戎事》,叶 20b—21b。
② 乾隆《白盐井志》卷三《乡贤》,清乾隆二十三年刻本,叶 25b—26a。
③ 乾隆《白盐井志》卷三《列女》,叶 30b。
④ 乾隆《白盐井志》卷三《选举》,叶 20a。
⑤ 《明史》卷二九五《席上珍传》,北京:中华书局,1974 年,第 7571—7572 页。

我们知道,清顺治二年(1645)是乙酉年,而崇祯在位17年,在此期间不会再有一个乙酉年。但《明史》也因袭其崇祯举人的说法。又据雍正《白盐井志》,在明代的举人条下,记"席上正,乙酉科姚安府学"①。这里的"正"字应该是为了避雍正皇帝胤禛的名讳,但重要的是这里的"乙酉"二字前面没有"崇祯"二字,也没有任何年号,与其他文献完全不同,也许作者也不清楚,也许指的是清顺治二年,这时云南还在明朝势力手中,故未书正朔。但是,我们也没有看到记载这一年云南举行过乡试。直到光绪《续修白盐井志》中,席上珍才被"合理"地调整为崇祯壬午(十五年,1642)举人,但我们并不知道此说何据②。

此外,约略同时或稍后的李天根《爝火录》卷一七、凌雪《南天痕》卷一七、徐鼒《小腆纪传》卷五一等处,对此事的记载都大同小异。其中《南天痕》的记述增加了许多戏剧性的细节:"席上珍……因出家财,募壮士二万人,与姚州知州何思率以乘贼。……上珍及思被执,可望欲降之。上珍厉声曰:我大明忠臣,岂屈于贼耶? 骂不绝。贼纫其口,犹骂。可望怒,剥其皮;从踵至顶,其声隐隐也。"可见在乾嘉之后塑造明清之际忠节人物的浪潮中,白井席上珍的故事也成为重要的组成部分。

以上丈夫忠孝而妻子节义故事的大背景,就是明清易代。明崇祯十七年或清顺治元年,明朝灭亡,清军入关并迁都北京。大约与清廷迁都同时,张献忠的大西军入川,在成都建立了政权。对于许多地方势力而言,这时可谓"不明不清"的时期。1645年秋云南武定土司吾必奎起事,声称"已无朱皇帝,安有沐国公?"③就是这一时代特点的说明。此人举事后,一举攻下本文论及之大姚、定远、姚安一带。明朝世守云南之沐天波联络各地土司平定吾必奎之乱后,参与平叛

---

① 雍正《白盐井志》卷六《人物志·举人》,叶1b。
② 光绪《续修白盐井志》卷七《人物志·乡贤》,叶4a。在这一版本中,还记载席上珍在康熙年间被赐谥为"忠烈",并在乾隆年间被崇祀于昆明的三纲祠。
③ (清)梅村野史:《鹿樵纪闻》卷中《沙定洲之乱》,《台湾文献史料丛刊》第五辑,台北:大通书局,1997年,第88页。

的蒙自土司沙定洲滞留昆明,于次年岁末起兵,迫使沐天波慌忙逃往楚雄。这一是说明明朝云南各地土司在政局稳定时对朝廷表示顺服,至动乱时则有实力野心者可趁乱而起,具有较强的独立性和不稳定性,二是这两次土司动乱,都迅速波及楚雄一带,特别是沐天波逃到楚雄后,云南东部都为沙定洲控制,说明这里的盐税收入可以作为立足的财政基础,同时由于这里长期有明代官署控制,外来人口也较多,不会被轻易裹挟到土司的起事之中。

1647年初,张献忠在西充为清军射杀,此后大西军余部在孙可望等率领下由黔入滇。由于石屏土司龙在田与张献忠部早就非常熟识,此时又站在沙定洲的对立面,希望大西军能入滇施以援手。撰于康熙年间的《滇考》记载:"龙在田使人告变,且劝其至滇。"①大西军入滇后,先将沙定洲逐出昆明,又进逼楚雄,迫使沐天波的势力与其合作,并与其一起回到昆明。就是在孙可望顺治四年八月进攻大理、楚雄的过程中,"姚安举人席上珍拒贼,见执至省,被磔甚惨"②。顺治五年秋,沙定洲之乱被大西军平定,至此,由于王朝更迭所导致的云南政局的纷乱局面,以大西军、沐天波势力及当地土司力量的暂时合作而告一段落,席上珍事件成为这个纷乱局面中的一个小小的插曲。

这个夫妻忠节的故事及其背景大体如此,而且不断被后人提起。即使是在石刻画绘制之后的咸丰六年,当地还"建六角础石亭于井

---

① (清)冯甦:《滇考》卷下《普吾沙乱滇》,《景印文渊阁四库全书》第364册,台北:台湾商务印书馆,1986年,第113页下栏。

② 同上书,第114页。这是与事件发生时间最为接近的记载。但如前文所引,在光绪《续修白盐井志》中,这一事件被明确系于顺治六年。而为什么张虎在此时前来,也有一个故事:"李钟武,钟彦昆弟也。崇祯末年,孙可望踞滇,举人席上珍起兵讨之,兵败被杀。可望遣伪官至井督课,钟武等设计,绐伪官至蟆夷田,纵酒豪饮,令家客黄起龙等伏路侧刺杀之。今名其地为黄起龙坡,盖地以人传也。事闻,贼遣张虎领兵剿井,感土主显灵,乃止不屠,惟戮首事数人而去。"(卷七《人物志·义行》,第26页上下)这样,这次事件就可能不是在孙可望平定沙定洲之叛到楚雄时发生的,而与盐课的问题又发生了联系。

上,悉镌井人士之诗词。经兵燹数十次,此亭岿然犹存"①。不过,在日后石羊土主庙石刻所反映的地方历史记忆中,席上珍事件并不重要,从表面上看,他的妻子封氏的尽节才是图像的主题之一。但事实上,在石刻画上除了出现节井和"封氏节井"四字以外,既没有封氏的形象出现,也没有她投井前后的故事场面,有的只是张虎和他的手下如何面对土主。值得一提的是,由于画面右下角的"封氏节井"四字,使今人误以为这是整幅石刻的标题,因之命名其为"封氏节井"石刻,殊不知这幅石刻在许多具体场景旁都有标志性的文字提示,此四字不过是画在旁边的井的说明而已。说的绝对一点,尽管这对夫妻的忠节故事颇为感人,亦颇富戏剧性,但整个画面与这个故事没有太多关系。

对于本文来说,席上珍与封氏事件——或者说得更准确些——张虎事件的历史氛围向我们展示了楚雄、大姚地区的重要性,无论是土司、沐天波,还是孙可望,都对这一地区异常重视。这不仅是因为它地处昆明到大理的交通要冲,而且是因为这里的井盐。

三、土主、李卫、文庙与盐

"封氏节井"石刻的主要内容都涉及张虎。

张虎确是孙可望手下的心腹骁将。《小腆纪传》说:"可望承献贼之余,诸将为所抚用,初不知有朝命。既据滇、黔,专封拜,文臣多污伪官者。自定国奉上入滇,多反正;惟张虎、张胜、王尚礼、王自奇等始终党逆。"②后来洪承畴在向朝廷的奏报中,也有"又有续投诚义王臣旧部、已故伪东昌侯张虎下伪副将赵来庆等伪官兵人口"的字句③。

---

① 光绪《续修白盐井志》卷七《人物志·列女》,叶52b。
② (清)徐鼒:《小腆纪传》卷六五《逆臣·孙可望》,《台湾文献史料丛刊》第五辑,第941页。
③ (清)洪承畴:《云贵先后投诚伪官兵丁人口支过银米查明造册事题本》,《洪承畴章奏文册汇辑》,台北:大通书局,1984年,第275页。

在孙可望征楚雄的过程中,张虎随行是可能的,但是否有逼嫁封氏的事,除了地方志以外就缺乏其他佐证了。

如果说逼嫁封氏的故事赋予张虎及其代表的大西军余部一种完全负面的强盗形象,乾隆《白盐井志》的另一部分记录了张虎与土主的关系,则展示了张虎的另一面:

> 相传己丑岁,张虎乱,自大姚入白井,意在尽掳井民杀之。行至黎武坡,隐见黑面七星冠带者,拥大盖来迎。虎不知其何神,执井民讯之,乃知为土主。是日即入庙谒,且寓于侧,以宝刀倒挂神手,祝曰:神若有灵,不忍无辜被戮,使此刀柄下坠而不出口。挂三日,果如其言,张虎神之,井民因以保全。

这就是石刻画中的"黎武坡前现旌旗以示异"部分。这里的"己丑岁"显然是直接沿袭雍正版志书,而未像其他部分那样有修改过的遗迹。这段故事虽然显示张虎敬神止杀,但首先是为了彰显土主的神迹。需要注意的是,土主着"七星冠带"的装束,以致被称为"七星土主",并不是随意的文字修饰。如前述,楚雄一带盛产井盐,有所谓黑井与白井之分,黑井现为禄丰县的黑井镇,而白井即今之石羊。石羊这里有"共计七井,如观音、小石、旧井、乔井、界井、灰井、尾井,状若七星,形如棋布"①。于是我们明白,石羊或者白盐井的土主建构实与这里的井盐业生产有直接的关系。

石羊土主庙今已不存,唯一的土主庙遗物保留在镇上的圣泉寺偏殿的廊下,是署清咸丰二年的"省牲所碑",上面的文字很简略:"奉白:老幼乡党烦有酬愿者,土主庙大殿不宜宰牲,若有剪胜者,请到此处。咸丰二年二月十五日。"虽然这是一所佛寺,但这所名为"华岳殿"的偏殿是专为供奉土主而新建的,显然是为了满足地方民众的

---

① 国家博物馆藏康熙四十六年《滇南盐法图》,"白井图说"。我在当地考察时,曾询问过当地老人"七星土主"的含义。因为1961年发大水,将石羊大多数古迹冲毁,土主庙与节井亦不复存。据见过庙中塑像的老人说,土主像的脸上绘有七星,但也说不出具体的含义。

需要。该殿中供有土主塑像,蓝脸,脸上绘有金色七星,应是按照原来的塑像仿制。塑像背后悬"德化昭彰"锦旗,两边分别是书有"白井土主司正堂"字样的牌,双脚前的桌案上有一方印信状的黄色包裹,上有写着"白井土主司正堂"的封条,总之比较简陋。

不过根据石刻的画面,我们应该可以大致知道道光时土主庙的面貌。按前引《白盐井志》的记载,张虎挂剑的故事发生在土主庙,但石刻的画面上却显示为森罗殿。图像的右下方有一大门,门前有二石狮,门口立二人呈作揖状,分别为明人装束,应该是张虎的部下。大门两旁的对联是:"一方资保障,千古仰威灵。"横批为:"昭格乾坤。"由于本地土主又称"威灵土主",因此这应是土主庙大门。门内有一院落,站立持刀枪者10人,多头配雉翎,中间有一人背扎旗靠,应是后人以戏装想象南明军队的衣饰。其前面神而跪者着红色文官服,头戴双翅文官帽,不知这二人谁为张虎。前面的大殿应为森罗殿,因为殿两旁有两副对联,靠外的对联是:"天知地知神知鬼知何谓爽知,阴报阳报迟报速报终须有报。"横批是:"来了么。"靠里的对联是:"正直代天宣化,慈祥为国救民。"但中间的神像手持宝剑,两旁有侍童,下面两旁有文官装扮者各一。不知该神是土主还是阎王,也许是土主庙中建有阎罗殿。总的来说,石刻印证了地方志中张虎拜谒土主庙的记载。

在石刻土主庙的右下角有井,旁书"封氏节井"四字,这也符合今人对土主庙及节井的回忆。但张虎、土主和井所揭示的,首先并不是一个女性的忠节故事,而是这里的井盐的重要性。

尽管先后有130多口盐井出盐,但白井并非滇南八井中的第一大井。"滇南盐井有八,黑居第一,盖八井课价,黑井过半焉。"黑井距楚雄府城150里,自元代开始开采,明万历时盐课岁额23600多两。"因本朝定鼎之初,伪管盐课总兵官史文投献邀功,妄报课额九万六千两,几四倍其额矣。复于康熙乙巳,吴逆称家口众多,盐不敷食,每月加课二千两,额重课繁,迄今官灶甚惫。"白井仅次于黑井,明万历年间岁课10500两,"亦被伪员史文妄报二万八千五百零,已增倍

文庙石刻画局部

半矣"①。其他各井加税的情况类似,如琅井的岁课增加了将近4倍,这说明孙可望大西军到达此地后,是将盐税作为重要的财政来源的。

明朝军队进入云南后,立即在洪武十七年(1384)开白盐井,设白盐井提举司负责盐课,管辖九井②。于洪武二十八年设立姚安中屯千户所,又设白盐井巡检司。当时全国一共有七个盐课提举司,云南有四③。在明代,这里也成为开中易引的重要盐产地。由此可知,白井这个地方至少从明初开始,就成为朝廷控制少数族群的一个要冲。在明初,安宁井和黑盐井都确定了每月盐课,而"白盐井之地,其人号生蛮,未易拘以盐额,宜设正副提举二人,听从其便"④。到万历时,

---

① 国家博物馆藏康熙四十六年《滇南盐法图》。
② 《明史》卷三一三《云南土司一》;《明太祖实录》卷一六二,洪武十七年五月庚戌;《明史》卷四六《地理七》。
③ 《明史》卷七五《职官四》,第1847页。
④ 《明太祖实录》卷一六二,洪武十七年五月庚戌,台北:历史语言研究所1962年校勘本,第2512页。

盐课提举司提举江丞默在《重建文庙碑记》中还说：

> 盖滇南远在天末，古唯羁縻勿绝，听其自为声教，未尝以中国之治治之。明兴，德化翔洽，凡郡卫州邑，咸建泽宫，博士弟子员环桥门、执经问难者，若而人遐陬僻壤、猓夷杂聚之乡，弦诵相闻，彬彬乎盛矣。然自郡邑而外，建庙尊崇者，淮浙诸司，蜀滇盐井，藐然罔闻。有之自白羊始。
>
> 旧庙不知创自何时，规模湫隘，摄于老君、土主二庙之间，非制矣。诸生共谋，欲更于象岭之阳，则山川秀丽，可以钟灵，余嘉义举，慨任其事。陈生经首捐物力以倡始，李生文中移其居以拓之，诸生各量力出赀，即贫者恐后。①

作者认为这里是"猓夷杂聚之乡"，也指出在县城以下本是不设文庙的。这样，原来在老君庙和土主庙之间的是否真是文庙，也未可知。无论如何，这里有文庙，应该与这里是重要的井盐产地有直接关系，否则也不会请这位盐课提举来主持修建文庙之事，并在落成时为其撰写碑文。其实也不仅是文庙，土主庙的修建，也不完全是民间行为，同样由盐课提举主持。《白盐井志》记载："土主庙，在文昌宫右，祀本井土主神。康熙辛亥年为水所圮，提举严一诏重修。康熙五十年提举郑山重修，增戏台，以戊日祭。乾隆二十一年提举郭存庄重修。"②

明崇祯十五年（1643）已经临近了明朝的末日，但石羊这里也许对此巨变尚浑然不觉。在这一年的《重修石羊儒学记》中，更加清楚地表明了这里的教化与盐业的关系：

> 石羊旧无学也，仅有文庙，自洪禧间创于东山文昌宫。前主榷者春秋朔望粗足为行礼地。其规模狭隘，地势湫下，未足崇奉先圣。万历己酉，吾歙汪公丞默来司榷事，观之踌躇，慨然更始，

---

① 明万历三十八年八月《重修文庙碑记》，碑在石羊文庙。
② 乾隆《白盐井志》卷二《祠祀》，叶54a。

乃选胜于象山之麓而启宇焉。续杨公之揖者,自州来摄,谓有文庙而无明伦堂,非制也,拓左址而增之。至吴公思温与沈公昌祐入,式廓其斋庑而饰美乎!①

可见文庙的历次重修扩建都是当地盐政官员的主持下进行的。

石刻图像的上半部分讲述的是李卫在洞庭湖遇到风浪,经过祈祷,石羊土主显灵后风平浪静。图中绘一官船,上有四人,均带清朝顶戴,船边两人持桨操舟,船内一人和船边一人跪作祈祷状,船头一人站立作祈祷状,应即为李卫。前方天空中有一人持剑,骑神兽,应为土主。洞庭湖在湖南北部,湖南是自北方前往云贵的必经之地,而在本地关于产盐的传说中,又是洞庭龙女在石羊牧羊,因为羊群特别喜爱带有咸味的青草,所以发现盐源,由此建构了洞庭湖与石羊的联系②。在乾隆《白盐井志》记载了与石刻图像完全一致的土主显

---

① 明崇祯十五年九月《石羊儒学记》,署"提举白井盐事奉直大夫宣州泾邑王文琼撰"。文中的"洪禧"应为"洪熙",即明仁宗(1425年在位)的年号。

② 我认为,洞庭龙女牧羊与本地盐的发现的故事,是一个不容易理解的民间创造。在雍正《白盐井志》中的"郡主祠"条记:"在司治河东圣母祠后,明洪武七年建于老君庵左,有正殿三间,中设洞庭神女像,右供石羊古迹之神。"(卷三《建置志·寺祀》,叶6a)这里并未提到神女或者郡主与盐的关系,也没有提到她在这里牧羊的事迹。按照前引《明史》的记载,是洪武十七年(1384)开白盐井,设盐课提举;这里讲郡主祠建于洪武七年,如果这两个年代中有一个记载有误,而可能在同一年的话,那么这个郡主祠就有可能是明初来自湖南的卫所军建立的,因为有档案和族谱材料说明,湖南及贵州均有不少人被垛为军后从征云南。这样,洞庭龙女就可能是一个湖南人的神,而不是与盐有关的神,这就比较好解释为什么这里会有一个来自洞庭的神存在。当然还有一种可能性,那就是洪武七年所建郡主祠不知所敬何神,洞庭龙女的神像是后来放进去的,这个放置者也有可能是后来参与开中的洞庭商人。此外,洪武七年一同创建、位置就在郡主祠前的还有圣母祠。据光绪《续修白盐井志》所载乾隆二十八年(1763)提举郭存庄的《郡主祠碑记》,洞庭郡主"向曾设有旧祠,后因设圣母像于其中,遂名曰圣母祠,固非复昔日之旧矣。况数传而后,不积久而渐忘乎?"于是他就和五井人士一起,在圣母祠后再建一祠,"设像奉祀,复移石羊于其侧"(卷九《艺文志中·记》,叶34b)。但同书记载圣母祠正殿供的是子孙娘娘,而左侧为太子宫,供的是赵王如意,这样就可以推断圣母或者子孙娘娘应为西汉为吕后所害之戚夫人(卷四《祠祀志·群祀》,叶9a)。洪武初为何在这里建造祭祀戚夫人和汉惠帝的庙,暂时不得而知,在此之前曾经祭祀的是否洞庭郡主也不得而知,有可能这个洞庭郡主的祭祀只是在比较晚近时才开始存在的。

灵故事：

> 又雍正二年盐道李卫来巡，亦见有神冠服来迎，问知为土主。次日入庙谒焉。①

李卫是雍正皇帝潜邸私人，他于雍正即位初授云南驿盐道，雍正元年管理铜矿，二年即升任云南布政使。其时雍正皇帝正着手大力整顿盐政，是年二月，雍正发布谕旨，认为"弊之在商者犹小……弊之在官者更大"，而整顿盐政的目的就是"通商即所以理财，足民即足以裕国"。隔日，便"升云南驿盐道李卫为云南布政司布政使，仍监理盐务"②。可见云南盐税对于国家财政的重要性。李卫在滇一年，即调任浙江巡抚，但在云南整顿盐务的工作，还是初见成效。后来云贵总督鄂尔泰上书称："且矿厂盐井，出产颇多，何至不如江南一府。计每年协饷，共需数十万两，为百年计，窃有隐忧。臣查云南盐课，实李卫之功，虽尚有疏漏，实力有不能。"③鄂尔泰认为之所以问题颇多，就在于"云南土官，多半强豪"，所以要解决税收问题，就要做好改土归流的工作。了解了这个背景，就知道白盐井这个地方为什么出现了土主洞庭湖显灵救李卫的故事。

历史学家看待图像，并不会忘记他们从文字资料的使用中总结出来的方法，那就是把它视为一个"层累地制造出来的"文本，也即一个有"历史"的文本。顾颉刚所谓"层累地制造出来的历史"，实际上是"层累地制造出来的"历史文本。图像当然也不像表面上那样是一个共时性或一次性的产物。从以上的描述来看，这个道光二十一年的图像作品似乎在彰显国家的意识形态。李卫到云南，无疑会增加云南产盐地的负担，李卫的职责势必与土官强豪产生矛盾，为什么反

---

① 乾隆《白盐井志》卷三《杂异》，叶39b—40a。
② 《清世宗实录》卷一六，雍正二年二月丙午、戊申，北京：中华书局，1985年，第268—269、270页。
③ （清）鄂尔泰：《云贵事宜疏》，（清）贺长龄、魏源等编：《清经世文编》卷八六，北京：中华书局，1992年，第2138页上栏。

会有土主显灵保佑他的故事？孙可望的军队无论是代表大西军余部还是代表南明永历政权，都是清廷的敌人，封氏不愿受辱，自沉于井，当然属清廷表彰的对象。但这两种说法，都是对图像内容的一种解释。

这种解释是什么时候出现的呢？这是图像制造者想要表达的意义，还是后人的发明？假如这的确是道光年间的图像制造者的想法，这两个故事的最初版本或本来面目是怎样的呢？或者说，它是否还存在一个本来面目？

按照时序，清顺治中期大西军余部和南明永历政权先后进入云贵，造成这里原有秩序的一大改变；康熙初清帝国对这里的接管并没有形成新的变局，新的变局出现在雍正时期。这便是这块石刻画所讲故事的真义。至于道光中叶这个东南沿海发生重大的、新的变化的时刻，西南一隅的地方社会又是怎样的一幅图景，则是另一个饶有兴味的话题。

四、从雍正到道光

在康熙二十年（1681）"三藩之乱"被平定之后，云南的社会秩序开始逐步重建。在吴三桂割据云南时期，这里的井盐生产受到很大影响，盐税收入大体皆入吴三桂的私囊。在康熙四十六年的《滇南盐法图》中讲到黑盐井的时候，还说"复于康熙乙巳，吴逆称家口众多，盐不敷食，每月加课二千两，额重课繁，迄今官灶甚惫"。同时，在康熙十九年八月十九日，楚雄地区"地大震连日，城垣、庙宇、官署、民舍皆毁，压死居民二千七百有余"①。可知其逐渐恢复应从康熙后期始。

值得注意的是，第一部《白盐井志》也是盐课提举刘邦瑞在雍正八年主持纂修的。按他的说法，在搜集地方文献的时候，"断碣残碑，

---

① 宣统《楚雄县志》卷一《天文·祥异》，清宣统二年钞本，叶 5a。

已消磨于荒烟蔓草"。同时,"职尚鹾务,一切通商裕课,鞅掌不遑,而厚生正德之谟,又复多所筹画"①。该志中也说这里"旧尚奢华,今则物力维艰"②,说明这里当时还比较残破,百废待兴。在康熙中期,石羊还发生了一些语焉不详的问题,"而白塔于庚午、辛未年间(康熙二十九、三十年,1690、1691)复颓之……自颓后而井事多故,人伦迭变,杂乱不经"③。

雍正时期对盐政的整顿究竟对石羊社会产生了哪些影响? 如果李卫在雍正初年真的到过石羊,雍正《白盐井志》不会没有记载。但是,还是存在李卫来过石羊的传说:

> 张仲樾,雍正间国学也。性温厚,饶智识,充当总理。适盐督道李卫临井,以薪缺卤淡,欲填封井口。井人争之不能得,仲樾谬持盏酌卤以进,暗投盐面其中,李味之甚咸,遂释填封之意。④

这个故事多半出于杜撰,李卫的整顿是要增加盐的产量,怎么会轻易封井? 何况这样的官员怎么会被轻易向盛盐卤的杯中撒盐? 但即使李卫没有来过石羊,他来滇之后的举措也与石羊发生了关系,而这正是这个故事背后的隐喻。

雍正二年(1724),云南巡抚杨名时"以盐课充溢,民食有赖,请加各井龙神封号";到雍正三年,就奉旨敕封本地龙神为"灵源普泽卤脉龙王","春秋致祭",本地还专门为这次朝廷的敕封兴建了灵源普泽坊⑤。这正是李卫在滇的一年,同样体现了朝廷对云南盐业生产的重视。在石羊,对此龙王的祭祀活动成为当地最重要的仪式之一,全镇都要参与:"正月十三日作龙王会,五井五庙轮流值会。庙内修

---

① 雍正《白盐井志·序》。
② 雍正《白盐井志》卷一《天文志·风俗·饮食》,叶5a。
③ 《建塔碑记》,光绪《续修白盐井志》卷九《艺文志中·记》,叶11b。
④ 光绪《续修白盐井志》卷七《人物志·义行》,叶28b。
⑤ 雍正《白盐井志》卷三《建置志·关梁》,叶4b;《建置志·寺祀》,叶5b。

斋,庙前演戏。"①这正是因为它不仅是国家正式认可的神灵,而且是本地盐业的保护神。

让我们排比一下白盐井盐业生产与李卫来任有关的几件事:

> 观音井……有四大井,旁井波洞小石井。雍正三年开沙井一眼。

> 界井……掘井得石羊,即此地也。井统一眼,雍正元年提举孔尚琨任内,蒙云南驿传盐法道李准开新井,以补界井正卤之不足。后因尾井正卤亏损,屡次诉扳界井帮补,蒙盐道批作四六分领。

> 查旧志,万安桥东首有新井,因误凿开石,淡水涌出,上司行文掩之。相传封闭时,其热气结成七珠八宝,自井出,渐上浮空而去。雍正元年提举孔尚琨任内,蒙云南驿传盐法道李准开。

众所周知,这个姓李的盐道就是李卫。他在任的时候石羊这里开了若干新井,以增加卤额。李卫离任之后,这一政策被延续下去。"西南五里有白石谷,上下二井开自元时,系盐课司单辖、提举司总辖。后因灶倒丁绝,奉文永闭。旧传封闭时,有一大白蛇盘土主庙,三日而后去。雍正四年,提举刘邦瑞任内详准复开,经营数月。着灶长陈弘勋建木枧槽,引卤入观音井,以补正卤之不足。"②

也正是在这一时期,盐课缴纳的数量也发生了变化。"旧额:五井大建,月该盐二十万一千一百一十八斤;小建,月该盐十九万四百一十八斤。……雍正二年为始,白井每年共出……盐四百零五万六千七百三十二斤,配发各属行销。"③所谓大建和小建,是指按太阴历法,单数月为大建,30天;双数月为小建,29天。这样全年的盐课应为2349216斤。雍正二年后盐课增加了1707516斤,增加大约72%。

---

① 雍正《白盐井志》卷一《天文志·风俗·庆祝》,叶5a。
② 雍正《白盐井志》卷五《赋役志·井眼》,叶3a—5a。
③ 雍正《白盐井志》卷五《赋役志·盐课》,叶7b—8a。

行政管辖权的问题也很重要。康熙四十三年时白盐井提举郑山上疏,请求批准恢复白盐井等盐课提举司直接隶属省里管辖,而不由所在之姚安府管辖;黑井和琅井也不该归楚雄府管辖,理由是许多事务经过府转,会造成迟滞,府里也会给下面造成骚扰。谁知省里批准之后,"姚安府即大张告示,谕令白井绅士、约保、灶丁、住户人等,嗣后人命逃盗、户婚田土、斗殴争讼、火甲门差,以及新进生员迎送谒庙,一切巨细事理,概行呈报姚州稽查审理"。随后姚州又差官到白井,"另编保甲,朔望逼勒乡保赴州点卯,差拘票唤,扰害无休"。只得再次向省里请示。得到省里对前议的重申。而府县则解释说,因为当时有浙江客商陆天麟到府告状,"该府差提四次,提举竟不发人",遂以逃盗、人命这类治安事件在他们的职权范围为由,继续争取对黑、白、琅三井的管辖权。除云贵总督范承勋、布政使佟国襄外,盐政使李苾、按察使李华之等都先后做过批示,认为府州的请求"实属妄诞"。

事情延续了20年,也是到了李卫做云南布政使时大体告一段落。李卫的批示是,凡与盐务有关的事情,不必由府县转呈;但逃盗命案需要上达刑部的,还应由知府具详,捐输的粮食也应运到府县地方的官仓中贮藏。盐课提举与知府之间往来文书和相见礼仪,等同于同知和通判。"仰即遵照,永为定例。除咨移驿盐道衙门立案,并檄姚、楚二府遵行外,拟合知照白井提举司,一体遵奉毋违。"①虽然此后并不能完全杜绝有司派差的烦扰,但地方与盐政部门之间的关系基本理清了,而且是以有利于白盐井的结局而告一段落,这与李卫来滇也是直接相关的。

白井所获得的利益还不止于此。"本朝顺治十六年仍裁学职归府,雍正二年复设教职,移大姚训导驻井,设学额八名,拨府三名",这对于本地人的仕进有很大的好处②。

---

① 雍正《白盐井志》卷七《艺文志·详》,叶1a—10b。
② 光绪《续修白盐井志》卷二《建置志·学校》,叶15a。

至此,石羊文庙石刻画上部描绘的李卫故事便有了大致的答案。

到雍正以后,特别到了乾嘉时期,石羊进入了最鼎盛的阶段。盐官和地方士绅对本镇的公共事业,如修庙、修桥、维持慈善机构等等全面介入,在科举上也不断出现举人和进士。在雍正十三年八月的《刘邦瑞重修学官碑记》中,我们比以往看到了更多的五井绅民的身影,这在明代的两块重修碑记中是前所未有的,那时更凸显了盐课提举的核心作用。

  乙卯仲秋十有九日,五井绅衿士灶来谒予曰:吾父师刘老公祖之涖兹土也,阅十载矣。除弊兴利,凡有益地方者,靡不竭力经营,而于学官尤加意焉。公见庙貌倾圮,于雍正十二年冬详上宪,发帑金,储材备,佽撤旧者而新之,所费不给,又捐俸四百余金,阅六月而大工告成,凡殿庑、门堂、祠阁,规模则宏敞也,制度则□□□。及俎豆、尊壶、盘洗之属,无不备之祭器也。当其经营之始,泮池中甘泉涌出,瑞应昭彰,士民踊跃。士灶等且具呈前署白井儒学赵炳南,请于各宪,准寿诸珉,以垂不朽。各宪已允所请,今将立石于庙左,敢求文以为记。
  ……
  雍正十三年岁次乙卯仲秋月下浣之吉,白井绅衿士灶乡都六房街民人众仝立。①

在前引康熙《滇南盐法图·白井图说》中,我们提到这里"共计七井,如观音、小石、旧井、乔井、界井、灰井、尾井",而此处的五井是基层组织:"明时将井编定五坊,曰绿萝、曰宝泉、曰荣春、曰思善、曰训让。后则更名五井,以观、旧、乔、界、尾命名,皆不出九关之内。"②这后面的五井之名是沿用了七井中的五个名字,将实际的盐井与基层区划统一起来。

---

① 碑在石羊文庙。
② 雍正《白盐井志》卷二《地理志·疆域》,叶 1b—2a。

五井作为基层坊里组织在明代便已存在。在《重建白莲寺序》中记述道:"遡此寺建于明之嘉靖己未年,为五井香火寺之山龙,又为嶍司来脉。……今欲拓其规模,重新庙貌……——与五井人士谋定。"①在另一篇《一滴庵序》中,也提到清康熙四十三年提举郑山"令五井士、灶招僧寂威住持"②。五井人士不仅参与修庙,而且也参与到其他公共事务中:"白井原无仓谷,于雍正三年奉文设立社仓,前任提举孔尚琨捐俸建置。每年井司倡率五井士灶共捐谷石,贮仓备赈。"③五井不仅各有龙祠,而且各有土主行宫,称为神台。"每井三月二十八日为土主神诞,迎神于内,演戏庆祝,五井轮办。"④五井龙祠与总龙祠的关系、五井神台与土主庙的关系,即与五井与全镇的关系相对应。

但是雍正时五井绅商对公共事务的参与还处在一个初步的发展阶段,雍正元年时,白井提举孔尚焜曾经颇为不满地表示,"白井地虽偏小,而富家不无一二,率皆悭吝守钱,孰是舍资为众? 即远推三姚,遍及六诏,但闻兄与弟相争以财,未闻父与子相尚以德也"⑤。但是经过乾嘉时期,到道光中情况就有了改变。道光二十五年,儒学训导朱峋在其《捐送卷金序》中说到,"白井素称富饶,要皆以卤为业,而无卤之家亦所时有余"⑥,因此比较乐善好施了。

但是,由于长期以来井盐为官府专卖,官府决定了每月生产的盐额,万一生产有盈余,还担心是否被灶民私卖。这种政策大大影响到灶民的生产积极性,商人按引销盐,利益也很受限。乾隆年间官府还想将煮盐的盈余也收走,盐课提举郭在庄只好对上官解释:

卑职覆查井卤浓淡,煎盐盈缩,原本乎天时,而灶户之贫富、

---

① 雍正《白盐井志》卷八《艺文志·记》,叶15b—16a。
② 同上书,叶21a。
③ 雍正《白盐井志》卷三《建置志·关梁》,叶2b—3a。
④ 光绪《续修白盐井志》卷四《祠祀志·群祀》,叶9b—10a。
⑤ 光绪《续修白盐井志》卷八《艺文志上·详议》,叶26b。
⑥ 光绪《续修白盐井志》卷八《艺文志上·序》,叶69a。

> 人力之勤惰各殊。如每岁冬春卤浓，柴薪易办，各灶煎交月额之外，不无零星余剩，自数斤以至数十斤不等，自应官为收买，以杜走漏。倘至夏秋，卤淡薪艰，各灶有余之户柴薪足备，或可有余；其贫难之户仅可勉敷月额，实难再有余盐。①

因此建议不要把盈余视为常态而变相地成为正额的补充，而要经过仔细考察，定出合理的盈余标准。但还是要"官为收买，以杜走漏"，专卖的性质没有变。

这种状况到嘉庆初逐渐引起人们不满。

> 白井之在滇，其地仅十余里。……然帑藏所入，以盐课为大宗，岁计五六十万。近数年来筹盐捐，又岁计五六十万，与正额相比埒。往者官吏之廉俸出于盐，师儒之束修膏火出于盐，将卒之饷糈出于盐，今则团营、团哨之供亿出于盐，学堂之经费亦出于盐。……乾嘉之际，民不堪官盐之苦，迤西诸州县百姓纷纷扰扰，一时俱变。白井为姚州地，姚州亦聚数千人几为乱。嘉庆四年初，大中丞以盐务奏定归民，民大悦，祸乃止。咸同兵燹后，政虽不尽由旧，而所谓灶煎灶卖、民运民销者，固师荔扉先生所推，为保世良法，距自今有不能尽变者矣。②

这段文字提到了井盐产销的一个重大变化，即"嘉庆四年（1799）奏准，云南各井盐斤改为灶煎灶卖，民运民销，不拘井口地界，卖价听从民便。定白井年煎额盐八百七十三万九千三百斤"③。也就是说，每年国家规定一个固定的产量，即要向国家缴纳这个固定的税额，事实上从生产到销售都由民间自己控制——灶民生产之后将其卖与盐商，而盐商再外运出售，价格自定。虽说国家规定的这个额数还是很高的，已从前述雍正二年的 405 万斤多增至 870 万斤多，增加一倍以

---

① 光绪《续修白盐井志》卷八《艺文志上·详议》，叶 32。
② 光绪《续修白盐井志·卷首·陈荣昌序》，叶 11。
③ 光绪《续修白盐井志》卷四《食货志·盐课》，叶 4a。

上,但显然还是会刺激灶民的生产和盐商的运销。不仅如此,通常情况下盐商甚至可能投资灶井,兼营产销。本文所论"封氏节井"石刻上的题款,为"道光二十一年菊月五井灶商敬修,剑阳弟子杨旭东敬刻",这些"灶商"应该就是这样的角色。

政策的变化刺激了石羊的社会变化,嘉道间这里的士绅和商人变得更加活跃:

> 道光间,乔井庠生罗万理、王心瀿倡捐,置田租设施棺会,并建施棺所。每年收取租息,市材为棺,以济贫乏不能殓者。兵燹后,施棺所尽圮,施棺仍循未废。
>
> 又观井庠生甘从源捐银市木为棺,察有果不能殓者,然后施给,至今尚行。
>
> 乔井庠生罗万理等设有寒衣会,兵燹后废。
>
> 五井各设一掩骨会,均由公处及各户捐赀,募挑卤之人,于朔望捡取各关外山野骴骼及无主之棺,悉瘗之近,惟乔、尾二井仍循其旧。观井甘恒每岁元旦至初二、三日以饭菜款贫之食者,又于岁终以钱米暗给贫不能举火者。①
>
> 锁水阁桂香馆义学。道光四年进士甘岳约旧井各灶六十五人,捐银一百六十三两零,按本井卤石摊借出息,年收息银三十二两零,作文昌会祭需颁胙及馆师修金之费。②

大约都是士绅倡议,然后有包括灶户、商人等在内的各人捐钱。

到此,我们也大体清楚了道光二十一年时"五井灶商"捐资制作"封氏节井"石刻的背景。但仍然存在两个问题:第一,这些灶商在这个时候向土主庙捐献这幅石刻画的动机是什么? 第二,为什么这些灶商选择了这样两则故事作为石刻画的内容?

现有材料不足以让我们得出明确的结论,我们只能做一点假设。

---

① 光绪《续修白盐井志》卷一《地理志·风俗》,叶27b—28b。
② 光绪《续修白盐井志》卷二《建置志·学校》,叶13b—14a。

首先，石羊全镇神庙，均由各井公管，往往由灶长负责，祭祀事务由土主会、文昌会等祭祀组织管理。他们获取经费的方法，往往是获得一些田产或房产，作为香火田或香火房；或者是得到一些捐款购买田产或房产，所获租银作为祭祀活动的经费。道光二十一年六月，曾在山西太谷做过知县的甘岳捐出银两，分别给了圣母祠、文昌宫和土主庙。给土主庙的部分主要用于赎回原来的庙产八间铺面房，租银用于每年六月六的土主会。以前"灶友因循观望，致使数十年未得清晰"。此后则"一举而三善备焉"。也许此石刻画之制作与土主庙管理的这次整顿有关①。

其次，灶商的选择除了是因此两事具有本地的象征意义以外，更重要的是他们的来源地与席上珍有点关联：

> 万寿宫，旧名萧公祠，即前明席忠烈公故居。席公无嗣，提举胡世英易为此祠。康熙庚午年，江右客民并康公祠捐建，又新铸大钟。奉宪札不得悬挂击动，以卤出于龙神，龙畏铜铁之声故也。②

由于席上珍并无子嗣，所以他的故居就被盐课提举改建成萧公祠。萧公和晏公都是鄱阳湖水神，自明洪武初得到封赐，遍布大江南北，也成为江西商人的会馆所在。康熙庚午即康熙二十九年，在石羊的江西盐商又将其改建为万寿宫。万寿宫或称铁柱宫，奉祀许旌阳，也是江西商人会馆的别称。"滇南多楚俗，而大姚俗近江右"③，"江右"即指江西。江西人到这里的时间很早，"其在元明，汉人十之三，种人十之六，客民居其一焉。所谓客民，近城则江右为多；□□□闽粤为

---

① （清）甘岳《捐金赎铺永续香火碑记》《土主庙香火房始末附记》（道光二十三年），光绪《续修白盐井志》卷九《艺文志中·记》，叶58b—60a。
② 光绪《续修白盐井志》卷四《祠祀志·寺观》，叶14a。
③ 道光《大姚县志》卷二《地理志下·风俗》，杨成彪主编：《楚雄彝族自治州旧方志丛书》（大姚卷）上，昆明：云南人民出版社，2005年，第110页。

多"①。由于石羊江西会馆是在席上珍故居的基础上改建的,而且,由于井盐产销政策的改变极大地有利于江西盐商的发展,如果这幅石刻画是以江西盐商为主的灶商捐制的,他们在画上描绘这个故事,就一点也不令人奇怪了。本来与盐没有丝毫关系、仿佛只是一个忠烈故事的封氏节井内容,依然与盐有着直接的关联。

与此事相对应,咸丰三年,有佚名作者写了《明孝廉席忠烈公传》,颂扬席上珍的事迹。作者在文末感慨:"然威楚已有杨公专祀,而羊城犹未立席公庙者,岂有待而然欤?公之英魂灵气无往不在,固不系乎祠之有无;然人之向往而兴起者,非祠则无以致其敬。是所望于后之君子构其堂而奠焉。"②似乎表示了一种不满情绪。咸丰六年一批士绅在土主庙里建造了一座节井亭,不知是否这里的士绅所做出的集体反应。光绪续修县志中收有数十首以"封氏节井"为题的诗作,大多是刻写在这个井亭上的。

道光二十七年,石羊遭遇了天灾:

> 自明末迄今二百余年,本朝太平日久,斯民无泛滥之虞,方谓安澜有庆,常隶舜日尧天,无何劫数交加,丙午岁六月间,连日大雨,迨二十五日初更之后,山溪暴涨,澎湃汪洋,五井民房、灶房、大釜、柴薪,尽入泽国,桥梁十余座悉被水冲,庙宇七八处多半坍塌,本司衙署,水与檐齐。③

同一年,即"丁未秋,逆回傻成龙等入寇,殆欲得我井而甘心焉。夫我井岂遂无人哉!何令彼猖獗如是也?有内奸也"④。士绅们对社会风气极为不满,在咸同回民起义的冲击下,掀起了大肆表彰忠孝节烈

---

① 道光《大姚县志》卷七《种人志》,《楚雄彝族自治州旧方志丛书》(大姚卷)上,第178页。
② 光绪《续修白盐井志》卷八《艺文志上·杂著》,叶77a—79b。
③ (清)李承基:《丙午岁白井水灾序》(道光二十七年),光绪《续修白盐井志》卷八《艺文志上·序》,叶70b。
④ (清)罗宪章:《英烈张处士传》(咸丰七年),光绪《续修白盐井志》卷八《艺文志上·杂著》,叶94b。

的浪潮。与前面所讲的井盐和商人的故事不同,这时所表彰的已经是士大夫的伦理道德故事。正是这位对道德败坏不满的作者、道光进士罗宪章在节井亭建成后赋诗一首,被地方志编者列在同一主题的大量诗歌之首:

> 夫以忠显,妇以节彰。冰霜愈冽,辉耀弥长。水为比洁,井亦生光。建亭泐石,扶翼纲常。①

五、图像如何证史

学界对图像的关注并非从当下始。彼得·伯克的《图像证史》一书便追溯了图像(images)作为历史证据的悠久历史。在这本书中,彼得·伯克用了丰富的例子说明图像在历史研究,特别是在物质文化史、生活史、身体史等领域扮演的重要角色,这种角色几乎是文字史料所无法替代的②。同时,他也指出了图像作为历史证据的局限性,概括了图像作为历史证据的5点特性③。但就该书而论,伯克所举出的例子主要是一些著名的画作(当然我知道这不能代表伯克的观点,或许这是为了让读者更容易理解和接受),以及利用这些作品所做的研究,如果与文字史料相对应,这些画作可以等同于"二十四史"、《资治通鉴》或其他著名学者所写的史书。在中国,这类画作有《步辇图》《韩熙载夜宴图》《村童闹学图》或者《姑苏繁华图》,甚至很有人类学"他者"眼光的《番社采风图》等等。所有这些,都可以

---

① (清)罗宪章:《封氏节井》,光绪《续修白盐井志》卷一〇《艺文志下·诗》,叶14b。

② 这类研究已很快地出现在中文世界。在杨念群主编的《新史学》第1卷中,"图像"是主题之一,其中收有相关文章两篇,一篇是关于身体史,另一篇则是对《晋察冀画报》的研究。这两篇文章的选材都不是著名的艺术品,绝对是特定人群声音的反映,但却因此具有非常明显的意识形态色彩。无论是摄影还是绘画,其题材的选择性和倾向性是很突出的。(北京:中华书局,2007年)

③ 〔英〕彼得·伯克:《图像证史》,杨豫译,北京:北京大学出版社,2008年。所谓5点特性见第269页。

被重新重视起来,加以伯克式的研究。

本文所要探讨的显然不是这种伯克式的图像证史,也并不试图通过这些图像了解某一时代的一般性文化特征或社会风貌。问题在于伯克所举例子多数属于艺术史的探讨(approach of art history),而不是历史的探讨。在这方面我们有个很好的例子,那就是巫鸿的《武梁祠》①。关于该书已有很多讨论②,主要侧重于凸显作者突破传统艺术史的研究方法,采用了历史学的路径。但由于该书意在通过对武梁祠画像的研究,揭示汉代人的宇宙观、信仰世界和历史观,因此,这虽然突破了传统的艺术史,却还是局限于传统的思想史。或者,对于艺术史研究来说,图像的意义已不仅在于图像本身,而在于图像背后的汉代人的观念;而对于思想史研究来说,图像的意义在于为理解特定时代的一般观念提供新的"思想史资料"③。但对于社会史研究或区域社会史研究来说,我们还是不清楚东汉的嘉祥是怎样一个地方(比如说,我们现在大致知道明清时期嘉祥地区的情况,那里邻近山东曹州、河北大名与河南彰德、卫辉的交界处,在明代卫所军户与民户交错、在明末清初是盗匪频出的地方),我们也不清楚建造武梁祠的武氏家族与嘉祥的关系,不清楚墓地"祠堂"的建立在当时的宗法制度中扮演什么角色。换句话说,自宋代以来学者之所以重视武梁祠画像,主要在于其艺术性,而很少将其用作史料。巫鸿这样做了,但却局限于一种被放大和泛化了的思想史。

当然从不同的图像资料中所能看到的历史是非常不同的,这取决于该图像资料提供给我们的历史信息量,也取决于解读者的角度、

---

① 〔美〕巫鸿:《武梁祠:中国古代画像艺术的思想性》,柳扬、岑河译,北京:生活·读书·新知三联书店,2006年。

② 中文方面的讨论如邢义田:《武氏祠研究的一些问题》,(台北)《新史学》8卷4期,1997年,第187—216页;葛兆光的讨论侧重于图像对于思想史研究的意义,见氏著:《思想史研究视野中的图像——关于图像研究的方法》,《中国社会科学》2002年第4期;细节方面的讨论如杨爱国:《"祠主受祭图"再检讨》,《文艺研究》2007年第2期;等等。

③ 参见葛兆光:《思想史研究课堂讲录》第4、6、7讲,北京:生活·读书·新知三联书店,2005年。

方法与能力,同时还取决于能够配合解读的其他材料是否丰富。我们已经看到一些出色的研究,比如荣新江对隋唐粟特人墓葬石刻图像的分析,揭示了粟特人文化中的多元文化特质;林梅村对明代《蒙古山水地图》及同时期相关地图、绘画的研究,向我们展示了明初中国人对世界的认知[①]。当然就前者而言,我们更希望知道这些粟特人在中原如何保持其祆教传统(不仅是死后);就后者而言,我们则更希望了解制作此青绿山水地图的苏州吴门画师究竟是些什么人,他们又如何获取当时域外的地理知识,以及由上述问题引发的一系列问题。

其实除了纯粹作为艺术品出现的绘画、书法、篆刻作品之外的大多数图像,都是"地方文献"的重要组成部分(这当然是取其广义),包括佛教造像,都与特定的供养人有关系;甚至包括宫廷艺术,如果我们把宫廷也视为一个"地方"(place),因为它也具有地方性或在地性(locality),那么功臣肖像可以放在一个权力格局中加以理解,而皇帝生活的展示(如郎世宁为乾隆皇帝所画的肖像等)也可以视为一种政治举措,选择什么主题或场景作为背景,必定服务于许多大历史的目的。问题在于,当我们试图将碑刻、族谱、契约文书、宗教科仪书放到区域历史脉络中去理解的时候,我们是否可以将共存于同一时空的图像从这一脉络中抹去呢?当我们试图询问上述地方文献是谁人、为何、何时、何地、如何制造出来的时候,我们是否也对共存于同一时空的图像询问同样的问题呢?

本文的研究集中于清道光二十一年为显示土主威灵而制作的石刻画。人们将其命名为"封氏节井"石刻,一方面在于人们误将画面上的这四字当作整幅石刻的标题,另一方面在于张虎来石羊之后造成封氏的悲剧已然脍炙人口。但是我们没有在石刻上看到这些忠烈

[①] 荣新江:《从图像看历史——新发现的粟特图像及其解释》;林梅村:《蒙古山水地图——在日本新发现的一幅中世纪丝绸之路地图》,《清华历史讲堂续编》,北京:生活·读书·新知三联书店,2008年。

行为的画面,因此它绝不是要在这里宣扬节孝,尽管我们在"咸同兵燹"之后,见到非常多宣扬妇女节孝的文字,并将封氏当作她们的先驱。

画面的下半部只是表现张虎兵临石羊并为土主所震慑的场景,而画面的上半部则描绘了李卫被土主护佑的故事,在与石刻画的制作约略同时稍后,当地进士罗宪章也撰写了一篇《土主灵应记》,文中写道:"其庇佑之者,必忠臣孝子、义夫节妇之俦,为神所敬慕者可知也。"①显然是把李卫视为正面人物的。这也应该是石刻制作者的态度。

我们已经知道这幅石刻画的捐献者是五井灶商,因此这幅图像所具有的其他文献所没有的价值,就在于它是这些灶商发出的唯一声音。地方志代表的是官府和士绅的声音,口头传统的背后可能是更大范围的民众,但灶商留给今人的材料却除此无他。这样,他们之所以选择这两个故事作为该画内容的原因,便几乎可以不言自明了:从表面上看是它们体现了土主的威灵,但更重要的是它们与盐的关系。无论王朝更迭,无论官军盗匪,他们来石羊的目的都是盐。在这幅石刻画上,没有任何盐的痕迹。但对于作为石羊社会中坚力量的五井灶商来说,雍正初年李卫来滇对于石羊以后的盐业和社会发展具有标志性的作用,是石羊由乱而治——在画面上看就是从张虎的时代到李卫的时代——的关键。这个治世到了道光中臻于极盛,灶商的势力和影响也达到顶峰,这幅石刻画就是这样一个"历史性时刻"的产物。

与史前时代不同,当人们有能力用文字记事的时候,图像的功能是什么呢?仅仅是用于美观的雕饰吗?即使是,这些特定历史时期制造的雕饰传达了哪些历史信息呢?当然,除了这些"无意地"传递历史信息的图像之外,也存在"有意地"传递历史信息的图像,也就是

---

① 光绪《续修白盐井志》卷九《艺文志中·记》,叶 57a。该文未注撰年,但方志作者将其系于道光四年后的一篇文章和道光二十三年的一篇文章之间。

有意利用图像而非文字的形式来记录或者表达自己的观念。运用图像的形式自然有其意图。因此既存在表达图像制造者，如画家、画匠、建筑师自身观念的图像，也存在表达命人制作图像者，如皇帝、和尚、供养人观念的图像，还存在同时表达上述二者观念以及他人观念的图像，等等。这说明图像研究不仅是对客体的研究，更是对主体的研究。这似乎有点类似科技史研究中的"内史"和"外史"之分，但又很不同，历史研究者首先需要对付的是资料的制作者，然后需要对付资料本身，进而对付资料所涉及的一切外部情境。

当然，这类寺庙图像也有许多共有的或独有的鲜明特点，比如它的多义性、隐喻性、公共性等等。这幅石刻画被置于一个公共空间，这个公共空间又因不是国家正祀而极具地方性。灶商们究竟想用这种形式向本地的公众传递什么信息呢？同时，他们为什么要用图像这种形式来传递这种信息呢？我们不能确知问题的答案。原来的空间土主庙已经不存，当年同样重要的总龙祠、文昌宫、圣母祠等等，也已灰飞烟灭，我们缺少通过比较同类文本以探求答案的可能性。不过正如前述，比较肯定的是，这些灶商试图由自己来表明他们势力的壮大，以及造就其势力的一些重要的历史契机。

这种行为也许可以被视为一种温和的"社会抗议"。

康熙《滇南盐法图》与山水地图的意义

关于国家博物馆藏清康熙《滇南盐法图》,已有学者撰文加以介绍,并有研究兼及云南井盐生产及其组织①;关于山水地图,则有林梅村的相关研究,但为数寥寥②;在李孝聪的著作中,对所见域外收藏山水地图也多有著录③。所谓山水地图,指用山水画的形式,将特定地域的路线、地点、方位绘出,辅有地名等文字标识,其最大特点在于采用传统绘画形式,不仅显示了地貌图的雏形,而且往往构成了自然与人文的景观地图。本文即以康熙《滇南盐法图》为例,对相关史事及中国传统的山水地图做一些初步的讨论。

一、《滇南盐法图》

国家博物馆藏《滇南盐法图》绘于清康熙四十六年(1707),长1108.7厘米,高56.6厘米,应属地图长卷。该图描绘了云南黑井、白

---

① 参见吕长生:《清代云南井盐生产的历史画卷——滇南盐法图》,《中国历史博物馆馆刊》1983年第5期;朱霞:《从滇南盐法图看古代云南少数民族的井盐生产》,《自然科学史研究》2004年第2期;朱霞:《滇南盐法图·黑井的图形阅读与历史考证》,《云南社会科学》2010年第5期。

② 参见林梅村:《蒙古山水地图——在日本新发现的一幅中世纪丝绸之路地图》,《清华历史讲堂续编》,北京:生活·读书·新知三联书店,2008年,第175—197页。笔者也进行了一些粗略的检索,很少发现对山水地图的专门研究。

③ 参见李孝聪:《欧洲收藏部分中文古地图叙录》,北京:国际文化出版公司,1996年。如所著录的清中叶设色纸本《武夷山图》、彩绘绢本《武夷山九曲溪全图》、《四明山图》、墨印《五台山圣境全图》、《运河图》等多种。

井、琅井、云龙井、安宁井、阿陋猴井、景东井、弥沙井和只旧草溪井共九个盐井区的情形，图中包括山川、植被、河流、桥梁、城门、生产场所、人物、牲畜等形象，并在每个盐井图的后面有文字的"图说"。虽然在图中并未标识出山川、河流的名称，"图说"的内容主要在于说明盐井的情况，因此地图的特性不很明显，但从整体的构图及其功能来看，还是可以将其归于山水地图一类，特别是每幅图都有若干文字标记本地的位置，如黑井图上有一条大河，应即为龙川江，有小字标注此河从镇南州流至楚雄，南入黑井，经元谋汇入金沙江；其他还有小字标注如"东南由三道河、老王坡至禄丰一百四十里""西南出平川界，至琅井三十里，至定远县七十里"等五处四至八到标记，也证明它具有地图的性质。

根据图后的《盐法绘图跋》，此图绘制的授意者是直隶大兴人李苾。此人字洁庵，初曾在盛京为官，可能出自旗下。康熙中，他任云南按察司分巡通省清军驿传盐法道①；康熙二十四年，他因母亲去世辞归，当地官绅上疏请留②。李苾离任后，由布政使代其职，所谓"予以内艰去，藩司摄道篆"③。跋文中又称，"余性本迂拙，谬膺特恩，复任边徼鹾政，于甲申阳月，单骑衔命而至，今又三载矣"，说明他在时隔20年后，于康熙四十三年复任此职，直至康熙四十八年，朝廷升"云南驿盐道李苾为云南按察使司按察使"④，说明此图是在他第二次任驿盐道的末期命人作的。该跋文还称：

> 或曰：公两任鹾使，未尝亲至其地，目击其形状，安知其劳逸

---

① 有研究者称其为"滇南盐驿使"，不准确，可以简称为云南驿盐道。见朱霞前揭文。
② 《督理云南按察使司分巡通省清军驿传盐法道布政使司参议加四级李公去思碑记》，康熙《黑盐井志》卷六《艺文上》，杨成彪主编：《楚雄彝族自治州旧方志全书·禄丰卷》下，昆明：云南人民出版社，2005年，第792—793页。
③ （清）李苾：《修五马桥记》，康熙《黑盐井志》卷六《艺文上》，《楚雄彝族自治州旧方志全书·禄丰卷》下，第748页。
④ 《清圣祖实录》卷二三八，康熙四十八年八月己酉，北京：中华书局，1985年，第379页。

何如耶？余曰：有劳无逸，闻之熟矣，安忍扰吾穷灶？子不闻入少文之室可以卧眺苍峦乎！余将绘图以览焉。因命画工细绘其山川形势、煎煮事宜、人文情状。且戒曰：弗以粉饰为工、聊学郑袖之故态云尔！

李苾叫人绘此图的目的，在于不用亲历其地便可了解当地情况，而且不必考虑美观，强调注重实用，其功能在于主理盐政者可以借以处理相关事务，实即一幅云南盐政地图。

这幅《滇南盐法图》是否能起到李苾所希望的作用呢？通过此图，我们是否可以对当地的"山川形势、煎煮事宜、人文情状"有所了解呢？仍以黑井图为例。图上的五处标注四至八到的文字显示，该图为上西下东，左南右北，龙川江自南向北贯穿而过，河之东西皆有山，与康熙《黑盐井志·舆图》所绘完全一致。图之正中绘有一桥，上书"五马桥"三字。康熙《黑盐井志》卷二"桥梁"记载当地主要桥梁6座，首先就是建于元大德元年(1297)的五马桥，由于经常因涨水冲毁，该桥自明万历至清康熙间多次重修。李苾至黑井时，曾亲至五马桥，见其重修后"绕以楯栏，列以廛肆，设谯楼，建扉闼，置器械，列兵卒以司启闭，缉奸宄"，因作《修五马桥记》以记之①。在五马桥上方的山中，分别绘有两所建筑，一为城隍庙，一为毗卢阁。前者为明万历十年(1582)建，后者为元朝时建，但在明崇祯十一年(1638)被焚毁，至清康熙二十七年才修复②。此外图中还绘有密塔寺、观音寺、龙王庙、真武硐等多座寺庙，均于方志有载，说明本图确实是实录。当然，与地方志的舆图相比，本图标记的寺庙等人文景观还是少得多，原因是它记录的重点是"煎煮事宜"，这是方志舆图无法企及的。

---

① （清）李苾：《修五马桥记》，嘉庆《黑盐井志》卷上，《楚雄彝族自治州旧方志全书·禄丰卷》下，第952—954页。

② 康熙《黑盐井志》卷二《坛庙》，《楚雄彝族自治州旧方志全书·禄丰卷》下，第612、615—616页。

在黑井图中绘有三口卤井,一在河中,为露天;一在河西,有建筑覆于上,均绘有灶丁在井旁取卤。另一井在西北山中,标明为复隆井,旁未绘取卤人。图后《黑井图说》记:"总名之曰黑,分言之曰大,曰复隆,曰东。大井开自元末,产危崖下,宽八尺,深二丈五尺许;复隆一名崖泉,始于嘉靖年间,其源溢深箐,以枧槽接流入池,隆庆四年浚;东井涌于中流,环皆溪水,砌以石,宽二尺五寸,深三丈二尺许。"由此可知,图中所见为房屋覆盖的卤井即为大井。在方志中也写道:"地产惟盐,盐出于卤。厥井有三,两出山下,一在水中。"①

但这并不意味着黑井这里只有三口卤井。事实上,黑井,或称大井,或称西井,既是一口卤井之名,也是明清时期盐课机构的名称,容待后论。这里包括黑井或大井在内的三口卤井,也即图中所绘三井,是属于黑井盐课司这个机构单辖的三口井,由黑井盐课提举司总辖的卤井,包括前者,共有 51 口之多②。

表现"煎煮事宜"的重要内容,是图中所绘井盐生产过程,虽然比较简略,但还是可以依稀辨识。复隆井之所以又叫崖泉井(康熙志称为岩泉井),是因为从崖岩中自然涌出卤泉,人们制枧槽将卤泉引下来,引入房屋覆盖之卤池,这在图中有清晰的表现。但正是因为这一特点,虽然卤水很旺,但经常因自然的变化而将泉眼掩埋,所以自明嘉靖年间开井以来,多次被冲埋,又多次重开,故名复隆。

图中的河中之井即东井,此类河中井在景东井图、安定井图中也有出现。对卤水为何能在淡水河中出现,图说中并没有说明。朱霞的研究专门论述了前人未曾重视的河中造井技术,但就上述问题亦未详申。刘献廷《广阳杂记》说:"……溪河之中,咸水冲突而起,如

---

① 康熙《黑盐井志》卷一《疆域》,《楚雄彝族自治州旧方志全书·禄丰卷》下,第 594 页。

② 单辖或直辖的三井或称五井,但是因为有两口井的卤水均源于大井,所以实际上是三井。参见康熙《黑盐井志》卷五《黑井盐政》,《楚雄彝族自治州旧方志全书·禄丰卷》下,第 661—663 页。

济南之趵突泉然。"①刘献廷,全祖望称因其博闻强记,徐乾学等曾希望他参与编纂《大清一统志》。他一生并未去过云南,此处应该也是听自他人。刘献廷籍顺天大兴,与李苾是同乡,或许是在后者回籍丁忧期间听其所说。康熙志载:"此井居大井上流,泉脉相通,汲多则盐壅价贱,而大井课亏。"②说明东井与大井是出自同一卤脉。大井开于元代,而东井开于明隆庆间,则在200多年的时间里,卤泉可能并未大量渗出河床,引起人们的注意。

显然,这眼卤泉是在地下自东向西流,穿越了龙川江,到西岸涌出,是为大井。不知是因为地质变动,还是人们循着卤脉寻找,使东岸附近的河床中涌出卤泉。明万历末年地方官员发现,"大井卤淡,一桶止煎盐八斤",而"东井卤每桶煎盐二十二斤,洁白堪食",这种卤水浓淡的差别,可能与上流与下流的区别有关系。所以"西井自复隆未开之前,原与东井咸淡搀煎。后东西分灶,不得不裹益以安两井之民情耳"③。

图中东井有一露天圆形平台,有小桥连接东岸,岸边无房屋,有三人肩挑卤桶,应为扛卤夫。明万历二十七年,盐课提举建议:"东井台坐落河心,夏秋雨多淹没……今议筑井台数尺以防水漫,庶淡水不入。"可知此圆形井台修成于万历二十七年后。到万历四十八年的官员奏章中则称:"井台砌以石,锢以铁,坚牢可百年无虑。纵遇淫雨淹没,不一二日即退,无经月恒淹之理。"④对照嘉庆志"黑盐井舆图",东井已有两栋房屋覆其上,岸边亦有建筑,应为煎煮之所⑤。由此可

---

① (清)刘献廷撰,汪北平、夏志和点校:《广阳杂记》卷一,北京:中华书局,1997年,第50—51页。
② 康熙《黑盐井志》卷五《黑井盐政·井名》,《楚雄彝族自治州旧方志全书·禄丰卷》下,第662页。
③ 康熙《黑盐井志》卷五《黑井盐政·沿革》,《楚雄彝族自治州旧方志全书·禄丰卷》下,第674、675页。
④ 同上书,第671、676页。
⑤ 嘉庆《黑盐井志·黑盐井舆图》,《楚雄彝族自治州旧方志全书·禄丰卷》下,第923页。

知黑井图所绘东井情形,应与明末初开时期相仿。

黑井图还较为详细地描绘了井盐的生产过程。大井周围有四人,其中二人在取卤,未见辘轳,一人手持绳索,另一人持筐状容器,地上置一桶。说明此井为浅井。在大井两侧的房屋中,分别绘有两人在水车上车水,旁书"车淡水处",即将淡水汲出,使井中只剩余卤水。图上也绘有灶房,灶口处分别有人在烧火,灶上有人向锅中倒入卤水,有人在进行加工。在灶房旁边有一建筑,写着"锯盐仓"三字,里面画着两人手持大锯,将煎干的盐锯成小块。其外间有一人似用一秤称盐,屋外绘一人挑盐向外走去,即所谓"开锯发盐"。《黑井图说》中的文字完全可以作为上述图景的说明:

> 计二十六灶,每灶一座长二丈余,宽六尺许。驾大锅十一口,傍附桶锅二十二口,汲卤五十九桶四分,需柴七百余桐。自卯至戌,成盐三锅,一锅锯分为四,色微黑,故名。

上面黑井的例子说明,黑井图还是可以大致反映那里的"煎煮事宜"和少量"人文情状"。在某种意义上说,《滇南盐法图》具有《清明上河图》之类世俗风情画的特点,许多山水地图都具有这样的特点。

二、《滇南盐法图》与明清之际的滇盐

盐法之重要,一在于与民生日用息息相关,二在于盐税在朝廷收入中占有重要位置,二者又导致相关商业的繁荣。刘献廷说:"儒者谓管仲煮海,为伯国之术,然历代行也,未有能废者。明朝国赋,所资于盐尤溥。以近日计之,岁岁入余盐课税等银约一百万三千两有奇,各边中盐引价约五十六万七千两有奇,其于全赋,盖五之一云。"[①]到清初,"以滇视井,则井弹丸耳,而课额则当云南地丁之半,而八井则

---

① (清)刘献廷撰,汪北平、夏志和点校:《广阳杂记》卷一,第26页。

什百焉"①。

明代管理滇盐的盐课提举司分别是黑盐井提举司、白盐井提举司、五井提举司、安宁提举司（后裁）、弥沙井盐课司。《滇南盐法志》分绘黑井、白井、琅井、云龙井、安宁井、阿陋猴井、景东井、弥沙井和只旧草溪井共九个盐井区，所谓"滇南九井，皆产于万山深谷中"②。其中黑井在元代设威楚路提领盐使司，明朝的黑井盐课提举司下，辖黑井、琅井和阿陋猴井三个盐课提举司。其中琅井在定远县，原有盐课司，明天启时将安宁盐课提举司移到琅井，取代原盐课司。阿陋井在广通县，猴井在距黑井不远的山谷中。康熙《黑盐井志》中还列有专条记只旧、草溪二井，前者在武定府和曲州境内，后者在武定府元谋县境内。据载该井区在康熙十年奉旨封闭，但其课银由黑井代纳。因此，上述九个井区中，有五个是在黑井盐课提举司的总辖之下。这种"总辖"应该是一种行政关系，具体的盐务则由其下三个盐课提举司直接向云南省的布政使负责。

白盐井是黑井之后的第二大盐井区，在清代楚雄府之大姚县境内；云龙井在大理府云龙州境内，弥沙井在丽江府剑川州，地近大理境；景东井在景东厅，大体都在昆明以西、澜沧江以东的云南中部地区。这一地区长期处在以大理为政治—文化中心的云南腹心地带，虽然一直是"汉夷杂处"，但开发较早，经济—文化发展水平较高。到元、明、清时期帝国将云南置于版图之内，对这一地区更加强了控制，同时也导致出现大量内地移民。如黑盐井"井人有自明初谪戍来者，有游宦寄籍者，有商贾置业者，有就近赁居者，故冠、婚、丧、祭，与中州不甚相远"③；白盐井所在的大姚县，"其在元明，汉人十之三，种人

---

① 康熙《黑盐井志·序》，《楚雄彝族自治州旧方志全书·禄丰卷》下，第 579 页。由于只旧草溪井于康熙初关闭，所以通常清代文献中写作"滇南八井"。
② 康熙《琅盐井志》卷一《地理志·胜景》，《楚雄彝族自治州旧方志全书·禄丰卷》下，第 1048 页。
③ 康熙《黑盐井志》卷一《风俗》，《楚雄彝族自治州旧方志全书·禄丰卷》下，第 601—602 页。

十之六,客民居其一焉。所谓客民,近城则江右为多;□□□闽粤为多"①。《皇明条法事类纂》也记述,明成化年间,在本地的姚安军民府,便有江西安福县、浙江龙游县商人数万人,而在临安府等地也有许多江西商贾②。因此,这样一个由九个盐井区构成的空间范围,就为云南的政治—文化中心提供了雄厚的经济支持,同时,由于帝国对于这些盐井区的重视,也使它们成为帝国控制云南的几个最重要的楔子③。

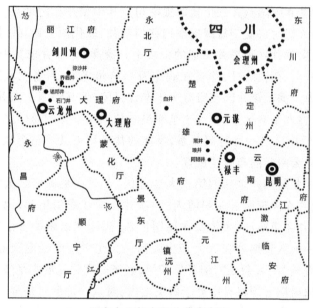

云南中北部主要盐井分布图

明末清初的大变局不仅深刻地影响了中原或者江南,对这里的

---

① 道光《大姚县志》卷七《种人志》,《楚雄彝族自治州旧方志丛书·大姚卷》上,第178页。

② (明)戴金编:《皇明条法事类纂》卷一二《户部类·逃避差役》,"云南按察司查究江西等处客人躲住地方生事例",杨一凡主编:《中国珍稀法律典籍集成》乙编第四册,北京:科学出版社,1994年,第493—494页。

③ 这不仅是在军事意义上说的。在黑井、白井、琅井等地,虽非州县所在,但却都建有文庙。

影响也同样巨大。我们知道,晚明隆、万时期是个商业非常繁荣的时期,也是国家财政有较大增长的时期,许多井口都是这一时期开凿的。但是明朝覆亡后,这里长期经历了土司的叛乱、大西军余部入滇、南明永历政权的统治、清朝的统治以及中间的吴三桂叛清,《滇南盐法图》就是在长达40年的动荡刚刚结束、秩序开始重建的时候绘制的。

在《滇南盐法图》的图说中,李苾有这样的说明:

> 滇南盐井有八,黑居其一。……稽《全滇盐政考》,明万历年间岁额二万二千六百零。因本朝定鼎之初,伪管盐课总兵官史文投献邀功,妄报课额九万六千两,几四倍其额矣。复于康熙乙巳,吴逆称家口众多,盐不敷食,每月加课二千两,额重课繁,迄今官灶甚惫。(《黑井图说》)

> 井胡为而名白?因盐之色白,故名。……明万历时,额课止一万五千余两。亦被伪员史文妄报二万八千五百零,已增倍半矣。(《白井图说》)

> 琅井……明万历时额课止二千四百零,亦被伪员史文妄报九千六百两,恰四倍其额矣。(《琅井图说》)

以上信息透露出在南明永历政权控制云贵时期,亦专设官员管理滇南井盐,主要目的还是获取盐课,补充战时的军需。在康熙《黑盐井志》中,记载略有不同:"丁亥(1647),流贼据滇,伪提举张逢嘉迎合流贼,压令灶户每月煎盐六十万,以官四灶六起科,官抽盐二十四万斤,运省变卖作课;灶存盐三十六万斤,在井变卖作本。"相当于农业中的分成地租。此时孙可望率大西军余部入滇,平定土司沙定洲等的叛乱,与原来明朝的沐氏合作。盐税收入就成为他们站稳脚跟的重要基础。在清军大举入滇后,顺治十六年,"伪盐税司史文希图进身,于明时旧额二万五千九十一两八钱外,又报课银五千两。每月压煎盐六十万斤,编成二百票,每票三千斤,输纳课银八千两,给灶工本八千两"。这里的记载比较模糊,可能是一开始史文报课银三万余两,后来又增加至每月八千两,即《图说》中的一年课额九万六千两。这样,无论是盐商还是灶户都完全丧失了积极性,导致顺治十八年"盐壅灶倒"。这就迫使当地盐道根据商人的建议,减少每月煎盐和交盐的数量,也减少了每票的盐量,增加了灶户的工本比例。

康熙四年,吴三桂要求再加五十票,并增加课银二千两。到康熙十三年他起兵反清时,又课银一万两。到"三藩之乱"平定之后,康熙二十四年,虽经数次减轻,但每票盐额还是多于明末的数量。康熙二十五年至二十八年任云南巡抚的满洲旗人石琳专门向朝廷上疏,指出史文当年报课,"系明末乱时额外横加,较原额不啻数倍矣"。云南"不惟不能与小省同例,而且倍多于大省","盐课之过重,商灶困于征输,彝民苦于淡食"。二十九年,继任的巡抚王继文再次向朝廷请求,将吴三桂在康熙四年增加的盐课取消,得到户部同意,但史文当年增加的税额似乎照旧征派①。至康熙三十四年,岁额达到11.4万多两,所以李苾在《图说》中才有"迄今官灶甚急"之叹②。究其原因,无论是南明还是清廷当政,由于战乱而军费大增,致使这里的盐课不降反增:"今滇省军需,出之盐筴者过半,即告急于催科,又疲瘁于桥梁,井司固多才,吾恐其不能以兼营也。"③而战乱平息后,百废待兴,又一时无法完全取消。

李苾复任驿盐道的时候,正是滇盐生产和销售处在最低潮的时候,说明直至康熙末年,秩序的恢复、制度的重建都还未完全走上正轨。以琅井为例,康熙四十七年,"因秤头大重,月得薪银,不敷供煎。众灶家产、人口赔垫已尽,积欠盐斤盈千累万。应得薪本,衍期不给。

---

① (清)石琳:《进呈编辑〈全书〉疏》,康熙《黑盐井志》卷六《艺文上》,《楚雄彝族自治州旧方志全书·禄丰卷》下,第753—755页;(清)王继文:《题豁加增盐课疏》《清圣祖实录》卷一四五,康熙二十九年三月辛亥,第596—597页。

② 康熙《黑盐井志》卷五《黑井盐政·盐法》,《楚雄彝族自治州旧方志全书·禄丰卷》下,第685—688页。

③ (清)张仲信:《重修黑井文庙疏》,康熙《黑盐井志》卷六《艺文上》,《楚雄彝族自治州旧方志全书·禄丰卷》下,第739页。

阖井众灶,弃家潜逃。有奔省控商搆讼者,有窜人别井脱役者,竟停煎三月"。灶户与盐商也发生了冲突。本来盐商领票卖盐,由他们给灶户部分银两作为"薪银"即柴木的花费,但官府定每票价高,商人无利可图,就在向灶户买盐时增加"秤头盐"①,由此引发矛盾。李苾只好出面"令商灶取和,从公确议",办法是"减秤加薪,平秤交收,不许高下"。停工三个月的损失,陆续弥补。但到四十八年,沈鼐任琅井盐课提举,发现"不惟趲补全无,而正额之项又复堕欠"。他做了许多工作,但最后也只能无可奈何地感叹:"盐为民间日用之需,亦为裕国通商之利,赢绌之道,自不能一。故在井煎办,在地行销,必因时损益,随事制宜,无胶执偏袒,则可期其久也。年来详议,带销趲补,不过因时权宜,而变通经远之策,尚俟后诸君子之良谟也。"②

这种情况,到雍正初年李卫做云南驿盐道时逐渐加以改变。此时,全国的经济形势开始稳定,雍正帝亦大力整顿财政,此一大格局也在云南盐法上有所体现。仍以琅井为例,雍正元年李卫亲至琅井视察,规定每灶每日交卤盐23桶,比康熙时有所减少。每锅煎盐700斤,其中652斤作为盐课正额带销,余48斤作为余盐,由官府收买后作为工本。这种制度"至今不异",即到乾隆年间也未改变。雍正三年,由于新开盐井,又将盐价每百斤减银一钱③。这种情况,在白盐井也同时发生,具体情形已另有文论及,不赘述④。此后,黑井、白井、琅井等主要产盐区开始大量修建道路、桥梁、寺庙等公共设施,学校和科举也开始兴盛,进入了战乱结束后的第一个繁荣时期。

---

① 所谓"秤头","其盐秤,旧系商人行盐秤,头过重,高下其手"(《楚雄彝族自治州旧方志全书·禄丰卷》下,第1172页)。即称盐时,以有损耗为理由,压低盐的实际重量,比如以100斤作80斤,少算的20斤即为"秤头"或"秤头盐"。
② 康熙《琅盐井志》卷二《赋役志·盐卤》,《楚雄彝族自治州旧方志全书·禄丰卷》下,第1059—1060页。
③ 乾隆《琅盐井志》卷二《赋役志·卤额》《赋役志·盐额》《赋役志·薪本》,《楚雄彝族自治州旧方志全书·禄丰卷》下,第1170—1173页。
④ 参见赵世瑜:《图像如何证史:一幅石刻画所见清代西南的历史与历史记忆》,已收入本书。

三、《滇南盐法图》所见山水地图之意义

中国传统的地图,多以"计里画方"的形式,即在图上绘满方格,按比例将所绘地域缩小,每格标明实际里数。这种形式相对比较准确,但往往用于较大尺寸的地图,而且无法具有直观的效果。所以,古人多以文字与舆图配合,以文字细述地方风物,所以有"图志""图经"一类体裁。但是,以描绘情景为主要特点、并不强调方位准确性的山水地图起源更早,像天水放马滩秦墓出土的县境图、长沙马王堆出土的西汉长沙国驻军图、内蒙古博物馆藏东汉墓室中的宁城图等,都属于山水地图的一脉。到后世,特别是在明清时期,山水地图发展到极高的水平,而且非常普遍。不仅有由宫廷制作的长卷,而且有各类专题地图;不仅有设色或水墨地图,也有线描地图,几乎所有明清方志地图都属于山水地图的范畴。

并不能由此得出中国传统地图水平低下的简单结论。已有学者提出,不要仅从科学方法的意义上来评价中国的传统地图,更要从地图以及所表达的空间对中国人的意义、中国人如何表达对空间的感知,以及地图与文字和绘画在文化系统中的关系等方面去认识[①]。

简言之,知识或学问的本质就是从未知到已知。正如"定时"(timing)是历史学的核心主题一样,"定位"(locating)也是地理学的核心主题。从现代人的眼光看,地图就是一种定位的工具。这当然是一种功能主义的,甚至是工具主义的看法,因为对使用者来说,地图的功能之一是确定自己所能控制的疆界,这当然不仅是统治者的现实需要,也是特定的人群或个人的现实或精神需要,否则我们就无法理解为何一个村落或者一个流域在石碑上刻画出特定空间的地

---

① 表达过此类想法的,有唐晓峰:《人文地理学随笔》,北京:生活·读书·新知三联书店,2005年,第43、271—279页;杨宇振:《图像内外:中国古代城市地图初探》,《城市规划学刊》2008年第2期;等。

图,也无法理解为何古代墓室墙壁上刻画墓室地图或冥界地图。以此为基础,地图的功能之二是如何达致自己所不能控制的疆界,这不仅是在交通的意义上说,也是在知识的意义上说的,即意欲从未知到已知。在这个意义上,地图上的内容就不一定都是对已知(即目睹的)世界的标识,也包括对未知(即耳闻的)世界的标识,甚至包括想象的、扭曲的成分。

由此,正如历史学的"定时"具有主观的因素,并通过"定时"表达一种对历史脉络的看法,如历史循环论或历史进化论,地图的"定位"也具有主观的因素,即通过"定位"表达一种对空间关系的认知和态度。因此,地图就不仅是功能性的或工具性的,而是一种"另类"图像,即如文字、声音一样传达作者意图的形式或体裁。这就是我们理解中国山水地图大量存在之意义的基础。

《滇南盐法图》是一幅专题地图,因此不能概括和体现所有山水地图的意义。对于李苾来说,他认为作为云南盐政主管官员之一应该了然于胸的,一是云南的盐业生产,二是与盐业生产密切相关的当地山川形胜和风土人情。"滇南九井,皆产于万山深谷中。"这种表达,似乎不足以充分表现其偏远和险峻,而黑井和阿陋猴井这两幅图

黑井图

便会给人以更直观的印象。在《黑井图》中,除了三口盐井外,最突出的位置是龙川江上的五马桥:"井地在万山中,居民两岸相向,五马桥其咽喉也。"桥长20丈,宽2.6丈,高3.6丈,"凡三洞",以至李苾曾惊讶:"井,弹丸耳,桥之高且大,胡为者?"①这在图中都得到近实的反映,这样,黑井最具标志性的景观都被绘于图中,依然体现了地图的基本要素。

《阿陋猴井图说》记载这里"僻处丛山深箐,环溪上下左右,但井眼虽多,而源微流细,故课价亦无几也"。图上也充分显示了这一地貌特点,还画了四五处井口,如大井、罗木井、袁信井、十二丁井等,另外还画出大使署、土主祠等主要建筑物。

《白井图》是九个画面中最长的一个,也许是因为如《图说》中所云,"江流浩瀚,亦大观也"。该图描绘了多座桥梁、隘口、关城、寺庙,但却异乎寻常地没有画出一处井口,更多刻画的是制盐的过程。图中有若干处建筑标明是灶房,即煎盐之所,但没有像其他地方的灶房那样绘有灶眼和锅台,而是地上绘一大圆,周围若干小圆。据方志

阿陋猴井图

---

① (清)李苾:《修五马桥记》,康熙《黑盐井志》卷六《艺文上·记》,《楚雄彝族自治州旧方志全书·禄丰卷》下,第747页。

载,盐灶要每月一换,即"挖灶",指于地面向下挖灶;"其锅口数不一,或中用一大锅似饭釜,形厚四分,能容一桶水,旁用筒子锅十三口或十一口",应即图中所示。灶房外绘有女性在一大箩旁制盐,箩中有一个个小圆形,应即这里的特产"团盐"。方志记:"每成盐,将蔑箩架板桶上沥干以去汁。……及团时,多出女手。"这样的细致描绘,得到时人《团盐谣》的佐证:"屋瓦鱼鳞翠烟起,居民穴火熬井水";"团盐抟成圆月样,赋额毕输禁私藏"①。这说明李苾或画师特别注意强调不同地方的特性,将白盐井(即石羊镇)这个地方不同他处的人文景观和团盐制作工艺凸显出来。

因此,山水地图的特色不仅在于其美观、生动、直观,还在于它可以通过大量细节描绘呈现出一种情境,这种情境又往往是通过自然景观、人文景观以及人的日常生活之间的空间关系构造而成的,最后彰显出不同地域之间的相同点和不同点,从而实现了制作者意欲通过山水地图的形式表达某种观念的目的。

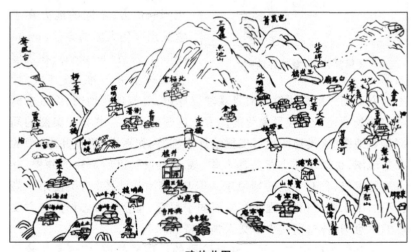

琅盐井图

---

① 乾隆《白盐井志》卷二《盐赋·盐房器用》;(清)胡蔚:《团盐谣》,乾隆《白盐井志》卷四《艺文·诗》,《楚雄彝族自治州旧方志全书·大姚卷》上,第445、528页。

《黑盐井志》载东井地图

对比一下地方志里的地图。方志图多为线描图，但也属山水地图，不是计里画方。在舆地图中，它们可以提供更多的地理信息，比如各类景观、街区、道路的基本位置等。琅井并不是一个城市，而是山间谷地的一个聚落，所以地图的内容不太复杂，主要是反映山川、河流、桥梁、道路，以及行署、衙署、哨楼、盐仓、井楼等重要地点。不过方志舆图基本上不反映人的活动，都是固化的东西，这是与计里画方的舆图相同的地方，不同的地方在于它只照顾到大体的方位（orientation）、位置（location），在规模（scale）上并不准确；其次，计里画方地图一般采用符号对景观加以标识，类似现代地图，但方志舆图中的景观还是比较形象化的。方志地图中也有一些并非舆图的局部景观地图，这类地图也可以描绘许多细节，如嘉庆《黑盐井志》中的东井地图，也画了几个背盐的人物，表现出康熙以后新建的井楼、存卤池等建筑，具有一定的情境感。但与《滇南盐法图》这类使用晕染技法的山水地图相比，强于写实而弱于写意，符合地方志作为官方文献的示意图特点，而缺少了文人画的特征。

李苾作为康熙中期元气恢复阶段的云南驿盐道，应该是比较尽责的官员，否则就不会有在他初次离任后地方给他立的去思碑，不会在他丁忧回籍多年之后，再度复任此职，也不会很快升任省级地方大员。他在这里经营盐政多年，对这里的风土人情有较深的感情。他在《图说》中多有描写地方景物之句,如黑井"数峰青峙,长桥卧波,人烟稠密";琅井"山川古迹秀丽可观,当甲于八井";"安宁井在州治廓外,洪涛巨浸之中。嵌槛江心,使之瀹然仰出。构亭其上,遥视之宛如芙蓉亭亭水面耶"。他也描写这里的灶丁困苦,如黑井"役之徒皆裸体垢面,狰狞似鬼,或披羊皮而戴半枷,劳瘁之状有不忍睹者";安宁井"灶丁皆裸体跣足,与他井之苦较倍";弥沙井"灶丁皆垢面麻衣……居民寥寥"。要把这种观感和情感表达出来,山水地图是一种恰当的形式。

论及山水地图,其重点应在于山水画与地图之间的关系。计里画方地图有丰富的自然地理和行政区划信息,但缺乏对风土人情的记录,这是已然清楚的;为什么不干脆采用山水画或风俗画的形式,而要采用地图的形式来表达和记录这一切呢?关于地图在中国古代也被归入"画"之一类,已有学者述及,此处不赘,我想说明的是地图,特别是具有较高艺术水准和人文意象的山水地图与山水画之间,并无鸿沟。重要的是,意欲采用地图形式而非文人画形式,其目的还是与治理和控制的行政功能有关,而非如文人画那样是单纯的情感抒发和艺术表达。《管子·地图》中所谓:"凡兵主者必先审知地图,辕辕之险,滥车之水。名山、通谷、经川、陵陆、丘阜之所在,苴草、林木、蒲苇之所茂,道里之远近,城郭之大小,名邑、废邑、困殖之地,必尽知之。地形之出入相错者,尽藏之。然后可以行军袭邑,举错知先后,不失地利,此地图之常也。"不仅主兵者关注这些,主政者也关注这些,因此不可以像文人画那样随意挥洒,基本的地理信息和地理标识的准确性,还是山水地图的前提。《滇南盐法图》中的人物,大多是穿有衣服的,并不像《图说》中描述的多是裸体,相信这是画师的艺术加工,但并不影响地图信息的可靠性。

言及此,就涉及地图与行政的关系,包括山水地图在内的大部分地图都与古代的行政管理有关;另一方面,中国古代的官僚多为文人,因此与行政管理事务有关的事物,既有侧重技术的一面,也有侧重文人风格的一面,也许计里画方地图体现的是前者,而山水地图体现的是后者。由于这个问题涉及太广,可留待方家申论。

【附记】本文系为李孝聪教授荣休纪念文集而作。李孝聪教授长我10岁余,然相识已久。我曾与他有共同的兴趣,即研究北京的寺庙,更对他的古地图研究感到钦佩。那时我并不知道有朝一日可以成为他的同事,可以就近向他请益。我对历史地理素无研究,对古地图研究更是门外汉,便以本文作为及门请益的敲门砖,希望能够得到更多指点。赵世瑜识于辛卯年。

亦土亦流:一个边陲小邑的晚清困局*

九姓长官司,是川南的一个小城。"九姓僻处一隅,辀轩弗递。上与滇、黔接壤,下与泸、叙毗连。林深箐密,俗朴风淳,唐宋以前,未通声教。"①直至晚清,这里仍是"田少山多,民贫地瘠……其地未当孔道,使者辀轩岁不一过,草莽之夫有老不识干旄者"②。

据清代地方志记述,传说汉唐前有个叫低牟苴的人,有9个儿子,即"九姓"。他把云贵川南地方分为99个都,九姓的人各据一都,称为"都长"③。北宋熙丰间,朝廷击破当地土著,聚其众为"义兵",以其地为"义田",说明还未

九姓司位置示意图

---

* 本文系香港卓越领域计划(AoE)项目"中国社会的历史人类学研究"(2014—2018)的阶段性成果。本文曾提交《近代史研究》杂志社和四川大学历史文化学院共同举办的第四期中国近代史论坛"地方的近代史:州县士庶思想与生活"学术研讨会(成都,2014年10月)。承蒙台北历史语言研究所王鸿泰先生帮助复制芮逸夫捐赠傅斯年图书馆的《任氏族谱》,特致谢忱。

① 任五采修,车登衢等纂:《泸州九姓乡志》卷一《车登衢序》,光绪八年刻本,第3页。
② 任五采修,车登衢等纂:《泸州九姓乡志》卷一《黄相尧序》,第6页。
③ 明曹学佺《蜀中广记》卷三六记载:"九姓长官司,唐以前俱蛮地。元立夷民罗党九人为总把,至元初,称为九姓罗氏党蛮夷长官千户。国初改九姓长官司,编户五里。"(曹学佺:《蜀中广记》,《景印文渊阁四库全书》第591册,台北:台湾商务印书馆,1986年,第481页)是比较接近史实的说法,低牟苴九子的说法不如说是后世被称为都掌蛮的人群中流传的一种英雄传说或史诗情节。

编户齐民,进行直接统治。实际上,所谓"九姓",应指当地若干较大的部落。《宋史》记载熙宁、元丰间朝廷对这一地区用兵,有"晏州山外六姓"、"纳溪二十四姓生夷"、"诸酋请依十九姓团结,新收生界八姓、两江夷族请依七姓团结,皆为义军"之类说法,即其类也①。元朝最初以"夷民罗氏党九人为总把",至元时改为九姓罗氏党蛮夷长官千户所②,已开始用土司进行管辖。明洪武年间,"江南人任福"随傅友德赴云南招抚"生拗羿蛮",洪武五年时带领夷使土人进京朝贡,朱元璋认为他熟悉夷情,便任命他为九姓长官司正长官,并在当地建立一座牌坊,曰"主盟六诏"③。

于是,自明朝初年始,在川南的泸州与叙州接壤的地方,就出现了一个由"汉人"世袭长官的"土司"④。值得注意的是,这个土司一直存在到清朝覆灭前夕。关于九姓司的研究,目前只见到张泽林的《九姓司兴衰史析论》一篇短文⑤。按《清史稿·土司传》的说法,光绪三十四年赵尔丰"奏改泸卫为古宋县,存土司名"⑥,即仍存九姓司之名。

---

① 脱脱:《宋史》卷四九六《蛮夷四》,北京:中华书局,1977年,第14244、12248页。
② 柯劭忞:《新元史》卷四八《地理三》,北京:中国书店,1988年,第247页。
③ 任五采修,车登衢等纂:《泸州九姓乡志》卷一《沿革》,第17—18页。关于明九姓司第一任长官任福,《明太祖实录》在谈及九姓司之设时,也只是在洪武六年十二月甲寅条下简单记录了"九姓长官司隶永宁宣抚司"一句(《明太祖实录》卷八六,台北:历史语言研究所,1962年,第1538—1539页),不及其他。《明太宗实录》卷一一五记载,永乐九年五月丁丑,"四川越巂等卫指挥蔡旺等、西阳宣抚司宁抚、冉兴邦、永宁宣抚司同知戴亮、九姓长官司土官任福,各遣人贡马,俱赐钞币"(《明太宗实录》卷一一五,第1472页)。至仁宗洪熙元年四月还有"九姓长官司土官任福各遣人贡马"的记录(《明仁宗实录》卷一四,第296页),可知任福至少担任九姓司长官50年。
④ 在任五采编纂的《泸州九姓乡志》中专门提到,"《明史》、旧《通志》云,明洪武时永宁安抚举土人任福为长官,误矣"(任五采修,车登衢等纂:《泸州九姓乡志》卷一《沿革》,第18页)。或许是否认任福为永宁土司荐举之事,或许是否认任福为当地土人的说法。
⑤ 《黑龙江史志》2013年第21期。
⑥ 赵尔巽:《清史稿》卷五一三《土司传》,中华书局,1977年,第14251页。

一

1874年,即清同治十三年,37岁的张之洞首次出京外放。他在四川学政任上,大力清理科场积弊。是时,九姓司士绅具禀称,"土著廪生太少,不能稽查。着照广东新宁、东莞两县客籍、江西万载县棚童之例,且于科试前檄饬提调教官,严加澄汰,添设协查,另编字号"①。

根据九姓司一直以来的说法,明洪武二十五年奉旨,"九姓既以汉人世袭,应设学校,以广教化",按例每年各有8名文武学额,后来又增加了20名廪生的名额,由九姓司汇试后,上报泸州直隶州,与州属其他三县(即江安、合江、纳溪三县)相同。由于"九姓司稽查严密,外籍无从冒考"。在这样一个偏远的,还有大量"化外之民"的蕞尔小邑,据乾隆《九姓司志》,明代至彼时本地出了1名进士、6名举人,以及恩贡、拔贡、岁贡60名②。

问题肇端于自晚明开始的"改土归流"浪潮。明末天启间与九姓相邻的永宁奢氏土司反叛,被平定后永宁宣抚司被改为叙永厅,是为本地改土归流的先声。明代在西部边陲实施的土司—卫所双重管理体制,至此开始变化,由此开始地方社会秩序的重建,此不赘论③。对于九姓司而言,清康熙四十五年,九姓司的儒学教授被改设在乌蒙土府;雍正六年,朝廷又裁撤了九姓司的吏目,派遣泸州州同驻扎九姓,管理九姓的民政事务,取缔了九姓土司的世袭权力。

但仅过了3年,雍正九年,朝廷又改变了改流的做法:

---

① 任五采修,车登衢等纂:《泸州九姓乡志》卷一《学校·学校隆替原委》,第51页。
② 任启烈等纂修,任履肃、廖永安续纂:《九姓司志》卷二《名宦》,民国十九年抄乾隆间刻本,第7—10页。
③ 永宁宣慰司与永宁司卫同城,但各有辖地人口。司府厅后,随着清廷撤卫改县,康熙二十六年永宁卫改为永宁县,人口与辖地问题在清代大部分时间里依然混乱不清。九姓司同样与成化时设立的泸卫同在一地,存在类似的问题。

> 奉上谕:九姓土司任嗣业恪守王章,尽力公务,从无迟缓,该督抚改设州同,分管民事,夺其世守,从前办理,原属错误。而嗣业恪遵督抚行文,已将承粮户口册籍移交州同,具呈申诉实情,其恭顺之心,甚属可嘉。且年来该土司凡有奉调办理粮饷之事,皆深入蛮箐,颇著劳绩。……其土司户口、钱粮、学校、刑名,悉照旧归任嗣业管理。①

表面上,朝廷改变主意是因为九姓土司早已和流官衙门一样,成为王朝直接管理地方的一级政府,实际上则是因为这里距离泸州治所较为遥远,地方族群关系复杂,管理成本太高,不如仍旧交给已在此地300多年的土司因俗而治。从此,九姓土司便成为改土归流大潮中最靠近内地却至清末才行改流的一个例外。

《任氏族谱》中所收《嗣业公遗嘱》在一定程度上显示了此时期九姓土司的状况:

> 吾家有土有民,当不患贫。然朝廷无禄糈之颁,而有钱谷、刑名之任,又有官场交际、差遣公办、书皂食用、赏赐应酬。况家食虽可节损,而宾客不可轻亵;妻孥虽可荆布,而衣冠不可陋裂。此中之用无穷,所仰望者官田数百亩而已。……盖自兵燹后,吾族田地尽归于我,虽二祖绍项公分去一半,署内所用尚有余剩,且我整顿颓靡,费用颇多,小人尚有侧目厌尽之意,若再置田庄,未免为人觊觎。今收租谷八百余石,除长男俨掌印外,尚有四男,仪、倬、佩、伕,每男分租谷五十石;下至孙辈,每男分租谷二十石;再下曾孙辈,则全不可分给随印官田。如其户口人多,当于邻封别邑置买分给,不可分给随印官田。②

---

① 任五采修,车登衢等纂:《泸州九姓乡志》卷一《沿革》,第19—20页。
② 任奎鉴重修:《九姓长官司任氏族谱》卷一,光绪二十九年刻本,第5页上—第6页上。书藏台北历史语言研究所傅斯年图书馆。该谱序称,"崇祯晚岁遭兵,失传族谱";又说谱中许多内容抄自泸州志及九姓志。谱中除世系外,前收有清雍正九年圣旨、明崇祯年间总督朱燮元祭文,及任嗣业的遗嘱与《捐置学田碑记》,大都是一直存于后世的文献或实物,并非"族谱文献",可见直至晚清,这个土司家族是没有做过宗族建设的。

本来土司因没有向朝廷交纳赋役的义务,自然没有办公经费。但清代九姓司实际上拥有明代泸卫的土地人口,所以需要承担相应开销,掌印一支要从"随印官田"的租谷中支付。为了避免贻人口实,土司还不敢大肆购买田产,所谓"有土有民",可能意指对未纳入国家编户的苗民或久居九姓的土著可以派征一定的贡赋。

然而好景不长,九姓司的政治生活并没有完全回到原来的轨道,在嘉庆年间就再次出现改土归流的呼声。据地方志记载,"道光二年,九姓司任清因案被议。经督宪奏请,将土司所辖之地改为九姓乡,并归泸州管理"①。九姓长官司被改为隶属泸州的一个乡,这似乎意味着它已被改土归流。

究竟道光二年这里发生了什么事呢?按《清实录》,道光二年九月,"以扰累汉民,革四川泸州属九姓长官土司任清职"②;按《清史稿》,"道光二年……九姓长官司不谙吏治,奏请考试,狱讼别由泸州及州判兼理"③,所记本案的缘由完全不同。至于结果,前者只说革了土司长官的职,并未说裁撤了九姓司;同样,后者也没说裁撤九姓司,只是剥夺了它处理诉讼的权力,将其移交给泸州④,均给人云里雾里的感觉。

《九姓乡志》的编者对任清是不吝赞誉之词的。据称,任清"居官清严,不畏豪贵,省刑缓赋,治盗甚严,一时夜不闭户,道不拾遗,盗

---

① 任五采修,车登衢等纂:《泸州九姓乡志》卷一《沿革》,第 31 页。
② 《清宣宗实录》卷四一,道光二年九月甲戌,北京:中华书局,1986 年,第 33 册,第 726 页。
③ 赵尔巽:《清史稿·陈若霖传》卷三八〇,第 11610 页。
④ 根据光绪《泸州九姓乡志》这个名称,九姓司的确是被改成九姓乡了,但九姓长官司的建制并没有被取缔,衙门还在。所以我们在光绪志中看到,其总裁官是"同知衔直隶泸州州判任五采",即本地的最高长官。但要注意这个人并不属于本地的任氏,而是陕西淳化人。下列的"分校"为"三品衔直隶泸州九姓司任光阀"和"直隶泸州九姓乡训导黄文江",说明九姓长官司及长官还在,且品阶更高,但权力已经大为缩水,连"总纂""分纂"名单都列不进去。从具体的行政事务来看,流官未必比在这里经营了数百年的土官影响大,所以同治年间本地重建常平仓,是由"分州郑金钊、九姓司任光阀约集阖乡绅粮,摊派填补",还需要土司出面。(任五采修,车登衢等纂:《泸州九姓乡志》卷二《积贮》,第 3 页)

贼敛迹。至于措田业以赡膏火,设粥厂以拯穷黎,置济仓以救凶荒,兴桥渡以免践涉,利举害除,政声卓著"①。也许正是他的积极作为,与改土归流的趋势背道而驰,引起"豪贵"的不满。"清嘉庆中,绅民易言钧、范世泰蓄愤而控之京。……无几,而土司被控累累矣。"②四川总督蒋攸铦于是上折参奏,"四川泸州九姓土司任清承袭以来,任性妄为,以致所隶汉民怨谤日甚",奉上谕将其革职,交蒋攸铦严审③。

关于本案的分析,可见本文末节,可知任清任上的所作所为,得罪了外来汉人中的有钱有势者,这些人可能来自省内,甚至可能就来自泸州及所属三县。道光二年任清被革职后,直至四年才由其兄弟辈任灏"护理",而非袭职,可见在这一阶段,九姓司的实权被泸州代掌了。

对此,《清实录》只是轻描淡写地记录了一笔:"改铸四川泸州九姓乡儒学条记,从署总督戴三锡请也。"④表面上,还是要求地方对随后的变化未雨绸缪:"又覆准:四川省九姓乡童生,与泸州童生同日考校。该处界连纳溪、江安、叙永、永宁、兴文,各厅县之中恐有歧冒之弊。所有九姓乡粮民伊户、立户、拨粮等事,均令赴州呈明过拨,以便考试查对。"⑤即查验考生是否当地纳税的粮户,决定其是否具有参考的资格。但在实际上,情况并不那么简单,本地人的反应显然要激烈得多。于是,一起考试事件推动了九姓司的改土归流进程,制度的改变又必会反过来影响这里科举考试以及土著利益。

自道光三年九姓司因案停其考试,改九姓司儒学钤记为九姓乡,只由泸州直隶州汇考申院。九姓距州三百余里,难于查

---

① 任五采修,车登衢等纂:《泸州九姓乡志》卷三《官师志·职官》,第14页。
② 《古宋县志初稿》卷一《舆地志·沿革》,民国十九年抄本,第9—10页。
③ 《礼部为土司勒借滥责各款事》,道光年间,台北:历史语言研究所藏,明清史料,第161981号。原件缺年月日,应在道光三年七月初五日前。
④ 《清宣宗实录》卷七五,道光四年十一月丁酉,第34册,第209页。
⑤ 昆岗、徐桐等纂:《钦定大清会典事例》卷三九一《礼部·学校·生童户籍》,《清会典事例》第5册,北京:中华书局,1991年,第364—365页。

核,邻封州县乘机混考,以冒保冒,硬顶硬覆。廪生包庇,半系富商巨室及身家不清之人,本乡文童,不能上进,士气阻抑。每试,实在土著童生不过三十余人,冒籍竟有八九百人!其执卷入场者,举贡生员,无从查考。试官不察,辄谓川省文风之盛,惟九姓为最。外县生童,咸称九姓乡学为"小北闱"。是萃全川之枪替,胥入其中,又何怪取之不竭也!岁科两试,取进文武二十四名,土著不与焉。①

据此,本地改土归流的结果之一,是流官地区的人大肆侵占土官地区的利益,学额问题只是其中一个方面而已。

二

痛陈土著利益受损,指斥外来势力通过不法手段攫取学额,当然是站在九姓土著立场上的一种表达。究其原因,这是大批外来移民逐渐在川南地区扎根并势力壮大的结果。

早在唐五代时期,中原朝廷便在这一地区设立淯井监,借开发井盐资源,将汉人势力的楔子打入川南。北宋熙宁、元丰及政和年间,朝廷多次出兵讨伐宋州、归来州、晏州等羁縻州的夷人,"拓地二千里……募人耕种,且习战守"②。在后来的九姓地区,建乐共城,以当地"罗党九姓"为义兵,以归来州土地为义田③。但自北宋末年以来,就有"汉人违禁私买义田"④,或称"边民冒法,买梅岭、鸣滩、镇溪等

---

① 任五采修,车登衢等纂:《泸州九姓乡志》卷一《学校·学校隆替原委》,第 50 页。
② 江亦显、郭天章修,黄相尧纂:《兴文县志》卷二《达防》,光绪十三年刻本,第 89 页。
③ 归来州,地方志又作秣州,称乐共城即"宋时归秣州也",位于兴文县与江安县交界处,现为兴文县共乐镇。
④ 任仪:《九姓司重修文庙碑记》,任启烈等纂修,任履肃、廖永安续纂:《九姓司志》卷二《碑序》,第 35—36 页。

夷田"①,所以元初只好确定以锣锅溪下游为界,以东归九姓,以西归江安。

明代在这里设立卫所,汉人移民益多流入。"成化年间,泸卫设兵,募汉人入兵籍,划平原数十里之地督开垦。物产丰富,无异沃区。"②由此,土客及族群矛盾日益激化,"正德十年,夷部与筠连流民争田,屡诉不直,恶乘众忿,诱之复仇,屠数百人,于是诸夷寨俱叛"③。本地长宁县人、担任过明朝礼部尚书的周洪谟认为流官"不谙夷语,不通夷情,其于都掌,本难钤束"④,所以应该土流分治。他"上疏请于都掌照九姓司设长官,使寨主自择素所信服者,命为土官",即设土司管理当地土著族群。但"戎县汉人不欲夷人割置土官而利其钤辖",挑唆四川巡抚汪浩,将前来接受招抚的二百多土著酋长全部杀害,周洪谟的方案流产⑤。

从此时直到万历年间明廷征服都掌蛮,周围各县如高县编户10里,筠连县编户4里,珙县编户8里,兴文县编户11里⑥,可以看出,这几个比较靠南的县编户不多,但与此前这里属于"生界"相比已不可同日而语。成化初年明军镇压了戎县夷人起事之后,在九姓司的渡船铺设置泸卫,抽调与泸州同城的泸州卫3个千户所、重庆卫1个千户所,组成泸卫。值得注意的是,此泸卫似为土卫,有土千户4员,土百户40员⑦,与九姓土司合成一体。到万历初年征服都掌蛮之后,将泸卫的两个千户所派往都掌蛮的核心地带,组建建武千户所。原

---

① 任启烈等纂修,任履肃、廖永安续纂:《九姓司志》卷一《兵防》,第62页。
② 《古宋县志初稿》卷八《礼俗志·人类》,第47页。
③ 江亦显、郭天章修,黄相尧纂:《兴文县志》卷二《边防》,第92页。
④ 汪泳龙修,梁正麟、沈崇元纂:《长宁县志》卷四《兵防》。转引自陈波、冉光荣《论周洪谟对山都掌人的土流分治策》,《西藏大学学报》1994年第3期,第52页。
⑤ 江亦显、郭天章修,黄相尧纂:《兴文县志》卷二《边防》,第91—92页。
⑥ 虞怀忠、郭棨基修:《四川总志》卷一二《郡县志·叙州府·建制沿革》,万历年间刻本,第2—3页。《四库全书存目丛书》史部第199册,济南:齐鲁书社,1996年,第458—459页。
⑦ 任启烈等纂修,任履肃、廖永安续纂:《九姓司志》卷一《兵防》,第63页。

来泸卫的军田本来是租佃给民户耕种,卫所迁离之后,"所遗军田,即令原佃军田之户仍于九姓上纳条粮,谓之卫佃"①。而在建武所,又按照曾省吾的建议,"招集附近土著军民领种田地,二年之后,照亩起科"②。通过此举,既将当地被打垮的部分土著族群编入卫所军户,又招纳民户垦种卫所屯田,国家编户在川滇黔交界地区日益增多。

这一过程也多被保留在民间的历史记忆里。兴文《梁氏族谱》中清代叙永军粮府廪生蔡汝成所写谱序中称,"考梁氏之先,自麻城孝感入蜀,在前明洪武年间。蜀人大都如此,然其前皆不可缕述。皆因兵燹后,家有谱者多失散……其始祖讳璡,为明永邑协镇,没于官,墓今在永邑红岩坝"③。又《杭氏族谱》中有康熙四十三年进士杭翊阙写的旧序,称"大明万历之初,吾家自楚至蜀"。乾隆时的庠生杭廷儒记载得更为清晰:"始源落业于泸卫,后乃分为三房,一房迁永宁县大罗村,一房仍居泸卫,我家居斯已九代,谱之失由来久矣。"其祖先应该就是从泸卫分到建武所的那部分军人④。《贾氏族谱》则明确指出这一点:"石翘祖公孝廉,由此入川,先迁安居县,后迁江安。……我始祖芝遇公四人总戎,明时由江入建武剿除阿寇。"⑤可见明廷势力深入川滇黔边界与外来人口增多是互为表里的。

经历了明清更迭和"三藩之乱"的动荡和凋敝,清初四川人口大幅减少,川南地区也继续采取招民垦荒的政策。"滇逆既平,奉文招

---

① 任启烈等纂修,任履肃、廖永安续纂:《九姓司志》卷二《佚事》,第57页。
② 曾省吾:《经略平蛮善后疏》,《确庵曾先生西蜀平蛮全录》卷四《奏议》,万历九年刻本,第10页下,《北京图书馆古籍珍本丛刊》第9册,北京:书目文献出版社,1999年,第84页;《明神宗实录》卷三五七,万历二十九年三月辛酉,台北:历史语言研究所,1962年,第6675—6676页。
③ 《梁氏族谱》,2001年内部印行,第8页。文中"永邑"应指永宁县,永宁县在明代为永宁卫,后改置,与永宁土司同城(永宁土司于明末改流为叙永厅),故此在明代都不能称"永邑"。
④ 《杭氏族谱》,油印本,年代不详,第2、4页。该谱记载从其一世祖开始就葬于建武,应即为建武所军户及其后代。
⑤ 《贾氏族谱》,光绪三十二年贾相智序,内部刊行,第35页。

垦。百姓之报县开垦者,即为县田,报司开垦者,即为司田。此东坝场、拖舡丫、太平硚之县司交界所以犬牙相错、零星夹插也。"类似的还有天启初平定永宁土司奢氏之乱后,又将泸卫的两个千户所迁往大坝,这里的军田在经历改朝换代之后,也被"奸民"诡寄到当时属于贵州的永宁县,以图逃避徭役。"九姓之金鹅池、得用坝、都量坝、金井田坝、老鸦坝、老母湾、大水塘、土红坬等处田地,所以半入永宁册籍,而交界之处,率多犬牙相错,零星夹插。"① 在应招前来垦种的过程中,一地土地被登入另一地的册籍纳粮,有可能成为前述考生"冒籍"的原因之一。

无论如何,到清中叶,四川总督也发现"近来九姓土司户口日繁"。康熙六十一年时"土著实在承粮花户"51户,自雍正十三年到乾隆九年之间的新旧承粮花户增长到656户,从乾隆九年到嘉庆十五年间则是715户。但与此同时,"未承粮土著、流寓农工商贾花户"7390户②。到光绪四年,承粮花户1021户,未承粮花户12268户③,可见,这里90%以上居民都是不纳税的外来人口,包括前面提到的"富商巨室及身家不清之人"④。像《九姓乡志》中《泸卫全图》上标出的万寿宫,应是江西人的会馆,南华宫则是广东人的会馆;嘉庆《九姓志略》中也记录了湖广公所(楚籍士民李景植等建)、福建公所(闽籍士民卢祥兆等建)、江西公所(豫籍士民黄怀川等建)、广东公所(粤籍士民邓国英等建)⑤,应该都是各地来此的商人所建。在九姓土司的势力日益式微的形势下,外来人口及周邻各县力图挤占或者分享九姓司的学额,重新瓜分利益,就是理所当然的事了。

对这一过程,后人看得很清楚:"古宋在昔为九姓土司地,山野狉獉,自明洪武设学试士,外县衣冠之族利其学额,争买田产,以为

---

① 任启烈等纂修,任履肃、廖永安续纂:《九姓司志》卷二《佚事》,第57页。
② 《九姓志略》上卷《户口》,嘉庆二十五年刻本,第1页。
③ 任五采修,车登衢等纂:《泸州九姓乡志》卷二《赋役》,第1页。
④ 任五采修,车登衢等纂:《泸州九姓乡志》卷一《沿革》,第21页。
⑤ 《九姓志略》上卷《祠庙》,第2—3页。

科名进展之资。"①

三

"咸丰年间,贼氛四起。九姓与滇黔接壤,夫徭杂派,供亿维艰,未邀议叙。绅耆呈请分州常,将土著文童姓名造册详州,于本籍内拣选文字俱佳者,列为榜首,自是而后,盖仅有存焉者矣。"②大批不在籍人员冒籍的问题未得解决,著名的"戊戌六君子"之一刘光第原籍四川富顺,就曾冒籍到九姓司投考,被举报后除名,可见此类现象的普遍。太平天国运动波及本地时,虽然九姓地方也承担了沉重的军需义务,但战后并没有什么人得到朝廷的奖励。于是本地乡绅耆老就把土著文童中文才不错的人放到申请奖励的名单前面,以保证本籍土著能勉强保留几个廪生之类的资格。在这种情况下,在张之洞担任四川学政的时候,这里的士绅终于忍不住提出申诉。

罗毓谦是兴文县的贡生,在泸卫居住了十几年,并主讲和山书院,"邑庠每出其门"。"时学校陵夷,士气阻抑,同治甲戌年,绅耆与毓谦商议,禀恳学宪张之洞清厘籍贯,剔除弊端,多士之取青紫如拾芥者,皆公之力也。"③于是,在张之洞到叙州视察考试之时,九姓绅耆当面公禀,"请予清厘"。据说,在张之洞批示干预之后,"计两试取入土著文武十六名,本乡生童以为重睹天日,互相砥砺。次年应试,即有百十余人,前三十名俱系本籍"。

张之洞对于九姓绅耆的建议,原则上是接受的。他承认"外县冒占学籍,自系实情",但对于他们提出的由九姓司考送的主张不能接受,认为这是"改流归土,情理颠倒",不能因为泸州距离遥远,难以核查,就将此项权力还给九姓司。同时,如果把寄籍的人全部拨回原

---

① 《古宋县志初稿》卷八《礼俗志·人类》,第47页。
② 任五采修,车登衢等纂:《泸州九姓乡志》卷一《学校》,第50—51页。
③ 任五采修,车登衢等纂:《泸州九姓乡志》卷四《人物·流寓》,第22页。

籍,也因牵扯太多,无法考虑。只是同意"除土著廪生及真正多年学籍廪生准其充当认派保外,其土著比照广东新宁、东莞两县客籍,江西万载县棚童之例,暂令土著增生协同出保,无增则以土著附生资格在前者前五名协同出保。日后廪生渐多,自仍旧制"。

所谓"广东新宁、东莞两县客籍,江西万载县棚童之例"又是怎样的情形呢?广东新宁就是今天的台山,与东莞等地一样,在清前期、特别是复界之后,有大批外来人口进入:

> 今据广东巡抚图萨布奏称,新宁县沿海地宽,先于雍正年间及乾隆五、六等年,有惠、潮各属及闽省人民曾、廖等姓陆续就耕,积至二千余户,屡请入籍,皆为土著所阻。乾隆二十九年,学臣边继祖奏请入籍加额,经部臣驳查,当将各客童等照例拨回原籍册报,兹客童廖洪复以乞请开籍,赴都察院具控。钦奉谕旨查办,当即委员前赴新宁清查,现在客户共二千二百零四户,内有田粮庐墓,已符年例,难以回归原籍共四百零四名,以文艺粗通者百有余名,请附籍新宁应试,仿照商籍及江西棚民、四川眉州等属之例,酌加文童二名、武童一名,另编客籍字号录取。①

这场风波在当地闹得很大,否则不会有客籍童生到都察院去呈控。结果图萨布的建议得到朝廷的批准:"查新宁客童既核,与寄籍应试之例相符,应如该抚所请,另加学额,听学臣取录。自后即应试人数较多,亦总以现额为限。取进生员,统归新宁县学管束。"②

由学籍问题引发的新一轮土客矛盾,在乾嘉时期相当普遍。这

---

① 何福海、郑守昌修,林国赓、黄荣熙纂:《新宁县志》卷一二《广经政略下·学制》,光绪十九年刻本,第10页。同样的事情发生在广东新安县(今香港、深圳地区),可见这种情况在新开发地区比较普遍。见曾光华编《新安客籍例案录》,嘉庆十五年撰。收录于卜永坚《史料介绍——〈新安客籍例案录〉》,香港科技大学华南研究资料中心、中山大学历史人类学研究中心合编:《田野与文献:华南研究资料中心通讯》第58期,香港:香港科技大学华南研究中心,2010年,第24—35页。

② 《清高宗实录》第1289卷,乾隆五十二年九月戊子,第25册,北京:中华书局,1986年,第284页。

一方面是因为明末清初时期的外来移民,经过努力奋斗,已在迁入地站稳脚跟,甚至具有了一定的政治、经济实力,可以进一步为自己这个群体争取合法权益;另一方面,则是土著族群经历了一个从"化外"到"化内"的过程,也逐渐进入王朝体制当中,过去的"蛮夷"如今已然"开化",需要功名作为更好的社会身份和进身之阶。于是,新宁学籍一案就引起了连锁反应。

闹得最凶的应属江西万载棚民占籍一案①。所谓"棚民",即指"闽广无籍之徒"在闽赣交界山区搭棚种麻者。起初朝廷认为他们是动乱因素,因而采取镇压立场,后到雍正时期将其单立"棚籍"并允其入学应试。到乾隆二十八年朝廷以棚民久与土著无异,裁去棚民学额,实行土棚合额,被土著认为是挤占了土著的入学机会,立即激化了一直以来的土客矛盾。于是,土著居民坚决主张恢复土客分额分考,从乾隆初一直闹到嘉庆中叶,甚至出现了罢考事件和嘉庆八年辛梅臣的赴京呈控。嘉庆十二年,御史邹家燮建议"请如礼部原议,照广东新安、新宁客童、土童互争,另设客籍之例办理,庶杜争端",得到嘉庆皇帝的批示②。在次年三月定案,土棚两籍实行分额,土籍学额文武科各 12 名,棚籍学额文科 4 名,武科 1 名③。

九姓学额之争所比照的广东新宁、江西万载两例,都是采取了土客分额的做法,等于在本地增加了若干名额,专门分配给外来的移民,虽然比土著学额少很多,但与当地客籍所占比例相比也大体相当。不过在此两地,客籍大体上属于弱势群体,处理此案的各级官员中,多有同情土著主张者,最后的土客分额,虽暂时缓解了纠纷,却限

---

① 关于此案最为详细的研究,见谢宏维《和而不同——清代及民国时期江西万载县的移民、土著与国家》,北京:经济日报出版社,2009 年;当然还有一些论文涉及这个案子,如杨歌《学额纷争、移民族群和法律实践:以嘉庆朝广东新安县和江西万载县为例》,《杭州师范大学学报》2013 年第 2 期;等等。

② 《清仁宗实录》卷一九〇,嘉庆十二年十二月乙酉,第 30 册,北京:中华书局,1986 年,第 508 页。

③ 《清仁宗实录》卷一九三,嘉庆十三年三月戊申,第 30 册,北京:中华书局,1986 年,第 550—551 页。

制了客籍的发展，延续了土客之间的界限。而在九姓，并没有像新宁、万载那样土客分额，而是强调如何确定土著以及长久居住的客籍身份，清除随意的冒籍者。在张之洞的首次批示中指出，"至现在童生，孰系土著，孰系家有真正嫡派，孰系凭空歧冒，仰具呈诸生耆再行迅速公同清查"。他同时也告诫，"土著生童亦不得苛求太过，致开争讼之端"。他将符合资格的人分为土著和"家有真正嫡派"即部分来此多年的客籍，为后者得到机会提供了合法性。在随后的批示中，张之洞又进一步说，"仰该学清查客籍各廪生，除进学补廪多年，及资格虽浅而家有累代学籍者准其出保，并派土著廪增生及资格在前三名之附生协同稽查卷面，一并盖戳……如此办理则外籍不得滥收渔利，本籍亦不得垄断苛求。童生中除州判册送土著不论外，其寄籍者或置有产业，或家有学籍，或上届曾经与考者，此次姑准收考；若粮学俱无，凭空歧冒，此次蓦来投考者，概行扣除"。

　　由于客籍的准入条件十分宽泛，以童生论，只要以前有学籍，或者在本地纳税，就可以参考，所以张之洞的这种做法大大有利于客籍。这种情形在前述广东和江西两地是不可想象的，因为那里的客籍粮学俱有，但还是不能与土著平起平坐。因此九姓地方土著势力与客籍是无法抗衡的，其原因就可能在于这里是土司势力，而土司势力是遭受打压的。

　　张之洞在同治年间的处理办法是暂时性的，虽然通过核查冒籍资格而使土著学额不至于全军覆没，但并没有改变这个大趋势。光绪三年四川学政谭宗浚发现，"九姓乡学，向为冒籍渊薮，已几数十年矣"，即自张之洞之后，情况并没有太多改观。原因在于"其所谓粮籍、学籍者，实皆冒籍耳"。粮籍、学籍可以冒，又怎能以此作为童生考试的审查标准呢？地方志编者也对张之洞甄别客籍的标准颇有微词："夫嫡派学籍，每试不过一二人，而冒籍尚有四五十名之多者何？谓他人之父故也。幸而学宪精明，知其为枪为替，为廪生之包揽，为教官之朦弊，文字虽佳，摈不录取。"但这并未解决根本问题，"藕断丝连,根株未拔"①。

晚清九姓科场冒籍一案,自张之洞处理之后,多位四川学政都曾予以关注,但直至清末废除科举都未能解决。其深层的原因不仅在于与各地类似的土客矛盾,还有九姓土司的地位问题。

四

从《九姓乡志》的编者那里可以看出,他们对于九姓还是颇引以为荣的,认为他们的先祖跟随明军"招抚六诏,尽入版图。……易椎髻左衽之习,为衣冠文物之邦;僻壤遐陬,居然神州赤县;賨卉之区,竟侪邹鲁"②。

明成化初年在九姓之地设置泸卫之后,九姓长官司似乎并未因此而衰落,反而使其势力得到增强。明末平定了永宁奢氏之乱后,九姓土司任祈禄还因功被任命为泸卫守备,"仍管九姓司事"。到清康熙二十四年泸卫被裁撤后,该卫"城内居民仍归九姓司就近管辖"③。当然,如果真如前述地方志记载,泸卫是由4个土千户和40个土百户组成的话,九姓土司和泸卫是有可能由于族群的原因具有较为密切的关系的。

对比光绪《九姓乡志》中的《九姓全图》和《泸卫全图》,可以发现一些有意思的现象。在前者中,泸卫卫城是要小于九姓司城的。但对比两个城中的建筑,司城中除了标示出土司旧署之外,就是署学、文昌宫、文庙、武庙和城隍庙了;而卫城中却标示了司署、县署、所署、仓等政府机构,文庙、武庙、城隍庙、春秋祠等正祀场所,还有魁星阁、南华宫、万寿宫、禹王宫、桓侯宫、鲁班庙、中天祠、西天祠、玉皇观,以

---

① 以上所引均来自任五采修,车登衢等纂《泸州九姓乡志》卷一《学校·学校隆替原委》,第50—58页。
② 任五采修,车登衢等纂:《泸州九姓乡志》卷一《车登衢序》,第3页。
③ 任启烈等纂修,任履肃、廖永安续纂:《九姓司志》卷一《古迹·泸卫城》,第31页。

及书院,甚至还标出了卫城外的万寿寺、观音庙、龙君庙等等景观。这是因为九姓土司后来重点建设的是卫城。

明初所修九姓司城只是一座土城,周长 3 里;泸卫卫城则为石城,周长却只有 188 丈,合 1 里多,确实小于司城。但在天启奢氏之乱中司城遭到焚烧,而泸卫的人马又大部分转移到建武所和大棚,所以土司任祈禄就把土司衙门迁到卫城中原泸卫指挥使的衙门去了。

卫城在明清之际经历了几次破坏,在康熙和乾隆年间又分别由土司重建。到乾隆六十年,由土司任清"详准督宪",正式将土司衙门移到原来的卫城,但到嘉庆十五年才被钦差四川的托津具奏在案①。

从乾隆六十年将司署迁到卫城,到道光二年因为损害汉人利益而被撤职,土司任清似乎是一个试图扩张土司势力的关键人物。在他父亲去世的时候,似乎他的袭职颇有些阻力:

> 太子太保协办大学士吏部尚书世袭一等轻车都尉署理四川总督印务□□□题为详请等事。该臣看得:土司承袭例应□□□题,兹查永宁道属九姓长官司任履肃于乾隆四十五年四月初九日病故,所遗土职前因伊子任清年未及岁,不能承袭,先后请以已故长官司任履肃胞叔任启秀及堂弟任履方护理。经前督臣据详咨部,接准部覆在案。兹据布政使英善详称,查得任清现年一十五岁,例应承袭父职,土舍、头人、夷众、邻封俱各悦服。照例取具承袭宗图各册结同原领号纸,具文申请袭替前来。臣覆查无异,除宗图册结号纸送部外,谨题请旨。②

如上文所述,任清在任期间的举动引起地方汉人士绅的强烈反弹。据接任蒋攸铦的四川总督陈若霖查证,任清"近年办事任性,不协舆

---

① 此据《九姓志略》上卷《公署》,第 1 页。光绪《九姓乡志》记为,乾隆"五十八年,详准移长官司署于所属泸卫城弹压。嘉庆十五年蒙钦差尚书托具奏在案"(任五采修,车登衢等纂:《泸州九姓乡志》卷一《沿革》,第 20—21 页)。这里明确说泸卫城为九姓司所属。

② 《乾隆五十七年六月三十日署四川总督孙士毅题报已故土司嫡子长成请准袭职》,张伟仁主编:《明清档案》,台北:历史语言研究所,1986 年,第 B149315—B149318 页。

情",士民卢祥兆等告他,为修筑泸卫城墙,向境内各寺庙"勒借银两",又为开凿河渠要地方士绅垫支经费,不予清还;在民间纠纷的审理中,将涉案监生拘押;又因设立义仓,令仓正赔缴息谷。但这些并非大事,连陈若霖都认为任清"究无贪酷不法"。之所以被革职,是因为这里的情况发生了变化:

> 臣检阅乾隆二十三年旧志中载,九姓司新旧承粮花户八百六十四户,彼时人民无几,自属易于治理。今经委员勘明该土司地界□内地纳溪、江安、□□、永宁、□□,各厅县之中并无夷地界连,内苗民只一千二百五十一户,汉民有六千三百四十二户,较之昔年几增十倍。人民既□,讼狱繁兴,□□处五方,奸良不一,土官稍不廉明,易招民怨。……是今日情形,实与雍正年间大不相同,若不亟为变通,似非绥靖地方之道。……查九姓司本系泸州管辖,应请□九姓司命盗案件并汉苗民词讼及汉苗交涉事务,与考试文武童生事,宜均改归泸州管理,该长官司不得干预。其命案仍照向例由州判相验,牒县审办。原设学校照川省铜□县安□□□之例,作为泸州九姓乡学,仍照旧额取进。其民苗户口并□□粮等事,仍□该长官司照旧妥为经管。①

经道光三年七月初五日朱批、十三日内阁抄出、二十九日吏部移咨刑部②,此事就此定案。

按照川督的看法,情形的变化是因为这里出现了大量汉人移民,而且这 6300 多户汉人大多不是本地承粮花户,或因谋占学额而到本地购买土地,造成大量汉苗词讼,或涉及考试生员事。"土官稍不廉明,易招民怨"一句,颇有深意。也即,如果土司没有十分谨慎地处理好与汉人移民,特别是与士绅、豪强的关系,就会引起这些"民"的怨

---

① 《礼部为土司勒借滥责各款事》,道光年间,台北:历史语言研究所藏,明清史料,第 161981 号。

② 《吏部为命盗案件改归泸州管理事》,道光三年七月二十九日,台北:历史语言研究所藏,明清史料,第 180782 号。

气。对这种变化,他们认为还是改土归流,由府县汉官来处理较好。但土司所属对此却采取了对立的态度,最后朝廷只好采取了折中的办法:

> 川督蒋攸铦又以改土归流为急务,积案未结,先行奏请裁撤土司。朝命到日,值蒋督入相,继任者稍事因仍,派员查勘。九姓地面苗民,多据山寨,横戈矛作抵拒状,故勘测疆围者径以地面不敷设县、苗民亦纷纷滋扰上闻。故此次改定之案,专重缩灭土司之管理权,改九姓司为九姓乡,而钱粮、学校、民讼,概归泸州主政,惟恐苗民滋事,故羁留土司以抚驭之实,则苗民已不能造乱矣。①

于是,到此时,九姓司名虽存,却同时成为泸州之下的九姓乡,由于没有解决实际问题,包括学额在内的一系列纠纷依然故我。对此,九姓司的人当然是极为不满的。《九姓乡志》的编者这样表达自己的情绪:

> 九姓虽偏隅僻壤,然地分六里,学设八名,体制规模,拟于三县。自道光四年以来,学校、刑名归州管理,论者谓,生聚教训,泸州实亲任之。第州治地辟民稠,距卫遥远,时有鞭长莫及之虞。于是专员分驻,谓其可以庇代,省民拖累也。茌斯土者,又以不能越俎为辞,遇有紧要事故,执咎无人,士民聚讼,致使学校陵夷,书院废弛,宾兴膏火,无有起而任其责者。②

其实,由泸州代行九姓司的若干权力造成行政低效,并非完全捕风捉影。在四川青神县汉阳镇的佛光寺正殿梁上,有"署四川直隶眉州青神县正堂、泸州直隶州分州兼察九姓土司事加三级纪录三次何"的题名,可知此人的主要职责是青神县知县,同时兼着驻九姓的泸州分州,不可能把主要精力放在这里。上述引文中所谓"专员分驻",全称

---

① 《古宋县志初稿》卷一《舆地志·沿革》,第10页。
② 任五采修,车登衢等纂:《泸州九姓乡志》卷三《官师志·职官》,第16页。

是"钦加盐提举衔特授泸州分州督理三县捕务兼察九姓土司事",常简称为"泸州分驻泸卫分州"或"泸卫分州"。显然,这是派驻泸卫即九姓、对九姓土司进行监控的机构。在当地和山书院的房梁上,至今仍可看到光绪年间地方主要官员的题名,如二梁的左右分别是"钦赐花翎□□□特授泸州直隶九姓长官□□正堂任光阀"和"钦□五品衔署学泸州分州督理□□□□刘启英",三梁的左右分别是"钦赐蓝翎署泸州营泸卫汛提标中营府乙卯科武举徐龙标"和"泸州直隶九姓乡儒学正堂辛亥科举人黄文江",形成了土官和流官共管的局面。

在叙永军粮府(直隶厅)档案中,我们亦可看到这个泸卫分州的身影。同治五年,泸卫分州差役李伸(李幺头)被控窝藏匪类,伙匪抢劫,诬控并锁走李天开,叙永西二屯的大团总、团总和团长还联名控告他抗不入团,在王兴发到泸卫赶集时"率差朋殴","称凡系西二屯团总均要拿究"。因此人住在叙永的治地,所以军粮府接到控告后立即移文泸卫分州。此前,泸卫分州亦接到寡妇李马氏的控告,说小叔李天开伙同房族谋夺她家财产("系是土司之佃业")并得到团总的支持,于是派差役传唤李天开等,途中遭到数十人持械拦抢。于是又移文叙永军粮府,希望予以查证。前者称泸卫分州"之判断必不明,而李天开之必受屈",泸卫分州则予以驳斥,称"如此刁风,实堪痛恨"①。无论孰是孰非,可知涉及九姓土司产业的民事纠纷,土司亦无权出面,须由泸卫分州处置。叙永军粮府或直隶厅所辖多系明代永宁土司故地,永宁土司改流后,属叙永军粮同治管辖,其间建置改易,中有九姓土司产业,形成"插花地"局面,亦属常态。

在土司体制下,由于土司是世袭的,与自己的属民,特别是那些自明初就生活在这里的土著结成了世世代代的紧密关系。土司对这里的投入,无论是金钱还是精力,都像是对私家的投入,这是流官所

---

① 《叙永直隶军粮府缘李天开具告李幺头挟串夹搕的状的批》等件,同治六年十一月二十五日至同治七年三月二十三日,宜宾市档案馆藏,清代档案,00169/001—007。由于叙永军粮府或叙永直隶厅与九姓土司及其上级机构泸州直隶州为平行的地方行政部门,而宜宾及泸州两市档案馆所藏均为前者的档案,事涉九姓或兴文、建武的档案就极为少见了。

做不到的。从明代中叶到清末,这里经历了多次大的社会动乱①,无论是迫于朝廷的压力还是出于对朝廷的忠诚,任氏土司都是尽心尽力的。如本地文庙于明末被毁,康熙时由土司任启烈重修,还买了学田 20 亩 3 分,用作今后修葺的经费②;"嘉庆四年,教匪滋扰,长官司任清修筑东西两隅"③;和山书院也是嘉庆初年由任清所建,任嗣业又"捐置水田十六亩",作为书院学田④,还有许多公共事务,都是土司自己掏腰包。同光之际,"滇匪窜据镇属,易照临家为巢,骚扰川疆","任司官率姚团……协防堵剿"。所需军粮应由叙永军粮府提供,后者"因一时未能接济,在团总杨学山等处借食米石"⑤。总之,九姓土司对自己的土地、人民是有某种归属感和责任感的。

虽然陆续有大量外来移民进入,但直至清末,川滇黔交界地区仍然是一个族群关系比较复杂的地区,这也是九姓土司认为自己地位重要的一个背景。清宣统元年,时任川滇边务大臣的赵尔丰在《重修叙永厅志序》中写道:

> ……又知邻边之户多未编定,往往与滇黔混。四方之亡命者窟穴其中,东捕西窜,边吏辄互相诿。即厅县之地,亦错若犬牙。盗发,缙绅畏报复而不敢言,闾阎自守望而不之助。萑苻之风乃大炽,而民何以宁?余为之而慨然曰,此前史所谓瓯脱地也,明代河套之寇,遗患三边者,垂二百年,可不鉴诸爱任?⑥

---

① 任五采修,车登衢等纂:《泸州九姓乡志》,收有一篇《九姓乡团勇城防剿贼纪略》,记载了自咸丰九年(1859)至光绪元年(1875)九姓司官绅组织团练,与"滇逆"张四、太平军石达开部等等作战的经过。参见任五采修,车登衢等纂《泸州九姓乡志》卷二《武功》,第 12—17 页。
② 任五采修,车登衢等纂:《泸州九姓乡志》卷一《学校》,第 46 页。
③ 任五采修,车登衢等纂:《泸州九姓乡志》卷一《城池》,第 38 页。
④ 任五采修,车登衢等纂:《泸州九姓乡志》卷一《学校》,第 48 页。
⑤ 《光绪元年十月二十一日李池春为禀恩做主事》,光绪元年十月二十一日,泸州市叙永县档案局藏,清代档案,第 9 卷第 2 件。
⑥ 邓元鏸等修,万慎等纂:《续修叙永永宁厅县合志》卷首《序》,光绪三十四年铅印本,第 12 页。

在他看来,直至清末,川滇黔交界地区仍然处于编户归属混乱、大量属于"无籍之徒"的流民集聚的无序状态,国家的控制力量并不凸显。兴文的知县也曾抱怨说:"卑县地界滇边,汉苗杂处。苗民除烧山种地外,别无经营,罔敢越境?汉民户不满百,零星孱弱,无能为役。"①对此种状况,土司的看法可能是认定此地适于继续实行土司体制,但赵尔丰的做法却是进一步推动改土归流。于是,九姓司的"半土半流"地位也走到了终点。对此,文献中是这样记载的:

> 四川总督赵尔丰奏泸卫分州升改为县。查九姓长官司世袭其职已五百余年,自移驻州判后,夷民改汉俗者十居八九,土司统辖较少,而钱粮仍土司代征,盗案犹土司开参,亦饩羊仅存耳。今改为县,田赋、刑名、学校、缉捕,皆县令专责,土司自难赘设。拟仿照广西州县土佐杂世袭之例,量改归县统辖,每岁仍筹给款项,以示体恤。②

按赵尔丰的观察,自从任清被革职、泸州在九姓驻州判之后,土著族群"改汉俗"或者汉人移入者占了绝大多数,土司却还掌握着征收赋税和处理刑事案件的权力,这是不合适的。特别是光绪三十四年这里改设古宋县之后,土司机构就没必要存在了,只是任氏土司可以被政府养起来。这说明,虽然清中叶以来采取了一系列缩小土司权力的措施,但直到相当晚近的时期,土司依然对地方有相当的影响力。

到民国时期,时过境迁,《古宋志稿》的编者对这场纠纷有了更冷静的分析。他认为明崇祯三年因九姓土司任祈禄协助平定奢氏土司之叛有功,令其以土司兼泸卫守备,"事权始相混合……即兼领时亦卫地与司地同隶于任氏,未尝以卫地折入于司地也(司地自属于任土司,卫地自属于任守备)"。入清之后,土司又将衙署移至卫城,形成对原属泸卫管理的土地、人口的实际控制,而这也是嘉道时期四川地

---

① 江亦显、郭天章修,黄相尧纂:《兴文县志》卷六《引》,第69页。
② 刘锦藻编:《皇朝续文献通考》卷一三六《职官考二十二·直省土官》,《十通》,杭州:浙江古籍出版社,2000年,第8960页。

方官力主将其改土归流的根源。于是,民国方志编者评论说:

> 盖川督意在侵权,前此侵权不遂,既蒙奏以伏其机;至是得隙进图,后明奏以夺其柄;土司意在侵地,前此移署入城,已居有卫,纪枢要。至是改通乡制,且统有两地幅员,似乎侵地侵权,各偿所愿。然侵地者反失权,权失而地同无有;侵权者以失地权得,而地在其间。盖以与之者取之,入算中而不剧觉也。①

他认为土司的目的在于扩大地盘,而朝廷的意思是剥夺土司的权力;获得地盘是一时之利,而剥夺权力才是最后的胜利。

事实上,站在任氏土司的立场,拥有原泸卫的土地、人口也许并不算"侵地",泸卫的设立只是占了他们原有的土地、人口,所以明末才可能让任氏土司兼任卫官。泸卫被裁之后,这些土地、人口回到他们的手里等于物归原主。更为重要的是,在这一地区,长期以来,有很多土地及其上的人口是未被登记或者明确划归哪个行政单位的。宣统元年设古宋县后,除原九姓乡人民 10600 多户外,划入叙永厅各瓯脱地人民 1500 多户、江安县共乐乡人民 5000 多户、纳溪县镇溪乡人民 2000 多户、兴文县六合乡及大坝口人民 300 多户。② 其中的瓯脱地及人口就是没有明确归属的,这是土司治理模式下的常态。对这些土地和人口的名义上的控制权,并不等于对国家的"侵地"。

站在国家的立场,"泸卫系明代特置之卫所,职官界划,明史昭然。数百年以前,居泸卫者多兵籍,与懋迁之民为指挥等官所管领,不隶土司可知矣。迄清代革鼎,任氏效顺,始渐以卫地混合司地,而未及更正,已改司为乡"③,民国志编者认为这是"尤可异者"。但清代裁撤卫所,在西部边疆地区,并未全部改置或归属州县,而采取了模糊的、暂时性的处理办法,有些即由土司代管,这不仅是因为边疆地区的许多卫所本来就设立在土司地盘上,而且在明代,这些地区的

---

① 《古宋县志初稿》卷一《舆地志·沿革》,第 11 页。
② 《古宋县志初稿》卷四《食货志·户口》,第 1 页。
③ 《古宋县志初稿》卷一《舆地志·沿革》,第 11 页。

土司和卫所共同构成了边疆的基层管理体制,所以卫所裁撤后"卫地混合司地",一点也不令人奇怪。正因此,嘉道以后九姓改土归流的加速,以致宣统时最终完成,是任氏土司无可奈何却又心有不甘的。

　　在清代中晚期,九姓土司经历了白莲教起义、太平天国运动和川滇黔交界地区的流民、苗民动乱,但这似乎并不是困扰土司以及当地士绅的大问题。由于九姓土司一直自持汉人身份,又在明清两代始终对朝廷保持忠顺,所以土司一直保存下来,未被彻底改流。但是,土司原有的权力却被日益削弱,本地的利益也日益受到损害。他们始终希望自己在地方动乱当中表现出来的忠诚,能够换来朝廷对原有体制和格局的维持,也多次通过不同方式加以争取,但也只能是苟延残喘。他们所面临的这一困局,看起来并不剑拔弩张,腥风血雨,但对一个地处三省交界、族群关系多元而复杂、流动人口多于定居人口的山区来说,究竟采取什么方式进行统治为较佳,仍然是一个涉及国家边政并影响当地人生活的困局,况且,在不同程度上,这一困局一直延续到了20世纪①。

---

① 这一复杂情势正导致了民国政府组织的边政研究和相关学者的调查研究,以及中华人民共和国政府在20世纪50年代开始的民族调查,兹不赘论。

民国初年一个京城旗人家庭的礼仪生活
——一本佚名日记的读后感

要了解一个传统的都会向现代城市的转变,北京永远都是一个很好的例子。其原因并不复杂,就在于它所具有的多重身份:既是都城,又是府城、县城,既是帝国和皇权的缩影,又是一个自金元以来就融合了多个族群、多种文化的民间社会。因此,它也不断引起研究者的兴趣①。而关于城市中的礼仪生活,有些研究颇具开创性,但或失之笼统,或脱离了人的生活情境和背后的历史关联②。

本文的主要资料是一本佚名的日记手写本,藏于广州中山图书

---

① 关于北京史各方面的研究,可参见郗志群主编:《北京史百年论著资料索引(1900—1999)》,北京:北京燕山出版社 2000 年。当然,以往通论性的著作和论文较多,讨论的问题也不一样。韩书瑞的 *Peking, Temples and City Life* (2000) 讨论了相关主题,但时代与本文不同。董玥的 *Republican Beijing: The City and Its Histories, 1911-1937* (2003) 讨论的时代是民国时期,但关心的问题不同。她有一些关于北京的文章,但讨论的都是比较重大的主题。卢兴源的 *The Adventures of Wu: The Life Cycle of a Peking Man* (1983) 在 1941 年和 1942 年出版了两卷本,80 年代重印,其切入角度与本文类似,但基本上可以视为民族志式的描写。最新的一部著作是白思奇 *Localities at the Center: Native Place, Place and Power in Late Imperial Beijing* (2005),但其中心议题是会馆和在北京的外地人,并未关注普通北京人的生活。

② 比如王斯福和施舟人早年研究台湾的文章,参见〔美〕施坚雅主编:《中华帝国晚期的城市》,叶光庭等译,陈桥驿校,北京:中华书局,2000 年,第 699—730、783—814 页。最近康豹对西方学者的相关研究进行了概括性的评论,其中也包括了"城市中的宗教"部分。他认为这个领域的研究是"大部分时候都被忽略的"。参见〔美〕康豹:《西方学界研究中国社区宗教传统的主要动态》,《文史哲》2009 年第 1 期,第 58—74 页。

馆,著录为《民初日记》,作者阙名,封皮上有"民国六年"四字,应即日记所记事的那一年①。该日记应该是主人若干本日记中的一本,记事从当年的正月到八月止。起始和最后应都有缺页,因此属于残本。但即使如此,里面的细节描述仍能为我们提供许多鲜活的信息②。

一、生活空间:镶黄旗与正白旗的旧地

日记的主人公阙名,以及写本的手写体都给我们对材料的阅读和叙述带来了不便。从内容中,我们需要首先判断他的住处和邻里地区,再了解他的人际关系网,也许由此可以猜测他的身份。

日记从正月初二的后半部分开始,因为前页缺,只能根据后文猜测是记录来往拜年的亲友人家:

……姻太姨母家、秦老胡同李姻外祖母家、马将军胡同铭六族伯家及同居之近族长支姑太太座前、府学胡同联义母家、皇城根麟宅延大族叔、延二族叔家十一处拜年。今日罗车坑铭九伯、东观音寺、福建司营吴宅、潘泽生姻弟,及东皇城根住之吴振清姻晚,系黄米胡同荣大嫂之姨甥,均来拜年。……

初三日丁卯,晴,连日回暖。……前往福建司营潘泽生姻弟家、炒面胡同富三姨母家、奶子府关东店恩七姻舅家、大草厂蔡宅、吉二姻姑母家、后门回蜡库黄二舅家、黄米胡同荣大族兄家、马大人胡同陈大族姊家、本胡同荣大姑母家八处拜年。

---

① 该日记记日虽以农历为序,但在每月初一条之上要注明这是阳历几月几日,在星期日那一天之上注明"星期"二字。这种以农历为主、西历为辅的情况,正是民国初年新旧计时方式交替时期的表现。另外日记中提到去西直门火车站坐火车,西直门火车站建于1906年,因此日记至少不会早于1906年。

② 承蒙科大卫教授提供给我这份材料的照片,谨致谢忱。另外,文中未注明出处的引文,均出自这本日记。

在后面记载的亲友之间拜年和回拜的内容里,除上述以外,涉及的地点还有西仓门、褡裢坑、瓦盆胡同、七条胡同、扁担厂、班大人胡同、礼士胡同、琉璃寺、西绦胡同、小菊胡同等。

从这些地名来看,日记主人家庭的活动区域大体在今天北京东城区的中心地区,即以东四为中心向南向北的一个半径2.5公里左右的区域。在民国时期,主要涉及内一区和内三区。比如最南的是东观音寺胡同,地点就在今天东长安街中国社会科学院大楼的北面,它的东口就接着福建司营;炒面胡同和礼士胡同是东四南大街靠北的两条相邻的胡同,方家胡同在它的东南;奶子府、关东店和大草厂位于王府井北大街,东厂胡同以南;皇城根应指东皇城根,奶子府等就接东皇城根,都在内一区。

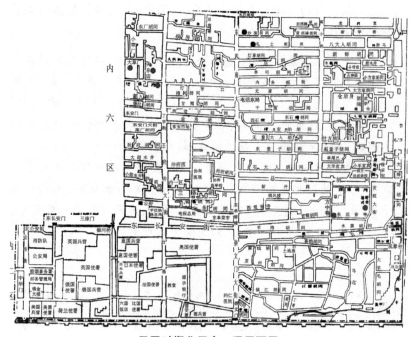

民国时期北平内一区平面图

(资料来源:陈宗蕃编《燕都从考》,北京:北京出版社,1991年。下图同。)

内三区是今天的东四大街以北,直到今天的北二环。东边是今天的东二环,西边是今天的美术馆后街一直向北到安定门。日记中的黄米胡同就在今天的美术馆后身,西仓门胡同在东四北大街,北新桥路东南;班大人胡同在朝阳门内北小街左近。马大人胡同在东四

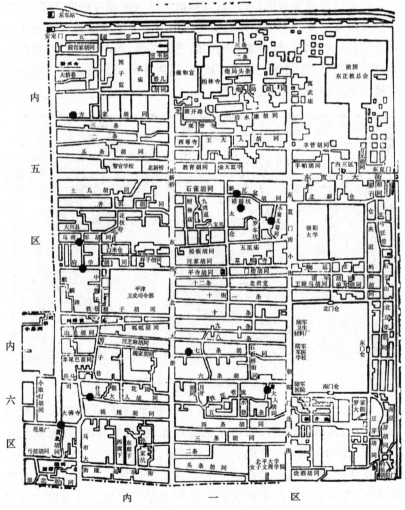

民国时期北平内三区平面图

北大街路西,七条胡同在路东。府学胡同、马将军胡同都在今张自忠路以北,瓦盆胡同、小菊儿胡同和褡裢坑在东直门南小街以西,罗车坑在小菊儿胡同西边,两条胡同的北口都接东西走向的瓦盆胡同。方家胡同则位于国子监南,与之平行。

内五区的西半部把前海、后海和积水潭地区都包括进去了,东半部就是鼓楼大街这条中轴线和安定门内大街之间的区域。日记中的秦老胡同、沙井胡同就分布在南锣鼓巷的东西,相距极近。扁担厂在北锣鼓巷西侧,琉璃寺在扁担厂以北,隔两条胡同。西绦儿胡同在旧鼓楼大街以西,贴在北二环南侧。

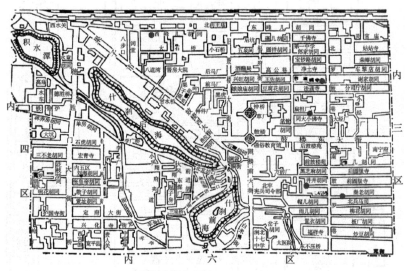

民国时期北平内五区平面图

上述地名中唯一不在这三个区的是蜡库,蜡库在清末民初被划归内六区,其实位置就在景山东街的东北侧,紧挨着内三区,只是在这三幅地图上看不到,地理上还是距离很近的。

在清代,这里应该是镶黄旗和正白旗的区域。从上述日记的内容来看,主人家的各种关系应该是旗人,他们自己也应该在旗。日记三月二十九日"午后,西仓门柏佐领族叔来";日记三月初九日记"往马将军胡同取月饷",旗兵的月饷在民国初还没有被裁掉,到1919年就只有在春节、端午、中秋三大节时才有了,到1924年最终裁撤。另外,二月十一日,主人曾到西直门火车站乘车前往"圆明园正白旗营舅父家中看望",说明至少他母家是正白旗的。他们究竟属于哪一旗并不能确知①,也不重要,只是这本日记揭示,到民国初年,内城旗人仍然相当集中地居住在内城的某一区域,从他们的情况看,并未发现改朝换代让他们的地位一落千丈。

日记主人一家并不是十分破败的旗人家庭。他的父亲在外地做个小官,他的弟弟在工厂工作(二月初六日,"少卿弟仍回织布厂作工去了"),他本人似乎也经营一点商业或会计事务(日记中语焉不详,如三月十八日,"午后往黄米胡同看望,算理经手代办之事款项";三月十九日,"午后往黄米胡同清算经手账目")。应该说,虽然他的家庭在民国初年多已自食其力,但由于家人多有职业差事,所以家境还算过得去。

日记载,闰二月初三日,"七条胡同震兄来告,知昨日子时不戒于火,将宗祖祠堂焚毁,所有影像、神主、一切仪器、祭卷,全行付之一炬。二三百年尊藏以来,至今皆尽。惟此兴祈跪求祖母怜救。……余即往七条胡同看视,果然房已落架,一物无存"。初四日"午后,往皇城根两院,代七条胡同震兄缓颊,宽其不孝之罪"。可见东四七条胡同是他们家和皇城根亲戚等家的长支。以"二三百年"的说法推算,这个宗族祭祀的传统至少从清初就开始了,应该是满洲的大族。据记载,康熙第十五子胤祸的后代住在七条胡同,又乾隆时超勇公海兰察住七条胡同②。如果日记主人是这两家之一的后代的话,似乎不应是海兰察,因为海兰察世居呼伦贝尔,到乾隆时才因战功从普通披甲人擢升,不应有那么长的家族祭祀历史。由此,这一家的祖上应

---

① 根据刘小萌的研究,清代京城内城旗人由于上三旗包衣随主居住、军事调防、民房买卖等原因,并不一定严格按旗分的区域居住。见刘小萌:《清代北京内城居民的分布格局与变迁》,《首都师范大学学报》1998年第2期。

② (清)朱一新:《京师坊巷志稿》,北京:北京出版社,1962年,第109页。

该并非寒族。

年后不久,这家人决定租房搬家。日记中没有明确说过他们原来的住址,但猜测应该在钱粮胡同(东四北大街西侧,隆福寺以北300米),因为日记中曾记,"内子并往马大人胡同看望,又往钱粮胡同旧邻张宅、吴宅道乏"。住在扁担厂的"富世伯""知我家觅房未妥,情愿将伊本院所住之南房三间、耳房二间、西院西平房二间让出,作为典住。彼此意见相同,议定典限五年,价银二百元"①。二十三日,"遵新章呈报本管之内左二区之派出所为迁移之事,并领得迁移证据一纸"。二十七日正式迁居到扁担厂路南门牌三十二号,从此开始了在钟鼓楼区域的生活。

拜年与回拜展示了日记主人最密切的亲友关系圈。让今人难以理解的是,不仅在年节这样的特殊时间,就是在以后的日常生活中,我们也几乎没有看到日记主人超出上述地点的交际。为什么日记主人的亲友,包括许多姻亲,都居住在一个相对邻近的空间内?我们有理由假设,这样一个亲属关系网是在八旗内部特定组织体系中形成的,而且这个网络格局没有被改朝换代和排满风潮所打破。

事实上,除了亲朋的交往之外,家庭成员的其他活动也很少超越这个空间。日记中记载他的妻子和母亲偶尔会去护国寺和隆福寺,他本人去邮局寄信到后门大街(即今天的地安门),看戏去后门内月牙胡同"二簧票房"(月牙胡同在蜡库附近),后面还会详论的他们的拜佛烧香,往往也都是去邻近的寺庵。比较特殊的是清明节上坟,要到东直门外成各庄"老祖茔上祭烧纸"。这证明了我在《远亲不如近邻》一文中的基本观点②,直到20世纪初,邻里地区是普通北京人生活的基本空间单元。

---

① 到二月初八双方签订契约时,又改为典期四年,典价350元。
② 参见拙著:《小历史与大历史》,北京:生活·读书·新知三联书店,2006年,第227—237页。

二、以家族为中心：节庆时间的礼仪生活

过年是节庆时间的礼仪生活中最重要的，虽然我们已无法知道日记中对大年三十和初一是如何记载的，但从后面还是可以看出过年的重要性。初二的晚上"摆供设位，恭祀增福财神，焚香行礼礼毕，焚化钱粮"。光绪时的《燕京岁时记》也记载："初二日，致祭财神，鞭炮甚夥，昼夜不休。"①一般说这是北方的习俗，但明代沈榜《宛署杂记》没有记载，清乾隆时潘荣陛的《帝京岁时纪胜》也没有记载，京畿各府县地方志同样很少记载这一风俗，唯民国二十年的《天津志略》有"初二日之晨，居民、商店均祀财神"之说。疑为较为晚近形成的习俗，可能与都市商业化有关。

到了初八，"晚间摆供燃灯，恭祭诸天星象、南极延寿星君，又恭祀日宫太阳星君，系今岁父亲本名值年之星君也。焚香行礼礼毕，一同焚化钱粮"。初八祭星在清代叫顺星，《帝京岁时纪胜》的解释是："初八日传为诸星下界，燃灯为祭……有按《玉匣记》本命星灯之数者。"②这个习俗似乎从明代开始："而上元十夜灯，则始我朝。太祖初建南都，盛为彩楼，招徕天下富商，放灯十日。今北都灯市，起初八，至十三而盛，迄十七乃罢也。"③这个"招徕天下富商"的说法是否属实姑不论，因为众所周知朱元璋对富商打击甚厉，但初八的燃灯确成为上元节的一个组成部分。这里更多体现的是与个人命运的关联，十三日以后才是群体性的。所以到清代，上元节期从十三日始，初八的燃灯祭星便成为单独的习俗。据说初八这天"家家顺星，亦不许妇女出门"④，但日记中却显示，"皇城根麟宅老姨太太带二叔之姨奶奶来拜年……瓦盆胡同金宅姑娘来"，并不一定严守习俗的约定。

---

① （清）富察敦崇：《燕京岁时记》，北京：北京古籍出版社，1983年，第46页。
② （清）潘荣陛：《帝京岁时纪胜》，北京：北京古籍出版社1983年，第8页。
③ （明）刘侗：《帝京景物略》，北京：北京古籍出版社，1982年，第57页。
④ 胡朴安：《中华全国风俗志》下编，石家庄：河北人民出版社，1988年，第16页。

十三是春分，日记上专门标注了"春分节"三字，但并未记录任何祭祀活动。十五元宵节"早间，敬诣祖祠前，供茶焚香行礼。……晚来风止，明月当空，呈供佛堂、灶王前素元宵，焚香行礼。又呈供祖祠前荤元宵，焚香行礼，撤去年供。今岁元佳节，颇有繁华气象，铺户亦有张灯庆贺者。此为数年未有之盛景"。民国初年的北京开始从庚子事件的破坏和清朝覆亡的惊恐中慢慢缓解过来，此前已经很少见的街市上店铺的张灯结彩，这时也开始重现。时人亦记："燃放爆竹，本为官厅所禁止。自民国九年始，警厅忽取放任主义。"① 日记中的确没有关于燃放爆竹的记录，其时应该还在禁放期间，但人气已开始复苏。作为个别的家庭，上元节更多地是对祖先行礼，祭祀灶王也比较普遍。

元宵之后，年就算过完了。日记的主人家也没有更多的年节祭祀安排，如二月二这一天，日记中没有特别的记载；二月初三日条上注明"祀文圣"，但下面的内容都不涉及。日记记闰二月十四日丁丑是清明节，从这个日期和节气可以断定本年确是民国六年即1917年。这一天已成为北洋政府的法定假日，"二丁自今日起学校放春假四日"，这种情形大约到国民政府时期被取消。但日记主人家在这一天并没有什么特别的活动，反而在其后的十七日（这一天是星期天），会同七条胡同震兄、黄米胡同二侄荫芳"乘车策蹇，往东直门外康营地方先祖茔祭扫，行清明之礼"；二十一日，又"偕少卿弟往东直门外成各庄老祖茔上祭烧纸，行清明上巳之礼"。清明节扫墓，并不一定限于清明当日，扫墓之人也并非全家出动。日记主人的父亲在外地，不能参加；他也不带自己的儿子参加，女性成员也不见踪影。可见清明扫墓活动在这一时期虽然存在，但已不受家庭的重视，不再是维系亲属关系的重要方式。

五月初五日，"今日为端阳佳节，清早敬诣佛堂灶王前，呈供粽子、樱桃，焚香行礼，又呈供祖先神牌前清茶、粽子、樱桃，焚香行礼"。

---

① 胡朴安:《中华全国风俗志》下编，第14页。

这种仪式主要是针对家内的,因为灶王和祖先都是庇佑家庭的。

七夕在日记中完全消失,但七月十五日被注明为中元节。"今日为祭扫老祖茔之期,因雨缓期"。中元节的礼仪只剩下祭扫祖坟,而且可有可无。后来的日记中也没有记载曾经补过。而到八月初三日是"司命灶圣诞之辰,呈供焚香行礼",祭灶成为家中最重要也最频繁的礼仪活动。

遗憾的是,日记记事就到此为止。我们不知道在八月中秋、九月重阳及以后的节庆时间里,日记主人及其家庭有何安排、有何活动,但从上述节庆活动来看,家庭是礼仪的中心。即使是在正月过年的时期,拜年还是在亲戚的范围当中进行的。

在日记中,来往拜年的亲友如下:

铭六族伯、延大族叔、延二族叔、铭九伯、荣大族兄、荣大嫂之姨甥、陈大族姊、荣姑母、荫芳二族侄、柏族叔、荣宅姨太太、荣寿、荣大嫂子、长老姑太太、六伯之大二姨太太、李大族姊、续斋二姑太太、麟宅老姨太太、岱宅国六族叔、金宅姑娘、裕华峰表嫂、蔡二姑太太、三姑娘、震兄、陈宅大少奶奶、大嫂子、延三表伯、陈姑奶奶、齐二姑太太、岱三族祖、延三表伯。

富三姨母、黄二舅、圆明园正白旗营房英舅父、三姨夫之妹、富二太太、黄五舅。

姻太姨母、李姻外祖母、潘泽生姻弟、吴振清姻晚、恩七姻舅(恩远峰姻舅)、吉二姻姑母、傻内弟、铭三姻叔、铭三姻婶、恩新泉姻舅、金子怡姻兄、浚哲章姻弟、金大姻嫂。

联义母、富大世伯、金大少爷、陈义子之母陈姑奶奶。

旧仆人周妈之子周荣、看坟家丁萧三、坟丁顾昆、顾恩、顾小八、坟丁吴秃子、旧仆人顾姐。

我不能确定这些亲友与日记主人的具体关系,大概的分类也定有不准确之处。大体上,第一类亲戚是其父系一族,即称族叔、族伯、族兄之类及其家眷;第二类亲戚是其母系一族,即称舅、姨等及其家眷;第三类是姻亲,即本人及兄弟姊妹的妻家或夫家之人;第四类属于干亲关系;第五类属于家仆。严格说来,后两类已不属于亲戚,但他们与这个家庭的关系已形成多年,并通过某种拟亲属关系的形式形成密切联系。

除了极个别的情况外(比如铭三姻叔、铭三姻婶),我们很难确定上述亲戚中哪些属于一家人或直系家属,我们也不知道是否日记残缺的部分漏掉了拜年的更重要的亲属。但我们可以肯定的是,首先,通过拜年体现出来的节庆礼仪,主要服务于亲属关系圈的维护。这个亲属关系圈既不限于小家庭,也不限于直系亲属,而是发生在一个较大的亲属关系圈里,社交圈与亲属关系圈在较大程度上重合。其次,这个节庆礼仪的操作或者亲属关系圈的维护主要是靠家中的女性来完成的,她们之间的频繁走动反映出她们作为家庭代表的身份,这一特点可能与旗人家庭中的女性地位有关。

因此,在 20 世纪初的北京普通人那里,节庆主要意味着家庭关系和亲属关系的强固,而主要不是公共生活的场域。同时,刘小萌认为清光绪时期的"旗人大多以个体家庭为单位居住一地,不要说传统的宗族组织早已瓦解,连同一家族的成员也难得一聚了"①,这个说法还需要再审慎地考察,因为上述过年期间密切往来的亲友在平时也保持着同样密切的联系。

三、寺庙与日常礼仪生活

日记中也显示了这个家庭与寺庙的关系,这种关系是多种多样的,使日常生活中充斥着人们对信仰和礼俗的重视。

在民国初年的日常生活中,寺庙是不可或缺的,但并不一定与信仰有关。明清时期北京最为繁盛的"东西两庙",与日记主人一家的生活区域不远。比如,二月初七日,"母亲逛护国寺半日";二月初十日,"余往马将军胡同一看,并往隆福寺买东西";二月十八日"偕少

---

① 刘小萌:《清代北京内城居民的分布格局与变迁》,第 52 页。

卿,带二丁往护国寺一游";闰二月二十九日,"隆福寺买东西";三月初十日,"往隆福寺买东西";三十日,"余往演乐胡同找麟厨子说事,带二丁逛庙,买烧鸭子、芍药花";七月初九日,"母亲往隆福寺";等等。或去购物,或去游玩,目的都不是烧香敬神。

此外,三月初三日,"想蟠桃宫庙会必然热闹可观",但不曾去,可能因为远在东便门吧。蟠桃宫不是什么大庙,但供的是王母娘娘,神诞又是在传统的三月三,所以过去成为祈子的重要所在。蟠桃宫的位置又在运河进京的路上,地处要道,所以庙会期间非常热闹。所谓"蟠桃宫里看烧香,玩耍沿河日正长。童冠归来天尚早,大通桥上望漕粮"①。所谓"热闹可观",也即指该处是游玩的场所,可见一般民众的信仰生活并非随意地与任何一座寺庙发生联系。

容易让今人忽视的是节气在日常礼仪生活的位置。二月十三日,日记在该日上方标出"午初一刻惊蛰节"。联系到前文已提到的春分节、清明节,可知传统的节气在民间一直被视为"节",到今天的语汇中,只剩下"清明节",但在民国初年还保留着节气作为"节"的重要性。这天,"往后门街沐浴、推头,闲逛半日"。"沐浴"二字在日记中都被刻意大写,说明它还是一种特定的礼仪行为,但这种情况在其他节气日是不常见的。

那么,诸多神诞日在人们的信仰生活中扮演着什么角色呢?二月初三日是文昌帝君神诞,日记在该日上方注"祀文圣",但大约是从皇历上抄的,因为下面并没有祭祀文昌帝君的活动。与此对应的是,日记记录的另一个神诞是六月二十四日的"关圣帝君圣诞之辰",方式是在家里"焚香行礼",也并不去京城多如牛毛的关帝庙祭祀。除此之外,日记唯一记载的神诞日是碧霞元君的生日。对于妇女来说,妙峰山的娘娘庙要远比东岳庙重要,所以四月十五日"晚间,母亲遥向妙峰山天仙圣母驾前焚香行礼",但我们不知道她是否曾是到妙峰

---

① (清)得硕亭:《草珠一串》,《清代北京竹枝词》,北京:北京古籍出版社,1982年,第56页。

山朝山进香的香社成员。

在我对东岳庙的研究中,涉及与东岳庙有关的大量善会组织,也谈到东岳庙在朝阳门一带的祭祀中心地位。在日记中并未记载这家人在平时或东岳大帝生辰时与东岳庙发生过密切关系,唯一的一次是在正月二十一日,"母亲往炒面胡同去,并往东岳庙三姨父灵前吊祭"。东岳庙有专司阴曹的职能,在此显然是作为邻近区域内供人家停灵的所在。往日停灵既可以在家里,也可以送到庙里,送到什么庙,并没有统一的说法。在庙里请道士或和尚做法事,焚化黄表及明器,称为"送库"。在这段时期内,日记作者的母亲唯一去东岳庙的一次就是除孝送库的日子。北京西皇城根北曾有座明代修的嘉兴寺,民国初曾是很有名的停灵发引的寺庙,直到20世纪50年代以后,梅兰芳、齐白石、陈垣等还都是在这里办丧事。另外还有位于旧鼓楼大街大石桥胡同的拈花寺、位于鼓楼西大街鸭儿胡同的广化寺等等,京城各处佛寺,多承应这类事务。道教庙宇承应此类事的极少,东岳庙是一个,但我们在现存东岳庙的材料里却看不到多少痕迹。

正月初三日,"邀少卿弟、荣寿往方家胡同白衣庵庙内拜年";初五日,"法通寺庙智果和尚来拜年"。初九日,"法通寺智果庙及扁担厂清法庙回拜"。这里提到的三座庙就是和这个家庭关系最为密切的寺庙:方家胡同的白衣庵、法通寺胡同的法通寺或净因寺、扁担厂的大佛庵。其中又以白衣庵最密切,他们的关系已经超越了寺庙与普通信众的关系,也许是这个家族的家庙。

白衣庵至今现存三间殿,门额为"古刹白衣庵",相传为唐代古刹,1928年的北平寺庙登记记为建于乾隆年间,当时还有房屋殿宇68间,属于较大的寺庙[1]。法通寺距离也不远,在安定门内法通寺胡同,现在的华丰胡同,建于元初,明代数次重修,康熙时重修改名净因

---

[1] 北京市档案馆编:《北京寺庙历史资料》,北京:中国档案出版社,1997年,第219—220页。

寺,民国时还有房屋73间,面积大约有5400平方米①。现在均已变成民居。扁担厂这个庙可能是指大佛庵,按民国年间的调查,此庙建于明,当时有殿宇9间,规模不是很大②。这个胡同现已无存,寺庙自然也不复存在。

在这三座庙中,法通寺规模最大。据明万历四十年之《重修法通寺记》,是"内翰张公在寺多年资福焉,祝延圣寿,见佛殿倾危,乃与侄张保曰:圣地焚修之所,不无壮观之美,遂鸠工集材而鼎新之。不数月,前后殿宇莫不焕然一新"。从碑阴题名来看,主要的供养人应为尚膳监太监张堂,还有别的太监、官员和普通信众③。该寺也许在明末清初遭到较大破坏,因为清康熙四十四年的《敕赐净因寺碑记》中说,"敕赐净因寺者,即法通寺之故址也"。碑阴写明:"御前总管梁九功、御前达哈里珠子李郁发心置地十顷,舍与净因寺永远供奉,焚修香火,勒石于后。地坐落在京北太平庄,共三段,地界四至在册。"几乎成为皇家寺庙,所以在明清两代势力较大。日记主人因是旗人,与净因寺应该也是老关系,"余往法通寺崔星甫家、净因寺庙内智果处拜望。此二处皆是旧邻、旧友也"。闰二月二十八日,"褡裢坑铭三婶来看候,同至智果庙还利银",说明他们与净因寺之间还有借贷关系,在日记中,到净因寺去"还利银"的记录还有三次。

日记记载,正月初六日"扁担厂清法尼投帖拜年",说明大佛庵与这家人关系应该比较熟稔,很快又因为他们搬家至左近而发生更直接的往来。"清早恭诣佛位迁移,因新居西院之房未曾修筑,暂行借供在扁担厂大佛庵庙内。"闰二月二十七日,"请来府学胡同世二弟同往本胡同大佛庵庙内恭请前曾借地供奉佛位神龛,移供家堂焚香"。但日记并未记载他们之间更多的信息。

---

① 北京市档案馆编:《北京寺庙历史资料》,第38页。
② 同上书,第562页。
③ 北京图书馆金石组编:《北京图书馆藏中国历代石刻拓本汇编》第59册,郑州:中州古籍出版社,1981年,第39—40页。

但这家人与白衣庵的关系就要密切多了。日记中记载：闰二月二十五日，"方家胡同白衣庵五师傅及其徒能和先后来道谢，道乏"；三月初四日，"白衣庵庙送来白碧桃花数枝、香椿一盒、凤尾挂面二匣"；三月十五日，"母亲往白衣庵庙看望，晚回"；四月初五，"母亲往白衣庵庙看四师傅，贺七旬寿"；初九，"白衣庵五师傅与其徒能和先后来道谢，道乏"；五月十五日，"母亲往白衣庵庙散闷"；二十一日，"母亲往白衣庵去，晚间与能和尼同来"；二十四日，"母亲于昨午前往白衣庵庙，去后半天回家，至晚往白衣庵庙宿下。今日午前，该庙五师傅送回家"；六月初，这家人准备给祖母祝寿，初四，"白衣庵五师傅来预拜寿，送素菜点、鲜桃四盒"；六月十五日，"母亲往方家胡同白衣庵庙道乏"；七月二十三日，"母亲由白衣庵回家，在彼住了十天也"；八月初七日，"白衣庵五师傅来道谢，道乏"；初九日，"白衣庵五师傅来送果子"。

与白衣庵这样密切的往来，甚至家中的女眷可以在庵中住宿十天，应是积极参与到了寺庙的宗教活动中，而不像日记中反映的这样好像世俗的应酬。从日记的点滴记载中，我们还可以看到这个家庭与善会组织的关系。二月十九日，"午前，母亲往方家胡同白衣庵庙随善会，送钱四千，茶叶一蒲包"。四月十五日，"母亲往东边大佛庵庙随善会，送钱四千"。七月十四日，"母亲往白衣庵庙随善会，送钱四千，宿下了"。可见，日记主人的母亲参与了两个寺庙的善会，主要是白衣庵的。这两个寺庙都在自己的邻里范围，而一般人参与的善会都与自己邻里的寺庙有关，难得看到那种跨区域、远距离的善会、香会组织或个人参与。在北京林林总总的寺庙中，基本不存在祖庙与分庙或子孙庙那样的系统，各自之间互无关系，因此个人不一定都参加到某个更有影响的大庙的善会组织中去。

有个可能相反的例子。七月十八日，"土儿胡同增福寺住持智姻叔、和尚智泉来投帖，请本月三十日为□南庙白纸坊崇效寺善会"。土儿胡同原在东四北大街路西，地近北新桥，也属于邻里地区，一说建于明成化八年，一说建于清咸丰年间①，住持是这家的亲戚，来劝说他们参与崇效寺的善会。崇效寺是座有名的大庙，唐代叫枣花寺，后毁，元代重建，赐今额。明嘉靖时太监李朗捐建藏经阁，并植大片枣树，后又以牡丹、丁香、海棠闻名。在清代，王士禛、朱彝尊、纪昀、洪亮吉、林则徐等等均往还于此。至民国初年还有房屋殿宇108间，占地42亩。白纸坊在宣南，距离他们的生活区域很远，不知道土儿胡同的增福寺与崇效寺有什么关系。奇怪的是，日记中恰恰在七月三十日这一天缺载，我们不知道这家人是否参与了崇效寺的善会。如果他们是通过增福寺介入善会活动的，那还是属于邻里地区的活动。

尽管如此，在日记主人一家与寺庙的关系中，我们看不到宗教组织成员之间的频繁互动，而只是某个家庭成员与特定寺庙的神职人员的往来；我们也看不到整个家族或者整个社区（邻里地区）与特定寺庙发生某种固定联系，而只是这个单独的个体家庭与该寺庙的联系；我们看不到知识精英在这个特定区域（主要是内三区）的宗教活动中所扮演的角色，也看不出由此构成的某种"权力的文化网络"，看不到某些"象征性资本"（比如醮仪）在这里发挥了什么作用。当然，这可能是由于这八个月的日记资料所限，材料特性的局限一定会遮蔽许多事实。但是也许存在另一种可能性，那就是在一个非常普通的城市居民区当中，在一个寻常的时间周期里，事情就是如此。

四、赘论：城市为何需要宗教

施坚雅所编《中华帝国晚期的城市》收入了三篇主要以台湾为对象的城市宗教研究文章②，王斯福讨论了城市中的正祀及其与民间

---

① 北京市档案馆编：《北京寺庙历史资料》，第64、510页。这条胡同已经在近几年被拆除改建了。

② 它们分别是王斯福的《学宫与城隍》、德格洛珀的《一个十九世纪台湾海港城市的社会结构》和施舟人的《旧台南的街坊祀神社》，见施坚雅：《中华帝国晚期的城市》，第699—730、762—814页。

信仰之间的关系,德格洛珀通过鹿港的仪式活动讨论了宗族、街坊及其他社群之间的竞争,而施舟人的研究主题与本文最为相关,他讨论的是台南各个街区围绕寺庙建立起来的各个祭祀性的会、社,特别是土地公会的重要性。

国家正祀是各级城市的重要特征,但却带有明显的等级特点,有些祭祀只能是在都城中由天子或他的代理人来进行的,比如祭天。但更多的正祀神庙祭典除了官方出现的场合之外,其余的时间要依赖民间社会与他们的合作。韩书瑞的《北京:寺庙与城市生活,1400—1900》一书,用了较大篇幅处理这个问题,讨论了清代北京寺庙与公共及私人生活之间的联系。在城市的各个街区都存在自己的庙宇,作为这个街区的公共中心,这似乎也成为整个中国从北到南的普遍现象。在这些寺庙的背后都存在着数量不等的祭祀组织,即各个会社(或者反过来说,若干会社组织会享有一座寺庙),这些组织就成为一定范围内处理多方面事务的团体,直到今天这些组织的重要性还为康豹所强调(所谓"寺庙委员会")①。即使是我自己对于北京东岳庙及"五顶"的研究②,也是在强调寺庙在城市生活中扮演着与乡村同等的重要角色。

不可否认,城市和乡村一样需要宗教,还有可能更甚。韩书瑞的著作统计了明清时期北京各类寺庙达 2500 多座③,1928 年的统计是 1600 多座。以清代中叶到清末北京内外城人口近 80 万计,平均大约 400 多人享有一座寺庙。当然这个统计是不够准确的,比如韩书瑞书中指出,1938 年北京的穆斯林人口为 17—20 万人,那么当时的清真寺数量只能达到 4000 人享有一寺的程度④,这样的比例使人们的宗教生活变得难以想象。我们随便翻检一下北京市档案馆所藏民国

---

① 参见〔美〕康豹:《西方学界研究中国社区宗教传统的主要动态》,第 65 页。
② 参见赵世瑜:《小历史与大历史》,第 188—257 页。
③ 参见韩书瑞:Peking, Temples and City Life,表 2.1,第 23 页。
④ 见韩书瑞:Peking, Temples and City Life,第 573 页。

时期社会局档案,其中出现而在 1928 年统计中不见的寺庙,仅以内一区为例,就有三教庵、照宁寺、马家庙、永通寺等。无论韩书瑞还是民国时期北平特别市的统计也都没有包括会馆,而会馆与寺庙在很大程度上是相通的;当然,也没有包括清真寺和天主教堂。

但是,即使城市中人均寺庙数再多些,一个数百人口的乡村只拥有一座寺庙的情况在明清时期的多数地方还是不多见的。固然不能因此得出城市居民的宗教意识淡于乡村的结论,但的确与很多独特的因素有关。比如,城市内部具有比乡村更严格的空间规划,以北京为例,紫禁城、前三海和皇家苑囿就占去了内城面积的 1/15 左右,还有许多官署和王公府邸,街道的数量和复杂程度也随着城市等级的升高而增加,这都会影响到城市寺庙的空间布局,与乡村相比减少了许多营建上的随意性和自由度。再比如,城市人口要远比一个村落复杂,这里存在多种族群、多种宗教、多种职业与行业、多个不同的原籍,多种社会身份,这就必然导致多重复杂的认同。北京的士大夫比例无疑较高,他们可能会到寺庙中吟诗赏花,也可能为善会的碑文题词篆额,但他们不会成为这些善会的主体。北京的穆斯林、天主教徒各自去相应的寺庙、教堂活动,不会成为那一两千座寺庙的参与者。又比如,大城市中的外来人口比例是较高的,而且流动性很大,这些人的上层,比如商人、举子,与会馆联系密切,其他人便很难与本地土著一起,比较稳定地参与邻里地区的寺庙活动,等等。这些因素既会提高上述人均寺庙的比例,也会让我们考虑比乡村社会更复杂、多元的体制因素,分解社区居民与寺庙之间本来具有的多重关系。

我们必须对我们所用资料和研究对象进行检讨,这将有助于问题的解决。为什么罗威廉强调了行会、善堂,王笛强调了茶馆在城市社会中的作用,而康豹却觉得美中不足、有遗珠之憾[1]? 原因就在于

---

[1] 康豹:《西方学界研究中国社区宗教传统的主要动态》,第 65 页。该处注释中提到劳格文著有《中华帝国晚期的市民社会》,疑为罗威廉论文之误,不知是译者所致还是作者所致。

城市社会的复杂性，它给不同的人群提供了多种选择，也提供给他们进行多元建构的空间。当我们使用寺庙中的材料来重构历史的时候，我们主要用的是碑文，它们势必分外凸显出寺庙的重要性。对北京的研究也面对着资料之间的紧张关系：我们面对的是明清时期北京的碑文，而口述资料却是民国时期的，二者由于时间上的错位而不能完全互相印证。对于寺庙中的资料来说，即使资料所记载的所有人和事都能表达寺庙的重要性，但资料中没有记载或提及的人和事对寺庙如何表达，我们就不知道了。我们不能下结论说，寺庙资料中记载的人和事比未记载的要多，要重要。

研究对象呢？台南或清代台湾府的寺庙与社区生活的密切关系，直到今天我们还能多少有所感受，这种关系不能脱离它作为新开发的移民社会的特点来理解。我们会同样感叹华南地区数量众多的宗族祠堂，感叹宗族在区域社会中的重要地位，但这也要在一个边陲的开发、移民和族群关系变迁的脉络中去理解。这些特点和脉络揭示了与众不同的紧张关系。这个区域社会处在一个秩序建立或者社会重构的过程中，寺庙以及控制寺庙的人群便尤为重要。王铭铭也讨论过泉州的情形①，这里的城厢三十六铺九十四境都有自己的境庙，当然还有开元寺、海印寺、关帝庙、玄妙观等大量其他寺庙，但并未被作者提及。在七月的一整月中，每天分别由一铺负责当日的普度，即连做 30 日的普度，这种仪式秩序的安排背后是激烈的、不断的械斗。作者在书中提到，清康熙年间武将蓝理根据地势划分"东西佛"，并倡导迎神赛会来使泉州这座"鲤城"富有活力的传说。姑且不论这个传说的意义在于何处，只是其中康熙平台这个时间点便非常重要，因为后面紧接着就是"复界"和"开海"，而这一变动对漳、泉一带的社会关系重组产生了巨大的影响。遗憾的是，从该书中，我们未能看到沿此历史脉络对铺境寺庙及其复杂的冲突与整合进行解

---

① 王铭铭：《逝去的繁荣：一座老城的历史人类学考察》，杭州：浙江人民出版社，1999 年。

释,但可以确信,除了地方传统之外,这种神庙系统的发达背后具有重要的历史变迁因素。

在北京,我们从寺庙或风俗志材料中还是看出寺庙的重要性,从民国初年北京还存在如此多的寺庙来看,这一重要性也是毋庸置疑的。但这种重要性并不能与特定时期的台南或者泉州等量齐观,也不能与其他城市的情况同等视之。从日记这样一种"外部"的记录(就是从寺庙或祭祀活动以外的角度,而不同于碑刻、科仪书、签文签诗、寺庙壁画、塑像等)来看,人们与寺庙的关系并非不直接、不密切,但却更多地表现了一种日常生活的节奏和松弛的关系。在日记主人一家的附近,存在着许多寺庙,但他们似乎只与三家、主要是一家有比较频繁的往来。这可能与时代已进入民国,城市居民的宗教生活已开始淡化有关系,也可能与日记主人所谓时局动荡有关,更可能与北京这座都城,特别是清代以来北京城的特点有关。当我们看到北京内城的一种相对稳定的居住格局和相对严格的社会秩序时,寺庙和宗教的作用在哪里呢?除了扮演礼仪秩序的空间角色之外,它主要是满足人们日常的精神需求的工具了。

总的来说,即使对日记中记载的与大量红白喜事、生儿育女等有关的礼仪活动忽略不计,我们也可以看到这一家人礼仪生活的丰富。不过,日记的记述方式还是过于简略,它完全忽略了事项的内容和过程,因此我们无法了解这些丰富的仪式生活的细节。但日记不同于其他材料的优点,就是把记述具体到一个个体的家庭及其环境,不再是泛泛的描述,因为泛泛的描述对于某些人群来说是真实的,而对于另一些人群来说就可能并不真实。我在有关东岳庙和鲁班会的研究中揭示出来的是北京宗教生活中的一面,而这里则揭示了另一面。

这个真实就是,在民国六年的北京,一个没落旗人家庭的生活空间是相对稳定的,节庆和平素的交往大多在亲缘关系和信仰的圈子里进行,这与清代京师内城八旗驻防分布的固定、与寺庙和仪式行为在生活中的重要作用是有关的。

民国六年实际上是不平凡的一年,张勋短暂的复辟在日记中也被淡淡地记下了一笔,然后是冯国璋代理大总统,皖系和直系军阀的争斗开始浮出中国政治的水面。但是,这不到 8 个月的日记给我们展示的,是忙碌、平淡的礼仪生活,新旧交替的剧烈变动仿佛被消解在了这样的生活秩序中。

观察与思考

西樵山：近世广东史之景观象征
——读《南海县志·序》有感

关于珠江三角洲的历史和地理，学界，特别是广东学界，已有大量研究成果。近年来，社会史与人类学学者在珠江三角洲地区所做工作，使我们对这一地区自明代以来的历史有了超越以往的更清晰的认识。特别是通过这些研究，"华南研究"为中国的区域历史研究"率先垂范"，其他区域的研究也在以前所未有的程度开展起来。所以对于中国区域社会史的研究者来说，无论是到广东还是福建，并不意味着他或她对这些地区有多少真知灼见，而是带有"朝圣"的意味。我相信，在以后的学术史旅行中，这个意味会越变越重的。

我本人对华南任何地区素无研究，也很少读关于广东的文献。当然我在珠江三角洲以及广东的其他地区、无论是沿海还是山区，还是跑过一二十次，多少有点感性认识的。我以前没到过西樵山，但也久闻其名，近世史上第一家民族企业继昌隆缫丝厂被写进中学历史教科书，没有理由不知道，它就位于西樵。不过知道点常识并不足以让我产生新的看法，只好去读《南海县志》——因为西樵当年是属于南海县的，算是读了一点最基础的广东文献，虽然比信口开河好一点，但基本上也是一些鄙陋之见。

一、从地方志序言中的牢骚说起

如果算上宋淳祐《南海志》和元大德《南海志》——那时的"南海"与明清时期的南海县还是有点不同的政区概念，明代有两部《南海县志》,清代有五部,此外还有《南海乡土志》和《九江乡志》,起码有十几部与南海有关的志书。此外还有各个版本的《广州府志》,真可谓资料宏富。研究有这么多方志的地方可谓幸运。因为如果有这么多方志,其他地方文献之丰富可以想见。

先说康熙志①。在本序之外,康熙志对旧序的安排很有意思,最前面是崇祯志的序,然后是万历志的序,再下面是宋淳祐《南海志》的序,最后是元大德《南海志》的序。真是想不通编者为什么这样安排顺序,也不知道有没有人做过研究,有没有什么解释。大体是由近及远,厚今薄古,但元志又在宋志的后面。总之,编者似乎是故意不按照时序排列的。

排在最前面的四篇明代序的作者显然心怀不满,因为里面的文字抱怨颇多,说赋役很重,浮粮很多,盗贼蜂起,人心不古。崇祯志序作者、南海知县朱光熙的牢骚最多:"窃见南邑之民力日耗而民气日嚣。夫民力日耗而用民之力者殊无醉饱之期,气日嚣而揉民之气者自处于三鼓之竭,焉望其生计顿苏、醇风旋复耶?……今日耗力之端多矣,且不具论。论其甚者,则有定弓一项。盖自军兴加赋,小民亦知事非得已,第以虚税作正供,稔时犹堪勉强,如昨年西潦决堤,民皆鱼鳖,即额征几几乎难之,而犹责偿虚税,将ウ之逃亡屋乎!"后面的牢骚如滔滔江水,全都是攻击政府和现实政策的言论。

跟在后面的是本地人庞景忠写的,也是崇祯志的序,他也参加过万历志的编写,基本上是配合着朱知县的口气。他前面还不咸不淡地说了几句场面话,随后口风一转,说"惟是井里雕耗,阓阛瘠苦,征调日繁,输挽弗继。军兴中外,履亩加赋,而吾邑犹苦定弓虚额,望新生移抵,如俟河清,民益重困。且也剽掠横行于海上,桴鼓弥满于山谷"。最后说我们这些小民也没什么办法,只好靠君子出来保佑我们平安吧。

---

① 本文引用的康熙《南海县志》系《日本藏中国罕见地方志丛刊》本,北京:书目文献出版社,1992年。

崇祯年间全国陷于战乱和灾害,日子的确不好过。但对于广州来说,战火还没烧过来,比北方各地好得多了。万历时期是明朝最繁荣的时期,但万历志序说什么呢?作者也是南海知县,他说"余入南海之初,则见采榷旁午,井陌萧条,讼狱繁兴,风俗凌僭"。到宋元两志的序,说了点好话,也就被置于最后。所以,康熙志的编者似乎是以说坏话的程度如何排序的,而且绝不满足于腹诽,直接通过地方志把不满情绪发泄出来了。

其实,在很多时候,说坏话等于说实话,说好话则是说假话。康熙志编者心理,其实不难猜测。就是我们常说的,人同此心,心同此理。前朝的末世一定是很糟糕的,否则怎么会被本朝所代替?这是个合法性的问题。宋、元与大清是隔代了,没有直接的关系,多说点好话也没关系。实际上,宋淳祐《南海志》序夸奖了这里的山海风物,但说到这里的文化,还是不敢吹牛皮,说这里"仕进者鲜";元大德《南海志》序讲得更有意思,说"南海荒远,在图中一黑志耳",之所以还要关注这个地方,主要是考虑到版籍的问题,否则就一边玩去。

其实珠江三角洲的社会经济真正有点起色还是在明代中叶以后,但到晚明,地方士绅,甚至地方官府对中央政府日益不满,所以在地方志里牢骚满腹。但这种牢骚和宋元时人的蔑视大大地不同,这种牢骚相当于巴尔扎克《人间喜剧》中那些银行家对贵族的牢骚——我们自己在这里搞得好好的,却要被你们这些北方的家伙敲诈,所以民怨沸腾。这些"民"其实主要是知识精英。所以到康熙志的序里,这种情绪依然延续,因为满洲人不仅更"北",而且更"蛮",哪里比得上"海滨邹鲁",更何况经历了南明的"皇帝化"的洗礼。所以,康熙志序的第一篇,南海知县胡云客写的,还是客客气气,说我们这里明代出了许多的名人,放在最前面摆样子。第二篇姓郭的前任知县的序中心是说,南海虽然貌似物产丰富,但实际上民力非常艰难。第三篇是本地的士绅梁佩兰写的,就完全不客气了。他上来就说孔子表扬的良史董狐是秉笔直书的,意思就是说不愿在这里说一些不着四六的客气话,说"今者簿书期会而外,虽头如蓬葆,手足如抵胼,奔走迎送而不暇给,民亦疲于供应,无如之何。又昔强藩在境,以予邑为富饶,正赋既供,而犹取办于士马刍荛、齿革羽毛之属,较倍他邑"。他直截了当地指出,本届政府的工作重心就是催科("国家以催科为殿最,令欲其自见其功名,势不能不重催科也"),所以百姓才疲于奔命,整篇序就讲这一点。

为什么这种不满情绪溢于言表?原因是从明代中叶开始,这里的人们腰包鼓起来了,所以对收税之类的事是最讨厌的。腰包瘪瘪的时候是不会骂中央的,骂可骂不来困难补贴。那时候宁愿中央来收税,因为这是成为编户齐民的必要代价。等到妾身已明,身家渐丰,那个时候再骂就无碍了,国家还要放下身段来乞求财政支援。到最后,这个国家就彻底变成了地方的对立面。明末全国打仗,全国加税,清初也是战时财政,广东也不能幸免,大家都不满意,但《南海县志》却敢于公然流露。所以这几篇方志的序,与其说是历史的真实反映,不如说是借机造势。

这差不多就是近世的广东史。

二、明中叶的西樵名士

无独有偶。正是康熙志正式肯定了西樵山的地位。在卷一《舆地志》中,编者回顾了"羊城八景"的历史沿革,在宋、元、明三朝的"八景"中,都不见西樵的踪影,只是到了这时,也就是清初的"八景"中,才有了"西樵云瀑"的说法。在胡序中提到,"灵州、石门、西樵,皆名山也,亦各图之,使灿然简册",可石门山在宋、元的八景中就占有一席之地,不是西樵可以比的。

为什么西樵到清初名声大振?这要归功于明中叶广东的文化振兴,近世广东史就是从这时开始的。在康熙志《山川》部分里,关于石门山的描述只是寥寥数行,元代的西华寺到明嘉靖间也毁了。但西樵山的部分却是蔚然大观,原因在于霍韬、王弘诲、方献夫、陈白沙、湛若水等等都与它发生了关系。在这一时期,西樵山里兴建了云谷书院、端州书院、大科书院、石泉书院、四峰书院,其中云谷和大科是湛若水建的,石泉是方献夫建的,四峰是霍韬建的。与城里标榜宋儒学问的濂溪书院、晦翁书院的正统相比,这里俨然已是新兴的广东学术的发源地(参见康熙志卷八《学校》)。

湛若水、方献夫和霍韬这个小圈子可以说是在西樵山结成的。方献夫在正德年间请病假回家休养,霍韬也是在此时借结婚隐居西樵,他们与湛若水"卜筑西樵,往来讲学",此后就发生了"大礼议",西樵或许就成了奠定"议礼"理论基础的地方。方献夫乞休之后又回到西樵,"治第西樵山麓,悠游十载而卒",他的文集也起名为《西樵存稿》。霍韬的家族墓地也在西樵,父亲的墓表和母亲的神道碑都是湛若水写的。此外,方、霍二人与王阳明也惺惺相惜。稍晚又有何维柏,中进士前"尝慕西樵泉石之胜,负笈读书其中,时湛文简、霍文敏亦山栖,与语多所默契"。晚年聚众讲学,"发明白沙之旨"(同上卷一一《人物》)。所以,在学理上偏于心性之学、在治道上强调事功的这几个人——不知道是否可以称为明中叶的"广东学派"——都与西樵山有着密切的关系。

以上的几个人,通常被放到思想史的脉络中加以讨论和定位,事实上,他们与明嘉靖后政治史上的变化有极大关联。反过来,他们又影响了珠江三角洲地区的社会结构,并因此对其后的广东史有着深远的影响。这一点,已为一些学者申论,无需赘言。由于我愿意将明嘉靖时期视为近世广东史的起点,所以在这个意义上,西樵山确可被视为这段历史的景观象征。

三、明中叶的西樵采石业

几乎是同时,西樵山发生的另外一些事也引起了人们的注意。大约在弘治、正德年间,广东监察御史屠应坤向朝廷上疏,请求禁止西樵等地的大规模采石活动(康熙志卷一四《奏议》)。按照屈大均后来的认识,西樵各峰的石头,无论是石质还是颜色,都各有不同,有的可作石柱及柱础,有的可作碑材、砚台,有的可作墙围,有的可作炉台,不一而足(《广东新语》卷五《石语·西樵石》)。起初采石的只有三五十人,"后遂凿得铁矿",逐渐聚集起三五千人;起初都是"近山顽民",后来则是"四方有罪亡命者多归之矣"。佛山本来就是民间冶铁和陶瓷业的中心,这时又发现了新的资源,造就了冶铁业和建材业的持续发展。

无论于公于私,这件事都是有利可图的。由于《明实录》于此无载,所以暂不清楚屠应坤的建议是否得到批准,但多半是无疾而终。因为在石湾《霍氏崇本堂族谱》中,还有规定"不可去入窑砌砖,去挑砖入窑,及去西樵山抬石,番禺等处入穴挑煤","不可去佛山学习炒铁出铁,制造铁锅,打铁器,打铜锣等项",等等(《石湾霍氏崇本堂族谱》卷三《工有百艺之当做》),说明这已成为当地重要的谋生手段。

许多下层民众聚在这里,当然会有他们自己的文化需求。屠应坤说,他"惟闻矿场赛愿,聚师巫,降邪神,夜聚饮酒,猖狂而已"。这种情况,似乎与前面揭示的西樵山的知识精英文化,形成了鲜明的对照。然而,这两种文化并不必然形成冲突,也许恰恰是这样的工商业氛围影响了湛若水、霍韬们的事功观念,更不必说他们在西樵的私宅以及在老家的祠堂极可能就是用了这里的石材。从近世广东史的角度说,这一侧面同样证明了西樵山的景观象征意义。

四、西樵的开发与区划改变

西樵山的景观全貌,率先出现在康熙志中,其中开始有了《西樵山图》,不过与道光编、同治续的《南海县志》之《西樵山图》比,绝对是小巫见大巫。两相对比,前者不出山水地图的窠臼,后者已明显采用西法,位置、距离、比例都比较准确。更为重要的是,前者基本上被定位为名胜图,而后者却被定位为区划图。为什么这样说?因为后者的前后各图都是南海县下辖各村堡的地图。不过,又不像各堡要征粮,它并不是真正的行政区划,是"被区划"了。为什么会这样定位？一定是因为这里的自然区隔以及人为活动日益有了相对独立的特点,而这个变化也一定是自明中叶发生、到清代继续强化,并为人所意识到的。

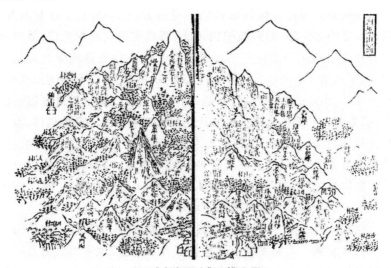

康熙《南海县志》西樵山图

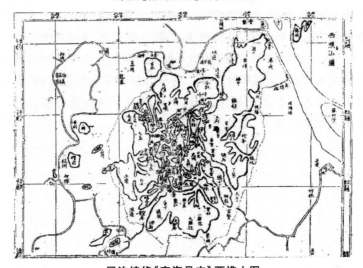

同治续修《南海县志》西樵山图

这个变化是什么呢？明中叶那几位乡贤早已成仙，后人不会只因为当年有几个名人在那里讲学聊天就分出行政区划来的。不过看看地图，我们就知道这个变化是与这里的开发分不开的。

　　西樵是广州以南距海最近的一道隆起，西江与北江在其南北。西江北是为九江堡，即在西樵的正北，西樵则为九江的凭依，前后扼守了如今崖南这个出海口。古人就已知道西樵山是从海里冒出来的，山前的这片土地也是逐渐地冲积而成，所谓"两江泥沙附山而淳，渐淳渐广，山之距水亦渐远，于是始有田"。所以北宋以来就以堤围之，成为著名的桑基鱼田。这个开发过程不断向西江下游延伸，也就是在顺德、香山、新会的下游淤出来的田越多，江水河道变窄，向南海的泄水量大受限制，就造成上游地区洪水泛滥，冲毁农田，西樵以南数十里称为"桑园围"的地方便频遭伤害（同治续志卷一二《金石略二》载阮元《新建南海县桑园围石堤碑记》）。

　　西樵虽是山区，但因风景如画，背山面水，成为开发山前桑园大族的风水龙脉。霍韬家族把墓地置于此处，此后也有多人效仿。如大桐堡规岗乡的陈显忠在顺治时致仕回乡，"仍捐祭田二十亩，买置西樵山义冢十余亩，以惠宗族"。沙头堡人邓士宪也是在道光年间在西樵山麓"架屋十余区，以庇族人之露居野处者"（同上卷一三《列传》）。关于清代西樵以南的沙田开发、宗族建设、士绅活动等等与西樵山地区的关系，仅仅靠地方志中的只言片语是无法说清的，也不是我之力所能及。但无论如何，从这个角度去审视西樵山在近世广东史上的景观象征意义，也是题中应有之义。

锦屏—清水江文书在重建中国历史叙述上的意义

2002年,我随张应强教授等一行十余人前来锦屏,去文斗、卦治及隆里诸处考察,在百姓的家里见识了令人惊叹不已的大量契约文书;在寨子里、崖壁上看到的碑刻,一直是我多年来上课时提及的内容;在偶然的情况下发现的民国《隆里所志》,则是难得的明代卫所系统基层社会遗存的记录。

时隔10年,2011年夏,我再次随张应强教授——确切地说,是随张应强教授的学生们——来清水江流域考察,发现对这一地区的研究已有极大拓展和深化。无论是学者们的论文、专著,还是学生们的学位论文,都已如雨后春笋般涌现。关于这些研究,也有不少学者进行了综述和评说,对未来的研究走向提出了许多有益的建议①,令我这个完全未曾涉足这一领域研究的人目不暇接。

诚如一些学者所概括的,目前利用清水江文书所进行的研究和相关成果,大体集中在文书—文献学、社会经济史、法制史以及人类学等方面,对于改变和深化各自领域内的某些传统认识起了积极的作用。作为历史学者,我更愿意强调这些文书,以及通过这些文书对

---

① 如张新民:《走进清水江文书与清水江文明的世界——再论建构清水江学的题域旨趣与研究发展方向》,《贵州大学学报》2012年第1期;程泽时:《清水江文书国内外研究现状评述》,《原生态民族文化学刊》2012年第3期;张应强:《清水江文书的收集、整理与研究刍议》,《原生态民族文化学刊》2013年第3期;钱宗武:《清水江文书研究之回顾与前瞻》,《贵州大学学报》2014年第1期;等等。

清水江流域社会历史的了解,对重建整个中国历史叙述的意义。以下我即就此略陈管见,以就教于方家。

一、如何重建中国历史叙述

为什么要重建中国历史叙述?其实,这正是职业历史学者的本职工作。100多年前梁启超写《新史学》,批判旧史学的"四弊""二病",就是要重建中国的历史叙述;从社会史大论战到20世纪50年代以后马克思主义史学的确立,也是要重建中国的历史叙述。改革开放以来,我们一直致力于此项工作,就是因为传统的中国历史叙述中存在许多令人不满的问题,并且一直影响到具体的历史研究。

问题之一是"宏大叙事"或"主导性叙事"的影响。在对清水江流域的山林土地所有权甚至所有制问题的讨论中,明显具有20世纪50年代"五朵金花"中关于土地所有制讨论的余绪。这并不是说这类问题不需要讨论,而是说需要反思讨论这类问题的起点,即不是从既有概念出发,将讨论限制在从公有制到私有制或从领主制到地主制的框架内,或者根据契约所反映的情况判断这里是自耕农所有制或农民所有制,而非地主所有制,等等。相反,应该从特定时空中的人的具体动机出发,去理解他们的行为——这些人为什么这样做,他们面临怎样的问题,他们最后形成了怎样的社会制度。其实,在讨论中,不少学者也已发现具体的个案与试图论证的"道理"之间存在极大张力①。

其实,通过田野调查以及发掘和利用民间文献所做区域社会历史研究的目的,就是为了打破这种先入为主的宏大叙事,如果利用民间文献所做研究不是挑战而是回到宏大叙事的窠臼中,无疑就会导致新瓶装旧酒。贵州的文化研究和展示经常喜欢用"原生态"这个概

---

① 参见徐晓光、程泽时:《清水江文书研究争议问题评述》,《原生态民族文化学刊》2015年第1期。

念,包括锦屏—清水江文书在内的民间文献也属于"原生态",所以我们的研究也应该是"原生态"的。这个"原生态"就是从本土经验出发的研究。

问题之二是以国家为历史主体或出发点的历史叙述的影响。最近,刘志伟教授在一本颇具思想性的小册子中着力区分以国家为主体的历史和以人为主体的历史之间的区别,认为这就是我们的历史学与传统的历史学的分野所在①。他认为,由于历史学在中国从一开始就是从属于国家的,因此一切历史必然成为国家行为的叙事,现代史学也没有完全走出历史以国家为主体的套路。实际上,无论是梁启超开启的中国现代史学还是年鉴学派所代表的世界现代史学,都在现代社会科学的意义上倡导摆脱"国家"的历史,帝王将相也好,知识精英也好,都是"国家"的代表。梁启超批评旧史学"知有朝廷而不知有国家","知有个人而不知有群体",这当然是切中时弊的,是朝向"人的历史"逼近了一步。但我们认为,无论以朝廷还是以现代国家为主体,都同是国家历史;梁启超与"群体"相对立的所谓"个人",是指帝王将相的个人,而我们强调的"人"是包括任何人在内的、有血有肉的能动者,这种强调是人文学研究的本质要求,是对梁启超时代的超越。

利用锦屏—清水江文书所做研究,显然不能做成国家历史的地方版,即不能以国家的行为逻辑作为历史的逻辑,而要代之以特定时空中的人的行为逻辑,或者"从人的行为及其交往关系出发去建立历史解释的逻辑"。比如说,在这里,我们都不会忽略"改土归流"的历史背景,但我们所看到的这些变化,是不是一定是"改土归流"的结果?还是由于商品化、市场,以及这里的人们因应这一情势而做出的生计模式的改变,导致了国家的"改土归流"?我们也都知道,明清时期国家的"改土归流"在不同地区或早或迟,但这究竟是国家战略安

---

① 刘志伟、孙歌:《在历史中寻找中国——关于区域史研究认识论的对话》,香港:大家良友书局,2014年,第15—21页。

排措置的结果,还是不同区域内人的能动行为导致与国家关系的差异所致？当然这些都需要研究,但提出问题的不同方式可能导致倒因为果或倒果为因,导致历史叙述的重心变化。

二、锦屏—清水江文书的意义

如何估计包括锦屏—清水江文书在内的地方民间文献在重建中国历史叙述上的意义呢？这个问题一方面说很简单,否则就没有这么多人趋之若鹜,花大气力去搜集和整理这些文献,国家也不会为此设立重大研究项目,也不会迅速将其列入"记忆遗产"的国家级名录。但另一方面也不那么简单,因为如果我们只是将其视为"新史料"的"发现"去理解其意义,如同以前对待敦煌文书、秦汉简牍那样,就有失偏颇了。我们知道,不同的文献系统其实代表着不同的历史叙述,官修正史必然是国家意志的体现,是国家历史;文人的私修史书往往表现了知识精英的立场,与国家历史多有重合。但即便如此,它们的历史叙述也多有差异。比如地方志,虽然亦属官修,但多反映出地方文人的看法,在不同程度上采取了从地方出发,而非完全从国家出发叙述历史的态度。民间契约文书的意义,就在于有助于我们理解特定时空下人的行为及其异同。

很多研究者已经发现,锦屏—清水江文书中的山林契约多为白契,红契很少,与徽州文书中的契约有所不同。我在清代山西契约中见到的红白契之比大概是一半对一半,这或许说明官府权威在不同地方民众心目中的重要程度、契约在不同地方处理私人事务中的不同角色等等差异。但也许这些都不太重要。我以为重要的是重现这些契约缔结的情境:张三和李四之间为什么要缔结契约？缔结契约的张三、李四和作为中人的王五体现了怎样的社会关系？通过缔结契约他们是否造成了原有社会关系的改变？等等。在重现这一情境之后,许多制度的、社会的变化就比较容易得到理解;进而,基于各地不同民间文献的情境再现,显示出来的是为何制造出这些文献的人的动机、行为和后果,最后呈现出的是不同区域或同或异的历史过程。由此,中国的历史叙述得以重建。

当然地方民间文献绝不止契约文书一类,族谱、碑刻、账本、书信、日记、科仪书、会簿、日用杂书等等,类别繁杂,可以说有多少生活侧面,就有多少民间文献的类别,它们都反映了人们的生活实态。问题是,它们不像史书、档案或者文集、笔记那样,本身往往就是比较完整、成系统、有逻辑的历史叙事,而是零散的、呈碎片状的。如果不能找到这些文献的内在逻辑,不能重现其产生的情境,据之所写历史就很容易被讥为"碎片化"的历史,据之重建中国的历史叙述就会成为一句空谈。

不久前我和刘志伟教授在川南与云贵交界的山区跑了几天,发现那里没有"村"的概念,无论是汉、彝还是苗,都呈散居状态,与华南、华北都有很大不同。那么人们是如何形成相互的联系并结成一个社会的呢?施坚雅当年关注的"场"便是一个重要因素。在一个已经衰落多年的、当年的山间商路上的场上,我们听到这样的歌谣流传至今:"尖山子,波浪滚滚;谢连山,杀气腾腾。新房子的场合喝得呛人,陈树清是提刀血盆。河坝头矮矮小小,伪保长穿的衣服长短不巧。"从这短短的歌谣中,我们已经可以朦胧地感到一个处在特定地理空间的场上,具有怎样的社会关系结构。由此呈现出的人的生计模式、社会组织等等都与这种散居形态有关,而这又使我们对清末民国时期本地普遍编纂的族谱有所理解。总之,要理解这些看似散碎的民间文献,一方面要将它们视为构成整体的民众生活的不同组成部分,另一方面要与理解特定时空下人们的生活逻辑互为表里。

锦屏—清水江文书将首先在重建中国西南地区的历史叙述上起重要的作用,而要想重建元代以后,特别是明清时期的中国历史叙述,重建西南地区的历史叙述是至关重要的,就像要理解宋代的中国,不重新认识长江中游地区的历史就会出现偏颇一样。

我们现在很重视历史上"文字下乡"的过程,这不仅是因为由此中国社会的各个层级之间有了勾连起来、实现所谓"文化大一统"的可能，而且也使我们这些人得以认识中国的乡村社会。但是，与中国其他地区相比，西南是"文字下乡"程度最低或比例最小的地区之一，因为这里有许多族群是没有自身的文字传统的。所以，这里既有"文字下乡"的问题，也有"汉字入边"即"以夏变夷"（此处并无贬义或汉人中心论的意思）的问题。在这种情况下，锦屏—清水江文书就更有意义了。目前这一地区所发现的最早的同类文书是明代成化初年的，到清中叶就很普遍了。为什么下乡的文字最初是这些，而不是族谱等等别的？在西南某些地区，最早下乡的文字可能是经书一类东西，而在云南大理这样的政治—文化中心，碑刻也很早就下乡了。沿着清水江向下游走，到湘西的苗族、土家族地区，这类契约文书好像就不是很多。

说到这里，我想到最近联合国教科文组织将中国历史上的三个土司所在地列入《世界遗产名录》，我的许多同行和朋友为之欢欣鼓舞。我就像鲁迅先生说的那个说孩子以后会死的、很讨厌的人一样，当时就兜头泼去一盆冷水。我说这三个地方我都比较了解，基础性研究做得很不够。一旦被批准列入《名录》，热情和动力都会用在商业开发上，更不会做基础性研究了，因此这未必是件好事。这三个地方差不多都是讲西南官话的，也差不多都与苗族、土家族有关。但无论是对这些土司还是这些地区的土司社会，至今还没有出色的研究。在我看来，除了研究视野、方法等等之外，最重要的就是对这些地区的地方民间文献缺乏有系统的搜集、整理工作。

明代继承元朝制度，在设立土司的地区往往都兼以卫所进行管理，形成了二元的边疆管理体制。在清水江流域同样是这样。隆里是个守御千户所，按民国所志的记载，这里 65% 的人口是土著，30% 是来自江苏、安徽、福建的卫所军户，还有 5% 是后来从湖南来的客籍。在明代，土著的比例应该更高，所以所城经常被攻破，一被攻破，所城里的人便逃出去，事态平息了再跑回来。这个所是洪武十六年设的，是明朝打进这个地区较早的一个楔子，但它到底起了什么作用，这里的地方社会到底是什么样子，不同的人群之间的关系如何，是怎么变化的,我们还是不太清楚。土司也同样,清水江支流新化江沿线的亮寨司、欧阳司、新化司等等蛮夷长官司都是怎么回事,比如隆里所与隆里土司的关系如何,我们也不清楚。据说亮寨龙氏土司留有同治《龙氏族谱》,留有《长官司图册式》,这些都没见过。

所以,对锦屏—清水江文书的研究,利用它重建西南乃至中国的历史叙述,是一个系统工程,不能简单地把它理解为一项卖木头的研究,也不能简单地把它作为理解中国所有权关系或者民间纠纷与诉讼的地方例证。我们需要以这批文书为基础,形成一个更丰富的区域性地方文献系统,需要把这批资料放到一个更长时段、更大范围的历史进程当中去,才能更好地发挥它在重建中国历史叙述中的作用。

旧史料与新解读：对区域社会史研究的再反思

20世纪90年代以来，特别是21世纪以来，中国史学界刮起了一股追求新史料之风，这在社会史研究领域体现得尤为明显。究其原因，是区域社会史或历史人类学研究对民间文献的重视，即新的研究旨趣或新的研究取向导致了对以往利用较少的史料文类的关注。

这股风潮还有另一个源头，即与考古学有关。因考古发现而造就某种新史料，进而造就某种"学"，已有百余年历史，如甲骨文、敦煌吐鲁番文书等，近数十年来一直方兴未艾的秦汉到三国简牍也属此类。此类发现往往大解史学界的燃眉之急，因为上古甚至中古历史的资料库似乎已囊中羞涩。但这毕竟类似于靠天吃饭，如果考古学工作者没有挖出大量有文字的东西，我们也只有守株待兔，徒呼奈何。历史学假若真正到了这个地步，多少是件令人悲哀的事情。

更令人担忧的是，当不少机构斥巨资通过不同来源购得新史料、出版机构又斥巨资将其整理的同时，不仅有可能（或已经）造就一个新的巨大的产业链，而且可能造成对地方历史生态的破坏，中国的区域社会史或历史人类学研究可能因此而走向没落。当然这已溢出学术讨论的范围，兹不赘论。

一、史料的新旧与史观的新旧

所谓新史料，主要是指在某个研究领域以往未曾发现或使用的史料，这是在比较狭义上说的，也是学术界比较普遍使用的含义。在具体的研究题目上，这样的史料可能比较重要，但对整个学术的导向意义比较有限。比如现在很多学者非常重视档案，也利用档案做出了出色的研究，但从20世纪初明清内阁大库档案得到重视以来，这已经不算新史料了。

档案材料之所以被称为新史料，一是因为20多年前学者们还较少使用它，那时在第一历史档案馆长期查阅档案的国内学者寥若晨星，来此踏访的海外学者也曾对此表示惊讶；二是因为时代的变化使国内学者可以使用国外的档案，比如藏在美国、英国、俄国的与中国近代史关系密切的档案，而这些材料以前也很少用于我们的研究；三是近年来学者们开始重视地方档案，从巴县、获鹿等地档案到现在的南部、龙泉档案等等，虽已有一些利用它们进行研究的成果出版，但还远远未达到"常见史料"的程度。

不过，无论在中国还是在外国，档案，特别是政府档案，早就不是什么新鲜东西。19世纪在欧洲史学上占有主流地位的兰克史学，就是以使用档案著称的，而且，他们坚信通过秉笔直书就能够求得历史真实的理想，在很大程度上就是建立在利用档案基础上的。而这种科学的迷思，80年前就已受到过以年鉴学派为代表的"新史学"的讥评。所以，作为新史料的档案只是对某个以往研究中没有用过档案的问题而言的，即由于用了档案，对这个问题的研究被推进了一步。可在这个意义上，任何史料都可以是新史料。

近年来，区域社会史的研究者通过田野工作，发现了许多民间文献，多数都是独一无二的（比如某部族谱、某个碑刻），但借此研究的问题和结论，除了让我们知道那个地方的人和事以外，并没有说出新的道理。或许有人会反驳说，让我们知道了以前不知道的人和事，在史学上难道没有意义？当然不能这样绝对。比如对于上古时代那些我们几乎全然陌生的社会，能窥知一二就已经令人兴奋了；但对于史料已然十分丰富的近世社会，我们就无法满足于仅仅描述一个我们以往没有描述过的事实，而这个描述并未引发读者新的历史反思，只是在重复前人通过描述另一件事实所引发的历史反思。

同样,法制史研究的同行近年来也利用地方司法档案,甚至契约文书进行研究,对传统法史学进行改造,我们看到四川巴县档案、南部县档案、冕宁县档案、徽州文书、贵州清水江流域文书等等得到利用,取得了积极的成果。但是,作为法学框架内的部分法史研究关心的始终是传统法学的问题,即往往通过对史料中司法程序的梳理回答一些与基层司法实践相关的问题。这些问题与巴县、南部、冕宁、徽州、锦屏等等地方的人的生活似乎并没有关系,研究者也不关心那些打官司的究竟是何许人,他们如何生活。于是,这些文本产生的情境就大多被抽离了。这不仅存在一个是否能真正理解这些文本的意义的问题,而且导致了我称之为有"法"而无"史"的困境。

更有甚者,由于史料浩如烟海,研究者受条件限制,没有发现某些史料已经被使用过,还以为有了重大发现。比如有的研究者偶然发现《临榆县志》中记载了清初士绅佘一元的资料,认为是重新认识甲申"关门之变"的新史料,殊不知30年前就被学者使用过了,并得出了类似的判断。

回首20世纪初的新史料发现,甲骨文、敦煌吐鲁番文书、明清档案之所以被称为新史料,是以西学传入后的新史观为前提的。它们的对立面,是以"二十四史"为代表的官修正史。而梁任公对后者的批判是大家耳熟能详的。20世纪30年代以来汉简的逐渐出土和利用、50年代以来徽州文书的发现和利用,都是这个意义上的新史料。而这些新史料与作为当时的"新史学"之社会经济史研究,有着密不可分的关系。

所以,一部族谱,既可以被用成旧史料,也可以被用成新史料。一则传说,一幅图像,亦复如是。

作为区域社会史研究的实践者,搜集和利用各种民间文献,过去、现在和将来都是一项重要的任务。但是,对于缺乏史观的人来说,它们完全可能成为一堆垃圾。否则,它就不会留在那里长期无人问津,或者干脆被毁弃。

二、旧史料的新价值

同样,在我们熟知的史料文类中,仍有许多宝贵资料"养在深闺人未识"。以下仅举几例以说明之。

例一,沈榜《宛署杂记·元代公移》:

> 元都大兴府,则今宛、大,乃其赤县,相去仅二百余年,而公移故牒,已无多存者。谚云:十年沧桑,讵足长息!尝过宛平西山栖隐寺,得一断碑,刻有宛平旧牒,令、丞、簿、尉俱称行,想元时或以他官行县事,抑胡人迁徙不常,夏则北徙,故各官多称行。如我朝前此北都未定,尚称行在,各衙门皆有行字,及今行仆寺、行都司,疑此例也。
>
> 碑云:
>
> 今月二十六日,奉大兴府指挥,奉尚书工部符文,今月初八日,承都省批,大理寺断,上工部呈,大兴府申,宛平县李仁莹等每仰山寺僧法诠争山林事来断。李仁莹等告仰山寺法诠占固山林,依制,其僧法诠不合占固,外据李仁莹等到官虚供不实之罪,合下本处契勘,照依制法决遣施行。然如此,缘本僧有天会年间书示施状,及正隆二年告到山林为主榜文显验为系已久为例之事,兼是省批,寺驳,补勘事理,诚恐所拟未当,乞都省详酌施行外,检法董伯璋等所见,除相同外,据委官打量到四至内山林,合准抚定已前房院桑土,不问从初如何为主,有无凭验者,并不得争告条理,其山林合分付仰山寺僧法诠依旧为主,占固施行。然如此,缘鞍寺已拟,本寺不合占固,乞一就都省详酌施行,本部看详,若准检法董伯璋等所见,是为允当,乞明都省详酌事,因蒙批送寺、鞍寺参详。据李仁莹等告僧法诠争山林事,若为僧法诠供称,所争山林,有天会年间已后节次为主文,凭此上便断与本寺僧为主施行。又缘照到制内明:该占固山野陂湖之利者杖六十。

今来本僧见争山林，虽见收天会年施状碑文书示，正隆年间榜文，及在后立到私约文字等为主凭验，然是未抚定已前占固为主，既在制有立定不许占固刑名，便是冲改。兼本寺根脚，别无制前官中许行占固堪信，显验难议，便准此时僧尼私不转施等文凭，断与僧法诠为主，以此看详李仁莹等告仰山寺僧法诠占固山林，合依上制文，其僧法诠不合占固施行外，司直王浩然、张藻、评事尹仲连、孙溥权，披断高十、方奴，知法孟源、张仲仁、萧胤里、胡赌、萧长奴等所见，除相同外，若准鞫寺便断将李仁莹等所争山林，本寺不合占固施行。又缘照得僧法诠供称，所争山林，有天会年间皇伯宋国王书示，并天会十五年二月为恐人户侵斫山林，此时僧存帅告本管玉河县申覆留守司文解，及天会九年有住持普大师将未抚定已前元为主、旧仰山寺道院等四至山林，施每故青州长老和尚为主，其山林系是本寺山坡，见有施状碑文，正隆二年官中拘刷僧尼地土园林内不堪佃山冈石衬地诸杂树木不在支拨之数，仍勒本主依旧为主，有此时僧人行显告到，本县榜文，禁约军人不得采斫文凭，委官辩得别无诈冒，及村人前后做官户抽到四至内安斫打柴文约，并丁从整等偷斫至内柴薪陪钱文字，及照到贞元二季分承省劄，奉炀王旨：山林陂湖之利，非私家所宜专有，除合存留外，并许诸人采斫。在后，却奉炀王旨：休令采斫，依旧为主占固施行。然在制：该古固山野陂湖之利者杖六十。今来本寺，自皇统二年未降制已前为主，到今五十余年，即非制，后行擅便将山林占固，以此看详僧法诠既有上项逐节为主凭验，委官辩验得别无诈冒，兼见告人李仁莹等别无供指，见得是官山显迹，亦无官中许令百姓采斫文凭，又已招讫虚告，四至地里本罪。据委官打量到四至山林，合准抚定已前房院桑土，不问如何为主，有无凭验者，并无不得争告理。其见争山林，合行仰山僧法诠依旧为主施行，是为相应，伏乞尚书省照详酌施行。蒙批：呈讫，奉台旨，准司直王浩然等所见，送部行下帖，仰照验前项所承都省批降处分事意施行，仰照验依准所奉符文内处分事意施行,年月下该司吏李道等施行,何行榜者,右具知。前准奉旨挥照会到在案。本寺僧法诠元告争山林,东至芋头口,南至逗平口,西至铁岭道,北至搭地鞍,其四至分明断本依旧为主。今据元告人僧法诠告乞依奉府衙旨挥已前断事理,合出给执照,仍出榜禁约施行。除已行下本村首领并两争人省会所断,并旨挥本人依断为主外,合出榜省会依准所断事理,不得于本寺山林四至内乱行非理采斫,如有违犯,许令本寺收拿赴官,以凭申覆上衙断罪施行,不得违犯,各令省会知委。大定十八年十月初一日榜;行县令张押,行县丞苏押,行当簿郦押,行县尉王押。

右元时僧人告争山林,该管官司为之听理,僧因刻石以志不朽者。然观此,见元人虽夷,其于民间小事,亦必委曲会勘,略不轻率,其以胡人而得有人心百余年,以此。

这样一部"常见史书"中的一篇重要资料,居然没有任何人做过研究(此残碑仍在栖隐寺山门内),原因可能多种多样,但肯定与金元史及北京史研究者的史观有关。对它的解读,自然要放在金代华北的历史脉络中去,其间涉及女真制度、佛教势力与汉人社会,当为另文申论。

例二,民国《宜章县志》卷一七《氏族志》:

县中大姓,约略言之,黄岑水流域著姓什数,以李、吴、彭、曾为大;章水流域著姓什数,以杨、萧、欧阳、邓、邝、刘、蒋为大;武水流域著姓什数,以黄、李、欧、邓为大。黄沙则黄、李、彭、刘、程、蔡、杜、萧为之魁,笆篱则刘、谭、周、张、陈、曹、范、邓为之雄,栗源则陈、李、胡、姚、王、周为之杰。……城厢著姓,明时盛称卢、廖二氏,有"卢半学,廖半都"之谚。

全县氏族约分三类:曰官籍,则系其祖曾官于此,或流寓于此,而子孙留住成族者;曰商籍,则多系明初来自江西、福建两省;曰军籍,则以明初峒傜不靖,调茶陵卫官兵戍守三堡,遂成土著。

我与诸友刚去过地处骑田岭下的湖南宜章,并经宁远、蓝山至都庞岭与萌渚岭相夹的江永,自龙虎关出湘入桂。上面这样的描述,在民国方志中,亦不算罕见。但就是这段话,描述了这个地区的历史结构(三条水的流域为宜章的北部,县城在焉;三堡为中部,聚落最为密集,即地方文献中的"九溪四十八峒";没有描述的是北部的莽山,即"过山瑶"所在)。需要做的,便是厘清这个"历史结构"的过程。所谓"历史人类学"的纲领,无非如此。

例三,周廷英《濑江纪事本末》:

> 乙酉,知溧阳县李思模以苍头潘茂为城守。……有彭氏仆潘茂者,素鸭恶市井,狗屠辈悉聚食于其家,而彭氏主人又纵之为爪牙,前县尹金和欲置之死地,赂邑宦陈献策得释。闻南中陷,遂与其党史老柱、史德升……聚众连结,思欲为乱。思模乃集乡绅陈献策、宋勖、周鼎昌等图之,竟以茂为城守甲长。献策置酒,要结群聚,劫以白布百匹、银杯一对慰赠之。城中于是浸浸哄矣!

> 珍,茂弟也。茂与珍欲谋叛其主,遂倡为削鼻党。盖江南人每呼家僮为鼻故也。茂自为旧甲长,珍为新甲长,凡邑中仆隶悉招入甲内。

> 庚戌,潘茂以溧阳户口册籍降于清。

以上是关于清初江南削鼻班的记载。以往的研究是将其置于江南"奴变"的背景中去讨论的,特别是将其定性为农民起义。谢国桢在他的《明末农民大起义在江南的影响——"削鼻班"和"乌龙会"》一文中指出,《濑江纪事本末》"歪曲了这项事实,不甚可靠",但未提出任何证据。需要指出,他所利用的《金沙细唾》是乾隆时的材料,而《濑江纪事本末》就是顺治时的文献。

其实,关于这一时期所谓江南"民变"的记录非常丰富,而且为大家耳熟能详,但自上世纪80年代以来,几乎没有被区域社会史的研究者拿出来重新审视。今天看来,情形要比以往学界解释的复杂得

多,《研堂见闻杂记》说:

> 乌龙会之剧也,二三无赖,腰斧出入,无不丧魄狂走,鸡犬一空。乡人患之,各为约:遇一悍者至,则以呼为号,振衣袒;一声,则彼此四应。顷刻千百叫号,数十里毕达。各执白梃出,攒扑其人至死。于是会中不敢过雷池一步,而乡民势盛。

说的是城里的"无赖"组成的乌龙会与乡村农民发生的对立,牵扯到自明代以来非常复杂的城乡关系及绅民关系。清军南下后,不仅为此关系格局的变动提供了契机,也成为这一关系格局中一股新的力量。

三、余论

目前区域社会史研究已远远不同于20年前,受到了越来越多的关注。同时,人们也对地方文献给予了更大的热情。现在的问题是,对所谓"旧史料"究竟应该怎么看?我显然不是搜集、整理和解读"新史料"的反对者,所倡导的只是"新史料"与"旧史料"的并重。

若干年前,由于大量考古新发现,论者针对顾颉刚先生的学术遗产提出"走出疑古"。因时代的进步、新史料的发现而超越前人是自然而然的事,但顾先生的伟大在于,他的"层累地制造古史"理论是在对旧史料的重新认识基础上得出来的,这就不那么寻常了。他的错误可能在于某些具体的结论,但他的功绩却在于一般的方法。孰轻孰重,一目了然。

我们今天对档案、碑刻、族谱、契约文书也许越来越熟悉了,但对正史中的《五行志》《礼志》或者地方志中的《星野》越来越没人懂了,甚至很多常识都变成了谜题。更可怕的是,我们手边的资料越积越多,用到下辈子写文章都够,但思想呢?

河东与河西:三十年来的新史学
—— 帕拉蕾丝-伯克:《新史学:自白与对话》启示录

说起肇始于西方的新史学,中国学术界比较熟悉的是法国年鉴学派及其代表人物布洛赫、费弗尔、布罗代尔、勒华拉杜里等人,以及英国马克思主义学派的史学家霍布斯鲍姆和汤普逊。他们的代表作品被译成中文,并被加以讨论。对于比他们略晚一代的学者,特别是年鉴学派以外的学者及其作品,中国的关注者似乎寥寥无几。

30年前,或者说20世纪80年代初,当历史学界同样开始对外开放的时候,不仅是研究法国史和英国史的人,也不仅是研究欧洲中世纪或现代早期的人,都会去了解新史学,了解年鉴学派。但在30年后的今天,中国史学的面貌已经发生了很大变化,研究有了很大进展,但对杰克·古迪(Jack Goody)、娜塔莉·戴维斯(Natalie Davis)、基思·托马斯(Keith Thomas)、彼得·伯克(Peter Burke)、罗伯特·丹顿(Robert Darnton)、卡洛·金兹堡(Carlo Ginzburg)等下一代人的研究[1],我们的下一代却缺乏兴趣。事实上,他们对前一代新史学开创者的兴趣,也远比不上自己的上一代[2]。对这种现象的解释,不仅是

---

[1] 对这些人名的翻译,我并没有保持与我所讨论的书相一致,而是按照一般的翻译习惯,当然这并不会造成误会。

[2] 我确信,如果进行某种问卷调查,目前在全国历史学的硕士生和博士生中,能对上述诸人略做介绍或者读过他们作品的人,比例会相当低。我也确信,中国史专业的绝大多数导师不会推荐自己的学生去看这些人的书。

饶有兴味的,而且也是非常重要的。

英国著名史学家彼得·伯克有关大众文化的研究对中国历史学界已不能算绝对陌生了,但他的夫人、同样也是历史学家的帕拉蕾丝-伯克及其研究却并不为人所知。目前,她为读者奉献了一部非常有趣的访谈录——《新史学:自白与对话》(中译本:彭刚译,北京:北京大学出版社,2006年),选择了9位在当代极负盛名的史学家进行访谈,除了上述6位外,还有阿萨·布里格斯(Asa Briggs)、丹尼尔·罗什(Daniel Roche)和昆廷·斯金纳(Quentin Skinner)。这些受访者的代表性研究成果大体上集中在20世纪60年代到20世纪末这三四十年间,我们由此对这段时间内史学的思想脉络有了概括的了解,同时将其与中国史学这30年的历程相对照,也能引起许多有益的思考①。

一、"从地下室到阁楼"

尽管本书的9位受访者都是国际史学界享有盛名的人物,但我相信,之所以是这9位而非其他9位,必定与访谈者也即伯克夫人的选择有关。在本书"导论"中,作者明确回答了这个问题:此9人都是文化史、社会史领域内公认的翘楚(或许只有昆廷·斯金纳可以不归入这两个领域,他可以被标签为政治思想史领域的学者),而社会史、文化史恰好是"新史学"中最能体现创新与变革的领域。

也许有相当一些人不会同意说,在中国近30年中,社会史和文化史同样也是史学界里最能体现创新与变革的领域,个中原因是非常复杂的。一方面,相当一些打着社会史和文化史旗号的研究并不具备认识论和方法论意义上的创新性,它们只是选择了一些貌似社会史和文化史的题目,但问题意识、研究方法和结论与过去并没有什

---

① Maria Pallares-Burke, *The New History: Confessions and Conversations*, Polity Press, 2002.

么两样;另一方面,也有某些实际上可以被视为社会史和文化史研究的成果,作者自己并没有给其贴上这样的标签。这都源于我们多数人并没有对社会史和文化史的那些经典作品进行很好的研读和理解。但尽管如此,我个人还是认为,对上面的判断做出肯定的结论是没有问题的。除此之外,30年当中还有哪个领域取得了这样飞速的进步和大量的成果呢?

无论是从更准确地理解社会史、文化史的意义上说,还是从推进和深化这个领域的研究的意义上说,在阅读这9位学者的代表性作品的同时(他们的代表性作品大都被译成了中文①,但我以为如能阅读原文则远胜阅读译本),了解他们的体会和反思是很能受益又比较轻松的。

伯克夫人采访罗什的时候用了一个比喻,叫作"从地下室到阁楼",比喻的是"从社会史到文化史的转移"(第146页)②。这是因为罗什的国家博士论文也即他的成名作是利用地方档案,研究17世纪晚期到18世纪晚期法国各地的研究院,讨论的是启蒙运动传播的社会情境。后来他的《巴黎人民》一书开始讨论大众文化,《服装的文化》则是物质文化史,后来还有《寻常日用史:法国的消费的诞生》,因而被视为出现了学术上的转向。但罗什却认为:"尽管我写了文化

---

① 就我所见,9位学者的作品中已被译成中文出版的有:彼得·伯克的《欧洲近代早期的大众文化》(上海:上海人民出版社,2005年)、《制造路易十四》(北京:商务印书馆,2007年)、《语言的文化史》(北京:北京大学出版社,2007年)、《意大利文艺复兴时期的文化与社会》(北京:东方出版社,2007年)、《图像证史》(北京:北京大学出版社,2008年)等;娜塔莉·戴维斯的《马丁·盖尔归来》(北京:北京大学出版社,2009年)、《档案中的虚构》(台北:麦田出版社,2001年);基思·托马斯的《宗教与巫术的衰落》(上海:上海人民出版社,1992年,中译本书名为《巫术的兴衰》);罗伯特·丹顿的《启蒙运动的生意》(北京:生活·读书·新知三联书店,2005年)、《屠猫记》(北京:新星出版社,2006年);卡洛·金兹堡的《夜间的战斗》(上海:上海人民出版社,2005年);昆廷·斯金纳的《霍布斯哲学思想中的理性与修辞》(上海:华东师范大学出版社,2005年);等等。

② 用勒华拉杜里的原话,"地下室"是指经济史,参见本书第125页。实际上这个变化是指社会史的经济取向到社会史的文化取向的转变,亦即社会—经济史向社会—文化史的转变。

史,但我依然是一个社会史家。"他的意思是说,"关键在于我们都放弃了从另外一个层面来解释某个层面的做法"。我的理解是,不能仅从研究的主题这个层面来判断研究的问题意识这个层面,一个社会史家既可以从"社会"的层面,也可以从"文化"的层面入手,但依循的是同样的研究路径,追求的是同样的研究目的。罗什的确研究衣着、阅读,但他关注的是其背后的社会运作。与此相关的是,罗什还拒绝认为年鉴学派不做政治史,他举了布洛赫和布罗代尔的例子,甚至认为,传统的政治史不但没有在法国消失过,而且必不可少(第148页)。这就是说,他拒绝把某种追求或方法上的差别绝对地对立起来,或者看成是彼此替代的关系和过程①。

在我看来,"地下室"和"阁楼"这两个字眼没有什么明显的褒贬,大概类似于"社会—经济基础"和"上层建筑"之分,但又没有前者决定后者之意。除了二者之间大小内外的区别以外,社会史和文化史(无论在各自的前面加不加"新"字)的追求究竟有什么不同呢?布里格斯是被贴上社会史家的标签的,可能主要原因是因为他写了一部《英国社会史》,可与屈威廉那部同名书相提并论,同时他还长期担任英国社会史学会的主席。他虽然研究英国广播的历史,研究物品的历史,但他更关注那个时代的社会变动。与他不同,娜塔莉·戴维斯是被公认为"新文化史"代表人物的,但在访谈中她和布里格斯同样没有涉及社会史和文化史的异同。之所以称她的作品是"新文化史",在于她通过一个案件讨论的是一种地方性文化,既不是司法审判制度,也不是单纯的事件,而是人类学家格尔兹所谓的"地方性知识",只是它发生在历史时期而已。同时,之所以是所谓"新"文化史,而非"旧"文化史,则在于她并未热衷于关注以往文化史的宏大主

---

① 同样,既有学者将我视为社会史的研究者,因而不再是明清史的研究者,也有学者认为我也可算"新文化史"的学者。其实这样的分类更多地是表达了他们各自的立场,也就是他们想要赞成什么和反对什么,而不一定是我本人的立场。

题,如文艺复兴或启蒙运动或宗教改革①,而试图理解某种以往不被关注的特定人群的心态及其背后的文化机制。更为重要的是,她在方法论上强调了我所谓的"多种声音看历史"或他人(如柯文)所谓的"复调"的历史:"有马丁·盖尔(那个离去而又归来的人)的故事,有他妻子的故事,有整个村子的故事,还有法官讲述的故事。我清楚地意识到这些不同的版本,这使得我思考,故事是怎样被讲述的,人们又是如何将不同的讲述合并在一起的。"(第75页)同时她又在认识论上"希望对于超出他们所研究的个案之外的过程能够得出某些洞识"(第74页)。在我看来,这个背后的东西,就是某种长期存在的,甚至是跨地域的文化机制或者深层的文化结构,它影响着人们的日常行为和认知方式。

  作为新文化史或者微观史学的代表,与娜塔莉·戴维斯常常相提并论的是意大利学者卡洛·金兹堡。有意思的是,他们二人都有犹太人的血统,不知道这是否与他们兴趣广泛并且眼光敏锐的特点有关。也许是因为伯克夫人的提问所限,金兹堡也没有在访谈中涉及社会史和文化史的问题,而是提到他对包括微观史在内的各种标签都不感兴趣(第252页),这也许是他没有涉及这些问题的原因。或许问答双方都以为这类问题过于小儿科而不屑一提。这表明了作者与受众、原创者与追随者/反对者之间的某种张力——因为无论你采取追随还是采取反对的立场,贴标签都是"最好"的方式。

  不过,我以为金兹堡在访谈中还是讲了不少精彩、深刻的内容,比如他转述的马林诺夫斯基的话,也是人类学对历史学的冲击:"一篇特定的研究论文的重要性,并不与如此这般的一个部族的重要性相联系,相反,它是与研究所提出的问题和答案的总的质量相联系的。"(第251页)这当然是为了回应那些对他的《奶酪与蛆虫》研究

---

① 约翰·艾略特因其在读者中造成的影响而说,如果"马丁·盖尔和马丁·路德的名字一样有名甚至比后者更有名"的话,一定是出了什么问题(第75页)。这从某个侧面说明了新旧文化史研究取向之间的区别。

一个磨坊主的精神世界之意义的批评。其实,这更可以作为对目前中国某些针对区域社会史研究或者历史人类学研究意义的批评的回应,只不过"部族"可以换为"村庄""宗族"或者"庙宇"。那么,为什么在人类学内部认为毋庸置疑的问题,在历史学内部却成为不断遭受质疑,甚至区域社会史研究者也未必能理直气壮地加以回应的问题呢?

在此,金兹堡回应了所谓"碎片化"的批评,他并不认为碎片化的出现是坏事。其实,所谓"新文化史"或者"新社会史"就可以说是碎片化的同义词。我同意他的一个判断,即学界存在一种研究主题的意义等级制,好像某些主题的意义更大,另一些则较小,甚至无足轻重。问题是,这种等级制是谁建立的呢?主题的意义是预设的一定比主题的意义是后设的要好吗?所谓的"碎片化",在某种程度上说,就是对这样一个意义等级制的瓦解。

在欧洲,作为"地下室"的社会史应该说还是处在这个等级制的较高层,因为它的成果还是关注那些比较接近"中心"的主题,而不那么"边缘"。这当然与马克思主义的影响、新史学的影响、年鉴学派的成功等等有关,也可以找到伏尔泰以来的传统。罗伯特·丹顿是个有趣的例子,他的一系列关于启蒙运动和旧制度时期书籍出版的著作,被他称为"观念的社会史":"我从来没有想要写一部启蒙运动史,更没有想要揭穿哲人的观念或者是一般而论的观念",他所做的是"要理解观念在旧制度下的社会中旅行并'生根发芽'的方式",这需要研究文人、书刊检查、书籍贸易、公共舆论等。这当然引起传统的启蒙运动研究的讨论,但引起争议的程度远不如被他自己称为"法国文化史"的《屠猫记》。譬如伊格尔斯就对极大影响了"新文化史"的格尔兹不以为然,认为他根本不懂历史学;而对与格尔兹共同上课并因此写出了《屠猫记》一书的丹顿当然心有不满,质疑他是否能够通过"对杀猫的深描(这令人想起巴厘岛上的斗鸡)就确实能够以其全部的复杂性重建一个文化"。因为丹顿试图通过一场杀猫的仪式,揭示出印刷工们对老板和老板娘的不满,它实际上是一种反抗行为的象征,而这背后是资本主义现代化压力下印刷业的经济转型①。

不知出于何种原因,伯克夫人并未将有关"碎片化"的问题抛给娜塔莉·戴维斯和罗伯特·丹顿——后者也与金兹堡一样是从微观的个案描述重建特定时空下的文化的,而是把这个问题留给了自己的丈夫彼得·伯克。在访谈中,太太明确指称丈夫为"所谓的'新文化史'的一个代表人物"(第172页),丈夫也没有拒绝这个称呼,用他自己的说法,他是"一个研究文化接受的历史学家"(第173页)。但他对"碎片化"的态度是表示"遗憾",他认为新史学使史学的领地极大地得到扩展,虽然丰富了史学,"但其代价就是这种碎片化"。他更为奇怪的解释是,虽然他很乐于看到,但欧洲人对世界其他地方历史日益增长的兴趣,"鼓励了更进一步的碎片化"。他的意思似乎是,人们知道的东西越多,碎片化就越严重,这类似于一柄双刃剑。但他还是谨慎地表示可以通过跨学科的研究方法,揭示各种差异之间的关联(第178—179页)。因此,他与金兹堡不同,对碎片化的看法是负面的。伯克处在"传统的"新史学与"更新的"新史学之间,他依然保持着布罗代尔"总体史"的理想(第185页),主张对研究对象保持相当距离,希望采取"公正"或"不偏不倚"的态度,"对新史学充满热情的同时又做一个中庸之道的历史学家"(第172页)。在学术取向上,他似乎与罗什有些共同之处,因此他也称自己的研究是一种"文化的社会史"(第185页),甚至把自己对16—18世纪的历史知识的研究——用传统的说法可以称之为史学史或史学思想史——命名为"社会史的社会史",并没有用"新文化史"来取代"社会史"这个已经遭到诟病的说法②。

---

① 〔美〕伊格尔斯:《二十世纪的历史学——从科学的客观性到后现代的挑战》,何兆武译,沈阳:辽宁教育出版社,2003年,第144—145页。

② 关于社会史之被诟病,可参见刘永华:《费雷、夏蒂埃、雷维尔:"超越年鉴派"》,见〔美〕彼得·伯克:《法国史学革命:年鉴学派,1929—1989》,刘永华译,"代译序",北京:北京大学出版社,2006年,第XVII页。

在中国,在经历了若干年的沉寂之后,社会史和文化史的"复兴"也已有 30 年左右的时光。但正如长期以来我们只有哲学史意义上的思想史一样,我们也只有经学史意义上的文化史。从刘永华介绍夏尔蒂埃和瑞维尔对文化史和社会史的改造来看①,可以和国外"新文化史"对话的,国内目前寥寥,也许正如勒华拉杜里、罗什,甚至伯克那样,这种文化史可能是由社会史自身而来的文化转向;从现今国内的这个文化史变化而来,似乎看不到可能性。

二、认识时间上的他者:历史学与人类学

几乎所有这 9 位学者都谈及自己的研究与人类学的关系,但正如人类学有多个领域、多种取向一样,这些学者对人类学的吸纳也不同。古迪本来就是一位人类学家,因此他的研究与比他小 20 岁的丹顿、金兹堡等人应有隔代之别。我对他的研究所知甚少,因此不能做出准确的评论,但他对非洲的研究和文化比较的关注,关注的是比较传统的人类学主题。古迪并不认为微观史是历史学与人类学合作的唯一渠道,他不愿意放弃宏观的观照。在他看来,"历史学就是通过给予我们在人类学中所缺少的时间维度和深度来挽救我们",其目的是让人类学家不要以为他们观察到的文化是永恒不变的;而历史学家从人类学那里受惠则在于后者探讨某些问题时的"理论视角和概括方式"(第 18 页)。这些道理虽然都没错,但显然过于大而化之和泛泛而论了。

然而,我们期待就这个问题介绍自己的具体看法的人,在访谈中都对此轻描淡写。娜塔莉·戴维斯在谈到关于马丁·盖尔这本书时只是说:"我在从事这项研究时,是把自己视为一个走入一个乡村,而且既对民族志又对实际表现感兴趣的人类学家。"在谈到本书与金兹堡和勒华拉杜里著作的共同点时,她指出了他们三人具有"共同的人

---

① 参见《法国史学革命:年鉴学派,1929—1989》,第 XI—XII、XXI—XXII 页。

类学和民族志的兴趣"①,然后就语焉不详了。丹顿和格尔兹一起主讲过一门关于历史学与人类学的研讨课,但他就此只是很客气地说了一句,"眼下人们对于人类学化的历史有着更大得多的兴趣,我也是如此"(第207页)。金兹堡研究的巫师或者巫术向来是人类学的研究主题,但他除了指出人类学对历史学的冲击在于使"意义等级制"有了变化之外,别无他物。而罗什呢,则多少带些不屑的口吻说:"我不大清楚如何将其(指人类学——引者)运用于历史学家的实践之中,我们无法像格尔兹作为一位人类学家那样来研究历史。"(第149页)

真正就此谈得较多的是基思·托马斯和彼得·伯克这对牛津大学的师生,真符合那句有其师必有其徒的俗话。我初次知道基思·托马斯这个名字是在20年前,因为他是克里斯托弗·希尔的学生,而希尔作为英国马克思主义史学的代表人物之一,是经常与霍布斯鲍姆及E. P. 汤普逊相提并论的②。但在很长时间里国内学术界并不熟悉基思·托马斯,他的代表作《宗教与巫术的衰落》早在1992年就翻译成中文了,但是在民俗学和人类学那类系列译丛之中,我也是在1994年读民俗学博士之后才注意到此书,而此书的出版又是在译成中文的21年前。更令人吃惊的是,早在1961年,他就做过题为"历史学与人类学"的演讲,作为对人类学家普利查德的文章《人类学与历史学》的回应,并被劳伦斯·斯通推荐到《过去与现在》发表(第104—105页)!但我们近年来讨论历史人类学的文章对此几乎都未曾提及。

在这里,伯克夫人向托马斯询问了一个我们普遍非常关心的问题,就是对于不同流派的人类学家,究竟应该如何做出选择,或者根本没必要选择?而托马斯的回答也颇为机智:"我猜,你是在问,我究竟是怎么样才能够相信所有这些连他们彼此之间都互不相信的人

---

① 第75页。在中译本中,"民族志"一词被译作"人种学",我不知道原文中是否ethnography一词,只是根据一般容易被误译为"人种学"的情况来判断的。

② 参见拙译:《欧洲史学新方向》,北京:华夏出版社,1989年。

的。"他的答案大致是,他并不期望在人类学中找到一把万能钥匙,而是"以其不同方式激发历史想象力的东西"(第106页),这取决于他并不试图构建一个稳定的模式,而是不断改变他的兴趣。但是,就其《巫术的兴衰》一书而言,托马斯对人类学的借鉴主要停留在研究的主题上——"巫术是人类学研究中的一个大问题"(第113页)。因此这一类研究很类似早期人类学的成果,如弗雷泽的《金枝》那一类的特点,对于世界或欧洲各地的有关现象如数家珍,多少还带一点"遗留物说"的影响。一方面,托马斯的确表达了他对传统的英国社会人类学的赞赏,认为后来的人类学"让人不大好接近"(第107页);另一方面,他也觉得受"后来的"人类学影响较大的微观史"走得远了点儿……微观史作为一种时尚,在我眼里并没有多大吸引力"(第111—112页)。这两个方面显然是相互联系的,因此,他的人类学取向还是有选择的,同时也是有限的。

那么彼得·伯克又怎样看呢?无论是希尔还是托马斯都对他赞不绝口,因为他的确是个聪颖而具有天赋的人。从他的表述中,似乎并不认为托马斯对人类学的兴趣对他产生过很大影响,因为在被问及此问题时,他的回答是后者"是一个小心谨慎而且甚至有些守口如瓶的人"(第161页)。托马斯认为他在牙买加的经历并没有引起他对人类学的兴趣,但伯克却将这种朦胧的意识追溯到他在新加坡的经历甚至他的多文化家庭。伯克谈到了对他产生影响的许多人类学家,从普利查德到萨林斯,但他还是没有直截了当地回答他夫人的问题:"你是否认为,如果不研究这门学问(指人类学——引者),就做不了一个优秀的历史学家?"(第161页)因为就他个人而言,人类学的影响实在是太大了;但就整个历史学这个行当来说,他也不能说某些完全不受人类学影响的人不是优秀的。

他对这个问题的回答也并不能令我满意,因为他说自己推崇的人类学研究所"关系到的主题接近于需要进行历史性研究,并且需要进行比较和对照的主题。……对历史学家而言最有用的,是人类学中或许可称之为'日常人类学'的那种"(第162页)。也就是说,第一,他和他的老师托马斯爵士一样,更多地从人类学研究的主题受惠,比如历史学家比较忽略的日常生活方面的主题。在访谈中,我们没有机会读到人类学研究的问题意识和方法论如何影响他们的段落,更重要的是,我们也没有机会读到作为历史学家的他们对人类学研究的批判。第二,在这些人类学研究的主题中,似乎有一些是需要进行历史性研究的,这些主题似乎更能与历史学家产生共鸣或者互动,因为大多数人类学研究是忽略历史性的面向的。问题是,虽然站在历史学的角度上说,没有任何人类学研究的主题是可以脱离历史性的探索的,因为文化本身不是静止不变的,但是,我们并不需要人类学家悉数改行来做历史学家,两个学科需要并存和互相受益,历史性的探索尽可以交给历史学家来做,但探索什么,如何探索,这个问题才是我们需要向人类学家讨教的。

在伯克夫人为丹顿访谈录所写的小序中,有段话旨在说明《屠猫记》的方法论意义:

> 很显然,在丹顿看来,尽管我们不可能像人类学家那样去采访我们的先辈,然而,倘若我们向现有的史料提出正确的问题、并且持有这样的看法——过去之于我们像是异国他乡,那不过就像是爪哇人、巴厘人或者摩洛哥人之于我们一样——的话,是可以还原他们的精神世界的很大一部分的。(第 197 页)

从其起源开始,人类学就是一门关注他者的学问:古典的人类学是通过传教士和探险家的记录来认识他者的,马林诺夫斯基以后的现代人类学是通过参与观察或者"田野工作"来认识他者的。这种认识方式的不同决定了前者可以是万花筒式的,可以是覆盖式的,而后者则是"管中窥豹"式的,是以点带面的。这样,前者的工作方式很类似历史学,因为都是通过间接的材料来认识他者,而后者则与历史学拉大了距离。但是,后者工作方式的改变并不仅表示他们凭借所见所闻可以使认识更加贴近真实,而是通过发现文化的多样性重估不同文化的价值,抛弃古典人类学"遗留物说"的简单进化论或单一中论的本质,或如有的学者概括的,是"离我远去"的、去中心化的追求①。

人类学家通过观察别人来认识自己,历史学家也是同样,但后者面对的对象似乎更为复杂。一般认为,前者往往以空间上的他者、而后者则以时间上的他者作为他们的关怀,但后者除了主要对付时间上的他者外,更需要注意这个时间上的他者在空间上也是不同的。比如说,宋代的一个地方官跑到地方上去微服私访,地方上的乡民与他互为空间上的他者,而对我们来说,他们不仅都是时间上的他者,而且当我们站在材料记述者的立场上时,我们对记述对象来说也同时成为空间上的他者。因此,历史学家在研究主题上的变化,不仅在于对日常生活或者"小历史"的关注,而应像人类学家那样关注"地方性知识",关注"彼时性知识"和"历时性知识"。

对于历史学家来说,"地方性知识"虽无法通过参与观察获得,但却可以对材料加以区分,因为材料的撰写者往往是局外人(outsider),而不是局内人(insider)。要获得"地方性知识",除了重视局外人的记录,更应重视局内人的表述。比如说,我们关注历史时期的城镇和乡村,城镇人和乡村人对自我的描述应与他们相互的描述同样重要。所谓"彼时性知识",指的是当时人(个体的或群体的)对社会生活中透射出来的观念体系与实践体系的看法。从表面上看来,这对历史学家来说是不言自明的,但在历史学的实践中并非尽皆如此,我们经常会用今天的看法来取代时人的看法。而"历时性知识"指的是要看到文本信息的叠加,就是无论你看到的是一个有无明确时间标识的文本,文本内容都不一定反映一个单一时间的状况,而有可能反映的是若干个时间点上的状况,顾颉刚先生处理的"孟姜女传说"就是个生动的例子。

这"三性知识"是历史学家"离我而去"或"离今而去"、远距离观察"异"文化的载体。有人批评马丁·盖尔比马丁·路德更脍炙人口,其实过于杞人忧天。一是因为,就目前的研究来看,前者对我们

---

① 王铭铭:《人类学是什么》,北京:北京大学出版社,2002年,第50—55页。

来说"异"的程度更高,后者"同"的程度更高;我们与后者享有共同或相似的文化,而对前者不了解,在这个意义上,蒙塔尤这个村庄和屠猫的象征意义都是如此。二是因为,我们会用研究马丁·路德之所得取代研究其他——比如马丁·盖尔之所得,而这往往是在研究后者之前便这样去做的。就好像19世纪欧洲人认为中国或者东方一直是停滞的,如果变化也必然是沿着他们熟悉的欧洲道路变化一样。

因此,历史学家之学习人类学,主要并不在于像人类学家那样做半年或一年以上的田野调查,也主要不在于如何观察仪式甚于理解科仪书,而在于怎样将人类学家投放于异文化和他者的眼光投放在历史当中,怎样像人类学家面对田野资料那样面对历史文献,怎样像他们书写民族志注意文本与语境等等关系那样书写叙事史,当然,这一切并不以放弃历史学家的传统技艺为代价。

三、在现代与后现代之间

活跃在20世纪60年代到90年代并一直到今天还能听到声音的历史学家,不能不对后现代史学有所回应。他们之所以被人称为"新文化史家",就是因为他们的研究已经不同于他们的前辈,这种不同也往往被与后现代史学联系在一起①。

但是,众所周知,他们自己无一例外地拒绝了"后现代史学"的标签。娜塔莉·戴维斯认为,她的书和《蒙塔尤》一样是整体性的研究,而"后现代的路数抵制普泛化,更爱谈论碎片而不是融贯的整体"。以其拒绝得出普遍性的结论来说明这些著作的后现代特点,显然不适当,因为他们的书都希望对超出其个案的那些过程提出洞见(第

---

① 王晴佳等在他关于后现代史学的讨论中,提到了金兹堡、戴维斯、丹顿等人的微观史学。他的说法是:"在后现代史学的影响下,微观史学就取代了宏观史学的研究。"王晴佳、古伟瀛:《后现代与历史学——中西比较》,济南:山东大学出版社,2003年,第176页。

75页)。她认为海登·怀特的局限性在于,"他忽略了历史学家所做出的努力以及他们在为自己的论点做出论证时所遵循的证据法则"(第77页)。她的意思是,历史学家会采取办法注意尽量减少主观性,同时历史学家也有一套"证据规则",可以对确定无疑的事实和未经证实的事情加以区分。她指出,历史学家与小说家是有重要的区别的:"历史学家需要有证据来支持他们所做的每一个陈述。或者,倘若他们没有清楚的证据的话,他们就要使用诸如'一定会是'或'也许是'这样的成规说法。……写作小说的作家大概会断定他或她不用回到某个文本来进行检验,而只是随着情节的展开让事情发生。历史学家却不能这样做。"(第79页)

当然所有这些涉及此问题的人也都没有对后现代主义全盘否定,在谈论它的时候多少显示出某种谨小慎微。伯克下面这段话颇令人深思:

> 还记得弗兰克·安克斯密特将卡洛·金兹堡和娜塔莉·戴维斯说成是后现代主义者,而他们二位都激烈地否认这一点。可是,他们的著作可以是"后现代的"。作者应该知道他们自己是不是后现代主义者,而局外人却可以说《乳酪与蛆虫》和《马丁·盖尔归来》是不是后现代的。就其对于寻常人的行动自由的强调而言,这些著作确实属于70和80年代,它们都是某个潮流的一部分。(第167页)

伯克的意思是说,虽然作者可以不是后现代主义者,但其作品可以被视为后现代的作品,作者及其作品可以是分离的,原因在于作品一旦出版,对它的理解和诠释就不仅只是来自作者的了,而是来自所有读者的。而且伯克认为,一部作品的产生及其特色必然带有时代的影响,甚至可能是不由自主的,因此这些作品肯定与科学主义历史学的那个时代的标志性作品不同,甚至是反其道而行之的。

伯克自己并不同意那种"彻底的怀疑论",但是他非常认同"对于决定论和客观性神话的反动",他认为后现代性在这方面是有价值的。这样历史学家就可以变得比较谦逊,不会过于漠视普通人和个别的事件。他并不赞同说以往的历史研究都完全客观如实,但他也反对说过去的历史研究都是神话:"仅仅将历史与神话之间截然二分,未免失之于过于简单化;说我写的是历史而别的历史学家写的是神话,也未免过于轻易。"(第170页)他的立场是比较折中的,他认为没人可以完全避开写作"神话",但历史比起文学或者别的还是会少很多神话的成分。

丹顿并不认同后现代主义。他认为证据非常重要,很多看法被证实或者证伪是非常有意义的。他甚至认为他"是在致力于科学"(第255页)。现在一些历史学家不再关心去证明什么事情,深受抹杀虚构与历史之间差别的观念的引诱,他认为"是一件非常糟糕的事情"(第254页)。但是他和伯克态度近似的地方是,他同样认为这些怀疑论是需要认真对待的。一方面,历史学家自有其局限,但另一方面也的确存在着事情的客观性,因此不能把历史与虚构说成是没有区别的。他感到非常奇怪的是,他的作品被实证主义者视为后现代史学,又被后现代主义者看作实证史学。他认为站在中间是不可能的,他"认为既不要将证据视作一扇对着社会实在敞开的窗户,也不要将其视作妨碍了我们看到证据本身之外的任何事物的一堵封闭的墙,就像后现代主义者所认为的那样。它更像是一副有些歪曲效果的眼镜,而问题就在于考察这副眼镜是以何种方式发生歪曲的,因为这是我们唯一赖以通向实在的渠道"(第256页)。

相比较而言,昆廷·斯金纳具有更鲜明的后现代倾向,尽管他自称是温和的文化相对主义者。他对米歇尔·福柯的评价要比其他人高得多,他同时还推崇格尔兹和罗蒂。他并没有反对丹顿对事实的强调,但他却更强调想象力和理论功底。但在访谈中,他并没有过多、正面地讨论他对后现代史学的态度(第298—300页)。

其实,上述中无论哪个人,赞同后现代主义多一点或少一点,都既不会表现出对后现代主义的不屑一顾,也不会都举双手赞成。因为后现代主义提出的问题并非不存在,也并非不重要,但后现代主义与历史学这个学科又是水火不相容的,如果完全否定了历史的客观性,历史学就丧失了存在的必要性。以上这些人——也包括绝大部分历史学的从业者,都在坚持历史学的底线,在此前提下,对后现代主义的观念,有些人认同得多一些,有些人认同得少一些或者坚决抵制,而这几位学者大体上属于前者。

正如某些学者指出的那样,历史学自身的一些变化为后现代史学扩大自己的影响带来了机会。20世纪初历史相对主义就开始对历史客观性提出质疑,20世纪上半叶开始繁荣的社会—经济史研究很少关注下层民众和民间文化,因此,对历史的解释不是复线的,而是单线的。面对复线的、多元的历史时,历史学家无法、也不愿意给出一个最高的、单一的因素,而毋宁去探索这种复杂历史的深层文化结构,于是文化史或心态史或知识史应运而生,试图作为社会史的替代物。因此,历史学家开始怀疑自己建构整体历史的能力,并且质疑——在相当程度上这些质疑也是有根据的——那些历史的宏大叙事。他们不再宣称自己撰写的是宏观历史,而认为是微观历史①。这些变化不能说是后现代主义引起的,但在某个层面上又是与后现代质疑合拍的。

很显然,伯克认为他们的工作还是在朝向整体历史前进,戴维斯也认为她并没有局限于马丁·盖尔的个人经历,而是注意他的故事背后那个时代的权力—制度关系,甚至表示马丁·盖尔绝不会比马丁·路德在历史上的作用更重大,这些表态与后现代主义的主张完全划清了界线。伊格尔斯也说,微观史学虽与福柯和格尔兹的理论有亲和力,但也有显著差别,因为它承认文本之外是有客观现实的,而且其研究是以往"社会科学史学"研究的某种延伸而不是否定②。但是他们的研究,包括丹顿和金兹堡的作品与以往的宏大叙事,甚至

---

① 〔美〕阿普尔比等:《历史的真相》,刘北成、薛绚译,北京:中央编译出版社,1999年,第198—207页。

② 〔美〕伊格尔斯:《二十世纪的历史学——从科学的客观性到后现代的挑战》,第125—130页。

年鉴派早期的社会史研究还是有很大的区别,金兹堡对研究的"碎片化"也毫无担忧,甚至认为它有助于瓦解研究主题的等级制,这又显示了某种"解构"的倾向。毫无疑问,现代性给历史叙事造成了固定的、单一的解释模式,这种模式不仅引导着对现代历史的研究,也影响着对现代以前的历史的研究及其评价,后现代的批判对于人们反思现代性是有帮助的,但是,"从最终的结论看,根本不可能有后现代史学存在"①,因为后现代主义只是更多地解构了史学,并没有建立起自己的"历史学",何况对于后现代主义来说,既然不存在历史与虚构的区别,历史学本身也就消解了,无论是后现代的或是什么的史学也便都"毛将焉附"了,如何还会有后现代史学呢?

在中国史研究领域,亦有学者认为,诸如何伟亚的《怀柔远人》、柯文的《历史三调》、杜赞奇的《从国族拯救历史》,以及史景迁的一系列著作都具有"后现代意识"或者"后现代倾向"②。在大陆学者中,也有人认为杨念群的某些作品属于"后现代史学"。我以为,假如没有后现代主义,历史学在认识论和方法论上的反思也足以孕育具有这些倾向的作品,不过后现代思潮使这些作者对以往史学的批判意识更加清晰和强烈。何伟亚动摇的是人们对乾隆皇帝外国观的传统解释,其解释的依据依旧是传统史学惯用的档案,何伟亚所非难的不过是西方中心论的立场,如果说这就是后现代主义的立场的话,那倒值得称许了。至于他在资料解读上出现的错误和一定程度上的随心所欲,传统史学研究中恐怕也不乏见。柯文的看法就更谈不上后现代了,他所梳理的不过是我们经常遇到的三种史料,也即三种不同的对待历史的说法,判断这些说法之间的异同,实是史学家研究问题必经的途径,何况他并没有将这些史料(或者其中某一种)推向虚构。倒是传统史学称口述的材料尽不可信,难道是后现代不成? 杜赞奇

---

① 〔美〕阿普尔比等:《历史的真相》,第214页。
② 王晴佳、古伟瀛:《后现代与历史学——中西比较》,第8、9章。

的书被概括为"以后现代主义拯救历史"①,也显得有些夸张。他所强调的无非是分叉的或者复线的历史,而拒绝线性的历史,这可以一言以蔽之为强调历史的复杂性。杜赞奇否定了历史研究中的现代国族话语,但他并未否定历史,也并未否定发现历史的可能性。

近20年来,相当多史学家将后现代史学视为洪水猛兽,也有更多史学家对其置若罔闻。就前者而言,后现代史学只是在历史哲学的意义上是成立的,它几乎不能产生具体的历史作品,因此不具备实践性。因为凡属历史学作品,必用历史资料,如按后现代观点,史料既属虚构,是否用它也就没有了区别。如果历史学只相当于讲述关于过去的虚构故事,那就等同于文学,历史作品也就不存在了。就后者而言,后现代主义对于过往历史的质疑并非完全没有道理,这种质疑也并非后现代主义的专利,事实上,类似的质疑或批判在"现代"或者"前现代"时期也有出现,只不过到后现代主义被推到了极端,并被赋予"后现代""后殖民""后结构"之类时代背景。因此人们不应因其如今戴上了后现代的帽子就对其不屑一顾,以上这些作品也至多可以被视为具有类似后现代批判意识的历史作品,而不是后现代史学作品。

问题在于,在中国史学发展的近30年中,并不存在"后现代史学"动摇史学根基的危险性,而在于缺乏对现代性的批判或反思意识。在多数人的笔下,历史还是一种线性的历史,历史还是由单一的声调(以官修正史为代表)构成的,这与历史的本来面目相距甚远。人们之所以将戴维斯等人的作品视为后现代史学作品,也许正是因为他们的作品中体现出类似后现代的或与后现代在某种程度上共享的、对以往史学的批判和反思精神;而他们坚决拒绝这一称号,则是因为他们对历史的看法在本质上与后现代主张不同。从字面上说,他们已经不完全是"现代"或"科学主义"的史学家,但也不是"后现代"的、力图使历史终结的史学家。这种在"现代"与"后现代"之间

---

① 王晴佳、古伟瀛:《后现代与历史学——中西比较》,第203页。

的立场,是比以往更重视作为文本的史料、将历史视为有多种发展可能、通过不同人撰写的史料以及比较其间异同来接近历史真实的立场。

我个人就赞同这样的立场。

四、余论

在伯克夫人采访罗什时,有两段话涉及后者与其老师、著名的法国大革命史专家拉布鲁斯,一段话这样说:

> 拉布鲁斯对我说,"罗什,专题著作的时代已经过去了……无论如何,别去研究乡村!"他的意思是,直到那时为止的大论文都是有关区域研究的,而这是不能够无限制地重复下去的。(第133页)

天哪!我们这里的研究大约刚刚开始有更多的学者和学生关注乡村,有更多的人开始采用区域研究的方法论,但拉布鲁斯似乎已经认为这种研究过时了。我不认为应该从字面上去理解他这话的意思,而毋宁将其视为对学生选题时不要盲目因袭的提醒和劝诫。乡村史的研究是从布洛赫那一代人开始的,到罗什的时代已经需要突破了,但问题在于需要突破的是方法,而不是研究的空间。因此,罗什的博士论文虽然选择了跨区域的主题,但是,十几年后,他又撰写了《巴黎人民》,只是这已不是过去意义上的"区域研究"了。无论如何,在问题意识和方法论方面,我们还是有差距的,还需要继续"开眼看世界"。

另一段话则更有趣:

> 我与拉布鲁斯本人的接触相当疏远,很少看见他。那是一个与今天非常不同的世界,如今,学生会毫不迟疑地在午夜给我打电话,讨论他们的硬盘或者电脑鼠标出的问题。(第130页)

这段话似乎与学术毫无关系。但是罗什讲到的今昔师生之间关系的不同,东西方却并无二致。过去师生之间实际接触较少,但学术思想的沟通却未必欠缺,原因在于学生对老师怀有更多的敬畏;现在师生之间实际接触增多,但未必是沟通学术,原因在于老师成为与学生一样的普通人。过去师生之间的桥梁主要是学术,其他则乏同可陈,而现在双方之间则有了更多的共同点,比如电脑技巧。这至少说明,我们与他们开始面对同一个世界。

更重要的是,我们与他们将用同样的方法去认识这个世界。

在历史中发现族群,于草野间审视朝廷
——读《帝国之于边缘——现代早期中国的文化、族群性与边界》

关于族群(ethnic groups)、族群性(ethnicity)、认同(identity)等问题,一直是文化人类学讨论的热门话题。在这个过程中,人们强调了族群的历史文化认同特征,而不再强调其共同地域及共同社会经济联系的特征;进而,人们又强调了族群与民族或国族(nation, nationality)之间的区别,指出后者一般是指被制度化或政治疆界化了的族群共同体;而族群之所以成立,就在于认同的产生和维系,为了做到这一点,就需要首先创造出划分自己人与他者的标准和界线。一旦有了标准和根据这些标准划出的族际界线,就有了所谓的中心与边缘。

一、族群性、中心与边缘

作为历史学家的王明珂以其《华夏边缘:历史记忆与族群认同》(允晨文化出版公司,1997年)和《羌在汉藏之间:一个华夏边缘的历史人类学研究》(台北:联经出版事业股份有限公司,2003年)介入了上述问题的讨论。正如他自己宣称、亦为其后一部著作序作者李亦园先生指出的那样,在族群的问题上,他是一位反对历史实体论的主观建构论者,他认为,"族群由族群边界来维持:造成族群边界的是一群人主观上对外的异己感,以及对内的基本情感联系……在族群边缘,人们强烈地坚持一种认同,强烈地遗忘一种认同,这都是在族群核心所不易见到的。这也使得'边缘'成为观察,了解族群现象的最佳位置"。而这个"边缘",不仅是"指时间上的边缘、地理上的边缘,也是认同上的边缘"(《华夏边缘·序论》)。特别是在后一部书中,王明珂以羌人为个案,探讨一个边缘族群的历史建构过程。但是他的最终目标是"由人类资源分享与竞争关系,及其在社会、文化与历史记忆上的表征,来说明人类一般性的族群认同与区分"(《羌在汉藏之间·前言》),回到了人类学的命题上去。因此,由李亦园先生而非历史学家写序,也就可以得到理解。

由两位关注族群问题的历史学家柯娇燕(Pamela Kyle Crossley)、苏棠栋(Donald S. Sutton)和一位关注历史过程的人类学家萧凤霞(Helen F. Siu)主编的新书《帝国之于边缘——现代早期中国的文化、族群性与边界》(*Empire at the Margins, Culture, Ethnicity, and Frontier in Early Modern China*, University of California Press, 2006)同样介入了对此问题的讨论,而且在"主观建构"方面走得更远。但书中文章的各位作者关注的都是历史,即被该书称为现代早期的明清时代的历史。与王明珂的关注点最大的不同,在于后者关注的是"边缘",而前者关注的是从"边缘"去看"腹心"(帝国),与我以前所谈到的类似,后者侧重于"眼光向下",而前者则侧重于"自下而上",从"社会"去看"国家"。

本书收入了10篇论文,分别归入4个部分:第一部分"帝国腹心中的认同",包括欧立德(Mark C. Elliott)的《清代八旗的族群性》(Ethnicity in the Qing Eight Banner)、柯娇燕的《形成蒙古人》(Making Mongols)、利普曼(Jonathan N. Lipman)的《"凶残之人":论清代法律中的伊斯兰教与穆斯林》("A Fierce and Brutal People": On Islam and Muslims in Qing Law);第二部分"新边疆的战争叙事",包括米华健(James A. Millward)与纽柏(Laura J. Newby)的《清廷与西部边疆的伊斯兰教》(The Qing and Islam on the Western Frontier)和赫尔曼

(John E. Herman)的《征服的语汇：土司与西南边疆的中国政治联合》(The Cant of Conquest: Tusi Offices and China's Political Incorporation)；第三部分"南方与西南的旧争斗"包括科大卫(David Faure)《明中叶的征瑶之役及其对瑶民族群性的影响》(The Yao Wars in the Mid-Ming and Their Impact on Yao Ethnicity)、苏棠栋《族群性与18世纪的苗界》(Ethnicity and the Miao Frontier in the Eighteenth Century)、塞特(Anne Csete)的《清初至清中叶的族群性、冲突与国家：海南丘陵，1644—1800》(Ethnicity, Conflict, and the State in the Early to Mid-Qing: The Hainan Highlands, 1644-1800)；第四部分"未标明的疆界"包括陈永海的《一个山区的族群标记：畲"贼"之例》(Ethnic labels in a mountainous Region: The Case of the "Bandits")、萧凤霞与刘志伟的《宗族、市场、盗贼与疍民：珠江三角洲的族群性》(Lineage, Market, Pirate, and Dan: Ethnicity in the Pearl River Delta of South China)。

这些论文告诉我们，本书所涉及的对象，或者是处于地理上的边缘（如西北、东南和西南边疆），或者是社会群体意义上的边缘（如少数族群、贱民），但是问题在于他们如何进入帝国的视野、与帝国如何互动，特别是他们自身的发展与这种互动是如何影响着帝国？甚至，离开了这些"边缘"及其形成过程，帝国还有没有可能得到理解？

尽管在100年前，梁启超就对旧史学只知有朝廷等弊病表示了不满，但史学家真正把眼光从"朝"转向"野"，还是近20年的事，甚至在中国大陆史学界至今仍为局部的现象。不过人们也已发现，仅仅注意到草野，并不足以全面而深刻地理解历史的变迁，譬如历史上这些生活在边缘的少数族群，离开庙堂和精英，那就不成其为我们现今所知道的或者文献上记录的"族群"。因为这些"族群"，正常常是由后者所定义，并且在后者的定义之下形成和发展，甚至寻找到了认同。当然，这个过程是异常复杂的，这些族群的自我定义也会在此过程中发挥作用。反过来说，帝国之所以成为帝国，就是因为它不断地与边缘的族群发生互动；帝国的重要特征之一，就是边界的不断变化，"新疆"不断变成"旧疆"，边地不断变成内地，"化外之民"不断变成"化内之民"。

本书的着眼点大抵就在于此。

二、从边缘看帝国

本书的作者们之所以对明清时期感兴趣,在于他们对"族群性"(ethnicity)和"民族性"(nationality)之间区别的认识。与大多数明清史研究者的认识不同,几位主编认为,在明代,帝国内部有一个界定十分清楚的民族集团(national group),是由文化、在某些情况下又是由宗族谱系界定的,也就是说,汉人的大明国可以被视为一个"民族—国家"(nation-state)。而19世纪前的清代则有着全然不同的结构,统治者身份的独特形式使一个历史地界定为东北亚人口的集团一跃而成为强固的征服者精英,并且强化了他们与征服对象之间的理论差异。他们认为,在18世纪,伴随着征服的弱化而来的,并非"民族"人口的出现,而是整个帝国范围内的文化多样化。就空间来说,作者们关注的边界有时是帝国的政治边界,但经常是内在于政治秩序中的社会、经济、文化裂痕意义上的边界。他们试图去分析官方语言在边疆地区的实际表现、关注国家话语控制异族的作用、考察族群性的产生及其制造者,以及在各种民间文献中识别土著的声音。最后,他们在历史上发现的东西是否可以与理论概念相合,或者说,二者是如何被联系起来的,是最值得关注的问题之一("导论"第1—3页)。

编者们认为,各位作者的文章分别围绕着以下的问题进行讨论,而这些问题自然也能引起读者的反应。

首先是"族群性"与文化定位的问题。作者们认为,各种族群范畴与宗族、社群、民族一样都是建构的。无论出自国家还是地方,这些社会文化范畴一直被用来标记边界,用来强调现时的差异。如果是族群的,便是边缘的,便不是经典的一部分,不是作为国家合法性核心的既定文化的一部分,不是主流,不具权威性。萧凤霞与刘志伟的文章讨论了疍与汉的认同问题,他们不仅认为疍与汉的身份区分是通过王朝国家与宗族的语言来表达的,还认为在几百年中,珠江三角洲沙田上的文化界限也是流动不定的,在国家与地方社会互动的不同情景里,经常重新划分。米华健和纽柏所研究的新疆的伯克也有一些相似,其族群特点使他们成为理想的中间商。他们通过个人、语言、宗教和社群纽带结成的网络进行垄断,这些纽带不仅把他们联系在一起,而且也把他们与清帝国城市中的竞争对手区别开来。民族性的物质背景是具有决定性意义的,本文强调的是有助于在日常生活的流动中形成民族特性的那些物质条件。

确定族群性并不是一个新问题,比如所谓"汉化模式"的立场即是。关于此立场的讨论,已由罗友枝(E. Rawski)与何炳棣的争论而广为人知。尽管在学术性的研究中"胡化"的问题早已得到指出(如在陈寅恪的《隋唐制度渊源略论稿》中),但本书编者还是认为作者们需要回答这样的问题:人在没有意识到自己的族群性质时,他可以是属于那个族群的吗?他是否可以通过忽视边缘化而否认边缘化?他们认为汉化是个用想象的中国政治共同体来进行的主观识别。如果超越这个汉化模式,文化变迁的过程看来就是不同的:"中心被视为由边缘来确定或在边缘才能找到定义","历史的走向或帝国的伸缩就不是中国向热带的进军或驯服草原上的游牧民,而是许多群体和个人在未定型的中间地带反复地相互适应"("导言"第 6 页)。但是只要我们不去僵化地、绝对地理解"汉化",我们还是可以询问这样的问题:为什么那些本来就不是汉人的族群愿意宣称自己为"汉",比如西晋时的匈奴、明清时的疍民,或者今天自称祖先来自南京珠玑巷的青海藏民?这是否表明他们意识到了自己的族群性质?无论是谁化谁或者谁被谁化,身份认同是否只是一种生存策略?

其次是所谓帝国与"中心"的问题。帝国是认同的中心吗?如果是,它们是如何形成的?不同的帝国,是一个共同的认同中心?还是不同的中心?编者声称,本书的研究认为,对于认同的真正形成和表达,国家至多只起了有限的作用,但国家作为史料的作者,它把自己描述为差异的发现者和区分者,因而起着根本的作用。这两者形成鲜明对照。编者认为,明清更替这样的政治断裂在这个认同的问题上起了重要作用。在这个历史关头,无论在中央还是在地方的层面上,帝国的代理人都可以选择,是修正明帝国官方的认同语言,还是恢复它们?在很大程度上,做出选择的根据是在帝国的叙事中,对谁在哪里和谁做了什么的感知(第7页)。因此,考察这个"天崩地解"的时期,对认识这个问题颇有帮助。

在这里,编者和作者反思的是另外一个问题,那就是关于文明的一套说辞,即皇帝和国家都是文明的赢得者,他们的作为是为了保护文明,包括开疆拓土;当文明深深扎根在语言、礼仪、社会结构和当地居民的心里的时候,文明才有了保障;等等。显然,在作者看来,这套说辞是帝国为了成为认同中心而创造的。本书希望尽可能准确地给出这套说辞的历史情境;比如,即使在16世纪,在明文明与异文化之间的文化、道德、政治特权的差异方面,并不是只有一种书写方式。柯娇燕的文章里提到的萧大亨曾对此多样性有所涉及,苏棠栋的文章里提到的田汝成,也对苗人和其他西南族群进行了迥然不同的描述。但在今天,强调夷夏之防的王夫之、顾炎武的说辞要比萧、田的说辞影响大得多,这便是以后的学者、教师和官员选择的结果。又如,这套说辞的使用在明比在清要广泛得多。在明,它是证明国家在边境内外采取军事行动之正当的手段,而在清,则用来证明其在抚平之地——东北、蒙古、西部边疆——施行同化政策的正当。二人的研究表明,清代变化的结果不是兼容地方的、传统的组织模式,而是一场通过实施清的权威以标准化、类别化和对象化的变革。于是这套说辞就在这些"新疆"地区发生了变化。再如,这套文明的说辞也是关于道德变迁的说辞,具体的体现便是《大义觉迷录》,该文指出满洲在道德上已发生了变化并且适合做统治者。本书的文章强调的都是时代性和地方性,这对确定国家的行为及动机非常重要,这些个案研究想追寻的就是那些帝国的角色表现出来的多样性。视自己为帝国的文人代表的那些人的观点可以说明这一点,很多人无论在文化还是在行政上距离中心遥远,但他们还是很认同帝国,比如广东文人屈大均就在其《广东新语》中,对自称南越王的赵佗独立于汉朝表示了不满。

谁来编造和利用某套说辞的确是个有意思的问题,强调多样性只能使我们对朝廷或"中心"的话语霸权持清醒的态度,却不能使我们忽视它们在认同中的作用,非是,我们将无法理解珠江三角洲的居民来自南雄珠玑巷的说法,也无法理解客家人的中原后裔说。特别是我们应该去思考那个老生常谈的"成王败寇"的道理。一方面,胜利者的话语霸权常常掩盖事实真相或者不同的声音,但它却是相对的,对于帝国来说,成为它的失败者也需要具备资格,而后者对于他的治下之民也曾编造掩盖事实或不同声音的说辞。另一方面,对"成王败寇"的最综合性的解释,便是"文明"和"野蛮"的区分,哪怕是梁山泊好汉落草的认同也需要"仁义",而不是砍一颗人头。在帝制时代,帝国无疑是强大的,但每一个曾经存在过的族群,也都曾经是一个"帝国"。

再次是编者所谓的主体与客体的问题。他们认为,统治过程必然是通过规章制度使人们客体化的过程,我们要观察的是被历史叙事客体化的那些人群。譬如在历史叙事中,汉人继续使文明进步,满洲八旗和蒙古八旗则在清的统一大业中施以武力的支援,而漠西蒙古和甘肃的穆斯林、青海、新疆、西藏及部分西南民族则作为一个群体抵御着文明。塞特、利普曼、苏棠棣等人的文章则涉及于此。在历史叙事中,客体也可以转化为主体,最典型的例子就是爱新觉罗氏自己,雍正皇帝就在《大义觉迷录》中写明,满洲已从化外到化内,已经成为文明的捍卫者。

在这里,编者似乎从一种后现代主义的视角关注着文本。"直到最近,民族志作者——无论是训练有素的人类学家、社会学家、律师,还是史学家,对民族志的基本措辞产生怀疑,但并未逃脱他们所用语言的负担。这不仅是因为族群概念术语的知识基础,更主要是由于民族志作者依赖的文献是从国家的观点产生的,而国家的主要工作,就是维系他们自己和与之不同的群体之间的主客体关系。"(第13页)而近30年来,学者们已经注意到国家的范畴的片面性质,而有意识地"培养对地方性知识的敏感"。譬如在本书中,欧立德试图表明满洲人定位其"族群性"的复杂性,科大卫探讨了15世纪广东的定居农民与所谓瑶人的身份差异,而这与是否被编入户籍、承担徭役有关,因此成为"民"比具有族群性更重要。这些似乎说明明代的瑶和清代的旗人都在经历一个成为"民人"的过程,既存在选择特殊身份认同,也存在选择默认为民的认同的可能性。

其实,身份认同往往是多指向的,也是动态的。清初进入北京内城的八旗官兵不仅经历了逐渐变成"民人"的过程,也要经历变成"城里人"的过程,甚至是"文明人"的过程。变成"城里人"的表现之一是旗地的丧失,变成"文明人"的表现之一是不擅骑射,但这并不意味着"旗人"这样一个族群认同的消失。在清代,本来已经"无论满汉,但曰旗民",追求的只是一种管理系统上的区别,但到20世纪,国家对满族的承认使族群认同则得到了新的强化。而在帝国的边缘地区,华南和西南地区的情况呈现出多样性,但是如果把是否成为编户齐民与苗、瑶、黎、彝的"生"与"熟"联系起来考察,应该可以说明一些问题。"生"与"熟"是个文化的范畴,是文化标签,苗、瑶之类是族群标签。"熟"者在某个历史时刻就是新的编户齐民。清代蒙古人实际上已经等同于国家的编户齐民,但却由国家维持了他们的族群特性,不需要像对南方族群那样实行改土归流。

最后是关于如何标记边疆的问题。本书的作者探讨的族群问题大都分布在特定历史时期的边疆地区,因此如何标记边疆自然是作者考察的对象。比如,"我们表明,明代官方的作者在文明和瑶之间建构了一个叙事上的边界,尽管并不存在实际上的边界,同时那些被称为'瑶'的以前并未曾统一或者被界定"(第19页)。与前面表露的立场一致,作者仍然关注边疆地区的人们如何看待自身及其所在的地区。但是一个确定无疑的事实是,自16世纪以来,以往两千年北方和西北游牧民族南下的浪潮,发生了一个根本的逆转,来自长城以南的汉人不断涌入关外地区，闯关东、走西口……成为这个反向的浪潮的代表。从19世纪到20世纪，边疆又在新的界定过程中，内地汉人的生计方式、土地利用模式、社会组织形态、信仰与习俗等等被引入边疆，形成标记或界定边疆的新的指标。在本书中，通过关注边疆的新居民及其与原住民的关系，关注他们之间的张力、关注因此而形成的旧秩序的打破和新秩序的建立，为解答书中提出的问题提供别样的例证，似乎还嫌不足。从帝国的角度看，清末光绪年间国家对东北和内蒙古的开禁放垦，实在值得在本书中占有一席之地，在东北，由于移民主体来自山东、河北等地，而当地满洲人口数量较小，认同就可能更直接地与其他因素而非族群相连。

　　本书由此显示出了它的启发性。如何在边缘之地看帝国，而非居中心而看"四夷"？比如我想到，不同朝代的帝国是如何确定罪犯的流放地的？这些地方在帝国的眼里具有怎样的位置？或者说，它们在帝国的宇宙秩序里具有怎样的位置？它们又是怎样变化的？为什么变化？反过来，那些"罪犯"到了流放地之后，又怎样看当地？怎样看帝国？怎样看二者的关系？这些看法与他们在中心时发生了怎样的变化？而他们的到来，又怎样改变了地方？甚至成为地方改造自身的象征性工具？……本书无法穷尽所有的相关主题，而我们对这些相关主题的研究——历史学的和人类学的——一定也会发展和修正本书的一些观点。

附录 从田野中发现历史：民间文献、传说故事的知识考古[*]

葛兆光：

各位，我们今天非常高兴，请到了赵世瑜教授来给我们作《在田野中发现历史》的报告。我占用两分钟时间，介绍赵世瑜先生以及有关他的这个领域的一些情况。我们昨天和前天用了两天时间，开了一个小小的讨论会。讨论会的内容是"中国民间信仰的历史学研究方法和立场"。我们之所以开这样的一个会，是因为在中国民间信仰的历史学研究领域里面，有一批做得非常好的年轻人。这个领域，应该说在所有的历史研究领域里面，是我看到的，目前进步最快的一个分支。第一个原因是，他们继承了中国很好的历史和文献研究的传统；第二个原因是，他们加上了一个新的、人类学的田野调查的方法；第三个原因是，从事这一行的一些年轻人有很好的外语能力，以及对国外新理论的理解和吸收的能力。因此，在这方面，就出现了非常蓬勃发展的势头，而这个势头的推手之一，就是我们现在在座的赵世瑜先生。赵世瑜先生研究明清史，同时也研究民俗学。这些年来，他关注社会史的研究，出版过很多著作。我们印象非常深的，一个是总结和回顾民俗学学术史的《眼光向下的革命》，一个是《狂欢与日常》，

---

[*] 本文是2008年4月7日我在复旦大学文史研究院演讲的记录，该次演讲是葛兆光教授邀请并主持的，文稿由曹南屏整理，在此，对他们的厚谊表示衷心感谢。该题曾在一些不同的学校演讲过，对这些学校的邀请者和听讲者也一并表示感谢。

还有一个是最近出版的《小历史和大历史》。因为我们通常都知道，传统的历史学常常是从文献，也就是说从文字资料里面发现的。或者说，我们常常习惯于说历史被压缩在那么一些纸片上，然后由我们去读出来。于是，历史就好像一个压缩包被解压缩了，就出来了。可是，由于现在一些新的历史学的变化，像赵世瑜先生他们，可以从田野去发现历史。我本人没有去做过田野，所以我们今天且来听赵世瑜先生所代表的这一批人是怎么样从田野里面发现历史的。

我今天讲的这个题目，"从田野中发现历史"，副标题是"民间文献、传说故事的知识考古"。当然，用"知识考古"这个词有点噱头，因为我们大家都知道，这是很时髦的福柯用过的一个概念。当然里面是有一些东西和他的这个想法有一致性，就是说，我们怎么样来看待过去留给我们的东西，是不是说我们看到的一切东西都是可以直接拿来复原或者重构历史？当我们发现不同的材料摆在我们的面前的时候——当然我们首先要去发现有不同的材料——它们之间的张力是怎么样的？它们背后是怎么样一种知识的谱系？其实，这可能是一个非常重要的问题。

首先讲讲历史认识上的一个背景，就是"历史人类学或多学科的视野"。最近有一个称呼——当然既是我们自己，也是别人讲——关于我们的一种做法，可以概括叫"历史人类学"。刚才葛老师已经说我们一些做历史的，用了一些人类学的方法。比如说田野的方法。这肯定与人类学有关，但是之所以被称为"历史人类学"，也不仅仅是因为这个方法，更多的是我们可能和人类学家——特别是文化人类学家——在思考的问题上有一些共通之处。通过这样一些思考，再来反思我们历史学者应该怎样来看待历史。人类学家眼中的"历史人类学"和历史学者眼中的"历史人类学"其实不太一样。按我的理解，文化人类学的核心概念是文化，文化人类学家长期以来的工作是对异文化的理解，然后通过异文化这面镜子，更好地理解本文化。有些人类学家比较重视历史,是因为他们认识到,无论是社会人类学家眼中的社会,还是文化人类学家眼里的文化,都是有其生成和演化的过程,并不应被视为共时性的、静止的一个结构。因此要想理解它们,就必须要把它们置于一个时间的过程当中,在一个时间的脉络当中,在变化当中。

那么,历史学家呢?他们在学习人类学的时候,关注点当然还在历史。但他们可以和人类学家共同思考一些问题。为什么?因为人类学家面对的是空间上的他者,历史学家面对的是时间上的他者,他们的研究对象都是"他者",都要面临自身与他者之间的文化隔阂。历史学家就是要学习人类学家面对他者所采取的办法或者策略。人类学家做访谈,不同的人有不同说法;历史学家看材料,不同材料也有不同说法。历史学家过去是判断这些不同材料孰真孰伪,现在明白要去探寻这些材料之所以不同的原因,探寻这些材料的制作者的思想和行为,这样才能真正理解这些材料。比如过去谈到祖先移民的传说,或者认为它反映了历史的真实,或者认为它是虚构,现在我们还会去想为什么这个传说会这样讲,它究竟反映了什么东西。再比如宗族研究,如果用人类学家的眼光审视族谱等材料,人们也会把宗族视为一种文化的建构。

对于一个历史学家来说,重要的就是资料,历史学家的他者是存在于资料中的,而不是存在于现实中的。资料是我们和过去,也就是和历史发生接触的唯一一座桥梁。但长期以来,我们过去对材料的理解,过于狭隘。其实从20世纪初我们的前辈学者就开始突破这种狭隘性了,傅斯年就已经提出"上穷碧落下黄泉,动手动脚找东西"这样的看法。他们的看法也一直影响到今天。当然,我们现在做的,并不仅仅是用地下挖掘出来的文物来印证纸上的文字。下面我就从几个我们所看到的不同类型的材料出发,讲几个故事,来加深这样的印象。

一、史料或文本：书斋与田野

还是应该先解题。这一部分是讲史料，为什么还要用"文本"这个时髦的词？过去我们一说史料，大多是正史、文人作品，少部分人能用出土材料，另外少部分人能用官方档案。我们的史料范围要比这个大，我们认为还有许多"民间文献"没有得到很好的利用和解读。而文本这个概念比较大，不限于书写的文本，更不限于官方的和士大夫的文本，而这些恰恰在田野中比较多。所以这是这两个概念的共性。另外"文本"这个概念是对应"语境"这个概念而存在的，属于"锅不离灶，灶不离锅"。过去我们谈史料，但很少谈它的语境；田野就是在田野中发现的史料的语境，也就是在田野中发现的历史，所以文本这个概念还是有用的。当然，史料不仅存在于田野中，也存在于图书馆、档案馆等"书斋"里，二者非但不是对立的，还是统一的，互补的，关键在于怎样运用做田野的方式去处理图书馆、档案馆里的材料，对它们进行民族志式的梳理。

"发现蒋效愚"——土默特左旗的"废品"

在"碑刻、档案与契约的故事"里面，先讲一个发生在内蒙古的故事。

我们有一年到内蒙古土默特左旗去，那是离呼和浩特车程大概两个小时左右的一个地方，这个地方有一个档案馆，保存了数以万件计的清代档案，既有汉文的，也有满文和蒙文的。那里的条件是比较简陋的，但档案整理得还不错。在档案馆的走道上，在一些房间里，堆了很多大口袋，里面全都是他们即将销毁的那些档案。历年保留下来的材料太多了，没有地方保留，有些也是因为不太重要，所以根据档案法、档案的一些管理条例，某些材料到一定时间就可以销毁。这些大口袋里的材料就是根据规定准备销毁的。

当时那里大概堆着几十个口袋，有的还没有封口，我随便在一个口袋的最上面拿起一份翻看,那是一个登记簿,大约是在20世纪60年代末,北京的一部分知青——基本上来自四中——到土默特左旗这个地方插队。他们要去领一些简单的生活用品,这就是申领物品用的一个登记册。登记册上写着自己的名字、家庭出身、成分、原来是哪个学校毕业的、政治面目等等。当时的这些年轻人中有一个就是后来担任过北京市委常委和奥组委副主席的蒋效愚,当然还有一些我非常熟悉的人,比如我在北京师范大学原来的同事、做宋史的吴宝琪——他们都是同届的,正好全在这个册子里面。我看他们要销毁掉,就跟他们说,你反正要烧掉,干脆这本你就给我算了,我留个纪念。后来我拿回来就送给了葛兆光教授的前同事,也是我的前同事,刘北成教授。因为他就是北京四中那一届的,可以作个纪念。

这批材料其实是我们研究知青史的重要材料。对知青史或者20世纪60、70年代的研究现在还比较少,或者停留在回忆和口述的层面,或者是放到一个政治运动史的框架里,没有和插队或者兵团当地的社会变动联系起来,五七干校的历史也是同样。如果有心人、有心的部门把这些材料保存下来,以后一定可以派上大用场。因为我关注的不是现当代的历史,所以不可能十分投入这方面,但这一时期的材料显然比明清留下的材料多,如果不重视,认为是没用的垃圾,也会有一天变得很少。

我们去看的那些清代档案,都是有关清代内蒙古开发的,其中既包括汉文的,也包括更多的是蒙文的,还有少量的满文资料。对于我们对清代中叶以后土默特地方的开发,甚至对大家非常忽视的一些历史的发展趋势的理解,都是至关重要的。这些材料大多数都与诉讼有关,其中涉及土地、水利、商业、汉蒙关系等等许多方面,通过这些方面的纠纷,可以看到那个地方在清代,特别是乾隆以后到晚清这个阶段,社会发生了怎样剧烈的变化。关于这个问题我最近在《北京师范大学学报》发表的一篇文章(2008年5期)提到过,北京师范大学一个硕士和中山大学一个博士利用这批材料也分别完成了她们的学位论文,我们对内蒙古大学的朋友们说过后,他们也去过那里,但至今还是没有很有分量的成果出现。

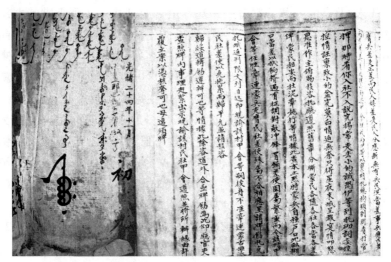

土默特左旗档案馆所藏清代档案

改土归流——清水江流域如何从化外到化内

第二个例子,在贵州东南部叫清水江流域这样一个地方。我们去的那个县叫锦屏县,当时交通不便,我们从桂林坐汽车坐了大概10个小时,一路颠簸。到了这个县以后,要继续前往山上苗寨的时候,

作者在贵州锦屏县的苗寨中
阅读民间契约文书

就要再坐船,弃舟登岸后,就是爬山。当地的老百姓非常热情,村寨里的苗族同胞来迎接我们上山,一路唱歌,中途还在一棵大树的树洞里喝酒,这样才进了他们的寨子。晚上住在那里,尽情喝酒,然后围着篝火跳舞。我们到那里去当然不是为了旅游,因为我们知道

在这些寨子的老百姓家里还保留着很多契约,整个县里面大概有10万件以上清代中叶以来的契约。刚才我们用土默特的例子讲的是地方档案,现在我们用这里的例子讲契约。这都是些什么契约呢?基本是关于山林方面的,也就是林木买卖等方面的。这些契约最近已经开始整理出版,是由广西师范大学出版社出版的,已经出版了相当多。也有中山大学的张应强教授利用这些材料出版了著作。

我们去到的这个地方,现在还是很大的一个林场。那里生长的树木主要是杉树,当地口音把"杉"念成 shā,即"shā 木"。只不过我们去的那个时候已经实行"封山育林"了,很多林场的工人不能伐木,只能拿一点点钱就回家,差不多是下岗了。我们看到的这些契约基本上是清代的,比较早期的是雍正到乾隆末,一直到民国时期。那么,这些契约告诉我们什么东西?当然有很多关于那个地方的历史细节。但这个背后的大历史的问题意识是什么?我一直在想,虽然我们已经知道,从明代开始到清代,大规模在西南地区推行所谓"改土归流"的政策,就是把当地的土司管理的那套体系,逐渐改变为由中央委派的流官去管理。这样一个体制,后来对西南地区的开发及其与帝国之间的关系造成了一个非常大的改变。但是究竟是如何改变的?究竟在社会的层面上怎样改变?我们不能光讲一讲制度、政策就完了,不能据此就来推断这个制度、政策的意义,必须要看实践的层面究竟发生了什么。这些材料正好给了我们进行这样的观察的机会。

通过这些契约和别的一些材料,我们可以大概看到,通过比较"汉化"的那些苗人——通常称之为"熟苗",住在山里面掌握这片林地的生苗人,是怎么和外面的木材商人发生联系的?我们经常说的徽商、江西的商人,甚至北方的商人,他们怎样到这里来买木头;他们和本地的、地方的土著发生什么样的关系?发生关系之后,地方社会受到了怎样的影响,有了哪些变化?我们可以进一步思考一个老问题,就是怎样来判断过去我们讲的清代国内市场的问题?怎样来判断一个我们今天去交通还这么不方便的、这么偏远的角落,它在很早的时间,至少在清代,它和全国的很多地方通过木材贸易发生了非常重要的联系?我们大家都知道,这些地方很早就有伐木的传统,贵州、四川、云南的许多山区都是这样。但是在明代,它基本上是一种徭役的方式。也就是说,北京故宫里面失火了,需要木头来重新建造;或者营建皇帝的陵墓,大兴陵工,也需要木头;还有明清时期那么多行宫、园林,都需要大批质量上乘的木材。我们查一查《明实录》这类的书就知道,这些木材大多是从西南地区沿着长江或者它的支流的那些深山老林里面采伐下来的。过去文献里它们叫作"大木"。直到非常晚近的时候,在北京郊区的通州,也就是运河的终点——在明代的时候是那样的,元代运河可以通到北京城里——有一个地方叫作神木厂,有一些很大的木头,从南方运来以后没有来得及用,就存在那里。最后一件明代的大木在20世纪50年代被裁成片,做了学校的课桌课椅。回过头来说,在明代木材的运输基本上是通过一种徭役的方式,或者是用军人,就是卫所的军士来做。但是到清代,它却进入了商业的轨道,成为一种民间的买卖,一种民间的交易。木材作为一种商品流入市场,黔东南这个地方就被卷入了市场,这个变化应该是一个非常关键性的变化。我们看到一些材料,比如寨子里早期的碑刻还讲到一个女性的改嫁,到了晚清,碑刻里就讲旌表节妇烈女的内容了。那么,这个变化和这样一个偏僻的山区通过木材贸易和整个中国发生的联系究竟是一种什么样的联系?这是非常值得思考的问题。所以,这些材料对于我们理解过去的制度、过去的一些很重大的主题,都是会有非常大的帮助的。所以要去好好地梳理,要去好好地研究。

何为"周":坟头上的"大历史"

我们刚才讲的是贵州东南部,第三个例子需要继续向北。从清水江流域逐渐进入沅江、澧水系统,就进入了湘西地区。其实木材就是这样运过去,然后到汉口,或者到更下游的扬州等地方再分流。沈从文笔下描写的湘西,大家都很熟悉。这里说的是凤凰北边一点、比

附录 从田野中发现历史:民间文献、传说故事的知识考古 539

较靠近重庆的一个县,是一个土家族的自治县,叫作永顺。

我们到永顺是去看一个叫"老司城"的地方,那次也非常惊险。山路边上就是悬崖,需要用刀砍开荆棘,才能通行。那个地方之所以叫作"老司城",是因为土司很早就在那里统治,族谱里称从五代时期就开始了。后来统治的中心区改变了,这个土司的后代把他的据点搬到新的地方。原来的那个,也就是保留着明代碑刻的那个,就叫"老司城"了。

湖南永顺老司城清初墓碑

我们到"老司城"的时候,一直到下午两点多钟,还没有吃午饭。去吃饭的路上,当地的一个人问我:"赵教授,我们在田头发现有块墓碑,里面有些地方看不太懂,能不能去帮我看一看?"所以当时我们饭也没顾上吃就立刻起身,因为吃饭好像不如发现一个新东西有意思。到那里一看,田里有块墓碑,周围还有人在那里种田,碑文字数不多,也不复杂。"乾山巽向"是讲坟墓的方位,中间一行大字,是"诰封正一品命服太夫人先妣某某某",前面说这个老太太生于明天启多少年多少月,后面说她死在周多少年多少月。结果后面有一个落款,也是立墓碑的时间,当地的这位先生就问我:"这个'周'是什么?"他数了半天中国的历史朝代,西周、后周、北周,加上武则天的武周,算来算去。明代天启一共就是 7 年,然后是崇祯一共 17 年,加在一块儿是 24 年。——其后的这个"周",是什么呢?我回来就去考问跟我们一起去的那些历史学家和学生,发现很多人被我考住了。

这一节的题目叫作"坟头上的'大历史'","大历史"就体现在这里。我们学通史,有时候学得还是不到家,所以看到这东西就不明所以了。这个"周",其实很简单。大家都知道吴三桂后来在清朝康熙十二年到二十年左右,发动了一场很大规模的叛乱,叫"三藩之乱"。他在"三藩之乱"的后期,开始给自己——因为他一开始为了动员民众,一直打着恢复明朝正朔的旗号,但到中期以后眼看快不行了,就开始自己想当皇帝——定了个国号,就叫"周"。所以他是清朝的叛逆之臣,《清史稿》把他放在《贰臣传》里。

问题在于:第一,这个立碑的人,他的母亲是"正一品命服太夫人",这个立碑的人用的是吴三桂的年号,说明他接受了吴三桂的敕封,就在"三藩之乱"前后接受了吴三桂的任命书、委任状——用清人文献里的说法就叫作"伪札"。这个立碑人是接受了吴三桂的任命的,这就是当时西南许多土司对清的态度。这一带地区靠近重庆和贵州,也是西南地区比较靠近腹地的一块地方。大家知道,在清朝初年,清军一路摧枯拉朽,但是打到云南的时候,南明的最后一个政权——永历政权加上过去张献忠大西军的余部,在西南坚持了十几年的时间。为什么能在那里坚持那么长的时间?如果我们不了解西南地区在整个帝国的位置,不了解从南宋到元、明、清,这个地区的位置和帝国之间的关系,特别是这个地区的土著——那些我们今天叫少数民族的,那时候非常多元、复杂的族群——在土司制度这样一个管理体制下和元、明、清各朝廷之间非常不同的关系,我们是很难理解为什么在这样一个地方,在清朝初年是那样一种状态的。这一地区和一个新建立的满洲政权,是一种对立的,至少也是若即若离的关系。这是从这块碑文的几个字里面看出或者猜出的第一个方面的问题。

第二个方面,就是说这样一个碑刻,如果放在别的地方,可能早就已经不见了,因为这是一个附逆的,即依附或者归附于反叛者的人立的碑。这个东西要在内地,官府很容易看见,早就会被铲平了,闹不好还会把你家里的人抓起来杀了。但是,它居然一直保留到现在,我相信今天还会在。那么,这样一种状态,让我们理解到,中国即使到了清代这样一个时期,其实还是一个非常多元、复杂的一种面貌,一种形势。如果我们顺着这种思路去思考,会想到我们脑子里关于帝国的很多问题,需要有一个非常大的观念上的变化。比如说,我们知道今天的广州是一个很发达的地方,甚至在汉代就很发达,那里有南越王,汉朝也可能在那边派建了一个行政体制,设立一个机构,派一批人到那里去,但是我们绝不可以想象那个地方整个社会、整个文化传统、整个族群的构成,已经是一个汉人的、中原的东西。可能除了衙门附近的那一块地方以外,周围的大片地区长时期跟汉人、跟中原没有什么太大关系。当然,这样一种举措、设置非常重要,是非常具有标志性的,但是我们大概不能那样理解,好像朝廷在某个地方设立了机构,那里立刻就都中原化或者内地化了。不要说那么早,就是到了清代,我们还是可以看到各个地方都有非常多的复杂因素要考虑。

晋城玉皇庙——七社十八村与泽潞商人的踪迹

其实刚才我们已经从契约、档案进入到碑刻。其实金石材料,在历代的文人那里,包括在后来的学术研究传统中,一直是非常重要的。但是过去我们对这个方面的发掘和利用还是不足。我们下面讲的晋城是一个地级市,在山西的东南部,下辖6个县或者县级市。这个地区的碑刻材料非常丰富,其中有一个地方离晋城城区不远,大概半个小时、40分钟就可以到。那里有一个很大的庙,叫玉皇庙。一开始我们去玉皇庙,本来说看个半天,然后把里面的材料拍下来,读一读,然后就到其他地方去看。结果发现不行,因为发现那里有大量的碑刻。这些碑刻告诉我们一些非常意想不到的东西。比如碑里频繁讲到一个概念,叫"七社十八村",就是这个庙是由七个社——先不管社是什么——和十八个村共同建造和维护的。这些碑从元代到民国,一共三十多通,在碑阴题名中会罗列出水东社、水北社等等七社十八村的名字,开列得很清楚。我们当然就会去问当地的老百姓,这些地名、村名现在是不是还在?他们说都还在。我们想,要想理解这些材料上面说的故事,就只好到那些还在的这些村子里面,一个一个去看。所以这个原来是半天的计划就被打乱了,只好一直待在那里,

山西晋城府城村关帝庙大门

一个村、一个村地看。看看那些村究竟和这个庙有什么样的关系。

当然这些碑文真的让我很长见识。有很多知识真的是从来不知道。我从1981年开始教大学,到现在为止差不多也有20多年的时间。在大学里教了20多年的历史,但还是知识贫乏。我们发现,在这个"七社十八村"上面还有一级机构,这个机构叫作"管",有的时候也写成"馆"。我就从来不知道这个"管"是什么东西。再仔细去查考,发现这个"管"的系统,实际上是从唐代就有的,到了宋代熙丰——就是熙宁、元丰前后,王安石变法时实行了一系列改革,包括设立保甲等等,就把州县以下的管这一级给撤销了。但是从碑文中看,历经元、明,这一级东西实际上依然还在,当然起不起作用并不知道。我们看到的这个晋城府城村的玉皇庙,可能就是管一级的社庙,或者就是"管庙"。它下面的七社十八村就都与这个管庙发生了关系,也许它们曾经都属于这个管的范围。所以在某个较长的历史时期,在这个"管"的系统下面,又有一系列的社、村。

有人说,你们老跑到乡下去看庙,是什么道理?实际上,这跟我们到某一级行政中心,比如某一个市、某一个县,去了解它的情况,会到它的档案馆里去看,到市里面的地方志办公室、文史资料编纂办公室去看一样。因为在历史上,庙往往就扮演这个角色。所有这个地方的材料,关于这地方的记载,都放在庙里。你要想了解一个地方社会基本的管理结构,你不到那里去,不去看那些东西,就很难知道。当然,在这个背后,你也会问,你知道了这些又怎么样?这就牵扯很多问题了。比如说曾经有很多争论,多年前秦晖教授争论过"国家权力不下县"等等这类问题,如果真要研究这些问题,光从制度设计上说没用。不论你是同意他还是不同意他，都要看县以下的材料，不看这些材料就很难下结论。当然，只是看一个地方的材料也不能下结论。

二、文本与文类：文献与口述

第二个角度，即所谓"文本与文类"。前面我们看到的东西，不管是档案、契约还是碑刻，都可以称之为"地方文献"，或者"民间文献"。但毕竟它们是通过文字来表达的，这些不同的文本因而同属于一个文类。感谢我们的老祖宗！在对文字书写的文献如何理解、如何解读方面，他们提炼出一系列的、非常行之有效的方法，就是我们做历史研究的，和其他学科完全不同的、有自己独特建树的方法，我们叫文献学的方法。这个是一个非常重要的东西。和别的学科比的时候，我们特别引以为自豪的，就是这个文献学的方法。这种文献学的方法，无论是辨伪还是辑佚，这些考据性的、小学的方法，基本上是围绕着有文字的材料发展起来的。当然，为什么文字材料重要？后面就有很多可以讲的东西了。但是，第一，文字的材料并不是唯一能反映历史的东西；第二，还有更重要的一点，也就是我前面讲"知识考古"这个概念，是与之相关的，有点联系。就是说，文字材料只是一部分材料。因为大家知道，在一个相当漫长的时间里，识字的人很少，能够利用文字来书写他们对世界的观察和思考的，就更少。用我们今天的话讲，这部分人可以叫作精英。这些人在总人口里占的比例很小。那么，我们为什么就相信，他们说的就反映了历史的原貌？他们只是写了他们看到的认为是对的、真的的东西。甚至在他们这一批人里，也不见得一定互相认同。实际上，在我们今天看起来，还有不同的历史资料，或者叫历史资料的系统。我们可以用一个文学理论的概念，就是"文类"。这个词过去在文学界经常会翻译成"体裁"，但是现在，包括海外的学者，用了一个新的概念来翻译这个字，就是"文类"。就是除了文字以外，有一些不同的东西，比如传说，就是口头的、口述的东西，非文字的东西，民间文学研究中是把口头文学与书面文学区分开的，这类口头表达的东西是非常多的。

但是面对这些东西的时候，我们会有很多困惑。首先，传说是一代一代传下来的，那么，怎样来看待失真的问题？我的看法是，传说和文字材料相比，它反映的历史真实性的程度，跟文字材料没有本质的区别。这个问题不能太展开讨论。其次，这些口头的传说，它很难定时（timing）。一个流传至今的传说里边，哪些部分、哪些成分是什么时代加进来，已经很难确定，但还是可以做一些考订的工作，但从整体上不能说这个传说是一个什么时代的。但是我们作为历史学者，一定是要知道一件事情发生的确切的——不一定很具体，是大体上的——时代、时间。如果你做别的研究，比如说做文学、做文学批评，或者做什么其他的，你可以不太管时间的问题，但是历史学者要把它当成史料来用，如果不知道是哪个时间的，你用它来解释哪个时代呢？很困难。直到今天，我也没有找到一个方法，把历史传说定时。我相信，如果说能总结出一个方法来，那可能是我一辈子最大的贡献。我估计自己做不到。

但是在这个问题上，也不是完全没有人做出过贡献的。比如说，我非常景仰、佩服的顾颉刚先生，他的代表作之一就是关于孟姜女传说的研究。我们不是讲，他最伟大的贡献，是所谓的层累地制造古史的说法么？那么所谓层累的这个"层"是怎样被剥离出来的呢？就是他通过孟姜女传说的研究做到的。所以顾先生在历史学方法论方面的一大建树，实际上是通过他对于民俗的研究而创造出来的。这个在他的《古史辨》第一册《自序》里面讲得非常地清晰。那么他把孟姜女传说里面的各个成分，是大约什么时代加进来的，讲得很清楚，已经在方法上做出了很大贡献。但并不是所有的传说故事，都能够有这么丰富的佐证材料，因为孟姜女原来就是中国四大民间传说之一，它可能有很多文本，甚至在文人阶层中的文本，比如说在《左传》里面也有蛛丝马迹。但并不是所有的口头传说都能做到这一点。既然如此，我们面对口头的材料应该怎么做呢？就需要发现不同的例子,再通过各种其他材料的佐证。我们所知道的很多传说,都能够让我去重新思考北方族群关系对于历史的影响、制度的延续性对于历史的影响等等重大的问题。这里只举一个大家比较熟悉的例子。

关于洪洞大槐树移民的传说与历史

关于洪洞大槐树移民的故事,很多地方都在讲,其实主要是河北、京津、河南、山东、内蒙古、苏北等地区有很多移民的后代在讲,洪洞地区的人自己一开始并不讲。正史、地方志都不讲,除了口头传说以外,主要是族谱和墓碑里面的记载。但是问题在于族谱和墓碑经常是把一些传说记载在上面的。为什么会出现这种情况?我并不是说在特定的历史时期,完全不存在较大规模的移民运动,而是想了解,为什么是洪洞?就是说,很多并不是从洪洞迁移出来的人,为什么都会讲老家是山西洪洞?

前几年到河南的济源做调查,这个地方在河南的西北部,与刚才我们说的山西晋城正好相邻,是隔太行山和王屋山与山西交界的地方。两个地方距离非常接近,也是讲洪洞移民故事比较集中的地方。我们到一个叫南水屯的村子里面去看一个张氏的祠堂。祠堂最中间的牌位非常有意思,就是讲他家的始祖大概在明初什么时候从山西的洪洞迁到河南的济源这个地方。包括他们新编的族谱里也是这样讲的。但是这个祠堂的院子里有一块碑,我怀疑原来不是在这里的,后来才搬进来。碑开始的内容是明代的,落款是洪熙年间,文字很像墓志,后面又有一段文字,落款是清代中叶。我猜是清代中

河南济源市南水屯村张氏祠堂的神主牌

叶那里开始搞宗族这一套的时候,把明朝洪熙时死的始迁祖的墓志抄成一块碑,立在祠堂里。他们为什么把躺在地下的一个方方的墓志变成一个碑立在那里?想想这种情况就是很有趣:关键是不要把它看成是一块清碑,而是看成一块明代墓志,当时的人是把墓志变成碑,这个过程就是一种文化建构的象征。

问题是,在这个始祖的墓志上,有一句话非常有意思。大家知道明代的洪熙时期非常短,仁宗在位十个月就死掉了。那么它离这个传说当中的移民运动,就是从洪武到永乐时期的移民,时间是非常近的;应该说它讲的东西,要比我们后来看到的,包括清代编的族谱等等,要更接近真实。这块墓志里面讲的一句话,就是说我们这一家世居于此。后来的族谱和神主牌上写的是祖先来自山西洪洞,但明初的墓志说我们世代居住在这儿。是非显然很清楚。但这个过程向我们提出什么问题呢?问题就是,无论哪个是真,哪个是假,关键是它为什么这样说。为什么后人不根据那块碑讲祖先世世代代居住在这儿,而讲他们是从外地迁来的?问题的关键在这里。这就要去探寻故事以及故事讲述者背后的一些原因了。当然这只是一个个案,关于洪洞大槐树的研究要做很多不同的个案,揭示出来的问题可能极其复杂。

云南楚雄大姚石羊石刻

非文字的文类不仅限于口头传说,另外要讲的一种文类也是非常有意思的东西,就是图像。这个例子就远了,在云南。云南的楚雄是在昆明和大理之间,稍微靠近大理的一个彝族自治州。一直到今天,我们还能在那地方看到非常有意思的东西,特别是那地方的井盐生产。我们大家都知道,四川自贡的井盐很有名,但是很少注意云南的井盐。包括到很晚近,起码是到民国,我们可以看到那里井盐的生产是采用明代里甲的方式来进行的。这涉及很多问题,让我们对已经很模糊不清的、很多制度性的东西,有很多新的认识。在这里我们要讲另外的故事,但还是与盐有关。

附录 从田野中发现历史:民间文献、传说故事的知识考古

楚雄地区原来有个大姚县,那里的石羊镇上有一座文庙。一般来说,镇一级建立文庙的情况不多见。按照制度,像孔庙——就是文庙——这类东西,一般是建在州、县一级的城市,但在这个镇有一座据说是明代建的文庙。在这个文庙的明伦堂里摆了一幅石刻,

云南楚雄大姚县石羊镇文庙石刻画

一共是六扇,上面的画像讲的基本是三个故事。大体上是当地"土主"显灵的故事。所谓"土主",是当地彝族对社神的称呼,在大理的白族那里称为"本主",就是一种村落性的或者很小的地方性神祇。开始,学者们发现这样一块石刻放在孔庙的明伦堂里面,于是把这种情况解释为:到了清代以后,汉文化推进到边远的西南少数民族地区,这个地方也逐渐接受了这样一种来自中原的主流文化。这是一个很顺理成章的解释思路,因为过去都是讲汉文化的传统随着帝国的拓展逐渐影响到周边,以此来解释中原文化的伟大力量。特别是在清代,发生了改土归流,清代还有许多经略边疆的举措,所以这个解释听起来很符合逻辑。这就是我们现在通常说的宏大叙事的影响。

后来有一批年轻的考古学者,又到那里去调查,田野工作做得深入了,再去询问有关石刻的事情,一问之后发现,这块石刻原来压根儿就不是孔庙里的,而是当地土主庙里的,因为上面有彩绘,算是文物,怕它破坏或者损失,结果在20世纪50—60年代就被地方部门把它放到文庙里保存起来。后来人们不问究竟,就以为它是文庙里的原物,就附会出来那样一种解释。现在他们确定,这个东西其实原来就是土主庙的,所以它其实就是一幅《土主显灵图》。后来我听到了这个故事,也看到那个石刻,却发现这个问题绝不能到此为止,因为

只把它解释为当地土主信仰的证据是不够的。那么,对这样一幅图像,我们能够怎样进一步加以解读?让这种文类——这个"文"要打一个引号了,因为那是图——变成我们借以理解历史的重要资料?

这个石刻里头讲了几个故事,其中一个有关李卫。大家都知道,李卫这个人在雍正年间很受皇帝宠幸,他的出身比较低微,但是很快就飞黄腾达了。这么一个人物过洞庭湖的时候,在那里遇到土主显灵。为什么土主的影响在当地人看起来能一直波及湖南北部,这是一个很重要的问题,这背后一定有一个很有趣的思想史话题。但这里我想说的是,这个李卫在雍正刚上台时,是一个很小的官,大概是户部的郎中,但是雍正上台以后马上给他放外任。第一个差使,就放到云南去了。他到云南做什么呢?考古学者不去关注,但是我是历史学者,我要关注。他到云南做布政使,就是省里面管经济的官员。主要就是让他到云南去改革和完善那个地方的盐政。盐这个东西非常重要,在这里来不及展开讲,因为盐的问题非常复杂,所以过去长期以来对盐业研究有三个字概括,叫"盐糊涂"。就是说,盐这个问题搞不清楚。虽然材料非常多,但很难研究清楚。这是题外话。盐对于国家财政来讲非常重要,所以一直都专卖。李卫被派到云南去,主要是管盐。恰好,石羊这个地方就是云南井盐的重要产地,当地叫白盐井。所以图像上讲到李卫的故事,联系到这里是一个生产井盐的地方,立刻就能联想到,李卫到了云南之后,对这个地方一定是产生了很大的影响,否则怎么会画在当地土主庙的石刻上呢?

另外一个故事是讲孙可望部将张虎到石羊的故事。孙可望是大西军张献忠的四名主将,也是他的四个义子之一。张献忠死后,孙可望率大西军余部转战西南,后进入云贵,与南明永历政权合作抗清。张虎确为他手下的部将,曾奉命在云南各地征伐。他打到石羊这个地方,一个武举起兵抵抗被杀,后者的夫人封氏为了不受张虎的凌辱,投井而死。这个时候也是土主显灵,使张虎退兵。这样一个故事揭示了什么问题呢?它揭示了清初王朝的更迭,导致各种内地的力量进入云南。明朝的残余势力、农民军的余部,还有后来的清军到了当地，必然对当地社会的历史产生重大的影响，改变当地原有的权力结构、社会关系格局。我们需要非常关注这些文本的语境：一个地方少数民族的土主庙，是地方上的一个神圣空间。人们把什么样的东西、用什么样的方式放到土主庙里，不是随随便便的，是非常有讲究的。

这样一个石刻，它讲述的故事，为什么用图像的方式放在这个神圣空间？在我看来就是那时候的人们把他们认为的、这个地方最重要的历史经历、历史事件，通过这样一种方式记录下来。也就是说，用图像的方式加以表达是一种非常重要的历史记忆的方式。为什么说它是人们认为最重要的事？因为如果不是这样，就不会采用这种石刻的方式，更不用放在他们当地认为最神圣的地方。当然，解读图像，需要我们去"锤炼"新的方法，即怎样把它变成我们理解历史的一种方式？

这样一些东西都是一些很不同的文类。在这些文类的背后，其实是一些不同的人群，可能属于不同的阶层，也可能来自不同的地域、族群或者是什么，他们在表达自己对于历史的看法。也就是说，当我们看同一段历史的时候，如果你单一地用某一种材料，你可能获得一部分真实；但是如果用多种不同的材料，或许能看到更多一些的历史真实，至少有可能更复杂一些。就是让我们看到关于同一件事情的不同材料，背后是不同的人群，他们怎样去表达；如果中间表达的不同的话，原因是为什么；如果表达相同的话，原因是什么；那么这里面就不仅仅具有我们对客观的历史进程的认识，同时也具有对这种表达的历史、这种思想的历史的认识，它同时具有二重性。这样就会使我们对于历史的认识更加丰富。所以我始终在讲这个问题，我们到下面去，是不是只是为了补充一点材料，发现一点新材料？我觉得这背后是一个方法论的问题。简单说，通过这些材料，人们是要关注一种不同的、不在一种特定意识支配下的很多不同问题了。

三、语境的变化:问题意识

刚才我们讲的是文本,从不同的民间文献和它们背后的故事入手,强调不同文本和文类对历史研究的意义。但是这些相同的文本和文类的语境是非常不同的,因此说明的问题也很不同。我们不能看到同样的文本,就认为可以说明同样的问题。比如族谱,当然直接反映宗族的问题,但这个问题背后的区域历史及其在帝国历史中的进程可能很不同,所以不同语境中升发出来的问题意识是值得分析的。

华南研究:切入点——宗族、民间信仰及其他

这些年来华南的研究有许多重大的进展,大家也比较关注,但其中揭示出来的问题非常复杂,在理解上也有一些歧义。这里我想稍微做一点提示,就是史学界多数人认为他们主要是研究宗族、寺庙的,所以不会产生太多的认同感;现在一些年轻人跟着做这些,选了不同的地区,同样的主题,比如湖南、江西,甚至华北,但其实不太明白他们为什么要做这些,比较盲目,也就是比较缺乏理论和方法论的自觉性或者自主意识。后来科大卫写了《告别华南》一文,很多人还是不明白,其实他还在关注华南,但明白必须要突破某种"华南套路"。他们用了"历史人类学"这个概念,一些人又蜂拥而上。这个情况是值得反思的。

人类学的研究是从现实社会的文化传统出发的,其实历

珠江三角洲地区的族谱

史学也应该是一样的,我们用的资料是历史时期的,但我们的问题意识是无法脱离现实的。为什么华南研究研究宗族和寺庙?就是因为当地现在还有很多祠堂和寺庙,而且还活生生地存在于当地的日常生活中。我们知道,广东有很多非常漂亮的祠堂,福建有很多很漂亮的庙,这非常常见,但是它们的背后是怎么回事?其实有很多的故事讲。华南的学者把这个问题和明代以来的广东,特别是和珠江三角洲的开发直接联系起来。这个其实真的说来话长。比如珠三角地区的族谱里面通常会讲他们的祖先来自粤北的南雄珠玑巷这样一个移民故事。故事大意是说,一批从南宋宫廷里面逃过来的人,受了迫害,先跑到南雄,后来再迁到珠江三角洲。学者研究发现,元末明初的时候,当地有很多不同的族群,还是所谓"无籍之徒",不在国家制度管理之下,这个时候他们想方设法要成为国家的编户齐民。因此要编造一个祖先的故事,讲自己具有一个来自中原的合法身份。华南的学者认为,过去我们教历史,给大家一个概念,就是统治出了危机,国家的赋役非常重,老百姓纷纷逃离,就是所谓脱籍。但往往忽略了另外一面,就是在不同的时期,还是有很多人希望进入到国家的管理系统,不是说国家一管理人们就害怕,就讨厌,就反对,一开始是逃亡,最后没办法了就起义。我们经常忘了在王朝之初,很多是希望进入到国家管理系统当中的,这里面是有好处的,比如可以参加科举等等。特别是在边缘地区,有很多人是希望改变自己"化外之民"的身份的,他们为了证明自己原来就是这个地方的合法居民,为了争取"入住权",就编出一个祖先来源的故事。所以族谱里面的明初故事,实际上反映了一个制度性的变化,包括户籍制度、跟户籍有关的明代里甲制度、卫所军户制度等一系列问题。

到明中叶以后族谱里讲的就真是宗族的故事了,因为这个时候广东开始搞起宗族来。明代中叶有个比较大的制度变化,可以解释为什么到明代嘉靖年间以后,地方上宗族建设逐步展开,这个重要的变化契机就是嘉靖年间发生的"大礼议"。大家都知道"大礼议"是因为嘉靖皇帝是过继过来当皇帝的,但是他不愿意尊他过继父母,即明武宗夫妇为皇考妣,非要尊他的亲生父母为皇考妣,大臣们当然都反对,说不合礼法,闹出很大的风波。但他还是在一些人的支持之下,改变了原来的礼制,对这个尊亲的系统做了一些调整。过去的通史里面也讲这个问题,但似乎觉得这件事比较无聊,不明白为什么明代的人那么重视它,更不明白它改变了很多地方的社会结构和权力结构。为什么这样说呢?因为从这以后,不再是只有大宗的人有祭祀祖先的权力,小宗的人也可以祭祀自己的直系祖先。大宗只有一个,小宗可以有很多,所以不同的人群都可以建造自己的祠堂祭祖,都可以编写自己这一支的族谱,甚至没有血缘关系的人也可以通过联宗、会谱等等方式变成一个宗族,宗族就变成了一个很好用的权力工具,而且这个工具不是把持在极少数的贵族手里,这个社会就变得很多元了。那些原来的弱势群体也可能有了翻身的机会。"大礼议"中支持嘉靖皇帝的主要人物张璁,是浙江温州人,我们曾经去那里看过他家的祠堂和族谱,我好像有个印象,张璁本人也是过继的,所以他非常支持嘉靖皇帝做这种改变。制度改变了以后,他家在本地的情况也会发生改变。所以华南研究的学者认为,这个宗族制度不能单纯地被视为一种血缘关系的礼制,它实际上是一种文化建构,所以科大卫说宗族很像一个后来的公司,为了某种共同的利益,有关系没关系的人都来入股,最后利益均沾。

华南研究还牵扯很多方面,比如涉及民间信仰的方面,也是通过对神祇信仰、仪式活动等等来看制度、文化和历史变迁的问题,这里暂时从略了。

华北研究:长时段——"北眼"看10世纪以来的中国

我稍微讲一点自己对华北的一些研究。华北的研究和华南研究的背景有点不同,华南研究是在这样一个情境下展开的:它不仅仅是在不同学科之间,而且是在中国华南和香港、台湾,东南亚,以及美国的一些学者长期合作的情况下展开的,形成了一个有一定规模的团队,做了十几年的时间,很有成效,特别重要的是有一些模式可供反思。最近有个美国人类学家在中央民族大学做讲演,说他在四川参加会议,发现很多人讨论弗里德曼,他觉得很奇怪,因为他认为在人类学界,没人认为弗里德曼有多大的理论贡献。但他不知道弗里德曼在人类学的中国研究中扮演了什么角色,当然还有比较晚的华琛(James Watson)、华德英(Barbara Ward),都是研究华南的。林耀华的《金翼》在西方也有一定影响,也是对华南的研究。还有一些西方人类学家研究东南亚,和华南也有直接关系。但是对于华北的研究却很少,也没有什么模式可供讨论,没有什么研究团队。现在虽然好多了,但目前还没办法和华南研究取得的成就相比。不过,如果没有一些别的地方做参照,我们就不太清楚华南的研究对于整个中华帝国的研究有多大的启示意义。仅仅是方法上的呢?还是说,也包括某些事实的层面?所以,对于其他的区域性研究,我觉得还是应该有些人来做。我们的问题意识可能就和华南不太一样,人类学家在我们的研究里就可能看不到太多弗里德曼,当然,也不见得有很多杜赞奇和黄宗智。

首先,我想讲的是,怎样来看北方?大家都知道,和东南,或者是华南这样一些地方比,华北黄河流域长期以来一直是中原文化根基所在的地方,因此对它的历史延续性要看得更多更重一些。所以我说需要一种更长时段的审视。但是,这个"长时段"应该打引号,因为它不是布罗代尔那个长时段的原意了,就是指相对长时间一点的审视。中古时候的重大变革是所谓"唐宋变革期",后面就是两宋之交了。我们要思考的问题就从这时开始,由此看到明清以降,也算长时段了。在两宋之际以来,有两个非常重要的时间点,我称之为"历史性时刻"(historical moments)。一个是在距今800年左右,一个是在距今200多年。

在距今800年左右的时候,有两个比较大的问题值得注意,两个看似常识的问题。第一个问题是,在此时北京第一次成了都城。大家知道,北京一直以来——从统一的秦汉以来一直到唐代——都是一个边陲城市,是北方的苦寒之地,在长城脚下。幽州再繁华,能有多大发展?但是到了契丹人的时候,这个地方成了所谓的"南京",当然不是唯一的和固定的。辽实行四时捺钵制。到了金,变成中都了,其规模至少在淮河以北是一个很重要的都城。元、明、清就更不用说了。所以,北京之所以成为都城,那是拜这些从北方来的草原民族所赐。如果没有这样一些人的南下,就没有北京,只有幽州。明朝是汉人建的,但最终还是把都城迁到北京,还是和草原民族有直接的关系。为什么?因为这些草原民族的世界图式,他们的帝国视野是和中原王朝不一样的。幽州在中原王朝看起来是位居东北一隅的城市,它怎么可能不在一个所谓天下之中的地方建立都城呢?但是,对于北方的民族来讲,他们的整个视野范围在哪里?它的北部至少到贝加尔湖,西部至少向今天的中亚一带扩展。它们选择都城的考虑在正史里面讲得很清楚,说我们为什么在这里建都?是因为北京这个地方可以和北边这些地方联络,也可以和南边的中原、江淮一带联络。所以,北京一旦变成了首都,整个中国的格局就发生了很大的变化,南北的关系也发生了很大的变化,从政治到经济可以讲很多的道理出来,这里不去说它。这是一个很大的变化。

那么,第二个问题,我们可以看看南方、华南发生了什么。我们在乡下看祠堂,看庙,在北方可以看到很早的东西,山东的武梁祠是汉代的,魏晋南北朝的石刻就多了,唐代的寺也很多,不是后代复建、重修的,就是当时的建筑形式。但你在南方看不到宋代的祠堂,寺庙也比较少见,那里的故事也讲不到很早。比较有眉目的可以讲到唐宋。所以我说韩愈、苏轼在南方都很了不起,都类似"人文初

山西洪洞"唐尧故里"

祖",和北方的炎黄差不多。其实他们当时都是犯人或者准犯人,因为他们到华南去差不多都是流放或者贬官的。但是他们一去以后,这些地方就了不得了,像韩愈到潮州,所以那地方,还有临近的福建莆田,就都变成"海滨邹鲁"了。苏轼到海南岛,那个天涯海角的地方,他一去以后也都一心向化了。那里的五公祠,海角亭,都是这类象征。但是这些唐宋人物的文化象征,大多是明代做起来的。所以潮州这类地方后来就说我这里不得了,因为有个韩愈来了,所以连妇女头上戴的头巾都叫"文公帕"。文化资源之重要由此可见一斑。但是,北方不在乎这些东西。这些算什么?华北很多地方随便一家乡间小庙,供的就是这些我们今天看起来所谓的"人文初祖"。山西、河南等地,有很多故事是讲神农、女娲、舜,甚至皋陶之类的,这里至少是从很久以前就祭祀他们。一个村里可能就有很多。不是说某一个山头才有一个很大的庙,不是这样的。我们看炎帝的庙,在晋东南很多,一个村、一个村地找,可以找一片出来。所以在这个重要的变化时期,中原的士大夫文化在向南扩展,在中原也没有因为族群关系的变化而造成断裂或者文化象征的缺失。

  第二个重要的历史性时刻,是 18 到 19 世纪。我刚才向大家展示的土默特左旗那些材料就充分证明它的重要性。过去讲到这个时候,我们会特别凸显西方势力怎样到中国来,特别是以鸦片战争为标志,带来一系列重大的社会变革。这当然没有错。但是还有一方面是被遗忘的、被忽略的,是我们没有去恰如其分地关注的。这个时候在北方发生了很大的变化,我认为可以和前一个变化相媲美,就是两千年以来北方民族南下牧马的趋势,到这时候戛然而止。不仅戛然而止,而且产生了一个"反动",就是"反向的运动"。这个反向的运动其实早在明代中叶就开始了。当时人们管这种方式叫作"雁行",像大雁一样,冬去春来。主要是山西和陕西北部的老百姓,春天的时候跑到边外——长城以外——去开垦土地,收了粮食赚了钱以后,又返回到老家。他在政府登记的户籍还在老家。当地政府当然也很高兴,本地人口变得很多,人均资源变得很少,人到外地去挣了钱回来交税,既能缓解矛盾,又能给财政增加收入,所以地方政府对这类事也放任不管。明清之际发生了一些变动,这个过程到清代又重新开始。虽然蒙古在清代和东北一样是封禁之地,但是,这样一种北去浪潮从来没有停息过,我们从那些档案中就可以看出这个特点。那么这种变化是什么? 它实际上是,这些人不仅仅自己过去了,不仅仅从一种冬去春来的"雁行"的方式变成一种定居的模式,而且随着定居,他们把内地、中原的很多社会组织形式带到了草原上,使这里发生了很多变化——土地利用方式的、用水的、宗教信仰的、社会基层管理的,很多这方面的东西进去以后,和原来在蒙古地区存在的生活方式、社会结构、信仰,发生了非常激烈的碰撞。那些官司、纠纷,就是在这样的背景下发生的。我们可以想一个道理:在那个时代,包括到后来,到今天,很多人开始向西北,包括甘、宁、青迁移,这主要是发生在乾隆以后,因为那时西北地区基本被纳入帝国版图之内。这样一种过程,这样一种原来从北向南,现在是一个从南向北的过程,实际上是非常了不起的。因为我们知道,历代王朝只是派几支军队到过那里,或者强制性地在那里设置军屯,但终不能长久;设立几个机构,也是旋设旋撤,没有人,这个地方毕竟不能成为你的地方。只有当大量的内地人到那里去以后,把大量的内地文化传统、社会组织等等带进那里,虽然经过各方面的激烈纠纷,但最后还是可以取得一种调和,那地方才差不多可以真的成为中国的。否则的话,只是当你军力强盛的时候,比如唐代,可以在西域设立几个都护府,等实力一弱,撤了,那些地方又回复故态。所以我始终认为,这个过程的意义不仅可以和上述那次变化相媲美,也可以和19世纪中叶西方人来中国导致的变化相媲美,但过去我们对此不是很重视。

华北的"边缘":蔚州与代州

这些地方发现的东西,真的给我们很多启示。不光内蒙古,还有我们跑过多次的蔚县,它今天属于河北张家口地区。张家口地区在历史上非常复杂,在长城沿边,明代时设立了很多卫所。明代既有大同都司管理的蔚州卫,同时也有属于民政机构的蔚州。后来卫所在清代取消之后,民政机构就要取而代之。因为卫所是军政机构,很多地方是完全由卫所管理的,这样,明朝蔚州卫那一部分,就被改成蔚县,所以清代既有蔚州,也有蔚县。这样的后果,是在原来的军队系统管理的地方,土地、人口等等变成由民政系统管理以后,发生了非常复杂的一些互动。原来军民两套系统的土地、人口虽然犬牙交错,但还是可以分清;清代以后都成为民政系统管理,麻烦就更大了。这里涉及很多制度史的问题。另外,在和蒙古的紧张关系缓和之后,特别是到了清代中叶以后,随着各方面形势,包括版图,发生了全方位的变化,蔚县这样的地方怎样从一个边镇逐渐变成了一个非常重要的商业通道?这又怎样影响社会的变化?

蔚县这个地方现在还有很多遗存保留下来,县城还是明代的形制,三面有门,北面没有城门。北城墙上面的庙叫玉皇阁,但是玉皇阁是"假"的,供奉的玉皇大帝在最上面,高高在上,真武大帝是"真"的,下面供奉的是真武大帝。因为供奉北方真武和明代特定的历史环境有关:一和防范蒙古人有关,二和永乐皇帝本人有关,这里不说细节了。但是不仅在城里能看到这种形制,在一个寻常的乡村堡寨里,我们往往也可以看到这样的形制。经常看到这样的村落:有堡墙,有堡门,与堡门连接的是十字街,街心交叉处各一座小庙,最终向北走到北堡墙,地势最高,上面多数是真武庙,或者关帝庙。这些格局是非常讲究的。大家如果去看,很多堡寨很破败了,多数寺庙也非常破败,有一次我们去看的时候,开不开锁了,当地的农民就把门板的木头一条一条取下来,我们就迈过去,里面原来是当仓库用

河北蔚县的村堡

的,把仓库腾空了以后,露出来墙上的壁画。看看壁画上的这些形象,你就可以在第一时间里感受到我们过去说的,长城两边的人是怎样互动的。还有那里有个叫卜家北堡的堡子,就是土木之变中那个太监王振的老家。但是那里的老百姓喜欢讲的不是王振的故事,而是汉高祖刘邦被匈奴围困的故事。为什么这里叫卜家呢?在方志里这个字写成"薄",讲的是这里和西汉薄太后的关系。其实刘邦被匈奴所围,后来簿太后向匈奴单于送了贿赂的故事,和土木之变和相似,我以为它背后是一个隐喻,这个就不去多说它了。

代县可以说是山西的边城,现在不算太"边",当时很"边"。雁门关是宋辽战争的边关,就在代县境内;代州州城在明代也非常有名,非常雄壮,现在还能看到,这也是为了防范蒙古的缘故。大家都知道,有一对老夫妻非常有名,就是杨业和佘太君,他们就是这里的人。这就是杨家将的祖籍所在的地方。我们到他的老家鹿蹄涧村去看他们的祠堂,祠堂里有一些碑,其中一块元代的碑把他们的世系图画了出来,非常清晰,这在南方是很少见的。碑里面讲怎样为了避免分家析产而建立宗族。这个地方宋代以来长期处在北方族群的王朝统治之下,杨家在女真时的情况不清楚,但到蒙古兴起的时候,他们肯定是当地的势族,后来被蒙古人收编,成为当地的世侯。他们怎样同蒙古人达成默契?怎样逐渐发展,然后编造起他们的故事?这些都是很有意思的问题。这个地方的变化,实际上反映出一个边镇中的北方各种势力,从宋末元初逐渐到明代、清代怎样发展的过程。这里面也有很多的故事,包括北京的历史也可以作为很好的例子。

山西代县鹿蹄涧村杨氏祠堂中的元代"弘农宗祖碑"

从上面华南、华北的例子,我们大体可以看到做区域社会史或历史人类学的一些问题意识,不同的区域探索发现一些相同的东西,也发现许多不同的东西,但很多方面是传统研究没有揭示的,至少是语焉不详的。这既得益于我们发现的民间文献,也得益于我们的观察角度发生的变化,这正是我理解的文本与语境的互动关系。

四、结语:小历史与大历史的互动

通过刚才的一些小故事,我想说的是,究竟我们要做什么?大家可能多多少少明白了一些,我想在这里再归纳一下。

首先是我们和一般所谓地方史有什么不同。关于地方历史的研究,以前并不是没有人做过,过去也有很好的地方志传统,留下很多的资料;当代也有很多人做地方史。但是长期以来,无论是传统时代的地方志编写,还是在这若干年、几十年的时间里面修的那些地方的历史,在我看起来,它们都不过只是一种国家历史的地方版本而已。就是说,它们是不是真的从地方的角度去写这个地方?也就是说从地方来看国家,看整个帝国,看整个通史?比如说,有个学者提到一部村史,它叙事的逻辑就是从五四运动、北伐战争,然后第一次国内革命战争……这么依次讲下来。但是对于这个村来说,它可能跟那些大的事情没有关系。那个学者去问当地的老百姓,比如年纪很大的老人家,问他记得这个地方最重要的事、让他记忆最深刻的是什么。结果是,某年宋哲元带着他的部队从这儿过境,这件事儿是当地老百姓记忆最深刻的。那些"重大历史事件"和这个地方没有直接关系。但是他们的村史里不能空着这个重要的历史时段。怎么办呢?只好生拉硬拽,这变成了一种——用不客气的话,就是——伪造历史。我们后来出的一些省的通史,在相当大的程度上没有完全地避免或逃脱这样一种所谓"国家史的地方版本"的影子。所以我们要对这样一种宏大叙事下的地方历史做出反思。反思之后,我们怎么做呢?我们关注地方,或者去搜集很多地方的资料、民间的文献,我们并不是仅仅为了说明这个地方,我们是反过来让它有助于理解国家是怎么样运作的。不是说官员上个书,皇帝说"照准",这就是国家运作。你要了解它的实际运作、了解这个运作的机制,但是国家的机制究竟怎样运作,必须要在实践当中才能发现。

其次,我们需要从多种声音看历史。我们看到的很多正史、传世文献,里面有很多东西,因为时过境迁,理解起来很困难。当时的人觉得很好的一件事儿,它们讲得非常略,因为作者认为大家都知道,不用解释得非常详细。就像我们今天有一个口头的词汇,大家一说都明白,都能意会。但是过 50 年、100 年,要是没有专门解释的话,脱离那个语境,你可能就不懂。所以要想去更好、更准确地理解在传世文献,在正史、志书等等里面的那些说法,我们需要从其他的一些文献,特别是民间文献,或者地方文献当中去寻求帮助和解释。这样去做以后还有两个问题。一个问题是,可能我们的解释和过去对同一个问题的解释会有不同;另外一个是,可能在问题意识上,就是说通过什么来认识同一个问题,即认识的路径上,可能也不同。我觉得这恰恰就是我们历史学者努力的地方。因为我们面对的客观历史、这个世界,我们不可能去复原它,但是它在不管什么人的眼中都是同一个,在理论上应该是同一个,关键在于你怎样去理解,怎样的理解能够与以前的理解有所不同。我们当然不是故意为了不同而不同,而是为了能够使对它的认识更加丰富,特别是更加多元,而不是一个单线的、直线的或者是一元的解释。

这样,可能我们对于过去整个历史的看法,要发生一些变化。这个变化,首先应该是更突出它的动态。按我们以前的历史理解,好像历史从头到尾就没有变过。比如说中国这个概念,过去我们在用的时候往往是一个同质性的概念,其实在我们看很多不同地方的时候,我们会看到它们在怎样一个个不同的历史阶段中逐步地变成了"中国"。或者作为人群来讲,becoming a Chinese,这是一个非常重要的主题。这是一个动态的过程。另外一个就是多元的问题。我在这里顺便再讲一个小故事,也是一个年轻的学者告诉我的,不是我自己的研究。唐代到晚期和南诏发生了冲突,在四川、云南附近打仗。后来,双方说要结盟,所以就到大理的点苍山、洱海旁,建立盟碑。这位学者说,你看他们两方面都要写一篇文字,南诏的人写的文字——其实不只南诏,所有地方在盟誓的时候,都要找到一些本地方最神圣的东西,对它来发誓,来表达诚意——讲到"五岳"。一般人认为这个"五岳"是东岳泰山、西岳华山、中岳嵩山等等,这是中原的礼仪秩序的象征,是神圣的东西,可仔细一看,这篇文字里南诏讲的"五岳"根本不是中原传统里面的"五岳"。它讲的是围绕着大理周围的那些非常著名的山,它用的只不过是一个从秦汉以来的这样一个"五岳"的名词,这样一个在礼仪制度里面至高无上的这么一个概念,实际上想表达的是它自己区域性的文化传统,以及对它的意义的一种解释。所以这样一种多元的东西,在一个历史的建构过程当中,扮演了非常重要的角色。如果忽视这种多元性,我相信我们对于通史的理解,也会是非常片面的。所以我想说,我们有一个雄心壮志——但是不见得在我们这代人能够做出什么成绩——就是希望所有的这些做法,是为了重写中国通史。当然,这就有待于感兴趣的同学、老师们一同努力。当然这种尝试可能还有很多的缺陷。我希望,在今后的过程当中,我们的学生辈能够超越我们的这样一些想法。

葛兆光:

现在开放给各位,刚才你们又看了图像,又听了故事,还听到了很多诠释和想象,应该很有趣,大家有没有什么问题请教赵先生? 时间比较紧张啊,有问题的请举手。

学生:

赵老师,我记得您刚才第四个例子,就是那个晋城玉皇庙的例子,我比较感兴趣。因为您提到当地有一个地方的控制方式,就是从管到社到村,我不知道这个管是不是一个实体机构。因为我知道在南方有很多,比如说墟或者栅,或者是场,这样的一些地方区划方式,它虽然是一级区划方式,但是实际上没有实体的控制机构。所以,我对这个比较感兴趣。

赵世瑜:

南方的墟、场是集市的概念,它和我讲的确实有点不同。尽管在北方也存在这样的镇一类的东西,但是和南方的"发育过程"是有区别的。关于管的研究,除了有日本学者可能有几篇文章,由于资料的限制,对于它在唐代到宋代的情况,不是很清楚。到现在为止,也只发现制度上,就是正史里面稍微地提到一些,讲得都不是很清楚。我们看到的,其实是管这种东西已经被正式地取缔的这样一个时代的情况,因此,虽然在元代到明代的地方文献当中都有提及,但是了解也不会太深,可能需要寄希望于今后能够发现更多的材料。这些东西在目前看起来是一级实体,一级行政区划。它和墟场、集市是两回事,和江南这些东西都是两回事。

学生:

赵老师,您好!我想问一个问题。您刚才提到图像资料,图像资料也可以作为我们的一种新研究资料。同时我也认为,像建筑形式等,可能也可以作为一些资料来利用,但是,这些资料的解读,实际上需要非常专业的知识,不然的话就很难定时。比如说,像建筑,我们如果不知道建筑模式的变化的话,我们很难确定什么是明代的,什么是清代的。那么这样的话可能需要比较专业的知识,您有没有出现这样的困惑?在研究到更细微的情况时,有什么困惑?如果有的话,您怎么样处理?谢谢!

赵世瑜:

首先,你说的这样的情况我是同意的,就是说应该具有一些专业的知识。但是,虽然你倡导多种声音,但是不可能每一个人把这些专业知识都掌握。所以说我们可能在相当的程度上,是需要借助那些专业人士的研究成果。当然,我们会用我们的长处去看他们的专业成果是不是讲得有道理。建筑我也不敢讲。比如说,山西北部有一个县,叫作阳高县,这个县在清代以前是没有的。为什么?因为它原来就像我刚才说的,是明代的卫所体系下的一个卫,叫阳和卫。有一个研究民间音乐的博士,现在已经毕业了,她专门去研究这个地方的民间音乐。她认真地做了多次田野,也记了很多谱,书出来送了我,书写的很不错,叫《阴阳鼓匠》。为什么它叫"阴阳鼓匠"?是因为在那地方发现了在民间、在一些仪式性的场合演奏音乐的两种人。一种人呢,称之为"阴阳";另一种人呢,称之为"鼓匠"。在地方的话语系统里面,这个"鼓匠"地位相对低一点,"阴阳"的地位相对高一点。"阴阳"自称为道士。从音乐的表现方式来讲,"阴阳"的乐器基本上是以丝竹为主,就是我们今天的管弦乐;而"鼓匠"呢,还要有响器,比如锣鼓、唢呐之类。他们演奏的有很多曲目。要是咱们研究,很多就不懂了。这个乐器怎么演奏?音乐的韵律是怎么样的?这个调是什么样子?完全不懂。那么,既然研究者是专业的,我们就可以去看看专业人士怎么说。但是另一方面,我们也可以有我们的长处。就是说,一开始他们是从音乐角度去理解的,从艺术表达的方式去理解的;后来,他们如果吸收了人类学或者民俗学、社会学的这些方法,就可以去进一步关注音乐背后的人群和他们的组织,不管是演奏者还是听者,还是它的雇主——比如说红白喜事的用户。音乐人不关注这个,到音乐社会学或者音乐人类学这层就关注这个了。但我们搞历史的有什么长处呢?我去参加她的博士答辩,问她的问题是,这两部分人是怎样出现的?这两部分人背后是什么渊源?我没有去做过那里的研究,但脑子里有个假设,就是过去我们对于地方州县的礼仪系统不是很清楚,现在稍微有一些学者在注意州县里面的那些阴阳生、礼生和他们熟悉的那套东西。现在已经发现了一些迎神的会簿,哪天在什么场合唱什么戏,还有对乐户的研究,我们对这套系统有了一点了解。但我们一直对另外一套系统缺乏认识,就是军礼的系统。我们大家知道,任何正史《礼志》都会讲军礼,非常重要,但我们现在很少有人懂。这个军礼的系统也是有用的,有军队应该就有这批人。所以你看那些曲目,比如说像什么得胜乐、破阵乐、上谯楼等等曲牌,配合上响器,就是现在的"鼓匠",很可能就是明代的军礼系统里留下来的。后来卫所变了州县,就又有了礼生的那一支,可能就是他所谓的"阴阳"。在这样一个背景下,再来理解这些音乐的材料,可以把不同学科的长处结合起来。当然,你是不是问能否把这些吹奏的音律直接转化为我们可以解读当时历史的资料?这个真的是很困难。应该比建筑还困难。但我们还是需要尽可能通过多学科的合作去找到一种理解这些资料的方法论和具体的方法。这需要努力。

学生:

赵老师,您好!我对刚才您提到的在湘西发现的以"周"作年号的那块墓碑感兴趣,想知道具体这块碑在哪里,大概湘西的什么县、什么地方。能不能请您给我们大家描述一下当时怎么发现这块碑,周围的经济地理环境,因为这个毕竟比较特殊,改换了朝廷。谢谢!

赵世瑜:

我刚才讲了,这个是在湘西永顺县,有个叫"老司城"的地方发现的。这个地方,你到网上也好,在当地的地图上也好,一查就知道了,因为那地方现在已经开辟成旅游点。当然它建了一些新的建筑,但这并不妨碍它周围还有很多农田。这个碑正好在农田里面,所以不会受到影响。那地方的环境,如果稍微熟悉湘西的人,大概知道,到清代以后,它有一个所谓的苗长城,实际上是个界墙,它是明清时期汉人和苗人冲突的产物。它的位置比较靠近重庆,基本上是山区,又在长江的支流这个脉络上。所以,交通、运输这些条件还蛮方便的。那么,至于说这个东西是不是很难得见,我觉得有可能,因为在整个大的形势下,不允许这样离经叛道的东西大量存在;但是,也不一定。当政府政治上正确的那套秩序确立以后,有些东西不会完全被放弃,而是改头换面;只不过是被放到了某一个位置上,被次要化。但是可能在老百姓那里,这个次要的东西反而是最主要的。我们有时候进到一个庙里,看"最重要"、摆在中间那个地方的神,其实可能不重要,边上一个很小角落里的一个偶像才是那地方最重要的东西。那么,这要去了解、去调查才能知道。这个资料当然也是一样。

学生：

我问一个问题。不知道是不是又是一个"伪问题"。因为您在最后一部分讲到，有一个"重写中国通史"希望。那么，这应该是您的一个比较大的关怀所在。其实看到这个标题的时候，大家应该有似曾相识的感觉，因为起码自中国近代以来，这个"重写中国通史"已经是一个非常大的呼声。我想问一下，因为您也研究20年代的民俗学，是不是您通过自己研究，有这么一种使命感？这也应该是一个延续的努力，或者是在这个过程中，因为民国时期的"重写中国通史"针对的——我粗浅的了解是这样——"宏大叙事"，应该是所谓的"二十四史"，那个所谓正史系统是它的"宏大叙事"的背景。您现在的这个所谓的"宏大叙事"就应该是现代以来的，尤其是体制化里的中国通史，或者说（如）《山东通史》《山西通史》的一些编写。然后，我觉得这个通史本身——就是说当您提出中国通史的时候——它本身是一个现代化到比较极端的一些产物，而您提出的这个比如说"向下的"，再"向上的"历史，包括"大历史"和"小历史"的互动，这里面是不是和这个通史本身有一种内在的张力，有一种紧张的关系存在？然后，第三个就是觉得北师大曾经有一套名为《中国通史》的非常庞大的一套书。是不是说，在实践操作上，这个通史，您最后是要落在编写这么一套大的书？因为，我觉得，只要编写这么一套大的书，就永远容纳不了那么丰富的"小历史"的材料，那么，到底您的实践的状态是什么？

赵世瑜：

谢谢，这个问题不见得能回答得很好。首先，我觉得如你所说，从学术史来思考我们今天在做的事情，其实有很多是在延续着我们民国时期的前辈，甚至有些东西是在更早的时期里面就已经提出来的问题。不是说都是另起炉灶，没有那么伟大，每个人都没有那么伟大。比如像你说的，民国时期以梁启超《新史学》来讲，他的批判针对的是二十四姓之家史提出来的。但是，从相当多的从业者来讲，比如说，顾颉刚，他的疑古跟崔述的传统有直接的关系，等等，这个渊源实际上都是很深的。那么，我们后来做的东西，其实不光是你刚才想表达但是又不好意思准确地说出来的那个东西。我觉得其实挺重要的，就是民国有一个民族国家建构以后的那样一个历史叙述，有很多东西可以体现，包括我们对资料的使用。大家都知道，我们的江南地区清初的时候有"扬州十日""江阴城守""嘉定三屠"这些事件，但我们后来的史学家，基本上是故意忘了这些事件的背后有个材料的问题。不是说这些材料是假的，而是说这些材料基本上是在晚清民初这个排满的背景下被"放大"了的。以后呢，我们又基本上按照这些史料——甚至是其中的某些段落——去描述、建立清初的历史，特别是江南的历史。那么，这背后有一系列的问题。我们同时反思的还包括传统时代的材料，比如说，元朝修正史的时候——它修了三部历史，不是修一部历史——争论很大。它为什么修三部历史？是因为它认为，它虽然在汉人的地盘建立了政权，但是它直系的正统是辽、金。所以这三部历史《辽史》《金史》《宋史》，把《宋史》放最后一位。然后到明代，汉人来了以后，说这简直是胡闹——明太祖老骂元这套是乱来的，所以有人就上书说我们要再重修《宋史》，要把宋代的这个法统提出来。明英宗就说，你要修你自己修去吧，你想要钱、要人，都没有。这人不到两年就死了。这个背后有一套东西，是一条脉络，没办法隔断的。这也是一个整体，它是一步一步走过来的。

第二，你说的那个"张力"，或者说"紧张关系"，和最后一个问题其实可以联系起来回答。就是说，这只是一种理想，我们不可能在自己的有生之年，做到一个很大的（成就）。比如说我们做中国通史，葛老师也非常注意历史教科书，中国通史有几十本的，也有三四本、五六本、七八本、十卷本的，反正都有，那么，这个关键在于现代的人怎么样地剪裁。而我实际上想说的"重写通史"，不是在它的形式或者面貌的意义上来说的，就是说是否也要写一部充斥小历史的多卷本，而是通过新的研究，对过去通史里面那种通常的表达方式加以改变。

它也许就像宋人讲的,"一月普现一切月",我们实际上通过一个非常具体的个案,通过一个小的方面来展现对整体的历史进程的关怀。比如说我也参与了现在有不少人颇有微词的新的清史的编纂,我写《通纪》当中的一卷,正好是清初的40年。我写这一卷的看法,和其他人可能会不同。这里头有很大的部分,是从区域的角度来写的,所以,可能看到我这一卷,至少是和以往写的那些清史所用的材料,包括叙事方式不同的。那么,这可能是我自己所能做到的一点。其他的——就大家一起干吧——就不太清楚会做出什么,这个我也不能够打包票。

葛兆光:

时间也差不多到了,我不能让赵世瑜教授再往下讲了,因为他太累了,开了两天会,今天又来这儿做了演讲。其实今天赵世瑜先生讲的"从田野中发现历史",有三个词:田野、发现、历史,但是在我看来,最关键的还是"发现",因为"发现"需要你去看出新东西,要甄别是应该用还是不应该用,是真的还是假的。而且还要给它命名,甚至还要对它进行诠释,还要运用。方才赵世瑜先生提到的一件事我印象非常深刻,他讲到我曾经住过的那个清水江流域,其实我所在的那个山村,比他提到的锦屏县可能更典型,因为我当知青的那个苗寨,是贵州最有名的"九股苗"、最野蛮的"九股苗"所在的地方。可是,就是因为在清朝的席宝田他们,就是张秀眉起义的时候,清朝人来打,打了以后他们退到了最边缘的山林。然后一步一步地,尽管他们是最"生"的"生苗",但是,最后仍然是逐渐地——我们叫作——归化,或者叫变"熟"了。但是我所看到的最后一步是1950年代广西商人到那个地方去收购猴子,那个地方产猴子,然后不断收购,收购几千只猴子,然后不断地跟他们签订契约。他们这儿有几千只猴子被抓,被收购。他们在不断跟广西商人交换、买卖过程中,其实逐渐地已经变化了。最后除了不会讲汉话以外,基本上生活方式跟汉人一样了。我只是遗憾地说,我不像赵世瑜教授那样,会去从田野里面发现历史,因为那个时候我根本没有受过历史的训练,如果我受过历史学训练,我把他们交换的那些契约收集起来,我也就发现了一个新的历史。所以,实际上,今天大家听到赵世瑜先生讲的这一段"从田野中发现历史",其实最重要的,是要你有自觉意识,要去会"发现"。当你去发现的时候,在我看来,遍地是宝。所以,历史人类学不仅仅是像现在很多人说的,他们就是"进村儿找庙,进庙找碑",没那么简单!让我们再次感谢赵世瑜先生!

后　记

正应了我在《狂欢与日常》一书《后记》中的猜测，我所做的这项工作要在新世纪里持续10年、20年。进入新世纪已有15年了，距离退休大约还有5年，人生有时就是这么奇特，随便写下或说过的一句话，不知不觉便会应验，就是古人说的：一语成谶。

但也并不是所有的话都能应验。在《小历史与大历史》一书中的《后记》中，我曾表示，希望我的下一本书能是一本专著，显然这个心愿没有达成。11年过去，本书还是一本论文集，以至于老朋友科大卫教授语重心长地劝诫我说，论文虽然很重要，但还是要写一部好书出来。我对他的话深以为然，但说心里话，在这10年中，我对许多问题的认识才开始有所深化，眉目才日渐清晰，思考才略有系统，但还不足以在此期间完成一部好的著作。我想，这项使命还是稍稍延后吧，请读者和朋友们原谅我的食言。

《狂欢与日常》是2002年出版的，那以后发生的许多事情，是我的职业生涯中最为重要的内容。2002年夏，我们一群人在海南跑，除了五公祠、海瑞祠、丘濬家庙等等外，还进入了五指山区。就在这一次田野旅行中，我们确定了举办历史人类学高级研修班，并即由我在北京师范大学建立的乡土中国研究中心承办。从2003年暑期在河北蔚县举办的第一期，直到2014年暑期在新加坡和马来西亚举办的最后一期，一共举办了12期，分别由我以及中山大学、厦门大学等具体承办，培训学员的总数应在300人以上。像中山大学的吴滔教授、厦门大学的张侃教授、深圳大学的张小也教授、南昌大学的黄志繁教授、山西大学的张俊峰教授等等，都是自称"黄埔一期"的正式学员。我相信,目前从事区域社会史研究的绝大多数骨干,都曾经是这个班的参与者。

我始终认为,这个研修班在未来的学术史上是会有一席之地的。首先,它是由香港大学人文—社会研究所出资支持的,为师资和学员提供所有费用,这在当时科研经费还比较紧张的内地来说,是非常重要的;其次,它5天授课、5天田野,每天晚上均安排讨论的密集日程,极为辛苦,也极为高效。这种形式后来被不同学科所效仿,这类田野工作坊已遍地开花,但做得如此认真的还并不多见。在这十余年中,我目睹了相当一批学员和参与者到后期变身为这个班的讲授者,像黄国信、温春来、刘永华、张侃、饶伟新、杜正贞等等,他们也都在各自的"地盘"上举办了自己的田野研习营或工作坊。可以说,这个班是共享某种社会史理念的一大批有生力量成长的温床。

我为承办了蔚县、洪洞、济源、晋城、韩城等期高研班而感到自豪。我把所有学员都视为我自己的学生,所以,在所有成果中,这项成果比我出版的著作更重要。

本书的所有文章都是在这个时期内完成和发表的,有相当部分就是关于这些田野点的研究。更为重要的是,在这些研修班举办期间,以及在类似的许多次田野旅行期间,朋友们之间毫无拘束的学术交流和思想交锋给了我许多启发和刺激。我自认为本书所收文章比《狂欢与日常》及《小历史与大历史》有所进步,是与这些启发和刺激密不可分的。对此,我始终对科大卫、郑振满、刘志伟、陈春声等老朋友充满感激。

从2009年开始,科大卫教授主持的香港卓越领域计划(AoE)项目"中国社会的历史人类学研究"启动,为我们这群人提供了新的研究平台。此后我们的许多学术活动和田野考察都是这个项目和中山大学历史人类学中心支持的。我不仅可以在逗留香港和广州期间,对华南研究者的研究点进行踏访,以求深刻理解他们的研究及其主张,而且可以涉足南岭、川贵、江南、西北等完全不熟悉的地区,引发新的、更具比较性的思考。我以为,华南研究的重要性,不仅在于学者们以华南为试验田,发展出一套不同的认识中国历史的看法,还在于他们做事的机制和开放的合作心态。这样的东西,至少在目前看来,在其他地方还是少见的。这也许是由于个人的魅力,但我还是期望它能永久持续。

我曾说过,一旦跑不动了,我的学术创新便告终止。2013年和2014年,我分别做了两次手术,爬山也许不太行了。所以,不能指望在10年后还会有这样一本书编出来。

当然,在剩下的时间里,我可以做的事情还有很多。

2015年6月30日于北京